Die Bonus-Seite

### Ihr Vorteil als Käufer dieses Buches

Auf der Bonus-Webseite zu diesem Buch finden Sie zusätzliche Informationen und Services. Dazu gehört auch ein kostenloser **Testzugang** zur Online-Fassung Ihres Buches. Und der besondere Vorteil: Wenn Sie Ihr **Online-Buch** auch weiterhin nutzen wollen, erhalten Sie den vollen Zugang zum **Vorzugspreis**.

### So nutzen Sie Ihren Vorteil

Halten Sie den unten abgedruckten Zugangscode bereit und gehen Sie auf **www.galileocomputing.de**. Dort finden Sie den Kasten **Die Bonus-Seite für Buchkäufer**. Klicken Sie auf **Zur Bonus-Seite / Buch registrieren**, und geben Sie Ihren **Zugangs-code** ein. Schon stehen Ihnen die Bonus-Angebote zur Verfügung.

Ihr persönlicher
**Zugangscode** | meqf-a6kp-7dcw-bxj9

Nico Lüdemann

# Citrix XenApp 6 und XenDesktop 5

Das Praxishandbuch für Administratoren

Galileo Press

# Liebe Leserin, lieber Leser,

schön, dass Sie sich für ein Buch von Galileo Computing entschieden haben. Dieses Buch behandelt ausführlich Installation, Konfiguration und Administration von XenApp 6 und XenDesktop 5, der beiden Produkte aus dem Hause Citrix zur Virtualisierung von einzelnen Anwendungen und ganzer Desktops. Sie erfahren, wie Sie beide Produkte in der von Ihnen betreuten IT-Infrastruktur einsetzen, um das Optimum an Effizienz hinsichtlich Verwaltungsaufwand und Kostenersparnis zu erreichen.

Am Beispiel einer Musterfirma, die repräsentativ für ein typisches mittelständisches Unternehmen steht, erhalten Sie eine ausführliche praktische Anleitung, wie Sie XenApp und XenDesktop in Ihrem Unternehmen einsetzen, von der Installation der Komponenten bis hin zu Troubleshooting und Best Practices. Nico Lüdemann, seit 2003 Leiter des Geschäftsbereichs Systems & Services eines mittelständigen Beratungsunternehmens, ist Experte für die Produkte des Microsoft Server Systems, des Citrix Delivery Centers und allgemeiner Netzwerkoptimierung. Aus seiner Erfahrung aus zahlreichen IT-Projekten gibt er Ihnen in diesem Buch Lösungen für aktuelle Probleme und Tipps, wie Sie laufende Projekte vorantreiben können, an die Hand.

Dieses Buch wurde mit großer Sorgfalt geschrieben, geprüft und produziert. Sollte dennoch einmal etwas nicht so funktionieren, wie Sie es erwarten, freue ich mich, wenn Sie sich mit mir in Verbindung setzen. Ihre Kritik und konstruktiven Anregungen, aber natürlich auch Ihr Lob sind uns jederzeit herzlich willkommen!

Viel Erfolg mit diesem Buch wünscht Ihnen nun

**Ihre Anne Scheibe**
Lektorat Galileo Computing

anne.scheibe@galileo-press.de
www.galileocomputing.de
Galileo Press · Rheinwerkallee 4 · 53227 Bonn

# Auf einen Blick

Der Name Galileo Press geht auf den italienischen Mathematiker und Philosophen Galileo Galilei (1564–1642) zurück. Er gilt als Gründungsfigur der neuzeitlichen Wissenschaft und wurde berühmt als Verfechter des modernen, heliozentrischen Weltbilds. Legendär ist sein Ausspruch *Eppur si muove* (Und sie bewegt sich doch). Das Emblem von Galileo Press ist der Jupiter, umkreist von den vier Galileischen Monden. Galilei entdeckte die nach ihm benannten Monde 1610.

**Lektorat** Anne Scheibe
**Korrektorat** Annette Lennartz, Bonn
**Cover** © PIX BYTE MEDIA/Fotolia.com
**Titelbild** Barbara Thoben, Köln
**Typografie und Layout** Vera Brauner
**Herstellung** Norbert Englert
**Satz** Typographie & Computer, Krefeld
**Druck und Bindung** Bercker Graphischer Betrieb, Kevelaer

Dieses Buch wurde gesetzt aus der Linotype Syntax Serif (9,25/13,25 pt) in FrameMaker.

**Gerne stehen wir Ihnen mit Rat und Tat zur Seite:**
anne.scheibe@galileo-press.de bei Fragen und Anmerkungen zum Inhalt des Buches
service@galileo-press.de für versandkostenfreie Bestellungen und Reklamationen
britta.behrens@galileo-press.de für Rezensions- und Schulungsexemplare

**Bibliografische Information der Deutschen Nationalbibliothek**
Die Deutsche Nationalbibliothek verzeichnet diese Publikation in der Deutschen National-bibliografie; detaillierte bibliografische Daten sind im Internet über *http://dnb.d-nb.de* abrufbar.

**ISBN** 978-3-8362-1667-8

© Galileo Press, Bonn 2011
4., aktualisierte Auflage 2011

*Für Jette*

# Inhalt

## 5  Bereitstellung der Worker ........................................................ 259

## 6  Bereitstellung von Ressourcen ................................................. 309

## 9 Troubleshooting ..... 579

# Geleitwort

Megatrends – was wäre die IT-Welt ohne sie? Wir alle haben schon viele dieser Trends kommen und gehen sehen, und immer waren sie das *next big thing*, dem man laut den Mantras der Hersteller unbedingt folgen musste.

Rückblickend waren jedoch viele der Hypes nicht viel mehr als ein kurzes Strohfeuer im Technologiezirkus. Viele konnten sich lediglich einige wenige Monate halten, bevor sie wieder im Nirwana verschwanden.

All diese Trends, ob Luftblase oder bahnbrechende Neuerung, hatten in der Vergangenheit jedoch eines gemeinsam. Alle wurden definiert von den Auguren der EDV: Industrie, Analysten sowie Entscheider des IT-Sektors gaben die Richtung vor und versuchten, Neuerungen mehr oder weniger sinnhaft zu bewerten. Dies ändert sich gerade dramatisch.

Schon im Jahre 2005 sagte Gartner (eben einer jener führenden Analysten) voraus, dass »Consumerization«, also der Einfluss der Nutzer auf die IT, *der* signifikante Trend der nächsten zehn Jahre sein dürfte. Und noch kein iPad weit und breit.

Zum ersten Mal sind wir alle Zeuge, wie neue Ansätze und Ideen in der Unternehmens-IT Einzug halten, die vom Endanwender getrieben werden. Schon länger können wir beobachten, wie die nächste Generation des Internets in eine Social-Media-Welle mündet, auf der Firmen versuchen, so gut es geht, mitzusurfen. Sei es durch den Versuch, den Zugang der Mitarbeiter auf die neuen Plattformen zu steuern, oder diese als günstige Marketingkanäle zu verwenden.

Ganz aktuell ist ein weiterer, noch prägenderer User-Trend festzustellen, der für viele Entscheider noch vor einer Dekade gänzlich unvorstellbar war.

Seit kurzem drängen Endanwender mit neuen, oft privat erworbenen Endgeräten, in ihre Arbeitsstätten und fordern Zugriff auf Unternehmensinformationen. Sofort, flexibel und möglichst von überall soll dieser bitteschön möglich sein. Was für ein Alptraum für die Sicherheitsbeauftragten!

Wurde doch in der Vergangenheit bis in kleinste Detail geregelt, wie ein PC beschaffen sein musste, um auf Unternehmensinformationen zuzugreifen. »Verriegeln«, »Sperren« und »Abschotten« sind Begriffe, die spontan am Gedankenhorizont auftauchen.

Also was tun mit der »Konsumerisierung«? Abwarten und hoffen, der Trend ist vielleicht doch nur ein »Trendchen« und löst sich von allein in Rauch auf? Den Nutzern weiterhin vorschreiben, wie der starr definierte Zugriff auf Unternehmensressourcen vorzunehmen ist? Das hat doch bestens funktioniert in den letzten zwanzig Jahren ...

Hat es das wirklich? Hat es das klassische PC-Computing nicht schon lange verdient, um Alternativen bereichert zu werden? Gerade in Zeiten, wo IT-Budgets eher negativ wachsen, können Ansätze wie Standardisierung, Virtualisierung und Zentralisierung der Desktops ein denkbarer Ausweg sein.

Anwendungen und Desktops können heutzutage in den unterschiedlichsten Szenarien kombiniert und bereitgestellt werden. Terminalserver, VDI oder gar lokal virtualisierte Desktops, gepaart mit flexibler Anwendungsbereitstellung, definiert bei Citrix das Portfolio rund um die Desktop-Virtualisierung.

Nico Lüdemann zeigt im vorliegenden Buch in der von ihm gewohnten, leicht verständlichen Weise auf, dass diese Möglichkeiten keine Widersprüche, sondern sinnvolle Kombinationen sein können. Er erläutert anhand von Beispielszenarien, wie eine solche zentral gemanagte Lösung aussehen kann und welche Varianten aus dem Citrix FlexCast-Baukasten wann sinnvoll eingesetzt werden können.

Nicht umsonst wurden Terminalserver und Citrix in der Vergangenheit mit Thin-Client-Computing gleichgesetzt. Denn mit diesen Technologien wird das Endgerät unwichtig und austauschbar. Warum den Nutzer also nicht mit einem modernen, smarten Device arbeiten lassen? Die Infrastruktur – sprich: Desktop, Benutzerprofile und Anwendungen – kann man ja zukünftig flexibel aus zentral gemanagten Umgebungen bereitstellen.

Die Art des Desktops bestimmt so nach wie vor die zentrale IT, das Zugriffsszenario kann in einer serviceorientierten Welt jedoch durchaus beim Endanwender liegen. Und damit alle denkbaren Arten von Tablets und Smartphones ermöglichen ...

Nie gab es mehr Möglichkeiten, Client-Computing zu optimieren und flexibler zu gestalten. Mit Hilfe aktueller Technologien ist Virtualisierung und somit Optimierung durchgängig möglich. Nach Server-Virtualisierung sind Desktops und Anwendungen die nächsten logischen Schritte hin zu einer serviceorientierten, zentralisierten Bereitstellung.

Die Desktop-Virtualisierung kann somit ein wichtiges Bindeglied zwischen Endanwender und IT sein, gerade auch in Richtung Cloud-Computing – Oh nein, schon wieder ein Megatrend ...

**Edwin Sternitzky**
Director Marketing Central Europe, Citrix Systems GmbH

**Markus Klein**
Senior Manager Systems Engineering Central Europe, Citrix Systems GmbH

*Die dynamische und flexible Bereitstellung von Anwendungen, Diensten und Informationen ist eine der wichtigsten Zielstellungen der heutigen IT-Welt. Die in den Medien stark propagierte »Desktop-Virtualisierung« scheint in vielerlei Hinsicht ein adäquater Ansatz für die gestellten Anforderungen zu sein. Doch was verbirgt sich hinter diesem Begriff, und wie spielen die Produkte Citrix XenApp und XenDesktop hier hinein?*

# 1 Einführung

## 1.1 Desktop-Virtualisierung – mehr als ein »Remote-Windows 7«

Die heutige Zeit ist geprägt von dem Bestreben, die vorhandenen IT-Strukturen immer weiter zu optimieren, um die Kosten für Wartung und Verwaltung nachhaltig zu senken. Das Fazit vieler Diskussionen ist, dass es nicht die Kosten für Lizenzen und Hardware sind, die das Budget aufsaugen, sondern es sind die laufenden Kosten für die Pflege und Administration von Netzwerken und den damit verbundenen Client-Geräten. Häufig wird hierbei von einem Verhältnis von 20 % Anschaffungspreis zu 80 % Pflegekosten gesprochen. Verantwortliche in allen Branchen sind auf der Suche nach einer Lösung für diese Situation, da nur ein Unternehmen mit einer effizienten und kostengünstigen IT-Infrastruktur auf Dauer wettbewerbsfähig sein kann.

Ein technologischer Ansatz, der seit einigen Monaten eine Antwort auf die brennende Frage nach der Optimierung der Kostenverteilung und der Reduktion von Verwaltungsaufwänden zu bieten scheint, verbirgt sich hinter dem Begriff der *Desktop-Virtualisierung.*

Glaubt man den Medienberichten zu diesem Thema, können durch die virtuelle Bereitstellung von Desktops der Verwaltungsaufwand und somit die Kosten für den Betrieb einer IT-Umgebung drastisch reduziert werden. Begründet wird dies häufig durch die gewaltigen Einsparungspotenziale, die sich durch die Zentralisierung von Informationen und Anwendungen freilegen ließen.

Und tatsächlich haben Analysen ergeben, dass sich eine auf einen Punkt konzentrierte IT-Umgebung leichter und somit kostengünstiger unterhalten lässt als dezentralisierte Systeme, wie sie im klassischen Client-Server-Bereich üblich sind. Konkrete Ausprägungen dieses Zentralisierungsbestrebens sind z. B. die immer häufiger anzutreffenden Terminalserver- oder Portallösungen, die dazu genutzt werden, den Aufwand an den Clients und für die Clients zu reduzieren. Während Portallösungen hierbei vor allem den Zweck der zentralen Bereitstellung von Informationen verfolgen, um so den Benutzern den Zugriff auf Daten zu erleichtern und effizienter zu gestalten, zielen Terminalserverlösungen auf die zentrale Bereitstellung von Anwendungen und somit auf eine Reduktion des Implementierungs- und Pflegeaufwandes an den Endgeräten ab.

Doch was hat der Ansatz eines Terminalservers mit Desktop-Virtualisierung zu tun? Geht es bei der Desktop-Virtualisierung nicht darum, von einem kleinen, billigen und wartungsarmen Endgerät auf einen vollständigen Windows 7-Desktop zuzugreifen, der als virtuelle Maschine in einem Rechenzentrum läuft? Nun ja – nicht nur …

Um den ganzen Umfang an Möglichkeiten und Komponenten der Desktop-Virtualisierung erfassen zu können, sollten wir den Begriff in seine Bestandteile zerlegen und etwas »anreichern«: Desktop-Virtualisierung ist der Einsatz von Virtualisierungstechnologien für, an und auf dem Desktop des Benutzers! Selbstverständlich ist die Bereitstellung eines virtuellen Windows 7 eine mögliche Ausprägung der Desktop-Virtualisierung, doch bei Weitem nicht die einzige. Genau genommen ist dieser häufig auch VDI (virtuelle Desktop-Infrastruktur) genannte Ansatz nur das jüngste Kind in der Familie der Virtualisierungstechnologien auf dem Desktop – und um dieses Bild etwas zu strapazieren: Vielleicht sprechen momentan alle nur darüber, weil es aktuell am lautesten schreit.

Neben VDI gehören auch Technologien wie die Anwendungs-Virtualisierung, Präsentations-Virtualisierung oder das Streaming von Anwendungen und Workloads zur Desktop-Virtualisierung. Alle diese Ansätze bereichern sie um wesentliche Funktionen, die einen sinnvollen und konsistenten Einsatz überhaupt erst ermöglichen. Insbesondere die Terminaldienste als bewährte Vertreter der Präsentations-Virtualisierung sind nach wie vor ein entscheidendes Standbein innerhalb einer umfassenden Desktop-Strategie.

## 1.2 Citrix XenApp und XenDesktop – zum Nachlesen

Ein sehr häufig in diesem Zusammenhang genanntes Produkt ist Citrix XenApp, das bereits seit vielen Jahren ein Synonym für zentrale Anwendungsbereitstellung über Terminaldienste ist. Jeder, der sich in der IT-Branche bewegt, kann mit dem Namen Citrix etwas anfangen und verbindet ihn unweigerlich mit den Produktnamen Metaframe, Presentation Server, XenApp und dem Zugriff auf einen Terminalserver.

Doch wie eingangs schon beschrieben, macht die Desktop-Virtualisierung an dieser Stelle nicht halt, sondern stellt den Anspruch an sich selbst, auch andere Formen der virtualisierten Bereitstellung nutzen zu können. Mit Citrix XenDesktop ist vor etwa drei Jahren ein Produkt auf den Markt gekommen, das die letzten offenen Punkte adressiert, die bisher mit XenApp nicht lösbar waren – Funktionen und Anwendungen, die nicht über einen Terminalserver bereitgestellt werden konnten. Diese beiden Produkte greifen hierbei mittlerweile so nahtlos ineinander und ergänzen sich derart, dass eine getrennte Betrachtung der beiden Lösungen heutzutage keinen Sinn mehr machen würde. Genau aus diesem Grund befasst sich das vorliegende Buch auch mit beiden Produkten und nicht mehr ausschließlich mit XenApp.

Wie auch bei den vorherigen Auflagen sollte wieder ein Buch entstehen, das sowohl für Einsteiger als auch für erfahrene Administratoren Informationen und Hilfestellungen zu aktuellen Problemen und Anforderungen bietet und Sie so in die Lage versetzt, Ihr Tagesgeschäft zu meistern und Ihre laufenden Projekte voranzutreiben, anstatt sich mühselig in neue Technologien einzuarbeiten.

Dieses Buch soll sowohl die neuen Funktionen von XenApp 6 und XenDesktop 5 als auch praktische Anwendungsfälle in ihrem Zusammenhang beschreiben. Darüber hinaus wollen wir auch Strategien und Visionen darstellen und vermitteln, die für den Aufbau einer auch langfristig sinnvollen Lösung zur Desktop-Virtualisierung von Bedeutung sind.

Ein wesentlicher Anspruch des Buches ist es, nicht einfach nur in herkömmliche »Klickanleitungen« zu verfallen, die keinen wirklichen Spaß und vor allem keinen nachhaltigen Lernerfolg beim Lesen mit sich bringen. Um dieses hehre Ziel zu erreichen, entstand die Idee, den gesamten Inhalt des Buches in ein umfassendes Szenario zu verpacken, in dem sich jeder an einer bestimmten Stelle wiederfinden kann. Für den Einsteiger wird vielleicht der Beginn mit der Einrichtung einer ersten kleinen Umgebung ein guter Start sein. Der erfahrene Administrator findet dagegen seine Anforderungen eher im Wachstum des Szenarios, bei dem es um die Verwaltung von großen Umgebungen und die unterschiedlichen Zugriffsmöglichkeiten auf den XenApp und XenDesktop geht. Am Ende sollen jedoch beide gefunden haben, was sie zu Beginn suchten.

Natürlich wird auch dieses Buch nicht um »Klickanleitungen« herumkommen, jedoch versuchen wir, diese Stellen immer entsprechend thematisch vorzubereiten und somit im Vorfeld klarzumachen, warum später was geklickt werden muss. Es wird immer zuerst das konzeptionelle Wissen vermittelt, bevor es zu dem konkreten Installations- oder Konfigurationspunkt kommt, an dem anhand von schrittweisen Anleitungen und Screenshots die praktische Durchführung besprochen wird.

Apropos Screenshots: Die Abbildungen wurden nach Möglichkeit immer von einer deutschsprachigen Benutzeroberfläche der jeweiligen Software erstellt. Nicht bei allen Produkten gibt es derzeit (Stand: Drucklegung des Buches) eine deutsche Version der GUI – entsprechend haben wir in diesen Fällen zur Illustration und Erläuterung Screenshots der englischen Version mit ins Buch aufgenommen, die Sie im Bedarfsfall ohnehin selbst nutzen werden.

Im Folgenden gibt es einen Überblick über die Einteilung des Buches und eine Einführung in das Szenario, das sich über die Kapitel des Buches spannt.

## 1.3    Die Einteilung des Buches

Wie im vorherigen Abschnitt beschrieben, ist dieses Buch nicht im herkömmlichen Sinne in voneinander unabhängige Kapitel unterteilt, sondern in Form eines großen, zusammenhängenden Szenarios aufgebaut. Die Gliederung in einzelne Kapitel dient einzig und allein dem besseren Überblick über die im jeweiligen Abschnitt behandelten Themen und der besseren Wiederauffindbarkeit bei späterem Nachschlagen.

**Abbildung 1.1**   Die szenariobasierte Lernumgebung

Doch nun genug der Vorrede: Wie ist dieses Buch aufgeteilt, und was finden Sie in welchem Kapitel?

▶ **Einführung**

Im ersten Kapitel werden die Ziele des Buches und seine Struktur erläutert. Da wir alle Inhalte anhand eines Gesamtszenarios vermitteln wollen, wird in diesem Kapitel auch die Basis für dieses Szenario gelegt und die entsprechende »Lernumgebung« beschrieben.

▶ **Desktop-Virtualisierung – ein strategischer Überblick**

Dieses Kapitel gibt einen Überblick über die Hintergründe und aktuellen Entwicklungen im Bereich der zentralen Bereitstellung von Anwendungen und Diensten. Ebenso findet sich an dieser Stelle ein Abriss über die historische Entwicklung der Firma Citrix, der Vision des Delivery Centers, des XenApps und XenDesktops. Der eine oder andere wird jetzt denken, das wissen wir doch alles schon. In meinen Augen ist dieses Kapitel trotzdem sehr wichtig, da es zum einen nochmal einige Hintergründe nennt, zum anderen die Benennungsstrategie von Citrix, die in letzter Zeit für recht viel Verwirrung gesorgt hat und noch immer sorgt, erläutert.

▶ **Verwaltungsarchitektur und Werkzeuge**

Bevor wir mit der eigentlichen Installation der Komponenten beginnen, soll dieses Kapitel einen Einstieg in die zugrunde liegenden Architekturen, Komponenten und Werkzeuge vermitteln.

▶ **Installation der Controller**

Nun geht's los! In diesem sehr praxisorientierten Kapitel setzen wir die ersten Server und Verwaltungseinheiten auf und schaffen die Voraussetzungen, später Anwendungen und Desktops bereitstellen zu können. Begonnen wird hierbei mit der Installation der benötigten Windows-Systeme und -Funktionen, um anschließend zu den notwendigen Citrix-Server-Komponenten überzugehen.

▶ **Bereitstellung der Worker**

Nach der Installation der Verwaltungseinheiten installieren wir in diesem Kapitel die Komponenten, mit denen später die Benutzer arbeiten sollen.

▶ **Bereitstellung von Ressourcen**

Nach der Bereitstellung der einzelnen Komponenten wollen wir hier die Anwendungen und Desktops für die Benutzer zur Verfügung stellen.

Nachdem die ersten Systeme installiert sind, wird es nun Zeit, sich ein paar Gedanken über Themen wie Clients, Drucken und Richtlinien zu machen. Auch Themen wie Lastenverteilung werden hier besprochen.

▶ **Weitere Komponenten**

Spätestens an dieser Stelle ist bekannt, dass Desktop-Virtualisierung im Grunde nicht nur *ein* Produkt ist, sondern vielmehr eine Sammlung von unterschiedlichen Komponenten, die je nach Version eingesetzt werden können. In diesem Kapitel werden die Komponenten erläutert.

▶ **Best Practices**
In diesem Kapitel wagen wir den Blick über den Tellerrand und widmen uns einigen speziellen Anforderungen und deren Lösung. Des Weiteren werden wir ein paar Produkte kennenlernen, die sich in XenApp und XenDesktop integrieren lassen, um noch bessere Ergebnisse zu erzielen.

▶ **Troubleshooting**
Unabhängig davon, wie gut Sie alles geplant und installiert haben – Probleme können immer wieder auftreten. In diesem Kapitel wird gezeigt, wie Sie Probleme vermeiden, wie Sie sich darauf vorbereiten können und wie Sie im Ernstfall die Problemlösung angehen sollten. Ich beschreibe dabei sowohl grundsätzliche Problemlösungsstrategien als auch konkrete Fehlersituationen.

▶ **Ausblick**
Das letzte Kapitel des Buches wird sich damit beschäftigen, was uns wohl in der Zukunft erwartet und wie Sie sich darauf einstellen können. Aber auch weitere Produkte und Erweiterungen einer XenApp-/XenDesktop-Umgebung werden in diesem Kapitel aufgeführt. Auch werden Einsteiger an dieser Stelle Hinweise finden, wie sie den »Erstkontakt« für sich etwas sanfter gestalten können.

Dies sind zusammengefasst die Inhalte, die Sie auf den folgenden Seiten erwarten. Insbesondere Einsteigern in das Thema möchte ich die ersten vier Kapitel in der entsprechenden Reihenfolge wärmstens ans Herz legen, denn in diesen wird der Grundstein zum Verständnis der generellen Funktionalitäten gelegt, und es werden die Hintergründe der Produkte von Microsoft und Citrix erläutert.

## 1.4 Das Szenario – was ist unsere Lernumgebung?

Die wesentlichste Eigenschaft dieses Buches, das umfassende Szenario, das sich über alle Kapitel erstreckt und die Inhalte in einem Gesamtkontext miteinander verbindet, beschreibt die Musterhandel GmbH aus Bielefeld.

### 1.4.1 Das Unternehmen und seine Struktur

Die Musterhandel GmbH ist ein Großhandelsunternehmen, das seit den 1950er Jahren im Bereich des Autoteile- und Elektrogroßhandels tätig ist. Seit der Gründung im Jahre 1954 ist der Personalstamm am Hauptstandort in Bielefeld auf 600 Mitarbeiter angewachsen. Um Kunden in ganz Deutschland möglichst schnell und flexibel mit der gewünschten Ware beliefern zu können, wurden in den späten 1980er Jahren zwei weitere Logistikzentren mit jeweils 80 und 120 Benutzern in Stuttgart und Hamburg eröffnet.

Im Jahre 2010 wurde mit einem kleineren Handelsunternehmen der gleichen Branche fusioniert, was zur Anbindung eines weiteren Standortes in Ulm mit 50 Benutzern führte.

### IT/Netzwerk-Infrastruktur

Während die Lokationen in Hamburg und Stuttgart jedoch eine eigene IT-Infrastruktur und jeweils eine eigene kleine IT-Abteilung haben, wird in Ulm immer noch die alte Infrastruktur des vorherigen Unternehmens genutzt und produktiv zu einem großen Teil über die WAN-Verbindung auf den Datenbeständen der Zentrale in Bielefeld gearbeitet. Um für diesen Zweck eine reibungslose Kommunikation der Standorte untereinander zu ermöglichen, sind alle Standorte über synchrone Festverbindungen unterschiedlicher Bandbreite sternförmig von Bielefeld aus miteinander vernetzt. Das Routing ist so konfiguriert, dass jeder Standort über jedes Protokoll mit allen anderen Standorten kommunizieren kann. Die sich hieraus ergebenden Sicherheitsbedenken einiger Administratoren wurden bisher vernachlässigt.

Damit nicht auch der Internet-Datenverkehr über die Festverbindungen fließt, verfügt darüber hinaus jeder Standort über eine eigene breitbandige Internetverbindung, über die die Benutzer auf das Internet zugreifen und ihren E-Mail-Verkehr abwickeln können. Eine zentrale Steuerung des Internetzugriffs gibt es nicht, da die Kosten hierfür bisher als zu hoch eingestuft wurden. Der Grund für diese hohen Kosten lag vor allem darin begründet, dass immer nur die Verwaltungsdatenbank und die Verwaltungskonsole zentralisiert gesehen wurden, die funktional und leistungsmäßig passenden Geräte jedoch für jeden Standort benötigt wurden. Da keine Alternativlösungen zu einer solchen Struktur geboten wurden, landete die Anforderung somit irgendwann mit der Hoffnung »auf Eis«, dass der Markt in Zukunft eine brauchbare Lösung liefern würde.

### Systeme/Applikationen

Im Bereich der Applikationen ist, historisch gewachsen, eine Reihe unterschiedlicher Anwendungen in unterschiedlichsten Versionen im Einsatz. Kern der Client-Umgebung sind Windows-Betriebssysteme ab Windows 2000, wobei ein Großteil, nämlich ca. 85 %, unter Windows XP läuft. Windows 7 hingegen ist nur bei den Geschäftsführern und auf einzelnen Notebooks vertreten, die bereits mit diesem Betriebssystem ausgeliefert wurden.

Als unternehmenskritische Anwendungen laufen auf den Clients Lotus Notes in unterschiedlichen Releases der Versionen 8.0 und 8.5 sowie IBM Client Access für den Zugriff auf eine i5-(AS/400-)Warenwirtschaftslösung. Die Komponenten von Microsoft Office sind in Gänze oder nur zu bestimmten Teilen ebenfalls auf fast allen Clients vertreten. Da lange Zeit die Komponenten »auf Zuruf« aus den Fachabteilungen auf den Clients installiert wurden, ließ sich irgendwann nicht mehr genau feststellen, wer welche Anwendung tatsächlich benötigt und auf welchen PCs sie installiert ist.

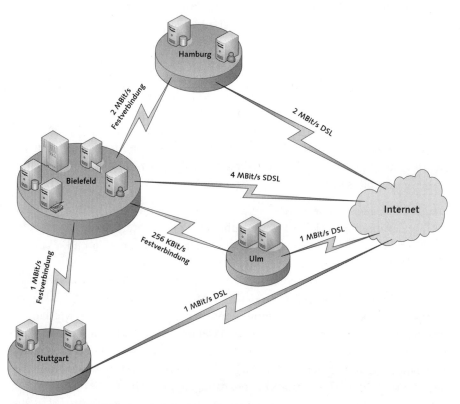

**Abbildung 1.2** WAN-Struktur bei der Musterhandel GmbH

In sehr vielen Fällen wurden die Anwendungen für einen einmaligen Bedarfsfall installiert, etwa wenn eine von einem Lieferanten geschickte Diskette mit einer Excel-Tabelle geöffnet werden sollte, später aber aus den unterschiedlichsten Gründen nicht wieder entfernt wurde.

Ein weiterer, wichtiger Aspekt im Hinblick auf Microsoft Office ist die Tatsache, dass viele unterschiedliche Versionen von Office im Einsatz sind. Grundsätzlich sagt die Firmenpolitik zwar aus, dass nur Office 2003 eingesetzt werden soll, dies lässt sich jedoch nicht durchgängig realisieren, da z. B. für den Datenaustausch mit den Geschäftsführern und Kunden, die oftmals bereits Office 2007 oder 2010 einsetzen, die entsprechenden Dateiformate gelesen und geschrieben werden müssen. Da sich Office 2003 und Office 2010 nicht reibungslos parallel auf dem gleichen Rechner installieren lassen, stehen an den betreffenden Arbeitsplätzen oftmals zwei PCs – einer mit Office 2003 und mit einer neuerer Office-Version. Zu allem Überfluss hat sich einer der Geschäftsführer ein MacBook Air mit vor-installiertem Office 2011 für Mac gekauft, was die Verwaltung der Dateitypen und -Formate zusätzlich erschwert.

### Druckanforderungen

Da insbesondere bei den kleineren Kunden der Musterhandel GmbH noch keine hohe Abdeckung von PCs und elektronischer Datenhaltung zu finden ist, wird nach wie vor eine große Menge an Daten in Papierform ausgedruckt und an die Kunden weitergegeben. Da diese Strukturen sehr eingefahren sind und die Mit-arbeiter der Firma Musterhandel sich in diesem Punkt als sehr unnachgiebig her-ausgestellt haben, verfügt nahezu jeder Sachbearbeiter über einen lokal ange-schlossenen Drucker an seinem Arbeitsplatz. Zwar gibt es auch einige Netzwerkdrucker, die an Servern freigegeben wurden, jedoch werden diese nur wenig genutzt, da sie nicht automatisch zugewiesen werden und die Mitarbeiter den Aufwand des manuellen Verbindens scheuen.

### Remote-Zugriff

Ein Thema, das insbesondere im Bereich des Vetriebsaußendienstes häufig ange-schnitten wird, ist die Möglichkeit, von außen, also z. B. direkt aus dem Internet, auf aktuelle Unternehmensinformationen zugreifen zu können. Aus Kosten- und Sicherheitsüberlegungen heraus wurde allerdings bisher nicht auf diese Anforde-rungen eingegangen. Zwar sieht auch die Geschäftsführung großen Bedarf an einem Echtzeitzugriff auf Anwendungen zur Dateneinsicht, jedoch überwiegt bis zum aktuellen Zeitpunkt die Angst vor eventuellem Datenverlust an Mitbewer-ber. Jedoch wird diese Ansicht langsam aufgeweicht, da ein jüngeres Mitglied der Geschäftsleitung gerne mobil von seinem iPad aus arbeiten würde.

### Mobile Benutzer

Neben den Möglichkeiten eines externen Zugriffs auf die Unternehmensressour-cen steht für die Benutzer des Vertriebsaußendienstes auch die Offline-Verfüg-barkeit von Anwendungen und Daten im Fokus einer neu zu implementierenden Lösung. Die Mitarbeiter des Vertriebs möchten häufig ihre Notebooks jedoch nicht zu Installations- und Pflegearbeiten abgeben. Dies hat bisher eine solche Lösung vereitelt.

Aus Sicht der Systemadministratoren sind bisherige Überlegungen zur Offline-Verfügbarkeit daran gescheitert, dass keine integrierten Lösungen verfügbar waren. Die Wunschvorstellung eines Administrators war die Verwaltung aller Komponenten über eine einzige Verwaltungskonsole. Ohne eine solche Möglichkeit lehnte er das Thema Offline-Verfügbarkeit kategorisch ab.

### Teamwork/Mitarbeiterentwicklung

Da einige Projekte aus Sicht der Unternehmensführung nicht zufriedenstellend abgeschlossen wurden, hat die Geschäftsleitung eine unabhängige Analyse der Prozesse des Unternehmens in Auftrag gegeben. Das Ergebnis zeigte deutlich, dass große Potenziale im Mitarbeiterstamm lagen, diese jedoch aufgrund von räumlicher Trennung und somit mangelnder Abstimmung in diversen Vorgängen nicht genutzt werden konnten. Es stellte sich heraus, dass der Austausch von erarbeiteten Materialien oder auch nur ein einfaches Brainstorming zu einem neuen Thema oder einer neuen Aufgabe lediglich mit sehr großem Aufwand zu realisieren waren und somit häufig nicht durchgeführt wurden. Nachdem das Problem eingegrenzt schien, wurde der IT-Leiter der Musterhandel GmbH damit beauftragt, eine einfache technische Lösung für diese Anforderungen zur Verfügung zu stellen. Dies war jedoch bisher aufgrund von mangelnden Ressourcen für ein solches Projekt nicht möglich.

### Sicherheits- und Qualitätsmanagement

Vor dem Hintergrund der stetig wachsenden Zahl von Mitarbeitern und externen Partnern sieht die Geschäftsführung einen großen Bedarf an sicherheits- und qualitätssichernden Technologien. So existiert etwa zum aktuellen Zeitpunkt keine Lösung für die Verwaltung und Überwachung von Benutzeranmeldungen. Auch eine Technologie für die Überwachung und Analyse der Systeme respektive Verfügbarkeiten ist aktuell nicht im Einsatz. Dadurch werden oftmals Zwistigkeiten zwischen den Abteilungen provoziert, da eine Fachabteilung bei Nicht-Einhalten von Terminen oftmals die Schuld der IT-Abteilung in die Schuhe schieben möchte.

### Unternehmensentwicklung

Sieht man sich die Unternehmensentwicklung der letzten Monate und Jahre an, so sind weitere Erweiterungen des Unternehmens an neuen Standorten nicht auszuschließen. Da sich die gesamtwirtschaftlichen Bedingungen jedoch seit der letzten Erweiterung geändert haben, ist davon auszugehen, dass die nächsten Standortanbindungen nicht in einer großen Laufzeit durchgeführt werden können, sondern Möglichkeiten für eine schnelle Einbindung in die Unternehmensinfrastruktur geschaffen werden müssen.

Ähnliches gilt auch für die Zusammenarbeit mit Kunden und Lieferanten. Vor allem aus dem Kundenumfeld wurden Rufe laut, die einen direkteren Zugriff auf Lagerbestände oder die direkte Platzierung von Bestellungen forderten. In diesem Punkt hat die IT-Leitung aber ebenfalls noch keinen endgültigen Lösungsweg gefunden.

### 1.4.2 Anforderungen an die Netzwerkumgebung

Bei Betrachtung des gesamten Umfeldes der Musterhandel GmbH bezüglich vorhandener Strukturen und eventuell noch »schlummernder« zukünftiger Wünsche aus den Fachabteilungen und von Kundenseite bietet sich eine breite Spielwiese für zentralisierte Technologien, wie z. B. zentrale Anwendungsbereitstellung über einen oder mehrere Terminalserver und die Virtualisierung von ganzen Desktops.

Im Folgenden werden die Netzwerkumgebung und die aktuellen und »schlummernden« Anforderungen noch einmal zusammengefasst und einige Punkte im Detail erläutert.

#### Betriebssysteme und Applikationen

Im Hinblick auf Applikationen gibt es insbesondere in Bezug auf Microsoft Office eine Reihe von Herausforderungen, die gelöst werden sollen (siehe Abbildung 1.3).

Der erste Schritt, der kurzfristig von der Geschäftsführung entschieden wurde, ist, Microsoft Office 2010 zum neuen Unternehmensstandard zu ernennen. Diese Anforderungen wurden durch eine externe Lizenzprüfung gefördert, die leichte Diskrepanzen zwischen erworbenen und eingesetzten Office-Produkten aufzeigte. Im Rahmen der Office 2010-Einführung soll nun auch eine Lösung zum Einsatz kommen, die zukünftig eine bessere Kontrolle des Lizenzbestandes ermöglicht.

Es hat sich auf der anderen Seite auch bereits herausgestellt, dass der Einsatz von älteren Office-Versionen für eine Übergangszeit von etwa zwei Jahren nicht komplett vermieden werden kann. Sofern ein Parallelbetrieb der Anwendungen auf einem Endgerät nicht möglich ist, werden aktuell mehrere PCs benötigt, was sich ebenfalls in den Hardware-, Software- und Einrichtungskosten niederschlägt. Sofern hier eine technische Lösung gefunden werden könnte, diese Hardware-Aufwände zu vermeiden, so soll diese zum Einsatz kommen.

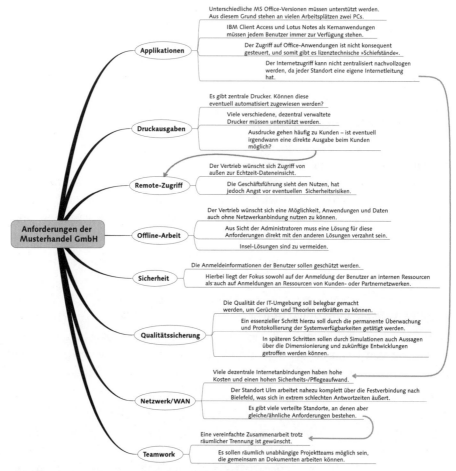

**Abbildung 1.3** Anforderungen der Musterhandel GmbH

## Druckausgaben

Bei dem Thema Drucken lassen sich drei Anforderungen erkennen, die mehr oder weniger akut zur Debatte stehen. Der erste Punkt ist die Integration von lokal installierten, also dezentral verwalteten Druckern an den Arbeitsplätzen. Welche IT-Lösung auch immer angestrebt wird, diese Drucker müssen unterstützt werden. Und dies sowohl aus politischen als auch aus funktionalen Gründen, da sowohl der Komfort der Benutzer als auch der funktionale Aspekt der schnellen Ausgaben als Prioritäten festgelegt wurden.

Der zweite Aspekt ist die automatische Einbindung der zentralen Drucker vom Druckserver. Zentrale Drucker bieten eine Reihe von Vorteilen im Hinblick auf Geschwindigkeit und Erreichbarkeit, die auch genutzt werden sollten. Wenn die

Mitarbeiter diese Drucker nicht aus eigenen Kräften nutzen können, so muss es eine Lösung geben, die die Anfangshürden überwindet und den Benutzern die Drucker automatisiert zur Verfügung stellt.

Dritter und letzter Punkt zum Thema Druckausgaben ist der Wunsch des Kunden, benötigte Ausdrucke direkt bei sich tätigen zu können und diese nicht zeitintensiv per Postsendung zu erhalten. Dieser Punkt greift sehr stark in den folgenden Punkt, den Remote-Zugriff über.

### Remote-Zugriff

Der Remote-Zugriff, also der Zugriff auf Unternehmensdaten und -ressourcen von einem beliebigen externen System oder Standort aus, ist eine der wichtigsten Anforderungen, auch wenn sie nicht auf den ersten Blick als solche betrachtet wird. Eine gut geplante Zugriffslösung hat jedoch nahezu unendliche funktionale Potenziale und kann, richtig eingesetzt, die Produktivität bei gleichzeitiger Kostenersparnis erhöhen.

Doch warum ist das so? Um diese Frage zu beantworten, sehen wir uns einmal an, auf welche Anforderungen eine Zugriffslösung eine gute Antwort sein kann.

Der erste Punkt ist mit Sicherheit die Anforderung der Vertriebsabteilung, von außen in Echtzeit auf Unternehmensdaten zugreifen zu können, um bei einem Kundenbesuch konkret aussagefähig zu sein. Denken wir diesen Punkt weiter, stellt sich die Frage, wo der Unterschied bei dem Zugriff von außen zwischen einem Vertriebsmitarbeiter und einem Kunden ist, der wissen möchte, wann seine Ware geliefert wird, oder der direkt eine Bestellung einpflegen möchte. Natürlich gibt es bei beiden Personengruppen Unterschiede in dem, *was sie tun*, aber nicht, *wie sie darauf zugreifen*. Aus Sicht einer Zugriffslösung besteht also kein Unterschied zwischen dem Zugriff auf Anwendung 1 und auf Anwendung 2.

> **Hinweis**
>
> Dieser Aspekt ist sehr wichtig für die Planung von Zugriffslösungen. In der Praxis finden sich sehr häufig Fälle, in denen z. B. für den Außendienstzugriff mit einer Terminalserverlösung gearbeitet wird, während die Kunden einen VPN-Zugang nutzen. Zwei Technologien, die beide gepflegt werden müssen und Kosten verursachen, obwohl sie in den meisten Fällen die gleiche Problemstellung adressieren – den Zugriff von außen auf interne Anwendungen und Daten. Dieser Aspekt wird in späteren Kapiteln noch genauer beschrieben.

Einen Schritt weitergedacht, stellt sich die Frage, wo dann noch der Unterschied zwischen einem reisenden Außendienstler und einem Mitarbeiter in einem kleinen Außenstandort, etwa einer neuen Zweigstelle, ist. Aus Sicht der Zugriffslösung gibt es keinen. Das aktuell so populäre Thema Home-Office wäre zudem gleich mit abgehandelt, denn was ist ein Home-Office anderes als die kleinste Zweigstelle?

Es gibt auch noch einen dritten, vielleicht weicheren Faktor, der im Rahmen einer solchen Zugriffsstrategie berücksichtigt werden könnte und sollte: unterschiedliche mobile Endgeräte.

Auf der einen Seite hat einer der Geschäftsführer bereits ein iPad, von dem aus er gerne auf seine Daten zugreifen möchte. Auf der anderen Seite haben mit Sicherheit viele der reisenden oder höhergestellten Mitarbeiter auch SmartPhones wie das iPhone oder die beliebter werdenden Android-Geräte. Ein wesentlicher Aspekt, der diese Geräte so charmant für den geschäftlichen Einsatz macht, ist die Möglichkeit, hiermit nicht nur telefonieren, sondern auch weitere Inhalte und Medien darauf nutzen zu können. Zwei Problemstellungen, die sich hierbei jedoch sehr häufig zeigen, sind zum einen die Datensicherheit auf den Geräten und zum anderen die Integration der unterschiedlichen Gerätetypen. Sollten nicht auch diese Punkte zu einer umfassenden Zugriffsstrategie gehören? Ja, auf jeden Fall.

Unter dem Strich kann eine Zugriffsstrategie somit die Lösung für viele der aufgeführten Anforderungen sein. Eine weitere wäre z. B. das Thema der Ausdrucke direkt beim Kunden. Fasst man Technologien aus dem Druckwesen und dem Remote-Zugriff zusammen, zeichnet sich auch die Lösung für diese Anforderung ab.

**Offline-Arbeit**

Neben der Möglichkeit des Remote-Zugriffs auf die Anwendungen und Applikationen wünscht der Vertriebsaußendienst weiterhin eine Möglichkeit, Anwendungen und Daten auch ohne Verbindung mit einem Netzwerk nutzen zu können. Hierbei soll es sich nach Möglichkeit um eine automatisierte Lösung handeln, bei der Anwendungen und Daten stets in einer aktuellen Version auf den Notebooks zur Verfügung stehen – dies natürlich ohne einen Verlust der Datensicherheit sowohl in Bezug auf Datensicherungen als auch Datenschutz.

Der Einwand der Administratoren, keine weitere Insellösung implementieren zu wollen, ist auch aus strategischer Sicht vollkommen einleuchtend und tragbar. Das Ziel muss somit die Auswahl einer geeigneten Technologie sein, die sich nach Möglichkeit mit den Lösungen für die zentrale Bereitstellung von Anwendungen und dem Remote-Zugriff vereinen lässt.

**Sicherheit**

In Bezug auf die Sicherheit der Systemumgebungen und Benutzerinformationen sollen Technologien eingeplant werden, die beispielsweise einen erhöhten Schutz für die Anmeldedaten und Kennwörter der Benutzer darstellen.

Hierbei soll jedoch nicht der Komfort der Benutzer über die Maßen eingeschränkt werden, da dies einen negativen Effekt auf die Gesamtlösung haben würde. De facto soll eine höhere Sicherheit gleichzeitig mit einer Vereinfachung für die Benutzer einhergehen, was die Akzeptanz der Gesamtlösung steigern soll.

**Qualitätssicherung**

Der Aspekt der Qualitätssicherung ist in vielen Fällen ebenso wenig messbar wie wichtig. Insbesondere bei Unternehmen mit verteilten Standorten oder Funktionszentren ist die IT ein wesentliches Werkzeug für die Funktionalität des Gesamtunternehmens. Aus eben diesem Grund ist es umso wichtiger, auch die IT messbar und belegbar zu machen.

Im einfachsten Fall können auf diesem Weg Vorurteile oder Behauptungen widerlegt werden, die in vielen Unternehmen in Richtung der IT-Abteilung gestreut werden. Belegbare Zahlen und Werte zeigen, dass eine IT-Abteilung nicht mehr nur eine Kostenstelle ist, die Unsummen an Geld verschlingt, ohne einen benennbaren Mehrwert zu liefern, sondern eine produktive Abteilung, die andere Abteilungen erst in die Lage versetzt, ihre Aufgaben ausführen zu können.

Der zweite Fall ist das Erkennen und Lösen von Problemen. Nur durch einen definierten und messbaren Status der Systeme können Fehler frühzeitig erkannt und deren Ursachen beseitigt werden. Das Sammeln von Informationen in Form von Protokollen oder Lastauswertungen ist in vielen Fällen der Schlüssel zur Lösung von aufgetretenen Problemen.

Zu guter Letzt sind die erfassten und aufbereiteten Daten ein wichtiges Instrument, um Entwicklungen ablesen oder voraussagen zu können. Nur wenn etwa die zu erwartende Last auf Systemen qualifiziert berechnet oder simuliert werden kann, können realistische Dimensionierungen vorgenommen werden.

**Kostenoptimierung**

In diesem Zusammenhang eine kleine Bemerkung am Rande: Wir befinden uns aktuell in einer Phase der internen Optimierung. Noch vor wenigen Jahren galt jemand, der eine Serverumgebung dimensionierte als »Könner«, wenn diese Umgebung auch bei Erreichen der Planungsfrist – z. B. nach drei oder fünf Jahren – noch in der Lage war, die Benutzerlast zu tragen. Und wie wurde dieses Ziel erreicht? Indem bei der Dimensionierung sehr großzügig kalkuliert wurde!

Das Ergebnis sieht in vielen Unternehmen nun so aus, dass Systemumgebungen, die beispielsweise für den Einsatz als Terminalserver geplant waren, während ihrer Laufzeit nur zu 15 oder 20 % ausgelastet sind. Ein Techniker würde an dieser Stelle die Ressourcenreserve im Vordergrund sehen und ein gutes Gefühl dabei haben. Ein Kaufmann hingegen würde die Hände über dem Kopf zusammenschlagen, da wenigstens 60 bis 70 % der Kosten für die Systeme hätten eingespart werden können.

Genau vor diesem Hintergrund werden zukünftig Lösungen für die Überwachung und die Dimensionierung von IT-Systemen deutlich an Stellenwert gewinnen. Für den ITler in seinem Unternehmen bedeutet dies, sich frühzeitig mit diesem Thema auseinanderzusetzen, denn die Fragen und Anforderungen von der Geschäftsführung werden kommen!

In diesem Zusammenhang sei auch auf das folgende Kapitel verwiesen, in dem die Zielstellung der Desktop-Virtualisierung mit dem Citrix Delivery Center erläutert wird und in dem auch genau auf die hier aufgeworfene Frage nach der Dimensionierung, aber auch nach der Dynamisierung und Flexibilisierung von IT-Systemen, die hierin eine entscheidende strategische Rolle spielen, eingegangen wird.

### Netzwerkstruktur

Die Netzwerkstruktur birgt ebenfalls eine Reihe von Verbesserungsmöglichkeiten, die nur auf den richtigen Ansatz warten. Ein Aspekt wurde bereits im Zusammenhang mit dem Remote-Zugriff genannt – die Einbindung von Außenstandorten und Home-Offices in das Unternehmensnetzwerk. Es können aber auch noch weitere Anforderungen hiermit in Zusammenhang gebracht werden.

Hinsichtlich der Tatsache, dass jeder Standort über eine eigene Internetanbindung verfügt, zeigt sich gleich an zwei Stellen Verbesserungspotenzial. Zum einen könnten bei einer zentralisierten Lösung alle dezentralen Internetanbindungen in den Außenstandorten abgeschaltet werden, was zu einer enormen Kostenersparnis führen würde. Zum anderen könnte dadurch aber auch für mehr Sicherheit gesorgt werden.

Das Thema Sicherheit bezieht sich dabei nicht nur auf die Internetverbindung in das interne Netzwerk, wie sie durch gezielten Einsatz von Firewall-Systemen erreicht werden kann. Vielmehr geht es auch um die Sicherheit von innen ins Internet. Doch wieso das?

Das Internet ist eine Quelle der unterschiedlichsten Inhalte, nützliche und hilfreiche gehen einher mit schädlichen oder gar illegalen Inhalten. Um das interne Netzwerk und nicht zuletzt auch die Mitarbeiter vor diesen schädlichen oder illegalen Inhalten zu schützen, empfiehlt sich der Einsatz eines Systems zur Überwachung des Internetdatenverkehrs, das in der Lage ist, zu sperrende Inhalte herauszufiltern und somit einen eventuellen Schaden zu vermeiden. Da solche Systeme jedoch häufig sehr teuer und schwer zu pflegen sind, werden sie in verteilten Umgebungen, wo sie mehrfach benötigt würden, oftmals nicht oder nur unzureichend eingesetzt. Bündelt man nun aber den gesamten Internetverkehr eines Unternehmens an einer Stelle, so sind solche Content-Filter-Systeme leichter und kostengünstiger einzusetzen als bei verteilten Anbindungen.

Ein weiterer Aspekt der Netzwerkstruktur und einer zentralisierten Lösung sind aber auch die Festverbindungen zwischen den Standorten. Im Fall des Standortes Ulm, der über die Festverbindung auf Daten in Bielefeld zugreift, kann man sich leicht vorstellen, wie sich diese Zugriffe auf die Bandbreite der Festverbindung auswirken.

Stellen wir uns nun den Fall vor, dass ein Mitarbeiter in Ulm auf ein Word-Dokument in Bielefeld zugreifen will, das etwa 10 MB groß ist, so passiert vom Ablauf her Folgendes: Beim Öffnen der Datei vom Endgerät aus wird die Datei komplett von Bielefeld nach Ulm über die Festverbindung kopiert, um dann im lokalen Word angezeigt zu werden. Jedes Mal, wenn der Benutzer in der Datei etwas ändert und abspeichert, wird die geänderte Datei von Ulm nach Bielefeld über die Leitung kopiert. In dieser Zeit kann der Benutzer nicht mit der Datei weiterarbeiten, da Word während des Speicherns die Zugriffe sperrt. Jetzt könnten Sie denken, na ja, wie häufig wird der Benutzer die Datei schon speichern, wenn er merkt, dass sich das so verhält? Im Prinzip ist es egal, denn Word verfügt über einen Automatismus, der die Datei im Standard ohnehin alle zehn Minuten einmal speichert, um für den Fall eines Strom- oder sonstigen Ausfalls einen Wiederherstellungspunkt zu haben. Jeder wird diese Funktion schon einmal genutzt haben, doch wahrscheinlich, ohne sich Gedanken darüber gemacht zu haben ...

Rechnet man diese Fakten einmal in einem kleinen Beispiel zusammen, so kommt man auf 10 MB Datenverkehr beim Öffnen, bei 30 Minuten Arbeit an der Datei auf 20–30 MB Word-Zwischenspeicherung und eventuell noch auf ein- bis zweimal 10 MB für das Sichern durch den Benutzer. In der Summe kommen somit schnell 50 MB zusammen, aber auch 100 oder mehr MB wären keine Seltenheit.

Eine zentralisierte Lösung mittels Desktop-Virtualisierung könnte einen anderen Weg gehen. Das Öffnen der Datei und alle Speichervorgänge würden im lokalen Netzwerk des Serverstandortes stattfinden. Die einzigen übertragenen Daten wären die aktuellen Bildschirminhalte sowie Maus- und Tastaturbewegungen des Benutzers. Auch die Speichervorgänge würden schneller ablaufen, da die Datei nicht über eine schmale WAN-Leitung, sondern über einen schnellen Server-Backbone erfolgen würde. Vor diesem Hintergrund wären also schmalere Bandbreiten für die Festverbindungen möglich, was ebenfalls Kosten reduzieren würde.

**Teamwork**

Der Aspekt des Teamworks scheint im ersten Moment nichts mit zentralisierter Technologie, sondern eher mit besserer Organisation zu tun zu haben. Natürlich ist der Einwand, dass man ein besseres Teamwork nicht durch technische »Spielereien« allein erreichen kann, vollkommen richtig, jedoch können ebendiese »Spielereien« ein Unternehmen auf dem Weg zu mehr und besserer Zusammenarbeit auch über große räumliche Trennungen hinweg unterstützen. Wie genau eine solche Lösung aussehen kann, werden Sie in den entsprechenden Kapiteln sehen.

Es gibt noch eine ganze Reihe weiterer Anforderungen, die Sie »zwischen den Zeilen« herauslesen können, jedoch sind hiermit die wichtigsten genannt, die uns im weiteren Verlauf des Buches begleiten werden. Der eine oder andere wird sich in der einen oder anderen Anforderung wiederfinden, denn dies sind die Punkte, wie sie nicht nur bei der Musterhandel GmbH, sondern in fast allen mittelständischen Unternehmen früher oder später ans Tageslicht treten.

*In den vergangenen Wochen und Monaten ist sehr viel Bewegung im IT-Markt zu verzeichnen gewesen, wobei insbesondere die Themen der Desktop-Virtualisierung und der sogenannten Cloud von sich Reden gemacht haben. Dieses Kapitel stellt einige Hintergründe, Architekturen und Konzepte vor und erläutert, warum Virtualisierung ein notwendiger Wegbereiter der Cloud ist.*

# 2  Desktop-Virtualisierung – ein strategischer Einstieg und Überblick

## 2.1  Ein Blick in die (nicht weit entfernte) Vergangenheit

Sieht man sich die IT-Umgebung der Musterhandel GmbH und vieler anderer Unternehmen in den Jahren um 1980/90 an, so spielten zu dieser Zeit PC-basierte Systeme im Unternehmen so gut wie keine Rolle. Zwar gab es an der einen oder anderen Stelle schon PCs, die unter Umständen sogar in das Unternehmensnetzwerk eingebunden waren und auf Dateien und Drucker auf einem Novell-Netware-Server zugriffen, aber so richtig ernst hat diese Systeme niemand genommen. Die wahren Server waren Großrechner und Mainframes, die bei der Musterhandel GmbH zwei riesige Räume füllten, die gesamte Rechenleistung des Unternehmens auf sich konzentrierten und unzählige Benutzersitzungen abbildeten. An den Arbeitsplätzen befanden sich in den meisten Fällen »dumme« Terminals, die mit Bernsteinfarben die Unternehmensdaten wiedergaben. Zentralisierung von Informationen und Rechenleistung, das war der Stand der Dinge.

Doch bereits in den Jahren 1994/95 änderte sich das Bild im Unternehmen drastisch. Die PCs wurden leistungsfähiger und Betriebssysteme wie Windows NT stärkten die Position der »klugen« Arbeitsplatzrechner. Auf einmal musste alles bunt und animiert sein. Zwar liefen die unternehmenskritischen Anwendungen immer noch auf einem Großrechner, aber der Zugriff erfolgte jetzt nicht mehr über ein Terminal, sondern über eine 3270- oder 5250-Emulation auf dem PC. Die Benutzer genossen die Möglichkeit, sich individuelle Hintergrundbilder einrichten zu können und sich in »Denkpausen« mit virtuellen Kartenspielen auf andere Gedanken bringen zu können. Zentrale Systeme waren out!

Zu dieser Zeit war es in der Abteilung Benutzerservice, heute würde man sagen Support, üblich, auch die Möglichkeiten zu genießen, die PC-Systeme boten. Ohne Gefahr zu laufen, das ganze Unternehmen lahmzulegen, konnte man mit diesen PCs hier und da mal ein wenig herumspielen und testen. Ob der jeweilige Benutzer eine halbe Stunde früher oder später wieder an seinem PC arbeiten konnte, war im Prinzip egal. Es war eine Zeit, in der die Entwicklung der Hardware der der Software voraus war. Die PCs waren so leistungsstark, dass die Software immer schnell genug lief. Auch waren Aktualisierungen von Anwendungen nicht so sehr an der Tagesordnung, wie es heute z. B. durch Patches und Updates der Fall ist.

Diese paradiesische Zeit hielt jedoch nicht lange an. Schon bald wurden die Aktualisierungsintervalle von Anwendungen und Betriebssystemen immer kleiner. Viele Anwendungen setzten plötzlich auf den Clients häufige Aktualisierungen voraus, um im Fehlerfall den Hersteller-Support in Anspruch nehmen zu können. Auch wurde die Lebenszeit von PCs an vielen Arbeitsplätzen immer kürzer, da sie nicht mehr in der Lage waren, die aktuellsten Versionen von Anwendungen performant zur Verfügung zu stellen. Jedes Roll-out eines neuen PCs war mit enormem Aufwand verbunden, selbst wenn auf Images etc. zurückgegriffen wurde. Dies führte dazu, dass gerade von zwei »alteingesessenen« Administratoren erste Stimmen laut wurden, die das allseits beliebte Credo »Früher war alles besser« propagierten. Natürlich war es deutlich einfacher, irgendwo ein Terminal (quasi einen Bildschirm mit Tastatur) hinzustellen und anzuschließen, als einen neuen PC aufzubauen. Aber war ein Weg zurück überhaupt möglich? Hätten die Benutzer nicht lauthals protestiert, wenn man ihnen die »bunten Spielzeuge« wieder weggenommen hätte? Ließen sich Office-Anwendungen auch über einen Mainframe *schön* abwickeln? Die Benutzer interessierten sich im Prinzip doch nicht wirklich für den Aufwand, den jemand für den Aufbau ihrer PCs betreiben musste. Wieso auch, das war schließlich nicht ihr Problem.

Wären aber einzig die Administratoren diejenigen gewesen, die unter diesen Belastungen zu leiden gehabt hätten, hätte es vielleicht nie ein Umdenken in den Reihen der Softwarehäuser gegeben. Doch es waren eben nicht nur die Administratoren, die mit großen Aufwänden konfrontiert wurden, sondern auch die Entscheider und Abteilungsleiter, die mit einem Mal mehr Personal und Ressourcen für den Benutzerservice einsetzen mussten, als sie es vorher gewohnt waren. Dieser Umstand führte zu einer vollkommen neuen Sichtweise auf die Kostenverteilung im Unternehmen – die Gedanken der *Total Cost of Ownership* (TCO) und des *Return on Investment* (ROI) waren geboren. Mit einem Mal waren es nicht nur die Anschaffungspreise für Hard-/Software und die regelmäßige Wartung, die in die Budgetplanung mit aufgenommen wurden, sondern auch ein nicht unerheblicher Anteil für laufende Kosten von Implementierung, Verwaltung und Support der Client-Umgebung. In vielen Fällen sprach man von einem 20:80-Verhältnis zwischen den Anschaffungskosten und den laufenden Kosten über den Abschreibungszeitraum eines Arbeitsplatz-PCs.

Vor allem dieser zweite Aspekt führte in hohem Maße dazu, dass die Hilferufe der Administratoren nicht ungehört blieben. In den Jahren 1997/98 erschien eine echte Alternative zu verteilten PC-Systemen, ohne jedoch ihre Vorteile bei den Grafik- und Gestaltungsmöglichkeiten einzubüßen. Die Windows NT Terminal Server Edition war geboren. Mit dem Terminalserver wurde mit einem Mal die Möglichkeit geboten, nicht mehr den Großteil des Aufwandes an den verteilten Endgeräten zu betreiben, sondern den Verwaltungsaufwand und die Kosten wieder zu zentralisieren und somit zu senken. Zugegeben, ähnliche Lösungen aus dem Hause Citrix gab es auch schon viel früher, aber erst mit diesem Produkt trat diese Technologie ins allgemeine Bewusstsein und stellte eine anerkannte Alternative zu verteilten PC-Systemen dar. So war es auch ein Artikel über *Server-based Computing* (SBC) mit einer Terminalserver-Fallstudie in einer renommierten Fachzeitschrift, der den Abteilungsleiter des Benutzerservice der Firma Musterhandel auf diese neuen Möglichkeiten aufmerksam machte.

## 2.2 Der Terminalserver – Urvater des Server-based Computings

Was aber ist ein Terminalserver, und was macht er? Genau mit dieser Frage sahen sich damals viele Administratoren und Entscheider konfrontiert. Eine sehr häufige Antwort auf diese Frage lautete dann: Ein Terminalserver ist eine Art Mainframe für Windows. Technisch gesehen ist das zwar etwas grenzwertig formuliert, funktional ist es jedoch genau richtig. Auch bei einem Terminalserver wird die gesamte Rechenleistung von einer zentralen Instanz geboten, und auch hier sind die Aufgaben der Endgeräte grundsätzlich auf das Entgegennehmen von Eingaben und das Darstellen von Ausgaben reduziert.

Im Prinzip ist ein Terminalserver also nichts anderes als ein Server, der zusätzlich zu seinen normalen Fähigkeiten in der Lage ist, die ihm zur Verfügung stehenden Systemressourcen, wie z. B. CPU-Rechenleistung und Arbeitsspeicher, in einzelne »virtuelle Windows-Desktops« zu unterteilen. Diese voneinander getrennten Bereiche stehen anschließend den Benutzern als Arbeitsumgebungen zur Verfügung, in denen jeder Mitarbeiter die von ihm benötigten Anwendungen starten kann. Diese Benutzerbereiche nennt man *Sitzungen* oder *Sessions*. Da somit mehr als ein Benutzer gleichzeitig auf einem System arbeiten kann, nennt man ein dazu fähiges Betriebssystem auch ein *Multi-User*-Betriebssystem. Sehr frühe Vertreter der Multi-User-Betriebssysteme auf dem PC sind z. B. UNIX-Varianten.

**Unterschied zu VDI**

Einer kleiner Vorgriff: Die hier beschriebene Technologie der *Sessions* ist bitte nicht mit den *virtuellen Desktops* im VDI-Umfeld zu verwechseln.

Bei einem Terminalserver arbeiten auf einem Server und einer Betriebssystem-Instanz mehrere Benutzer in jeweils eigenen Sessions. In einem VDI-Szenario laufen auf einem Server mittels (System-) Virtualisierung mehrere Betriebssysteme (z. B. Windows 7) mit jeweils nur einem verbundenen Benutzer. Diese Unterscheidung führt häufig zu Verwirrungen – noch dazu, weil beide Varianten nicht nur zur Desktop-Virtualisierung gehören, sondern beide auch Vertreter des *Server-based Computings* sind.

Verbindet sich ein Benutzer auf einen Terminalserver, verbindet er sich mit genau einer Session. Alle Tastatur- und Mauseingaben des Benutzers werden vom Endgerät über ein spezielles Protokoll an die Benutzersitzung auf dem Server übertragen. Die entsprechenden Bildschirmausgaben wiederum werden vom Server an den Client übermittelt und dort auf dem lokalen Bildschirm dargestellt.

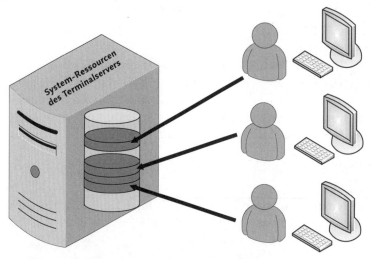

**Abbildung 2.1**  Ressourcenteilung am Terminalserver

Die Anzahl an unterschiedlichen Sitzungen, die ein Server verwalten kann, hängt von seiner Rechenleistung und der Größe seines Arbeitsspeichers ab. Stellen Sie sich vor, ein Server mit einem 64-Bit-Betriebssystem hat 16.384 MB Arbeitsspeicher, wovon 2.048 MB für das Betriebssystem selbst genutzt werden, dann stehen für Benutzersitzungen noch 14.336 MB zur Verfügung. Wenn eine Sitzung nun z. B. 240 MB benötigen würde, könnten nach dieser einfachen Rechnung ca. 60 Benutzer auf diesem System arbeiten. Diese Rechnung ist natürlich nur beispielhaft zu verstehen. In der Realität sind Benutzersitzungen natürlich nicht immer gleich groß, und auch Faktoren wie CPU-Last, Netzwerkanbindungen und Datendurchsatz der Festplatten fließen stark mit in die Berechnung der maximalen Benutzerlast eines Servers ein.

Natürlich hat sich seit den ersten Versionen des Windows-Terminalservers einiges in Sachen Technik und Funktionsumfang getan. Während viele Szenarien und Funktionen in vorherigen Versionen nicht möglich bzw. noch mit Problemen behaftet waren, ist eine Terminalsitzung auf einem Windows Server 2008 R2 heute nahezu vollständig in der Lage, einen Arbeitsplatzrechner zu ersetzen. So besteht z. B. die Möglichkeit, lokale Ressourcen wie Laufwerke, Drucker, parallele und serielle Schnittstellen oder Soundkarten in die Sitzungen einzubinden. Hierdurch lässt sich z. B. eine Textverarbeitung auf dem Terminalserver ausführen und der damit erstellte Brief direkt auf der Festplatte des lokalen PCs speichern. Auch der Ausdruck des so erstellten Briefes auf einem lokal angeschlossenen USB-Drucker ist selbstverständlich kein Problem.

## 2.3 Die Geburt der Desktop-Virtualisierung – der VDI-Desktop

Denkt man aber an die guten alten Zeiten zurück, in denen Terminalserver das Server-based Computing beherrschten, so hat damals noch niemand über *Desktop-Virtualisierung* gesprochen. Ganz im Gegenteil – es gab immer nur zwei Varianten: SBC oder »normale« Client-PCs.

Erst vor weniger Jahren, als die Server-Virtualisierung zu einem Massenphänomen geworden war und die ersten Mutigen auch Installationen von Client-Betriebssystemen auf einem Hypervisor im Rechenzentrum testeten, entstand eine neue Variante der Virtualisierung. Mit virtuellen Desktop-Infrastrukturen (VDI) wurden die ersten Schritte unternommen, zentral gehostete Client-Betriebssysteme über eine Remote-Sitzung – ganz ähnlich der des Terminalservers – von den Endgeräten aus zu nutzen. Für einige Zeit schienen hierdurch alle Unzulänglichkeiten des herkömmlichen Terminalservers, wie etwa der Betrieb von nicht-terminalserver-fähigen Anwendungen, gelöst werden zu können. VDI galt als das neue Flaggschiff des Server-based Computings.

Allerdings stellte sich in den ersten Projekten recht schnell heraus, dass die erweiterte Flexibilität durch den Einsatz für dedizierte Windows-Clientbetriebssysteme auch eine Kehrseite hatte – im wahrsten Sinne des Wortes einen hohen Preis.

Während man im Terminalserver-Umfeld nämlich recht große Benutzerzahlen auf einem physikalischen System unterbringen konnte, war diese »Packungsdichte« (*User Density*) im VDI-Umfeld deutlich geringer und somit die Kosten für Anschaffung von Betrieb von Server- und Speichersystemen entsprechend höher als bei einer Terminalserverlösung.

Es kristallisierte sich somit heraus, dass VDI allein – so charmant und medienwirksam es auch sein mochte – nicht die Lösung aller Probleme sein könnte. Vor diesem Hintergrund wurde der Begriff der *Desktop-Virtualisierung* geprägt, bei dem es sich nun nicht mehr um *einen* technologischen Ansatz, sondern vielmehr um eine Strategie zur Integration unterschiedlicher Virtualisierungstechnologien für die Bereitstellung von Arbeitsplätzen handelte.

Ein Hersteller, der maßgeblich an dieser Form der Definition des Begriffes der Desktop-Virtualisierung beteiligt war, war Citrix, welcher den gesamten Umfang der einsetzbaren Virtualisierungstechnologien in seinen *Flexcast*-Szenarien beschreibt. Hierzu aber später mehr.

## 2.4 Vorteile zentraler Desktop- und Anwendungsbereitstellung

Betrachtet man die Desktop-Virtualisierung mit allen ihren Lösungsansätzen und Technologien als ganzheitlichen Ansatz zur zentralen Bereitstellung von Desktops, Anwendungen und Inhalten, so können Sie problemlos eine Vielzahl von Vorteilen identifizieren, die im Folgenden kurz aufgeführt werden sollen:

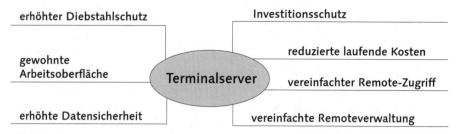

**Abbildung 2.2**  Vorteile zentraler Desktop- und Anwendungsbereitstellung

▶ **Reduzierte laufende Kosten**
  Dadurch, dass weniger Installations- und Wartungsaufwand an den verteilten Endgeräten notwendig ist, sinken die laufenden Kosten, bekannt als Total Cost of Ownership (TCO). Ein weiterer Aspekt der Kostenreduktion kommt zum Tragen, wenn man vollwertige PCs als herkömmliche Endgeräte (Fat Clients) durch Terminals (Thin Clients) ersetzt, die in der Regel ohne kosten- und

wartungsintensive Bauteile wie Laufwerke und aktive Lüfter auskommen und auch in ihrem Energiebedarf deutliche Vorteile gegenüber herkömmlichen PC-Systemen haben.

▶ **Vereinfachte Remote-Verwaltung**
Wenn alle Benutzerumgebungen auf zentralen Serversystemen abgebildet werden, auf die die Benutzer *nur* remote zugreifen, ist es deutlich einfacher, Zugriff auf eine Benutzersitzung zu erhalten. Es besteht die Möglichkeit, direkt in eine andere Benutzersitzung hineinzusehen. Es ist nicht mehr notwendig, auf jedem Client eine Remotesoftware, wie z. B. VNC, zu installieren und zu pflegen.

▶ **Vereinfachter Remote-Zugriff**
Der Zugriff auf die Unternehmensanwendungen und -daten kann mithilfe eines Terminalservers relativ leicht realisiert werden. Da Terminalserver und VDI-Lösungen vom Prinzip her darauf ausgerichtet sind, dass die Benutzer sich von entfernten Stellen verbinden können, ist es kein Problem, z. B. auch eine Sitzung über eine Internetverbindung zu öffnen. Natürlich ist hierbei darauf zu achten, dass keine Sicherheitslücken entstehen.

▶ **Erhöhte Datensicherheit**
Eine SBC-Umgebung kann die Datensicherheit in einem Unternehmen um ein Vielfaches erhöhen, da ein Kopieren von Daten zum Zwecke der Weitergabe an Externe eingeschränkt werden kann. Im Normalfall sieht der Benutzer die Daten und Anwendungen nur, kann sie aber nicht mitnehmen.

Ein weiterer Punkt ist die Möglichkeit des zentralen Backups aller Daten. Da alle Informationen und Benutzereinstellungen zentral gehalten werden, besteht kein Bedarf für dezentrale Sicherungen der Endgeräte.

▶ **Investitionsschutz**
Die Client-Hardware und -Betriebssysteme können länger eingesetzt werden, da sie nicht den Anforderungen der eingesetzten Anwendungssoftware entsprechen müssen. Die Lauffähigkeit der Anwendungen ist nur abhängig von der Leistungsfähigkeit des Servers und seiner Softwareversionen. Es ist somit generell möglich, die Endgeräte auf Wunsch lange über ihren Abschreibungszeitraum hinaus zu nutzen und erst bei einem Defekt zu ersetzen.

▶ **Gewohnte Arbeitsoberfläche**
Die Arbeitsumgebung des Benutzers unterscheidet sich nicht von der Arbeitsumgebung einer Client-Server-Lösung, sprich: Ein Windows-Benutzer arbeitet mit Windows – nur nicht mit dem auf seinem Arbeitsplatzgerät. Somit entfallen zusätzliche Kosten für Einweisung und Schulung der Benutzer.

▶ **Diebstahlschutz**
Da an den Arbeitsplätzen keine vollwertigen PCs zum Einsatz kommen müssen, sondern Thin Clients als Endgeräte eine gute Alternative darstellen, sinkt

das Risiko des Diebstahls von Endgeräten. Ein Thin Client ist für eine Person ohne Terminalserver nun einmal ohne jeden Nutzen. Gleiches gilt natürlich auch für Daten auf mobilen Endgeräten.

## 2.5    Microsoft und die Remote Desktop Services

Sieht man sich die oben stehenden Eigenschaften und Vorteile an, war es eigentlich ein logischer Schritt, dass sich ein großer Hersteller wie Microsoft dieser Technologien annehmen würde oder sie zumindest in seine Produkte einzubinden versuchte. Doch wie kam es dazu? Um genau diese Hintergründe zu verstehen, müssen wir einen kleinen Blick in die Historie der mehr oder weniger aktuellen Microsoft-Client-Betriebssysteme werfen …

Das erste Betriebssystem, das von Microsoft erstellt wurde, war im Jahr 1981 ein Gemeinschaftsprojekt mit und für IBM. Das PC-DOS, wie es für IBM-Systeme hieß, wurde zum ersten Mal im Sommer des Jahres 1981 in der Version 1.0 mit IBM-Hardware ausgeliefert. Im Frühjahr des darauffolgenden Jahres folgte die erste Version von MS-DOS, das in der Version 1.25 auch für Nicht-IBM-Hardware verfügbar war. Im Grunde unterschieden sich die beiden Systeme MS-DOS und PC-DOS nicht voneinander, da IBM nur die Microsoft-Pakete prüfte und mit neuem Namen wieder verpackte.

Im Jahr 1985 veröffentlichte Microsoft die erste Version von Windows, damals in der Version 1.0, als grafische Erweiterung und Aufsatz auf MS-DOS 3.x. Da diese erste Version von Windows jedoch nicht sonderlich viele Funktionalitäten für den geschäftlichen Einsatz bot, fand sie nur eine sehr geringe Verbreitung.

1987 erschien OS/2 Version 1.0, ein gemeinschaftlich von Microsoft und IBM geplanter Nachfolger von DOS, der zwar noch kommandozeilenbasiert war, aber bereits Funktionalitäten wie Speicherauslagerung und Multitasking enthielt. Im selben Jahr folgte die zweite Version von Microsoft Windows, das zu diesem Zeitpunkt schon als Plattform für MS Word und MS Excel diente und somit einen gewissen Stellenwert im unternehmerischen Einsatz hatte.

Da sich der Trend zu grafischen Benutzeroberflächen (GUIs), nicht zuletzt durch Apple-Betriebssysteme, bereits sehr stark abzeichnete, folgte im Jahr 1988 OS/2 1.1, ebenfalls mit einer grafischen Benutzeroberfläche, dem Presentation Manager (PM), die in den folgenden Versionen immer weiter aufgebohrt wurde.

Zu diesem Zeitpunkt waren viele Administratoren, aber auch viele Hard- und Softwarehersteller der Meinung, dass OS/2 als grafisches Betriebssystem Windows weiter überlegen war. Genau diese Meinung führte dazu, dass einige Softwarehersteller anfingen, Softwarelösungen für die Plattform OS/2 zu entwickeln, die auf gegebene Anforderungen und Probleme reagierte. Einer dieser »jungen Wilden« war die Firma Citrix, die im Jahr 1991 ein Multi-User-OS/2 hervorbrachte – quasi eine erste Version eines Terminalservers. Aus Windows-Sicht war dies jedoch zu diesem Zeitpunkt noch recht uninteressant, denn was nutzte eine zentralisierte Serverlösung, wenn die Client-Betriebssysteme sich noch nicht wirklich um ein vorhandenes Netzwerk kümmerten.

Etwa zur gleichen Zeit begann aber die Verbindung zwischen IBM und Microsoft zu zerfallen. Microsoft überließ IBM die Weiterentwicklung von OS/2 und begann die bis dato gewonnenen Erfahrungen mit OS/2 in einer eigenen Windows-Linie fortzuführen. Im Jahr 1993 erschienen mit Windows 3.11 for Workgroups und Windows NT 3.1 die ersten wirklich netzwerkfähigen Windows-Versionen. Windows for Workgroups vertrat hierbei die Produktlinie der 16-Bit-DOS-basierten grafischen Arbeitsoberflächen, während Windows NT mit einem 32-Bit-Kernel basierend auf einem überarbeiteten OS/2 arbeitete.

> **Info**
>
> Nebenbei: Wussten Sie, dass das OS/2-Dateisystem HPFS, das auch von Microsoft entwickelt wurde, schreibend erst mit Windows NT4 und lesend erst mit Windows 2000 nicht mehr unterstützt wurde? Die Unterstützung für Kommandozeilenbefehle von OS/2 1.x entfiel erst mit Windows XP.

Ab dieser Zeit war der Vormarsch von Windows nicht mehr zu stoppen. Im Jahr 1995 wurde es zwar noch einmal spannend, als sowohl Microsoft mit Windows 95 als auch IBM mit OS/2 Warp in Sachen Handhabung und Funktionen einen gewaltigen Schritt nach vorn machten. Aber aufgrund der breiten Anwendungsunterstützung, nicht zuletzt aus dem eigenen Haus, war Windows nicht mehr wegzudenken. Mit Windows 95 gelang nun auch der »kleinen« Betriebssystemversion der Sprung auf 32 Bit und im darauffolgenden Jahr übernahm dafür Windows NT in der Version 4.0 die Arbeitsoberfläche mit dem Startmenü vom »kleinen Bruder« und löste endgültig den Programm-Manager als Shell ab.

1997 war dann die Zeit reif für den Weg zum Terminalserver. Citrix war in den letzten Jahren von einer kleinen Fünf-Mann-Firma zu einem Unternehmen mit 300 Mitarbeitern angewachsen und schloss mit Microsoft einen Fünfjahresvertrag über die Lizenzierung ihrer MultiWin-Technologie, die in eine eigene Windows-Version, die Windows NT Terminal Server Edition, einfloss.

Während der interessierte Benutzer, oder besser Administrator, unter Windows NT noch gezwungen war, für den Einsatz der Terminaldienste eine eigene Betriebssystem-Version, nämlich die Terminal Server Edition, zu erwerben, so kam ihm einige Jahre später Windows 2000 einen gewaltigen Schritt entgegen.

Bei Windows 2000 waren die Terminaldienste nicht mehr nur die Komponenten einer speziellen Betriebssystem-Version, sondern sie waren ein direkter Bestandteil jeder Windows 2000-Server-Version. Sowohl der Standard- als auch der Advanced und der DataCenter Server waren in der Lage, als Terminalserver zu fungieren, indem einfach der entsprechende Dienst nachinstalliert wurde. In Windows 2000 standen die Terminaldienste noch zur Installation in zwei Modi zur Verfügung: einem Remote-Verwaltungsmodus, in dem lizenzfreie, aber auf ein Maximum von zwei gleichzeitigen Sitzungen beschränkte und auch nur von Administratoren nutzbare Verbindungen möglich waren, und einem Anwendungsservermodus, in dem beliebig viele Benutzer auf die Terminaldienste zugreifen konnten, hierfür jedoch Lizenzen benötigten.

Allein die Tatsache, dass man keine separate Windows-Version erwerben musste, führte zu einer weiteren Verbreitung des Terminalservers. Aber es gab auch noch einen weiteren wichtigen Aspekt, der die Verbreitung ansteigen ließ: die Lizenzierung der Terminalserver-Zugriffe im Anwendungsservermodus. Sofern man als Client ein Windows 2000- und später Windows XP-Betriebssystem hatte, benötigte man keine separaten Terminalserver-CALs (Client Access Licenses) für den Zugriff, sondern die in einer Domäne auf einem Domänencontroller zu installierende Terminalserver-Lizenzierung stellte für jeden Windows 2000-/-XP-Client selbstständig Zugriffslizenzen zur Verfügung. Einzig für Rechner mit Nicht-Windows-Betriebssystemen oder mit Windows-Versionen älter als 2000 mussten Lizenzen erworben werden.

Ansonsten war das Lizenzmodell recht einfach gehalten. Es gab nur Lizenzen auf Gerätebasis, d. h., jedes Gerät, das auf die Terminaldienste zugreifen wollte, benötigte eine Lizenz vom Terminalserver-Lizenzierungsdienst, der, sofern der Terminalserver Mitglied einer Domäne war, auf einem Domänencontroller installiert werden musste. Jeder Client bekam bei der ersten Anmeldung an einem Terminalserver von diesem Lizenzierungsdienst zunächst eine temporäre TS CAL (Terminal Services Client Access License) ausgestellt, die nach Ablauf durch eine volle TS CAL ersetzt wurde. Sofern die Lizenzen vorhanden und auf dem Lizenzserver eingetragen waren, erfolgte dieser Vorgang vollkommen automatisch.

Die Windows 2000-Terminaldienste waren schon sehr leistungsfähig im Hinblick auf die Möglichkeiten der Sitzungen. So waren z. B. schon Sitzungen bis zu einer Auflösung von 1024 × 768 Bildpunkten möglich, was der Auflösung eines normalen 17"-Monitors entsprach. Die Farbanzahl war mit 256 Farben auch in den meisten Fällen für einen Standardarbeitsplatz vollkommen ausreichend. Einzig die Integration von lokalen Ressourcen des Clients, wie z. B. eventuell vorhandenen Soundkarten zur Tonausgabe, und die Möglichkeit, Lastenausgleich und Ausfallsicherheit zu schaffen, waren noch sehr begrenzt bzw. gar nicht möglich.

So war etwa beim Lastenausgleich ein sehr häufig genutzter Weg eine 1:1-Verteilung der Benutzer auf die Terminalserver mittels DNS Round Robin. Bei dieser Technik wurden für einen Namen, z. B. *Terminalserver.Musterhandel.dom*, mehrere IP-Adressen – konkret die IP-Adressen der vorhandenen Terminalserver – im DNS eingetragen. Waren drei Terminalserver im Netzwerk vorhanden, die die IP-Adressen 192.168.1.10, 192.168.1.20 und 192.168.1.30 hatten, so wurden für diese drei Adressen Host-Einträge auf den gleichen Namen im DNS vorgenommen. Der erste Client, der danach bei einem Verbindungsversuch auf den Terminalserver den Namen *Terminalserver.Musterhandel.dom* abfragte, bekam vom DNS die IP-Adresse 192.168.1.10 zurück und verband sich somit zum ersten Terminalserver. Der zweite Client bekam als Antwort die 192.168.1.20 und landete auf dem zweiten Server. Der dritte Client bekam die 192.168.1.30 und der vierte wieder die 192.168.1.10 usw. Hierdurch konnte realisiert werden, dass die Benutzer relativ gleichmäßig auf die Server verteilt wurden, was sich bei vergleichbaren Terminalserver-Systemen als praktikable Lösung herausstellte. Mit Ausfallsicherheit hatte das jedoch nichts zu tun. Für den Fall, dass der dritte Terminalserver nicht verfügbar war, bekam trotzdem jeder dritte anfragende Client die IP-Adresse 192.168.1.30 zurück und seine Verbindungsversuche schlugen fehl.

Es gab jedoch auch noch ein weiteres Problem. Für den Fall, dass ein Benutzer z. B. aufgrund von Netzwerkproblemen die Verbindung zum Server verlor, wurde die Sitzung auf dem Server nicht beendet, sondern sie lief in dem Status »getrennt« weiter. Baute der Benutzer jetzt manuell wieder eine Verbindung zu dem Server auf, wurde seine alte Sitzung wieder verbunden und er konnte an der Stelle weiterarbeiten, an der er bei dem Netzwerkfehler zuvor gestoppt hatte. Griff der Benutzer aber über einen DNS-Namen mit Round Robin auf die Server zu, konnte es passieren, dass er auf einen anderen Terminalserver verwiesen wurde und dort eine neue Sitzung bekam. Seine alte Sitzung lief jedoch auf dem anderen Server weiter. Dieses Verhalten führte in sehr vielen Fällen dazu, dass auf den Terminalservern viele »Sitzungsleichen« herumdümpelten und dadurch die Speicherlast des Servers herauf- und die Geschwindigkeit herunterdrückten, was unter Windows 2000 oftmals nur durch regelmäßige Serverneustarts behoben werden konnte.

Aber alle diese kleinen »Unannehmlichkeiten« konnten den Vormarsch und die Weiterentwicklung der nun in das Betriebssystem integrierten Terminaldienste nicht mehr stoppen. Sowohl Windows 2003 als auch die Windows Server 2008-Terminaldienste hatten jeweils viele neue Funktionen und Optimierungen mit sich gebracht, die die Einsatzmöglichkeiten erweitert und die Problemfälle weiter reduziert haben.

Auf der Clientseite finden sich die Terminaldienste darüber hinaus seit Windows XP auch direkt als Teil des Workstation-Betriebssystems und bilden hiermit nun auch die Basis für die neuen Technologien der Desktop-Virtualisierung.

Und vor genau dem Hintergrund der weiten Verbreitung von Remoting-Technologien im Server- und Client-Betriebssystem ging Microsoft mit dem Windows Server 2008 R2 einen weiteren Schritt nach vorn und stülpte eine gemeinsame Kappe über die unterschiedlichen Ausprägungen der Terminaldienste: Die *Remote Desktop Services* (RDS) waren geboren.

Bei den RDS handelt es sich um eine Rolle, die auf einem Windows Server 2008 R2 installiert werden kann und deren Komponenten neben den »alten« Terminaldiensten nun beispielsweise auch Sitzungsbroker für VDI-Umgebungen bereitstellen. Hieran lässt sich deutlich erkennen, dass auch Microsoft den Stellenwert der Desktop-Virtualisierung sieht und sie deshalb zu einer festen Komponente des Betriebssystems hat werden lassen.

Durch die starke Verbreitung von Microsoft-Betriebssystemen in Unternehmen aller Größenordnungen wird hierdurch ein technologischer Ansatz massentauglich, der ansonsten vielleicht viel länger auf seinen Durchbruch hätte warten müssen. Wie schon so oft in der Vergangenheit werden auch bei Desktop-Virtualisierung die ersten Erfahrungen gerne mit einem Produkt gemacht, dass man ohnehin bereits im Einsatz, also »schon im Haus«, hat. Und ist dieser Erstkontakt erst einmal vollzogen, bekommen viele schnell Lust auf eine größere Einsatzbreite, welche dann allerdings mit den Windows-Bordmitteln allein vielleicht nicht mehr realisierbar ist.

## 2.6 Citrix-Lösungen – Umschließen und Erweitern

Wie im letzten Abschnitt bereits kurz angerissen, ist ein Hersteller im Besonderen an der Erfolgsgeschichte der Terminaldienste und der zentralen Bereitstellungen von Anwendungsressourcen im Allgemeinen beteiligt gewesen: Citrix.

Wie selbstverständlich steht hierbei natürlich immer mal wieder die Frage im Raum, ob sich Microsoft und Citrix hierbei als Partner oder als Konkurrenten auf dem gleichen Spielfeld begegnen. Insbesondere bei dem Erscheinen von Windows Server 2008 R2 wurden viele Rufe laut, dass dies nun endgültig das Todesurteil für die Erfolgsgeschichte von Citrix sei, da die neuen Remote Desktop Services ja nun schon alles selber könnten und man sich somit problemlos die Lizenzkosten für Citrix-Produkte sparen könnte. Gleiches hat man allerdings auch schon bei dem Erscheinen von Windows 2003 gehört und wird es wahrscheinlich auch bei dem Erscheinen von Windows 2015 noch hören.

Wie nur sehr selten in der heutigen Wirtschaftswelt handelt es sich bei der Kooperation von Microsoft und Citrix um eine derartige Erfolgsgeschichte, dass nach heutigem Ermessen keiner der Partner von einer Änderung des Verhältnisses oder einer direkten Konkurrenzsituation profitieren würde oder könnte. Das Schlagwort, das von beiden Herstellern bezüglich dieser Partnerschaft gebraucht wird, lautet »Umschließen & Erweitern« (engl. Embrace & Extend), also die vollständige Unterstützung und Nutzung der Basisfunktionen und -möglichkeiten des Betriebssystems bei gleichzeitiger Erweiterung um eigene Funktionalitäten. Insbesondere im Bereich der Desktop-Virtualisierung manifestiert sich diese Zusammenarbeit seit einigen Monaten in der sogenannten *V-Alliance*, bei der die beiden Hersteller das Thema zusammen in den Markt tragen und die Mehrwerte einer integrierten Citrix-/Microsoft-Lösung in den Vordergrund stellen.

Um diese Strategie besser verstehen zu können, sollten wir uns einmal im Detail mit der Firmengeschichte und den Produkten der Firma Citrix auseinandersetzen, wobei wir gleich zu Beginn des Kapitels mit einem der nach wie vor am meisten verbreiteten Irrtümer der IT-Welt aufräumen:

*Citrix ist eine Firma und kein Produkt!*

Auch heute noch werden Sie sehr häufig, wenn Sie mit den Themen Zentralisierung, Server-based Computing oder Application-Delivery-Strategie in Berührung kommen, u. a. folgende Aussagen zu hören bekommen:

▶ *»Unser Citrix läuft super!«*

▶ *»Ich habe letzten Monat auch das Citrix bei uns installiert.«*

▶ *»Das Citrix spart uns Unsummen an Supportkosten!«*

Es ist wunderbar, so viel Gutes über die Lösungen von Citrix zu hören, denn man weiß ja, was gemeint ist. Aber wirklich sinnvoll sind diese Aussagen im Kern nicht, oder haben Sie etwa *ein eigenes Citrix*, das zufällig so heißt wie ein großes, bekanntes Unternehmen?

Das Unternehmen Citrix hat selbst lange Zeit aktiv dazu beigetragen, dass es so weit kommt – die Geister, die ich rief ... –, denn schließlich kauft man auch »Tempos« und keine Papiertaschentücher. Um an dieser Stelle ein für alle Mal mit diesem Verwirrspiel aufzuräumen, widmen sich die folgenden Abschnitte dem Unternehmen Citrix und seinen Produkten, denn eine Eingrenzung auf ein einzelnes Produkt wie XenApp ist bereits seit einigen Jahren absolut falsch.

## 2.7  Citrix – das Unternehmen und seine Produkte

Das Unternehmen Citrix Systems wurde im April 1989 von Edward Iacobucci in Delaware in den Vereinigten Staaten gegründet. Noch im selben Jahr bekam Citrix von Microsoft eine Quellcodelizenz für die damalige Version von OS/2 und präsentierte erstmals das *ICA*-(Independent-Computing-Architecture-)Protokoll, das später zum Synonym für Remotedesktop-Protokolle werden sollte. Ein Jahr später, 1990, war der Personalstamm bereits auf 30 Mitarbeiter angewachsen und eine Multi-User-OS/2-Version wurde vorgestellt. Das erste vollständige Produkt wurde im Jahr 1991 ausgeliefert. Hierbei handelte es sich um eine Erweiterung von OS/2, *Citrix Multi-User*, die später unter dem Namen *WinView* bekannt wurde und zahlreiche neue Funktionen bot, die allerdings irgendwann über die Leistungsfähigkeit von OS/2 hinausgingen.

Kurze Zeit später folgte eine Lizenzvereinbarung mit Microsoft über die damals in Arbeit befindliche Version von Windows NT, aus der später *WinView for Networks*, ein erweitertes Windows NT, hervorging. Dieses Produkt war so erfolgreich, das mehrere neue Versionen erschienen. Zuletzt, zum Jahreswechsel 1994/1995, folgte dann *WinView for Networks 2.3*, das mit einer erweiterten TCP/IP-Unterstützung, ISDN-Fähigkeit, einer Mac-Unterstützung für DOS-Anwendungen und vielen weiteren Funktionen aufwarten konnte.

Im Jahr 1995 wurde das Produkt bei einem Versionswechsel umbenannt und bekam den Namen *WinFrame*, der auch heute noch vielen, zumindest vom Hörensagen, bekannt sein dürfte. Dieses Produkt, wie auch seine Vorgänger, war einzigartig, denn bei der Installation durchlief man im Prinzip eine NT-Installation, bei der aber als Ergebnis ein um eine Multi-User-/Multi-Desktop-Funktionalität erweitertes Betriebssystem herauskam. Um die Multi-User-Fähigkeiten voll ausnutzen zu können, mussten auf dem Server virtuelle Systeme, sogenannte *WinStations*, konfiguriert werden, mit denen sich anschließend die Benutzer verbinden konnten. Durch die Möglichkeit, einen kompletten Arbeitsplatz über eine Sitzung abbilden zu können, wurde im gleichen Jahr auch das Prinzip der *Windows-based Terminals* (WBT) geboren, die von ihrer Funktion her an die alten Großrechner-Terminals erinnerten, da sie nur noch die Funktion boten, die Bildschirmausgaben darzustellen und Maus-/Tastatureingaben entgegenzunehmen.

1997 erfolgten die Eröffnung des neuen Hauptsitzes in Fort Lauderdale in Florida und der Abschluss eines fünfjährigen gemeinsamen Marketing- und Entwicklungsvertrages mit Microsoft. Der Mitarbeiterstamm war mittlerweile auf 300 angestiegen, er sollte sich aber im darauffolgenden Jahr noch verdoppeln.

Im Jahr 1998 wurde der mittlerweile historische Name *Metaframe* an die neue Softwareversion, den *Citrix Metaframe (Application) Server* vergeben. Ein Jahr später erschien *Citrix VideoFrame*, ein Nebenprodukt, das in der Lage war, Videoinhalte an Clients in akzeptabler Qualität und Geschwindigkeit zu streamen. Dieses Produkt wurde aus technischer Sicht später sehr wichtig, viele dieser Funktionen sind dann auch in die Metaframe- bzw. Presentation-Server-Versionen mit eingeflossen. Im selben Jahr übernahm Citrix die Firma ViewSoft, die sehr stark in den Bereichen der webbasierten Anwendungsbereitstellung tätig war, was im Jahr 2000 zum Erscheinen von *NFuse Classic* als kostenfreiem Zusatz zum *Metaframe 1.8* führte. Hierdurch wurde die Möglichkeit geboten, Anwendungen über eine Portalseite im Browser zu starten.

Im Jahr 2001 arbeiteten bereits 35 Millionen Benutzer mit Sitzungen über das ICA-Protokoll, was zum damaligen Zeitpunkt in etwa den Benutzerzahlen von AOL entsprach.

Das Erscheinen von *Metaframe XP* (eigentlich Metaframe Version 2.0) im selben Jahr brachte noch einmal einen gewaltigen technischen Fortschritt mit sich. So war es mit dieser Version möglich geworden, nahezu alle administrativen Tätigkeiten von einer zentralen Administrator-Konsole aus durchzuführen. Noch im gleichen Jahr erschienen das Feature Release 1 für Metaframe XP, mit dem weitere zusätzliche Funktionen eingebaut wurden, und der *Metaframe for UNIX*, eine Metaframe-Version, die auf Unix-Systemen eingesetzt werden konnte, aber nicht mit der Windows-Version kompatibel war.

Insbesondere Funktionen wie die Einbindung von Druckern und sonstigen Ressourcen oder der SSL-gesicherte Zugriff auf Anwendungen über das *Citrix Secure Gateway* mit einem einfachen Browser waren gewaltige Sprünge in die Zukunft des Server-based Computing. Das später folgende Feature Release 2 brachte weitere nützliche Funktionen, wie z.B. die Möglichkeit, innerhalb einer Verwaltungseinheit Richtlinien für viele Einstellungen zentral treffen zu können.

2002 kam ein weiteres Produkt auf dem Markt, das *NFuse Elite*. Hierbei handelte es sich wie bei NFuse Classic um eine Webanwendung, die nun aber nicht mehr als alternativer Zugriffsweg auf die Metaframe-Anwendungen gedacht war, sondern einen ersten Schritt in Richtung »Access-Portal« darstellte. Da es nun zum ersten Mal in der Unternehmensgeschichte nicht nur ein Produkt mit ein paar Zusätzen gab, sondern zwei echte, voneinander unabhängige Produkte, begann man, die Namensgebung der Produkte erneut zu überdenken. Der Metaframe XP Server bekam mit dem Feature Release 3, das ihn Windows 2003-fähig machte, den Zusatz »Presentation Server«, so dass von diesem Zeitpunkt an der *Metaframe XP Presentation Server* das Produkt am Markt war. Gerade dieser Schritt führte zu sehr viel Verwirrung, da vielen Benutzern zu diesem Zeitpunkt nicht bewusst war, dass es sich nicht wirklich um ein neues Produkt, sondern allenfalls um ein neues Release handelte.

In den folgenden Jahren wurde es aber noch »interessanter«. Das nächste Produkt in der Linie hieß *Citrix Metaframe Presentation Server 3.0*. Man hat hierbei den Namen der vorherigen Version aufgegriffen, war aber gleichzeitig wieder auf die Versionsnummerierung der alten Metaframe-Server zurückgegangen. Da Citrix nun aber mit mehreren Produkten auf den Markt drängte, die sich als zusammengehörig darstellen sollten, wurde der Name »Metaframe« ein Bestandteil jedes Produktnamens. So gab es dann die *Metaframe Access Suite 3.0*, die aus dem Metaframe Presentation Server 3.0, dem *Metaframe Secure Access Manager 2.x* (dem Nachfolger des NFuse Elite), dem *Metaframe Conferencing Manager 3.0* und dem *Metaframe Password Manager 2.5* bestand. Die Teile der Access Suite konnten zu diesem Zeitpunkt sowohl als Paket als auch als einzelne Produkte erworben werden, wobei nur der Metaframe Conferencing Manager in Abhängigkeit vom Metaframe Presentation Server stand. Die anderen Produkte konnten auch einzeln für sich, ohne die anderen eingesetzt werden.

Die Produktpalette schien zu diesem Zeitpunkt perfekt, da durch diese vier Produkte alle Anforderungen an eine Zugriffslösung abgedeckt werden konnten. Der Metaframe Presentation Server bot die Möglichkeit des Anwendungszugriffs von jedem Ort der Welt aus, der Metaframe Conferencing Manager integrierte sich nahtlos in die Presentation-Server-Umgebung und bot die Möglichkeit des gemeinsamen Arbeitens mit einer Anwendung oder an einem Dokument, um Team- oder Projektsitzungen ortsunabhängig durchführen zu können. Mit dem Metaframe Password Manager war eine Single-Sign-on-Lösung geboten, die den Benutzern das Merken von Kennwörtern abnahm und mit der sie sich automatisch an Anwendungen oder Webseiten anmelden konnten. Der Metaframe Secure Access Manager rundete das Portfolio ab, indem er es ermöglichte, dass Benutzer über die Anmeldung an einer Webseite auf personifizierte Inhalte und Anwendungen zugreifen konnten.

Das Problem an dem Portfolio war die Namensgebung – da der Name *Metaframe* überall vertreten war, war es für einen Außenstehenden zu diesem Zeitpunkt sehr schwer zu erkennen, dass es nun, nach fast 15 Jahren Firmengeschichte, nicht mehr »nur« ein Produkt aus dem Hause Citrix gab, sondern insgesamt vier. Hierin war in zweiter Konsequenz begründet, dass viele nicht in der Lage waren, die Produkte voneinander abzugrenzen, was nicht gerade zu einer hohen Verbreitung der drei neuen Produkte beitrug.

Um diesen ungünstigen Zustand nicht auch für die Zukunft zu erhalten, wurde im Jahr 2005, mit Erscheinen der *Access Suite 4.0*, erneut das Namens- und Produktkonzept geändert. Mit Erscheinen der neuen Produkte ist die Namenskomponente *Metaframe* weggefallen, um hier eine deutliche Abgrenzung zu schaffen (zumindest aus Marketing-Sicht, denn bei der Installation und in einigen Unterlagen tauchte das Wort noch auf ...).

Auch die Zusammensetzung der Access Suite hatte sich geändert. Die Kernkomponente war nach wie vor der *Presentation Server 4.0*, der die direkte Nachfolge des Metaframe Presentation Servers 3.0 antrat. Als wichtige Neuerung war ebenfalls eine Version für Unix Bestandteil, die sich nun auch in eine vorhandene Presentation-Server-Umgebung integrieren ließ. Der Metaframe Conferencing Manager war direkt in den Presentation Server 4.0 eingeflossen und musste nicht mehr separat lizenziert werden. Als Lösung für Single Sign-on trat der *Citrix Password Manager 4.0* das Erbe des Metaframe Password Managers 2.5 an. Die dritte Komponente war das *Citrix Access Gateway*. Hierbei handelte es sich um ein zweigeteiltes Produkt, welches zum einen eine Hardware- und zum anderen eine Software-Komponente hatte. Bei der Hardware handelte es sich um eine SSL-VPN Appliance, also ein Gerät, über das ein sehr fein steuer- und verwaltbarer VPN-Zugang zu einem Netzwerk realisiert werden kann. Die Software-Komponente (Advanced Access Controls/Access Gateway Advanced) hingegen erweiterte die VPN-Funktionalität zu einem Zugriffsportal ähnlich dem Metaframe Secure Access Manager. Aus diesem Grund kann es auch als indirekter Nachfolger desselben angesehen werden.

Im Laufe des Jahres 2006 erhöhten sich die Versionen der Produkte im Dezimalbereich, was mit kleineren funktionalen Anpassungen und »Schönheitskorrekturen« einherging. Wesentlich interessanter waren die weiteren Akquisitionen des Unternehmens, die im Regelfall direkt in neue Produkte mündeten. Mit Produkten wie dem NetScaler, einer Lösung für Bandbreiten- und Zugriffsoptimierung auf Webseiten, oder dem WANscaler, einer Lösung für Bandbreitenoptimierung im WAN, wurden neue Märkte adressiert und zahlreiche Synergien mit der vorhandenen Produktpalette geschaffen. Nicht zuletzt auch durch die Akquisitionen im Bereich von Cloud-Lösungen wie GoToMeeting, GoToAssist und GoToMyPC konnte Citrix mit großen Sprüngen weiter auf dem Weg der Multi-Product-Company eilen.

Viele Themen standen zu dieser Zeit auf dem Plan: Die *Access-Strategie* für den Zugriff auf beliebige Ressourcen, die bereits genannte *Bandbreitenoptimierung* für Online- und Netzwerksysteme oder auch die Optimierung von Benutzerumgebungen mittels Single Sign-on.

Anfang 2007 geschah dann etwas sehr Unerwartetes und Faszinierendes – mit den neuen Produktversionen wurde erneut eine Anpassung der Namen und des Portfolios durchgeführt. Im Bereich der Bereitstellung von Anwendungen sollte es nun nur noch ein Produkt in drei unterschiedlichen Editionen geben, das die Nachfolge der Access Suite antreten sollte – den *Citrix Presentation Server 4.5*.

Diese Version des Presentation Servers stand nun in drei Editionen zur Verfügung – Advanced, Enterprise und Platinum – und beinhaltete in seiner größten Version

– der Platinum Edition – nun alle Produkte und Funktionen der Access Suite. So standen etwa der Password Manager 4.5, das Access Gateway 4.5 und für den Bereich des *Application Performance Monitorings* Citrix EdgeSight 4.5 zur Verfügung und konnten über eine einzige Lizenz erworben und genutzt werden.

Im Verlauf der Jahre 2007 und 2008 wurden wiederum weitere Akquisitionen durchgeführt und das Produktportfolio nochmals deutlich erweitert. So kamen durch die Übernahme von Ardence etwa der *Provisioning Server*, also eine Lösung für das Streamen von Betriebssystemen, oder durch den Aufkauf von XenSource der *XenServer* für die Virtualisierung von kompletten Systemen hinzu.

Wegen des angewachsenen Produktportfolios und des Bedarfs an einer entsprechend erweiterten (Namens-)Strategie wurde 2008 darüber hinaus eine erneute Umbenennung der Produkte durchgeführt: Aus dem Presentation Server wurde *Citrix XenApp*. Begleitet wurde die Ankündigung der Namensänderung auf der Citrix Summit in Orlando mit der Bekanntgabe einer neuen Strategie, die nun schlussendlich deutlich machte, wohin Citrix mit den getätigten Akquisitionen der letzten Monate wollte. Es ging um die Zusammenstellung eines Produktportfolios für die dynamische und ganzheitlich betrachtete Bereitstellung und Verwaltung von Anwendungen und Ressourcen – das Citrix Delivery Center.

## 2.8 Das Citrix Delivery Center – der Fokus auf dem Wesentlichen

Betrachtet man die Produktstrategien der Firma Citrix, so haben sich der Schwerpunkt und die Zielrichtung in den letzten vier bis fünf Jahren drastisch gewandelt. Während zu Zeiten des Metaframe XP noch *Server-based Computing* als Slogan vertreten wurde, so war es zur Zeit des Presentation Servers 4.0 *Access*. Der rote Punkt war bei Citrix zum Markenzeichen für die Access-Strategie geworden. Eine Zeit lang schien das Fokussieren auf den Zugriff auf Ressourcen auch die Anforderungen an den heutigen IT-Markt widerzuspiegeln. Bei einer näheren Betrachtung fiel jedoch auf, dass auch die Access-Strategie, wie vormals Server-based Computing, nur Teil eines noch bedeutenderen, wenn auch abstrakteren Größeren war.

Bei näherer Betrachtung dieses abstrakten Themas bzw. dieser großen Vision wird schnell klar, dass es nahezu unmöglich ist, sich diesem Gegenstand auf dem »gewohnten« Weg über die Leistungs- oder Funktionsbeschreibungen der einzelnen Produkte zu nähern. Auch wird sich einem etwa die erneute Umbenennung einiger Produkte nicht erschließen, wenn man der Meinung sein sollte, dass es sich beispielsweise einfach nur um eine neue Version des Presentation Servers handelt.

Vielmehr ist der Interessierte heute gezwungen, sich mit einer Strategie auseinanderzusetzen, die nur in ihrer Gesamtheit die vielen einzelnen Schritte oder Bauteile erläutert – dann aber umfassend und erschöpfend.

### 2.8.1 Vorüberlegungen

Aber wie sieht nun diese Strategie aus? Um diese Frage umfassend zu beantworten, sollten wir uns noch einmal kurz die Historie der bereits beschriebenen letzten vier bis fünf Jahre ansehen. Damals wurde die klare Zielsetzung ausgegeben, jedem Benutzer über jedes Gerät und über jede Verbindung einen Zugriff auf seine Anwendungen zu bieten. Um dieses Ziel zu erreichen, wurde der Weg verfolgt, alle Anwendungen an einer zentralen Stelle zu installieren und dann mittels Terminaldiensten »serverbasiert« für die Benutzer bereitzustellen. Durch diese damals wie heute sehr fortschrittliche und innovative Herangehensweise konnte der Verwaltungsaufwand für die Bereitstellung der Anwendungen drastisch reduziert und gleichzeitig die Zufriedenheit der Benutzer deutlich erhöht werden.

Allerdings hatte diese Vorgehensweise auch einen kleinen Schönheitsfehler: Sie griff nur dann, wenn die Anwender primär auf normale Windows-Anwendungen zugriffen und auch mehr oder weniger permanent über eine Netzwerkanbindung verfügten.

### 2.8.2 Anforderungen moderner IT-Benutzer

Was war aber mit Benutzern, die primär mit Webanwendungen arbeiten mussten? Oder mit ultra-mobilen Benutzern, die nur in den seltensten Fällen über eine Netzwerkanbindung verfügten? Während diese Themen in der ersten Zeit noch vernachlässigt wurden, da allein schon die Vorteile der zentralen Bereitstellung von Anwendungen einen gewaltigen Schritt nach vorn darstellten, so wurden sie doch insbesondere in den letzten Jahren und Monaten im Rahmen eines permanent stärker forcierten Optimierungs- und Konsolidierungsdranges immer weiter in den Fokus gerückt. Auch den neuen Anforderungen von immer anspruchsvolleren Benutzern (Stichwort *Echo-Generation*) musste Rechnung getragen werden – warum sollte sich ein Benutzer, der zu Hause über eine 16-Bit-Internet-Anbindung verfügte und mit seinem Browser einkaufen, spielen und arbeiten konnte, in seinem Arbeitsalltag mit weniger zufrieden geben?

Um alle diese Anforderungen adressieren zu können, flossen neue Funktionen in die vorhandenen Produkte ein (z. B. Application Isolation oder Streaming im Presentation Server), und neue Produkte kamen hinzu (z. B. Access Gateway oder NetScaler für den Zugriff und die Optimierung auf interne (Web-)Ressourcen). Kurz gesagt: Für neue Anforderungen wurden neue Produkte entwickelt!

Auf den ersten Blick handelte es sich hierbei jeweils um eine Hilfe, aber auf den zweiten Blick wurden nur die altbekannten Probleme, wie etwa aufwendige Softwarepflege oder komplexe Strukturen von den Endgeräten, in das Rechenzentrum verlagert. Je länger dieses Spiel gespielt wurde, umso mehr wurde das Rechenzentrum zu einer hochkomplexen und deshalb immer starreren Konstruktion, in der es immer schwieriger wurde, flexibel zu reagieren. Böse Zungen sprachen sogar von einer Technisierung der Technik wegen – die IT als Selbstzweck.

Genau an dieser Stelle fand bei Citrix ein Umdenken statt. Nicht mehr die Produkte oder Features sollten im Vordergrund stehen, sondern das, was wirklich zählt – die Benutzer und die von ihnen benötigten Anwendungen.

### 2.8.3 Das dynamische Rechenzentrum

Verfolgen wir den Gedanken, dass die Benutzer und die von ihnen benötigten Anwendungen im Fokus stehen sollen, konsequent weiter, so wird bei den Hunderten am Markt befindlichen Anwendungen und beinahe ebenso vielen Endgerätetypen schnell klar, dass es nicht *eine* Lösung für alle diese Anforderungen geben kann. Vielmehr muss es sich um ein ganzes Portfolio von Lösungen handeln, die sich flexibel miteinander kombinieren lassen müssen, aber auch einzeln einen gewissen Mehrwert bieten sollen.

Da am Ende des Tages aber immer auch die Kosten einer Lösung entscheidend für deren Erfolg sind, ist es darüber hinaus wichtig, dass man sich das gewünschte Maß an Anforderungserfüllung nicht mit einem gigantischen Ressourcenbedarf erkaufen muss. Somit muss die Eigenschaft »flexibel« eindeutig im Zentrum stehen.

| **Beispiel** |
| --- |
| Ein schönes Beispiel hierfür ist eine Software für die Lohnbuchhaltung, die immer zum Monatsende von einer Vielzahl von Leuten genutzt wird. Jeder Lohn-Benutzer möchte diese Anwendung flexibel und performant einsetzen. Der IT-Verantwortliche bekommt aber womöglich graue Haare, wenn er daran denkt, dass die Systeme jedoch den Großteil des Monats ohne sonderliche Last vor sich hindümpeln. |

Das Beispiel führt klar vor Augen, dass Flexibilität in letzter Konsequenz immer auch mit Dynamik einhergehen muss. Es muss möglich sein, die vorhandenen Mittel und Ressourcen dynamisch dort einzusetzen, wo sie zu einem bestimmten

Zeitpunkt benötigt werden. Genau diese Stufe bezeichnet Citrix als das »dynamische Rechenzentrum«.

Aber warum hat Citrix die Strategie dann nicht auch einfach das »dynamische Rechenzentrum« genannt? Die Antwort auf diese durchaus begründete Frage ist wiederum etwas abstrakt: Weil diese Begrifflichkeit wieder einen gewissen Selbstzweck impliziert – im Fokus steht aber nun mal nicht das Rechenzentrum, sondern immer der Benutzer und die Anwendungen, die ihm zur Verfügung gestellt werden – oder besser, die an ihn »delivered« werden.

Das *Citrix Delivery Center* ist somit eine Strategie, die in ihrer ganzheitlichen Ausprägung sowohl die Bedürfnisse der Benutzer als auch – mit dem dynamischen Rechenzentrum – die Bedürfnisse der Administration berücksichtigt und adressiert.

### 2.8.4   Die Lösungen

Hat man diese Strategie erst einmal verinnerlicht, lässt sie sich auch mit konkreten Lösungen besetzen, die wiederum aus einzelnen Produkten bestehen. So handelt es sich konkret um die Lösungen XenServer, XenApp, XenDesktop und NetScaler. Über diese einzelnen Bausteine legt sich wie eine große Glocke das Workflow Studio, welches für die Administration und Automatisierung der einzelnen Lösungen zuständig sein soll.

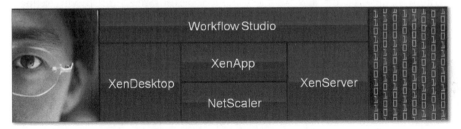

**Abbildung 2.3**   Das Citrix Delivery Center (Quelle: Citrix)

### 2.8.5   Die Benennungsstrategie

Um nun aber auch die Fragen nach der Benennung der Lösungen und der erneuten Umbenennung des Presentation Servers in Citrix XenApp umfassend zu beantworten, empfiehlt es sich auch an dieser Stelle wieder, etwas weiter auszuholen und sich auf zwei Definitionen einzulassen:

▶ **Definition 1: Der Presentation Server diente seit jeher der Bereitstellung von Anwendungen.**
Wie bereits eingangs beschrieben, hat(te) der Presentation Server bzw. Metaframe immer die Aufgabe, Anwendungen für die Benutzer zur Verfügung zu

stellen. In den frühen Versionen bezog sich dies ausschließlich auf die zentrale Installation auf einem Terminalserver und die Bereitstellung über eine ICA-Sitzung. Seit der Version 4.5 ist auch die Bereitstellung direkt auf dem jeweiligen Endgerät über die Funktionen des Streaming Servers hinzugekommen. Hierbei wird eine paketierte Anwendung (ein Anwendungs-Profil) auf das Endgerät übertragen und kann dort in einer gekapselten Laufzeitumgebung ohne eine »echte« Installation auf dem System ausgeführt werden. Im Vergleich zu der Anwendungsnutzung über eine ICA-Sitzung werden bei dieser Variante also auch Offline-Szenarien, wie etwa Notebook-Benutzer, berücksichtigt, da die gestreamten Anwendungsprofile auf dem Endgerät gecached werden können und somit auch ohne Netzwerkverbindung genutzt werden können.

▶ **Definition 2: »Xen« ist in gewisser Weise ein Synonym für Virtualisierung.** Aus Citrix-Sicht steht der Begriff »Xen« als Synonym für Virtualisierung. Dies ist einerseits in der Benennung des Xen-Hypervisors begründet, welcher als weit verbreiteter OpenSource-Hypervisor seit der Übernahme von Xen-Source auch unter der Citrix-Haube läuft. Anderseits lässt sich dies auch linguistisch begründen, denn wie wir alle wissen, steht der altgriechische Begriff »Xenos«, um dessen Kurzform es sich bei »Xen« handelt, für die Bedeutung »Gast«, also für jemanden, der im Haus wohnt, ohne seinen festen Wohnsitz dort zu haben – etwas lapidar formuliert.

Lassen wir uns nun einfach auf diese beiden Definitionen ein, so wird schnell deutlich, was Citrix mit dem neuen Namen sagen will: Xen + App – Dieses Produkt virtualisiert Anwendungen!

### ICA und Virtualisierung

Natürlich wird sich bei dieser Erläuterung der eine oder andere Metaframe-Anhänger nach wie vor fragen, was etwa eine ICA-Sitzung mit Virtualisierung zu tun hat. Auch hierbei handelt es sich um eine reine Definitionsfrage. Geht man davon aus, dass gängige Definitionen von »virtuell« salopp mit »so als ob« oder »scheinbar« zu beschreiben sind, so ist eine ICA-Sitzung durchaus eine Form der Virtualisierung: Dem Anwender erscheint die veröffentlichte Anwendung *so, als ob* sie lokal auf seinem Endgerät ausgeführt würde. Für den Bereich der gestreamten Anwendungen ist eine solche Definition darüber hinaus nicht einmal mehr notwendig, da es sich hierbei eindeutig um eine Form der Virtualisierung – die Applikations-Virtualisierung – handelt.

Auf die gleiche Art und Weise lässt sich auch die Benennung der anderen Lösungen erläutern: Der *XenServer* dient dazu, Systeme zu virtualisieren, während der *XenDesktop* für die Virtualisierung von Desktops zuständig ist. Der *NetScaler* optimiert (skaliert) den Netzwerk-Datenverkehr und bei dem *Workflow Studio* handelt es sich um eine Entwicklungs- und Verwaltungsumgebung von Administrationsabläufen.

## 2.9    Der Sprung in die Cloud

In den Jahren 2009 und 2010 wurde die Strategie des dynamischen Rechenzentrums um einen weiteren Aspekt erweitert – den Schritt in die sogenannte Cloud.

Hierbei handelte es sich um eine logische Weiterentwicklung der Delivery-Center-Strategie, da die hierdurch gewonnene Flexibilität und Skalierbarkeit nun auch dazu eingesetzt werden konnte, einzelne Bausteine aus dem Rechenzentrum temporär oder dauerhaft an einen Cloud-Anbieter auszulagern bzw. das eigene IT-Portfolio um Cloud-Services zu erweitern.

> **Integration in XenDesktop**
>
> Ein konkretes Beispiel für eine solche gelungene Integration zwischen lokalen Ressourcen und der Cloud bietet Citrix direkt mit an: In einigen Editionen von XenDesktop wird die Fernverwaltung der Desktops vom Cloud-Service GoToAssist übernommen.

Es ist deutlich zu erkennen, dass in immer mehr Citrix-Produkten Themen wie *Mandantenfähigkeit* (Multi-Tenancy) eine größer werdende Rolle spielen, um so die Implementierung in Cloud-Umgebungen und bei Cloud-Anbietern zu ermöglichen. Auch bieten neue und erweiterte Lizenzmodelle einen leichteren Einstieg in solche Szenarien als noch vor wenigen Jahren. Zwei wichtige Argumente hierbei sind wie immer eine erhoffte Kostenreduktion auf der einen und eine gesteigerte Flexibilität in der Bereitstellung von Anwendungen und Inhalten auf der anderen Seite.

Beeinflusst durch diese treibenden Faktoren und die allgemeine Aufmerksamkeit, die das Thema Cloud zurzeit in der IT-Welt genießt, hat Citrix speziell für die Integration und den ersten Einstieg in dieses Thema eine eigene Produktlinie bzw. Plattform entwickelt: Alle Lösungen, die direkt für die Zusammenarbeit mit und in Cloud-Infrastrukturen gedacht sind, finden sich nun unter dem Schlüsselwort *Citrix OpenCloud*.

Hierzu zählen Komponenten wie das *OpenCloud Framework*, *OpenCloud Bridge*, *OpenCloud Access* oder auch *Citrix VMLogix*, welche jeweils einen Teilbereich einer ganzheitlichen Lösung für die »Cloud« darstellen.

Durch diese Schlüsseltechnologien wird Unternehmen langfristig der Weg in entsprechende Dienste geebnet, auch wenn diese zum heutigen Tag womöglich noch nicht über entsprechende Konzepte nachdenken. Der Trend in die Richtung verteilter Dienste und nutzungsbasierter Abrechnungsmodelle ist jedoch vorgezeichnet und wird sich nicht mehr umkehren lassen. Umso schöner ist es, zu erkennen, dass Citrix sein Portfolio bereits heute in dieser Richtung ergänzt.

## 2.10   Der »neue« Desktop und Flexcast

Doch bei aller Medienpräsenz von Cloud- und Sourcing-Themen darf ein Aspekt der IT-Optimierung nicht in Vergessenheit geraten: Der Benutzer interessiert sich in der Regel nicht dafür, wo seine Anwendungen herkommen und wie sie bereitgestellt werden, sondern nur dafür, ob sie seine Anforderungen erfüllen!

Und eine ganz wesentliche Anforderung des Benutzers ist die, dass er auf alle seine benötigten Anwendungen und Dienste in der gewohnten Weise zugreifen möchte – über einen *Desktop*. Daran hat er sich in den letzten Jahrzehnten gewöhnt.

Somit beschreibt dieser Begriff mittlerweile viel mehr als ein Foto von einem kleinen Hund und einem Startknopf links unten. Der Desktop ist vielmehr der Einstiegspunkt für die gesamte IT-Arbeit eines Benutzers, und alle Administratoren sollten bestrebt sein, diesen Einstiegspunkt so schnell, funktional und zweckmäßig wie irgend möglich zur Verfügung zu stellen.

Und genau an dieser Stelle liegt die große Herausforderung: Nehmen wir diese auf den ersten Seiten des Buches vorgestellten Anforderungen, Ansätze und Visionen auf, so wird schnell klar, dass die Bereitstellung eines Desktops mittlerweile nicht mehr allein dadurch realisiert werden kann, auf einem PC ein Windows zu installieren. Vielmehr muss für das jeweils vom Benutzer geforderte oder benötigte Szenario die *passende* Bereitstellungsform des Desktops gewählt werden. So wird die Bereitstellung des Desktops schon zwischen einem PC und einem Notebook variieren – von einem iPhone oder iPad ganz zu schweigen. Auch werden sich die Bereitstellungformen an Arbeitsplätzen unterscheiden, auf denen vielleicht nur mit Office-Produkten gearbeitet wird und auf denen CAD-Konstruktionen durchgeführt werden sollen.

Doch trotz dieser Vielfalt stellt die Desktop-Virtualisierung mit Citrix-Produkten den Anspruch an sich, für alle diese Szenarien einen passenden technologischen Ansatz zu bieten. Das Schlüsselwort hierzu lautet *Flexcast*.

Bei Citrix Flexcast handelt es sich um ein Portfolio unterschiedlicher Technologien, die über eine zentral verwaltete Umgebung dafür sorgen, dass jeder Benutzer an jedem Endgerät jeweils den von ihm benötigten Desktop bzw. die von ihm benötigte Anwendung zur Verfügung gestellt bekommt.

Der Kern von Flexcast ist hierbei das bewährte Citrix-Produktportfolio, um seine neue, zentrale Komponente *XenDesktop* erweitert, die wiederum XenApp-Technologie für das Hosting und Streaming von Anwendungen beinhaltet.

Durch die Kombination dieser beiden Lösungen – die zufälligerweise auch den Inhalt dieses Buches bilden – mit ihren jeweiligen weiteren Komponenten lassen sich alle erdenklichen Szenarien abbilden, was Flexcast zu einem vollwertigen Synonym für die umfassende Definition der Desktop-Virtualisierung macht. Die einzelnen Lösungsansätze und Umsetzungsvarianten von Citrix Flexcast werden in Kapitel 3, »Verwaltungsarchitektur und Werkzeuge«, umfassend behandelt.

## 2.11 Citrix XenApp 6 und XenDesktop 5

Wie im vorherigen Abschnitt beschrieben, sind XenDesktop und XenApp in ihren jeweils aktuellen Versionen 5 bzw. 6 somit die zentralen Lösungen des Citrix Delivery Centers. Wie einleitend geschildert, gibt es aber nicht nur *einen* XenApp und *einen* XenDesktop, sondern jeweils drei Editionen, die auf die Anforderungen in Umgebungen unterschiedlicher Größe reagieren.

### 2.11.1 XenApp-Editionen

Aktuell wird Citrix XenApp in drei Editionen angeboten:

▶ **Advanced Edition**
Die »kleine« Version des XenApps stellt die Advanced Edition. Sie beinhaltet alle Komponenten der ehemaligen Standard Edition sowie die Möglichkeit des Lastenausgleichs über mehrere Server. Allein hieran ist zu erkennen, dass die Advanced Edition bereits für den Einsatz in mittleren bis mittelgroßen Umgebungen gedacht ist, in denen zwei oder mehr Terminalserver zum Einsatz kommen.

▶ **Enterprise Edition**
Die Enterprise Edition stellt die mittlere Version des XenApps 6 dar. Sie beinhaltet ihrerseits alle Komponenten der Advanced Edition und bietet darüber hinaus Funktionalitäten für große bis sehr große Umgebungen. Hierzu gehören beispielsweise eine Monitoring-Komponente für die Überwachung von Sitzungen und von Serverressourcen. Auch die Möglichkeiten der Einbindung in Netzwerk-Management-Lösungen, wie etwa HP OpenView oder Microsoft Operations Manager, sind in dieser Edition enthalten.

▶ **Platinum Edition**
Die Platinum Edition ist das Flaggschiff der XenApp-Produktfamilie. Neben allen Komponenten der Enterprise Edition beinhaltet sie die Möglichkeit des SSL-gesicherten Zugriffs auf beliebige Unternehmensressourcen, eine Single-Sign-on-Lösung und eine Komponente für die Überwachung von Anwendungsleistungen. Hinter diesen Funktionen verbergen sich die ehemaligen Einzelprodukte Access Gateway Universal, Password Manager, SmartAuditor und EdgeSight.

---

**Standard Edition/XenApp Fundamentals**

Die bis zur Version 4.0 des Presentation Servers ebenfalls vorhandene *Standard Edition* ist seit der Version 4.5 der XenApp/Presentation Server entfallen. Dies liegt darin begründet, dass das typische Kundensegment für die Standard Edition nun von den Citrix *XenApp Fundamentals* adressiert wird. Da diese auf einer leicht veränderten Basis aufsetzen und mit anderen Verwaltungswerkzeugen administriert werden, werden sie an dieser Stelle nicht weiter berücksichtigt.

---

Neben den reinen XenApp-Funktionen und -Modulen, die jeweils mit dem Produkt ausgeliefert werden, gibt es eine Vielzahl von Komponenten, die ebenfalls in einzelnen Editionen des XenApps beinhaltet sind, jedoch separat installiert oder im Vergleich zur Installations-Version aktualisiert werden können. Diese umfassen beispielsweise:

▶ **Application Streaming (& Isolation)**
Seit dem Presentation Server 4.5 besteht die Möglichkeit, Anwendungen zu virtualisieren und diese als gekapselte Pakete auf die Endgeräte streamen zu können. Hierdurch können beispielsweise DLLs in unterschiedlichen Versionen von unterschiedlichen Anwendungen genutzt werden. Durch diese Funktion stellt z. B. der Parallelbetrieb von mehreren Office-Versionen kaum noch ein Problem dar. Auch ein Offline-Betrieb bei getrennter Netzwerkverbindung kann hierdurch realisiert werden. Auch werden Möglichkeiten geboten, das Streaming über das HTTP/S-Protokoll zu realisieren, die Kommunikation zwischen isolierten Umgebungen zu erlauben sowie die differenziellen Updates von Anwendungsprofilen durchzuführen.

Ein besonderes »Schmankerl« in diesem Zusammenhang ist jedoch die seit einigen Monaten gebotene, nahtlose Unterstützung für Pakete von *Microsoft App-V* (ehemals SoftGrid). So können diese Pakete nun ebenfalls in die Citrix-Infrastrukturen eingebunden werden, was insbesondere vor dem Hintergrund interessant ist, dass die Zugriffslizenzen für App-V im Terminalserverumfeld in den RDS-CALs enthalten sind.

▶ **Webinterface**
Das Webinterface in der Version 5.4 wurde erneut komplett überarbeitet und bietet nun neben der Verwaltbarkeit aus einer zentralen Verwaltungskonsole, der Unterstützung für mehrere Sprachen und der vereinfachten Anpassbarkeit an Firmenvorgaben auch die Möglichkeit, gestreamte Anwendungen bereitstellen zu können. Auch die Integration mit dem Citrix XenDesktop und dem Access Gateway wurde hinzugefügt bzw. deutlich erweitert.

▶ **Application Performance Monitoring**
Über einen intelligenten Monitoring-Dienst können die Systeme und Anwendungen einer XenApp-Umgebung überwacht und analysiert werden.

▶ **Single Sign-on für Anwendungen**
Über den integrierbaren Password Manager können Benutzer alle ihre Kennwörter zentral verwalten lassen, ohne sich jedes einzelne Kennwort merken zu müssen. Über ihre Primäranmeldung wird der Zugriff auf alle weiteren Systeme geschützt.

▶ **Sicherer Zugriff über Web**
Über das Access Gateway wird nun der gesicherte Zugriff auf beliebige Ressourcen des Unternehmensnetzwerkes ermöglicht. Auf diesem Weg können veröffentlichte Anwendungen, Webseiten, Datenordner oder Mailkonten bereitgestellt werden.

▶ **Session Recording (SmartAuditor)**
Über das SmartAuditor Session Recording können Benutzersitzungen aufgenommen und gesichert werden. Hierdurch wird eine Nachvollziehbarkeit der Benutzeraktivität, etwa bei Finanz-Transaktionen, ermöglicht.

▶ **User Profile Manager**
Um eine effiziente Steuerung der Benutzerprofile realisieren zu können, beinhalten XenApp und XenDesktop darüber hinaus eine eigene Komponente für das Benutzerprofil-Management.

▶ **Workflow-Automatisierung**
Über das Citrix Workflow Studio lassen sich Abläufe und Prozesse innerhalb von XenApp-, XenDesktop-Umgebungen und auch anderer Komponenten des Delivery Centers automatisieren. Durch die Nutzung von Microsoft Power-Shell und der Workflow Foundation können nahezu alle administrativen Tätigkeiten über dieses Werkzeug realisiert werden.

▶ **Citrix Receiver und Merchandising Server**
Der Citrix Receiver ist das neue Client-Framework für alle Citrix-Produkte, in das die ursprünglich eigenständigen Clientkomponenten als Plugins eingebunden werden können. So gibt es etwa Plugins für XenApp-Online- und -Offline-Anwendungen, für Single Sign-on oder das Access Gateway.

Die Verteilung und Verwaltung des Citrix Receivers erfolgt über den Citrix Merchandising Server, welcher als virtuelle Appliance von der Citrix-Webseite heruntergeladen werden und auf XenServer-Plattformen betrieben werden kann.

▶ **Acceleration (WANscaler) Plug-in**
Bei dem Acceleration Plug-in handelt es sich um einen Software-Client, der als Plug-in für den Citrix Receiver für die Bandbreitenoptimierung über einen Citrix WANscaler zuständig ist. Hierbei kann der Datendurchsatz von externen

Mitarbeitern durch verschiedene Technologien optimiert werden, um den Benutzerkomfort bei externem Arbeiten – etwa im Home Office – deutlich zu verbessern.

► **Citrix XenVault**

Bei XenVault handelt es sich ebenfalls um ein Plug-in für den Citrix Receiver, welches über den Merchandising Server verteilt und konfiguriert werden kann. XenVault ermöglicht auf Windows 7-Systemen die Erstellung eines 256-Bit-AES-verschlüsselten Speicherbereiches, auf den nur aus XenApp-bereitge-stellten Anwendungen zugegriffen werden kann. Somit ist es eine Lösung, die für den Schutz von Daten insbesondere auf mobilen Endgeräten gedacht ist.

---

**XenApp 6.0 nur auf Windows Server 2008 R2**

Wichtig zu erwähnen ist an dieser Stelle, dass der XenApp 6 ausschließlich auf Windows Server 2008 R2 als Basisbetriebssystem installiert werden kann. Für alle älteren Betriebssysteme (Windows 2003/Windows 2008) steht nur die Version 5.0 zur Verfügung, wobei XenApp 5.0 für Windows 2003 aber »nur« dem Citrix Presentation Server 4.5 mit Feature Pack 1 entspricht.

Sofern die aktuellen Versionen von XenApp eingesetzt werden sollen, ist ein Upgrade auf Windows Server 2008 R2 RDS nicht zu vermeiden – was aber auch zwangsläufig einem Sprung auf 64-Bit-Technologie entspricht.

---

### 2.11.2  XenDesktop-Editionen

Auch Citrix XenDesktop wird in drei Editionen angeboten, wobei sich hierbei nicht nur Unterschiede im Funktionsumfang, sondern auch in der Lizenzform finden lassen:

► **VDI Edition**

Die VDI-Edition von XenDesktop ist Einstiegslösung in das Thema der Desktop-Virtualisierung und bietet die Bereitstellung von gehosteten VM- und Blade-basierten Desktops. Im Hinblick auf die Lizenzierung bietet die VDI-Edition wahlweise Concurrent-User-, Endgeräte- oder User-Lizenzierung.

► **Enterprise Edition**

Die Enterprise Edition ist die Lösung für große Umgebungen, in denen eine zentrale Desktop- und Anwendungsbereitstellung im gesamten Flexcast-Umfang realisiert werden soll. Die Enterprise Edition beinhaltet dazu auch den gesamten Funktionsumfang der XenApp Enterprise Edition, was insbesondere die Bereitstellung von Anwendungen in allen erdenklichen Varianten ermöglicht. Im Hinblick auf die Lizenzierung steht ab dieser Edition die Concurrent-Lizenzierung nicht mehr zur Verfügung, sondern ausschließlich eine Endgeräte- oder User-Lizenzierung.

▶ **Platinum Edition**
Wie auch bei XenApp ist die *Platinum Edition* das Flaggschiff der XenDesktop-Produktfamilie. Neben allen Komponenten der XenDesktop Enterprise Edition beinhaltet sie darüber hinaus auch alle Funktionen der XenApp Platinum Edition, wie etwa SSL-gesicherten Zugriff auf beliebige Inhalte, WAN-Optimierung und Single-Sign-on. Natürlich verbergen sich auch hier hinter diesen Funktionen die Einzelprodukte Access Gateway Universal, Password Manager, SmartAuditor und EdgeSight.

Auch im XenDesktop-Umfeld gibt es Komponenten, die ebenfalls separat installiert oder im Vergleich zur Installations-Version aktualisiert werden können. Diese umfassen beispielsweise:

▶ **Citrix XenClient**
Bei Citrix XenClient handelt es sich um einen Type-1-Hypervisor für Endgeräte wie PCs und Notebooks, der direkt und ohne bereits installiertes Betriebssystem auf dem Endgerät installiert wird und in der Lage ist, mehrere virtuelle Maschinen darauf laufen zu lassen. Über den sogenannten *VM Synchronizer* können die VMs bidirektional auf die XenClient-Systeme synchronisiert und von ihnen gesichert werden.

▶ **Citrix XenServer**
Der Citrix XenServer ist das Server-Gegenstück zum XenClient. Bei ihm handelt es sich ebenfalls um einen Type-1-Hypervisor, der aber für den Einsatz im Rechenzentrum in Serverfarmen gedacht ist. Themen wie die Anbindung von zentralen Speichersystemen, Hochverfügbarkeit oder dynamische Speicher- und Lastverteilung finden sich im XenServer wieder und machen ihn somit zu einer optimalen Plattform für die Virtualisierung von XenDesktop- und Xen-App-Systemen.

▶ **Citrix Provisioning Server**
Der Provisioning Server ist eine Komponente, die ein Streaming von Betriebssystemen über das Netzwerk erlaubt. Konkret bedeutet dies, dass die physikalischen oder virtuellen Zielsysteme einfach nur aus dem Netzwerk booten müssen, um von dort ihre Betriebssystem- und Anwendungsdaten zu bekommen. Hierdurch wird für Desktops und Terminalserver eine zentrale Image-Verwaltung ermöglicht, die eine beliebige Skalierung innerhalb kürzester Zeit ermöglicht.

### 2.11.3 Wechsel zwischen Editionen

Sollte sich irgendwann herausstellen, dass die erworbene Edition den Ansprüchen nicht mehr genügt, so kann ohne Probleme mittels Update-Lizenzen auf eine höhere Edition aktualisiert werden. Im Gegensatz zum Funktionsumfang arbeitet die Lizenzierung bei allen Versionen nach dem gleichen Schema über einen Citrix-Lizenzdienst, auf dem die Lizenzen eingetragen bzw. Lizenzdateien installiert werden müssen.

> **Hinweis**
>
> Im Gegensatz zur Vorgehensweise bis einschließlich Metaframe XP wird seit dem Metaframe Presentation Server 3.0 für jeden RDP-basierten Zugriff eine XenApp-CAL benötigt.

Ein großer Unterschied der Citrix-Lizenzen im Vergleich zu beispielsweise Microsoft-Lizenzen liegt darin, dass XenApp-Lizenzen nicht ohne Wartung, Microsoft nennt sie Software Assurance, Citrix Subscription Advantage, erworben werden können. Bei jedem erworbenen XenApp-Lizenzpaket ist automatisch ein Jahr Subscription Advantage enthalten, der nach Ablauf des Jahres verlängert werden kann. Der Subscription Advantage berechtigt zum Einsatz des jeweils aktuellsten Produktes für die Laufzeit der Subscription. Hat man also noch eine Laufzeit von sechs Monaten, und in dieser Zeit erscheint eine neue Version, so darf diese heruntergeladen und eingesetzt werden.

Unabhängig von der beinhalteten Wartung gibt es vier unterschiedliche Lizenzierungsmethoden für XenApp:

▶ **Shrink Wrap (Boxed)**
  Unter Shrink Wrap wird die Lizenzierung durch Lizenzpakete verstanden. Hierbei erwirbt der Kunde Lizenzen in Form von Lizenzzertifikaten und Installationsmedien. Die Lizenzierung kann in Staffeln von mindestens fünf Zugriffslizenzen erfolgen. Der Vorteil dieser Variante liegt darin, dass man als Kunde »etwas in die Hand« bekommt. Der große Nachteil ist jedoch die gegebenenfalls lange Lieferzeit und die geringe Flexibilität, da eine Lizenzierung immer nur in mindestens Fünfer-Schritten möglich ist. Benötigen Sie beispielsweise nur sieben gleichzeitige Zugriffe, müssen Sie trotzdem zehn erwerben. Diese Lizenzierungsvariante ist nur noch sehr gering verbreitet bzw. steht in einigen Ländern bereits gar nicht mehr zur Verfügung.

▶ **EASY Licensing**
  Das EASY Licensing ist die elektronische Alternative zur Shrink-Wrap-Lizenzierung für kleine und mittelständische Unternehmen. Das EASY Licensing bietet hierbei im Vergleich zum Shrink Wrap alle Vorteile einer elektronischen Lizenzierung, wie beispielsweise die Möglichkeit der Lizenzierung einer exakten Anzahl von Lizenzen (ab einer Einstiegsgröße von fünf Zugriffslizenzen). Hierbei wäre es also ohne Probleme möglich, etwa sieben oder 13

gleichzeitige Zugriffe zu lizenzieren. Als weiterer Vorteil beschleunigt das elektronische Lizenzierungsverfahren einen Bestellvorgang deutlich gegenüber Shrink-Wrap-Produkten. Dieses Verfahren entspricht heute eindeutig dem Standard im Citrix-Lizenzgeschäft.

▶ **Open Licensing Program (OLP)**
Mit dem Open Licensing wird ein elektronisches Volumenlizenzprogramm für mittlere und größere Unternehmen geboten, bei dem es pro Citrix-Produkt eine gewisse Anzahl an Punkten gibt. Je mehr Punkte man bekommt, desto besser werden die Konditionen in vier Rabattstufen. Das Einstiegslevel in das OLP beträgt 1.500 Punkte, wobei die Rabattstaffel bei der ersten Bestellung festgelegt wird. Es ist also hierbei sinnvoll, direkt bei der Erstbestellung eine möglichst große Anzahl an Lizenzen zu erwerben. Das Lizenzprogramm hat jeweils eine Laufzeit von zwölf Monaten und kann danach neu abgeschlossen werden.

▶ **FLEX Licensing**
Das FLEX Licensing ist eine erweiterte Variante des OLP für sehr große und gegebenenfalls länderübergreifende Unternehmen. Hierbei gilt es ein Einstiegslevel von 20.000 Punkten in 24 Monaten zu erreichen, wobei 20 % der Gesamtpunktzahl bei der Erstbestellung benötigt werden.

Für öffentliche oder gemeinnützige Kunden oder Kunden aus dem Sparkassen-Finanzwesen gibt es zusätzlich separate Lizenzmodelle, die auf den Volumen-Modellen basieren. Für die öffentlichen Auftraggeber ist dies z. B. das GELA-(Government-and-Education-License-Agreement-)Programm, bei dem eine öffentliche Institution einem der aktuell zwei Lizenzverträge des GELA beitritt und dessen Konditionen nutzen kann. Unabhängig vom gewählten Lizenzmodell sind die Lizenzen bei Citrix-Produkten ausschließlich über den indirekten Vertriebsweg, d. h. über zertifizierte Partner, zu beziehen.

## 2.12 Citrix-Lösungen bei der Musterhandel GmbH

Wie auch in vielen anderen Unternehmen, so wurde auch bei der Musterhandel GmbH zunächst eine Pilotierung einer zentral bereitgestellten Anwendungsumgebung auf der Basis der reinen Windows Server 2008 R2 Remote Desktop Services durchgeführt. Dies hatte zum Ziel, die grundsätzlichen Möglichkeiten zu evaluieren und erste Erfahrungen mit dem Betrieb von Terminaldiensten und VDI zu sammeln.

In der ersten Zeit schienen bereits viele Anforderungen relativ leicht umgesetzt werden zu können, so dass schnell erste Erfolge zu verzeichnen waren. Im Laufe des Betriebs stellte sich jedoch heraus, dass an einigen Stellen ein erweiterter Bedarf an technischen Lösungen entstand, die mit den Bordmitteln nicht umzusetzen waren. Einige konkrete Punkte in diesem Zusammenhang waren:

- **Lastenausgleich**
  Bei der Verteilung der Clients an die Terminalserver wird keine ausreichende Rücksicht auf eine eventuell bereits vorhandene Last auf den Servern oder auf unterschiedliche Leistungsfähigkeit der Server genommen. Nehmen wir als Beispiel zwei Server, von denen einer auf Basis seines Arbeitsspeichers und seiner Prozessoren 50 Benutzer verarbeiten könnte und der andere nur 20 Benutzer, dann würde Round Robin oder das integrierte Windows-Terminaldienste-Load-Balancing bei 21 Benutzern für Server 2 nicht aufhören, weitere Benutzer an ihn zu verteilen. Die Lastenverteilung ist nicht *load aware*, berücksichtigt also nicht die Auslastung der teilnehmenden Systeme.

- **Druckperformance**
  Die Geschwindigkeit des Drucks über einen mittels RDP (Remote Desktop Protocol) verbundenen Drucker kann in bestimmten Situationen sehr schlecht sein. Das Problem ist nicht nur, dass der Ausdruck länger dauert, sondern auch, dass sich die Antwortzeiten der gesamten Sitzung hierdurch verschlechtern, was bei Benutzern schnell zu einem gewissen Verdruss führen kann – sind die Antwortzeiten schlecht, wird sich eine generelle Akzeptanz kaum einstellen.

- **Sicherer Zugriff von außen**
  Zwar ist die Sicherheit von RDP-Sitzungen durch die eingeführten Technologien wie NAP (Network Access Protection) und das Remotedesktopgateway stark erhöht worden, jedoch werden nur wenige Schnittstellen geboten, diese Sicherheit noch über Windows-Mittel hinaus zu erhöhen. Es sei an dieser Stelle außer Acht gelassen, ob die Authentifizierungstechniken von Microsoft sicher genug sind oder nicht. Das muss jeder Verantwortliche für sich selbst herausfinden. Für den Fall, dass man sie, aus welchem Grund auch immer, als nicht sicher genug empfindet, fehlt jedoch eine praktikable Schnittstelle für beispielsweise eine Zwei-Faktor-Authentifizierung (das soll nicht heißen, dass es solche Lösungen nicht gibt – sie sind häufig nur schwer zu finden und zu implementieren).

- **Individuelle Desktops von einem beliebigen Endgerät**
  Insbesondere für die Mitglieder der Geschäftsleitung sollen nicht nur terminalserver-basierte, sondern auch individuelle Desktops zur Verfügung gestellt werden können, welche auch über Endgeräte wie ein iPad oder ein iPhone genutzt werden sollen. Selbstverständlich soll die Sicherheit des Zugriffs hierdurch nicht geringer sein als bei einem Zugriff von einem mobilen Windows-Gerät.

▶ **Offline-Verfügbarkeit**
Zwar können nun Anwendungen in einer leicht pflegbaren Form für die Benutzer bereitgestellt werden, jedoch basiert die gesamte Technik auf der dauerhaften Kommunikation zwischen dem Endgerät und dem Terminalserver. Eine Offline-Verfügbarkeit der Anwendungen und Desktops, wie sie vom Vertriebsaußendienst gewünscht wurde, kann auf diesem Weg nicht realisiert werden.

▶ **Qualitätssicherung**
Die Überwachung und Nachvollziehbarkeit der aktuellen Lösung stellt sich als sehr aufwendig und komplex heraus. Anhand von Bordmitteln, wie etwa des Performance-Monitors (PerfMon), kann zwar eine Aussage über die Last auf den Systemen getroffen werden, jedoch eine qualitative Bewertung der Funktionalität der Umgebung ist nicht möglich.

Genau die hier aufgeführten Punkte und einige mehr sind in vielen Fällen der Grund dafür, dass in den Augen der Administratoren und Entscheider eine reine Microsoft-Terminalserver-Lösung ab einem gewissen Punkt nicht mehr ausreichend ist. Ab einem bestimmten Anforderungslevel werden Funktionen benötigt, die einen Aufsatz auf die Terminaldienste erfordern, der genau diese Anforderungen behandelt und zufriedenstellend beantworten kann.

Aus diesem Grund beschloss die IT-Abteilungsleitung der Musterhandel GmbH, sich näher mit dem Thema Citrix XenApp 5.0 auseinanderzusetzen. Zunächst wurde im Projektteam, das sowohl aus Administratoren als auch aus Mitarbeitern der Fachbereiche bestand, definiert, welche Anforderungen noch nicht gelöst waren und wie eine eventuelle XenApp-Lösung Abhilfe schaffen könnte. Das Ergebnis sah folgendermaßen aus:

▶ **Lastenausgleich**
Da der RDS Sitzungsbroker für das gegebene Szenario keine ausreichende Funktionalität bietet und auch ansonsten keine Unterstützung der aktuellen Systemlast für die Verteilung von Benutzersitzungen zur Verfügung stünde, wäre ein möglicher Lösungsansatz die Nutzung von Citrix XenApp, da hierbei ein flexibler Lastenausgleich beinhaltet ist.

▶ **Virtuelle, personifizierte Desktops**
Über XenDesktop könnten individualisierbare Desktops zur Verfügung gestellt werden, die durch die Leistungsfähigkeit von HDX einem »normalen« Arbeitsplatz entsprechen. Durch die Receiver-Technologie auch für Nicht-Windows-Geräte könnte ebenfalls ein Zugriff von einem iPad oder einem sonstigen mobilen Endgerät realisiert werden.

▶ **Zentrale Image-Verwaltung**
Da die IT-Leitung davon ausgeht, dass die Anzahl der zentral bereitgestellten Systeme in Zukunft stark ansteigen wird, ist eine Lösung für eine zentrale Verwaltung und Pflege von Systemimages zwingend notwendig. An dieser Stelle könnten der Provisioning Server und die Machine Creation Services (MCS) des XenDesktops die entscheidenden Schlüsselkomponenten darstellen.

▶ **Druckperformance**
Über den neuen universellen Druckertreiber und den EMF- oder XPS-Druck wäre eine deutliche Leistungsverbesserung bei Druckvorgängen über langsame Leitungen zu erwarten.

▶ **Sicherer Zugriff von außen**
Über das Webinterface 5.4 und das Access Gateway könnte von jedem Ort der Welt über eine Internetverbindung eine SSL-verschlüsselte Verbindung zu den Servern aufgebaut werden. Diese wiederum könnte dann nicht nur genutzt werden, um Terminalsitzungen zu realisieren (wie es über das Terminaldienste-Gateway auch möglich wäre), sondern bei Bedarf komplette SSL-VPN-Verbindungen aufzubauen.

Neben diesen offenen Punkten im Zusammenhang mit den Windows-Server-2008-R2-Terminalservern schienen sich jedoch auch eine Reihe weiterer Probleme hierdurch lösen zu lassen. Diese waren beispielsweise:

▶ **Parallelbetrieb von Anwendungen**
Da an vielen Arbeitsplätzen unterschiedliche Versionen von Office-Anwendungen benötigt wurden, die nicht auf einem System zu kombinieren waren, könnte der Einsatz von Application Streaming und Microsoft App-V eine Lösung für das Problem der doppelten Arbeitsplatzrechner darstellen. Sollte dies nicht funktionieren, wäre auch der Einsatz von mehreren virtuellen Maschinen mittels XenClient auf einer Endgeräte-Hardware denkbar.

▶ **Benutzeranzahl pro Server**
Durch die CPU- und Speicher-Optimierung könnte sich eine größere Anzahl von Benutzern pro Terminalserver realisieren lassen, was wiederum zu Einsparungen bei der Hardware und Wartung führen könnte.

▶ **Offline-Verfügbarkeit von Anwendungen**
Über die Funktionen des Streaming Servers und App-V könnten zentral verwaltete Anwendungen auch ohne Netzwerkverbindung genutzt werden. Dies stellt eine praktikable Lösung für die Anforderungen des Vertriebsaußendienstes dar.

▶ **Sicherheitsoptimierung durch Single Sign-on**

Da viele Benutzer zahlreiche Anmeldeinformationen von Partner- oder Kunden-Applikationen verwalten müssen, könnte der Einsatz einer Single-Sign-on-Lösung hier einen wesentlichen Mehrwert für die Benutzer bieten.

▶ **Qualitätssteigerung durch Performance Monitoring**

Durch die Möglichkeit, die Anwendungsperformance überwachen zu können, erhofft sich die IT-Leitung eine deutliche Verbesserung der Aussagekraft und somit auch des Stellenwertes der IT im Unternehmen.

Auch die weiteren Ergebnisse der Recherchen wurden im Projektteam diskutiert, und es wurde der Entschluss gefasst, eine isolierte Testinstallation für den Standort Ulm durchzuführen. Da es sich aber um vier Server handelte, von denen zwei in der XenApp-Umgebung auch schon mit einem Lastenausgleich arbeiten und alle Vorteile des Produktes genutzt werden sollten und die anderen beiden für virtuelle Desktops mit XenDesktop genutzt werden sollten, wurden Lizenzen für die Platinum Edition des XenDesktops erworben. Es wurde das EASY-Licensing-Modell gewählt, da die Anforderungen für FLEX und OLP nicht erfüllt wurden.

Da aber eine auf eigene Faust durchgeführte Testinstallation sich als nicht sonderlich funktional herausstellte, entschied man sich, einen Experten zu Rate zu ziehen, der zunächst die grundlegenden Verwaltungsstrukturen einer XenDesktop/XenApp-Lösung vorstellen und anschließend eine erneute, »saubere« Bereitstellung der Basiskomponenten durchführen sollte.

*Bevor Sie mit der Installation einer Desktop-Virtualisierungs-Lösung beginnen, sollten Sie sich ein paar Gedanken über die wesentlichen Komponenten und Verwaltungsstrukturen machen ...*

# 3 Verwaltungsarchitektur und Werkzeuge

## 3.1 Grundsätzliche Konzepte

Bevor Sie sich mit den konkreten Verwaltungsarchitekturen auseinandersetzen, ist es empfehlenswert, zunächst einen Blick auf das »große Ganze« des Citrix Portfolios im Bereich der Desktop-Virtualisierung zu werfen. Wie im letzten Abschnitt bereits angesprochen, ist das Stichwort hierfür *Flexcast*. Wie schon beschrieben, handelt es sich hierbei um eine Sammlung von Lösungsansätzen, die zusammen mit dem Modell von *Controllern und Workern* im Folgenden kurz dargestellt werden sollen.

### 3.1.1 Controller und Worker

Bevor Sie sich den einzelnen Varianten der Desktop-Virtualisierung mit Flexcast zuwenden, sollten Sie sich kurz der Überlegung widmen, welche grundsätzlichen Komponenten und Instanzen Sie in einer virtualisierten Umgebung benötigen. Zunächst werden Sie dann zu dem Schluss kommen, dass Sie es im Wesentlichen mit zwei Arten von Instanzen zu tun bekommen werden – nämlich einmal denen, die die Umgebung verwalten und denen, die etwas ausführen.

Die Unterscheidung ist an dieser Stelle von großer Bedeutung, denn wie sich in den folgenden Abschnitten zeigen wird, ist insbesondere die ausführende Instanz nicht mehr auf oder an den Betrieb im Rechenzentrum gebunden, sondern kann durchaus auf den Endgeräten liegen – eine Tatsache, die im ursprünglichen Verständnis nicht mit der angestrebten Zentralisierung von Anwendungen und Desktop zu vereinbaren gewesen wäre. Mittlerweile ist sie es aber, da mithilfe von Virtualisierungstechnologien auf unterschiedlichen Ebenen eine vollkommen zentral gesteuerte Verwaltung der Systeme ermöglicht wird.

Von der Nomenklatur her unterscheidet man die ausführenden und verwaltenden Systeme in *Worker* und *Controller*:

▶ **Worker**

Worker sind die Systeme oder Komponenten, von denen die eigentliche *Arbeit* übernommen wird. Typische Vertreter dieses Typs sind beispielsweise die Terminalserver, die ihre Rechen- und Speicherleistung zur Verfügung stellen, um den Benutzern die Arbeitsoberfläche oder Anwendungen bereitzustellen.

Wie im Rahmen der Flexcast-Varianten gezeigt werden wird, gehörten zu den Workern aber auch virtuelle Desktops, Blade-PCs und in einigen Fällen sogar herkömmliche PCs oder Notebooks an den Arbeitsplätzen. Da diese Systeme direkt von den Benutzern verwendet werden, skaliert ihre Anzahl im Regelfall linear mit der Anzahl der angebundenen Benutzer.

▶ **Controller**

Bei den Controllern handelt es sich um die verwaltenden Systeme einer Desktop-Virtualisierungslösung. Diese Systeme oder Instanzen sind nicht direkt an der Ausführung von Desktops oder Anwendungen beteiligt, sondern dienen in erster Linie der Bereitstellung, Steuerung und Verteilung der Benutzer und Ressourcen.

Die bekanntesten Vertreter der Controller sind etwa Verbindungsbroker, das Webinterface, Lizenzdienste, aber auch Datenspeicher und Streamingdienste. Diese Komponenten werden in der Regel immer im Rechenzentrum bereitgestellt und entsprechend redundant ausgestattet. Entgegen der Worker skalieren die Controller aber nicht linear mit der Anzahl der Benutzer.

Mit diesem Wissen im Hinterkopf können Sie sich nun den einzelnen Szenarien widmen, die mit Flexcast abgebildet werden können.

### 3.1.2 Hosted Shared Desktop

Bei dem Szenario des *Hosted Shared Desktops* handelt es sich um den althergebrachten technologischen Ansatz des Citrix XenApps, bei dem auf einem Server mit installierten Remote Desktop Services (RDS) mehrere Benutzer gleichzeitig in Ihren Sitzungen auf dem System arbeiten und ihren Desktop angeboten bekommen. Die genaue Beschreibung dieses ältesten Szenarios finden Sie bereits in Abschnitt 2.2, »Der Terminalserver – Urvater des Server-based Computings«.

Der große Vorteil dieses Ansatzes liegt in der nahezu unbegrenzten Skalierbarkeit, dem hohen Standardisierungsgrad und der somit möglichen Kosteneinsparungen im Bereich der Betriebsaufwände. Darüber hinaus handelt es sich mit einer fast 20-jährigen Historie um die ausgereifteste Lösung im Bereich der Desktop-Virtualisierung.

### 3.1.3    Hosted VM-Desktop (VDI)

Bei *Hosted VM-Desktops* (HVD) handelt es sich um individuelle bzw. individualisierbare Desktops, welche als virtuelle Maschinen auf einem Hypervisor betrieben werden und anschließend den Benutzern über eine Zugriffskomponente zur Verfügung gestellt werden. Der Desktop des Benutzers läuft somit – wie auch beim Hosted Shared Desktop – im Rechenzentrum. Allerdings verfügt der Benutzer in dieser Variante über ein eigenes (Betriebs-)System, was eine höhere Flexibilität in der Nutzung und Konfiguration ermöglicht. So hat etwa der Neustart des Systems keine Auswirkung auf andere Benutzer.

Genau in dieser Tatsache und der Nutzung von Desktop-Betriebssystemen wie Windows XP oder Windows 7 liegt die große Stärke dieser Lösung. Sie ermöglicht hierüber nämlich die zentrale Bereitstellung von Arbeitsumgebungen und Anwendungen, die nicht im herkömmlichen Sinne *Terminalserver-fähig* sind. Die Kehrseite der Medaille liegt jedoch in dem im Vergleich zum Terminalserver weitaus höheren Ressourcenbedarf (CPU, RAM, Storage) im Rechenzentrum und den damit verbundenen höheren Kosten für den Betrieb.

Weitere Informationen zu diesem VDI-Szenario finden Sie auch in Abschnitt 2.3, »Die Geburt der Desktop-Virtualisierung – der VDI-Desktop«.

### 3.1.4    Hosted Blade PCs

Der Lösungsansatz der *Hosted Blade PCs* ist im Kern der Variante des Hosted VM-Desktops sehr ähnlich. Auch hierbei werden den Benutzern individuelle Systeme zentral im Rechenzentrum zur Verfügung gestellt, auf deren Desktops sich die Anwender remote verbinden können. Der Unterschied in diesem Ansatz liegt darin, dass es sich bei den zentralen Systemen nicht um virtuelle Maschinen, sondern um physikalische Systeme – im Regelfall Blade-PCs – handelt.

Dieser Ansatz ist immer dann notwendig, wenn der Benutzer für seinen Desktop etwa sehr hohe Leistungsanforderungen hat oder beispielsweise auf physikalische Komponenten wie Grafikkarten oder andere Peripherie zugreifen muss.

Ein konkretes Beispiel, in dem heute mit dieser Art von Desktop-Bereitstellung gearbeitet wird, ist die zentrale Bereitstellung von CAD-Arbeitsplätzen mittels *Citrix HDX 3D for Professional Graphics*. Zwar ist es seit dem XenServer 5.6 auch möglich, einzelne Grafikkarten an einzelne virtuelle Maschinen »durchzureichen«, jedoch handelt es sich (Stand November 2010) hierbei noch nicht um eine offiziell unterstützte Lösung.

Somit wird hierdurch auch die zentrale Bereitstellung von hardware-gebundenen Desktops ermöglicht, wenn die Kosten für die Desktop-Virtualisierung auch nochmals höher liegen können, als in den beiden vorhergehenden Varianten.

Nebenbei: Natürlich würde dieser Ansatz auch mit herkömmlichen PCs funktionieren, die man im Rechenzentrum aufbauen würde. Genau genommen könnten sogar die vorhandenen PCs der Benutzer hierfür eingebunden werden, um etwa einen Remote-Zugriff auf sie von außen zu ermöglichen. Der einzige Nachteil hierbei wäre jedoch, dass die PCs dann Tag und Nacht durchlaufen müssten, was unter Energieaspekten natürlich nicht optimal wäre.

### 3.1.5   Gestreamte Desktops

Bei der vierten Option von Flexcast verlassen wir langsam das Rechenzentrum als Ort der Rechenleistung und wenden uns den PCs am Arbeitsplatz zu. Bei den gestreamten Desktops werden am Arbeitsplatz des Benutzers herkömmliche PCs eingesetzt, die jedoch nicht von ihrer lokalen Festplatte gestartet werden, sondern ihr Betriebssystem von einem sogenannten *Provisioning Server* über das Netzwerk aus dem Rechenzentrum booten.

Bei dieser Variante, die auch Diskless PCs oder Network Boot genannt wird, liegt der Charme der Lösung darin, dass die Betriebssysteme und Anwendungen nicht mehr dezentral auf allen PCs gepflegt werden müssen, sondern nur noch zentral auf den Images, die von den PCs über das Netzwerk genutzt werden. Es ist hierbei auch möglich, viele Systeme von einem einzigen Image aus zu starten, da der Provisioning Server Sorge dafür trägt, dass die Systeme später mit individuellen Namen und Adressen im Netzwerk und der Windows-Domäne auftauchen.

Somit ist dieser Ansatz ein guter Mittelweg, um auf der einen Seite eine zentrale Verwaltung der Systemimages zu gewährleisten, aber auf der anderen Seite auch die Rechenleistung der PCs vor Ort auszunutzen.

Jedoch ist hierbei zu berücksichtigen, dass der Boot der Systeme über das Netzwerk eine gewisse Last verursacht, so dass das Netzwerk hierfür ausgelegt sein sollte. Ein Einsatz dieser Lösung über eine WAN-Verbindung ist hingegen nicht machbar – zumindest dann nicht, wenn die WAN-Verbindung nicht im 100er-MBit-Bereich liegt.

---

**Hinweis**

Der technologische Ansatz von gestreamten Desktops kann natürlich auch im Rechenzentrum für die Bereitstellung und Verwaltung von VDI- oder Blade-PC-Desktops genutzt werden.

---

### 3.1.6 Lokale VM-basierte Desktops

Die Bereitstellung von *lokalen VM-basierten Desktops*, wie sie durch den Einsatz von *Citrix XenClient* ermöglicht wird, ist ebenfalls eine Variante, bei der die Arbeitsleistung auf dem Endgerät ausgeführt wird. Hierbei wird auf dem PC oder Notebook des Benutzers zunächst ein Type-1-Hypervisor (XenClient) installiert, auf dem anschließend alle Betriebssysteme und Desktops des Benutzers als virtuelle Maschinen installiert werden. Insofern ist dieser Ansatz den *gehosteten VM-Desktops* nicht unähnlich, jedoch mit dem Unterschied, dass der Benutzer nicht remote auf seine Desktops zugreift, sondern sich diese direkt auf seinem Endgerät befinden und somit natürlich auch ohne Netzwerkverbindung in das Rechenzentrum zur Verfügung stehen. Über eine zentrale Verwaltungs- und Synchronisationskomponente, den *VM Synchronizer*, können die virtuellen Maschinen in einer XenClient-Umgebung von zentraler Stelle verteilt und gesichert werden.

Dieser Ansatz bietet somit alle Vorteile des herkömmlichen Client-Computings mit vollständiger Nutzung der lokalen Rechenleistung. Darüber hinaus hat er aber auch alle Vorteile der Virtualisierung von Systemen, wie etwa die höhere Unabhängigkeit von der Hardware, die daraus resultierende Portabilität des Betriebssystems, erweiterte Schutzfunktionen wie Verschlüsselung und »Kill Pill« für virtuelle Maschinen und eine zentrale Sicherungsmöglichkeit.

### 3.1.7 FlexCast für Applikationen

Neben den beschriebenen Flexcast-Möglichkeiten für die Desktops der Benutzer können ähnliche Ansätze natürlich auch für Anwendungen genutzt werden. So kann eine Anwendung etwa über einen Terminalserver für den Remote-Zugriff veröffentlicht werden. Sie könnte aber auch mittels XenApp- oder App-V-Anwendungsvirtualisierung auf das Endgerät gestreamt und dann dort lokal ausgeführt werden – auch ohne Verbindung zum Netzwerk. Das Schöne ist hierbei, dass die Varianten durch die Bereitstellungstechnologien von XenDesktop und XenApp dynamisch zur Startzeit der Anwendung ausgewählt werden können.

Ist eine Netzwerkverbindung in das Rechenzentrum vorhanden? Wenn ja, wie viel Bandbreite steht zur Verfügung? Ist das lokale Betriebssystem in der Lage, die Anwendung lokal auszuführen? Kommt der Benutzer von einem ThinClient oder iPad?

Alle diese Fragen und noch viele mehr können zum Anwendungsstart geprüft werden, so dass der Benutzer die Anwendung dann auf die Art und Weise zur Verfügung gestellt bekommt, die für sein aktuelles Zugriffs-Szenario die beste ist.

### 3.1.8 Kombination aller Flexcast-Varianten

Die besten Ergebnisse werden Sie aber immer dann erzielen können, wenn Sie die Szenarien miteinander kombinieren. Wenn Sie also beispielsweise auf Ihrem Notebook einen lokalen XenClient nutzen, um das Basisimage des Systems über eine zentrale Instanz zu verteilen und zu sichern, die Anwendungen darin jedoch etwa über Anwendungsstreaming nachladen, um die Anzahl der notwendigen VM-Vorlagen so gering wie möglich halten zu können. Möchten Sie nun eine Anwendung bereitstellen, die zwangsläufig mit einer Datenbank im Rechenzentrum kommunizieren muss, so wäre die beste Vorgehensweise hierfür mit Sicherheit die Veröffentlichung auf einem Terminalserver.

---

**Wählen Sie aus, was Sie für Ihr Projekt brauchen**

Diese Gedankenspiele lassen sich endlos fortsetzen, und der Fantasie sind dabei keine Grenzen gesetzt. Einen wichtigen Leitsatz sollten Sie jedoch nie vergessen: *Alles kann, nichts muss!*

Dieser Leitspruch, der seinen Ursprung in geselligen Männerabenden im 20. Jahrhundert hat, gilt ebenso für die Möglichkeiten von Flexcast. Es gibt sehr viele Optionen, und Sie können sehr viel machen, jedoch sollten Sie nie aus den Augen verlieren, *wofür* Sie etwas tun.

Sehr verbreitet ist auch das Missverständnis, man müsse bei XenDesktop zwangsläufig alle diese Technologien und Möglichkeiten nutzen und fühlt sich dann noch vor dem Projekt vollkommen überfordert. Wichtig ist: Es handelt sich hierbei immer nur um *Möglichkeiten*, niemals um *Zwänge*.

---

Mit diesem Hintergrundwissen über die Visionen und Ansätze der Desktop-Virtualisierung können wir nun den konkreten Einstieg in die Architekturen von XenApp und XenDesktop beginnen.

## 3.2 XenApp-Architektur

Wie nun mehrfach angesprochen, handelt es sich bei XenApp um ein Produkt, das sich mit seinen Komponenten in mehreren Szenarien von Flexcast wiederfindet – am bekanntesten ist hierbei natürlich der Einsatz im Rahmen von *Hosted Shared Desktops* und der Bereitstellung von Anwendungen über einen Terminalserver.

Aufgrund der langen Historie und der gewaltigen Skalierbarkeit des Systems finden sich hierin natürlich auch viele Architekturaspekte, die vor der Planung und Installation der Lösung bekannt sein sollten. Hierzu gehören etwa die Lizenzverwaltung, das Zusammenfassen von einzelnen Servern zu Verwaltungseinheiten

(Farmen) und das Wissen um spezielle Funktionsrollen innerhalb einer Farm. In diesem und den folgenden Abschnitten werden diese Punkte beleuchtet und die Grundsteine für eine erfolgreiche Installation der Komponenten gelegt.

### 3.2.1 Die Farm – eine zentrale Verwaltungseinheit

Einer der wesentlichsten Vorteile, der einer XenApp-Umgebung im Vergleich mit einer Lösung mit den reinen Windows-Terminaldiensten zugesprochen wird, ist die Möglichkeit, Terminalserver nicht als einzelne, unabhängige Systeme zu betrachten, sondern sie zu Gruppen zusammenzufassen, für die mit einem zentralen Werkzeug an zentraler Stelle die gewünschten Einstellungen und Richtlinien konfiguriert werden können.

---

**Farmen unter Windows**

Zwar bezeichnet Windows die Zusammenfassung von Servern über einen Sitzungs-broker ebenfalls als *Farm*, aber wie in diesem Kapitel deutlich werden wird, ist dies eine ganz andere Liga.

---

Eine solche Zusammenfassung von Terminalservern zu *Farmen* stellt beispielsweise auch die Grundlage für einen erfolgreichen Lastenausgleich dar, da nur Server, die sich über ihre aktuelle Last und ihre Ressourcen austauschen, in der Lage sind, neue Benutzer effektiv an das Gerät mit der aktuell geringsten Last zu verteilen. Damit aber eine solche Farm gebildet werden kann und damit das Zusammenspiel in einer Farm funktioniert, müssen gewisse Funktionen und Rollen geschaffen werden und im Betrieb verfügbar sein. Im Folgenden werden die Kernkomponenten eines XenApps aufgezeigt und erläutert.

### 3.2.2 Independent Management Architecture (IMA)

Ein wichtiges Merkmal und die zentrale Komponente einer XenApp-Umgebung ist die sogenannte *Independent Management Architecture* oder kurz *IMA*. Hierbei handelt es sich im Kern sowohl um einen Dienst als auch um eine Infrastruktur, über die die XenApp-Server miteinander kommunizieren. Sämtliche Komponenten einer XenApp-Farm, mit Ausnahme der Lizenzierung (seit dem Metaframe Presentation Server 3.0), benötigen IMA für die Kommunikation untereinander. Auch der indirekte Zugriff auf andere Dienste, wie z. B. die zentrale Konfigurationsdatenbank, kann über IMA erfolgen (siehe Abbildung 3.1).

Der IMA-Dienst wird über den TCP-Port 2512 angesprochen, was zur Folge hat, dass dieser Port immer für die Kommunikation zwischen den Servern geöffnet sein muss, da es sonst zu Problemen in der Farm kommen könnte bzw. wird.

Dies ist besonders in Umgebungen mit gerouteten Netzwerken, zwischen denen gegebenenfalls mit Port-Filtern gearbeitet wird, von großer Bedeutung.

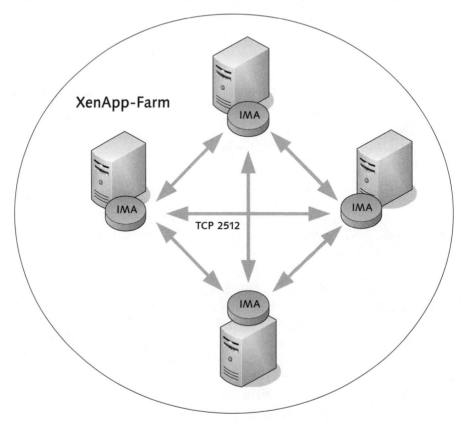

**Abbildung 3.1**   Server-Kommunikation über IMA

Wann und wie der Datenaustausch zwischen den Servern erfolgt, ist abhängig von der Konfiguration der Farm. Wir werden im Folgenden sehen, dass es für die Planung einer Farm gewisse Entwurfskriterien gibt, die beachtet werden sollten. Zusammenfassend gilt: Immer wenn die XenApp-Server Daten untereinander austauschen, erfolgt dies über IMA.  '

### 3.2.3   Datenspeicher/Data Store

Wie jede andere Verwaltungsinstanz in der IT-Welt benötigt auch eine XenApp-Farm einen zentralen Speicher, in dem alle permanenten Daten der Farm gespeichert werden können. Dies können beispielsweise Informationen über die Mitglieder der Farm oder über die zur Verfügung stehenden Anwendungen sein. Dieser zentrale Speicher einer XenApp-Farm wird Data Store oder *Datenspeicher* genannt. In der Literatur findet man häufig auch die Abkürzung *DS* für den Datenspeicher.

Der Datenspeicher kann lokal auf einem der Server oder auf einem separaten Datenbankserver angelegt werden. Um allen Anforderungen an Struktur und Zugriffsverfahren gerecht zu werden, stehen sowohl für den lokalen als auch für einen separaten Datenbankserver unterschiedliche Varianten zur Verfügung. Als Vertreter der lokalen Datenbank gibt es mit dem XenApp 6 nur noch eine Möglichkeit:

▶ **Microsoft SQL Server 2008 Express Edition**
Die einzige Variante einer lokalen Datenbank auf einem der Terminalserver stellt eine Datenbank auf der Basis der SQL Server 2008 Express Edition dar. Hierbei handelt es sich um eine vollwertige Microsoft-SQL-Datenbank, die jedoch einige hart verdrahtete Limitierungen im Hinblick auf Datenbankgröße und maximale gleichzeitige Verbindungen mit sich bringt. Bezüglich der Leistungsfähigkeit der Datenbank ist diese Variante der Access-Datei weit überlegen. Der Preis hierfür ist jedoch ein weit höherer Speicherbedarf, da sich der SQL Express bezogen auf den Speicherbedarf ähnlich wie ein »vollwertiger« Microsoft SQL Server verhält.

Sofern man also nicht mit den Leistungseinschränkungen der Access-Datenbank oder dem Speicherbedarf der SQL Express Edition auf einem Terminalserver leben möchte, bleibt die Möglichkeit, die Datenbank auf einem separaten Datenbankserver abzulegen. Hierfür stehen drei Varianten bzw. Datenbanksysteme zur Verfügung:

▶ **Microsoft SQL Server 2005 oder 2008**
Die Verwaltung der Datenbank des Datenspeichers auf einem Microsoft SQL Server ist stark vergleichbar mit der Variante des SQL Express, da im Kern das gleiche Datenbanksystem verwendet wird. Der große Unterschied besteht jedoch darin, dass Sie keine Rücksicht auf die Einschränkungen der Express Edition nehmen müssen. Alle Möglichkeiten eines SQL Servers können für die Datenbank genutzt werden. Da jedoch für den Einsatz eines SQL Servers im Gegensatz zur Express Edition Lizenzkosten für die Serverkomponente und die Zugriffe anfallen, sollten Sie den Bedarf genau gegen die Kosten abwägen. Sofern im Netzwerk bereits ein Microsoft SQL Server zur Verfügung steht, könnte dieser aus Sicht von XenApp ohne Weiteres auch für den Datenspeicher genutzt werden. Der Microsoft SQL Server wird aktuell in den Versionen 2005 mit Service Pack 2 oder 2008 unterstützt.

▶ **Oracle-Datenbankserver**
Die Nutzung einer Oracle-Datenbank ist von ihrer Funktionalität ebenfalls vergleichbar mit dem SQL Server oder einer DB2. Wie schon bei der DB2 ist

das primäre Argument für sie das eventuelle Vorhandensein eines entsprechenden Datenbankservers. Da auch ein Oracle-ODBC-Treiber nicht zur Windows-Installation gehört, wird auch bei der Nutzung einer Oracle-Datenbank ein entsprechender Client auf XenApp benötigt. Die Version des Clients ist auch bei Oracle wiederum abhängig von der Version des Servers, da es anderenfalls zu Problemen kommen kann. Unterstützt wird die Oracle-Version Oracle Enterprise 11g R2.

> **Achtung**
>
> Auch wenn die Daten des Datenspeichers in scheinbar »offenen« Systemen liegen, sollten sie niemals mit anderen Tools als den von Citrix mitgelieferten bearbeitet werden. Durch den direkten Datenbankzugriff mit anderen Programmen könnte es zu Inkonsistenzen kommen und die Farm somit instabil werden.

Die endgültige Entscheidung darüber, welches System das richtige für den konkreten Fall ist, ist neben dem Kostenaspekt für eventuell benötigte Lizenzen in hohem Maße von der geplanten Struktur der Farm und des Netzwerkes sowie der geplanten Anzahl der Terminalserver abhängig. Auch Faktoren wie Ausfallsicherheit und Lastenausgleich spielen eine große Rolle, wie Sie in Abschnitt 3.7, »Entwurfsprinzipien«, nachlesen können.

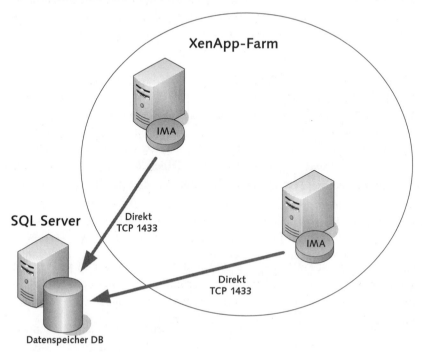

**Abbildung 3.2** Direkter Zugriff auf den Datenspeicher

Neben der Auswahl des gewünschten Datenbanksystems für den Datenspeicher stellt auch die Art des Zugriffs auf diese Datenbank einen entscheidenden Faktor in der Planung dar. Dies ist besonders wichtig, da seit XenApp 6 nur noch der direkte Zugriff auf den Datenspeicher zur Verfügung steht, der indirekte Zugriff wird seit dieser Version nicht mehr unterstützt.

Bei dem direkten Zugriff kommuniziert der jeweilige Server direkt mit der Datenbank. Ein Beispiel hierfür wären drei XenApp-Server, die alle eine ODBC-Verbindung zu einem SQL-Server haben, um mit der darauf befindlichen Datenbank zu kommunizieren (siehe Abbildung 3.2).

### 3.2.4 Lokaler Hostcache

Da der Datenspeicher sämtliche permanenten Konfigurationsdaten der Farm hält, die für die Gesamtfunktionalität notwendig sind, stellt er eine sehr kritische Funktion einer XenApp-Farm dar. Unabhängig davon, für welchen Datenbanktyp mit welchen Absicherungsmechanismen Sie sich entscheiden, kann es z. B. bei Hardware- oder Netzwerkproblemen dazu kommen, dass der Datenspeicher für eine gewisse Zeit nicht erreichbar ist.

Um diese Zeit der Nicht-Verfügbarkeit des Datenspeichers überbrücken zu können, hält jeder Server eine lokale Datenbank, in der ein Teil der Informationen des Datenspeichers vorgehalten wird. Dieser *lokale Hostcache* dient sowohl zur Sicherstellung des Fortbetriebes der Farm bei Ausfall des Datenspeichers als auch als lokale Replik des Datenspeichers für beschleunigte Zugriffe.

Um die Aktualität der Daten im lokalen Hostcache zu gewährleisten, werden die Server bei jeder Änderung im Datenspeicher benachrichtigt, diese Änderungen in die lokale Datenbank zu replizieren. Da es aber beispielsweise aufgrund von Netzwerkproblemen möglich ist, dass einer der Server diese Änderungsbenachrichtigung nicht korrekt erhält, wendet sich jeder Server standardmäßig alle 30 Minuten an den Datenspeicher und fragt die Änderungen seit der letzten Replikation ab. Das Zeitintervall kann bei Bedarf über einen Registry-Schlüssel angepasst werden, was jedoch in den meisten Fällen nicht notwendig sein dürfte. Zusätzlich ist über einen Befehl (*dsmaint refreshlhc*) die Möglichkeit gegeben, den lokalen Hostcache manuell zu aktualisieren.

Ohne einen Neustart ist ein XenApp 6 aufgrund der Informationen des lokalen Hostcaches weiterhin in der Lage, dauerhaft Verbindungen von Clients anzunehmen, auch wenn keine Verbindung zum Datenspeicher möglich ist. Allerdings sind in diesem Fall keine Änderungen an der Farm möglich.

**Ältere XenApp-Versionen**

Unter älteren Versionen des XenApps war es nur für 96 Stunden möglich, Client-Verbindungen anzunehmen, wenn der Datenspeicher nicht verfügbar war. Nach Ablauf dieser Zeitspanne wurden weitere Client-Verbindungen verweigert.

### 3.2.5 Datensammelpunkt/Data Collector

In einer XenApp-Farm gibt es neben permanenten Daten, wie sie der Datenspeicher hält, auch eine große Anzahl an dynamischen Daten. Zu diesen dynamischen Daten zählen beispielsweise die aktuell mit einem Server verbundenen Benutzer oder die aktuelle CPU- und Speicherauslastung eines Terminalservers. Alle diese Informationen müssen permanent gesammelt und aktualisiert werden, um sie z. B. für einen effektiven Lastenausgleich zu nutzen.

Da die Informationen an einer Stelle konsolidiert werden müssen, um bei Anfrage eines Clients zentral abgefragt werden zu können, gibt es in einer Xen-App-Farm wenigstens einen Server, der diese Sammlung von dynamischen Daten verwaltet. Dieser Server ist der *Datensammelpunkt*, abgekürzt durch DC (engl. *Data Collector*).

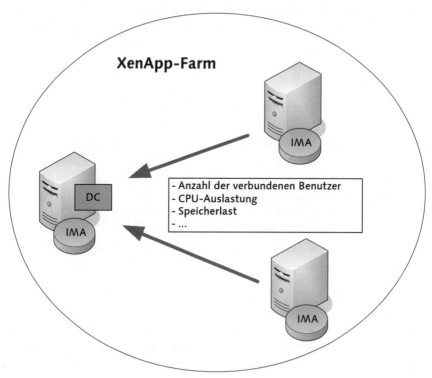

**Abbildung 3.3** Informationsfluss zum Datensammelpunkt

Standardmäßig übernimmt der erste Server einer Farm die Funktion des Datensammelpunktes. Die Auswahlreihenfolge für den Datensammelpunkt kann jedoch nach Bedarf über die Vergabe von Prioritäten verändert werden, um beispielsweise ein leistungsfähigeres Gerät für die Funktion des Datensammelpunktes auszuwählen. Dies kann sinnvoll sein, da bei jedem Anmeldeversuch eines Clients der Datensammelpunkt kontaktiert wird und diese Zugriffe Last auf dem Server produzieren. Die Prioritäten für den Datensammelpunkt umfassen vier Stufen:

▶ **Höchste Priorität**
Diese Einstellung eines Servers bedeutet, dass er mit höchster Priorität in die Auswahl eines neuen Datensammelpunktes eintreten soll.

▶ **Priorität**
Diese Stufe ist leicht höher als die Standardeinstellung. Der so eingestellte Server würde jedoch einem Server mit höchster Priorität bei der Auswahl des Datensammelpunktes unterliegen.

▶ **Standardpriorität**
Die Standardpriorität ist die Standardeinstellung, die jeder XenApp-Server nach der Installation zugewiesen bekommt. Sofern sich die Systeme leistungstechnisch nicht unterscheiden und kein spezieller Server die Aufgabe des Datensammelpunktes übernehmen soll, besteht kein Bedarf zur Änderung.

▶ **Keine Priorität**
Wie der Name schon sagt, dient diese Stufe der Zuweisung an Server, die erst in letzter Konsequenz die Rolle des Datensammelpunktes übernehmen sollten. Dies könnten beispielsweise sehr leistungsschwache Geräte sein.

**Hinweis**

Es ist nicht möglich, für einen Server die Übernahme der Rolle des Datensammelpunktes komplett zu verweigern. Dies wäre auch unlogisch, da beispielsweise für den Fall, dass alle außer einem Server ausfallen, dieser eine auf jeden Fall auch die Rolle des Datensammelpunktes übernehmen müsste.

Die vergebenen Prioritäten sind allerdings nicht der einzige Faktor im Auswahlverfahren des Datensammelpunktes. Neben den Prioritäten spielen zwei weitere Faktoren eine Rolle in diesem Prozess:

▶ **Softwareversion**
Die installierte Version des XenApps ist ein wichtiges ausschlaggebendes Element des Auswahlprozesses für den Datensammelpunkt. Die höhere Softwareversion gewinnt immer. Die Prüfung auf die Version greift in der Reihenfolge für den Auswahlprozess noch vor den vergebenen Prioritäten. Der

Hintergrund hierfür ist das Ziel von Citrix, bei eventuellen Änderungen an der Funktion des Datensammelpunktes in neueren Versionen des XenApps oder Service Packs den Datensammelpunkt immer auf der aktuellsten Maschine zu halten.

▶ **Host Ranking**
Sofern sowohl Softwareversion als auch konfigurierte Priorität bei den am Auswahlprozess teilnehmenden Servern gleich sind, zieht in dritter Instanz die Prüfung auf die *Host-ID*. Die Host-ID ist eine bei der Installation des Xen-Apps generierte Zufallszahl zwischen 1 und 32.767, die nicht geändert werden kann. Da auch hierbei die höhere Host-ID die Auswahl gewinnt und die Host-ID zufallsbasiert ist, ist die Installationsreihenfolge der Server für den Auswahlprozess ohne Bedeutung.

---

**Hinweis**

An dieser Stelle ist zu beachten, wie sich eine neue Version des XenApps in einer vorhandenen Farm auswirken kann. Da in erster Instanz immer die Softwareversion entscheidet, wird ein Server mit einer neueren Version des XenApps immer die Rolle des Datensammelpunktes übernehmen. Da dies auch für Beta-Versionen gilt, ist das Einbringen einer neueren Version in eine bestehende Farm immer mit Vorsicht zu genießen.

---

Für extrem große Farmen oder Farmen mit einer hohen Benutzeraktivität im An- und Abmeldeverhalten empfiehlt sich sogar der Einsatz eines eigenen Servers explizit für die Funktion des Datensammelpunktes. Dieser Server hätte keine andere Aufgabe, als sowohl für die Clients als auch für die Server der Hauptansprechpartner für alle dynamischen Informationen zu sein. Durch den Einsatz eines separaten Servers für die Rolle des Datensammelpunktes lässt sich in großen Umgebungen ein deutlicher Leistungsanstieg bei den Client-Verbindungen erreichen.

### 3.2.6 Zonen

Da der Datensammelpunkt für jeden Anmeldeversuch eines Benutzers kontaktiert wird, ist eine leistungsfähige Netzwerkverbindung zwischen dem Datensammelpunkt und dem vom Benutzer kontaktierten Server notwendig. Insbesondere bei geografisch verteilten Serverstandorten ist dies natürlich nicht immer zu gewährleisten.

Aus diesem Grund wird eine XenApp-Farm logisch in sogenannte *Zonen* eingeteilt, die jeweils einen Datensammelpunkt halten. Da somit jeder Datensammelpunkt einer Zone zugeordnet ist und jede Zone wiederum auch nur genau einen Datensammelpunkt hat, spricht man häufig analog zum Data Collector auch von

*Zone Data Collector*, oder kurz *ZDC*, wobei beide Bezeichnungen sich auf die gleiche Funktionsrolle beziehen.

Jeder Server wird bereits bei seiner Installation einer Zone zugeordnet, die standardmäßig mit *Default Zone* bzw. *Standardzone* benannt ist. Dieser Name kann allerdings beliebig geändert werden. Eine Zonenbezeichnung wie »Bielefeld« oder »Ulm« wäre problemlos möglich. Der Vorteil, den Zonennamen bei der Installation im Standard zu belassen, liegt allerdings darin, dass alle Server, die sich im gleichen Subnetz befinden, auch automatisch in der gleichen Zone sind.

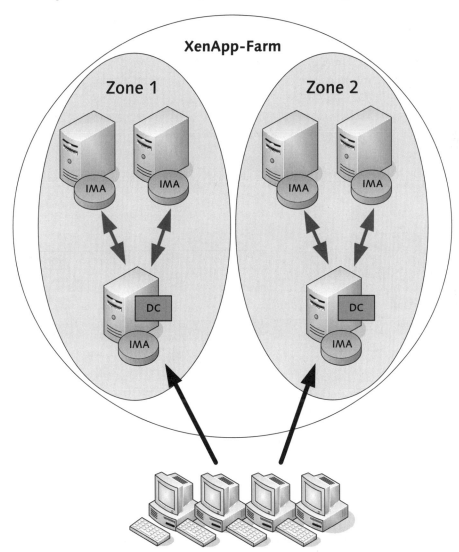

**Abbildung 3.4** Client-Verteilung auf ZDCs

Neben der geografischen Trennung zwischen Servern einer Farm könnte auch die Anzahl der Clients an einem Standort ein Kriterium für die Erstellung einer zusätzlichen Zone sein. Durch eine zweite Zone hätten Sie automatisch zwei Datensammelpunkte, so dass Sie die Benutzeranmeldeversuche auf diese beiden verteilen könnten. Eine mögliche Konfiguration für einen solchen Fall wären also beispielsweise zwei Zonen mit jeweils einem expliziten Datensammelpunkt pro Zone. Die Clients könnten Sie dann so konfigurieren, dass grob die eine Hälfte den einen und die andere Hälfte den anderen Datensammelpunkt als primären Server für Anmeldeversuche nutzen würde. Abbildung 3.4 stellt diese Konfiguration dar.

Um bei einer solchen Konfiguration aber auch für den Ausfall eines Datensammelpunktes oder einer kompletten Zone gewappnet zu sein, können die Datensammelpunkte ihre Informationen untereinander replizieren, so dass jederzeit in jeder Zone die Informationen über alle Server vorgehalten werden können.

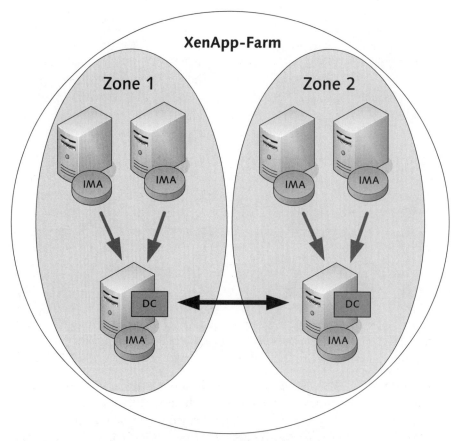

**Abbildung 3.5** ZDC-Replikation über Zonengrenzen hinweg

Diese Funktion muss seit dem Metaframe Presentation Server jedoch manuell aktiviert werden, da hierdurch ein erhöhter Datenverkehr zwischen den Zonen produziert wird.

Generell kommunizieren jedoch immer nur die Datensammelpunkte über die Zonengrenzen hinweg, um den Datenverkehr möglichst gering zu halten.

Um zonenübergreifend bei einem Verbindungsversuch den Server mit der geringsten Last zu finden, kann als Alternative zur zonenübergreifenden Replikation von Lastinformationen auch für die Clients eine Einstellung für *Zonenpräferenz und Failover* konfiguriert werden. Dadurch werden die Client-Verbindungen jeweils in bevorzugte Zonen weitergeleitet.

### 3.2.7 Citrix-XML-Dienst

Um Clients den Zugriff auf Farminformationen, wie etwa zur Verfügung stehende Anwendungen, zu ermöglichen, dient der *Citrix-XML-Dienst* als Vermittler zwischen den Informationen der Farm und den Clients. Clients können dabei sowohl »echte« Endgeräte und Benutzer sein, die eine Verbindung aufbauen, als auch das Citrix-Webinterface, das sich über den XML-Dienst beispielsweise Informationen über für einen bestimmten Benutzer anzuzeigende Anwendungen holt. Der XML-Dienst steht grundsätzlich auf jedem XenApp-Server zur Verfügung und kann in zwei unterschiedlichen Varianten eingesetzt werden:

▸ **Dienst**
Sofern zum Zeitpunkt der Installation auf dem Server kein Internet Information Server (IIS) installiert ist, wird der XML-Dienst als eigener Dienst mit einem Listener auf Port 80 installiert und konfiguriert. Gleiches gilt für den Fall, dass zwar ein IIS installiert ist, aber bei der Installation ein anderer Port als Port 80 für den XML-Dienst ausgewählt wird. Der so installierte Dienst ist wie jeder andere Systemdienst über VERWALTUNG/DIENSTE einzusehen und zu verwalten.

▸ **ISAPI-Erweiterung**
Ist bei der Installation des XenApps bereits ein IIS auf dem Server installiert, kann über die Standardeinstellung STANDARD-TCP/IP-PORT FÜR IIS FREIGEBEN der XML-Dienst gemeinsam mit dem IIS auf Port 80 arbeiten. Dies wird durch das Einbinden einer XML-Dienst-ISAPI (Internet Server API) in den IIS erreicht.

Unabhängig davon, welche Einstellung bei der Installation des XenApps vorgenommen wurde, lässt diese sich später in die anderen Varianten umkonfigurieren. Da der Aufwand für eine Umkonfiguration jedoch ein wenig höher ist, sollten Sie sich im Vorfeld überlegen, wie Sie den Dienst betreiben wollen, und dann gegebenenfalls vor der Installation des XenApps den IIS installieren.

### 3.2.8 Citrix Delivery Services Console (mit XenApp-Plug-ins)

Neben der reinen Serverseite der XenApp-Farm muss es natürlich auch Werkzeuge geben, die die Möglichkeit schaffen, Konfigurationen an der Farm vorzunehmen.

---

**Hinweis für ältere XenApp-Versionen**

Bis zur Version 4.0 des Presentation Servers wurde dies durch die *Citrix Presentation Server Console*, ehemals Citrix Management Console (CMC), erledigt. Mit der Version 6.0 ist dieses Verwaltungswerkzeug komplett verschwunden.

---

Im Rahmen der Einführung der unterschiedlichen Produkte und den damit verbundenen Verwaltungswerkzeugen arbeitete Citrix jedoch mit Nachdruck an einer zentralen Verwaltungskonsole, der *Delivery Services Console* (ehemals *Access Suite Console*), welche in der Lage sein sollte, alle Citrix-Produkte verwalten zu können, ähnlich wie es Microsoft mit der MMC durchgesetzt hat.

Die Delivery Services Console ist in der Lage, sich über DCOM auf die zu verwaltenden Server aufzuschalten und diese hierüber zu verwalten. Ein weiterer verwendeter Kommunikations-Port ist in diesem Zusammenhang TCP 135.

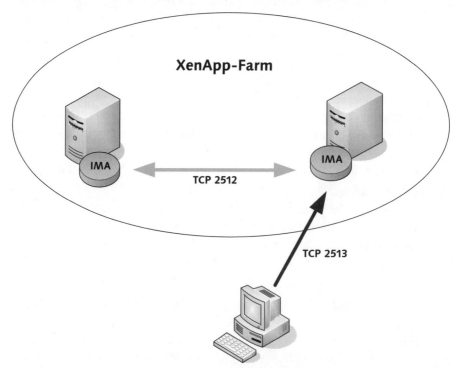

**Abbildung 3.6** Farm-Verwaltung mit der Access Management Console über Port 135/DCOM

Grundsätzlich kann die DSC sowohl von einem Terminalserver als auch von einer administrativen Arbeitsstation aus ausgeführt werden. Da die Anwendung jedoch MMC-basierend ist, sollte die korrekte Version der MMC vorhanden sein. Hierbei verbinden Sie sich auf die komplette Farm, die über einen sogenannten *Discovery* ausgelesen wird.

Grundsätzlich können Sie mit der Delivery Services Console die folgenden Tätigkeiten durchführen:

▶ **Farm- und Server-Verwaltung**
Alle Einstellungen der Farm und der Server, wie etwa der zu nutzende Lizenzserver oder eine Übersicht über die installierten Versionen und Produkte, können eingesehen und verwaltet werden.

▶ **Inhalts-Verwaltung**
Alle Inhalte, die den Benutzern zur Verfügung gestellt werden sollen, beispielsweise Anwendungen, Ordner oder Links, werden nun in der DSC erstellt und verwaltet.

▶ **Anwendungs- und Prozess-Monitoring und -Verwaltung**
Die laufenden Prozesse und Anwendungen der Farm-Server können eingesehen und verwaltet werden. Die Funktionalität ähnelt der des Windows Task-Managers.

▶ **Sitzungsverwaltung**
Alle Benutzersitzungen auf allen Servern, ganz gleich, ob Microsoft RDP oder Citrix ICA, können verwaltet werden. Dies beinhaltet das Abmelden, Zurücksetzen oder Übernehmen (Spiegeln) einer Sitzung.

▶ **Lastenausgleichsverwaltung**
Die Konfiguration des Lastenausgleichs für Server oder Anwendungen erfolgt ebenfalls in der Delivery Services Console über sogenannte *Lastauswertungsprogramme*, die dann den Servern oder Anwendungen zugewiesen werden können.

▶ **Offline-Konfiguration**
Die Verwaltung der Ressourcen, die offline genutzt werden können, und der entsprechenden Benutzer für diese Funktion geschieht über die DSC.

▶ **Druckerverwaltung**
Drucker, die in der Farm auf den Servern zur Verfügung stehen oder direkt einem Benutzer zugeordnet werden sollen, können Sie hier anlegen und die entsprechenden Treiber auf die Server der Farm replizieren.

▶ **Richtlinienkonfiguration**
Über Richtlinien können Sie an zentraler Stelle beispielsweise die Umleitung von Client-Ressourcen in die Sitzungen oder die Zuweisung von Druckern realisieren.

Natürlich stehen in dieser Konsole auch noch weitere Optionen zur Verfügung, doch bei den hier aufgelisteten handelt es sich um die wesentlichen.

### 3.2.9 Zusammenfassung für Domänen-Admins

Bis zu dieser Stelle konnten die Windows-erfahrenen Administratoren der Musterhandel GmbH dem Citrix-Experten nach eigener Ansicht noch recht gut folgen. Als dieser jedoch einige Fragen zu den Funktionen der einzelnen Rollen stellte, kamen nur bruchstückhafte Antworten dabei heraus.

Der Experte meinte daraufhin, dass dies nicht verwunderlich sei, da es doch recht viele Informationen gewesen seien, die an anderen Stellen im Zusammenhang mit dem XenApp stehen und die oftmals nicht genannt werden. Da es sich jedoch um erfahrene Windows-Administratoren handele, könne er ihnen einige Eselsbrücken nennen, die die Funktionsrollen einer XenApp-Farm mit denen einer Active-Directory-Umgebung vergleichen und somit beispielsweise Planungsgrundlagen verdeutlichen. Im Grunde sind es drei Funktionen oder Eigenschaften, die von der planerischen Seite in beiden Umgebungstypen analog vorkommen:

▶ **Speicher für Informationen**
In jeder Windows-Domäne werden die Objekte der Domäne in einer Datenbank abgelegt. Diese Datenbank hat, ebenso wie die Datenbank einer XenApp-Farm, einen Speicherort. Etwas lapidar ausgedrückt, könnte man also sagen, dass der Datenspeicher in einer XenApp-Farm etwa einem Domänencontroller in einem Active Directory entspricht. Der einzige Unterschied zwischen den beiden Funktionen ist, dass es mehrere Domänencontroller in einer Domäne geben kann, aber immer nur einen Datenspeicher.

Wobei die letzte Aussage in der Praxis nicht ganz korrekt ist. Bei der Datenablage in einem Datenbanksystem, also beispielsweise in einem SQL-Server, könnte die Datenbank mit SQL-Methoden auf einen zweiten Server repliziert werden, auf den dann wiederum einige der XenApp-Server als Datenspeicher zugreifen. Unter dem Aspekt der Rolle des Datenspeichers ist die Aussage jedoch korrekt. Unabhängig von der Zahl der Replikate gibt es im Prinzip nur einen Datenspeicher.

Nun könnten Sie argumentieren, dass die Domänencontroller einer Domäne auch alle den gleichen Datenbestand haben (was nicht genau zutrifft), aber es geht hierbei nun mal nicht um einen vollständig korrekten Vergleich, sondern lediglich um eine Eselsbrücke.

▶ **Replikationsgrenze**
Sieht man sich die Planungsgrundlagen für das Active Directory an, so gibt es Empfehlungen, etwa bei geografischer Verteilung einer Domäne oder sehr großen Standorten, die Domäne mithilfe von *Active-Directory-Standorten*, sogenannten *Sites*, einzuteilen. Diese Sites haben die Eigenschaft, dass die Domänencontroller, die sich in der gleichen Site befinden, sehr schnell replizieren, während die Replikation zwischen den Standorten nur über sogenannte *Bridgehead Server* erfolgt, um den Datenverkehr zwischen den Standorten zu reduzieren.

Überträgt man diese Grundsätze auf eine XenApp-Farm, so gibt es hierbei große Analogien zu Zonen und Datensammelpunkten. Zonen dienen ebenfalls dazu, geografisch getrennte oder sehr große Umgebungen zu unterteilen. Und die Datensammelpunkte wiederum sind die einzigen Server, die über die Zonengrenzen hinweg Informationen replizieren.

▶ **Sammelpunkt für Metadaten**
Im Zusammenhang mit den Datensammelpunkten gibt es aber noch eine weitere Analogie zu einer Active-Directory-Domäne. Diese findet sich in der Funktion des globalen Kataloges. Dieser dient in einem Active Directory dazu, bestimmte Informationen aus allen Domänen einer Gesamtstruktur zu sammeln und zu bündeln. Bei jeder Anmeldung eines Benutzers erfolgt eine Kommunikation mit dem globalen Katalog, um beispielsweise die Mitgliedschaften in universellen Gruppen zu prüfen. Laut Planungsleitfaden sollte in jedem Active-Director-Standort, jeder Site, genau ein globaler Katalog platziert werden, um die Kommunikation möglichst performant zu gestalten.

Sehen Sie sich vor diesem Hintergrund den Datensammelpunkt an, erscheint vieles bekannt. Auch der Datensammelpunkt sammelt Informationen und wird bei Verbindungsversuchen kontaktiert. Ebenso gilt der Grundsatz des »einen Servers pro Zone«.

Der externe Berater gab zu, dass der eine oder andere Vergleich sowie die Darstellung der Funktionen des Active Directorys doch stark vereinfacht gewesen seien. Dennoch könnten die Vergleiche als Eselsbrücken gerade zu Beginn der Auseinandersetzung mit dem XenApp durchaus nützlich sein.

Der Berater sprach jedoch auch noch eine Warnung aus. Insbesondere, wenn man sowohl in der Active-Directory- als auch in der XenApp-Welt tätig sei, solle man bei Abkürzungen stets auf den genauen Kontext achten. So steht beispielsweise die Abkürzung »DC« in der Windows-Welt immer für einen *Domain Controller*, einen Domänencontroller, während in der Citrix-Welt nahezu immer ein *Data Collector*, ein Datensammelpunkt, gemeint ist. Sofern aus Citrix-Sicht tatsächlich ein Domänencontroller gemeint sein sollte, wird dieser auch immer so bezeichnet und niemals abgekürzt.

## 3.3 XenDesktop-Architektur

Analog zum XenApp gibt es natürlich auch im Bereich XenDesktop einige Architektur-Aspekte, mit denen Sie sich vor einer Installation auseinandersetzen sollten. Dies ist insofern wichtig, als dass sich der Aufbau und die Komponenten von XenDesktop doch in vielen Punkten von XenApp unterscheiden.

### 3.3.1 Eine kleine Historie

Dies war allerdings nicht immer so. Bis einschließlich der Version 4 von Xen-Desktop basierte die gesamte Architektur auf der des Presentation Servers und nutzte auch die gleichen Werkzeuge für die Verwaltung. So waren die Serversysteme, *Desktop Delivery Controller* (DDC) genannt, ebenfalls über IMA zu Farmen zusammengefasst und wurden über die Access Suite Console bzw. Delivery Services Console administriert.

Die Verwandtschaft der Systeme ging sogar so weit, dass auf einem DDC die Windows-Terminaldienste installiert sein mussten und die gesamten Programmdateien des Presentation Servers bei der Installation des XenDesktops mit installiert wurden.

> **Hinweis**
>
> Es wird an dieser Stelle bewusst von *Presentation Server* gesprochen, denn die Basis für den XenDesktop stammte tatsächlich noch aus diesen Versionen.

Neben den Vorteilen der äußerst bewährten und stabilen Basis hatte dieses Modell aber den gleichen gewaltigen Nachteil, der auch die Änderung im Aufbau des XenApps 6 begründet hat – es basierte auf einer Windows-2003-Basis und war weder für Windows Server 2008 noch für 2008 R2 einsetzbar. Aus diesem Grund hätte an dem Programmcode ohnehin einiges an Änderungen durchgeführt werden müssen, um die neuen Betriebssysteme zu unterstützen.

Vor dem in den ersten beiden Kapiteln beschriebenen Entwicklungen in Richtung Skalierbarkeit, Cloud und Mandantenfähigkeit ist Citrix jedoch nochmal grundlegend an die Architektur von XenDesktop herangegangen und hat nicht den einfachen bzw. nicht zukunftsweisenden Weg der Anpassung gewählt, sondern das gesamte Produkt mit einer zukunftsfähigen Architektur neu entwickelt.

### 3.3.2 Grundlegende Architektur

Betrachten wir die grundlegende Architektur einer VDI- und XenDesktop-Lösung, so wird schnell deutlich, dass die Kernstruktur recht einfach aufgebaut ist und nur aus drei wesentlichen Komponenten besteht, die in Abbildung 3.7 dargestellt sind.

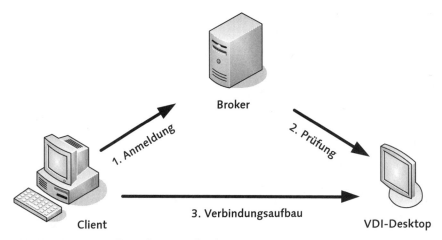

**Abbildung 3.7** Grundlegende VDI-Architektur

Hierbei handelt es sich um die folgenden drei Komponenten:

▶ **VDI-Desktop**
Bei dem in der Abbildung dargestellten VDI-Desktop handelt es sich um das Zielsystem, das seinen Desktop für die Benutzer zur Verfügung stellt. Im Kern handelt es sich hierbei um ein Windows-Betriebssystem, auf dem eine Softwarekomponente installiert ist, die die Bereitstellung des Desktops im Rahmen der VDI-Umgebung ermöglicht. Bei XenDesktop nennt man diese Komponente *Virtual Desktop Agent* oder kurz *VDA*.

Der VDA ist im Wesentlichen für zwei Dinge zuständig: Zum einen sorgt er für die Kommunikation und Verwaltung des Desktops über den *Broker*. Zum anderen bringt er das HDX- bzw. ICA-Verbindungsprotokoll mit sich, das auch bei XenApp zum Einsatz kommt. XenDesktop setzt hierbei auf eine leicht abgewandelte Form des ICA-Protokolls mit dem Namen *PortICA*.

Da der VDI-Desktop später quasi die Arbeit für den Benutzer leistet, bezeichnet man ihn auch als eine *Worker*-Komponente.

---

**Bezeichnungen**

In einigen Lösungen wird dieses System auch als *VM-Desktop*, einfach nur *VM* oder *Target* bezeichnet. Das Problem bei den Bezeichnungen für dieses System ist jedoch immer, dass der Name im Regelfall schon wertend oder beschreibend ist, was der Funktion nicht immer gerecht wird.

Vor dem Hintergrund der beschriebenen Flexcast-Szenarien ist an dieser Stelle zu berücksichtigen, dass es sich bei diesem System nicht zwangsläufig um eine virtuelle Maschine handeln muss. Es könnte ebenso gut ein Blade-PC im Rechenzentrum oder ein normaler Arbeitsplatz-PC sein, auf dem die notwendigen Softwarekomponenten installiert sind.

---

▶ **Client**

Bei dem Client handelt es sich um das zugreifende Endgerät, auf dem ebenfalls eine entsprechende Softwarekomponente für den Zugriff auf XenDesktop installiert ist. Im Regelfall handelt es sich hierbei um einen PC, ThinClient oder ein sonstiges Gerät mit einem installierten Citrix Receiver und ICA-Plug-in. Dieser ermöglicht dann die Kommunikation mit dem Broker und den Verbindungsaufbau zum Desktop über das ICA-Protokoll.

▶ **(Sitzungs-/Verbindungs-) Broker**

Der Broker ist für die Zuweisung eines Desktops an den Benutzer zuständig. Hierfür greift der Broker auf der einen Seite auf eine Datenbank zurück, in der die jeweiligen Zuweisungen und Berechtigungen aufgeführt sind. Auf der anderen Seite steht der Broker ebenfalls in Kontakt mit potenziell zur Verfügung stehenden Desktops und analysiert sie im Hinblick auf deren Verfügbarkeit.

Da der Broker nach der Initiierung der Verbindung zwischen Client und Desktop aus dem aktiven Geschehen ausscheidet und nur für die Verwaltung zuständig ist, handelt es sich bei ihm um eine *Controller*-Komponente.

Sehen wir uns nun den konkreten Ablauf für den Verbindungsaufbau zwischen Client und Desktop an, so stellt er sich im Kern folgendermaßen dar:

1. **Anmeldung am Broker**

Den ersten Schritt eines Verbindungsaufbaus zwischen einem Client und einem virtuellen Desktop stellt die Anmeldung des Benutzers am Verbindungsbroker dar. Dieser prüft die Anmeldeinformationen des Benutzers gegen das Active Directory und sucht anschließend nach Desktops, für die der Benutzer berechtigt ist.

2. **Prüfung auf Verfügbarkeit von Desktop**

Im Hintergrund prüft der Broker, welche der potenziellen Desktops des Benutzers aktuell für eine Verbindung zur Verfügung stehen. Dies bedeutet konkret, dass geprüft wird, welche Desktops aktiv sind und nicht bereits von einem anderen Benutzer verwendet werden. Sofern es sich bei dem Desktop um eine virtuelle Maschine auf einem der unterstützten Hypervisor handelt, kann die VM auch für den Benutzer gestartet werden.

3. **Verbindungsaufbau**

Nachdem der Broker die notwendigen Verbindungsinformationen an den Client zugestellt hat (z. B. in Form eines Links im Webinterface), baut der Client eine direkte Verbindung zum VDI-Desktop auf. Der Broker ist ab diesem Zeitpunkt nicht mehr in der Kommunikationslinie zwischen Client und VDI-Desktop und stellt somit auch keinen Flaschenhals für die Kommunikation dar. Allerdings prüft er in regelmäßigen Abständen den Status des VDI-Desktops (Heartbeat).

Im Kern können wir festhalten, dass alle Arten von VDI-Lösungen nach diesem Schema vorgehen und somit von ihrer Funktionalität im Basisbetrieb her vergleichbar sind. Interessant wird es jedoch an dem Punkt, an dem über die Skalierung der Broker und die weiteren Möglichkeiten der Verwaltung der VDI-Desktops gesprochen wird.

Für die Skalierbarkeit ist der entscheidende Faktor darin zu sehen, wie viele Broker sich bei einer solchen Lösung einsetzen lassen und wie diese untereinander kommunizieren bzw. wie und wo die Konfigurationsdatenbank der Broker liegt.

### 3.3.3 Sites und Delivery Controller

Im konkreten Fall von XenDesktop 5 können mehrere Broker – bei XenDesktop *Delivery Controller* genannt – zu *Sites* zusammengefasst werden. Sites sind bei Xen-Desktop 5 die Nachfolger der noch von XenDesktop 4 und XenApp bekannten *Farmen* und dienen zur Gruppierung von XenDesktop Delivery Controllern mit ihren angelagerten Komponenten und Ressourcen an einem geografischen Standort. Die Delivery Controller einer Site greifen hierbei alle auf die gleiche SQL-Datenbank zu, die die zentrale Konfiguration der XenDesktop-Umgebung hält.

| **Wichtig** |
| :--- |
| Bei dieser Datenbank handelt es sich nicht mehr um einen IMA-Datenspeicher, sondern um eine neue Datenbankstruktur, die mit XenDesktop 5 eingeführt wurde. IMA ist nicht mehr Bestandteil von XenDesktop 5. Gleiches gilt somit auch für Funktionen wie den vom XenApp bekannten *Local Host Cache*. |

Diese Datenbank, für die als Plattform Microsoft SQL Server 2008 R2, Microsoft SQL Server 2008 mit mindestens ServicePack 1 oder eine Microsoft SQL Server 2008 R2 Express Edition benötigt wird, stellt somit die zentrale Komponente für alle Delivery Controller und sollte somit für alle Systeme verfügbar sein.

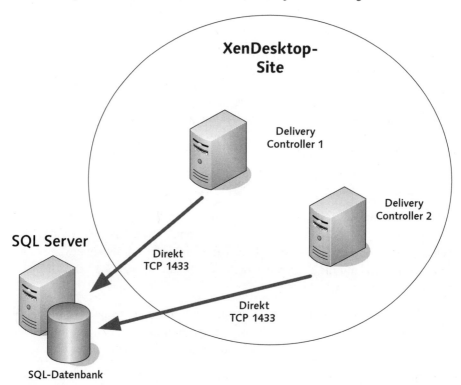

**Abbildung 3.8** Datenbankzugriff einer XenDesktop-Site

Um ein höheres Maß an Verfügbarkeit für die Datenbank zu gewährleisten wird auch der Einsatz auf geclusterten oder gespiegelten SQL-Datenbanken unterstützt. Die gilt natürlich nicht für den Einsatz der Express Edition, da diese Funktionen hierbei nicht zur Verfügung stehen und nur der sogenannte *Stand-Alone-Mode* unterstützt wird.

Ein Einsatz von MS-Access-, Oracle- oder DB2-Datenbanken, wie dies in XenApp-Versionen angeboten wird, steht für XenDesktop 5 nicht zur Auswahl.

### 3.3.4 Hosting-Infrastukturen

Eine weitere Komponente einer Site sind die sogenannten *Hosts*. Hierbei handelt es sich um Hypervisor-Systeme, auf denen die virtuellen VDI-Desktops ausgeführt werden. Für XenDesktop 5 werden neben dem *Citrix XenServer ab Version 5.5 Update 2* auch *Microsoft Hyper-V R2 mit dem System Center Virtual Machine Manager 2008 R2 und VMware vSphere und ESX ab Version 3.5 Update 5 mit VirtualCenter 2.5 Update 6* unterstützt.

Um den vollen Funktionsumfang von XenDesktop 5 im Hinblick auf die Verwaltung von virtuellen Maschinen nutzen zu können, sollte der XenServer 5.6 Feature Pack 1 oder höher eingesetzt werden. Nur hiermit werden Funktionen, wie etwa die *Machine Creation Services* (MCS) unterstützt.

Im Hinblick auf die Kommunikation zwischen Delivery Controller und Hosting Infrastruktur ist zu berücksichtigen, dass nur ein XenServer-Pool direkt vom Delivery Controller angesprochen werden kann. Sowohl bei Hyper-V als auch bei vSphere/ESX läuft die Kommunikation jeweils über die Verwaltungswerkzeuge, also Microsoft System Center Virtual Machine Manager (SCVMM) bzw. *VMware vCenter*. Diese Tatsache ist nicht ohne Bedeutung, da es natürlich gewisse Abhängigkeiten zwischen den eingesetzten Versionen und Patchständen der Produkte gibt. Sollte eine Microsoft- oder VMware-Hosting-Plattform zum Einsatz kommen, empfiehlt sich vor der Einrichtung die genaue Prüfung der unterstützten Programmkonstellationen.

### 3.3.5 Kataloge und Desktop Groups

Neben den Delivery Controllern und Hosts finden sich in einer Site natürlich auch die eigentlichen Desktops, welche den Benutzern zugewiesen werden können. Um diese und deren Abbilder auch über mehrere Hosting-Plattformen hinweg verwalten zu können, wurde mit XenDesktop 5 die Gruppierung in *Katalogen (Catalogs)* eingeführt. Hierbei handelt es sich jeweils um ein Desktop-Abbild, dass auf einem oder mehreren Hypervisors zur Verfügung gestellt werden kann.

Die mithilfe der Kataloge erstellten und verwalteten Desktops werden jedoch nicht direkt den Benutzern zugewiesen, sondern zunächst zu *Desktop Groups* zusammengefasst. Eine Desktop-Gruppe umfasst Desktops aus einem oder mehreren Katalogen und kann auch mehrere Hosts und Hosting-Plattformen umfassen. Den Benutzern werden die Berechtigungen zur Nutzung eines Desktops über die Desktop-Gruppe zugewiesen. Hierbei kann ein Benutzer auch in mehreren Desktop-Gruppen berechtigt sein und darf dementsprechend auch mehrere Desktops nutzen.

Dies kann beispielsweise dann zum Einsatz kommen, wenn unterschiedliche Typen von Desktops angeboten werden. Grundsätzlich wird im XenDesktop-Umfeld zwischen den folgenden Typen von Desktops unterschieden:

► **Pooled/generisch**

Bei *pooled Desktops* handelt es sich um eine Desktop-Gruppe mit identischen Desktops, bei denen ein Benutzer auf ein beliebiges zur Verfügung stehendes Desktop-System verbunden wird. Eine Individualisierung oder Anpassung des Desktops durch den Benutzer (über sein Benutzerprofil hinaus) ist nicht vorgesehen.

► **Dedicated/zugewiesen**

Im Gegensatz zu den pooled Desktops wird bei einem *dedicated Desktop* eine feste Verbindung zwischen einem Benutzer und einem expliziten Desktop einer Desktop-Gruppe vorgenommen. Hierdurch wird der Benutzer bei jeder Verbindung zur Desktop-Gruppe auf genau den gleichen Desktop geleitet. Auch wird nur der zugewiesene und kein anderer Benutzer auf diesen Desktop geleitet. Hierdurch wird eine Individualisierung des Systems ermöglicht – der Benutzer könnte etwa, entsprechende Berechtigungen vorausgesetzt, Software auf dem Desktop installieren und anschließend damit arbeiten.

► **Existing/bestehend**

Bei einem *existing Desktop* handelt es sich um eine virtuelle Maschine, die außerhalb der XenDesktop-Architektur erstellt wurde. Dies könnte etwa eine virtuelle Maschine sein, die mittels eines Konvertierungswerkzeuges wie Xen-Convert vom ursprünglichen physikalischen PC des Benutzers »abgezogen« und dann virtuell bereitgestellt wurde.

► **Physical/(Blade-)PC**

*Physikalische Desktops* setzten, wie der Name schon sagt, nicht auf einer Virtualisierungsschicht auf, sondern laufen direkt auf einem Hardware-System. Dementsprechend stehen einige Funktionen, wie etwa das automatische Starten und Herunterfahren eines solchen Desktops, gar nicht oder nur eingeschränkt zur Verfügung.

**Streamed Desktops**

Bei *gestreamten Desktops* handelt es sich um eine spezielle Bereitstellungsvariante für die Desktops, bei denen sowohl eine physikalische als auch eine virtuelle Bereitstellung genutzt werden kann. Ebenso können diese Desktops generisch oder zugewiesen sein. In vielen Fällen wird es sich hierbei sogar um die vorhandenen PCs der Benutzer handeln, die über diesen Weg in die Desktop-Virtualisierung eingebunden werden können.

Die genaue Konfiguration der Umgebung und der Einstellungsmöglichkeiten des Benutzers würden hierbei dann am Provisioning Server erfolgen, der für das Streaming der Betriebssystem-Images über das Netzwerk auf die Zielsysteme zuständig ist.

Vor dem Hintergrund einer angestrebten Optimierung der Einrichtungs- und Verwaltungsaufwände haben hierbei die *gepoolten* und *gestreamten* Desktop-Varianten den großen Vorteil, dass in beiden Fällen eine sehr große Anzahl von Desktop-Systemen von jeweils sehr wenigen – im optimalen Fall einem einzigen – Image gestartet werden können. Allerdings geht dies in beiden Fällen zu einem großen Teil auf Kosten der Individualisierbarkeit der Desktops, so dass der Unterschied zu einem *Hosted Shared Desktop* mit XenApp nicht mehr sonderlich groß ist.

### 3.3.6 Provisioning Services und Machine Creation Services

Bis einschließlich der XenDesktop Version 4 wurde die zentrale Image-Verwaltung über den Provisioning Server (PVS) realisiert. Hierbei wurde ein Betriebssystem-Abbild des gewünschten Desktopsystems zentral auf dem PVS hinterlegt und die gewünschte Anzahl von Desktops von diesem einen Image über das Netzwerk gebootet. Sofern eine Änderung an den Desktops durchgeführt werden musste, erfolgte diese zentral auf dem Image, dass anschließend einfach von alle Systemen per Reboot neu geladen werden musste. Eine kleine Softwarekomponente in dem Image sorgt hierbei im Zusammenspiel mit dem Provisioning Server dafür, dass alle so erstellten Systeme mit individuellen Namen im Netzwerk und der Windows-Domäne erscheinen.

Diese Technologie, die auch im XenApp-Umfeld genutzt werden kann, steht auch im XenDesktop 5 in einer aktuellen Version zur Verfügung. Allerdings ist der PVS insbesondere im XenDesktop-Umfeld, in dem im Regelfall wesentlich mehr Systeme provisioniert werden als in einem XenApp-Szenario, stark von der genutzten Netzwerkinfrastruktur und dem sinnvollerweise ebenfalls genutzten zentralen Speicher abhängig. Kurz gesagt: Der Provisioning Server ist eine großartige Komponente, stellt aber hohe Anforderungen an die Planung, die Netzwerkinfrastruktur und die I/O-Leistung eines zentralen Storage-Systems.

Um an dieser Stelle eine (kostengünstigere) Alternative bieten zu können, wurden mit XenDesktop die sogenannten *Machine Creation Services* (MCS) eingeführt. Hierbei handelt es sich um einen Dienst, der mithilfe des XenServers und unter Nutzung von Snapshots und des *XenServers 5.6 FP1 Intellicache* eine neue Art der *Single-Image-Bereitstellung* für virtuelle Desktops ermöglicht. Hierbei wird auf dem XenServer-Pool eine Master-VM erstellt, die später von mehreren anderen VMs aus verknüpft werden kann. Diese »Kinder-VMs« benötigen anschließend nur noch sehr wenig Speicherplatz – genau genommen nur noch 16 MB für eine ID-Disk – und sind ansonsten identisch mit dem ursprünglichen Master. Über Intellicache können die Disks sogar auf den lokalen Festplatten der Hosts angelegt werden, was zentralen Speicherplatz und somit Kosten einspart.

Bis zu dieser Stelle ist die Beschreibung der Funktionen des MCS sehr ähnlich dem, was Sie vielleicht bei VMware als *LinkedClones* kennen. Und tatsächlich ist der technologische Ansatz in weiten Teilen sehr ähnlich. Der wesentliche Unterschied liegt jedoch in der Einbindung der so erstellten VMs – während diese bei der Lösung von VMware mittels *Sysprep* o. Ä. individualisiert werden müssen, übernimmt dies beim MCS eine Komponente, die dem Provisioning Server entstammt. Dies scheint vielleicht auf den ersten Blick kein großer Mehrwert zu sein, stellt sich jedoch im Tagesgeschäft sehr schnell als solcher heraus, da die gesamte Verwaltung der Images durchgängig von XenDesktop übernommen werden kann.

Um diese Aufgaben zu übernehmen, bestehen die Machine Creation Services im Detail aus drei einzelnen Diensten:

▶ **Citrix Machine Creation Service**
Der Kerndienst der MCS ist für die Erstellung von neuen virtuellen Maschinen zuständig.

▶ **Citrix AD Identity Service**
Der *AD Identity Service* ist für die Verwaltung der Active Directory-Computerkonten zuständig. Das heißt, dass dieser Dienst etwa die Zuweisung von neu erstellten VMs zu einem passenden AD-Konto übernimmt.

▶ **Citrix Machine Identity Service**
Die Verwaltung des VM-Speichers wird vom *Machine Identity Service* übernommen. Dies umfasst beispielsweise die Konfiguration und Zuweisung der jeweils gültigen ID-Disk zur Desktop-VM.

### 3.3.7 Desktop Studio und Desktop Director

Im Hinblick auf die in XenDesktop 5 genutzten Verwaltungswerkzeuge gibt es ebenfalls einige Neuerungen im Vergleich zu älteren Versionen. Die primäre Konsole für Administratoren ist nun das *Desktop Studio*, bei der es sich wie bei der *Delivery Services Console* von XenApp um ein MMC-SnapIn handelt, das im Hintergrund auf verschiedene Datenquellen und Webservices zugreift. Mittlerweile lassen sich sogar neue VMs direkt aus dieser Konsole erstellen, und ein Umweg über *XenCenter*, *XenDesktop Setup Wizard* oder Konsorten ist nicht mehr notwendig.

Ein sich aus diesem Funktionsreichtum ergebender »Nachteil« des Desktop Studios ist jedoch die hohe Komplexität der Konsole, die es insbesondere für Administratoren, die nicht so tief im Thema stecken, nicht gerade erleichtert. Ein gutes Beispiel für einen solchen Admin findet sich beispielsweise im 1st-Level-Support der Musterhandel GmbH – diese Admins sollen in erster Linie Störungen aufnehmen und qualifizieren. Sie verfügen jedoch nicht über tiefes technisches Wissen in allen eingesetzten Backend-Produkten.

Genau für diese Gruppe wurde mit dem XenDesktop 5 eine weitere Konsole eingeführt – der *Desktop Director*. Hierbei handelt es sich um eine webbasierte Konsole, welche speziell für die Bedürfnisse des 1st-Levels ausgerichtet ist und für einen guten Überblick und rudimentäre Verwaltungsmöglichkeiten, wie etwa das Abmelden einer Sitzung, sorgt. Durch die webbasierte Architektur können auf Wunsch auch externe Admins oder Berater auf die Umgebung zugreifen, ohne einen größeren Schaden anrichten zu können.

Sollten diese Werkzeuge für den gewillten Administrator nicht ausreichend sein, gibt es seit dieser Version des XenDesktops eine vollständige *PowerShell*-Schnittstelle, über die sämtliche administrativen Tätigkeiten über Skripte automatisiert werden können. Diese Schnittstelle kann natürlich ebenso von Produkten wie dem *Workflow Studio* genutzt werden.

### 3.3.8 Virtual Desktop Agent

Neben den Komponenten im Server-Bereich ist auch eine zwingende Softwarekomponente auf dem VDI-Desktop erforderlich, die einen Windows-Desktop erst zu einem für VDI nutzbaren Desktop macht – der *Virtual Desktop Agent* oder *VDA*.

Wie in Abschnitt 3.3.2, »Grundlegende Architektur«, beschrieben, erweitert der VDA den bereitzustellenden Desktop um eine Verwaltungs- und eine Verbindungskomponente. Bei der Verwaltungskomponente handelt es sich um einige Citrix-Dienste – allen voran der Desktop Service – welche sowohl für die Kommunikation mit dem Delivery Controller als auch für Themen wie Drucken, die Einbindung von Peripheriegeräten oder HDX-Funktionen wie Flash-Beschleunigung usw. zuständig sind. Die Kommunikation mit dem Delivery Controller wird seit dem XenDesktop 5 primär über die Registry des Desktops gesteuert, in der die zur Verfügung stehenden Broker hinterlegt werden. Dies ist eine weitere tief gehende architektonische Änderungen im Vergleich zu früheren Versionen von XenDesktop, die für die Suche der Broker in erster Linie auf *Service Connection Points* (SCP) im Active Directory gesetzt haben.

Dieser Ansatz war jedoch in nicht sauber gepflegten Windows-Active-Directorys sehr fehleranfällig und der häufigste Grund für Probleme im XenDesktop-Umfeld. Es ging sogar soweit, dass vielen Berater in XenDesktop-Projekten schon zum Projektstart angekündigt haben, dass, falls es Probleme im Active Directory geben würde, diese auf jeden Fall im Laufe des Projektes gefunden werden würden. Das Stichwort lautete hierbei »VDA registriert sich nicht am DDC« – weitere Informationen hierzu finden Sie unter: *http://www.nico-luedemann.de/content/index.php?q=node/157*.

Der andere Bestandteil des VDAs ist *PortICA*, eine Client-Betriebssystem-Implementation des von XenApp bekannten ICA-Protokolls, über das sich die Receiver-Clients auf den Desktop verbinden. Alternativ stünde sogar auch eine Verbindung über das RDP-Protokoll von Microsoft zur Verfügung. Dieses erzielt jedoch insbesondere im WAN-Bereich schlechtere Ergebnisse als ICA und bietet auch nicht die speziellen Optimierungen der HDX-Erweiterungen. Weitere Informationen zum ICA-Protokoll finden Sie im nächsten Abschnitt.

## 3.4    HDX – das ICA-Protokoll

Bei dem ICA-Protokoll beschreibt der Name bereits die Kerneigenschaft: ICA steht für *Independent Computing Architecture* und stellt ein Zugriffs- und Kommunikationsprotokoll dar, das seine Funktionen unabhängig von der Art, dem Betriebssystem und der Anbindung eines Clients ermöglicht. Wie im vorhergehenden Abschnitt bereits beschrieben, wird es für XenApp und XenDesktop in leicht unterschiedlichen Variationen eingesetzt, so dass dass das *PortICA von XenDesktop* und *ICA von XenApp* keinen identischen Funktionsumfang haben und sich auch in ihrer Kompatibilität etwa mit Erweiterungen nicht gleich verhalten. So kann es beispielsweise vorkommen, dass eine Softwarekomponente, die auf bestimmte Schnittstellen des ICA-Protokolls – etwa die *virtuellen Kanäle* – zugreift, unter XenApp funktioniert, während sie sich auf einem VDA nicht einmal installieren lässt.

Generell erfüllt das ICA-Protokoll aber sowohl bei XenApp als auch bei XenDesktop einige sehr wichtige, wenn nicht sogar die zentralsten Funktionen. Der grundsätzliche Aufbau erfolgt hierbei immer nach dem gleichen Schema:

▶ **Auf dem Client**
Auf dem Client werden über das ICA-Protokoll alle Tastatur- und Mauseingaben umformatiert, um über das Netzwerk an den Terminalserver bzw. VDA geschickt werden zu können. Auch der anschließende Transport der Daten wird von dem ICA-Protokoll übernommen, was verdeutlicht, dass es sich nicht nur auf einer Schicht des OSI-Modells bewegt, sondern im Prinzip eine ganze Sammlung von Protokollen und Funktionalitäten ist.

▶ **Auf dem Terminalserver/virtuellen Desktop**
Auf dem Server/virtuellen Desktop wiederum werden alle Bildschirmausgaben der Benutzersitzung über das ICA-Protokoll konvertiert und für den Versand an den jeweiligen Client vorbereitet. Wie auch schon in der umgekehrten Richtung erfolgt der Versand dieser Daten über das Netzwerk ebenfalls über das ICA-Protokoll.

Betrachten wir das Protokoll zunächst aus Netzwerkprotokoll-Sicht, so handelt es sich bei ICA um ein Protokoll, das im Standard über den TCP-Port 1494 mit einem Citrix XenApp oder VDA kommunizieren kann. Sofern eine Verbindung zu diesem Port nicht möglich ist, ist auch keine ICA-Sitzung möglich.

Sollte während einer Sitzung die Netzwerkverbindung abbrechen, wird im Standard ebenfalls, wie bei RDP, die Sitzung getrennt. Das heißt, das Fenster auf der Seite des Clients wird geschlossen, und auf dem Server wird die Sitzung im Status »getrennt« gehalten, bis sich der Benutzer erneut auf diese verbindet oder ein Administrator diese schließt.

Unter diesen Gesichtspunkten ist das ICA-Protokoll vergleichbar mit dem RDP-Protokoll von Microsoft. Jedoch beinhaltet das Protokoll einen erweiterten Funktionsumfang, der beispielsweise bei der automatischen Suche von Servern und Anwendungen, der Aufrechterhaltung von Sitzungen bei Netzwerkproblemen (*Sitzungszuverlässigkeit – Session Reliability*) oder der Darstellungsanpassung bei wechselnden Endgeräten (*Workspace Control*) sichtbar wird. Sehen wir uns diese drei Beispiele etwas genauer an, erkennen wir klare Unterschiede zu einer Verbindung via RDP:

▸ **Sitzungszuverlässigkeit (Session Reliability)**
Die Sitzungszuverlässigkeit ist eine Funktionalität, die mit dem ICA-Protokoll im Metaframe Presentation Server 3.0 eingeführt wurde. Sie dient dazu, das Fenster des Clients auch bei einem Verbindungsabbruch für eine gewisse Zeit geöffnet zu halten, um keine komplette Veränderung der Arbeitsumgebung zu erzeugen, wie dies etwa bei RDP oder ICA ohne konfigurierte Sitzungszuverlässigkeit der Fall wäre.

Die Funktionsweise stellt sich so dar, dass bei aktivierter Session Reliability der Client keine Verbindung mehr zu Port 1494, wie bei ICA üblich, aufbaut, sondern zu Port 2598 über CGP, über das *Common Gateway Protocol*. Der auf diesem Port laufende Dienst, der *Citrix XTE Server*, nimmt die Verbindungen an und tunnelt sie lokal auf den ICA-Port 1494. Dieses Tunneln der Sitzungen lässt sich mit einem Protokoll-Analysetool, wie etwa TCPview, auf dem Terminalserver sehr gut nachvollziehen.

Hierdurch wird die Verbindung aus reiner ICA-Sicht auch bei Netzwerkproblemen gehalten, da sie, rein technisch gesehen, die Netzwerkverbindungen nicht nutzt. Der Dienst auf Port 2598 seinerseits weiß, dass er bis zum Ablauf der Timeout-Zeit (im Standard drei Minuten) die Verbindung aufrechterhalten soll. Die Funktionalität basiert somit auf einer Einstellung am Server und am Endgerät, da beide den neuen Weg kennen und nutzen müssen. Abbildung 3.9 stellt die beiden Verbindungsarten gegenüber.

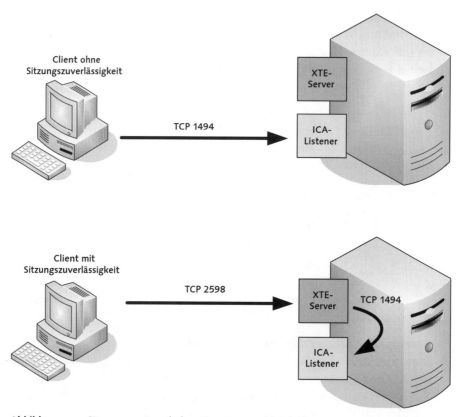

**Abbildung 3.9**   Sitzungen mit und ohne Sitzungszuverlässigkeit

Unter dem Metaframe Presentation Server 3.0 stand diese Technik nur ohne ein Secure Gateway zur SSL-Verschlüsselung zur Verfügung. Das seit dem Presentation Server 4.0 mitgelieferte Secure Gateway 3.0 ist in der Lage, auch einen Datenstrom für Sitzungszuverlässigkeit zu verwalten.

---

**Hinweis**

Wichtig ist an dieser Stelle, dass für die Sitzungszuverlässigkeit durch den Port 2598 ein weiterer Port für die Kommunikation benötigt wird. Dies ist in jedem Fall zu beachten, wenn zwischen den Servern und den Endgeräten mit einer Firewall oder mit Portfiltern gearbeitet wird.

Ein zweiter wichtiger Aspekt ist die interne Kommunikation zwischen XTE-Server-Dienst und dem ICA-Listener. Da für diese Kommunikation der logische interne Netzwerkadapter genutzt wird, darf bei einem Server mit mehreren Netzwerkkarten das ICA-Protokoll nicht mehr nur an eine Karte gebunden werden, da die interne Kommunikation sonst nicht mehr möglich ist.

---

▶ **Workspace Control**

Die Funktion *Workspace Control* bietet für den Benutzer die Funktionalität des *Smooth Roamings*, also des problemlosen Wechsels von aktiven Sitzungen zwischen unterschiedlichen Endgeräten.

Ein für diese Funktion gerne zitiertes Beispiel ist das einer Krankenschwester, die sich in einem Krankenhaus zwischen sehr vielen Endgeräten bewegt und jeweils immer ihre geöffnete Anwendung nutzen möchte. Mit den aktuellen Versionen von XenApp und XenDesktop wäre es beispielsweise möglich, dass die Krankenschwester jeweils eine Smartcard in das Endgerät steckt, hierdurch angemeldet wird und sofort ihre an einem anderen Endgerät getrennte Anwendung vorfindet. Bei Entfernen der Smartcard würde die Sitzung sofort wieder getrennt, damit sie von einem anderen Gerät aus geöffnet werden kann.

Ein wichtiger Aspekt hierbei ist, dass Workspace Control aber auch Rücksicht auf beispielsweise unterschiedliche Auflösungen der Endgeräte nehmen und die getrennten Sitzungen entsprechend anpassen kann, was die Flexibilität deutlich erhöht.

---

**Info**

Natürlich könnte man sich an dieser Stelle streiten, ob die aufgeführten Funktionalitäten Eigenschaften des Protokolls oder der Clientsoftware sind. Da sie aber allesamt mit dem ICA-Protokoll in Verbindung stehen, werden sie bereits an dieser Stelle aufgeführt.

---

Neben dieser funktionalen Sichtweise auf das ICA-Protokoll gibt es natürlich auch eine technische Sicht, die sich mit den Spezifika und dem Aufbau des Protokolls befasst. Sehen wir uns zunächst einige Eigenschaften des ICA-Protokolls an, so fällt als Erstes auf, dass es eine Reihe von Transportprotokollen gibt, über die ein ICA-Datenstrom genutzt werden kann. Allein die Tatsache, dass ICA über unterschiedliche Transportprotokolle genutzt werden kann, weist darauf hin, dass es sich auf einer der höheren Schichten des OSI-Modells befindet.

---

**Das OSI-Modell**

Das *OSI*- oder Open-Systems-Interconnection-Modell dient als Grundlage für die Beschreibung von Protokollen im Datenverkehr. Es unterteilt die Kommunikation in sieben Ebenen, auf denen jeweils Protokolle mit bestimmten Funktionen angesiedelt sind.

▶ Ebene 7: Application/Anwendungsschicht

▶ Ebene 6: Presentation/Darstellungsschicht

▶ Ebene 5: Session/Sitzungsschicht

▶ Ebene 4: Transport/Transportschicht

▶ Ebene 3: Network/Vermittlungsschicht

---

▶ Ebene 2: Data Link/Sicherungsschicht

▶ Ebene 1: Physical/Bitübertragungsschicht

Das OSI-Modell hat sich in den letzten Jahrzehnten als Standard etabliert, da in diesem Modell nahezu jedes Protokoll angesiedelt werden kann. Hierdurch wird eine hohe Vergleichbarkeit der Protokolle erreicht, da Protokolle auf der gleichen Ebene die gleichen Aufgaben und Funktionen haben.

Im Kern befindet sich das ICA-Protokoll auf der Darstellungsschicht, da übertragene Inhalte aufbereitet und für die Darstellung angepasst werden. Dementsprechend erfolgt für die andere Richtung eine Anpassung für die Übertragung der Inhalte.

Bei den vielen Funktionen fällt es nicht schwer, zu glauben, dass das ICA-Protokoll aus mehreren Protokollen besteht, die für unterschiedliche Funktionen zuständig sind. So gibt es beispielsweise ein Protokoll *Thinwire*, das die grafischen Ausgaben einer Anwendung in einen logischen Datenstrom wandelt und über das ICA-Protokoll transportiert. Da es sich bei Thinwire nicht um ein physikalisches Protokoll handelt, übernimmt ICA hierbei die Sicherstellung der Paketierung und die Fehlerkorrektur des Datenflusses.

Um die unterschiedlichen geforderten Komponenten und Funktionen, wie etwa auch das Einbinden von Ressourcen und das Drucken, über einen ICA-Datenstrom realisieren zu können, besteht das ICA-Protokoll aus 32 virtuellen Kanälen, von denen jeder für eine bestimmte Funktion genutzt werden kann.

Sie können es sich so vorstellen, als gäbe es einen Kanal für die Bildübertragung, einen für die Tastatureingaben, einen für …, den Rest können Sie sich denken. In der aktuellen Version werden noch nicht alle Kanäle genutzt, so dass an dieser Stelle noch Potenzial für technische Weiterentwicklungen besteht. Auf der anderen Seite werden aber bereits mehr Kanäle genutzt als beispielsweise noch mit dem Metaframe XP, da eine neue Funktion wie bidirektionales Audio natürlich einen Kanal für die Datenübertragung benötigt.

**Austausch von Sitzungsinformationen**

Ein Kanal, der beispielsweise in der Version 4.5 des XenApps zusätzlich hinzugekommen ist, ist ein Kanal für den Austausch von Sitzungsinformationen für Monitoring-Zwecke. So kann über diesen Kanal beispielsweise erfasst werden, welche Zeit während des Sitzungsaufbaus oder der laufenden Sitzung für die einzelnen Teilkomponenten (z.B. Laden des Benutzerprofils, Abarbeiten von Anmeldescripten etc.) benötigt wurde. Hierdurch wurde ein wichtiges Modul zur Überwachung und Qualitätssicherung der XenApp-Umgebung geschaffen.

# ICA-Protokoll

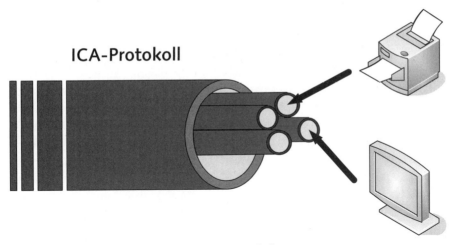

**Abbildung 3.10** Die virtuellen Kanäle des ICA-Protokolls

Eine logische Konsequenz aus diesen virtuellen Kanälen, die bei dem Verbindungsaufbau zwischen Client und Server ausgehandelt werden, ist aber auch, dass durch
Nutzung weniger Kanäle, beispielsweise durch das Deaktivieren von Laufwerk-,
Drucker- und Audiomappings in Sitzungen, das Protokoll »schlanker« ist, da es
weniger virtuelle Kanäle nutzt und somit eine bessere Leistung erreicht wird.

## 3.5 Citrix Receiver ... und die Welt der Plug-ins

Wie im vorigen Abschnitt schon erwähnt, sind viele der Funktionalitäten des ICA-
Protokolls abhängig von einem entsprechenden Client auf dem Endgerät, der die
Funktionen zu nutzen weiß. Grundsätzlich gibt es für nahezu jedes Endgerät und
jedes Betriebssystem eine Clientsoftware, die den Zugriff auf XenApp realisieren
kann. Hierzu gehören Clients für Windows, MacOS, iPhone, iPad, Android, DOS,
EPOC, Java, UNIX und viele weitere Systeme. Insbesondere der Java-Client dient
einer Unterstützung nahezu jeden Betriebssystems, für das eine Java-Runtime-
Umgebung existiert. An dieser Stelle ist jedoch zu bedenken, dass die Clients für
Nicht-Windows-Betriebssysteme oftmals nicht alle Funktionalitäten des Windows-
Clients bieten bzw. die Funktionalitäten auf eine andere Weise implementiert sind.
Konzentriert man sich zunächst auf die Windows-basierten Clients, so stehen an
dieser Stelle grundsätzlich drei (bzw. vier) Client-Versionen zur Verfügung:

▶ **Citrix Online Plug-in**
Das *Online Plug-in*, oder ehemals *Program Neighborhood Agent* ist mittlerweile der primäre Client für XenApp- und XenDesktop-Umgebungen. Es bietet die Möglichkeit einer zentralen Konfiguration über eine Webseite und ist

deshalb sehr attraktiv für kleine bis sehr große Umgebungen, in denen eine zentrale Konfiguration auch der Client-Umgebung essenziell wichtig ist.

▶ **Citrix Web Plug-in (Webinterface/Webclient)**
Bei dem *Web Plug-in* handelt es sich um eine »kleine« Variante des Online Plug-ins, das explizit für die Nutzung mit einem *Webinterface* entwickelt wurde. Dies ist die einfachste Version des Clients, da hierbei der Benutzer auf eine Webseite zugreifen muss, an der er sich anmelden und anschließend seine Anwendungen starten kann. Das hierfür benötigte Web Plug-in kann bei Bedarf automatisch von dieser Webseite installiert oder aktualisiert werden, so dass kein Konfigurationsaufwand für den Benutzer anfällt. In Kombination mit dem *Secure Gateway* kann über das Webinterface auch ein sicherer Anwendungszugriff über das Internet realisiert werden.

Während diese beiden Clients jeweils für gehostete Zugriffsszenarien ausgelegt sind, in denen ein Benutzer über ICA auf einen Terminalserver oder Desktop zugreift, gibt es natürlich auch eine Clientkomponente für die Nutzung der Streaming-Funktionen, also der Offline-Verfügbarkeit von Anwendungen:

▶ **Citrix Offline Plug-in (Streaming Client)**
Das *Offline Plug-in* ermöglicht sowohl auf einem XenApp-Server als auch auf einem Endgerät oder virtuellen Desktop die Ausführung von virtualisierten und gestreamten Anwendungen. Hierzu ermöglicht das Plug-in die Erstellung einer Laufzeitumgebung auf dem jeweiligen Endgerät, in der die virtualisierte Anwendung ausgeführt werden kann. Der große Vorteil dieser Lösung liegt darin, dass die Anwendung nicht auf dem Endgerät installiert werden muss, sondern innerhalb der Laufzeitumgebung direkt gestartet werden kann.

▶ **Microsoft App-V Client (Application Virtualization Client)**
Neben dem Streaming von Anwendungen über XenApp wird auch die Bereitstellung von virtualisierten Anwendungen über *Application Virtualization (App-V)* unterstützt. Sofern App-V-Pakete zum Einsatz kommen sollen, wird auch hierfür die entsprechende Clientkomponente auf dem Zielsystem benötigt.

Betrachten wir nun diese Anzahl von benötigten Clients für gerade einmal drei der sieben zur Verfügung stehenden Flexcast-Szenarien und der Tatsache, dass Themen wie *Verschlüsselung von Daten* (XenVault), *SSL-VPN-Verbindungen* (Access Gateway) oder etwa *Bandbreiten-Optimierung* (WANscaler) noch gar nicht berücksichtigt sind, so wird schnell deutlich, dass die Verteilung und Verwaltung der notwendigen Client-Komponenten durchaus nicht trivial zu sein scheint.

Gibt es eine Lösung für die Misere? Ja, und zwar in Form des *Citrix Receivers* und des *Citrix Merchandising Servers*. Bei diesen beiden Produkten handelt es sich um die neue Architektur im Bereich der notwendigen Citrix-Clients. Während früher jede Clientkomponente separat betrachtet, verteilt und gepflegt wurde, gibt es nun eine Framework-Komponente, den Receiver, die einen Rahmen für alle anderen Clients bildet, die sich nun als Plug-ins (deshalb der Name) in den Receiver einbinden lassen.

Das Entscheidende hierbei ist, dass der Receiver mit dem Merchandising Server eine Server-Komponente als Gegenstelle hat, die nicht nur den Receiver selbst über eine Webseite bereitstellt, sondern auch alle Plug-ins verteilen, aktualisieren und vorkonfigurieren kann. Eine lokale manuelle Installation und Konfiguration der Plug-ins kann somit entfallen.

Diese Vorgehensweise hat sogar noch mehr Vorteile, als auf den ersten Blick zu erkennen sind – nicht nur wird die Verteilung und Pflege der Plug-ins vereinfacht, sondern auch die Sicherheit des Endgerätes erhöht. Einzig für die erstmalige Installation des Receivers werden administrative Berechtigungen benötigt – alle Updates und Installationen der Plug-ins können im Kontext eines normalen Benutzers erfolgen, was die Handhabung vereinfacht und die Sicherheit steigert.

Natürlich lässt sich auch die Installation des Receivers automatisieren: Sofern Sie die Endgeräte in einer Active-Directory-Umgebung oder mit einer Softwareverteilung verwalten, kann der Receiver bequem per Gruppenrichtlinie an die Endgeräte verteilt werden. Nach der erstmaligen Verteilung der Software besteht die Möglichkeit, eventuelle Updates zentral über den Merchandising Server zur Verfügung zu stellen. Mit der Einführung des Citrix Receivers wird die Verteilung und Verwaltung der Clients somit deutlich vereinfacht. Die konkreten Schritte zur Installation und Konfiguration der unterschiedlichen Client-Typen können Sie in Abschnitt 6.3, »Clientsoftware – der Schlüssel zum Erfolg«, nachvollziehen.

## 3.6 Die Citrix-Lizenzierung

Ein entscheidend wichtiger Punkt für die Funktionalität einer XenApp-/XenDesktop-Umgebung ist die Lizenzierung der Client-Zugriffe. Nur Clients, die eine Lizenz erhalten, können auf die Ressourcen zugreifen. Die hierfür benötigte Verwaltungskomponente ist die mit der Access Suite 3.0 eingeführte Access-Suite-Lizenzierung, die nun den Namen Citrix-Lizenzierung trägt. Dieser Dienst dient der zentralen Verwaltung von Citrix-Zugriffslizenzen über Produkte und Verwaltungseinheiten hinweg.

Während mit der ersten Version der Citrix-Lizenzierung nur die Lizenzen für den Presentation Server 3.0 und den Conferencing Manager 3.0 installiert und nachvollzogen werden konnten, werden in der aktuellen Version die Lizenzen für alle

Produkte des XenApps Platinum, XenDesktops Platinum und XenServers mit diesem Dienst verwaltet. Dies bietet im Vergleich zu früheren Versionen von Citrix-Produkten, bei denen die Lizenzen immer für ein bestimmtes Produkt, für die jeweilige Farm oder den jeweiligen Server installiert werden mussten, eine Reihe von Vorteilen hinsichtlich Übersichtlichkeit und Flexibilität. So ist es jetzt z. B. möglich, einen Lizenzserver in einem Rechenzentrum an einem beliebigen Standort zu betreiben und weltweit verteilte XenApp-Farmen oder XenDesktop-Sites auf darauf enthaltene Lizenzen zugreifen zu lassen.

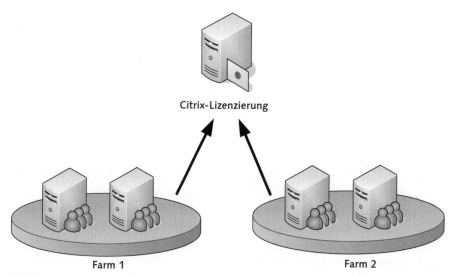

**Abbildung 3.11** Farmübergreifender Zugriff auf die Citrix-Lizenzierung

Der Vorteil dieser Funktionalität wird ersichtlich, wenn Sie beispielsweise an zwei weit entfernten Standorten eine XenApp-Lösung erstellen möchten. Um den Zugriff auf den Datenspeicher performant zu gestalten, könnten Sie auf die Idee kommen, zwei Farmen, also eine pro Standort, zu erstellen. Bis einschließlich Metaframe Presentation Server XP war man gezwungen, für beide Farmen getrennt voneinander Lizenzen zu erwerben und zu installieren. Gesetzt den Fall, es gibt Benutzer, die in beiden Farmen arbeiten, müssten für diese Benutzer Lizenzen doppelt erworben werden, nämlich jeweils eine pro Farm. Mit Einführung der Citrix-Lizenzierung entfiel dieser Umstand und schuf somit mehr Flexibilität im Hinblick auf die Anzahl und Platzierung von Farmen. Ein weiterer konkreter Fall, bei dem dieser Vorteil in einer beliebigen Umgebung zum Tragen kommen könnte, wäre beispielsweise die Erstellung einer separaten Farm als Testumgebung.

Der Zugewinn an Flexibilität geht aber sogar noch einen Schritt weiter, da die Auswahl des Lizenzierungsservers nicht nur auf Farmebene getroffen werden kann, sondern auch auf Serverebene. Es wäre somit also denkbar, die Server einer Farm auf unterschiedliche Lizenzserver zugreifen zu lassen. Ein Anwendungsfall für eine solche Konfiguration könnte beispielsweise ein Unternehmen darstellen, in dem die Citrix-Umgebung bzw. deren Lizenzierung nicht zentral gesehen wird, sondern z. B. auf Abteilungs- oder Kostenstellenebene.

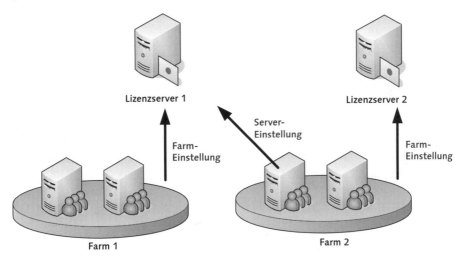

**Abbildung 3.12** Lizenzierungskonfiguration auf Serverebene

Generell kann die Auswahl des Lizenzservers also über eine Einstellung an der Farm oder an den einzelnen Servern erfolgen, wobei die Einstellung exklusiv ist. Es kann also an den Servern entweder die Farmeinstellung übernommen werden, oder es muss eine eigene Einstellung vorgenommen werden. In beiden Fällen werden einzig der Name des Lizenzservers und der Kommunikations-Port, im Standard 27000, eingetragen.

Für die Verwaltung der Lizenzen bietet die Citrix-Lizenzierung hierbei eine webbasierte Konsole, die Lizenz-Management-Konsole eingeschlossen, die über einen Browserzugriff alle benötigten Konfigurationsschritte der Citrix-Lizenzierung erlaubt.

Die Plattform für die Citrix-Lizenzierung kann aufgrund der Zugriffsarchitektur ein beliebiger Server sein, auf den über den konfigurierten Kommunikations-Port zugegriffen werden kann. Die Anforderungen an das System sind ansonsten recht gering, so dass die Citrix-Lizenzierung problemlos auf jedem aktuellen Server mitlaufen kann. Zu beachten ist allerdings, dass der benötigte Festplattenplatz größer werden kann, wenn viele Daten über Lizenznutzung und sonstige

Zugriffe protokolliert werden sollen. Citrix empfiehlt für alle Betriebssysteme immer den Einsatz des jeweils aktuellsten Service Packs, was jedoch im Vorfeld immer gut getestet werden sollte. Als Anwendungen setzt der Lizenzierungsdienst ebenfalls entweder den Microsoft Internet Information Server (IIS) ab Version 6.0 oder einen aktuellen Apache Webserver voraus. Die Tomcat-Servlet-Engine 4.1.24 und eine Java Runtime werden ebenfalls für die Installation benötigt. Für den Zugriff auf die Management Console wird ein aktueller Browser, etwa der Internet Explorer 7/8 oder höher benötigt.

Es besteht kein grundsätzlicher Bedarf, für den Lizenzierungsdienst eine dedizierte Hardware einzusetzen. Der Dienst kann durchaus auf einem bereits vorhandenen Server mit installiert werden. Ein sinnvoller Platz für diesen Dienst könnte z. B., wie beim RDS-Lizenzdienst, einer der Domänencontroller im Netzwerk sein. Diese Server sind im Regelfall nur mit den Domänen- und Infrastrukturdiensten wie DNS, WINS und DHCP beschäftigt und bieten somit noch ausreichend Ressourcen für die Citrix-Lizenzierung. Des Weiteren sind diese Server immer aktiv, so dass es keine Probleme mit der Erreichbarkeit des Dienstes geben sollte.

> **Lizenzierung als virtuelle Appliance**
>
> Im Rahmen der Umstellung des XenServers auf eine zentrale Lizenzierung mit dem XenServer 5.6 wurde von Citrix auch eine virtuelle Appliance, also eine fertige virtuelle Maschine auf Linux-Basis, zum Download angeboten, die ebenfalls über einen Browser administriert wird und auch für die anderen Citrix-Produkte als Lizenzserver genutzt werden kann. Allerdings ist der Einsatz dieser virtuellen Appliance als Lizenzserver bisher nur für den XenServer eine unterstützte Konfiguration.

Im Hinblick auf die Ausfallsicherheit des Lizenzierungsdienstes kann ein zweiter Server als »Stand-by«-Lizenzierung vorgehalten werden, der im Falle des Ausfalls des ersten Servers einspringen könnte. Da die Lizenzen auf den Namen des Lizenzservers aktiviert werden, sollte dieser Stand-by-Server allerdings den gleichen Namen wie der aktive Lizenzserver haben.

> **Tipp**
>
> Auch ohne die virtuelle Appliance von Citrix zu nutzen, ist eine in der Praxis auch sehr bewährte Methode der Einsatz einer »normalen« virtuellen Maschine, beispielsweise mit XenServer oder Hyper-V, für den Lizenzierungsdienst. Diese virtuelle Maschine kann in Form von Snapshots oder Sicherungskopien mehrfach vorgehalten werden und bei Bedarf einfach auf einem entsprechenden Host-System gestartet werden.

## 3.7 Entwurfsprinzipien

Sobald Sie sich der Planung einer konkreten Umgebung und den zugrunde liegenden Entwurfsprinzipien widmen, sollten Sie sich im ersten Schritt mit den gewünschten Flexcast-Varianten auseinandersetzen bzw. für sich selbst definieren, welche der Möglichkeiten der Desktop-Virtualisierung Sie umsetzen wollen. Denn neben dem grundlegenden Wissen um die Rollen und Funktionen in der XenApp-/XenDesktop-Umgebung ist einer der wichtigsten Aspekte für einen erfolgreichen Einsatz eine den konkreten Anforderungen und der konkreten Umgebung entsprechende Planung der Gesamtlösung.

An dieser Stelle ist es hilfreich, sich noch einmal die Zeit zu nehmen, sich die soeben besprochenen Möglichkeiten und Komponenten ins Gedächtnis zu rufen und sich eine Vorstellung über den Einsatz in seinem konkreten Szenario zu machen. Grundsätzlich gibt es sechs grundlegende Fragestellungen, die beantwortet werden müssen, um von vornherein den richtigen Pfad einzuschlagen.

### 3.7.1 Welche Flexcast-Szenarien? XenApp oder XenDesktop? Welche Edition?

Die erste und weitreichendste Frage ist die Frage nach den gewünschten oder notwendigen Flexcast-Szenarien. Welche Anforderungen haben die Benutzer an die Umgebung? Welche und wie viele Anwendungen (Versionen!) sollen genutzt werden, und spielt Offline-Verfügbarkeit eine Rolle?

Bei der Beantwortung dieser Fragen sollten Sie jede Ihrer Überlegungen stets hinterfragen, um den »Spieltrieb« und den Einsatz einer Variante aus reinem Selbstzweck zu vermeiden.

Die Möglichkeiten sind gewaltig, aber mit jedem weiteren Szenario steigt auch die Komplexität der Umgebung, so dass ein Einstieg mit wenigen, aber dafür erfolgreich umgesetzten Varianten die allgemeine Zufriedenheit und somit auch Akzeptanz steigern wird. Einer Einführung von weiteren Ansätzen steht dann im Regelfall nichts im Wege – umgekehrt ist dies jedoch nicht so. Ist das Thema Desktop-Virtualisierung in einem Unternehmen erst einmal »verbrannt«, wird es sehr schwer, noch einen erfolgreichen Projektabschluss zu erreichen.

Eine weitere Antwort, die sich aus den Antworten auf die erste Frage ableiten lässt, ist, ob XenDesktop oder XenApp lizenziert werden sollte und welche Edition für den gewünschten Funktionsumfang notwendig ist.

**Wann empfiehlt sich welche Edition?**

Allgemein gilt: Sobald XenApp und XenDesktop als strategische Komponenten der Anwendungsbereitstellung (*Application Delivery*) betrachtet werden, empfiehlt sich in Umgebungen jeder Größe der Einsatz der Platinum Edition. Nur mit dieser Edition stehen alle Komponenten und Funktionen zur Verfügung, um eine umfassende Umgebung planen, skalieren und nicht zuletzt auch qualitativ sichern zu können.

Wie auch immer die Entscheidung im Hinblick auf die Edition ausfällt – es besteht immer die Möglichkeit, über ein Lizenzupdate auf eine höhere Edition zu aktualisieren. Allerdings lässt sich durch die von vornherein passende Edition der Aufwand für Umstellungen und Updates vermeiden.

Da die Musterhandel GmbH im ersten Schritt den Standort Ulm in die Umgebung einbinden will, individuelle Desktops wünscht und auch die Möglichkeiten des externen Zugriffs sowie der Offline-Verfügbarkeit ein großes Thema sind, fällt die Entscheidung für die Platinum Edition von XenDesktop, da in dieser auch alle Funktionalitäten von XenApp Platinum beinhaltet sind.

### 3.7.2 Wie viele Hosts/Server?

Die nächste Frage, die Sie sich stellen sollten, ist, wie viele Serverressourcen Sie für die geplante Umgebung benötigen. An dieser Stelle könnten Sie sich an das Beispiel aus Abschnitt 2.2, »Der Terminalserver – Urvater des Server-based Computings«, erinnern. Darin wurde beschrieben, dass die Anzahl an unterschiedlichen Sitzungen, die ein Server verwalten kann, von seiner Rechenleistung und der Größe seines Arbeitsspeichers abhängt.

Bei einem Server mit einem 64-Bit-Betriebssystem und 16.384 MB Arbeitsspeicher, wovon 2.048 MB für das Betriebssystem selbst genutzt werden, stünden dann für Benutzersitzungen noch 14.336 MB zur Verfügung. Wenn eine Sitzung nun z. B. 240 MB benötigen würde, könnten nach dieser exemplarischen Rechnung ca. 60 Benutzer auf diesem System arbeiten.

Ganz ähnlich sieht die Kalkulation natürlich auch für VDI-Desktos aus: Wenn für einen virtuellen Desktop mit Windows 7 etwa 2 GB Arbeitsspeicher bereitgestellt werden sollen, würde man auf dem oben genannten System – je nach eingesetztem Hypervisor und »Grundlast« – ca. sieben Desktops abbilden. Natürlich ist auch dies nur eine sehr einfache Rechnung, kann aber trotzdem für eine grundsätzliche Kalkulation herangezogen werden. Interessanter wird es im VDI-Umfeld bei der Betrachtung der CPU-Lasten und der notwendigen I/O-Leistung. Beide Parameter orientieren sich wie auch beim Terminalserver an den eingesetzten Anwendungen und dem Benutzerverhalten. Die I/O-Leistung hingegen richtet sich aber auch stark nach dem gewählten Hypervisor und der Bereitstellung der Desktop-Images über *Machine Creation Services*, *Provisioning Server* oder etwa *LinkedClones* bei anderen Plattformen. Auch Themen wie *IntelliCache* beim XenServer 5.6 FP1 wirken sich direkt auf die I/O-Anforderungen und Storage-Skalierungen einer VDI-Umgebung aus.

Die Kunst liegt nun darin, festzustellen, wie viel Speicher, Rechen- und Datenleistung für die konkret gewünschte Lösung tatsächlich benötigt werden. Basierend hierauf können Sie dann definieren, wie viele Server mit welcher Ausstattung und welchem Speichersystem benötigt werden. Grundsätzlich sind somit zur Beantwortung dieser Fragestellung zwei Dinge von Bedeutung:

▶ **Art und Anzahl der Anwendungen**
Neben dem eingesetzten Betriebssystem und dessen »Reservierung« an Systemressourcen ist es von entscheidender Wichtigkeit, welche Anwendungen über den Terminalserver oder VDI-Desktop zur Verfügung gestellt werden sollen. Jede Anwendung hat einen unterschiedlichen Speicherbedarf. Bei Microsoft Word oder Excel können Sie für die erste gestartete Instanz von etwa 15–20 MB ausgehen. Weitere Instanzen benötigen etwas weniger Arbeitsspeicher. Wird innerhalb von Microsoft Word jedoch eine Komponente wie WordArt nachgeladen oder mit einem sehr großen Dokument gearbeitet, kann der Speicherbedarf drastisch ansteigen. Andere Anwendungen, wie etwa Lotus Notes, haben einen weit höheren Speicherbedarf, auch im Leerlauf. So benötigt ein gestarteter Notes-Client durchaus zwischen 50 und 150 MB, wobei nach oben fast keine Grenzen gesteckt sind.

An diesen Unterschieden sieht man deutlich, dass es von entscheidender Bedeutung sein kann, welche Anwendungen eingesetzt werden sollen. Als guter Indikator für die Speicherlast einer Anwendung kann im Zweifel immer die Speicherlast auf einem lokalen Arbeitsplatz genutzt werden. Im Zweifel ist die Speicherlast auf dem Terminalserver für alle gestarteten Instanzen der Anwendung gleich hoch. Bei Anwendungen, die für den Terminalservereinsatz optimiert wurden, benötigt nur die erste Instanz den vollen Speicher, die weiteren Instanzen benötigen dann nur noch das benutzerspezifische Delta. Bei VDI-Desktops wird pro Anwendung wiederum jeweils der gesamte Speicher benötigt, da zwischen den Desktops keine Optimierung erfolgen kann, wie dies bei einem Terminalserver der Fall ist.

▶ **Anzahl der Benutzer (Desktops)**
Nachdem Sie wissen, wie viel Speicher eine Anwendung benötigt, müssen Sie diesen Wert mit der Anzahl der geplanten Benutzer bzw. Desktops multiplizieren, um herauszufinden, wie viele Server mit wie viel Arbeitsspeicher benötigt werden. Die Prozessorlast ist in den meisten Fällen mit aktuellen Pro-

zessoren kein Problem, da die Benutzer hierbei nur Last verursachen, wenn sie aktiv etwas tun. Realistisch gesehen, verbringt ein Benutzer aber sehr viel Zeit mit dem Ansehen und gedanklichen Erfassen von Bildschirminhalten.

Dies ist nicht negativ als Spitze gegen die Benutzer zu verstehen, sondern eine Tatsache, die sich positiv auf die Prozessorlast eines Terminalservers auswirkt, da ein Benutzer, der den Bildschirminhalt liest, nun einmal keine Prozessorlast verursacht. Eine Anwendung, die einen gewissen Inhalt erst einmal aufbereitet und dargestellt hat, verursacht nur noch Speicherlast, aber keine oder nur geringe Prozessorlast.

Basierend auf den so gewonnenen Informationen lässt sich die Anzahl der benötigten Terminalserver oder VDI-Hosts kalkulieren.

---

**Terminalserver virtualisieren?**

Eine sehr interessante Überlegung ist an dieser Stelle, ob nicht auch die Terminalserver als virtuelle Systeme erstellt und betrieben werden sollten. Allgemein kann man heute mit gutem Recht sagen, dass dieser Variante nichts entgegensteht – zumindest nicht, sofern als Hosts aktuelle Systeme mit entsprechendem Arbeitsspeicher zum Einsatz kommen. Hierbei ist zu berücksichtigen, dass im XenApp-6-Umfeld zwangsläufig auf Windows Server 2008 R2 und somit ein 64-Bit-Betriebssystem gesetzt wird, was nicht nur mehr Arbeitsspeicher unterstützt, sondern aufgrund der 64-Bit-Adressierung auch benötigt.

Gehen wir nun davon aus, dass Sie beispielsweise einem Terminalserver schon 32 oder 64 GB Arbeitsspeicher gönnen möchten, müsste das Hostsystem für den Einsatz von vier Terminalservern schon über 256 GB Arbeitsspeicher verfügen – eine Größe, die heute durchaus noch nicht üblich ist.

Sehr interessante Auswertungen und Skalierungsempfehlungen finden sich auch auf der Webseite des »Project Virtual Reality Checks (VRC)« unter *www.projectvrc.nl*.

---

### 3.7.3 Lizenzierung – wie und wo?

Der dritte Punkt der Planung ist die Frage nach der Platzierung der Citrix-Lizenzierung. Das geplante System sollte selbstverständlich die technischen Anforderungen für die Installation des Dienstes erfüllen, aber auch unter anderen Gesichtspunkten geschickt gewählt werden. Hier ein paar Aspekte:

▶ **Verfügbarkeit**

Da die Citrix-Lizenzierung bei jedem Verbindungsaufbau eines Benutzers kontaktiert werden muss, um ihm eine Zugriffslizenz zu erteilen, ist die Verfügbarkeit dieses Dienstes von äußerster Bedeutung. Sobald der Lizenzierungsdienst nicht mehr von den Systemen erreicht werden kann, werden diese »nur noch« für 30 Tage Verbindungen von Benutzern annehmen. Es stehen somit unterschiedliche Ansätze zur Verfügung. Zum einen wäre die Möglichkeit gegeben, über Windows-Cluster eine Hochverfügbarkeit für den Dienst zu realisieren. Die andere Möglichkeit wäre ein effektives Überwachen der Systeme, um bei einem Ausfall des Dienstes innerhalb von 30 Tagen eine Wiederherstellung des Dienstes zu realisieren.

▶ **Sicherheit**
Ein nicht zu verkennender Aspekt der Lizenzierung ist die Sicherheit. Diese kann auf unterschiedlichen Ebenen adressiert werden. Der Kommunikations-Port der Lizenzierung sollte geschützt werden, da bei einer freien Verfügbarkeit theoretisch ein beliebiger XenApp-Server auf diesen Dienst zurückgreifen und die darauf bereitgestellten Lizenzen nutzen könnte. Aber auch die License Management Console kann unter Sicherheitsaspekten als kritisch eingestuft werden, da es sich dabei um einen Webdienst handelt, der, ebenso wie der darunterliegende Webserver, stets auf einem aktuellen Stand der Sicherheitsupdates gehalten werden sollte.

▶ **Verwaltbarkeit**
Nicht zuletzt ist auch die Verwaltbarkeit des Dienstes von großer Bedeutung. Sollten Sie sich beispielsweise für die Installation auf einem Domänencontroller entscheiden, so müssen Sie sich vor Augen halten, dass für die Installation und Verwaltung des Dienstes womöglich recht weitreichende Berechtigungen auf dem Server benötigt werden. Entsprechende Berechtigungen sind aber vor allem auf einem Domänencontroller als kritisch einzustufen und genauestens zu prüfen, um nicht organisatorisch unberechtigten Administratoren Zugriff auf einen Domänencontroller zu gewähren.

▶ **Virtuelle Appliance**
Auch wenn die virtuelle Appliance für die Citrix-Lizenzierung noch nicht offiziell für alle Produkte unterstützt wird, so ist sie dennoch eine gute Alternative für den Einsatz eines Windows-Systems nur für diesen Zweck. Hierbei sollten Sie das potenzielle Risiko im Support-Fall gegen die einfache und günstige Handhabung abwägen.

Im konkreten Fall der Musterhandel GmbH entschied man sich für die Installation der Citrix-Lizenzierung auf dem Domänencontroller, der auch die Microsoft-Terminaldienste-Lizenzierung hielt. Das System erfüllte alle technischen Anforderungen, und durch eine Kombination der beiden Dienste erhoffte man sich einen besseren logischen Überblick, da gleiche oder ähnliche Dienste auf einen Server gebündelt werden. Da auch die Gruppe der Administratoren sowohl für die Citrix-Umgebung als auch für die Domäne zuständig ist, stellt die Installation auf dem Domänencontroller kein Problem unter dem Aspekt der Verwaltbarkeit dar.

### 3.7.4 Datenspeicher – wann welche Datenbank?

Die Planung der Art und Platzierung des Datenspeichers der Umgebungen ist im Fall von XenApp abhängig von der Größe der Farm, also ebenfalls wieder von der Anzahl der Server und Benutzer. Für XenDesktop richtet es sich nach dem gewünschten Niveau der Ausfallsicherheit und Skalierbarkeit. In beiden Fällen unterteilt Citrix zur Lösungsfindung die Größe von Umgebungen in vier Kategorien, für die jeweils die empfohlenen Datenspeichertypen aufgeführt werden:

▶ **Klein**
Eine kleine Umgebung ist bei XenApp definiert als Farm mit einer maximalen Ausprägung von 50 Servern, 150 Benutzern und 100 veröffentlichten Anwendungen. Bei XenDesktop wären dies Umgebungen, in denen nur ein Delivery Controller zum Einsatz kommen soll. Für eine solche Umgebung ist eine SQL-Express-Lösung in der Regel ausreichend.

▶ **Mittel**
Eine mittlere Umgebung wäre erreicht, wenn 25 bis 100 XenApp-Server mit einer Anzahl von maximal 3.000 Benutzern und 100 Anwendungen gegeben sind. Auch für eine mittlere Umgebung ist in vielen Fällen eine SQL-Express-Lösung ausreichend. Einzig bei großer geografischer Verteilung der Farm oder vielen An- und Abmeldevorgängen der Benutzer sollte über eine separate Datenbank nachgedacht werden. Bei XenDesktop sollte bereits ab dieser Größe auf einen dedizierten SQL-Server gesetzt werden.

▶ **Groß**
Die Eckdaten einer großen Umgebung sind laut Citrix 50–100 Server mit maximal 5.000 Benutzern und 500 veröffentlichten Anwendungen. Ab dieser Stufe ist der Einsatz von separaten Datenbankservern auf Basis von MS SQL oder Oracle sehr empfohlen.

▶ **Enterprise**
Eine Enterprise-Umgebung beinhaltet 100 oder mehr Server, mehr als 3.000 Benutzer und bis zu 2.000 veröffentlichte Anwendungen. Wie auch schon bei einer großen Umgebung sind separate Datenbankserver sehr empfohlen. SQL Express kommt hierbei aus Leistungsgründen nicht mehr in Frage.

Neben der Auswahl der Datenbank kann es in besonders großen verteilten und Enterprise-Szenarien unter Umständen sinnvoll sein, sich über die Replikation des Datenspeichers Gedanken zu machen. Hierbei würde mit Datenbankservermitteln die Datenbank des Datenspeichers auf mehrere Datenbankserver repliziert, auf die dann die XenApp-Systeme oder die einzelnen Delivery Controller zugreifen können.

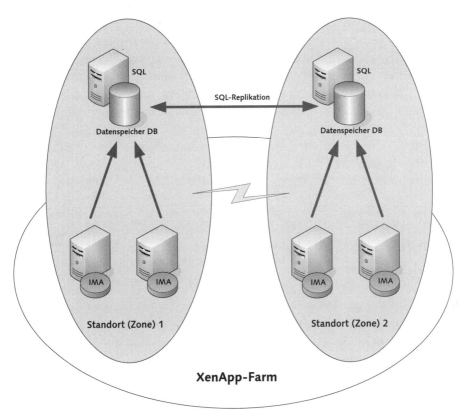

**Abbildung 3.13** SQL-Replikation des Datenspeichers

Hierdurch kann eine Lastenverteilung des Datenspeichers erreicht und auf eventuelle hohe Latenzzeiten bei dem Datenspeicherzugriff über WAN-Verbindungen
reagiert werden.

### 3.7.5 Wie viele Zonen/Datensammelpunkte (nur XenApp)?

Wie in Abschnitt 3.2.5, »Datensammelpunkt/Data Collector«, und 3.2.6, »Zonen«,
beschrieben, haben die Datensammelpunkte einer Zone die Aufgabe, alle dynamischen Informationen aller Server der Zone zu erfassen und zu verwalten. Als
Grundsatz für das Anlegen von Zonen sollte gelten, dass in der Regel pro Netz-
werkstandort eine Zone angelegt werden sollte, um den Datenverkehr über WAN-
Verbindungen zu reduzieren. Eine Zone kann mehr als 500 Server umfassen,
wobei ab dieser Größe, genau genommen ab 512 Servern, der Einsatz eines dedizierten Servers als Datensammelpunkt empfohlen ist. Neben diesem Server sollte
auch ein weiteres dediziertes System als Backup-Datensammelpunkt konfiguriert
werden.

Farmen oder Zonen solcher Größe sind natürlich nicht bei jedem zu finden, so dass Sie sich von diesen Planungsgrundlagen womöglich nicht angesprochen fühlen. Trotzdem sollten Sie sie im Auge behalten, da beispielsweise beim Auftreten von Verzögerungen bei der Auflistung von Anwendungen oder dem Aufbau einer Verbindung ein sicheres Indiz für die Überlastung des aktuellen Datensammelpunktes gegeben ist. In diesem Fall sollte entweder über die Verlegung der Rolle auf einen anderen, leistungsstärkeren XenApp-Server oder tatsächlich über den Einsatz eines dedizierten Systems nachgedacht werden. Da die Umgebung bei der Musterhandel GmbH im ersten Schritt recht überschaubar ist, wird hier nicht mit dediziertem Server, sondern mit der Standardeinstellung gearbeitet.

### 3.7.6 Welche Client-Version?

Sofern im Netzwerk, wie bei der Musterhandel GmbH, nur Windows-Betriebssysteme zum Einsatz kommen, stehen sämtliche Funktionalitäten für die Clients zur Verfügung.

Grundsätzlich sollte der Citrix Receiver als Basis auf die jeweiligen Endgeräte verteilt werden. Es muss jedoch eine Entscheidung darüber getroffen werden, welche Plug-ins darüber hinaus benötigt werden. Im Regelfall sind sowohl Online wie auch Offline Plug-in für die Basisfunktionalitäten notwendig, so dass diese auf jeden Fall über den Merchandising Server verteilt werden sollten. Somit kann im Anschluss an die Installation jeder Zugriffsweg genutzt werden. Da diese Variante die größte Flexibilität bietet, ist sie auch die von den Administratoren der Musterhandel GmbH bevorzugte.

*Nun geht's los: Nach der notwendigen Theorie und den Konzepten hinter einer erfolgreichen Desktop-Virtualisierung werden wir nun die ersten Systeme installieren.*

# 4 Installation der Controller

In den letzten Abschnitten haben wir die Hintergründe, die zugrunde liegenden Konzepte und Varianten der Desktop-Virtualisierung mit Citrix-Lösungen betrachtet. In diesem Abschnitt soll es nun etwas praktischer werden, und wir beginnen mit der Installation der verwaltenden Komponenten – dem Controller. Den Anfang werden hierbei die Windows-Terminaldienste machen, da sie den Grundstein für den Betrieb einer Remotedesktop-Infrastruktur legen.

---

**Terminalserver als Controller?**

Nun wird sich dem interessierten Leser die Frage aufdrängen, wie denn ein Terminalserver ein *Controller* sein kann, wo doch die Benutzer auch direkt auf diesem System angemeldet sind und hierauf arbeiten. Diese Überlegung ist natürlich vollkommen korrekt und valide – tatsächlich ist der Terminalserver nach wie vor eine »Personalunion« von Controller und Worker, da sowohl die administrativen wie auch die durchführenden Komponenten auf diesem System laufen. Betrachtet man jedoch den Trend der letzten Windows-Versionen, so ist auch hierbei zu erkennen, dass eine immer breitere Möglichkeit der Aufsplittung der einzelnen Aufgaben ermöglicht wird, so dass der langfristige Trend in Richtung einer Controller-/Worker-Architektur deutlich zu erkennen ist.

---

## 4.1 Allgemeine Vorbereitungen

Bevor die Installation der Citrix-Produkte und -Komponenten erfolgen kann, müssen wichtige Vorarbeiten durchgeführt werden, um später keine Probleme zu provozieren.

### 4.1.1 Benötigte Systeme

Bevor wir nun mit den Installationen der Controller-Rollen beginnen, sollten Sie sich kurz vor Augen halten, welche Systeme und Funktionen grundsätzlich für den Betrieb der Umgebung benötigt werden, und diese entsprechend vorbereiten.

### Authentifizierungen und Netzwerkdienste

Um die Komponenten und Funktionen der Desktop-Virtualisierung mit den aufgeführten Citrix-Produkten implementieren zu können, wird zwingend ein Microsoft Active Directory als zentraler Verzeichnisdienst für die Benutzerverwaltung und Authentifizierung vorausgesetzt. Darüber hinaus sind Netzwerkdienste wie DNS und DHCP für die Themen der Namensauflösung und Provisionierung von Desktops notwendig und werden in den meisten Fällen direkt mit auf den Domänencontrollern implementiert.

### Lizenzserver

Neben den Windows-Basisdiensten werden sowohl für die Remotedesktop-Dienste von Microsoft wie auch für die Citrix-Produkte entsprechende Lizenzdienste benötigt, die Sie auf einem Server im Netzwerk bereitstellen sollten.

### Remotedesktop-/Terminalserver (XenApp)

Konkret für den Einsatz von XenApp werden natürlich einer oder mehrere Windows-Server benötigt, auf denen die Remotedesktop-Dienste installiert sind. Aus Gründen der Ausfallsicherheit sollten Sie hierbei im Regelfall immer mindestens ein redundantes Pärchen einsetzen.

### Verbindungsbroker (XenDesktop)

Analog zu XenApp werden auch für XenDesktop zwei Serversysteme benötigt, auf welchen die entsprechenden Brokerfunktionen installiert werden können. Auch hierbei dient das zweite System der Redundanz und Ausfallsicherheit.

### Provisionierungssysteme (Provisioning Server)

Sofern XenApp-Systeme oder virtuelle Desktops über den Provisioning Server von einem zentralen Image bereitgestellt werden sollen, sollten Sie auch hierfür entsprechende Server einplanen, da die Funktion des PVS auf dedizierten Servern betrieben werden sollte.

### Webinterface

Für den Zugriff auf die Umgebungen bietet sich das Citrix Webinterface als zentrale »Anlaufstelle« für die Benutzer an. Um hierbei in der Platzierung der Systeme (intern, DMZ etc.) flexibel zu sein, sollte es sich hierbei ebenfalls um dedizierte Systeme handeln, auch wenn die von diesem Dienst erzeugte Systemlast mit Sicherheit auch von einem der anderen Server mit übernommen werden könnte.

**Virtualisierungs-Hosts (z. B. XenServer)**

Spätestens bei der Implementation von virtuellen Desktops, die in der XenDesktop-Umgebung bereitgestellt werden sollen, wird der Bedarf an Serversystemen für die Bereitstellung der virtuellen Maschinen sichtbar. Da auf diesen der XenServer (oder ein anderer unterstützter (Type-1-Hypervisor) installiert wird, nehmen die Hosts in diesem Zusammenhang eine kleine Sonderrolle ein.

---

**Hinweis**

Die System-Virtualisierung mittels XenServer kann natürlich auch für die Bereitstellung der anderen Serversysteme genutzt werden. Aus inhaltlich-logischen Gründen wird der XenServer jedoch erst in Kapitel 5, »Bereitstellung der Worker«, betrachtet, da es sich bei ihm um eine *Worker*-Funktion handelt.

In der Praxis würde man im Regelfall natürlich mit der Bereitstellung der Virtualisierungsplattform beginnen, bevor man mit spezifischen Servern startet. Dies würde aber an dieser Stelle den logischen Aufbau des Buches durchbrechen – oder salopp gesagt: Bei der Vielzahl an Komponenten und Funktionen muss man eben einen Tod sterben.

---

### 4.1.2 Windows-Komponenten

Vor der Installation der einzelnen Citrix-Module sollten alle benötigten Windows-Komponenten auf den entsprechenden Systemen installiert sein. Dies sind natürlich in erster Linie die Remotedesktop-Dienste für ein XenApp-System mit den dazugehörigen Konfigurationen im Hinblick auf beispielsweise die Terminaldienste-Lizenzierung. Da XenApp auf die RDS aufsetzt, ist eine vollständige und funktionale Konfiguration derselben zwingend erforderlich.

Aber auch Rollen wie die Internet Informationsdienste (IIS) sind für einige Komponenten erforderlich.

### 4.1.3 Service Packs und Patches

Nach der Installation von Windows-Komponenten und gegebenenfalls Anwendungen sollten die entsprechenden Service Packs und Patches für das Betriebssystem und die Anwendungen installiert werden. Insbesondere im Hinblick auf die Service Packs für das Betriebssystem ist es sehr wichtig, vor der Installation alle benötigten Windows-Komponenten installiert zu haben, da sie nur dann durch das Service Pack aktualisiert werden können. Dies gilt insbesondere für den IIS und ASP.NET. Nach der Installation des aktuellsten Service Packs sollten über einen Dienst wie Windows Update auch alle neueren Patches und Updates installiert werden.

## 4.2 Terminaldienste des Windows Servers 2008 R2

Wie bereits beschrieben, bilden die Windows-Terminaldienste – oder *Remotedesktop-Sitzungshosts* – die Grundlage für die Desktop-Virtualisierung auf Basis einer XenApp-Umgebung. Betrachtet man einmal realistisch die Funktionsliste des Windows Servers 2008 R2 im Hinblick auf die RDS-Rolle, so fällt schnell auf, dass Microsoft hieran sehr viel gearbeitet hat und die Terminaldienste durch neue Komponenten tatsächlich deutlich an Wert gewonnen haben.

In den folgenden Abschnitten wollen wir die grundsätzliche Konfiguration sowie einige der neuen Funktionen, und damit eine Grundlage für den Betrieb von XenApp 6 auf Windows Server 2008 R2, kurz beschreiben.

### 4.2.1 Remote-Verwaltung/Remotedesktop

Wie bereits seit Windows Server 2003 sind die Remotedesktop-Dienste auch im Windows Server 2008 R2 fest im Betriebssystem verankert und stehen direkt mit der Installation des Betriebssystems für die Remote-Verwaltung des Systems zur Verfügung. Betrachtet man jedoch die Konfigurationsmöglichkeiten des *Remotedesktops* im SERVER-MANAGER unter REMOTEDESKTOP KONFIGURIEREN, so fällt schnell auf, dass es hier bereits in einigen Punkten Neuerungen im Vergleich zu Windows Server 2003 gibt.

So können Sie nun an dieser Stelle nicht nur die REMOTEUNTERSTÜTZUNG und den REMOTEDESKTOP aktivieren, sondern Sie können für letzteren auch auswählen, ab welcher Version des Remotedesktopclients eine Verbindungsherstellung möglich sein soll. Diese kleine Option stellt einen gewaltigen Schritt in Richtung erhöhter

Sicherheit der Terminaldienste dar, da sich hinter dieser Einstellung die Möglichkeit verbirgt, nicht – wie früher üblich – zuerst eine RDP-Sitzung aufbauen zu lassen und dann in dieser Sitzung eine Authentifizierung durchzuführen, sondern als Voraussetzung für den Aufbau der Sitzung bereits im Vorfeld eine Authentifizierung auf Netzwerkebene (Kerberos) durchzuführen.

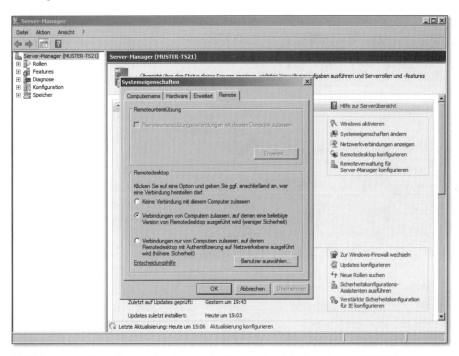

**Abbildung 4.1** Einstellungen des Remotedesktops unter Windows Server 2008/R2

An Konfigurationsarbeit für den Remotedesktop sind ansonsten an dieser Stelle nur zwei Punkte zu erfüllen: das Aktivieren des Remotedesktops mittels Setzen des Hakens in das entsprechende Feld und das Auswählen der Benutzer(gruppen), die Zugriff auf den Desktop des Systems bekommen sollen.

Hierbei können Sie beliebige lokale Benutzer und Gruppen oder Konten aus einer Windows-Domäne auswählen, die anschließend in der Lage sind, eine Verbindung über den *Remotedesktopclient* (*mstsc.exe*) mit dem System herzustellen.

Diese Konfiguration ist auf Windows 7- und auf Windows Server 2008 R2-Systemen prinzipiell identisch. Funktional gibt es jedoch einen Unterschied zwischen Client- und Serverbetriebssystem: Die Clientbetriebssysteme beinhalten Terminalserver-Technologie nur insofern, als das *Remote Desktop Protocol* (RDP) zur Verfügung steht, um Verbindungen über das Netzwerk auf den Desktop des Systems zuzulassen. Zum Zeitpunkt einer Verbindung wird die Sitzung des eventuell gerade an dem System arbeitenden Benutzers gesperrt und steht für den Remote-Benutzer zur Verfügung. Meldet sich lokal wieder ein Benutzer an, wird die Remote-Sitzung beendet. Es kann also niemals sowohl an der Konsole als auch über das Netzwerk an dem gleichen Windows XP/Vista/7-System gearbeitet werden. Auch ein gleichzeitiges Sehen des Bildschirminhaltes ist nicht möglich (diese Möglichkeit steht allerdings mittels der Remote-Unterstützung zur Verfügung).

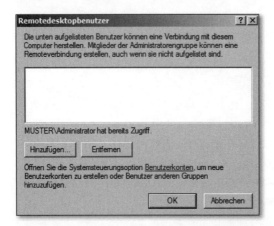

**Abbildung 4.2**   Auswahl der Benutzer für den Remotedesktop-Zugriff

In Wahrheit ist der Remotedesktop unter Windows XP/Vista/7 also gar kein Multi-User-Terminaldienst, sondern nutzt nur das gleiche Protokoll zum Aufbau der Sitzung und zur Übertragung des Bildschirminhaltes und der Maus- bzw. Tastatureingaben.

Anders sieht es bei den Windows-Server-Versionen aus. Hier werden zwei echte Terminalsitzungen parallel erlaubt, so dass zwei Administratoren gleichzeitig auf dem Server arbeiten und administrieren können. Darüber hinaus besteht auch die Möglichkeit eines Zugriffs auf die Sitzung 0, also die »echte« Konsolensitzung des Systems, die ein Arbeiten wie direkt am Bildschirm des Servers erlaubt.

Die Option, sich ab Windows 2003 auch auf die Konsolensitzung verbinden zu können, hat jedoch auch noch einen weitaus größeren Vorteil, als »nur« eine weitere Sitzung für die Remote-Verwaltung. Sie ermöglicht es, Prozesse zu sehen, die in der Konsole laufen. Jetzt mag der eine oder andere sich fragen, wieso man Serverprozesse nicht als Dienste abbildet. Einfach weil eine Konsolenausgabe nichts mit der Startart des Prozesses zu tun hat. Beispielsweise kann Lotus Domino, eine Kommunikations- und Applikationsplattform von IBM, als Dienst gestartet werden, öffnet dann aber ein Statusfenster in der Konsolensitzung. Noch unter Windows 2000 war es nicht möglich, dieses Fenster über RDP zu sehen, man musste immer auf andere Softwarelösungen, wie beispielsweise VNC, pcAnywhere oder NetOp, zurückgreifen.

Ein anderes Beispiel, bei dem Ausgaben in der Konsolensitzung wichtig sein können, sind Fehlermeldungen als Popup des Betriebssystems. Diese landen ebenfalls in der 0-Sitzung und konnten somit bis Windows 2003 nicht mit Bordmitteln gesehen werden.

## 4.2.2 Lizenzierung

Neben dem Remotedesktop, für den nach wie vor keine zusätzlichen Remotedesktop-Zugriffslizenzen (RDS-CALs) benötigt werden, lassen sich die Terminaldienste für den Einsatz als Multi-User-Terminalserver über den *Server-Manager* als Rolle installieren.

Für die Nutzung der Terminaldienste müssen Sie hierbei für jeden Client eine RDS-CAL erwerben. Somit wird auf wenigstens einem Server im Netzwerk der Remotedesktop-Lizenzierungsdienst benötigt, auf dem die RDS-CALs eingetragen werden und von den Terminalservern bei eingehenden Verbindungen abgefragt werden können. Dieser Dienst kann, muss aber nicht mehr auf einem Domänencontroller laufen.

| Hinweis |
| --- |
| Wichtig ist hierbei, dass ein Windows Server 2008 R2-Terminalserver zwingend eine Windows Server 2008-Remotedesktop-Lizenzierung voraussetzt – ein Lizenzserver von Windows 2000 oder 2003 kann nicht genutzt werden. |

Bei der Installation auf einem Domänencontroller, wie seinerzeit unter Windows 2000, wäre der Kunde gezwungen gewesen, immer wenigstens einen Domänencontroller auf 2008 R2 anzuheben, bevor ein Terminalserver mit Windows Server 2008 hätte installiert werden können, was den tatsächlichen Abläufen vielfach nicht entsprechen würde (siehe Abbildung 4.3).

Dennoch empfiehlt sich natürlich die Installation auf einem Domänencontroller, sobald die Möglichkeit dazu besteht. Der Hintergrund hierfür ist, dass ein Domänencontroller unter Windows ohnehin einer der wichtigsten Infrastrukturserver ist, der wahrscheinlich immer läuft und auf den somit thematisch genau diese weitere Infrastrukturrolle als Lizenzserver zutrifft (siehe Abbildung 4.4).

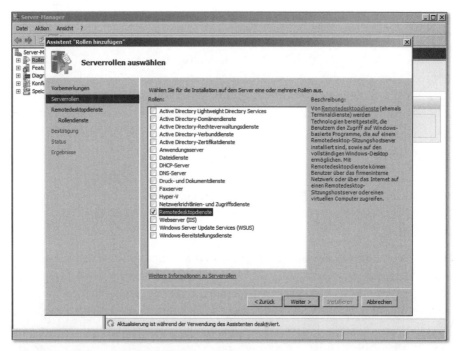

**Abbildung 4.3** Server-Manager: Rolle hinzufügen

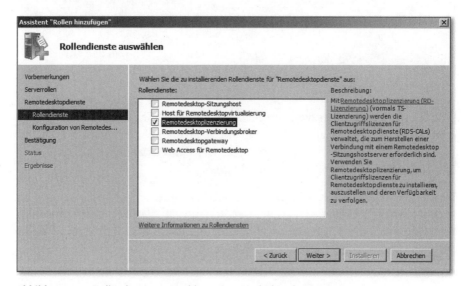

**Abbildung 4.4** Rollendienste auswählen – Remotedesktoplizenzierung

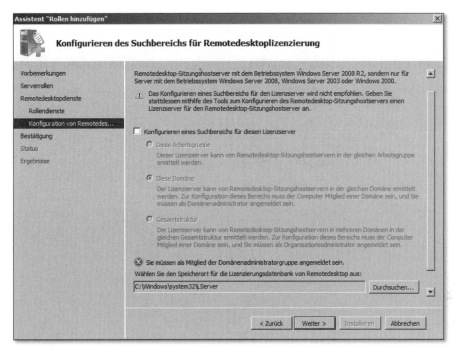

**Abbildung 4.5** Konfiguration des Suchbereichs

Nach der Installation der Lizenzierung können die RDS-CALs eingetragen und bei Microsoft aktiviert werden. Hierbei besteht sowohl die Möglichkeit, eine Lizenzierung pro Gerät durchzuführen, als auch die Option, pro Benutzer zu lizenzieren. Diese Lizenzen tauchen dann auch getrennt in der Lizenzierung auf, wie Abbildung 4.6 zeigt.

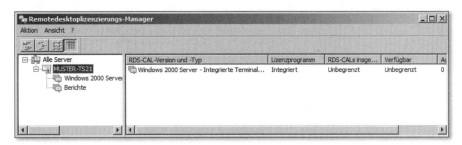

**Abbildung 4.6** Remotedesktoplizenzierungs-Manager

Entsprechend der hier gewählten bzw. installierten Lizenzen müssen Sie auf Seiten des Terminalservers den passenden Modus festlegen. Sie können also pro Terminalserver entweder pro Gerät oder pro Benutzer lizenzieren (vgl. Abbildung 4.7).

Spätere Änderungen am Modus lassen sich über den Server-Manager in der Konfiguration der Remotedesktop-Rolle einstellen, wie in Abbildung 4.8 dargestellt.

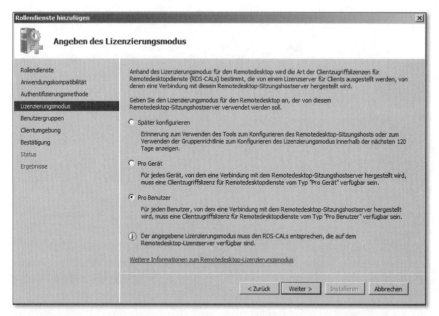

**Abbildung 4.7** Auswahl des Lizenzierungsmodus bei der Rollendienst-Installation

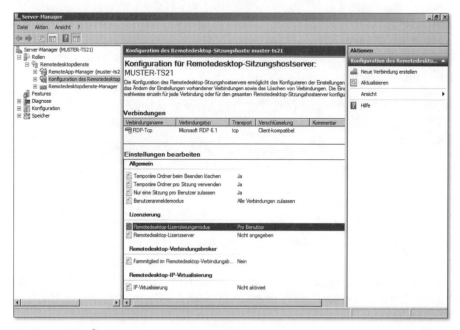

**Abbildung 4.8** Ändern der Terminaldienste-Lizenzierung

Die grundsätzliche Entscheidung, welcher Lizenzierungsmodus der richtige für ein Unternehmen ist, ist abhängig davon, wie die Benutzer den Server nutzen. Arbeiten in einem Unternehmen mehrere Benutzer pro Endgerät auf einem Terminalserver, z. B. im Schichtbetrieb, so wäre eine Lizenzierung pro Endgerät die günstigere Variante. Überwiegen in einem Unternehmen jedoch die Benutzer, die von vielen unterschiedlichen Endgeräten auf den Terminalserver zugreifen, also beispielsweise von einem festen PC, einem Notebook und einem Handheld, so wäre eine Lizenzierung auf Benutzerebene günstiger.

Sollten diese kaufmännischen Kriterien keine Entscheidung herbeiführen können, so empfiehlt sich die Lizenzierung auf Benutzerebene, da der Trend in die Richtung geht, dass ein Benutzer mit mehreren Geräten arbeitet (PC, Notebook, iPad, Android etc.).

---

**Hinweis**

Unabhängig davon, für welchen Modus die Server konfiguriert werden, müssen für diesen Modus selbstverständlich die entsprechenden Lizenzen erworben werden und auch passend zum Modus des Terminalservers auf dem Lizenzserver eingetragen werden. Sollte einmal Bedarf bestehen, eine bereits vorhandene Lizenzart gegen eine andere zu tauschen, so ist dies ohne Probleme über das Microsoft Clearinghouse telefonisch möglich.

---

Wie findet aber der Terminalserver seinen Lizenzierungsdienst, wenn er nicht mehr nur auf den Domänencontrollern prüfen muss, wie noch unter Windows 2000? Indem Sie es ihm vorgeben. Hierzu gibt es unter Windows Server 2008 R2, wie auch schon unter Windows 2003, mehrere Wege, die Sie je nach Vorlieben und Service-Pack-Stand nutzen können.

▶ **Registry-Schlüssel**
Auf jedem Windows 2008-System lässt sich über die Registry-Einstellungen vorgeben, welcher Server für die Terminalserver-Lizenzierung zur Verfügung steht und welches der bevorzugte Server ist. Um die Liste der Lizenzserver, die für die Verwendung zur Verfügung stehen sollen, zu pflegen, müssen Sie im Schlüssel *HKEY_LOCAL_MACHINE\SYSTEM\CurrentControlSet\Services\TermService\Parameters* einen neuen Schlüssel *LicenseServers* anlegen. Unter diesem Schlüssel legen Sie nun wiederum einfach für jeden Lizenzserver einen Schlüssel mit dem NetBIOS-Namen oder der IP-Adresse des Servers an, also z. B. *HKEY_LOCAL_MACHINE\SYSTEM\CurrentControlSet\Services\TermService\Parameters\LicenseServers\Musterhandel-DC01*. Für jeden Schlüssel, der in diesem Pfad eingetragen wird, wird eine Lizenzserver-Suche durchgeführt, bis ein Lizenzierungsdienst gefunden wird.

Möchten Sie aus dieser Liste einen bestimmten Lizenzserver als Standard vorgeben, so können Sie dies erreichen, indem Sie wieder im Registry-Schlüssel *HKEY_LOCAL_MACHINE\SYSTEM\CurrentControlSet\Services\TermService\ Parameters* einen Wert *REG_SZ* mit dem Namen *DefaultLicenseServer* anlegen, der als Wert den Namen des Servers bekommt.

▶ **Bei der Installation**
Wenn die Terminaldienste-Rolle installiert wird, kann bereits bei der Installation die Auswahl eines Lizenzservers erfolgen. Hierbei kann zwischen der direkten Angabe des Lizenzservers, der automatischen Suche und einer späteren Auswahl entschieden werden. Sofern die Auswahl verschoben wird, bleiben 120 Tage, bevor der Terminalserver keine Verbindungen mehr akzeptiert. Bei späterer Auswahl der Serversuche entspräche das Vorgehen dem beim späteren Ändern der Option.

▶ **Server-Manager**
Ebenfalls lässt sich über den SERVER-MANAGER in der Rollenverwaltung über den Menüpunkt REMOTEDESKTOP-LIZENZSERVER der Lizenzserver-Suchmodus ändern, wie Abbildung 4.9 zeigt.

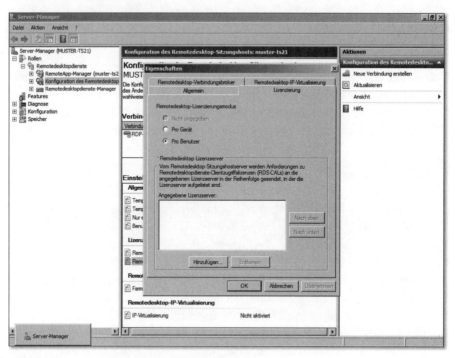

**Abbildung 4.9** Lizenzserver-Suchmodus ändern

### 4.2.3 Client-/Sitzungsfunktionalitäten

Insbesondere im Bereich der Funktionalitäten des mit Windows Server 2008 R2 gelieferten Clients und der aktuellen RDP-Version 6.1 haben sich große Änderungen im Vergleich zu früheren Systemen ergeben.

**Darstellung**

Die offensichtlichsten Änderungen sind die erweiterten Darstellungsmöglichkeiten einer RDP-Sitzung, die nun mit bis zu 32 Bit Farbtiefe und einer Auflösung von bis zu 4.096 × 2.048 Pixeln (auch über mehrere Bildschirme) durch den Vollbildmodus des Remotedesktopclients keinen Unterschied mehr zu einem lokalen Arbeiten aufweisen. Die wahren Neuerungen liegen jedoch noch eine Stufe tiefer und sind erst auf den zweiten Blick ersichtlich.

**Lokale Ressourcen**

Es hat gewaltige Neuerungen bei der Einbindung von lokalen Ressourcen in die Terminalsitzungen gegeben, die es nun ermöglichen, lokale serielle und parallele Schnittstellen, Smartcards, Dateisysteme, Drucker, die Zwischenablage, eine lokale Soundkarte zur Audioausgabe oder sogar bestimmte Plug-and-Play-Geräte in einer Sitzung zu nutzen. Wie müssen wir uns diese Einbindung von lokalen Ressourcen vorstellen?

▸ **Beispiel 1:** Ein Benutzer nutzt eine lokale Office-Anwendung, die u. a. Funktionen wie eine automatische Rechtschreib- und Grammatikprüfung bietet, um einen langen Text zu verfassen. Da er keinen lokalen Mailclient auf seinem Rechner installiert hat, nutzt er einen Mailclient auf einem Terminalserver. Durch die gemeinsame *Zwischenablage* ist er nun in der Lage, den Text seiner lokalen Textverarbeitung komplett zu markieren, über die Standardfunktion [Strg] + [C] zu kopieren und innerhalb der Terminalsitzung direkt über EINFÜGEN in eine neue E-Mail einzufügen. Er ist nicht gezwungen, den Text z. B. zunächst irgendwo auf einem Netzwerkpfad zu speichern, um ihn dann vom Terminalserver aus von dort wieder zu öffnen.

▸ **Beispiel 2:** Die Vertriebsmitarbeiter der Musterhandel GmbH haben keine festen Arbeitsplätze, sondern arbeiten ausschließlich mit mobilen Notebooks. Um immer und überall ihre Daten zur Verfügung zu haben, speichern sie alle Dateien lokal auf der Festplatte ihres Notebooks. Durch die *Einbindung der lokalen Laufwerke* sind sie in der Lage, aus einer Terminalsitzung heraus auf diese lokal gespeicherten Daten zuzugreifen, da ihre lokalen Laufwerke im ARBEITSPLATZ des Terminalservers für ihre Sitzung angezeigt werden.

▸ **Beispiel 3:** Wie wir bereits wissen, werden an vielen Arbeitsplätzen der Musterhandel GmbH *lokale Drucker* genutzt, die nicht von zentraler Stelle aus verwaltet werden. Durch das Einbinden von lokalen Druckern in die Sitzung können die Benutzer auch von Anwendungen auf dem Terminalserver aus drucken.

Diese Beispiele sind nur ein kleiner Auszug aus den zur Verfügung stehenden Möglichkeiten durch die Einbindung von lokalen Ressourcen. Abbildung 4.10 zeigt einige Einsatzfälle und Funktionen.

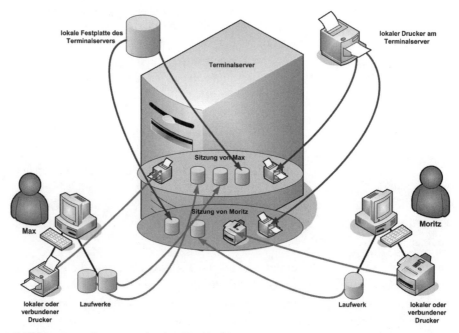

**Abbildung 4.10** Ressourcen in einer Terminalsitzung

Sollten Sie nun aber alle diese Möglichkeiten zum Einbinden von Ressourcen nutzen? Nein, natürlich nur bei Bedarf! Jede Medaille hat nun einmal zwei Seiten und in diesem Fall stehen der großen Flexibilität durch die Nutzung von lokalen Ressourcen ein gewisses Sicherheitsrisiko, z. B. durch Viren, die sich durch die Laufwerksverbindung oder die Zwischenablage übertragen könnten, und ebenso eine Verschlechterung der Performance gegenüber.

Die Verschlechterung der Performance liegt darin begründet, dass mit dem Einbinden von lokalen Ressourcen mehr Informationen über das RDP-Protokoll übertragen werden müssen. So müssen z. B. beim Start einer Sitzung unter Umständen die Laufwerke des Clients, seine Drucker und seine Schnittstellen geprüft und mit dem Server in »Einklang« gebracht werden. Das alles kostet Zeit beim Aushandeln der Sitzung.

Aber auch wenn die Sitzung schon aufgebaut ist, kann die Performance leiden. In Beispiel 1 etwa war es ein Vorteil, über die Zwischenablage Daten zwischen dem lokalen Rechner und dem Terminalserver austauschen zu können. Modifiziert man das Beispiel aber dahingehend, dass Textverarbeitung und Mailclient lokal laufen und etwa eine Warenwirtschaft vom Terminalserver gestartet ist, würde der Ablauf so aussehen, dass in dem Moment, in dem der Benutzer die Daten in der Textverarbeitung markiert und kopiert, die gesamten Daten über das RDP-Protokoll an den Terminalserver gesendet werden, obwohl sie dort nicht benötigt werden, da der Mailclient ebenfalls lokal ausgeführt wird. Die Daten werden also auch dann übertragen, wenn sie auf der »anderen Seite« nicht abgefragt werden, und belasten somit in jedem Fall die Bandbreite zwischen Rechner und Terminalserver.

Dieses Beispiel zeigt, dass man nicht pauschal über Sinn und Unsinn dieser Funktion urteilen kann, sondern von Fall zu Fall konkret erfassen muss, wo welche Daten eventuell benötigt werden und wie die Benutzer mit dem Terminalserver arbeiten. In dieser Hinsicht bieten Windows Server 2008 R2 und der Remotedesktopclient jedoch ein großes Maß an Anpassbarkeit, da Sie die Einstellungen, ob und welche Ressourcen eingebunden werden, sowohl generalisiert am Server über das RDP-Protokoll steuern können als auch im Client selbst gewisse Anpassungen für spezielle Situationen treffen können. Die Abbildungen 4.11 und 4.12 zeigen die Konfigurationspunkte am RDP-Protokoll.

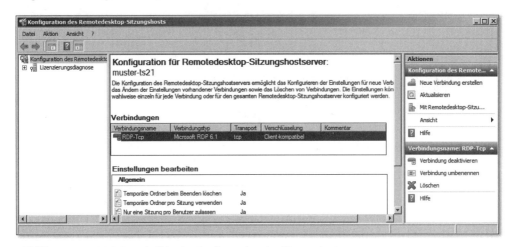

**Abbildung 4.11**  RDP-Protokoll in der Konfiguration des Sitzungshosts

Über die Konfiguration des Remotedesktop-Sitzungshosts lassen sich unter dem Punkt Verbindungen die aktuell installierten Verbindungsprotokolle anzeigen. Über die Eigenschaften von RDP-Tcp gelangen Sie in die Konfigurationsoptionen des Übertragungsprotokolls, in denen Sie auf der Registerkarte CLIENTEIN-STELLUNGEN die Anzeige- und Ressourceneinstellungen für Verbindungen vorgeben können. Alle hierin getroffenen Einstellungen in Bezug auf die Umleitung von Client-Ressourcen in die Terminalsitzungen lassen sich von der Seite des Clients aus nicht ändern. Ist also beispielsweise die Laufwerkszuordnung durch das Setzen des Hakens deaktiviert, so ist kein Client in der Lage, seine lokalen Laufwerke in der Sitzung zu sehen. Wie Abbildung 4.12 zeigt, können die einzelnen Optionen unabhängig voneinander mittels Setzen eines Hakens deaktiviert werden.

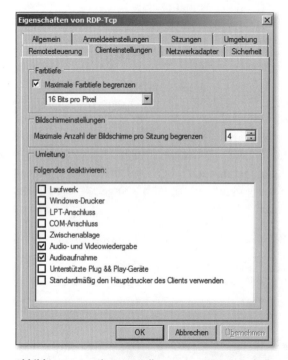

**Abbildung 4.12** Clienteinstellungen am RDP-Protokoll

Kommen wir erneut auf unser Beispiel mit den Vertriebsnotebooks zurück: Wird an dieser Stelle der Haken gesetzt und werden damit die Laufwerkszuordnungen deaktiviert, so wird zwar der Anmeldevorgang beschleunigt, jedoch können die Mitarbeiter aus der Remote-Sitzung nicht auf die Daten ihrer lokalen Festplatte zugreifen.

Gibt es auch eine Möglichkeit, den Benutzern von Fall zu Fall selbst die Entscheidung darüber zu überlassen, was ihnen wichtiger ist: Performance oder Datenzugriff? Ja, diese Option gibt es. Und zwar über die Optionen des Remotedesktopclients.

**Remotedesktopclient-Funktionen**

Vergleicht man den Remotedesktopclient von Windows 7/Windows Server 2008 mit dem alten Terminalserverclient von etwa Windows 2000, erkennt man ein gewaltiges Mehr an Funktionen. Eine der wichtigsten ist die Möglichkeit, auf komfortable Weise über die Client-Optionen der RDP-Sitzung entscheiden zu können.

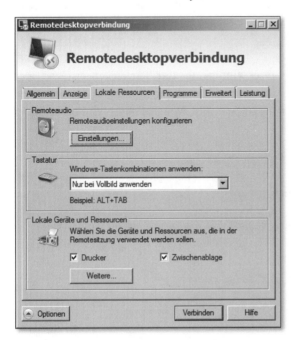

**Abbildung 4.13**   Lokale Ressourcen im RDP-Client

Unter dem Reiter LOKALE RESSOURCEN hat der Benutzer für jede Verbindung die Möglichkeit, individuell zu entscheiden, ob beispielsweise lokale Drucker mit in die Sitzung aufgenommen werden sollen. Mit dem RDP Client 6.1 können über die Schaltfläche WEITERE sogar einzelne Laufwerke oder Plug-and-Play-Geräte eingebunden werden. Letzteres setzt jedoch zwingend Windows 7 oder Server 2008 als Betriebssystem auf der Serverseite voraus, während die anderen Funktionen auch schon mit Windows 2003-Terminaldiensten genutzt werden konnten.

Grundsätzlich ist bei der Einbindung von lokalen Ressourcen zu beachten, dass im Gegensatz zur Konfiguration auf der Serverseite ein Haken die Option aktiviert und nicht deaktiviert. Generell gilt, dass hier nur Optionen aktiviert und dann auch genutzt werden können, die nicht am RDP-Protokoll auf der Seite des Servers deaktiviert worden sind. Auf der anderen Seite werden aber z. B. Laufwerke auch nur dann zugeordnet, wenn sie am RDP-Protokoll nicht deaktiviert und am Client aktiviert sind.

---

**Hinweis**

Wichtig ist an dieser Stelle, dass es in bestimmten Konstellationen immer wieder zu Problemen mit der Ressourcenumleitung kommen kann, die durch Service Packs behoben werden können. Weit unbekannter ist aber die Tatsache, dass es hin und wieder auch neue Remotedesktopclient-Versionen gibt, die separat von der Microsoft-Internetseite heruntergeladen werden können. Sollten also Probleme mit bestimmten Funktionalitäten auftauchen, so lohnt sich immer auch ein Blick auf die Version des Remotedesktopclients.

---

Insbesondere bei Verbindungsgeschwindigkeit und Performance bietet der Remotedesktopclient also viel Potenzial, um kundigen Benutzern eine optimale Verbindungskonfiguration zu ermöglichen. Ein weiteres Beispiel hierfür findet sich unter dem Reiter ERWEITERT.

**Abbildung 4.14** Erweiterte Einstellungen

An dieser Stelle lassen sich anhand von Vorlagen, die sich an Netzwerkbandbreiten anlehnen, zusätzliche Performancegewinne erzielen, indem beispielsweise Hintergrundbilder und Animationen deaktiviert werden, wie Abbildung 4.14 zeigt. Insbesondere durch die an dieser Stelle mögliche Konfiguration von Bitmap-Zwischenspeicherung und Desktop-Hintergrunddeaktivierung lassen sich RDP-Verbindungen nochmals deutlich beschleunigen.

Doch nicht nur bei den Verbindungseinstellungen und der Performance lässt der Remotedesktopclient einiges zu. Auch im Hinblick auf den Benutzerkomfort werden hilfreiche Möglichkeiten geboten. So offenbart der Reiter PROGRAMME in der REMOTEDESKTOPVERBINDUNG die Möglichkeit, direkt bei Start der Verbindung eine Anwendung auf dem Terminalserver zu starten.

**Abbildung 4.15**  Direkter Programmstart im RDP-Client

Der große Vorteil liegt darin, dass exklusiv nur die gewählte Anwendung geöffnet wird und die sonstigen Komponenten des Desktops, wie z. B. das Startmenü, nicht zur Verfügung stehen. Dieser technologische Ansatz stellt auch die Basis für die seit Windows Server 2008 vorhandene Funktion der *RemoteApp* dar.

---

**Direkter Programmstart aus dem RDP-Client**

Um es an dieser Stelle schon einmal vorwegzunehmen: Der direkte Programmstart aus dem RDP-Client war zu Zeiten von Windows 2003 eine nette Funktion – seit Windows Server 2008 R2 gehört sie jedoch zum »alten Eisen«, da Sie ein gleiches bzw. deutlich besseres Ergebnis über die RemoteApp-Funktionalität erreichen können, die später in diesem Abschnitt beschrieben werden wird.

---

Doch wie lassen sich dieser Programmstart oder die Möglichkeiten der Sitzungskonfiguration effektiv nutzen? Eine Möglichkeit, die sowohl dem versierten Benutzer als auch dem Administrator das Leben erleichtern kann, ist die Speicherung von RDP-Konfigurationen in RDP-Konfigurationsdateien. Über den Reiter ALLGEMEIN lässt sich ein Dialog zum Speichern von Verbindungseinstellungen öffnen, über den Sie die gesamten Einstellungen, also Anzeige, Darstellung, Bandbreite und die zu startenden Programme hinterlegen können.

**Abbildung 4.16** Speichern der Verbindungseinstellungen

Greifen wir nun unsere Beispiele wieder auf, so könnte man sich für die Vertriebsmitarbeiter vorstellen, dass sie sich, je nachdem, ob sie lokale Laufwerke nutzen wollen oder nicht, z. B. eine RDP-Konfiguration mit und eine ohne Umleitung der Laufwerke in der Sitzung anlegen. Diese könnten sie beide auf dem Desktop oder im Startmenü speichern und nach Wunsch die eine oder die andere Verbindung auswählen.

Aber auch aus administrativer Sicht bieten die Konfigurationsdateien Vorteile. So könnte ein Administrator beispielsweise für zwei auf einem Terminalserver bereitgestellte Anwendungen zwei Konfigurationsdateien erstellen, die von dem direkten Programmstart Gebrauch machen. Diese Dateien könnte er z. B. über ein Login-Skript auf die Desktops der Benutzer verteilen und hätte so eine einfache, aber effektive Art der »Terminalserver-Softwareverteilung« erreicht. Die Möglichkeiten setzen dem Spieltrieb in dieser Hinsicht keine Grenzen.

### Easy Print/Fallback-Druckertreiber

Eine mit Windows Server 2008 neu eingeführte Funktion ist das sogenannte *Easy Print*. Hierbei handelt es sich im Kern um eine generische Druckeransteuerung, die es ermöglicht, Client-Drucker in die Terminalsitzungen integrieren zu können, ohne die entsprechenden Treiber installieren zu müssen. Die Aktivierung des Easy Print erfolgt per Gruppenrichtlinie, wie in Abbildung 4.17 dargestellt.

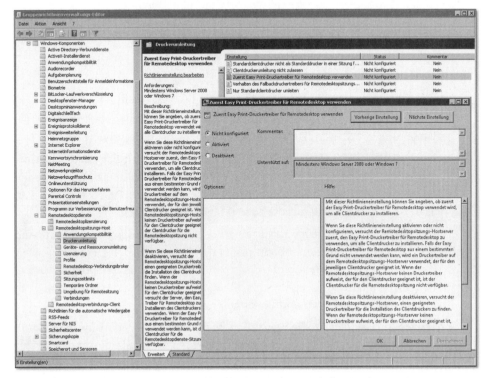

**Abbildung 4.17**  Aktivierung des Easy Print über eine Gruppenrichtlinie

**Hinweis**

Diese Funktionalität ist dem versierten Citrix-Administrator bereits seit einigen Jahren mit dem universellen Druckertreiber ein Begriff. Seit Windows Server 2008 gibt es dies nun auch für die Windows-Terminaldienste.

Eine weitere Funktion, die seinerzeit mit Windows Server 2003 Service Pack 1 eingeführt wurde und auch im Windows Server 2008 R2 weiterhin enthalten ist, ist das sogenannte Druckertreiber-Fallback. Diese Funktion wird bei der Umleitung von lokalen Druckern am Client in eine Terminalsitzung eingesetzt. Um die Möglichkeiten der neuen Funktion zu verstehen, sollten Sie sich die Funktionsweise der Druckerumleitung noch einmal vor Augen halten. Wie bereits beschrieben, lassen sich lokale Drucker des Clients, ebenso wie Laufwerke, über serielle und parallele Schnittstellen in die Terminalserversitzung umleiten, um dann dort wie gewohnt zur Verfügung zu stehen (siehe Abbildung 4.10).

Im Gegensatz zu Laufwerken und Schnittstellen wird für Drucker jedoch nicht nur die Information benötigt, wo das Gerät zu finden ist, sondern auch die, um was für ein Gerät es sich handelt. Diese Information ist von entscheidender Wichtigkeit für die Druckerumleitung, da die Funktionalität des Druckers von seinem Treiber abhängig ist. Steht für einen Drucker kein passender Treiber zur Verfügung, kann der Drucker nicht genutzt werden. Im Standard von Windows 2003 läuft das Einbinden von Druckern in die Terminalserversitzung etwas vereinfacht nach dem folgenden Schema ab:

1. Der Client startet den Verbindungsaufbau zum Terminalserver. Hierbei wird geprüft, ob sowohl am RDP-Protokoll als auch am Remotedesktopclient die Umleitung von lokalen Druckern aktiviert bzw. nicht deaktiviert ist.

2. Ist die Umleitung an beiden Stellen aktiviert, übermittelt der Client Informationen über seine eingerichteten Drucker an den Server. Diese Informationen beinhalten als wichtigste Komponenten die jeweiligen Typen der Drucker, also somit den Hinweis auf die zu verwendenden Treiber.

3. Der Terminalserver prüft daraufhin in seinem Treiberspeicher und anhand von Kompatibilitätslisten, ob ein passender Treiber für den Drucker zur Verfügung steht. Die Kompatibilitätslisten sind hierbei von entscheidender Wichtigkeit, da die Treiber auf unterschiedlichen Betriebssystemen womöglich unterschiedliche Namen und Versionen haben.

4. Wird ein passender Treiber gefunden, wird dieser bei Bedarf installiert, und der Drucker kann in der Sitzung genutzt werden. Falls kein passender Treiber gefunden wird, steht der Drucker in der Sitzung nicht zur Verfügung. Diese Tatsache ist aus einem Eintrag im Systemprotokoll des Servers ersichtlich.

Da sich die Entwicklung von Druckern und deren Treibern häufig schneller vollzieht als Anpassungen an den entsprechenden Kompatibilitätslisten, war dies immer eine der größten Problemquellen bei der Umleitung von Druckern. Hierbei soll durch das Treiber-Fallback Abhilfe geschaffen werden, da die Möglichkeit geboten wird, für die Sitzung auf einen standardisierten PostScript-(PS-) oder Printer-Control-Language-(PCL-)Treiber zurückzugreifen (siehe Abbildung 4.18).

Im Standard ist das Fallback deaktiviert, es kann jedoch ohne Probleme über eine Gruppenrichtlinie aktiviert werden. Die möglichen Konfigurationsoptionen sind:

► KEINE AKTION DURCHFÜHREN, WENN KEIN TREIBER GEFUNDEN WURDE
Diese Einstellung ist die Standardeinstellung. Das Umleiten verhält sich wie seinerzeit unter Windows 2000 oder Windows 2003 ohne Service Pack. Ohne einen passenden Treiber steht der Drucker in der Sitzung nicht zur Verfügung.

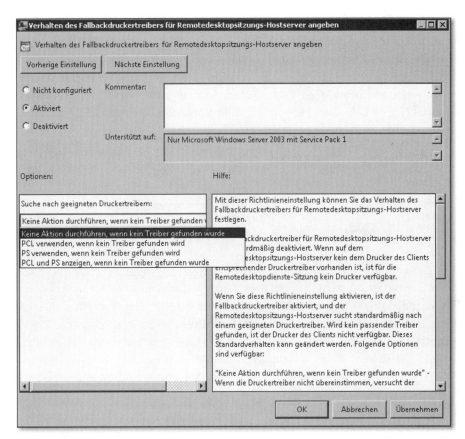

**Abbildung 4.18**   Konfiguration des Fallback-Druckertreibers

▶ PCL VERWENDEN, WENN KEIN TREIBER GEFUNDEN WIRD
Sofern kein passender Treiber gefunden wird, nutzt der Terminalserver einen HP-kompatiblen PCL-Fallback-Druckertreiber.

▶ PS VERWENDEN, WENN KEIN TREIBER GEFUNDEN WIRD
Sofern kein passender Treiber gefunden wird, nutzt der Terminalserver einen Adobe-kompatiblen PostScript-Fallback-Druckertreiber.

▶ PCL UND PS ANZEIGEN, WENN KEIN TREIBER GEFUNDEN WURDE
Sofern kein passender Treiber gefunden wird, zeigt der Terminalserver sowohl einen PCL- als auch einen PS-Fallback-Druckertreiber in der Sitzung an.

Trotz dieser Optionen kann es in Einzelfällen dazu kommen, dass ein Drucker nicht korrekt angezeigt wird. Dies kann damit zusammenhängen, dass der Hersteller des Druckers weder PostScript noch PCL für seinen Drucker akzeptiert.

### RDP-Authentifizierung und Verschlüsselung

Immer häufiger stellt sich auch die Frage nach der Sicherheit von RDP-Sitzungen. Vor allem die Sicherheit der übertragenen Anmeldeinformationen spielt hierbei eine große Rolle. Auch hier bietet der Windows 2008-Terminalserver eine Weiterentwicklung an: die Möglichkeit zur Secure-Sockets-Layer-(SSL-)/Transport-Layer-Security-(TLS-)1.0-Authentifizierung und zur Verschlüsselung von RDP-Sitzungen.

**Mehr Sicherheit**

Wem dieses Maß an Sicherheit für Terminalsitzungen intern wie extern nicht genügt, der findet in Abschnitt 4.2.6, »Remotedesktopgateway«, weitere Informationen zu diesem Thema. Diese neue Funktionsrolle von Windows Server 2008 hebt den möglichen Grad an Sicherheit deutlich an und ist somit insbesondere für sicherheitssensible Bereiche interessant.

Um diese Funktionen nutzen zu können, benötigt der Server ein SSL-fähiges Serverauthentifizierungszertifikat, das dem X.509-Standard entspricht, sowie den entsprechenden privaten Schlüssel zu diesem Zertifikat. Das Zertifikat muss im Zertifikatsspeicher des Servers abgelegt werden, damit es für den entsprechenden Zweck genutzt werden kann. Zertifikate, die die entsprechenden Anforderungen erfüllen, können Sie sowohl über die Windows-Zertifikatsdienste, eine Komponente von Windows 200x, als auch über einen offiziellen Anbieter anfordern und beziehen.

Auf der Seite des Clients gelten ebenfalls einige Anforderungen. So muss es sich bei dem Client wenigstens um Windows 2000 oder XP handeln. Der jeweilige Client muss mindestens die Remotedesktop-Verbindung-Version 5.2 (besser: 6.x) nutzen und dem Anbieter des Serverzertifikates vertrauen, sprich: die *Certificate Authority* (CA) muss auf dem Client zu den vertrauenswürdigen Stammzertifizierungsstellen gehören. Sind diese Anforderungen erfüllt, können Sie über die Eigenschaften des RDP-Protokolls eine Konfiguration der Sicherheitsstufen vornehmen (siehe Abbildung 4.19).

Wie auch die am RDP-Protokoll getroffenen Anzeige- und Ressourceneinstellungen gelten alle hier getroffenen Konfigurationen ausnahmslos für alle Clients. Aus diesem Grund sollten Sie vor der Konfiguration gründlich testen, ob alle Clients die entsprechenden Anforderungen erfüllen (können). Wichtig ist an dieser Stelle, dass die Authentifizierung und die Verschlüsselung nicht mit den RDP-Berechtigungen zusammenhängen, die auf der Registerkarte SICHERHEIT konfiguriert werden (siehe Abbildung 4.20).

Die Sitzungssicherheit definiert, wie die Authentifizierung und die Sitzungen geschützt werden, während die Berechtigungen definieren, wer sich anmelden und was er mit anderen Sitzungen machen darf.

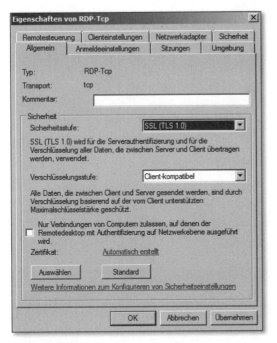

**Abbildung 4.19**   RDP-Sicherheitseinstellungen

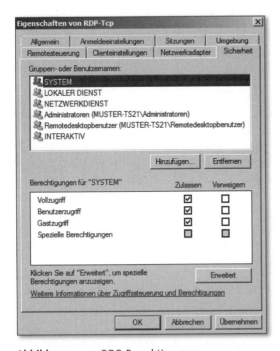

**Abbildung 4.20**   RDP-Berechtigungen

Nebenbei: Die Berechtigungen sind auch der Grund dafür, dass sich im Remote-Verwaltungsmodus unter Windows 2000 und beim Remotedesktop unter Windows 2003 nur bestimmte Benutzergruppen, etwa Administratoren, anmelden dürfen. Ändern Sie an dieser Stelle die Berechtigungen, so können sich z. B. unter Windows 2000 auch normale Benutzer im Remote-Verwaltungsmodus anmelden. Die Beschränkung der Anzahl der Sitzungen bleibt hiervon jedoch unberührt.

### 4.2.4 Terminaldienste-Remote-Anwendungen

Bei den Terminaldienste-Remote-Anwendungen (RemoteApp) handelt es sich zum ersten Mal in der Geschichte der Windows-Terminaldienste um eine offizielle Möglichkeit, nicht den kompletten Desktop, sondern nur einzelne Anwendungen (seamless) zur Verfügung zu stellen.

Offizielle Möglichkeit deshalb, weil es auch unter Windows 2003 bereits durch entsprechende Anpassungen am Protokoll möglich war, diesen Effekt zu erreichen. Leider erlosch hierdurch der Support-Anspruch, was den Einsatz dieser Funktion in der Praxis nicht seriös erscheinen ließ.

Die Funktion, die auf den ersten Blick den veröffentlichten Anwendungen von XenApp entspricht, bietet für die Benutzer in einige Fällen einen wesentlich höheren Komfort als eine komplette Desktop-Sitzung und – als Vision – in Kombination mit der *Desktop Experience* sogar ein Windows 7 Look & Feel mit Aero-Fenstern.

Die Basis für diese Technik bieten über MSI verteilte RDP-Dateien, die Sie über den REMOTEAPP-MANAGER erstellen und konfigurieren können. Diesen finden Sie unter START • ALLE PROGRAMME • VERWALTUNG • REMOTEDESKTOPDIENSTE • REMOTEAPP-MANAGER. Über diese Verwaltungskonsole lassen sich sämtliche Einstellungen der RemoteApp-Veröffentlichungen anzeigen und konfigurieren (siehe Abbildung 4.21).

So können Sie z. B. über EINSTELLUNGEN DES REMOTEDESKTOP-SITZUNGSHOST-SERVERS definieren, zu welchem Server bzw. zu welcher Farm die Benutzer eine Verbindung herstellen sollen oder welche Zugriffswege hierfür zur Verfügung stehen sollen.

Auch die Einstellungen für ein eventuell vorhandenes Terminaldienste-Gateway (vergleiche Abschnitt 4.2.6, »Remotedesktopgateway«), eine digitale Signatur der bereitgestellten Veröffentlichungen oder benutzerdefinierte RDP-Einstellungen wie die Integration von Clientgeräten lassen sich an dieser Stelle konfigurieren.

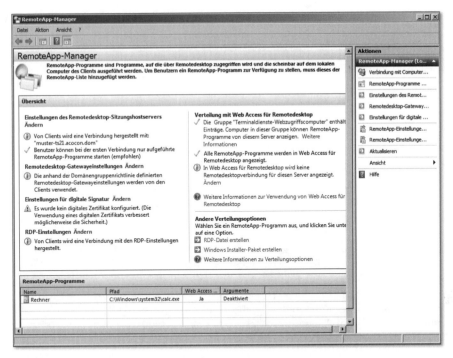

**Abbildung 4.21** RemoteApp-Manager

**Definieren von neuen Anwendungen**

Um nun aber eine Anwendung per RemoteApp für die Benutzer zur Verfügung stellen zu können, müssen Sie sie zunächst der Liste der Remoteapp-Programme hinzufügen. Zu diesem Zweck findet sich im Remoteapp-Manager in der Taskleiste der Punkt Remoteapp-Programme hinzufügen, über den Sie einen entsprechenden Assistenten starten können. Dieser Assistent stellt direkt eine Liste von installierten Anwendungen bereit, die Sie durch einfaches Anhaken aktivieren können. Sofern die gewünschte Anwendung nicht in der Liste erscheinen sollte, können Sie sie über die Funktion Durchsuchen manuell hinzufügen. Nach Abschluss des Assistenten liegt eine RDP-Datei vor, die von den Benutzern dazu genutzt werden kann, die entsprechende RemoteApp zu starten.

Diese Lösung ist durchaus funktional, hat allerdings das kleine Manko, dass einerseits der Administrator vollständig dafür zuständig ist, die erstellten RDP-

Dateien zu verteilen – per Script, manuell etc. –, andererseits aber auch der Benutzer genau wissen muss, wie er mit der Datei umzugehen hat. Eine intuitive Bedienung wie mit lokal installierten Anwendungen und den entsprechenden Verknüpfungen im Startmenü ist nicht gegeben.

Genau aus diesem Grund existiert die Option WINDOWS INSTALLER-PAKET ERSTELLEN. Bei diesem Assistenten ist der erste Schritt identisch mit der Erstellung einer RDP-Datei. Nach diesem ist der Assistent jedoch nicht beendet, sondern erlaubt eine Konfiguration der gewünschten Veröffentlichungsform, welche dann im MSI-Paket hinterlegt wird. Allerdings ist auch bei dieser Variante der Administrator zuständig für die Verteilung des MSI-Paketes – jedoch gestaltet sich dies beispielsweise durch die Möglichkeiten der Softwareverteilung mittels Gruppenrichtlinien im Regelfall recht unproblematisch.

> **Historisches**
>
> An dieser Stelle zeigen sich deutlich die unterschiedlichen »Evolutionsstufen« der Anwendungsbereitstellung mit Windows-Terminaldienste-Bordmitteln und Citrix XenApp. Während bei den Bordmitteln noch einiges an Konzeption, Verwaltung und Konfiguration auf dem Administrator lastet, so sind dies Punkte, die in Citrix-Umgebungen bereits seit Jahren keine Rolle mehr spielen – hier kann alles deutlich granularer gesteuert und anschließend automatisiert aus den Verwaltungswerkzeugen heraus verteilt werden, ohne dafür eigene Lösungen »stricken« zu müssen. Wie dies genau geht, wird in Kapitel 6, »Bereitstellung von Ressourcen«, erläutert.

### 4.2.5 Web Access für Remotedesktop

Eine Komponente, die seinerzeit unter Windows 2000 noch separat bei Microsoft herunterzuladen und auf einem Internet Information Server (IIS) zu installieren war, ist der Terminalserver-Webzugriff oder kurz TSWeb. Seit Windows 2003 gehört diese Komponente zum Lieferumfang des Betriebssystems und kann unter Windows Server 2008 wie auch die bisher beschriebenen Komponenten über die Rollendienste installiert werden.

Das WEB ACCESS FÜR REMOTEDESKTOP ermöglicht den Benutzern einen browserbasierten Zugriff auf die für sie zur Verfügung gestellten Anwendungen. Interessant ist diese Funktion insofern, als beispielsweise die Veröffentlichung von Anwendungen (vergleiche Abschnitt 4.2.4, »Terminaldienste-Remote-Anwendungen«) eine sehr einfache und schnell zu bedienende Variante darstellt, RemoteApp-Programme bereitstellen zu können – sie entbindet beispielsweise von dem Bedarf, MSI- oder RDP-Pakete verteilen zu müssen. Allerdings müssen die Benutzer natürlich in die Nutzung einer Webseite für den Start von Anwendungen eingewiesen werden.

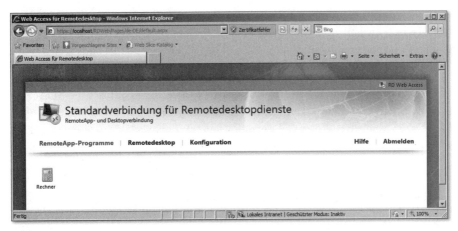

**Abbildung 4.22** Web Access für Remotedesktop

## 4.2.6 Remotedesktopgateway

Betrachtet man einmal die bisher beschriebenen Funktionen und insbesondere den Terminaldienste-Webzugriff, so wird man sich unweigerlich früher oder später die Frage stellen, ob und wie man diese Funktionen auch im/über das Internet nutzen kann. Viele haben diese Frage mit »Nein« beantwortet – unter anderem auch Microsoft. Genau aus diesem Grund gibt es noch eine neue Komponente im Windows Server 2008, die die Terminaldienste erweitert – das *Remotedesktopgateway*.

Wie bei den anderen Komponenten handelt es sich auch bei dem Remotedesktopgateway um einen Dienst der Rolle *Remotedesktopdienste* und kann daher somit über den Server-Manager nachinstalliert werden.

Da es sich bei diesem Rollendienst im Kern um ein SSL-Gateway handelt, wird im nächsten Installationsschritt nach dem zu verwendenden Zertifikat gefragt. Hierbei stehen mehrere Optionen zur Verfügung, wobei für den produktiven Einsatz der Import eines offiziellen Zertifikates die beste ist. Alle weiteren Konfigurationsoptionen können an dieser Stelle übersprungen bzw. in den Standardeinstellungen übernommen werden, um sie später über den Gateway-Manager zu setzen.

Um Verbindungen über das Gateway herstellen zu können, müssen zwei Arten von Richtlinien konfiguriert werden: *Verbindungsautorisierungsrichtlinien* und *Ressourcenautorisierungsrichtlinien*.

Bei der Verbindungsautorisierungsrichtlinie (RD-CAP) handelt es sich um eine Richtlinie, in der definiert wird, ob ein Benutzer eine Verbindung herstellen darf und welche Verbindungseinstellungen hierfür gelten sollen. Für die Erteilung der entsprechenden Berechtigungen und Einstellungen werden Anforderungen zugrunde gelegt, die über den Anmeldevorgang und über Informationen aus den Netzwerkrichtlinien- und Zugriffsdiensten (NAP – Network Access Protection) gewonnen werden.

Die Ressourcenautorisierungsrichtlinie (RD-RAP) wiederum definiert, welche Benutzer auf welche Ressourcen – sprich auf welche Terminalserver – zugreifen können. Zu diesem Zweck kann in der Richtlinie eine Auswahl der gewünschten Benutzergruppe(n) und der Ziel-Terminalservergruppen erfolgen. Auch die Einschränkung auf bestimmte Kommunikations-Ports ist über eine RD-RAP möglich.

Nach der Erstellung und Konfiguration der Richtlinien muss der Server noch in die Terminaldienste-Gateway-Gruppe aufgenommen und gegebenenfalls mit dem passenden Zertifikat versehen werden, um für Verbindungsanfragen von Clients zur Verfügung zu stehen.

**Weitere Konfigurationsoptionen**

Neben den hier aufgeführten Konfigurationsoptionen existieren noch weitere Möglichkeiten, die sich aus der direkten Kombination mit den NAP-Diensten des Windows Servers 2008 R2 ergeben. Diese und die für deren Verständnis notwendigen Hintergründe hier aufzuzeigen, würde aber an dieser Stelle den Rahmen sprengen, da der Schwerpunkt dieses Buches auf den XenApp-Technologien und nicht auf den Windows Server 2008 R2-Technologien liegt.

### Herstellen einer Verbindung

Um nach der erfolgten Konfiguration eine Verbindung zum Gateway herzustellen, stehen dem Benutzer mehrere Möglichkeiten zur Verfügung. Die erste und einfachste ist die Nutzung der Remotedesktop-Verbindung. Unter dem Reiter LEISTUNG findet sich seit der Version 6.x des RDP-Clients die Option VERBINDUNG VON ÜBERALL AUS HERSTELLEN.

**Gateway-Vergleich**

Sofern Sie sich bereits ein wenig mit dem XenApp-Produktportfolio auseinandergesetzt haben, wird Ihnen sicher schnell deutlich, dass das Remotedesktopgateway wie ein kleiner Bruder des Secure Gateways bzw. des Access Gateways wirkt. Tatsächlich scheinen viele Funktionen auf den ersten Blick recht ähnlich. Auf den zweiten Blick erkennt man jedoch schnell, dass etwa die Möglichkeiten der Endpunkteanalyse – selbst mit NAP – bei Weitem nicht an die Möglichkeiten des Access Gateways heranreichen. Das sollen sie ja auch gar nicht – aus Microsoft-Sicht sollen sie eine Basisfunktionalität zur Verfügung stellen, die bisher mit Bordmitteln nicht zu realisieren war – nicht mehr und nicht weniger. Dieser Hintergrund ist jedoch äußerst wichtig, wenn es um einen möglichen Auswahlprozess von Zugrifftechnologien geht – hier dürfen auf keinen Fall Äpfel mit Birnen verglichen werden.

### 4.2.7   Remotedesktop-Verbindungsbroker

Der Remotedesktop-Verbindungsbroker ist ein wichtiger Schritt in Richtung gezielte Lastenverteilung bei Windows-Terminalservern und virtuellen Desktops. Auch an dieser Stelle ist für das Verständnis der Technik ein Blick in die Vergangenheit sehr hilfreich.

Erinnern wir uns kurz an Abschnitt 2.5, »Microsoft und die Remote Desktop Services«. Dort gab es einen Abschnitt über die Lastenverteilung von Terminalsitzungen durch DNS Round Robin. Der Kern dieser Lösung bestand darin, dass für einen Hostnamen im DNS mehrere IP-Adressen eingetragen wurden, die den IP-Adressen der vorhandenen Terminalserver entsprachen. Da die eingetragenen IP-Adressen für jeden Hostnamen bei Round Robin sequenziell zurückgegeben werden, werden die Clients relativ gleichmäßig durch eine 1:1-Verteilung an die Terminalserver verwiesen.

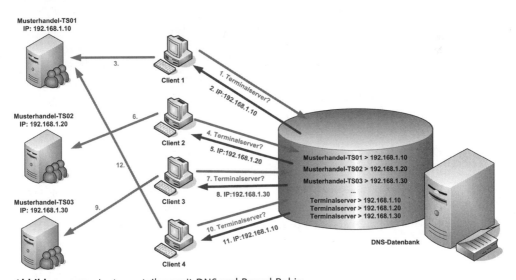

**Abbildung 4.23**   Lastenverteilung mit DNS und Round Robin

Wie bereits beschrieben, kann es bei diesem Verfahren jedoch zu Problemen kommen, wenn ein Benutzer seine Verbindung kurzzeitig, z. B. durch ein Netzwerkproblem, verloren hat. In diesem Fall würde seine Sitzung auf dem Terminalserver im Status *getrennt* gehalten. Bei einem neuen Verbindungsversuch könnte der Benutzer aber auf einen anderen Server verwiesen werden und seine alte Sitzung nicht wieder aufnehmen. Es konnte also nicht nachvollzogen werden, ob der Benutzer bereits eine Sitzung auf einem anderen Terminalserver hatte.

Genau diese Lücke soll mit dem Remotedesktop-Verbindungsbroker geschlossen werden. Die Installation des Sitzungsbrokers erfolgt auf dem mittlerweile gut bekannten Weg der Rollendienste. Nachdem die Konfiguration des Brokers korrekt abgeschlossen ist, werden in seiner Datenbank alle Sitzungen mit ihrem Status erfasst. Jedes Mal, wenn ein Benutzer einen Verbindungsaufbau startet, prüft dieser im Hintergrund, ob der Benutzer auf einem anderen Terminalserver im Verbund eine getrennte Sitzung hält. Falls ja, wird der Benutzer an diesen Server verwiesen und verbindet seine getrennte Sitzung. Sollte der Benutzer nicht über eine getrennte Sitzung verfügen, so wird eine neue auf dem Server erstellt, der aktuell die geringste Benutzerlast hat.

### 4.2.8 Gruppenrichtlinien- und Scripting-Unterstützung

Verfolgt man bei den Remote Desktop Services konsequent die Philosophie der Zentralisierung, hat man sich unter Windows 2000 noch unweigerlich gefragt, warum keine bzw. nur eine sehr begrenzte zentrale Konfiguration der Terminalserver möglich war. Viele Einstellungen, wie etwa die Verbindungskonfiguration und Einstellungen zur Ressourcenumleitung, konnten oftmals nur direkt am Server, z. B. in der Terminaldienstekonfiguration, vorgenommen werden. Dadurch war der Aufwand, einen neuen Server in eine Umgebung mit aufzunehmen, verhältnismäßig hoch, da lange Listen mit Konfigurationsschritten abgearbeitet werden mussten. Gleiches galt für spätere Änderungen der Konfiguration, die ebenfalls oftmals für jeden Server einzeln erstellt werden mussten.

**Gruppenrichtlinien**

Seit Windows 2003 und in erweitertem Maße bei dem aktuellen Windows Server 2008 R2 können Sie nahezu die komplette Konfiguration der Terminaldienste über Gruppenrichtlinien vornehmen, wie wir beispielsweise bei der Lizenzierung, der Ressourcenumleitung und dem Sitzungsbroker gesehen haben. Ein Blick in Gruppenrichtlinien zeigt, dass es hier noch zahlreiche Einstellungsmöglichkeiten gibt. Sowohl die Konfiguration der Server als auch die Konfiguration der Benutzereinstellungen lassen sich nahezu vollständig hierüber abwickeln. Besonders in dieser Hinsicht lohnt auch immer ein Blick auf die Microsoft-Internetseiten und in das *Windows Resource Kit*, wo ständig aktualisierte und erweiterte administrative Vorlagen für Gruppenrichtlinien zu finden sind.

Zwei weitere Möglichkeiten zur Automatisierung und Fernwartung von Terminalserverkonfigurationen, die an dieser Stelle nicht weiter ausgeführt werden sollen, sind das Scripting über die *Windows Management Instrumentation* (WMI) oder die *Windows PowerShell*, welche ebenfalls nahezu alle Konfigurationsoptionen unterstützen und besonders im Roll-out von neuen Terminalservern zu helfen wissen.

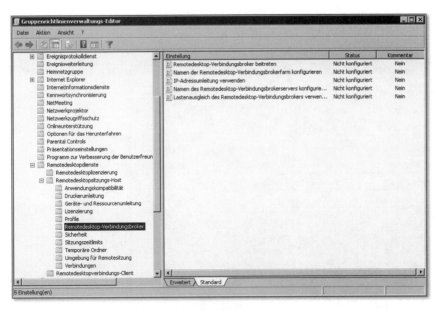

**Abbildung 4.24**   GPOs für die RDS-Konfiguration

### Windows Management Instrumentation

Um die WMI-Funktionen für die Terminaldienste nutzen zu können, wird ein spezieller WMI-Anbieter verwendet, der die entsprechenden Schnittstellen bietet. Dieser Anbieter ist in der Datei *%windir%\System32\Wbem\tscfgwmi.mof* definiert. Mit dem Testprogramm für Windows-Verwaltungsinstrumentation (*WBEMTEST.EXE*) lassen sich die Namensräume für die Terminaldienste anzeigen und auslesen. Hierzu starten Sie WBEMTEST mittels START • AUSFÜHREN und rufen das Programm *wbemtest.exe* auf.

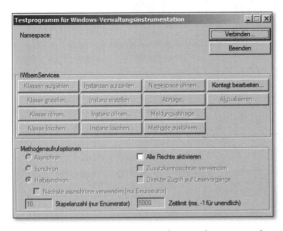

**Abbildung 4.25**   Testprogramm für Windows-Verwaltungsinstrumentation

Über die Schaltfläche VERBINDEN kann eine Verbindung auf einen Namensraum erfolgen. Der benötigte Namensraum ist *root\Cimv2* (siehe Abbildung 4.26).

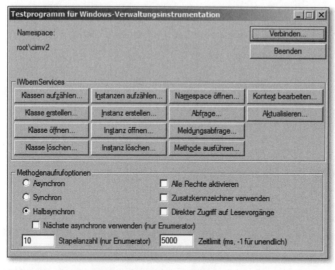

**Abbildung 4.26** Namespace: root\Cimv2

Nun können Sie beispielsweise über die Schaltfläche INSTANZ ÖFFNEN die Instanz *Win32_TerminalService* öffnen und einsehen.

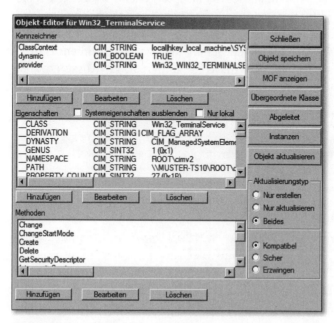

**Abbildung 4.27** Win32_TerminalService

Einige Beispiele für Instanzen, die die Terminaldienste betreffen:

- *Win32_TerminalService*
- *Win32_TSSessionDirectory*
- *Win32_TerminalServiceSetting*
- *Win32_Terminal*
- *Win32_TSSessionSetting*

Zu diesem Thema gibt es für Interessierte eine Reihe von Artikeln im *Microsoft Technet*. Eine Suche nach »Terminal« und »WMI« fördert hierbei wahre Perlen zu Tage.

**Windows PowerShell**

Eine sehr mächtige Verwaltungsschnittstelle, die seit Windows Server 2008 direkt mit dem Betriebssystem geliefert wird, ist die *Windows PowerShell*. Nach der Installation steht die PowerShell im Startmenü für den Start zur Verfügung. Wird sie gestartet, bietet sie die Möglichkeit, sich über WMI auf die im letzten Abschnitt beschrieben NameSpaces und Klassen zu verbinden und hieran entsprechende Aktionen auszuführen.

Besonders interessant ist an dieser Stelle, dass seit Windows Server 2008 R2 ein neuer PowerShell-Provider für die Remote Desktop Services angeboten wird, der quasi sämtliche Konfigurationsoptionen der grafischen Oberfläche auch über PowerShell-Befehle ermöglicht. Hierdurch wird ein extrem hohes Maß an Automatisierung und Standardisierung erreicht, das den Einsatz von RDS auch in großen Umgebungen deutlich handhabbarer gestaltet.

> **Info**
>
> Noch interessanter ist jedoch die Tatsache, dass es entsprechende Provider natürlich auch für XenApp und XenDesktop gibt, die dann eine durchgängige Administration der gesamten Umgebung – vom Betriebssystem bis zu den Infrastruktur- und Bereitstellungslösungen ermöglicht.

### 4.2.9 Installation von Anwendungen

Die Installation von Anwendungen hingegen hat sich vom Prinzip her nicht geändert. Wie auch unter Windows 2003 muss der Server vor der Installation von Anwendungen in den *Installationsmodus* versetzt werden. Hierfür gibt es mehrere Möglichkeiten.

Für den Fall, dass die Anwendung über eine Datei *SETUP.EXE* installiert wird, ist Windows Server 2008 R2 in der Lage, die Installation selbstständig zu erkennen und in den Installationsmodus zu wechseln. Nach Durchlaufen der Installationsroutine muss der Benutzer den Wechsel in den Anwendungsmodus in einem Dialog bestätigen.

Sollte die Installation nicht über *SETUP.EXE*, sondern über eine anders benannte Anwendung gestartet werden, so funktioniert die automatische Erkennung in den meisten Situationen nicht.

Für die Liebhaber der Kommandozeile oder für automatisierte Installationen über Skripte lässt sich der Installationsmodus über `change user /install` vor der Installation starten und nach der Installation mittels `change user /execute` wieder beenden.

## 4.3 Installation der Citrix-Lizenzierung

### 4.3.1 Installation des Lizenzierungsdienstes

Als erster Schritt zur Installation einer XenApp- und XenDesktop-Umgebung sollten Sie auf einem praktikablen System den Citrix-Lizenzierungsdienst installieren. Wie im vorhergehenden Abschnitt beschrieben, muss dieser Dienst nicht auf einem der Citrix-Funktionsserver ausgeführt werden, sondern kann auf einem beliebigen System installiert werden. Nachdem die Entscheidung für einen Server gefallen ist, können Sie durch Einlegen der Installations-DVD die Installation der Citrix-Lizenzierung starten.

| Hinweis |
| --- |
| Abhängig davon, ob die Citrix-Lizenzierung von einem XenDesktop- oder XenApp-Datenträger erfolgt, unterscheiden sich die ersten Auswahlschritte leicht voneinander. Grundsätzlich ist der Ablauf für die Installation der Citrix-Lizenzierung jedoch immer der gleiche. Für die Erläuterung wird an dieser Stelle exemplarisch der Ablauf mit einer XenApp-DVD dargestellt. |

Hierbei müssen Sie für die Installation der Citrix-Lizenzierung den Punkt KOMPONENTEN MANUELL INSTALLIEREN und anschließend GEMEINSAME KOMPONENTEN auswählen, wie in den Abbildungen 4.28 und 4.29 dargestellt.

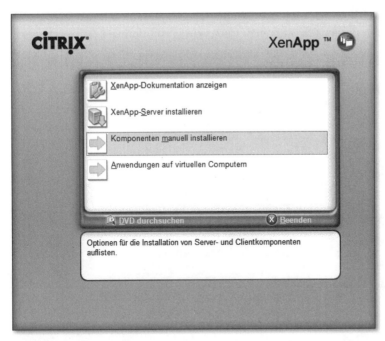

**Abbildung 4.28** Manuelle Installation

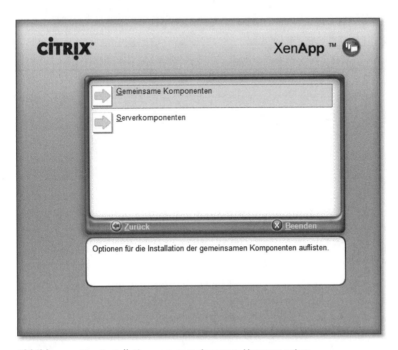

**Abbildung 4.29** Installation von gemeinsamen Komponenten

Hierunter findet sich anschließend neben einigen anderen auch die Auswahloption zur Installation der Citrix-Lizenzierung, wie in Abbildung 4.30 zu sehen ist.

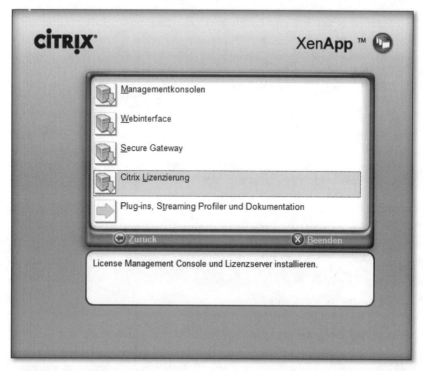

**Abbildung 4.30**   Citrix-Lizenzierung

Tipp

> Tipp
>
> Die Installation lässt sich auch über das Paket *CTX_Licensing.msi* im Verzeichnis *Licensing* auf der XenApp-DVD direkt starten, und Sie können sich so den Weg über den Assistenten sparen.

Nach dem Start des Installationsassistenten müssen Sie zunächst die Lizenzvereinbarung bestätigen, bevor Sie das gewünschte Zielverzeichnis wählen können. Grundsätzlich können Sie an dieser Stelle ein beliebiges Verzeichnis auf einem lokalen Datenträger wählen, der den benötigten Speicherplatz zur Verfügung stellen kann. Hierbei sollten Sie beachten, dass nicht nur der angegebene minimale Speicherplatz von 30 MB zur Verfügung stehen sollte, sondern Sie auch ausreichend Platz für die später anwachsenden Protokolldaten vorhalten. Die Auswertung von Lizenzauslastungen und Verbrauch bietet nur dann ein aussagekräftiges Ergebnis, wenn über einen längeren Zeitraum die Lizenznutzung protokolliert werden kann.

**Abbildung 4.31**  Auswahl des Zielverzeichnisses

Anschließend gestaltet sich die weitere Installation sehr einfach, da keine weiteren Eingriffe mehr notwendig sind.

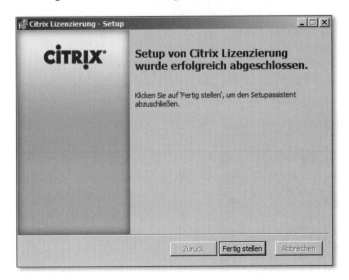

**Abbildung 4.32**  Abschluss der Installation

Im Anschluss startet direkt das Konfigurationstool, worüber Sie Einstellungen wie die zu verwendenden Kommunikations-Ports des Lizenzierungsdienstes oder das Administrator-Kennwort konfigurieren können, wie in Abbildung 4.33 gezeigt.

An dieser Stelle empfiehlt es sich, die Standardeinstellungen beizubehalten bzw. bei einer Anpassung die neuen Werte zu dokumentieren, da sie bei den späteren Installationen der weiteren Komponenten oder anderen Anwendungen (z. B. Access Gateway) benötigt werden.

**Abbildung 4.33** Lizenzserverkonfigurationstool

Nach der Bestätigung dieser Einstellungen ist die Installation der Citrix-Lizenzierung abgeschlossen, und Sie können die Lizenzverwaltungskonsole über das Startmenü starten, wie in Abbildung 4.34 dargestellt.

**Abbildung 4.34** License Administration Console starten

Nach einem Klick auf die LICENSE ADMINISTRATION CONSOLE sollte die in Abbildung 4.35 gezeigte Startseite erscheinen.

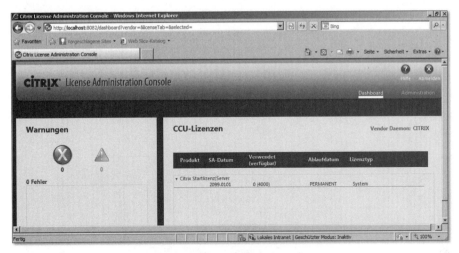

**Abbildung 4.35** Startseite der License Administration Console

Im Standard startet die Verwaltungskonsole direkt mit der *Dashboard-Ansicht*, in der die installierten Lizenzen und deren aktuelle Verwendung eingesehen werden können.

Beim ersten Öffnen werden unter den aktuell verfügbaren Lizenzen nur 4.000 Lizenzen für CITRIX STARTLIZENZ SERVER erscheinen. Der Hintergrund hierfür ist, dass seit dem Metaframe Presentation Server 3.0 ausschließlich Zugriffslizenzen erworben werden müssen. Bei den Versionen vor 3.0 mussten Server- und Zugriffslizenzen eingepflegt werden. Um dies zu ermöglichen, werden 4.000 Lizenzen für Server direkt mit der Citrix-Lizenzierung bereitgestellt.

> **Tipp**
>
> Sollten Sie in die »missliche« Lage geraten, mehr als 4.000 Server auf einen Lizenzdienst verweisen lassen zu wollen, sollten Sie sich direkt an Citrix wenden. Nach den Aussagen eines Support-Mitarbeiters kann auch für diesen Fall eine Lösung gefunden werden.

### 4.3.2 Konfiguration der Citrix-Lizenzierung

Um weitere Lizenzen hinzuzufügen oder anderweitige Konfigurationseinstellungen an der Citrix-Lizenzierung durchführen zu können, müssen Sie in den *Administrationsmodus* wechseln. Dies geschieht über die Schaltfläche ADMINISTRATION rechts oben im Konsolenfenster. Da dieser Modus sicherheitsrelevant ist, erscheint im nächsten Schritt zunächst ein Anmeldefenster, in dem eine Authentifizierung mit dem während der Installation vergebenen Kennwort zu erfolgen hat (siehe Abbildung 4.36).

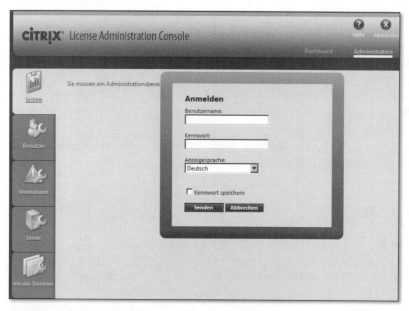

**Abbildung 4.36** Anmeldung für den Administrationsmodus

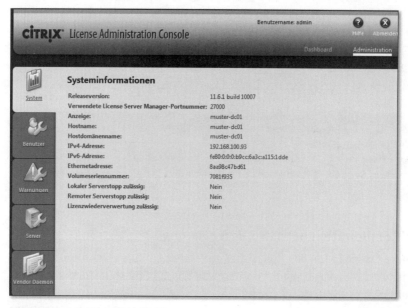

**Abbildung 4.37** Systeminformationen

Anschließend können an dieser Stelle neben einer detaillierten Übersicht der Sys-
TEMINFORMATIONEN (Abbildung 4.37) alle notwendigen Verwaltungs- und Konfi-
gurationsschritte durchgeführt werden. Hierzu gehört neben der Verwaltung von
Benutzern (Abbildung 4.38) insbesondere auch die Konfiguration von WARNUN-
GEN, wie in Abbildung 4.39 gezeigt.

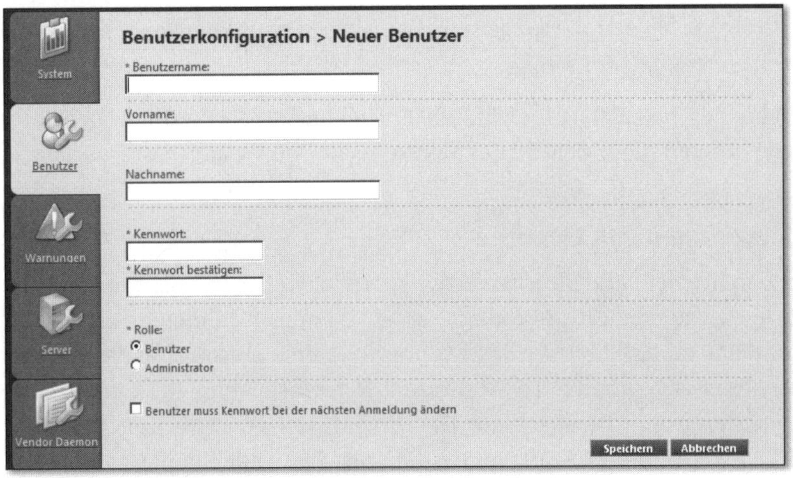

**Abbildung 4.38**  Anlegen neuer Benutzer

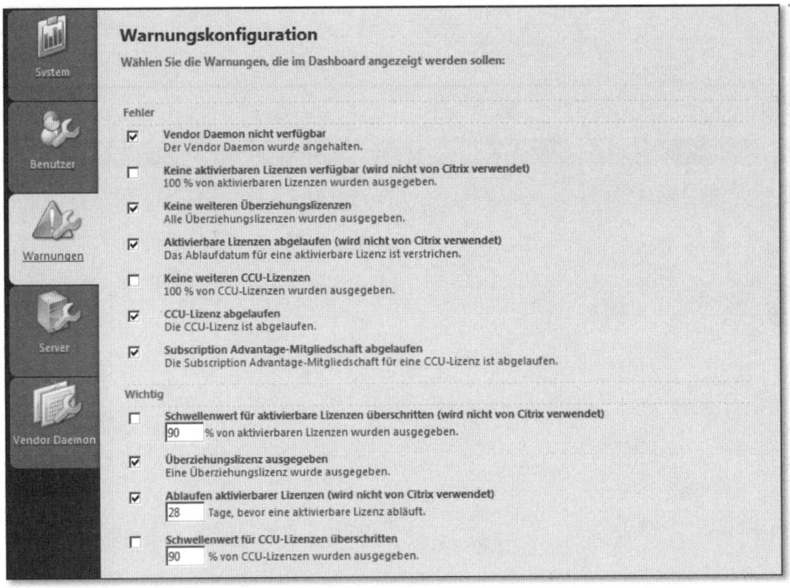

**Abbildung 4.39**  Konfiguration von Warnungen

Der Konfiguration von Warnungen kommt auf dem Lizenzserver deshalb eine besondere Bedeutung zu, weil viele Produkte bei Nichtverfügbarkeit von entsprechenden Lizenzen ihren Dienst einstellen, was im schlechtesten Fall dazu führen kann, dass die Arbeitsumgebung des Benutzers nicht zur Verfügung gestellt wird. So ist es beispielsweise sehr sinnvoll, etwa einen Schwellwert für die Nutzung von Lizenzen einzutragen, ab dem eine Alarmierung an den Administrator erfolgen soll. Auf diese Weise kann frühzeitig auf Engpässe oder ablaufende Lizenzen reagiert werden.

Die während der Installation gewählten Einstellungen für Verbindungs-Ports und Dienste können unter dem Reiter SERVER recht intuitiv angepasst werden.

### 4.3.3 Hinzufügen von Lizenzen

Wie oben beschrieben, enthält jeder Lizenzserver nach der Installation zunächst nur die Lizenzen für die Citrix-Produkt-Server. Da aber für einen erfolgreichen Zugriff der Benutzer auf die jeweiligen Worker-Systeme entsprechende Zugriffslizenzen benötigt werden, müssen Sie diese nach der Installation der Citrix-Lizenzierung generieren und bereitstellen. Das Hinzufügen von Lizenzen geschieht über den Reiter VENDOR DAEMON, unter dem Sie den aktuell laufenden Lizenzdienst und seine genutzten Lizenzen verwalten können.

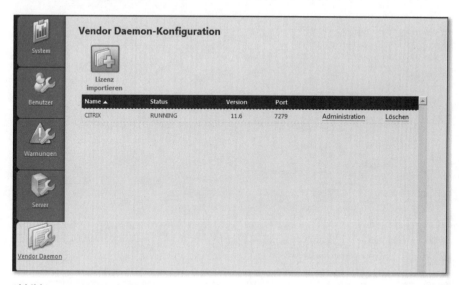

**Abbildung 4.40** Vendor Daemon

Über die Schaltfläche LIZENZ IMPORTIEREN können Sie dem System weitere Verbindungslizenzen hinzufügen.

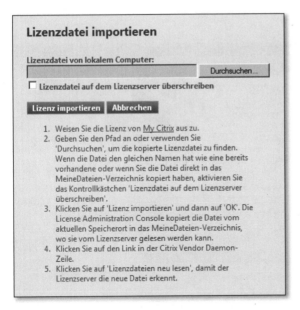

**Abbildung 4.41**  Lizenzdatei importieren

Alle erworbenen Citrix-Lizenzschlüssel müssen Sie online bei Citrix eintragen und aktivieren. Während bei allen Versionen älter als 3.0 ein Freischaltcode generiert wurde, wird seit Version 3.0 eine Lizenzdatei generiert, die Sie auf den Lizenzserver kopieren müssen.

### 4.3.4  Aktivieren von Lizenzen

Zunächst wird für den Aktivierungsprozess der Lizenzen zum einen die Lizenznummer, zum anderen eine Internetverbindung benötigt. Mittels eines Browsers wie dem Internet Explorer rufen Sie die Seite *www.mycitrix.com* auf. Die Empfehlung des Internet Explorers hat nichts mit einer konkreten Bevorzugung des Herstellers Microsoft zu tun. Da aber nahezu alle Inhalte auf *mycitrix.com* dynamisch sind, kann es hierbei zu starken Problemen mit anderen Browsern als dem Internet Explorer kommen, da nur dieser hundertprozentig unterstützt wird.

Sollten Ihnen noch keine Anmeldedaten für diese Seite vorliegen oder sollten sie in Vergessenheit geraten sein, können Sie an dieser Stelle eine Neu-Registrierung vornehmen bzw. eine Bitte auf Zusendung der Anmeldedaten absetzen. Nach der Anmeldung stehen diverse Menüpunkte zur Verfügung, mit denen Sie beispielsweise Ihr Profil oder Lizenzen verwalten können.

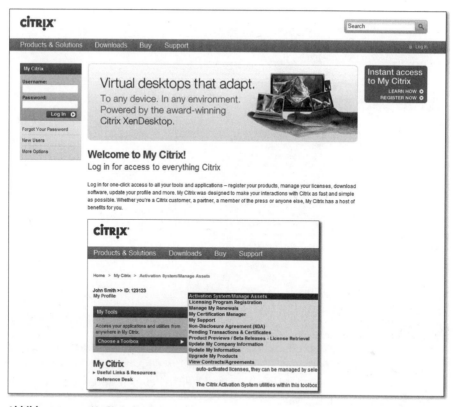

**Abbildung 4.42** MyCitrix-Login

Um erworbene Lizenzen zu aktivieren, können Sie innerhalb von TOOLBOX AUS-
WÄHLEN über das Pulldown-Menü den Punkt ACTIVATION SYSTEM/LIZENZEN VER-
WALTEN wählen, wie in Abbildung 4.43 gezeigt.

Auf der darauffolgenden Seite wählen Sie im Pulldown-Menü den Punkt LIZEN-
ZEN AKTIVIEREN/ZUWEISEN (Abbildung 4.44). Daraufhin tragen Sie in dem folgenden Formular im Feld GEBEN SIE IHREN LIZENZZUGRIFFSCODE EIN die mit dem
Erwerb der Lizenzen erhaltene Nummer ein. Diese Lizenznummer besteht im
Regelfall aus einer durch Bindestriche getrennten alphanumerischen Zeichen-
folge, die sich entweder auf dem Lizenzzertifikat befindet oder, bei einem elektronischen Lizenzmodell, per E-Mail angekommen sein sollte.

Die Länge oder Aufteilung der Lizenznummer ist von dem Produkt und der Art
der Lizenzierung abhängig, so dass sich hierbei kein festes Format beschreiben
lässt. Auf der Formularseite zur Eingabe finden sich ebenfalls Beispiele und
Anleitungen zum Auffinden der entsprechenden Lizenznummer.

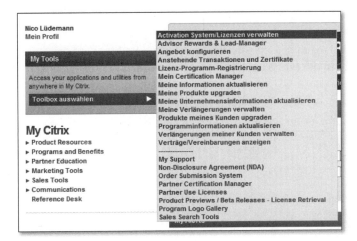

**Abbildung 4.43**   Activation System/Lizenzen verwalten

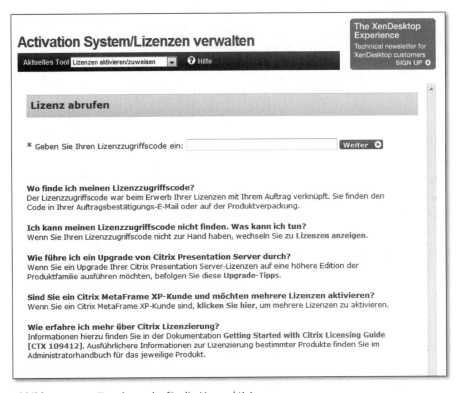

**Abbildung 4.44**   Eingabemaske für die Lizenzaktivierung

Da alle Citrix-Lizenzen nur indirekt, das heißt über Vertriebspartner, verkauft werden, folgt im nächsten Schritt ein Auswahldialog für den entsprechenden

Vertriebspartner oder *Solution Advisor*, von dem die Lizenzen bezogen wurden. Die Auswahl an dieser Stelle ist wichtig, da sie sich auch darauf auswirkt, ob der Händler Einsicht in den eigenen Lizenzbestand bekommt. Im Standard bekommt jeder Händler Einsicht in die Lizenzen, die über ihn erworben und in diesem Dialog registriert wurden. Diese Einsicht wird vom Händler beispielsweise für die Erstellung eines Angebotes für die Verlängerung des *Subscription Advantages* benötigt und sollte somit an dieser Stelle auch gewährt werden.

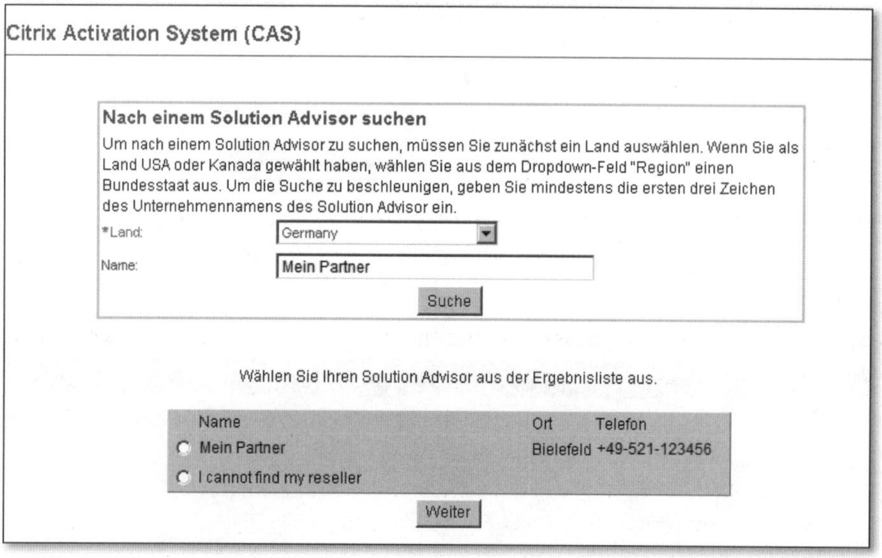

**Abbildung 4.45** Auswahl eines Solution Advisors

Um den entsprechenden Händler zu finden, bietet sich die Nutzung der Suchfunktion an, die alle Treffer als Optionsfelder in der Auswahlliste anzeigt, aus der der Lizenzhändler ausgewählt werden kann. Dies wird in Abbildung 4.45 gezeigt. Im darauffolgenden Schritt wählen Sie den Ansprechpartner für die zu aktivierenden Lizenzen aus. Der hier gewählte Ansprechpartner wird sowohl von Citrix als auch von eventuellen Vertriebspartnern genutzt werden, wenn es um das Thema Lizenzierung oder die Verlängerung des Subscription Advantages geht.

---

**Hinweis**

Wichtig ist, dass die an dieser Stelle hinterlegten Kontaktdaten nicht an beliebige Unternehmen oder weitere Personen weitergegeben werden, sondern einzig und allein für die vom Ansprechpartner freigegebenen Situationen genutzt werden. Für eventuelle Vertriebspartner gilt, dass nur der im vorherigen Schritt ausgewählte Vertriebspartner Zugriff auf diesen Kontakt erhält.

Citrix Activation System (CAS)

Wählen Sie die Optionsschaltfläche neben dem entsprechenden Ansprechpartner und klicken Sie auf "Abschicken" um fortzufahren. Der von Ihnen ausgewählte Kontakt wird für jede Lizenz verwendet, die Sie zu diesem Zeitpunkt aktivieren.

Der hervorgehobene Ansprechpartner ist der derzeit gespeicherte Ansprechpartner.

Wenn der entsprechende Kontakt nicht in der unten stehenden Liste enthalten ist, klicken Sie unten auf den Link, um diesen Kontakt hinzuzufügen.

Neuen Kontakt hinzufügen

| Vorname | Nachname | Telefon | Email Address |
|---------|----------|---------|---------------|
| Nico | Lüdemann | +49-521-1234567 | nico@nico-luedemann.de |

Abschicken

**Abbildung 4.46** Auswahl eines Ansprechpartners

Nach Abschluss dieses letzten »organisatorischen« Schrittes und der Überprüfung bzw. Eingabe der Kontaktinformationen folgt ein rein technischer Hinweis.

### 4.3.5 Zuweisung an einen Lizenzserver

Wie wir bereits wissen, werden die Lizenzen in Form von Lizenzdateien auf einem Lizenzierungsserver bereitgestellt, der anschließend von den Produkten des Delivery Centers für die Verwaltung von Zugriffslizenzen genutzt werden kann. Damit an dieser Stelle nicht bereits generierte Lizenzdateien auf mehreren Lizenzservern eingesetzt werden können, um beispielsweise mehr Zugriffe als eigentlich lizenziert realisieren zu können, werden die Lizenzdateien speziell für einen konkreten Lizenzserver aktiviert und generiert. Der Schlüssel zur Eindeutigkeit eines Lizenzservers ist sein *Hostname*, also sein Name aus Netzwerksicht.

Da für die Eindeutigkeit dieses Hostnamens auch die Groß- und Kleinschreibung und eventuelle Umlaute eine wichtige Rolle spielen, wird, wie in Abbildung 4.47 zu sehen, explizit darauf hingewiesen, dass der Hostname des Lizenzservers genau geprüft werden sollte, bevor er im folgenden Schritt eingegeben wird.

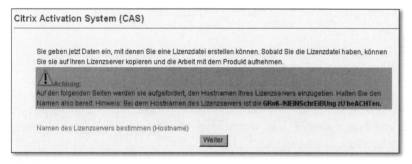

Citrix Activation System (CAS)

Sie geben jetzt Daten ein, mit denen Sie eine Lizenzdatei erstellen können. Sobald Sie die Lizenzdatei haben, können Sie sie auf Ihren Lizenzserver kopieren und die Arbeit mit dem Produkt aufnehmen.

⚠️ Achtung:
Auf den folgenden Seiten werden sie aufgefordert, den Hostnamen Ihres Lizenzservers einzugeben. Halten Sie den Namen also bereit. Hinweis: Bei dem Hostnamen des Lizenzservers ist die GRoß-/KlEINSchrEiBUng zU beACHTen.

Namen des Lizenzservers bestimmen (Hostname)

Weiter

**Abbildung 4.47** Hinweismeldung für die Benennung des Lizenzservers

Der einfachste Weg, den korrekten Hostnamen des Lizenzservers zu erfahren, ist die Eingabe des Befehls `hostname` in der Kommandozeile oder PowerShell des Lizenzservers. Wie Abbildung 4.48 zeigt, wird hierbei der Name mit der aktuellen Schreibweise ausgegeben und kann anschließend im Dialog für die Lizenzzuweisung eingetragen werden.

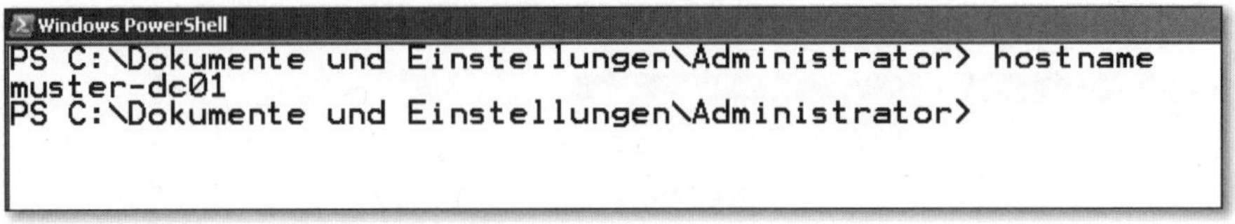

```
Windows PowerShell
PS C:\Dokumente und Einstellungen\Administrator> hostname
muster-dc01
PS C:\Dokumente und Einstellungen\Administrator>
```

**Abbildung 4.48**   Hostname des Lizenzservers

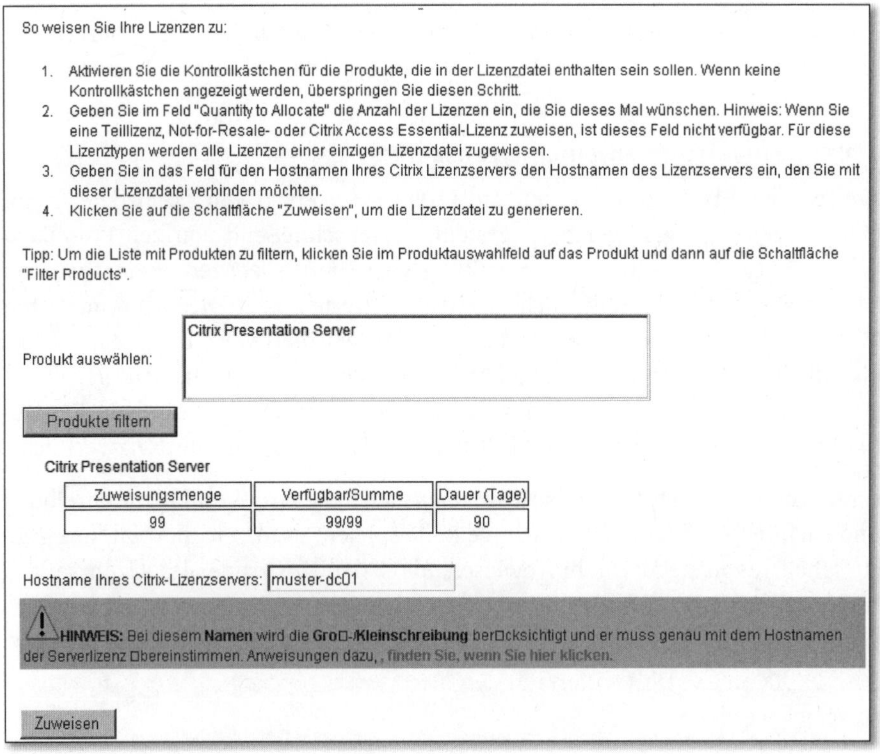

So weisen Sie Ihre Lizenzen zu:

1. Aktivieren Sie die Kontrollkästchen für die Produkte, die in der Lizenzdatei enthalten sein sollen. Wenn keine Kontrollkästchen angezeigt werden, überspringen Sie diesen Schritt.
2. Geben Sie im Feld "Quantity to Allocate" die Anzahl der Lizenzen ein, die Sie dieses Mal wünschen. Hinweis: Wenn Sie eine Teillizenz, Not-for-Resale- oder Citrix Access Essential-Lizenz zuweisen, ist dieses Feld nicht verfügbar. Für diese Lizenztypen werden alle Lizenzen einer einzigen Lizenzdatei zugewiesen.
3. Geben Sie in das Feld für den Hostnamen Ihres Citrix Lizenzservers den Hostnamen des Lizenzservers ein, den Sie mit dieser Lizenzdatei verbinden möchten.
4. Klicken Sie auf die Schaltfläche "Zuweisen", um die Lizenzdatei zu generieren.

Tipp: Um die Liste mit Produkten zu filtern, klicken Sie im Produktauswahlfeld auf das Produkt und dann auf die Schaltfläche "Filter Products".

Produkt auswählen:   Citrix Presentation Server

[ Produkte filtern ]

Citrix Presentation Server

| Zuweisungsmenge | Verfügbar/Summe | Dauer (Tage) |
| --- | --- | --- |
| 99 | 99/99 | 90 |

Hostname Ihres Citrix-Lizenzservers: muster-dc01

⚠ **HINWEIS:** Bei diesem **Namen** wird die **Groß-/Kleinschreibung** berücksichtigt und er muss genau mit dem Hostnamen der Serverlizenz übereinstimmen. Anweisungen dazu, finden Sie, wenn Sie hier klicken.

[ Zuweisen ]

**Abbildung 4.49**   Zuweisung der Lizenzen zum Lizenzserver

Da dieser Schritt für die Funktionalität der Lizenzen von größter Wichtigkeit ist, folgt nach der Eingabe ein Bestätigungsdialog, in dem die Möglichkeit zur Korrektur besteht (siehe Abbildung 4.50).

**Anzahl der Lizenz-Zuweisungen**

Im Standard können Lizenzen auf diesem Weg dreimal zugewiesen werden, sofern sie nach einer Zuweisung über einen entsprechenden Online-Prozess zurückgegeben wurden. Ist diese Anzahl erschöpft, kann eine erneute Zuweisung nur mithilfe des *Citrix Customer Cares* erfolgen.

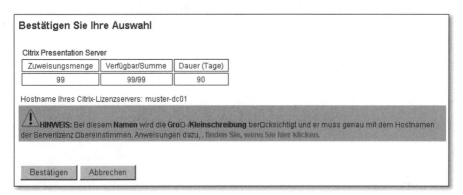

**Abbildung 4.50** Bestätigung der Auswahl

### 4.3.6 Download der Lizenzdatei

Nach erfolgter Bestätigung können Sie die Lizenzdatei aus dem MyCitrix-Portal herunterladen und lokal speichern (siehe Abbildung 4.51). Die Datei kann beliebig oft erneut heruntergeladen werden, jedoch empfiehlt Citrix, eine lokale Kopie an einem sicheren Ort zu archivieren, um beispielsweise bei einer Nicht-verfügbarkeit des MyCitrix-Portals die Lizenzen für den Fall der Fälle griffbereit zu haben.

Der Name der zum Herunterladen angebotenen Lizenzdatei (Abbildung 4.52) wird zufällig generiert und sieht somit unter Umständen bei jedem Download unterschiedlich aus.

Um die Lizenzdatei aber etwas aussagekräftiger und leichter verwaltbar zu gestalten, empfiehlt es sich an dieser Stelle, die Datei unter einem treffenden Namen zu speichern.

**Tipp**

Es hat sich bewährt, im Namen der Lizenzdatei z. B. das genaue Produkt, die Anzahl der Zugriffslizenzen und den Lizenzserver zu hinterlegen. Bei zeitlich begrenzten Lizenzen könnte auch das Datum der Aktivierung eine wichtige Information darstellen.

171

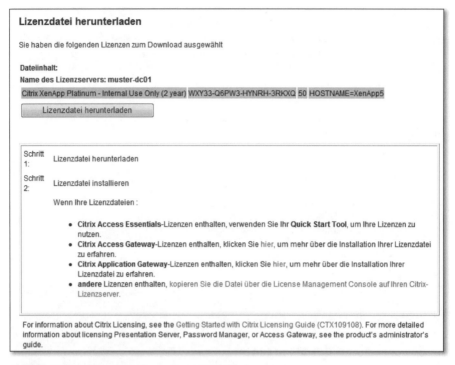

**Abbildung 4.51** Zusammenfassung und Download

**Abbildung 4.52** Download der Lizenzdatei

Sollte die Benennung der Datei nicht nach einem informativen Schema erfolgt sein, können Sie die Datei auch beispielsweise mit WordPad öffnen, um bestimmte Informationen zu gewinnen. Sämtliche Informationen sind in den Lizenzdateien sowohl im Klartext als auch in verschlüsselter Form enthalten, so dass ein Editieren der Dateien zum Zweck der Lizenzerhöhung nur zu einer Korruption der Datei, aber nicht zum Erfolg führen wird.

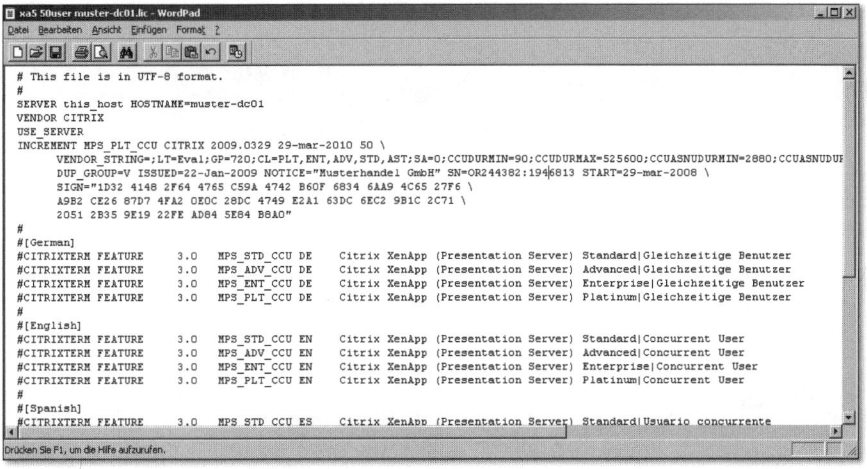

**Abbildung 4.53** Die Lizenzdatei in WordPad

### 4.3.7 Einbinden der Lizenzdatei in den Lizenzierungsdienst

Anschließend können Sie die Datei mithilfe der dafür vorgesehenen Dialoge (siehe Abbildung 4.41) in der *License Administration Console* für die Verwendung bereitstellen.

> **Tipp**
>
> Alternativ können Sie die Lizenzdateien auch durch einfaches Kopieren in das Verzeichnis *C:\Programme (x86)\Citrix\Licensing\MyFiles* oder den entsprechenden angepassten Pfad hinzufügen.

Nach der Bereitstellung der Lizenzdatei auf dem Lizenzierungsdienst sind die Lizenzen unter der Übersicht der aktuellen Verwendung einzusehen.

## 4.4 Installation der XenApp-Server

Sind alle Vorarbeiten auf dem Windows Server abgeschlossen und die benötigten Lizenzen auf dem Lizenzierungsserver bereitgestellt, kann die XenApp-Installation auf dem ersten Server erfolgen. Wie bereits bei der Installation des Lizenzservers startet der Autorun der Installations-DVD die entsprechenden Assistenten, die Sie für die Produktinstallationen benötigen (siehe Abbildung 4.54).

Sofern noch nicht alle benötigten Komponenten, wie etwa das .NET-Framework, in den korrekten Versionen auf dem Server vorhanden sein sollten, werden diese vom Assistenten automatisch installiert, wie in Abbildung 4.55 gezeigt.

**Abbildung 4.54**   Autorun der XenApp-Installations-DVD

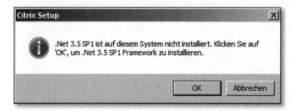

**Abbildung 4.55**   Installation von .Net 3.5 SP1

### Hinweis

Sofern die Systeme im Vorfeld komplett über einen Microsoft-Update-Prozess aktualisiert wurden, werden solche Hinweismeldungen natürlich nicht erscheinen.

Der Hinweis ist an dieser Stelle insofern interessant, als es sich bei der Installation der Vorgängerversion – von XenApp 5.0 auf Windows Server 2008 – als äußerst lästig dargestellt hat, da sämtliche benötigten Komponenten manuell gesucht und installiert werden mussten.

Bei XenApp 6.0 ist der Assistent an dieser Stelle wesentlich benutzerfreundlicher, was sich im Verlauf der Installation auch noch an anderen Stellen zeigen wird.

Sofern die notwendigen Systemvoraussetzungen erfüllt sind, startet der eigentliche Installationsassistent, welcher für XenApp 6 eine komplette Überarbeitung erfahren hat.

Wie sich an der in Abbildung 4.56 gezeigten Benennung – *Citrix XenApp Server Role Manager* – erkennen lässt, hat sich Citrix mit dem XenApp 6 dem vom Windows Server bekannten Modell der *Rollen* angepasst. Es werden nicht mehr einzelne Funktionen oder Komponenten installiert, sondern *Server-Rollen*. Dies erleichtert insbesondere dem noch nicht so erfahrenen Administrator die Installation der Systeme und bringt auch im Verlauf der Installation den großen Vorteil mit sich, dass die gewünschten Rollen zunächst komplett und relativ eingriffsfrei installiert werden und die komplette (Farm-)Konfiguration erst anschließend passiert.

Ohne zu viel vorwegnehmen zu wollen – denkt man an dieser Stelle einmal an die virtuelle Bereitstellung von XenApp-Servern und das sinnvollerweise damit verbundene Cloning von Systemen, so wird schnell deutlich, warum Citrix diesen Weg eingeschlagen hat.

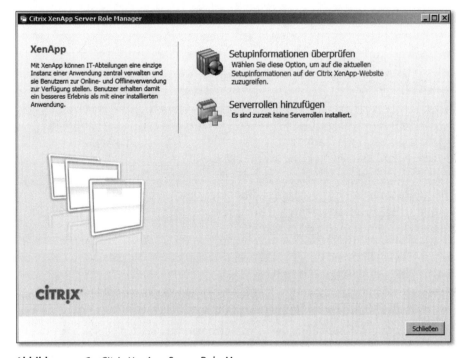

**Abbildung 4.56** Citrix XenApp Server Role Manager

Bei der in Abbildung 4.56 dargestellten Option SETUPINFORMATIONEN ÜBERPRÜFEN handelt es sich um einen einfachen Link zu den XenApp-Seiten auf der Citrix-Webseite.

Die für die Installation relevante Schaltfläche liegt darunter: SERVERROLLEN HINZUFÜGEN. Klicken Sie diese an, so müssen Sie zunächst die gewünschte Edition von XenApp auswählen. Im konkreten Fall der Musterhandel GmbH handelt es sich hierbei um die *Platinum Edition*.

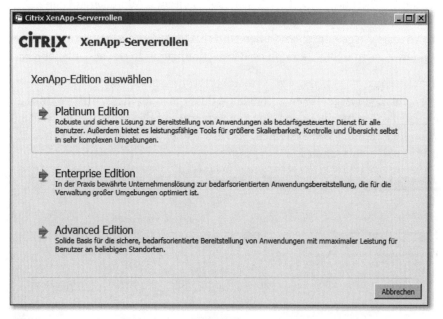

**Abbildung 4.57** Auswahl der gewünschten Edition

Wie in Abschnitt 2.11.1, »XenApp-Editionen«, beschrieben, besteht die Platinum Edition von XenApp aus mehreren Komponenten, die jeweils für einzelne Aufgabengebiete genutzt werden können.

### 4.4.1 Installationsoptionen

In diesem Schritt der Installation treffen Sie nach der Bestätigung des Lizenzvertrages eine Auswahl der zu installierenden Rollendienste (siehe Abbildung 4.58). Im Gegensatz zur Installation der Citrix-Lizenzierung sollten Sie sich an dieser Stelle etwas Zeit nehmen, um sich die aufgeführten Rollen auf dieser Seite etwas genauer anzusehen.

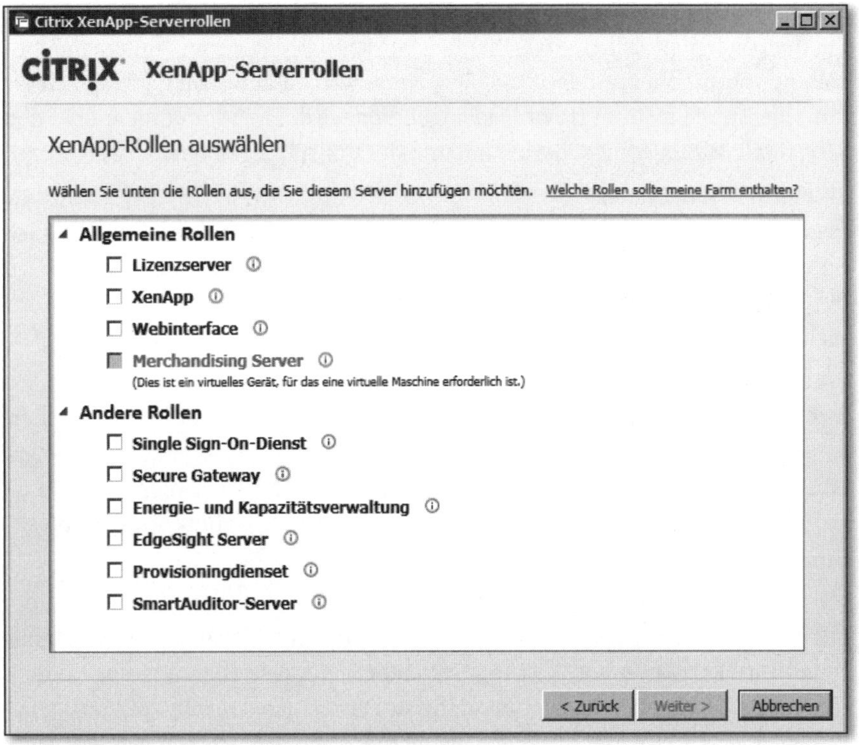

**Abbildung 4.58** Auswahl der gewünschten Rollen

An dieser Stelle finden sich nun viele aus dem letzten Abschnitt bekannte Funktionen, Produkte und Namen wieder, aus denen Sie die gewünschten auswählen:

▶ LIZENZSERVER
Wie aus Abschnitt 4.3, »Installation der Citrix-Lizenzierung«, bekannt, handelt es sich hierbei um den zentralen Lizenzierungsdienst für den Großteil der XenApp- und XenDesktop-Komponenten. Diese Rolle wird in jeder Umgebung benötigt, sofern nicht die virtuelle Appliance für den Lizenzierungsdienst eingesetzt wird.

▶ XENAPP
Diese Rolle umfasst die Kernkomponenten von XenApp, also die Module, die für die zentralisierte und virtualisierte Bereitstellungen von Anwendungen zuständig ist.

▶ WEBINTERFACE
Das Webinterface ist ein möglicher Zugriffsweg auf die mittels XenApp/XenDesktop bereitgestellten Anwendungen und Desktops. Auch handelt es sich hierbei um den Zugriffs- und Verwaltungspunkt für den Citrix Receiver.

▶ MERCHANDISING SERVER

Bei dem Merchandising Server handelt es sich um die Verwaltungs- und Distributionskomponente des Citrix Receivers, welche aktuell ausschließlich als virtuelle Appliance zum Download angeboten wird. Er ist somit nicht über den *Server Role Manager* installierbar und nur der Vollständigkeit halber aufgeführt.

▶ SINGLE SIGN-ON-DIENST

Bei dem Dienst Single Sign-on handelt es sich um eine Komponente, die auch unter dem Namen *Citrix Password Manager* bekannt ist. Mit dieser Rolle wird die auf dem IIS aufsetzende Serverkomponente installiert, welche jedoch nicht auf einem XenApp-System installiert werden sollte.

▶ SECURE GATEWAY

Das Secure Gateway ist ein SSL-Proxy für ICA-Verbindungen, das typischerweise als Relay in der DMZ eingesetzt wird und somit ebenfalls nicht auf einem XenApp-Server mit installiert wird. Es handelt sich hierbei um eine Software-Lösung, die heute mehr und mehr durch das funktions- und leistungsstärkere Access Gateway verdrängt wird.

▶ ENERGIE- UND KAPAZITÄTSVERWALTUNG

Die Energie- und Kapazitätsverwaltung dient der Überwachung von Leistungs- und Lastdaten von XenApp-Systemen, um diese abhängig vom aktuellen Bedarf herauf- oder herunterzufahren. Hierbei wird direkt auf Funktionalitäten wie die virtualisierte Bereitstellung von XenApp-Servern oder die Provisioning Services zurückgegriffen, um Einsparungen beim Energiebedarf der Umgebung zu erzielen.

▶ EDGESIGHT SERVER

Bei EdgeSight handelt es sich um eine Monitoring-Lösung, die speziell für den Einsatz in XenApp- und XenDesktop-Umgebungen konzipiert und entwickelt wurde. Es können hiermit sehr tief gehende Informationen über die Leistung und Qualität von ICA-Sitzungen gewonnen werden.

▶ PROVISIONINGDIENST

Der zugrunde liegende Provisioning Server wird genutzt, um XenApp- und XenDesktop-Worker von zentralen Images über das Netzwerk booten zu können. Die Rolle sollten Sie wie auch die vorherigen nicht mit auf einem XenApp-Server betreiben.

▶ SMARTAUDITOR-SERVER

Der SmartAuditor-Server dient der Aufzeichnung von Remote-Sitzungen zu Prüfungs- und Revisionszwecken.

Diese Komponenten bilden die im XenApp zur Verfügung stehenden Rollen ab, wobei nicht alle diese Komponenten auf dem eigentlichen XenApp-Server (also dem Terminal- oder Remotedesktop-Server) installiert werden können. Vielmehr ist hieran zu erkennen, dass es dem durchführenden Administrator möglichst einfach gemacht werden sollte – mit einem Datenträger können nun grundsätzlich alle Rollen installiert werden – das Suchen nach und Jonglieren mit diversen Datenträgern wie bei früheren Versionen kann entfallen.

### 4.4.2 Installation der XenApp-Rolle

Da es sich im konkreten Szenario um einen reinen XenApp-Server handeln soll, wird an dieser Stelle auch nur diese Rolle ausgewählt, wie in Abbildung 4.59 dargestellt.

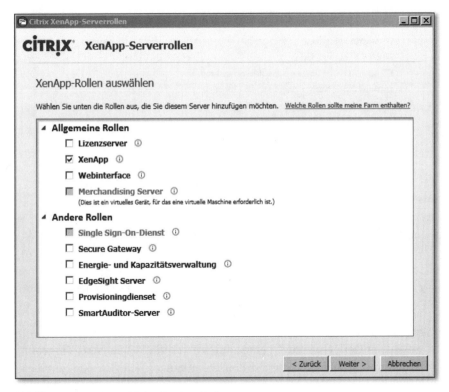

**Abbildung 4.59** Auswahl der XenApp-Rolle

Anschließend können Sie die gewünschten Unterkomponenten auswählen, wie in Abbildung 4.60 gezeigt. Neben den beiden Standardkomponenten – dem eigentlichen XenApp-Server und den XenApp-Verwaltungswerkzeugen – handelt es sich hierbei im Wesentlichen um die Agenten- oder Client-Komponenten der anderen Rollen, die an dieser Stelle mit installiert werden können.

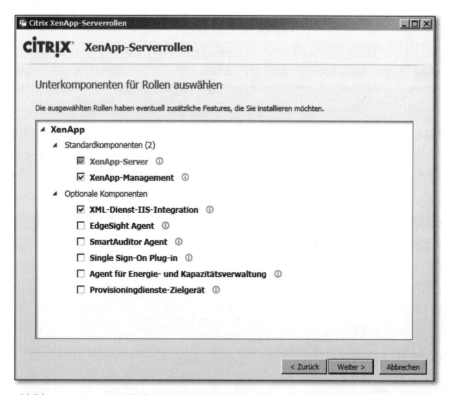

**Abbildung 4.60** Auswahl der Unterkomponenten

Die einzige Ausnahme hiervon stellt die *XML-Dienst-IIS-Integration* dar. Wie bereits in Abschnitt 3.2.7, »Citrix-XML-Dienst«, beschrieben, kann der XML-Dienst in zwei unterschiedlichen Modi genutzt werden: als ISAPI-Filter für den IIS mit gemeinsamer Nutzung des Webserverports 80 oder als eigener Dienst mit eigenem Port.

Grundsätzlich sind beide Varianten möglich, jedoch ist es insbesondere im Hinblick auf eine spätere Nutzung in einer durch Firewalls geschützten Umgebung oftmals sinnvoll, den ISAPI-Filter für den IIS zu nutzen – sprich den *Standard-TCP/IP-Port für IIS freizugeben*. Auch diese Einstellung kann im Nachhinein beliebig oft mittels des Befehls ctxxmlss.exe geändert werden, so dass im Bedarfsfall immer die Möglichkeit zu einer späteren Anpassung besteht.

Nach der Bestätigung dieser Auswahl erfolgt eine Prüfung der notwendigen Komponenten, und der Kopiervorgang der Programmdateien beginnt.

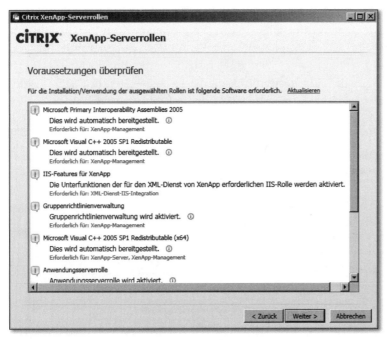

**Abbildung 4.61** Voraussetzungen prüfen

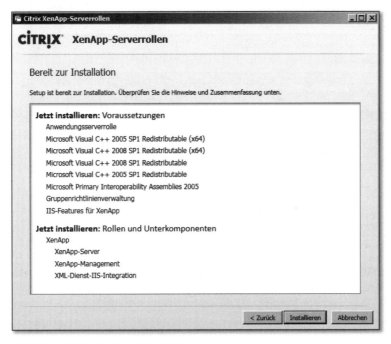

**Abbildung 4.62** Bereit zur Installation

Weitere Eingaben sind an dieser Stelle nicht notwendig, bis die Installation der gewählten Komponenten abgeschlossen ist. Verglichen mit den Installationsprozeduren aller vorherigen Versionen von XenApp ist dies der mit Abstand schnellste und zielführendste Ablauf einer Installation. Besonders interessant ist hierbei auch, dass der Administrator bis zu dieser Stelle eigentlich keine Fehler machen kann, die sich später negativ auf seine Umgebung auswirken.

Die Installation verläuft bis zu dieser Stelle immer identisch – unabhängig davon, ob es sich bei dem Server um den ersten oder den tausendsten handelt.

**Abbildung 4.63** Serverrollen werden installiert

Was an dieser Stelle auffällt, ist die Tatsache, dass die Installationsschritte weitestgehend ohne Konfigurationsoptionen durchgeführt wurden. Zwar mussten die zu installierenden Komponenten ausgewählt werden, konfiguriert wurden diese jedoch nicht. Wie im Hinweistext in Abbildung 4.64 zu sehen ist, muss diese Konfiguration – wie etwa die Erstellung oder Aufnahme in eine Serverfarm – noch erfolgen.

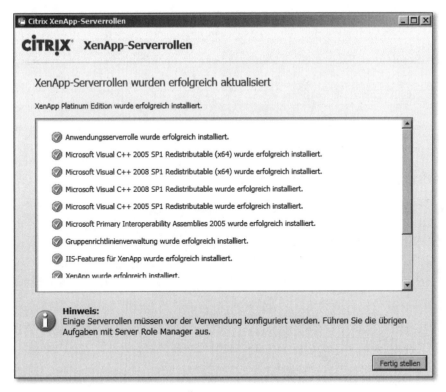

**Abbildung 4.64** Abschluss der Installation

Dieser Ansatz stellt eine enorme Weiterentwicklung der Installationsroutinen dar, dessen Auswirkungen gewaltig sein können. Um das Ausmaß dieser Änderungen zu begreifen, ein kleiner Vorgriff: Stellen Sie sich einmal vor, Sie müssten eine Serverfarm mit zwei Servern installieren, so würden Sie womöglich beide Systeme von Hand installieren, und die in den älteren XenApp-Versionen notwendigen Konfigurationsparameter würden Sie nicht wirklich stören.

Anders verhielt sich das bei den bisherigen Versionen, wenn 100 oder 200 Server installiert werden sollten. Zwar gab es die Möglichkeit einer automatisierten Installation, jedoch basierte diese darauf, dass man bei jedem neuen Server eine (dann zwar automatisierte) XenApp-Installation durchführte, was Zeit kostete.

Mit XenApp 6, das in vielerlei Hinsicht auf den Betrieb in virtualisierten Umgebungen optimiert ist, bietet sich nun eine weitaus charmantere Möglichkeit: Sie könnten den kompletten Server inklusive der XenApp-Installation bis zu dieser Stelle als Image, PVS- oder VM-Clone abziehen und direkt für weitere Server nutzen – Windows-Sysprep natürlich eingeschlossen. Somit lassen sich qualitativ hochwertige, gegebenenfalls voll gepatchte und optimierte Server als Vorlagen vorhalten, die innerhalb weniger Minuten in eine beliebige XenApp-Umgebung eingebracht werden können. Und dies ist ein gewaltiger Vorteil.

Nach diesem Installationsschritt sollten Sie den Server einmal neu starten. Dieser Schritt ist zwar nicht zwingend notwendig, aber geschadet hat ein Neustart nach einer Installation auch noch nie.

### 4.4.3 Konfiguration der XenApp-Rolle

Anschließend können Sie über den *XenApp Server Role Manager* die Konfiguration der XenApp-Rolle durchführen.

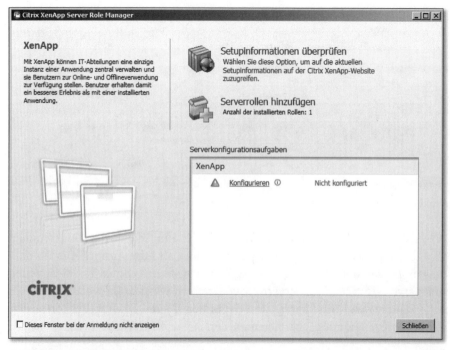

**Abbildung 4.65** Konfiguration der Rolle

Über den Konfigurationsassistenten führen Sie die Einstellungen für die Serverfarm und den zugehörigen Datenspeicher in wenigen einfachen Schritten durch.

Da es zunächst darum geht, für den neuen Server eine neue Serverfarm zu erstellen, wählen Sie im ersten Assistentenschritt die obere Option, wie in Abbildung 4.66 dargestellt.

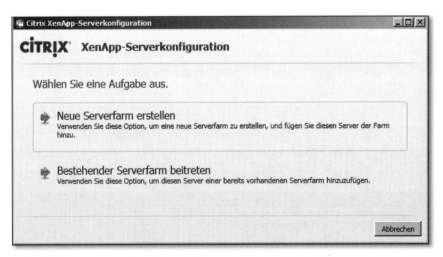

**Abbildung 4.66**   Neue Serverfarm erstellen

**Abbildung 4.67**   Name der Farm und Auswahl des Administratorkontos

Im folgenden Schritt (siehe Abbildung 4.67) müssen essenzielle Informationen zu der neuen Farm eingegeben werden:

▶ NAME DER NEUEN XENAPP-SERVERFARM
Jede Farm oder Anwendungsgruppe muss einen im Netzwerk eindeutigen Namen besitzen. An dieser Stelle tragen Sie den Namen für die neu zu erstellende Farm ein. Da der Name später auch auf allen Clients als Name der Anwendungsgruppe erscheint, empfiehlt es sich, einen aussagekräftigen Namen, wie etwa Musterhandel-XA6, zu wählen. Ein aussagekräftiger Name erleichtert vor allem bei Einsatz von mehreren Farmen deutlich die Übersicht und Navigation.

▶ Erstes Citrix Administratorkonto
Das an dieser Stelle angegebene Konto wird zunächst allein über die Verwaltungsrechte in der Farm verfügen. Nach der Installation können Sie weitere Benutzer- oder Gruppenkonten hinzufügen und mit spezielleren Berechtigungen versehen.

Die Angabe des Lizenzservers im nächsten Schritt ist von großer Bedeutung für die Funktionalität der Farm. Sollten Sie keinen Server angeben, müssen Sie diesen in einem späteren Schritt über die Verwaltungskonsole eintragen, um den Server für die Annahme von Benutzerverbindungen zu aktivieren.

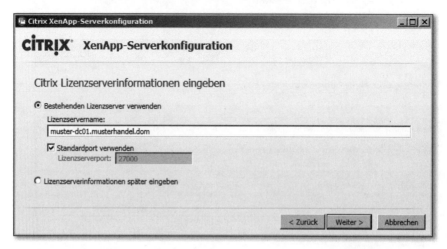

**Abbildung 4.68** Angabe des Lizenzservers

Soll der Lizenzserver bereits an dieser Stelle eingetragen werden, sind hierfür zwei Informationen von Bedeutung:

▶ Lizenzservername
Der Name des Lizenzservers wird angegeben, um ihn im Netzwerk zu finden. Da es sich hierbei nur um eine Adresse zu dem Server handelt, wird nicht zwischen Groß- und Kleinschreibung unterschieden. Grundsätzlich wäre auch die Eingabe einer IP-Adresse möglich.

▶ Lizenzserverport
Der Lizenzserverport definiert den Listener auf dem Lizenzserver. Sofern am Lizenzserver keine Änderung der Standardeinstellungen vorgenommen wurde, kann auch an dieser Stelle die Option Standardport verwenden aktiviert bleiben, der dem TCP-Port 27000 entspricht.

Im nächsten Schritt des Assistenten wählen Sie den gewünschten Datenspeicher aus. Die Auswahl zum Datenspeicher beschreibt die Art des Datenbanksystems, das für die Ablage der statischen Farmdaten genutzt werden soll. Wie in Abschnitt 3.2.3, »Datenspeicher/Data Store«, beschrieben, stehen unterschiedliche Datenbanksysteme zur Verfügung, die Sie je nach Größe und Aufbau der Farm gegeneinander abwägen müssen. Grundsätzlich gelten zur Entscheidungsfindung die in Abschnitt 3.7.4, »Datenspeicher – wann welche Datenbank?«, aufgeführten Entwurfsprinzipien.

**Abbildung 4.69**  Datenbank auswählen

Zwar kann das Datenbanksystem auch nachträglich im laufenden Betrieb geändert werden, jedoch sollten Sie trotzdem bereits an dieser Stelle eine passende Datenbankplattform wählen, welche für alle Umgebungen, in denen mehr als ein Server zum Einsatz kommen sollte, nur BESTEHENDE MICROSOFT SQL SERVER-DATENBANK heißen kann.

Der Hintergrund hierfür ist einfach – zwar bietet die SQL Express-Variante auf den ersten Blick einen einfachen Einstieg, jedoch ist der Betrieb einer SQL Express-Instanz auf dem Terminalserver unter Leistungsgesichtspunkten nicht sonderlich ratsam. Sobald mehr als ein Server eingesetzt werden sollte, sprechen auch die Ausfallsicherheit bzw. Unabhängigkeit der Terminalserver für den Einsatz einer separaten Datenbank.

Wie in Abbildung 4.70 dargestellt, geben Sie im nächsten Konfigurationsschritt den Server- und den Datenbanknamen sowie die gewünschte Authentifizierung an.

**Abbildung 4.70**   Auswahl des Datenbankservers und der Datenbank

---

**Hinweis**

Wichtig ist an dieser Stelle, dass die Datenbank nicht automatisch auf dem Datenbankserver erstellt wird, sondern dies manuell über das SQL Management Studio erfolgen muss. Darüber hinaus muss entweder ein neuer SQL-Benutzer angelegt und auf die Datenbank berechtigt werden, oder das Computerobjekt des Terminalservers muss über entsprechende Datenbankberechtigungen verfügen.

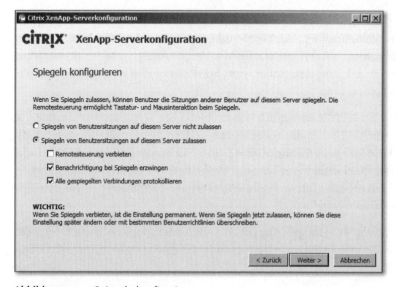

**Abbildung 4.71**   Spiegeln konfigurieren

Das Spiegeln von Benutzersitzungen im nächsten Konfigurationsschritt (siehe Abbildung 4.71) bezieht sich auf die Möglichkeit, dass ein Benutzer mit entsprechenden Berechtigungen in der Lage ist, sich auf die Sitzung eines anderen Benutzers »aufzuschalten«, um diese entweder nur zu sehen oder sogar direkt in diese eingreifen zu können.

> **Hinweis**
>
> Da diese Funktion, die sehr häufig im Bereich des Benutzerservices genutzt wird, sehr sicherheitssensibel ist, sind hieran einige Einstellungen zu treffen, die teilweise nicht rückgängig gemacht werden können. Sofern das Spiegeln von Benutzersitzungen an dieser Stelle nicht zugelassen wird, kann es später nicht wieder aktiviert werden, ohne den XenApp-Server neu zu installieren.

Wird das Spiegeln aktiviert, stehen hierzu zusätzlich drei Optionen zur Verfügung:

▶ REMOTESTEUERUNG VERBIETEN
Diese Option sorgt dafür, das ein privilegierter Benutzer sich zwar auf eine Sitzung eines anderen Benutzers aufschalten kann, diese jedoch nur sieht und nicht aktiv in dieser Sitzung arbeiten oder sie konfigurieren kann. Diese Einstellung kann sinnvoll sein, wenn beispielsweise Administratoren die Sitzung eines Benutzers sehen sollen, um ihm dabei telefonisch Tipps zu geben. Sofern sie dabei aber aktiv etwas, z. B. mit einer Anwendung, konfigurieren sollen, ist diese Option wenig sinnvoll.

▶ BENACHRICHTIGUNG BEI SPIEGELN ERZWINGEN
Diese Option dient dem Schutz der Benutzer. Bei Aktivierung dieser Option bekommt der Benutzer eine Hinweismeldung, sobald ein anderer Benutzer versucht, sich auf seine Sitzung aufzuschalten. Dies dient der Privatsphäre am Arbeitsplatz, da die Desktop- und Anwendungsumgebung eines Benutzers mit darunter fällt.

▶ ALLE GESPIEGELTEN VERBINDUNGEN PROTOKOLLIEREN
Das Protokollieren von gespiegelten Sitzungen bietet eine verbesserte Nachvollziehbarkeit der gespiegelten Verbindungen. Insbesondere wenn die Option für die Benachrichtigung der Benutzer nicht aktiviert ist, sollte die Protokollierung aktiviert sein, um im Zweifelsfall in der Lage zu sein, die Sachverhalte nachzuvollziehen.

Anschließend folgen noch vier erweiterte Einstellungen, die in einem Assistentenfenster dargestellt werden. Den Beginn macht hierbei die Konfiguration der Zone.

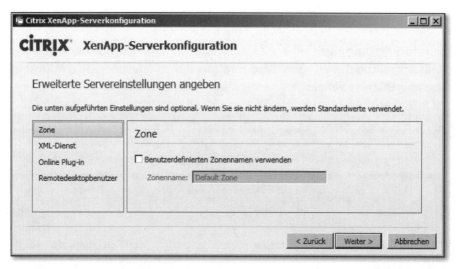

**Abbildung 4.72** Zonen-Konfiguration

Die Zone bestimmt die Replikationsgrenzen für einen Datensammelpunkt. Der Standardname einer Zone ist *Standardzone*. Diesen können Sie jedoch ohne Probleme in einen anderen Namen, wie etwa *Bielefeld*, ändern.

> **Hinweis**
>
> Sofern Sie den Namen ändern, ist es von größter Bedeutung, dies auch bei der Installation weiterer Server in der Farm durchzuführen, da jeder Server im Standard immer den Namen *Standardzone* nutzen würde und die Server somit unterschiedlichen Zonen zugeordnet würden.

Wie bereits in Abschnitt 3.2.7, »Citrix-XML-Dienst«, beschrieben, kann der XML-Dienst in zwei unterschiedlichen Modi genutzt werden: als ISAPI-Filter für den IIS mit gemeinsamer Nutzung des Webserverports 80 oder als eigener Dienst mit eigenem Port.

Der dritte Reiter bietet die Möglichkeit zur Konfiguration einer Adresse für das ONLINE PLUG-IN. Hierbei sollte es sich um die Adresse des oder der Server handeln, auf denen ein konfiguriertes Webinterface ausgeführt wird. Alternativ können Sie natürlich auch ein DNS-Alias verwenden, wie in Abbildung 4.74 gezeigt.

**Abbildung 4.73** Konfiguration des XML-Dienstes

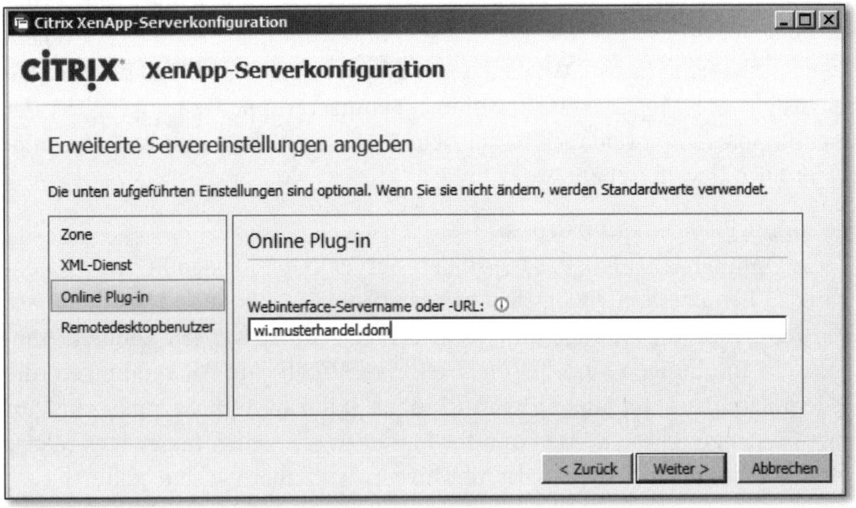

**Abbildung 4.74** Verbindungsname des Online Plug-in

Im letzten Konfigurationsdialog des Assistenten legen Sie fest, welche Benutzer die Berechtigung bekommen sollen, eine Verbindung mit dem Terminalserver aufzubauen.

Grundsätzlich ist es so, dass sich die Berechtigungen für einen Verbindungsaufbau über das Microsoft-RDP-Protokoll oder das Citrix-ICA-Protokoll nicht unterscheiden.

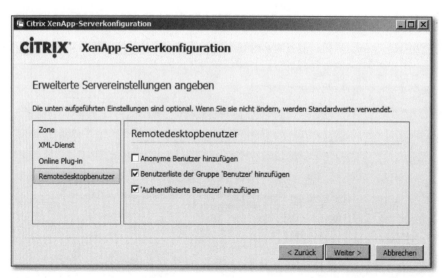

**Abbildung 4.75** Konfiguration der Mitgliedschaft der Remotedesktopbenutzer

In beiden Fällen hat neben der Gruppe der *Administratoren* die Gruppe der *Remotedesktopbenutzer* das Recht, eine Verbindung mit dem Server herzustellen. Da standardmäßig niemand Mitglied der letzteren Gruppe ist, bietet der Installationsassistent die Möglichkeit, bestimmte Benutzergruppen zum Mitglied der Gruppe *Remotedesktopbenutzer* zu machen. In diesem Schritt gibt es drei Optionen, die zur Auswahl stehen:

▶ ANONYME BENUTZER HINZUFÜGEN
Diese Option hat zur Folge, dass auf dem Server in der lokalen Benutzerdatenbank 15 Benutzerkonten angelegt werden (Anon000 bis Anon014), die später für anonyme Verbindungen mit dem Server genutzt werden können. Anonyme Verbindungen sind beispielsweise veröffentlichte Anwendungen, die jedem Benutzer – im Sinne von »auch ohne explizite Anmeldung« – zur Verfügung stehen. Diese Konten und ihr Einsatzzweck stellen in gewisser Weise eine Sicherheitslücke dar, so dass ihr Einsatz wohlüberlegt sein sollte.

▶ AUTHENTIFIZIERTE BENUTZER HINZUFÜGEN
Bei Auswahl dieser Option wird die Systemgruppe *Authentifizierte Benutzer* der Gruppe der *Remotedesktopbenutzer* hinzugefügt. Hierdurch ist jeder Benutzer, der sich authentifiziert hat, berechtigt, eine Terminalserver-Sitzung aufzubauen.

▶ BENUTZERLISTE DER GRUPPE »BENUTZER« HINZUFÜGEN
Diese Option kopiert die Mitgliederliste der lokalen Gruppe *Benutzer* in die Gruppe der *Remotedesktopbenutzer*. Dieser einmalige Vorgang hat zur Folge,

dass alle aktuellen Mitglieder der *Benutzer* berechtigt sind, Verbindungen aus-
zubauen, da sie den *Remotedesktopbenutzern* hinzugefügt worden sind.

Ein Gruppenkonto, das beispielsweise dazugehören wird, sind die *Domänen-
benutzer* der Domäne des Terminalservers, da diese standardmäßig Mitglied
der Gruppe *Benutzer* sind.

Nach diesem Konfigurationsschritt wird noch eine Zusammenfassung der
gewählten Einstellungen angezeigt und dann die Konfiguration durchgeführt.

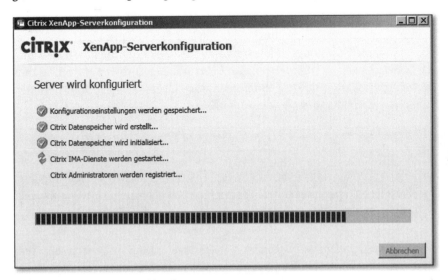

**Abbildung 4.76**   Server wird konfiguriert

Anschließend müssen Sie den Server neu starten – diesmal ist der Neustart
Pflicht. Mit diesem Neustart ist dann auch der Konfigurationsteil der XenApp-
Rolle abgeschlossen.

### 4.4.4   Nacharbeiten und Überprüfen der Installationen

Genau wie vor der Installation eines XenApp-Servers gewisse Vorarbeiten zu leis-
ten waren, um die jeweiligen Voraussetzungen zu erfüllen, sind auch nach der
Installation einige Nacharbeiten zu erledigen, die die Funktionalität und Sicherheit gewährleisten sollen. Als ersten Schritt nach der Installation der Software
sollten Sie gewisse Schritte zur Prüfung der Installation durchführen.

#### Ereignisanzeige

Die erste und schnellste Prüfung des Erfolgs der Installation ist ein Blick in die
Ereignisanzeigen des Servers. Sofern hierin keine Fehlermeldungen über nicht

startende Dienste o. Ä. vermerkt sind, kann die Installation von XenApp nicht vollkommen fehlgeschlagen sein. Im Regelfall sollten nach einer Neuinstallation von XenApp bei entsprechender Erfüllung der Voraussetzungen tatsächlich keine Fehler in der Ereignisanzeige auftauchen.

### Verzeichnisse und Datenbanken

Sofern während der Installation keine Änderungen an den Installationspfaden vorgenommen wurden, befinden sich alle installierten Komponenten unterhalb des Pfades *C:\Programme (x86)\Citrix* bzw. *C:\Program Files (x86)\Citrix*. Es ist sehr sinnvoll, an dieser Stelle einmal einen Blick in dieses Verzeichnis zu werfen. Hierbei sind zwei Ordner besonders hervorzuheben – der Ordner *System32* und der Ordner *Independent Management Architecture*. Der Ordner *System32* ist aus Citrix-Sicht analog zum Ordner *Windows\System32* zu sehen. In ihm befinden sich alle Systemdateien und Tools von XenApp.

> **Hinweis**
>
> Dieser Ordner *System32* ist auch der Ordner, den Sie nutzen müssen, wenn später weitere Tools, beispielsweise für weiterführende Protokollierungen, von der DVD auf den Server kopiert werden sollen. Nähere Informationen hierzu finden Sie in Kapitel 9, »Troubleshooting«.

Der Ordner *Independent Management Architecture* enthält das »Herz« des Xen-App-Servers – die Datenbanken. Wenn Sie sich diesen Ordner auf dem Server ansehen, finden Sie hierin zwei Access-Datenbanken und drei ODBC-Datenquellen (DSN).

Die Datei mit der Bezeichnung *MF20.DSN* beinhaltet hierbei die auf den Datenspeicher verweisende ODBC-Datenquelle. Der Hintergrund für diese Bezeichnung *MF20* liegt in dem Format, das mit dem Metaframe XP, also der Version 2.0, eingeführt wurde. Die Datenbank mit ursprünglich drei Tabellen wurde zwar ab dem Metaframe Presentation Server 3.0 um zwei weitere ergänzt, die sonstige Struktur ist aber identisch, so dass aus Kompatibilitätsgründen die alte Bezeichnung beibehalten wurde. Diese Dateien sind nur auf einem Server der Farm zu finden – dem Server mit einem Access-Datenspeicher.

Die Dateien mit dem Namen *Imalhc.\** befinden sich auf allen Servern einer Farm. Die Bezeichnung steht für *IMA Local Host Cache*, und die Dateien enthalten somit die entsprechende Datenbank und ebenfalls eine darauf verweisende ODBC-Datenquelle. Die Access-Datenbanken bestehen auch bei der Nutzung durch Xen-App aus zwei Komponenten – der Datenbank (MDB) und den entsprechenden Logs (LDF).

Tipp

> **Tipp**
>
> Sollte der lokale Hostcache fehlen oder korrupt sein, können Sie ihn jederzeit mit dem Befehl DSMAINT RECREATELHC wieder neu erzeugen.

Seit dem Presentation Server 4.5 sind die Dateien mit dem Namen *RadeOffline.\** neu hingekommen. Hierbei handelt es sich um die Offline-Datenbanken des Citrix Streaming Servers, also des Anwendungsstreamings. In dieser Datenbank werden die Checkout-Stempel verwaltet, die bei aktivierter Offline-Verfügbarkeit von Anwendungen erfasst werden.

> **Tipp**
>
> Sollte diese Datenbank fehlen oder korrupt sein, können Sie sie jederzeit mit dem Befehl DSMAINT RECREATERADE wieder neu erzeugen.

### Benutzerkonten

Durch den erhöhten Sicherheitsstandard von XenApp 6.0 laufen kritische Dienste nun nicht mehr unter dem Systemkonto, sondern verwenden eigene lokale Benutzerkonten. Die Konten *Ctx_ConfigMgr*, *ctx_cpsvcuser* und die eventuell erstellten *anonymen Benutzerkonten* sollten in der lokalen Benutzerdatenbank angelegt worden sein.

### Dienste

Mit der Installation von XenApp wurde eine Reihe von Diensten auf dem Server angelegt, die unterschiedliche Aufgaben erfüllen und unterschiedliche Starttypen haben (siehe Abbildung 4.77).

Es ist dabei wichtig, zu überprüfen, ob alle Dienste, bei denen als STARTTYP AUTO-MATISCH eingetragen ist, wirklich gestartet sind. Diese Prüfung ist als Ergänzung zur Durchsicht der Ereignisanzeige zu sehen, die ebenfalls Informationen über den Status der Dienste enthalten könnte.

> **Hinweis**
>
> Wichtig ist an dieser Stelle, dass nicht jede Edition von XenApp die gleiche Anzahl von Diensten enthält und diese wiederum nicht mit dem gleichen Starttyp installiert werden. Der Hintergrund hierfür ist einfach – da beispielsweise Komponenten wie das CPU-Auslastungs-Management bei einer Advanced Edition nicht verfügbar sind, werden die entsprechenden Dienste nicht installiert bzw. nicht gestartet.

Auf einen Dienst sollten Sie an dieser Stelle ganz besonderen Wert legen – den Citrix-XML-Dienst. Im Gegensatz zu den anderen kann dieser Dienst sowohl als eigener Dienst als auch als ISAPI-Filter auftreten.

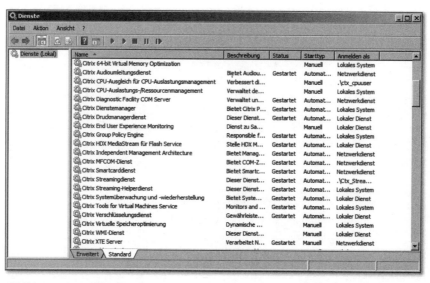

**Abbildung 4.77**  Citrix-Dienste

Bei der Installation des ersten Servers, der über einen installierten IIS verfügte, wurde die Variante des ISAPI-Filters genutzt, was dazu führt, dass der XML-Dienst nicht als eigener Dienst auftritt. Stattdessen ist er im *Internetinformations-dienste-Manager* als Webdiensterweiterung aufgeführt.

> **Hinweis**
>
> An dieser Stelle ist es für die Überprüfung wichtig, genau zu wissen, wie der Dienst installiert wurde.

**Protokolle**

Mit der Installation von XenApp wurden die Remotedesktop-Dienste um ein neues Verbindungsprotokoll ergänzt. Das ICA-Protokoll lässt sich ebenso wie das RDP-Protokoll einsehen und konfigurieren. Allerdings sind in den Eigenschaften des Protokolls zusätzliche Einstellungsmöglichkeiten gegeben, die das RDP-Protokoll nicht enthält.

**Anwendungen und Werkzeuge**

Die wohl offensichtlichsten Änderungen nach dem Neustart des jeweiligen Systems sind die neu hinzugekommenen Verknüpfungen im Startmenü, wie in Abbildung 4.78 gezeigt.

Eine Anwendung, die Sie zu Testzwecken auf jeden Fall einmal öffnen sollten, ist die Delivery Services Console (DSC).

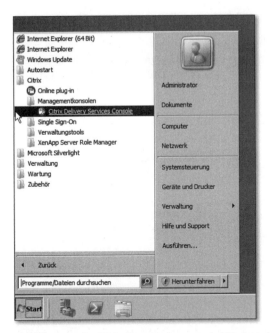

**Abbildung 4.78**  Citrix-Programmgruppe im Startmenü

Sofort nach dem Start der Anwendung erscheint ein Dialogfenster, das durch den initialen *Discovery* der Systemumgebung leitet. Hierbei können die verfügbaren Serversysteme für den Suchvorgang ausgewählt werden, währenddessen die DSC die XenApp-Umgebung analysiert und für die weitere Bearbeitung in der Konsole aufbereitet.

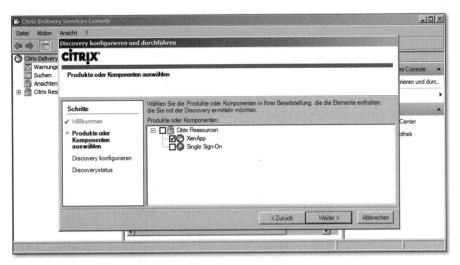

**Abbildung 4.79**  Discovery konfigurieren und durchführen

> **Tipp**
>
> Die Option PASSWORD MANAGER sollte an dieser Stelle noch deaktiviert werden – da der Password Manager noch nicht installiert ist, wird der *Discovery* ansonsten mit der Fehlermeldung abbrechen, dass der zentrale Speicher nicht gefunden werden kann.

Nach dem erfolgreichen Discovery sollte das in Abbildung 4.80 gezeigte Bild erscheinen.

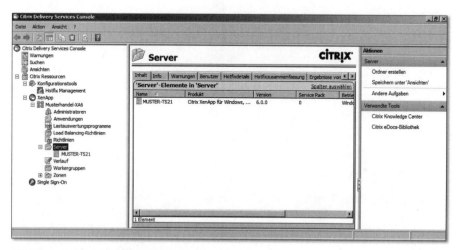

**Abbildung 4.80**   Die Delivery Services Console

Sofern diese Console angezeigt wird und die installierten Server unter dem Navigationspunkt SERVER aufgeführt werden, haben Sie bis dahin alles richtig gemacht und können die Konsole zunächst wieder schließen.

### 4.4.5   Installation weiterer XenApp-Server

Nachdem der erste Server einer Farm installiert wurde, können weitere Server in diese Farm aufgenommen werden. Bei jedem weiteren Server, der in die Farm aufgenommen werden soll, ist es jedoch sehr wichtig, sich ein paar Gedanken über die auf diesem Server benötigten Komponenten zu machen. Während wir bei der Installation des ersten Servers aus Gründen der Flexibilität und nicht zuletzt des Spieltriebes vielleicht die eine oder andere Komponente mehr installiert haben, auch wenn dies nicht unbedingt den Empfehlungen entspricht, sollten Sie bei der Installation weiterer Server auf jeglichen Schnickschnack verzichten.

Konkret bedeutet dies, dass auf einem zusätzlichen Server im Regelfall nur die reine XenApp-Rolle mit ihren Funktionen benötigt wird. Gleiches gilt natürlich auch für das Betriebssystem, bei dem Sie beispielsweise auf die Installation des

IIS verzichten können, sofern das Webinterface nicht auf diesem System installiert werden soll. Vor diesem Hintergrund können Sie nach der Bereitstellung der Voraussetzungen, wie den Windows-Terminaldiensten und den entsprechenden Service Packs, Updates und Patches, wiederum die Installation von der DVD starten. Wie auch schon bei der Installation des ersten Servers erfolgt die Installation der Rolle ohne große Eingabemöglichkeiten, und auch die Konfiguration der Rolle gestaltet sich im Wesentlichen wie in vorherigen Abschnitten beschrieben.

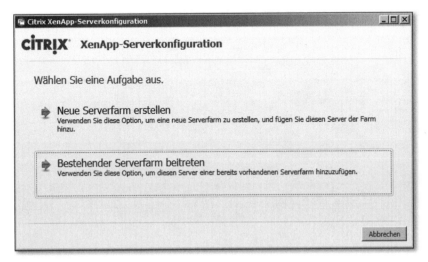

**Abbildung 4.81**   Bestehender Serverfarm beitreten

Einzig bei der Auswahl des Farmbeitrittes wählen Sie bei weiteren Servern die zweite Option – BESTEHENDER SERVERFARM BEITRETEN. Alle weiteren Schritte erfolgen dann wieder analog zum ersten Server.

## 4.5    Installation der XenDesktop-Controller

Als nächste Controller-Komponente installieren wir nun die XenDesktop Delivery Controller. Als Voraussetzung hierfür sollte wieder ein dedizierter Windows-Server mit installiertem IIS zur Verfügung stehen, auf dem die benötigten Dienste installiert werden können.

> **Hinweis**
>
> Wichtig ist an dieser Stelle, dass der Internet Information Server auf dem Delivery Controller auf jeden Fall benötigt wird. Er stellt die Basis für den *Desktop Director*, also eines der neuen Verwaltungswerkzeuge, auf das wir natürlich nicht verzichten möchten.

### 4.5.1 Installationsoptionen

Wie auch schon bei der Installation von XenApps, so wird auch bei XenDesktop eine assistentenbasierte Installation angeboten, deren Startbildschirm mit dem Einlegen der Installations-DVD erscheint, wie in Abbildung 4.82 gezeigt.

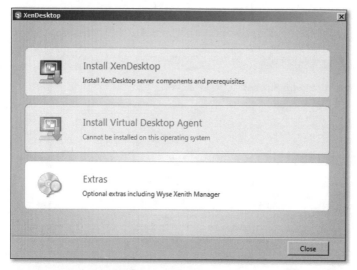

**Abbildung 4.82** XenDeskop Installation

Bereits beim Start dieser Anwendung wird im Hintergrund geprüft, auf welcher Art von System die DVD eingelegt wurde, so dass direkt die korrekte Vorauswahl INSTALL XENDESKTOP aktiviert ist.

Nach der Bestätigung des Lizenzvertrages erscheint ein Komponentenauswahlfenster, welches im Kern an den Rollen-Manager von XenApp erinnert (siehe Abbildung 4.83).

Natürlich können an dieser Stelle nicht benötigte Komponenten, wie etwa das Web Access (Webinterface) oder der Lizenzserver, abgewählt werden, sofern diese separat auf anderen Servern installiert werden sollen.

An dieser Stelle wird für die weiteren Erläuterungen jedoch darauf verzichtet, einzelne Komponenten oder den SQL Server Express zu deaktivieren, da durch deren Installation die Möglichkeit des *Quick Deploy* geboten wird, welche im nächsten Abschnitt zu sehen sein wird.

Sofern alle Komponenten ausgewählt bleiben und auf dem Server eine Firewall aktiviert ist, wird im nächsten Schritt angeboten, die benötigten Ports automatisch in Ausnahmeregeln aufzunehmen, um einen Zugriff auf die Dienste zu ermöglichen.

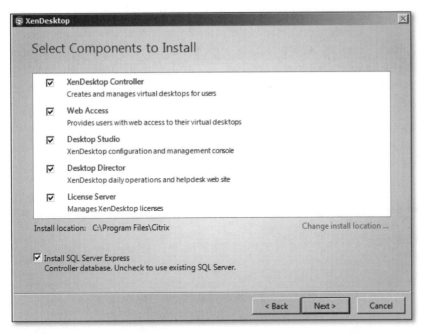

**Abbildung 4.83** Auswahl der Komponenten

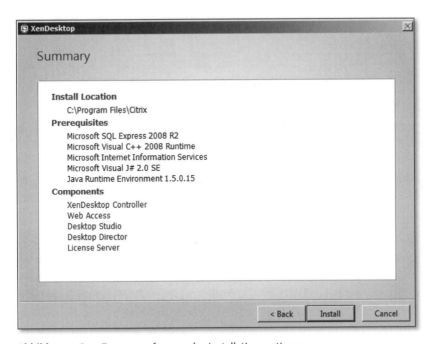

**Abbildung 4.84** Zusammenfassung der Installationsoptionen

Anschließend wird die in Abbildung 4.84 dargestellte Zusammenfassung angezeigt, und Sie können den Kopiervorgang der Programmdateien starten. Analog zur Installation von XenApp 6 werden auch beim XenDesktop 5 alle eventuell zusätzlich benötigten Komponenten, wie etwa diverse Runtimes, automatisch mit installiert, so dass auch an dieser Stelle kein weiterer manueller Aufwand notwendig ist.

Nach dem Abschluss dieses Installationsschrittes, der je nach gewählten Komponenten und System gegebenenfalls einige Minuten dauern kann, ist die eigentliche Installation des Delivery Controllers auch schon abgeschlossen, und die Konfiguration der Umgebung kann beginnen.

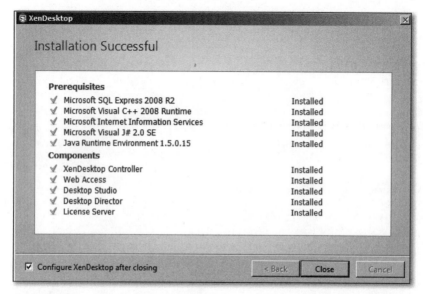

**Abbildung 4.85** Abschluss der Installation

Wie in Abbildung 4.85 dargestellt, kann mit dem Schließen des Installationsassistenten direkt der Konfigurationsassistent geöffnet werden, um mit der Erstellung der ersten *XenDesktop Site* fortzufahren.

Wie auch schon bei XenApp muss nun auch bei der der Installation des XenDesktop Delivery Controllers ein großes Lob an die Entwickler ausgesprochen werden. Je nach der Anzahl der ausgewählten Komponenten und der Leistungsfähigkeit des Systems kann ein Delivery Controller ohne großes Hintergrundwissen bis zu dieser Stelle installiert werden. Dies vereinfacht nicht nur die initiale Bereitstellung einer XenDesktop-Umgebung, sondern beschleunigt auch in hohem Maße die Installation weiterer Controller, sobald die Umgebung gesteigerte Anforderungen haben sollte.

Sicherheitshalber sollten Sie auch den Delivery Controller nach diesem Installationsschritt einmal neu starten – getreu dem Motto *Reboot tut gut*.

### 4.5.2 Konfiguration der XenDesktop-Site

Nach dem erfolgreichen Kopiervorgang der Programmdateien fahren wir mit der Konfiguration der XenDesktop-Umgebung fort.

> **Hinweis**
>
> Spätestens ab diesem Punkt sollten Sie für die weiteren Schritte ein Domänen-Benutzerkonto mit lokalen administrativen Berechtigungen verwenden. Die Verwendung eines lokalen Benutzerkontos kann zu Problemen mit den Konsolen und der Durchführung der Konfiguration führen.

Anders als bei XenApp und dem Role Manager erfolgt die Konfiguration bei XenDesktop direkt im Hauptverwaltungswerkzeug der Umgebung – dem *Desktop Studio*.

**Abbildung 4.86** Konfiguration der XenDesktop-Umgebung

Wie in Abbildung 4.86 dargestellt, bietet dieses beim ersten Aufruf einen Auswahlassistenten an, über den die Konfiguration der Site durchgeführt werden kann. Je nach Anforderungen und Komplexität der Umgebung stehen hierzu vier Optionen zur Verfügung:

▶ QUICK DEPLOY
Diese erste Variante beschreibt eine nahezu vollständig automatisierte Installation, bei der keine Konfigurationseinstellungen angepasst werden müssen. Sie ist für sehr kleine Umgebungen oder Testinstallationen gedacht und nutzt eine lokal installierte SQL Express-Instanz als Datenbank.

▶ JOIN EXISTING DEPLOYMENT
Die zweite Variante dient der Konfiguration von weiteren Delivery Controllern, die in eine bereits vorhandene Site eingebunden werden sollen. In diesem Fall existiert bereits eine Datenbank, zu der nur eine neue Verbindung hinzugefügt wird.

▶ DESKTOP DEPLOYMENT
Sofern bisher noch keine XenDesktop-Site existiert und der Server der erste Delivery Controller einer neuen Umgebung werden soll, wählen Sie die dritte Variante DESKTOP DEPLOYMENT, da hierdurch alle notwendigen Konfigurationsoptionen für die neue Site durchlaufen werden.

▶ APPLICATION DEPLOYMENT
Die vierte und letzte Variante konfiguriert das System für den Einsatz in einem »VM-Hosts Apps«-Szenario, in dem im Stile von XenApp nur einzelne Anwendungen *seamless* von virtuellen Desktops veröffentlicht werden. Diese Konfigurationsvariante nimmt eine kleine Sonderrolle ein, da sie für einen speziellen Anwendungsfall entworfen wurde.

Von allen Optionen stellt das Quick deploy mit Abstand die schnellste und einfachste Variante dar, welche allerdings nur dann angeboten wird, wenn bei der Installation der Komponenten alle mit installiert wurden. Sofern dies nicht der Fall sein sollte, ist diese Option ausgegraut und steht nicht zur Verfügung.

**Desktop deployment**

Um einen konkreten Einblick in die notwendigen Optionen für die Installation einer neuen Site zu gewinnen, wählen wir an dieser Stelle die dritte Option DESKTOP DEPLOYMENT, um eine neue Umgebung mit manuellen Einstellungen zu konfigurieren.

Im ersten Schritt des daraufhin startenden Assistenten müssen Sie zunächst die wesentlichen Eigenschaften der neuen Site eintragen. Hierzu gehören etwa der Name der Site, die zu nutzende XenDesktop-Edition und die Datenbankverbindung.

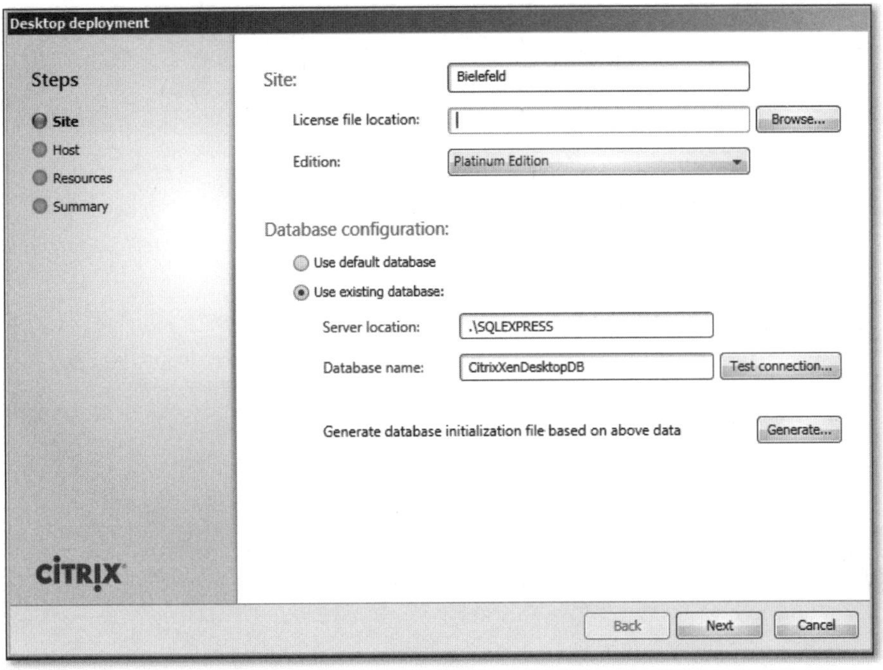

**Abbildung 4.87** Eigenschaften der neuen Site

**Lizenzierungseinstellungen**

Interessant ist an dieser Stelle die Frage nach einer Lizenzdatei für die XenDesktop-Verbindungslizenzen. Dieser Punkt erscheint in dieser Form nur dann, wenn bei der Installation der Serverkomponenten der Lizenzierungsdienst mit ausgewählt wurde. Ist dies nicht der Fall, wird an dieser Stelle nach der Adresse des Citrix-Lizenzservers gefragt, wie in Abbildung 4.88 gezeigt.

**Datenbankeinstellungen**

Im Hinblick auf die zu verwendende Datenbank verhält es sich auf den ersten Blick ähnlich wie bei der Installation eines *XenApp-Datenspeichers*. Neben der Auswahl, die gegebenenfalls bestehende lokale SQL Express-Instanz zu verwenden, können Sie auch eine neue Datenbankverbindung angeben. Hierzu tragen Sie den Servernamen und den Namen der Datenbank ein.

Anders als bei XenApp muss diese Datenbank aber nicht zwangsläufig im Vorfeld schon existieren, sondern kann über den Assistenten automatisch erstellt werden. Über die Schaltfläche TEST CONNECTION können Sie die Verbindung zur Datenbank testen, und sollte diese nicht existieren, erscheint der in Abbildung 4.89 dargestellte Hinweis.

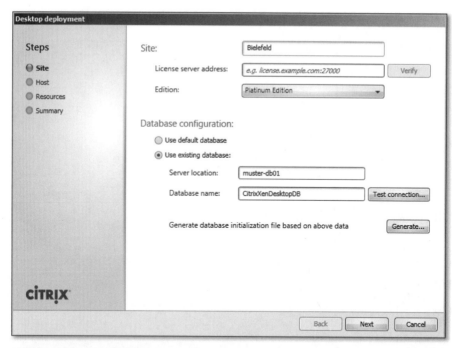

**Abbildung 4.88**  Neue Site ohne lokalen Lizenzserver

**Abbildung 4.89**  Warnhinweis bezüglich der neuen Datenbank

---

**Hinweis**

Wie vielleicht in diesem Abschnitt schon deutlich geworden ist, verfügt der Installationsassistent über eine sehr hohe Dynamik und Flexibilität im Hinblick auf die vorhandenen Systemkomponenten oder angrenzenden Softwareprodukte wie den SQL Server. Aus diesem Grund kann die reale Hinweismeldung durchaus von der in Abbildung 4.89 gezeigten abweichen. Der grundsätzliche Ablauf ist jedoch jeweils immer der gleiche.

---

Sollten Sie an dieser Stelle kein Vertrauen in die Automatismen der Datenbankerstellung haben, so können Sie über die Schaltfläche GENERATE entsprechende Scripts erstellen, die für die Erstellung der Datenbank und Datenbankverbindungen genutzt werden können. Diese Scripts sind insbesondere dann von großem Nutzen, wenn komplexere Konstrukte, wie etwa replizierte Datenbanken, verwendet werden sollen.

**Hosteinstellungen**

Nachdem die Konfigurationseinstellungen der Site gesetzt sind, wählen Sie die für die virtuellen Desktops zu verwendende Virtualisierungsplattform.

**Abbildung 4.90**  Auswahl der Plattform

Grundsätzlich stehen neben dem Citrix XenServer auch VMware ESX/vSphere und Microsoft Hyper-V als Plattformen zur Verfügung.

Der Einfachheit halber sollten Sie an dieser Stelle aber zunächst den XenServer wählen, da hierfür keinerlei weitere Komponenten benötigt werden, natürlich nur, wenn bereits eine XenServer-Umgebung besteht. Ansonsten können Sie diesen Schritt zunächst überspringen.

Da es sich bei dem XenServer um einen typischen Worker handelt, wird seine Installation im nächsten Kapitel behandelt, auch wenn die Konfiguration an dieser Stelle etwas vorweggenommen wird.

Darüber hinaus ist wichtig, dass die zu verwendende XenServer-Umgebung EXT3-basierten Storage verwenden sollte und nicht mehr LVM-basierten, damit alle Möglichkeiten der *Machine Creation Services* genutzt werden können.

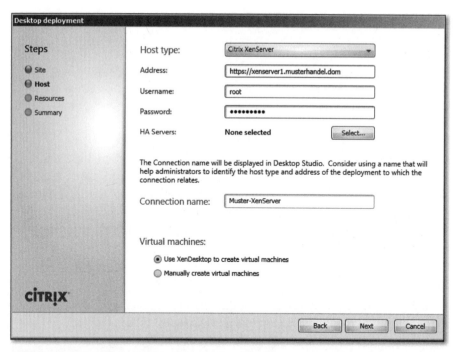

**Abbildung 4.91** Konfiguration der XenServer-Verbindung

Besonders interessant ist hierbei, dass auch die Möglichkeit besteht, mehrere Xen-Server als Ausfallsicherheitskomponenten anzugeben. Die in Abbildung 4.92 dargestellte Auswahl erreichen Sie unter HA SERVERS über die Schaltfläche SELECT.

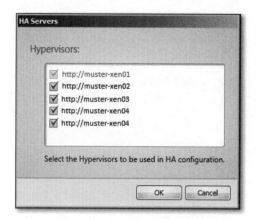

**Abbildung 4.92** Auswahl von HA-Servern

Den Namen der Connection können Sie frei wählen, er sollte jedoch eine gewisse Aussagekraft besitzen.

Die letzte Auswahl in diesem Schritt bezieht sich auf die Erstellung von virtuellen Maschinen und ob diese manuell oder vom Delivery Controller erstellt werden sollen.

**Abbildung 4.93** Erstellung von virtuellen Maschinen

An dieser Stelle ist zu beachten, dass für die Nutzung der *Machine Creation Services* (MCS) auf jeden Fall die erste Option zu wählen ist. Die zweite Option richtet sich an Umgebungen, in denen bereits vorhandene virtuelle Maschinen als virtuelle Desktops genutzt werden sollen. Dies könnte beispielsweise dann der Fall sein, wenn schon Systeme aus einer XenDesktop 4-Umgebung vorhanden sind und diese zu XenDesktop 5 überführt werden sollen.

Sofern Sie an dieser Stelle die erste Option, dass XenDesktop die Maschinen erstellen soll, gewählt haben, müssen Sie im nächsten Schritt die hierfür zu nutzenden Ressourcen und Voreinstellungen angeben.

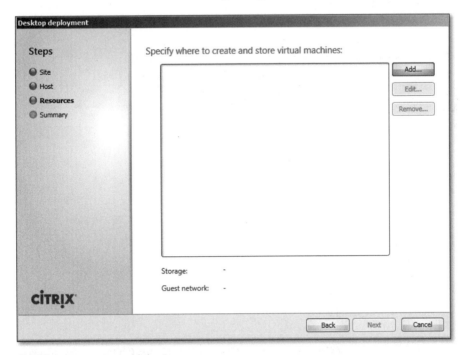

**Abbildung 4.94** Auswahl der Ressourcen

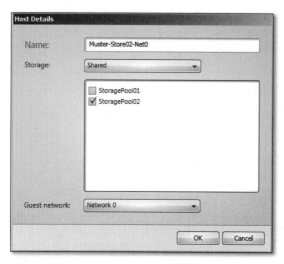

**Abbildung 4.95** Host Details

Wie in Abbildung 4.95 dargestellt, müssen insbesondere der zu verwendende Speicherpool wie auch das zu verwendende Netzwerk ausgewählt werden. Hierdurch werden später bei der Erstellung der VMs die virtuellen Festplatten an der korrekten Stelle gespeichert, und die VMs können über das richtige Netzwerkinterface kommunizieren.

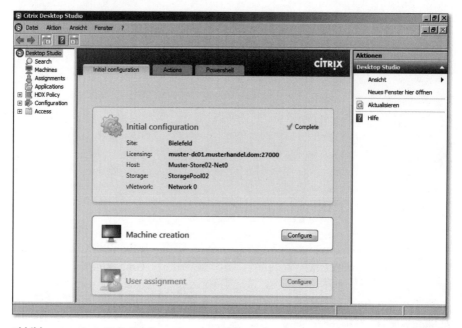

**Abbildung 4.96** Initiale Konfiguration abgeschlossen

Nach einer abschließenden Zusammenfassung können Sie die Erstellung der ersten Site starten. Nach dem Abschluss dieser Konfiguration, die im Regelfall nur wenige Minuten in Anspruch nehmen sollte, ist dieser Teil der Initialisierung abgeschlossen, und das Desktop Studio zeigt die in Abbildung 4.96 dargestellte Oberfläche.

Mit diesem Schritt ist auch die Erstellung der XenDesktop-Site abgeschlossen.

### 4.5.3 Überprüfen der Installationen

Analog zu anderen Server-Installationen sollte auch an dieser Stelle eine kurze Prüfung des Systems erfolgen, bei der Punkte wie die Ereignisanzeige und die Programmverzeichnisse betrachtet werden.

Es gibt aber noch eine weitere Prüfung, die mit recht einfachen Mitteln eine Aussage über den Zustand der Umgebung liefern kann – der *Desktop Director*.

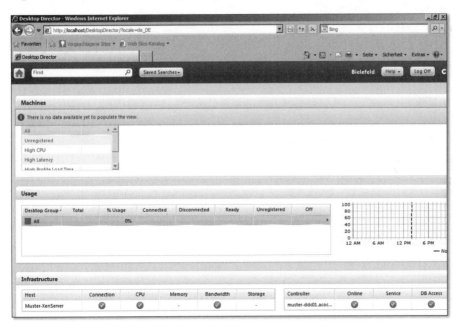

**Abbildung 4.97** Desktop Director

Mithilfe dieser Webanwendung kann bereits in diesem frühen Stadium ein Überblick über die wesentlichen Gesundheitsparameter der Umgebungen gewonnen werden. So werden beispielsweise die wesentlichen Dienste und der Datenbankzugriff automatisch geprüft, wie in Abbildung 4.98 dargestellt.

**Abbildung 4.98** Status der XenDesktop-Site

Selbstverständlich sollte im Rahmen dieses Schrittes auch geprüft werden, ob eventuelle Updates für die XenDesktop-Umgebung zum Download angeboten werden und ob diese installiert werden sollten.

### 4.5.4 Installation weiterer XenDesktop-Controller

Wie auch bei anderen Komponenten, so gilt auch bei XenDesktop, dass die Umgebung auf der Serverseite nach Möglichkeit ausfallsicher gestaltet sein sollte, sprich es sollte nicht nur einen Delivery Controller für die Umgebung geben. Aus diesem Grund ist es empfehlenswert, mindestens einen weiteren Server in die Umgebung einzubringen.

Die Installation gestaltet sich hierbei analog zur Installation des ersten Servers, nur dass Sie nach dem Kopiervorgang und beim ersten Aufruf des *Desktop Studios* die Option JOIN EXISTING DEPLOYMENT wählen müssen.

**Abbildung 4.99** Join existing deployment

Hierdurch wird im weiteren Verlauf des Assistenten nur nach der zu verwenden-den Datenbank gefragt und der Server als weiterer Delivery Controller der beste-henden Site hinzugefügt.

## 4.6   Installation der Provisioning-Umgebung

Nach der Installation und Basis-Konfiguration der XenApp- und XenDesktop-Umgebungen sollte im nächsten Schritt die Provisionierungs-Umgebung für beide Lösungen implementiert werden. Hierzu sollte auf einem System der Citrix Provisioning Server installiert werden, über welchen Sie später die *Workload*-Images von XenApp-Servern und virtuellen Desktops über das Netzwerk booten können.

### 4.6.1   Vorüberlegungen und Voraussetzungen

Die Funktionsweise des Provisioning Servers liegt darin, seinen Clients – auch Targets genannt – einen PXE-Bootdienst anzubieten, die diese während ihres Startvorganges ansprechen. Hierzu erhalten die Clients ihre IP-Konfiguration und die für den PXE-Boot notwendigen Einstellungen über einen DHCP-Server.

Als direkte Voraussetzung für die Installation ist nur das .NET Framework 3.5 zu sehen. Sämtliche PXE-Komponenten und ein entsprechender TFTP-Dienst wer-den wiederum direkt von Provisioning Server mitgeliefert.

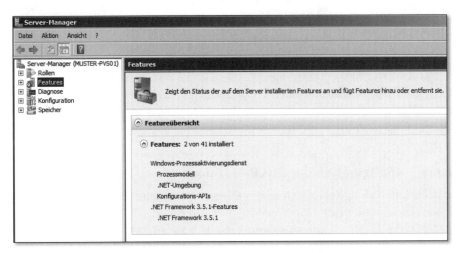

**Abbildung 4.100**   .NET-Framework 3.5

Jedoch ist ein weiterer Konfigurationsaspekt für den Betrieb des Provisioning Servers zu berücksichtigen – durch die starke Bindung an die Netzwerkschnittstellen und die sehr dynamische Gestaltung der verwendeten Adressen auf Client-Seite sowie der Verbindungs-Ports auf Server-Seite sollten Sie die Windows-Firewall auf dem Server deaktivieren, wie in Abbildung 4.101 dargestellt.

**Abbildung 4.101** Deaktivieren der Windows-Firewall

Prinzipiell gibt es natürlich auch die Möglichkeit, alle benötigten Ports aus der Firewallfilterung auszuschließen, jedoch ist dies sehr aufwendig und trotzdem extrem fehleranfällig.

### 4.6.2 Konfiguration der DHCP-Optionen

Da der Provisioning Server von seinen Clients über einen PXE-Bootvorgang angesprochen wird, sind das Vorhandensein und die korrekte Konfiguration eines DHCP-Servers mit entsprechendem Bereich von größter Bedeutung für die gewünschte Funktionalität.

Um den Clients – beim Provisioning Server auch *Targets* genannt – beim Netzwerkboot das Auffinden des PXE-Dienstes zu ermöglichen, müssen Sie hierfür im

DHCP-Bereich zwei Optionen setzen. Die erste DHCP-Option trägt die Nummer 066 und heißt HOSTNAME DES STARTSERVERS. Wie in Abbildung 4.102 gezeigt, verbirgt sich hierhinter ein Eingabefeld, in das Sie die IP-Adresse des Provisioning Servers (bzw. des verwendeten PXE-Servers) eintragen.

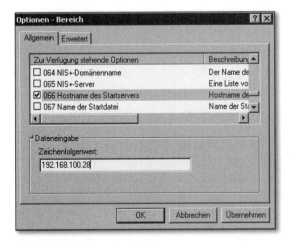

**Abbildung 4.102** Hostname des Startservers

Insofern muss für diesen Schritt bereits bekannt sein, welche IP-Adresse der Server später haben wird. Auch sollten Sie hierbei vermeiden, den Server mit dynamischen Adressen auszustatten, die sich gegebenenfalls ändern könnten.

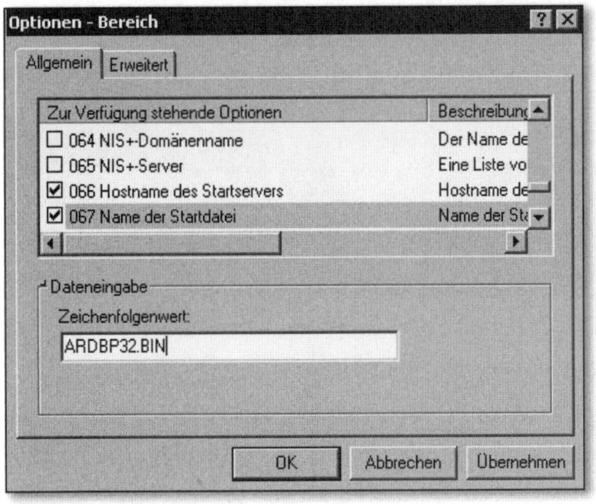

**Abbildung 4.103** Name der Startdatei

Anschließend setzen Sie ebenfalls die DHCP-Option 067 NAME DER STARTDATEI, wie in Abbildung 4.103 gezeigt. Der hierbei einzutragende Wert ist ARDBP32.BIN und spiegelt den Namen der zu verwendenden Boot-Datei für den PXE-Dienst wieder. Sind diese beiden Optionen für den zutreffenden DHCP-Bereich gesetzt, steht der Installation und dem anschließenden Betrieb des Provisioning Servers nichts mehr im Wege.

### 4.6.3 Installation der Server-Komponenten

Nachdem die notwendigen Vorüberlegungen abgeschlossen sind und die Voraussetzungen im Netzwerk erfüllt wurden, können Sie mit der Installation des eigentlichen Systems fortfahren.

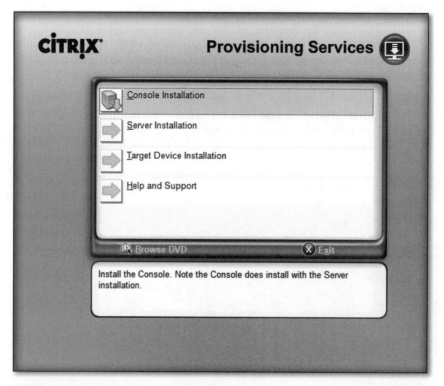

**Abbildung 4.104** Auswahl der PVS-Komponenten

Wie in Abbildung 4.104 dargestellt, können Sie auch beim Provisioning Server nach dem Einlegen der DVD über einen Assistenten die gewünschten Installationsoptionen auswählen.

Neben dem eigentlichen Server stehen die Verwaltungskonsole und die Installation des Clientagenten (Target) zur Auswahl.

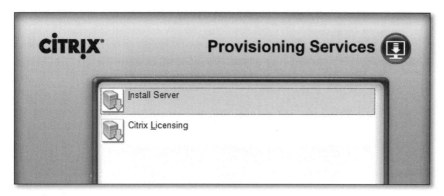

**Abbildung 4.105**   Installation des Servers

Wählen Sie an dieser Stelle die Option SERVER INSTALLATION, können Sie anschließend zwischen der Installation des Servers und der Citrix-Lizenzierung wählen, wie in Abbildung 4.105 gezeigt. Hier können Sie nun die eigentliche Installation des Provisioning Servers starten, welche im ersten Schritt auf eventuell fehlende Systemkomponenten prüft und diese bei Bedarf automatisiert installiert.

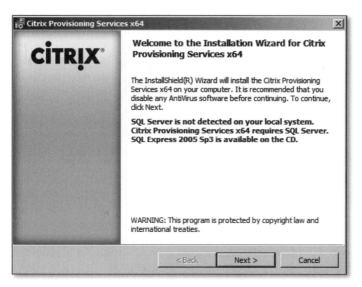

**Abbildung 4.106**   Start des Installationsassistenten

Nach der Installation der benötigten Komponenten, der Bestätigung des Lizenzvertrages und der Eingabe der Benutzerinformationen wählen Sie das gewünschte Installationsverzeichnis, wie in Abbildung 4.107 dargestellt.

**Abbildung 4.107**   Auswahl des Installationsverzeichnisses

Anschließend können Sie zwischen einer kompletten und einer angepassten Installation wählen, wobei Sie an dieser Stelle die angepasste Custom-Installation wählen sollten, da Sie hierdurch einen guten Überblick über die einzelnen Systemkomponenten gewinnen.

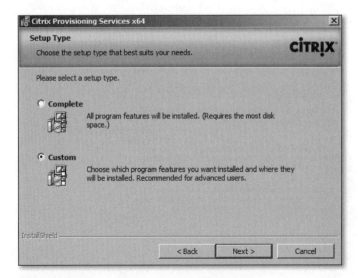

**Abbildung 4.108**   Auswahl der Installationsvariante

Wie in Abbildung 4.109 gezeigt, können Sie anschließend die zu installierenden Komponenten wählen. Für den Basisbetrieb des Provisioning Servers im Xen-App- und XenDesktop-Umfeld sind an dieser Stelle wenigstens der STREAMING SERVICE, die NETWORK BOOT SERVICES (PXE), die MANAGEMENT API und die PROVISIONING SERVICES CONSOLE notwendig. Die ersten beiden Komponenten bilden die Basis für die Funktionalität des Provisioning Servers, während die letzten beiden für die Verwaltung und die Integration mit den anderen Citrix-Produkten zuständig sind.

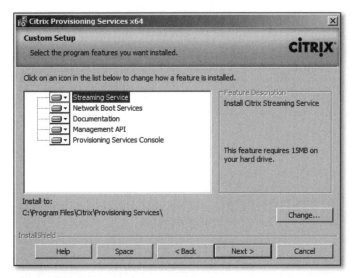

**Abbildung 4.109** Auswahl der Komponenten

Nach der Auswahl der Komponenten starten Sie den Kopiervorgang mittels INSTALL.

**Abbildung 4.110** Abschluss der Installation

Nach dem Abschluss des Kopiervorganges ist die eigentliche Installation abgeschlossen, und Sie können mit der Grundkonfiguration des Provisioning Servers fortfahren.

### 4.6.4 Grundkonfiguration

Direkt im Anschluss an den in Abbildung 4.110 gezeigten Dialogschritt startet der Konfigurationsassistent der PVS-Umgebung.

**Abbildung 4.111** Startbildschirm des Konfigurationsassistenten

Dieser Assistent leitet durch den Vorgang der Grundkonfiguration der Umgebung, in dem er alle notwendigen Konfigurations- und Verwaltungsparamater abfragt und die Dienste entsprechend einrichtet.

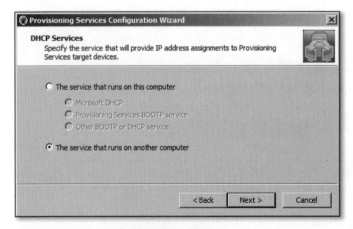

**Abbildung 4.112** Abfrage der DHCP-Optionen

Im ersten Schritte wird, wie in Abbildung 4.112 dargestellt, abgefragt, in welcher Form der DHCP-Dienst betrieben werden soll. Neben dem lokalen Betrieb über Microsoft DHCP oder einen PVS-eigenen Dienst können Sie auch die Option wählen, dass der DHCP-Server auf einem anderen System ausgeführt wird. Diese Option ist im konkreten Fall die korrekte, da die DHCP-Optionen bereits in Abschnitt 4.6.2 entsprechend gesetzt wurden.

Der zweite Dialogschritt dient der Angabe des zu verwendenden PXE-Dienstes.

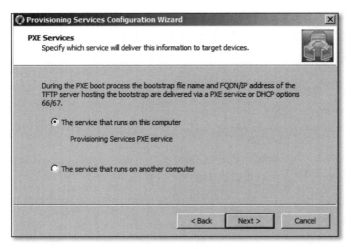

**Abbildung 4.113** PXE-Server

Dieser sollte vom Provisioning Server selbst genutzt werden, um eine möglichst einfache Konfiguration nutzen zu können.

---

**Hinweis**

An dieser Stelle nochmal deutlich der Hinweis, dass in einem Netzwerksegment niemals mehrere PXE-Dienste betrieben werden sollten. Falls dies der Fall wäre, könnte keine stabile Umgebung geschaffen werden.

---

Die anschließende Konfiguration der Serverfarm erfolgt analog zu den bisherigen Installationen über die Auswahl einer neuen Farm oder den Beitritt zu einer bestehenden Farm.

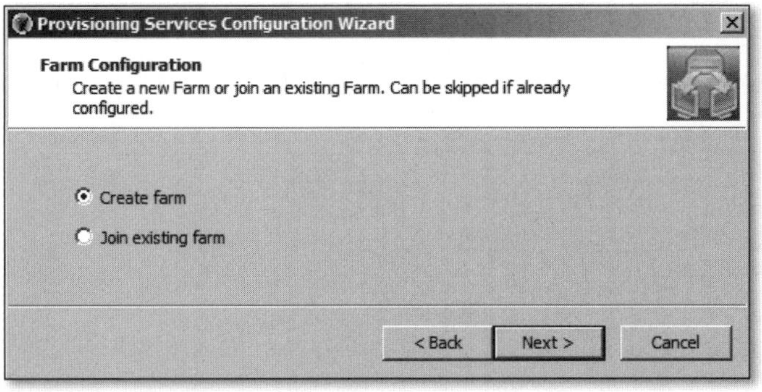

**Abbildung 4.114** Farm-Konfiguration

Auch die in Abbildung 4.115 dargestellte Verbindung zur Datenbank erfolgt nach dem bekannten Schema, so dass an dieser Stelle keine großen Überraschungen auftreten sollten.

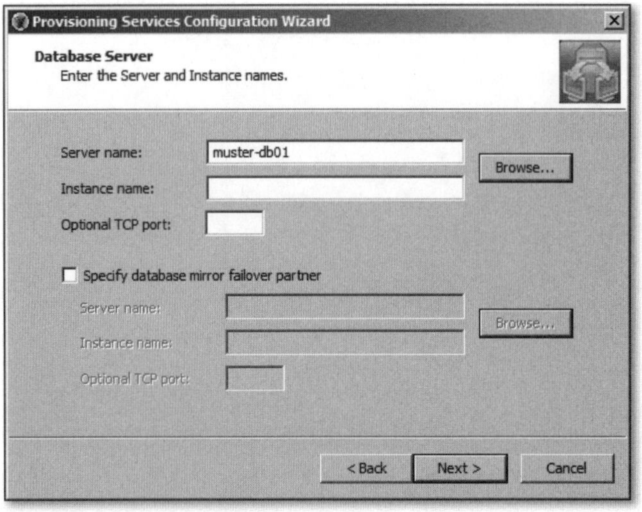

**Abbildung 4.115** Datenbankverbindung konfigurieren

Interessant ist an dieser Stelle jedoch die Tatsache, dass nicht nur eine, sondern gleich zwei Datenbankverbindungen angegeben werden können. Dies dient der Konfiguration in einer Umgebung, in der die SQL-Datenbanken im Hintergrund über mehrere Server repliziert werden, um die Ausfallsicherheit zu steigern.

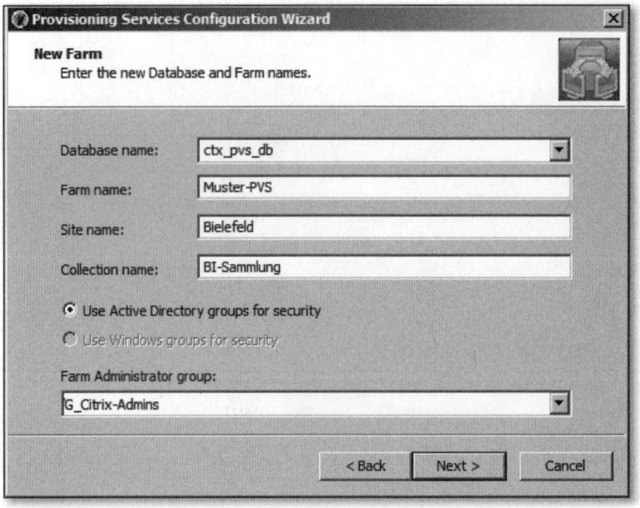

**Abbildung 4.116** Eigenschaften der neuen Farm

Ist die Konfiguration der Datenbank erfolgt, müssen Sie den Standardspeicher für die Images angeben, wie in Abbildung 4.117 dargestellt.

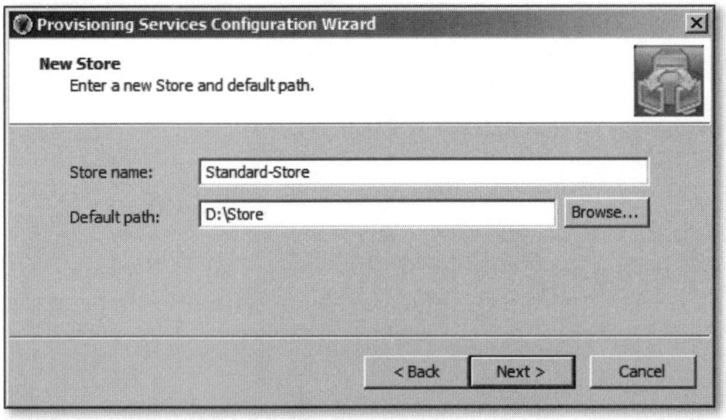

**Abbildung 4.117**   Store-Einstellungen

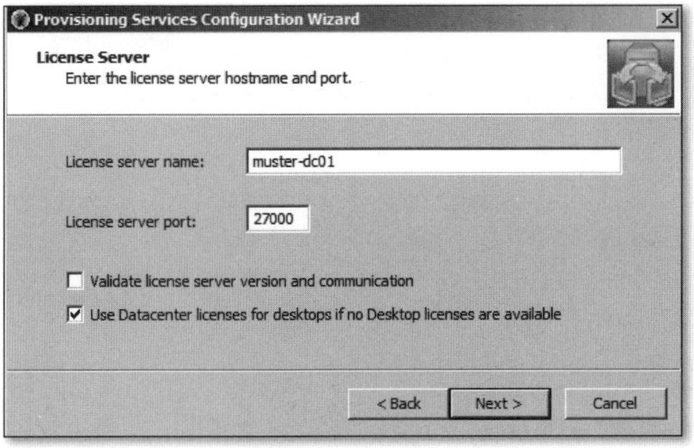

**Abbildung 4.118**   Konfiguration der Lizenzierung

Die Konfiguration der Lizenzservereinstellungen erfolgt in bekannter Art und Weise über die Angabe von Serveradresse und Verbindungs-Port.

Interessant ist hierbei einzig der in Abbildung 4.118 gezeigte Punkt, *Datacenter-Lizenzen auch für Desktops* verwenden zu können, sofern keine Desktop-Lizenzen mehr verfügbar sein sollten. Diese Option sollte auf jeden Fall aktiviert bleiben, da sie ein gewisses Maß an Flexibilität mit sich bringt – zumindest dann, wenn Datacenter-Lizenzen vorhanden sind, ansonsten natürlich nicht.

Die Konfiguration der Dienstbenutzer (siehe Abbildung 4.119) und Netzwerkverbindungen (siehe Abbildung 4.120) können Sie an dieser Stelle im Regelfall in den Standardeinstellungen beibehalten.

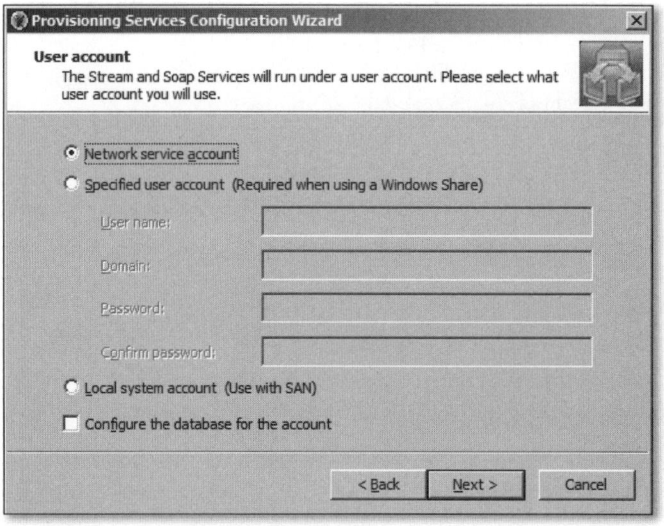

**Abbildung 4.119**   Benutzer der Dienste

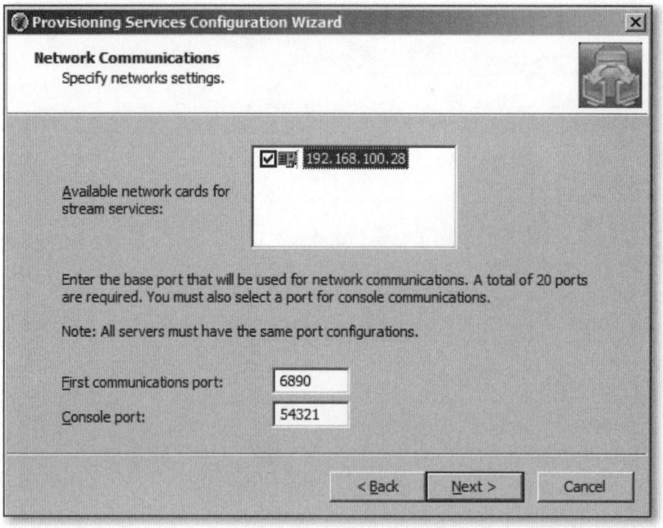

**Abbildung 4.120**   Konfiguration der Listener

Die in Abbildung 4.121 gezeigte Konfiguration der Nutzung des TFTP-Dienstes sollten Sie hingegen aktivieren.

Nach einer abschließenden Zusammenfassung der gewählten Einstellungen können Sie diese übernehmen und die Dienste starten.

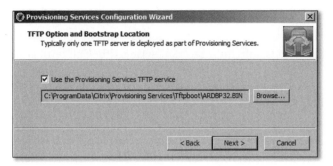

**Abbildung 4.121** TFTP Service

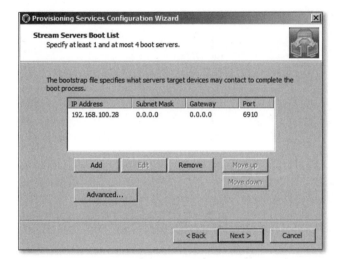

**Abbildung 4.122** Serverliste für die Bootstrap-Datei

**Abbildung 4.123** Abschluss der Konfiguration und Start der Dienste

### 4.6.5 Prüfung der Installation

Natürlich sollten Sie auch für diese Komponenten eine entsprechende Prüfung der Installation und Konfiguration durchführen. Neben den altbekannten Ereignisanzeigen bietet sich auch hier wieder der Blick in die Verwaltungskonsole an.

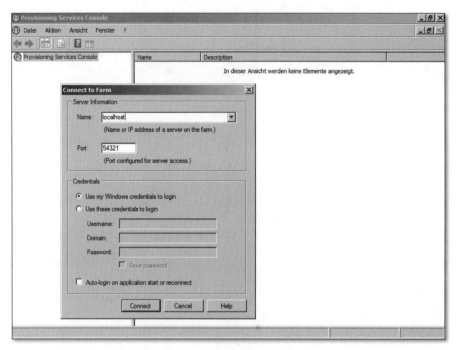

**Abbildung 4.124**  Verbindung mit der Serverfarm

Sofern Sie mit dieser eine Verbindung zur Serverfarm aufbauen können, sind zumindest die Einstellungen der Farm und der Datenbank korrekt initialisiert worden.

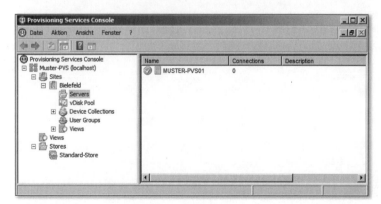

**Abbildung 4.125**  Erfolgreiche Verbindung

Die Funktionalität der Netzwerkdienste und der Image-Verwaltung können Sie jedoch erst nach einer weitergehenden Konfiguration der *Worker*-Rollen testen, so dass Sie den Provisioning Server zunächst in diesem Status belassen sollten.

## 4.7 Installation des Webinterfaces

Nach der Installation und Konfiguration der XenApp-, XenDesktop- und Provisioning Server-Umgebungen wollen wir im nächsten Schritt das Webinterface als zentralen Zugriffspunkt auf die Systeme installieren.

### 4.7.1 Installation der Komponenten

Zunächst sollten Sie auf dem gewünschten Zielserver die Voraussetzungen für die Installation des Webinterfaces schaffen. Hierzu gehören neben der Installation der Rolle *Webserver (IIS)* auch die Rolle des *Anwendungsservers* und die *J# .Net 2.0 Redistributable*.

Da das Webinterface in der Vergangenheit einer deutlich höheren Aktualisierungsrate unterlegen war als die anderen Punkte, empfiehlt sich somit zunächst der Download des aktuellen Installationspaketes von der Citrix-Webseite.

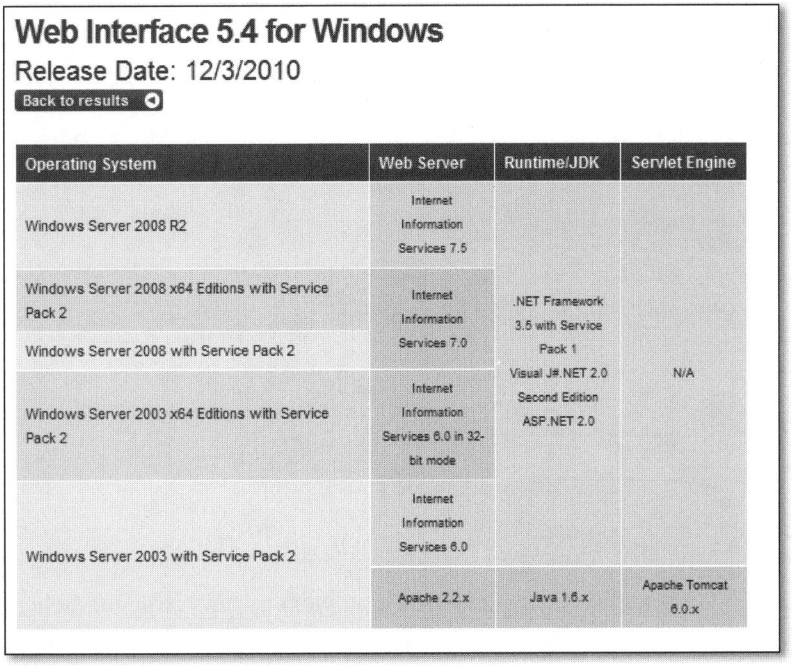

**Web Interface 5.4 for Windows**

Release Date: 12/3/2010

Back to results

| Operating System | Web Server | Runtime/JDK | Servlet Engine |
|---|---|---|---|
| Windows Server 2008 R2 | Internet Information Services 7.5 | .NET Framework 3.5 with Service Pack 1<br>Visual J#.NET 2.0 Second Edition<br>ASP.NET 2.0 | N/A |
| Windows Server 2008 x64 Editions with Service Pack 2 | Internet Information Services 7.0 | | |
| Windows Server 2008 with Service Pack 2 | | | |
| Windows Server 2003 x64 Editions with Service Pack 2 | Internet Information Services 6.0 in 32-bit mode | | |
| Windows Server 2003 with Service Pack 2 | Internet Information Services 6.0 | | |
| | Apache 2.2.x | Java 1.6.x | Apache Tomcat 6.0.x |

**Abbildung 4.126** Download des Webinterfaces 5.4

Zur Installation führen Sie nun die heruntergeladene *Webinterface.exe* aus, welche zunächst nach der gewünschten Installationssprache fragt. Nach der Auswahl der Sprache startet der eigentliche Installationsassistent, wie in Abbildung 4.127 dargestellt.

**Abbildung 4.127** Installationsassistent des Webinterfaces

Nach der Bestätigung des Lizenzvertrages wählen Sie das Installationsverzeichnis des Webinterfaces.

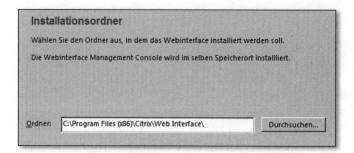

**Abbildung 4.128** Installationsordner

Dieses sollten Sie ebenfalls, abhängig vom auf Laufwerk C: zur Verfügung stehenden Speicherplatz, auf ein anderes Laufwerk abändern.

> **Hinweis**
>
> An dieser Stelle ist es wichtig, sich bereits ein paar Gedanken über den nächsten Installationsschritt zu machen, der die Möglichkeit zur Kopie von Clientsoftware bietet. Sofern Sie dies wünschen, wird die gewählte Clientsoftware ebenfalls mit im Installationsordner abgelegt. Dies bringt je nach Auswahl einen Speicherplatzbedarf von 300 bis 400 MB mit sich. Somit bietet es sich an, den Installationspfad in jedem Fall auf ein Laufwerk mit viel Speicherplatz zu legen.

Nach der Auswahl des Installationspfades erfolgt die soeben beschriebene Abfrage auf die gewünschte Kopie von Clientsoftware auf den Server.

**Abbildung 4.129** Clients auf diesen Computer kopieren

Hinter diesem Dialog verbirgt sich eine einfache, aber sehr praktische und leistungsfähige Funktion: das Webinterface. Wie bereits beschrieben, bietet das Webinterface die Möglichkeit, von einem beliebigen Endgerät über einen Browser wie den Internet Explorer auf die Internetseite des Webinterfaces zuzugreifen. Hier kann dann eine Anmeldung des Benutzers erfolgen, so dass dieser die für ihn bereitgestellten Ressourcen angeboten bekommt.

Möchte der Benutzer aber nun eine für ihn veröffentlichte Anwendung starten, benötigt er hierfür den *Webclient des Online-Plug-ins*. Sofern dieser nicht bereits auf dem Endgerät installiert ist, können Sie ihn automatisch von dem Server, der das Webinterface hält, herunterladen und installieren. Die Voraussetzung hierfür ist natürlich, dass das Installationspaket des Clients auf diesem Server liegt.

Dies wiederum können Sie über den aktuellen Installationsschritt realisieren, bei dem die Installationspakete für die Clients mit auf den Server kopiert werden können. Vor diesem Hintergrund stellt es sich als sehr sinnvoll heraus, die Clients an dieser Stelle von der XenApp- oder XenDesktop-DVD zu installieren. Sollte die Option hier nicht gewünscht oder möglich sein, lässt sie sich natürlich zu einem beliebigen späteren Zeitpunkt nachholen.

**Abbildung 4.130**   Abschluss der Installation

Nach dem anschließenden Kopiervorgang ist die Installation abgeschlossen, und das Webinterface kann konfiguriert werden.

### 4.7.2   Überlegungen zur Konfiguration

Doch bevor diese Konfiguration durchgeführt wird, sollten Sie sich ein paar Gedanken zur Funktionsweise und den Grundlagen des Webinterfaces machen.

Das Webinterface, das in früheren Versionen unter dem Namen *NFuse* und später *NFuse Classic* als Erweiterung für den Metaframe XP aus dem Internet heruntergeladen werden konnte, dient zur Bereitstellung von Anwendungen über einen Webbrowser wie den Internet Explorer. Die Funktion des Webinterfaces könnte so beschrieben werden, dass ein Benutzer mit seinem Browser eine Internetseite besucht, an der er seine Anmeldedaten eingeben muss. Daraufhin werden ihm auf dieser Internetseite alle Inhalte angeboten, die er auch in einem lokalen Client wie dem Citrix Receiver angezeigt bekäme. Vergleichbar dem lokalen Client können die Anwendungen über einen Mausklick gestartet werden. Sofern zu diesem Zeitpunkt kein Online-Plug-in auf dem Endgerät verfügbar ist, kann nun in Echtzeit der Webclient heruntergeladen und installiert werden, um Zugriff auf die Anwendungen zu bekommen. Durch diese Techniken und die Möglichkeit, auch einen Java-Client zu benutzen, der nicht einmal auf dem Endgerät installiert werden muss, bietet das Webinterface ein Höchstmaß an Flexibilität.

Grundsätzlich könnte man sagen, dass das Webinterface die gleichen Kommunikationswege und Komponenten nutzt wie ein normaler Client:

1. Ein Benutzer an einem Endgerät verbindet sich, wie beschrieben, mit einem Browser auf die Anmeldeseite des Webinterfaces. Dort muss er seine Anmeldedaten eingeben, um sich an der Umgebung zu authentifizieren.

2. Das Webinterface nutzt die Anmeldedaten des Benutzers, um mit ihnen am XML-Dienst eines Farmservers zu prüfen, welche Ressourcen für den Benutzer zur Verfügung stehen.

3. Der XML-Dienst bezieht die benötigten Informationen über die zur Verfügung stehenden Ressourcen aus den Daten der Server-Farm.

4. Das Ergebnis der Abfrage aus Schritt 3 wird in Form von Anwendungs- oder Desktop-Verknüpfungen wieder an das Webinterface übertragen, um dort anhand von ICA-Vorlagendateien bereitgestellt zu werden.

5. Das Webinterface bereitet die Informationen des XML-Dienstes auf und stellt diese in der Webseite dar, so dass der Benutzer von dort aus auf sie zugreifen kann.

6. Der Benutzer ist nun in der Lage, eine im Webinterface angebotene Anwendung zu starten. Hierbei wird geprüft, ob der hierfür benötigte Client auf dem Endgerät verfügbar ist oder ob ein Java-Client genutzt werden soll. Ist kein Client verfügbar und Java keine Alternative, wird das Installationspaket des Webclients vom Webinterface an den Client übertragen und installiert. Daraufhin kann die Verbindung mit einem Farmserver aufgebaut und die Anwendung gestartet werden.

> **Hinweis**
>
> Um diesen Weg in der hier beschriebenen Weise nutzen zu können, müssen natürlich die entsprechenden Konfigurationen durchgeführt und alle Voraussetzungen erfüllt sein.

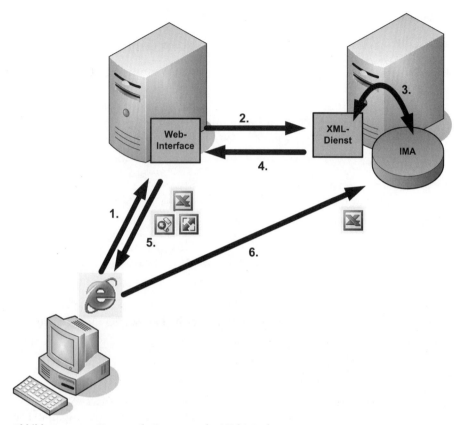

**Abbildung 4.131**  Kommunikationswege des Webinterfaces

An dieser Stelle wird deutlich, dass es von größter Wichtigkeit ist, sich der Funktionen und Rollen einer Server-Farm sicher zu sein, da sie für die Funktionalität zwingend benötigt werden. Es wird dabei noch eine zweite Sache offensichtlich – die Möglichkeiten zur Platzierung des Webinterface-Servers.

Da das Webinterface ausschließlich über den XML-Dienst mit der Farm bzw. Site kommuniziert, ist man sehr flexibel, was die Platzierung des entsprechenden Servers angeht, da immer nur sichergestellt sein muss, dass das Webinterface über einen Port mit dem XML-Dienst in Verbindung treten kann und das Webinterface selbst von einem Client aus erreichbar ist. Vom eigentlichen Verbindungsaufbau des Clients zu der veröffentlichten Ressource ist das Webinterface nicht mehr betroffen, da diese Kommunikation direkt zwischen den beiden Partnern aufgebaut wird.

### 4.7.3 Konfiguration mit der Webinterface-Verwaltung

Nach der Installation kann das Webinterface mit der CITRIX WEBINTERFACE-VER-WALTUNG konfiguriert werden.

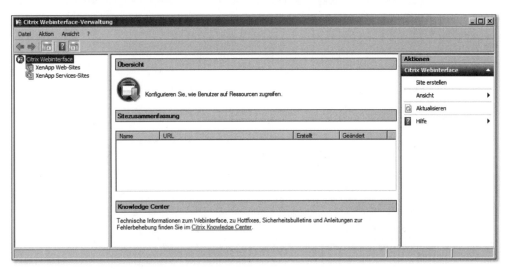

**Abbildung 4.132** Citrix Webinterface-Verwaltung

#### Erstellung einer Webinterface-Seite

Im ersten Schritt erstellen Sie zunächst eine Webinterface-Webseite. Dies geschieht über das Kontextmenü des Menüpunktes XENAPP WEB-SITES, wie in Abbildung 4.133 dargestellt, über den Punkt SITE ERSTELLEN. Der daraufhin erscheinende Assistent führt nun durch die notwendigen Konfigurationsschritte.

**Abbildung 4.133** Site erstellen

Anschließend konfigurieren Sie den Speicherort der Webseite. Zusätzlich können Sie einige Einstellungen für die Standardumleitungen des IIS definieren:

**Abbildung 4.134** IIS-Speicherort angeben

▶ IIS-SITE
Über dieses Auswahlmenü können die auf dem Server verfügbaren virtuellen Sites angezeigt und ausgewählt werden. Sofern nur eine Site vorhanden ist, wird die *Standardwebseite* (DEFAULT WEB SITE) genutzt.

In einigen Fällen kann es sinnvoll sein, eine zusätzliche IIS-Site zu erstellen und für das Webinterface zu nutzen, da hierdurch beispielsweise alternative Authentifizierungsmethoden genutzt werden könnten, um das Webinterface zu schützen.

▶ PFAD/NAME
An dieser Stelle tragen Sie das virtuelle Verzeichnis für das Webinterface ein. Im Standard des Webinterfaces 5.x wären dies /CITRIX/XENAPP/ und der Name XENAPP. Diese Einstellung können Sie aber nach Belieben ändern.

---

**Hinweis**

Da das Webinterface 5.x auch in der Lage ist, mehrere unterschiedliche Websites auf dem gleichen Server abzubilden, sollten Sie sich ein paar Gedanken dazu machen. Beispielsweise könnte man für alle Firmen eines Konzerns individuelle Webinterface-Seiten erstellen, die in Farben und Logos an die jeweilige Corporate Identity des Unternehmens angelehnt sind. In einem solchen Fall könnte man sich überlegen, beispielsweise einen Pfad */Citrix/[Unternehmensname]* anzulegen.

▸ ALS STANDARDSEITE FÜR DIE IIS-SITE DEFINIEREN

Ohne diese Option wären die Benutzer gezwungen, das Webinterface unter seinem vollen Pfad, also beispielsweise *http://muster-ts10/Citrix/XenApp*, anzusprechen. Bei der Aktivierung dieser Option wird eine Datei im Stamm des Webservers angelegt, die in diesen Pfad umleitet, so dass die Benutzer nur noch den Pfad *http://muster-ts01* eingeben müssten.

Sofern Sie mit mehreren Webinterface-Seiten arbeiten wollen, ist diese Option mit Vorsicht zu genießen.

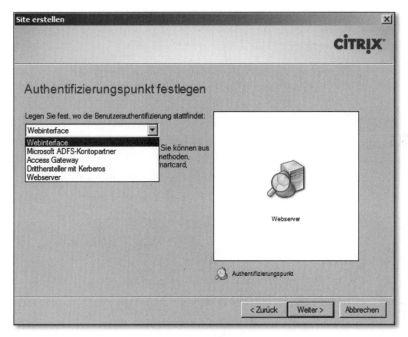

**Abbildung 4.135**   Authentifizierungspunkt festlegen

Im Anschluss an diesen Schritt konfigurieren Sie die Authentifizierungseinstellungen. Hierbei stehen mehrere Optionen zur Auswahl, die jeweils vom eingesetzten Szenario abhängig sind. Die häufigsten sind WEBINTERFACE, ACCESS GATEWAY oder MICROSOFT ADFS-KONTOPARTNER.

| ADFS |
| --- |
| Bei ADFS handelt es sich um eine claim-basierte Authentifizierungsform, die nicht mehr das Wissen um die Anmeldeinformationen in der eigenen Domäne voraussetzt, sondern über eine Art definiertes Attribut-Vertrauen (Claiming), einen Benutzer aus einer anderen Domäne – beispielsweise eines Partners oder Kunden – authentifizieren kann. |

Mit diesen Einstellungen ist die Basiskonfiguration zunächst abgeschlossen, und die Site kann erstellt werden.

**Abbildung 4.136**  Site wird erstellt

Nach der Erstellung können Sie die Site konfigurieren.

**Site konfigurieren**

Die Auswahl der Server-Farm im ersten Schritt ist vergleichbar mit der Angabe des Serverstandortes in einem lokalen Client. Jedoch wird hier offensichtlich, dass der XML-Dienst der Dreh- und Angelpunkt für die Kommunikation mit der Farm ist.

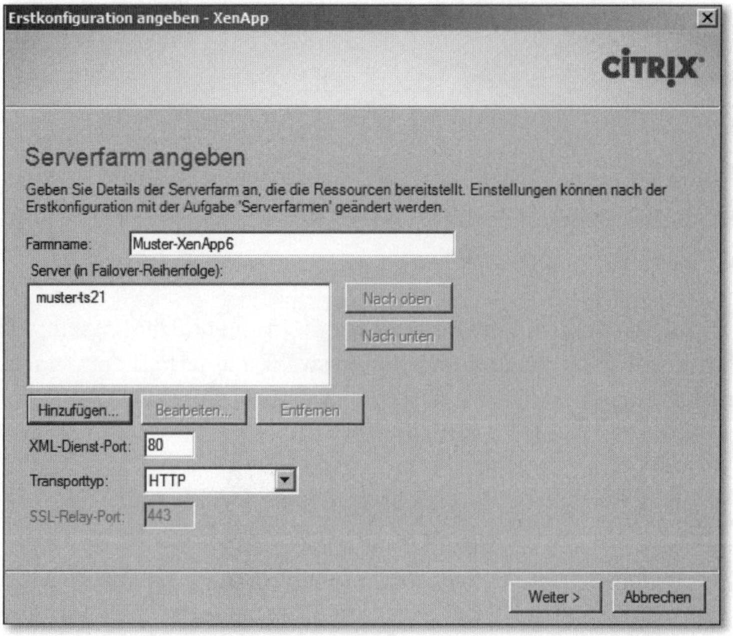

**Abbildung 4.137**  Serverfarm angeben

An dieser Stelle geben Sie nur eine Serverfarm an, aus diesem Grund beschränken wir uns zunächst auf die XenApp-Farm. Nach dem Abschluss des Assistenten können Sie dann über die Verwaltungskonsole auch die XenDesktop-Site hinzufügen.

Bei der genaueren Betrachtung fällt aber noch etwas auf – den Port für den XML-Dienst können Sie nur allgemein und nicht serverbezogen angeben.

Da der Port für den XML-Dienst nur für alle Server einheitlich angegeben werden kann, sollten Sie bestrebt sein, diesen Port auf allen Servern identisch zu konfigurieren. Dabei ist es ohne Bedeutung, ob es sich um den eigenständigen Dienst oder den ISAPI-Filter handelt.

Anschließend können Sie die gewünschten Authentifizierungsmethoden wählen.

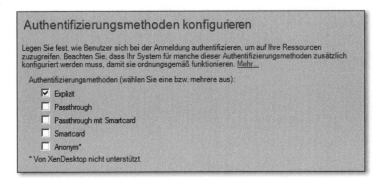

**Abbildung 4.138**   Authentifizierungsmethoden konfigurieren

Die Konfiguration der *Domäneneinschränkungen* erfolgt im nächsten Schritt intuitiv anhand der vorgegebenen Felder, und auch die daraufhin folgende Konfiguration der Darstellung der Anmeldeseite ist durch einfache Optionsfelder zu erstellen.

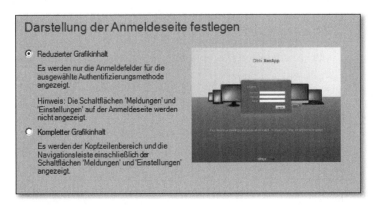

**Abbildung 4.139**   Darstellung der Anmeldeseite

Anschließend wählen Sie im nächsten Schritt, auf welche Art die Anwendungen – gestreamt oder remote – über das Webinterface bereitgestellt werden sollen.

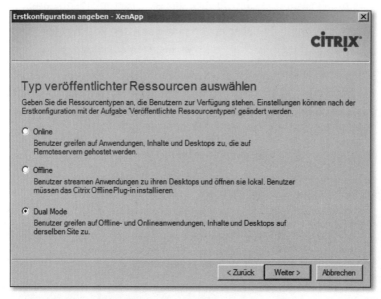

**Abbildung 4.140** Anwendungstyp auswählen

Wie in Abbildung 4.140 dargestellt, sind an dieser Stelle drei Optionen möglich, wobei die dritte eine Kombination der beiden ersten ist.

► ONLINE (remote)
Die Remote-Anwendungen beschreiben die herkömmlichen terminalserver-basierten Anwendungen. Es handelt sich hierbei also um die Bereitstellung von Verknüpfungen zu veröffentlichten Anwendungen, die bei ihrem Aufruf auf einem Terminalserver gestartet und ausgeführt werden.

► OFFLINE (gestreamt)
Bei den gestreamten Anwendungen handelt es sich um die virtualisierten Anwendungen, die in Abschnitt 6.1.4, »Veröffentlichen von gestreamten Anwendungen«, erstellt wurden.

► DUAL MODE
Wie eingangs schon beschrieben, handelt es sich bei dieser Option um eine Kombination aus den beiden ersten Optionen. Wird diese Einstellung gewählt, unterstützen die XenApp Services sowohl Anwendungen von einem Terminalserver als auch gestreamte Anwendungen.

Nach einer erneuten Zusammenfassung ist die Erstellung der neuen Site abge-schlossen, und Sie können deren Einstellungen konfigurieren. Ab diesem Zeitpunkt kann bereits mit einem Browser auf diese noch nicht angepasste Seite zugegriffen werden, wie in Abbildung 4.141 dargestellt.

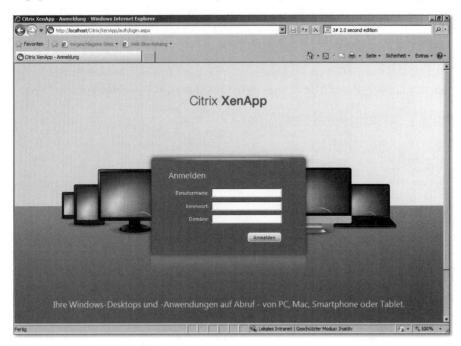

**Abbildung 4.141**   Webinterface im Browser

### Konfiguration der Serverfarmen

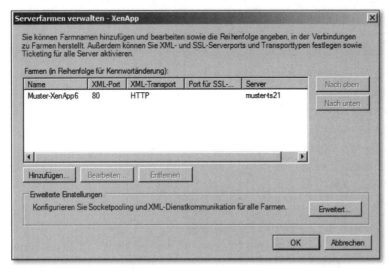

**Abbildung 4.142**   Serverfarmen verwalten

Als ersten Schritt nach der Erstellung einer Webinterface-Site sollten Sie die Konfiguration der vorhandenen Serverfarmen abschließen. Den entsprechenden Konfigurationsdialog können Sie über einen Rechtsklick auf die Site erreichen – der hierfür zuständige Menüpunkt ist SERVERFARMEN und bietet einen direkt Zugriff auf eine Liste der hinterlegten Ziele, wie in Abbildung 4.142 dargestellt.

Über HINZUFÜGEN können Sie an dieser Stelle auch die XenDesktop-Site hinzufügen, um die veröffentlichten Desktop-Gruppen mit im Webinterface anzubieten.

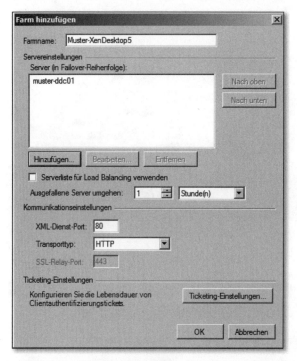

**Abbildung 4.143** Farm hinzufügen

### Konfiguration der Authentifizierung

Als Nächstes sollten Sie die Authentifizierung der Benutzer konfigurieren. Hierzu starten Sie über den Kontextmenüpunkt der Site AUTHENTIFIZIERUNGSMETHODEN den entsprechenden Assistenten.

Bei der Auswahl der verfügbaren Methoden stehen fünf Varianten mit unterschiedlichen Sicherheitsstufen zur Verfügung. Bei einer *expliziten* Anmeldung muss der Benutzer seine Anmeldeinformationen eingeben, um sich anmelden zu können. Die anderen Varianten setzen gewisse Gegebenheiten an den Clients oder für den Benutzer voraus.

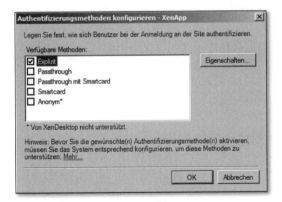

**Abbildung 4.144** Authentifizierung konfigurieren

Über die Schaltfläche EIGENSCHAFTEN können die konkreten Einstellungen der jeweiligen Authentifizierungsmethode geändert werden. So können etwa Einschränkungen auf bestimmte Domänen vorgenommen werden, um einem Benutzer nicht die Anmeldung an einer beliebigen Domäne zu gestatten.

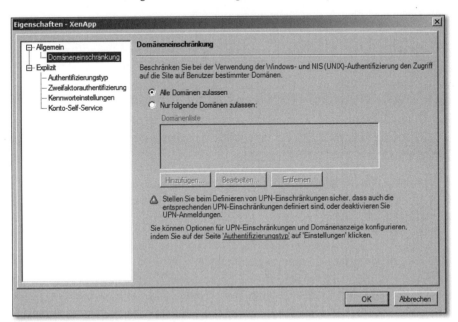

**Abbildung 4.145** Domäneneinschränkungen

Auch die Art und Eingabe der Anmeldung kann konfiguriert werden. Wie in Abbildung 4.146 dargestellt, ist auch die Anmeldung über eine Novell NDS möglich – auch wenn dieser gegebenenfalls nicht von den Zielfarmen akzeptiert wird.

Sollen auf der Anmeldeseite für den Benutzer die zur Auswahl stehenden Domänen fest vorgegeben werden, so können Sie dies über einen Klick auf EINSTELLUNGEN konfigurieren.

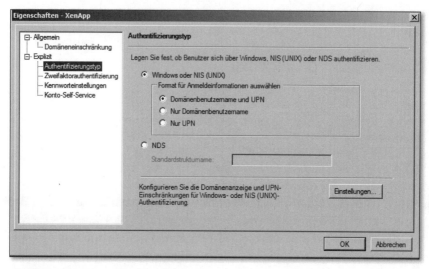

**Abbildung 4.146**   Authentifizierungstyp

Durch eine Angabe der möglichen Anmeldedomänen oder UPN-Suffixe und das Ausblenden des Domänenfeldes erhöhen Sie die Sicherheit des Webinterfaces weiter (siehe Abbildung 4.147). Dies gilt insbesondere, wenn das Webinterface über das Internet erreichbar ist, da einem Benutzer nur sehr wenig Spielraum für die Anmeldung gelassen wird. Nach der Fertigstellung des Assistenten werden die Änderungen sofort auf der Webseite sichtbar, indem beispielsweise das Domänenfeld nicht mehr erscheint.

Neben der reinen Nutzung von Benutzername und Passwort bietet das Webinterface die Möglichkeit, einen zweiten Faktor für die Anmeldung zu nutzen, wie Abbildung 4.148 zeigt.

Über den Menüpunkt KENNWORTEINSTELLUNGEN definieren Sie, ob die Benutzer über das Webinterface in der Lage sein sollen, ihr Kennwort zu ändern (siehe Abbildung 4.149). Diese Option ist insbesondere dann interessant, wenn Anwender existieren, die ausschließlich über das Webinterface arbeiten.

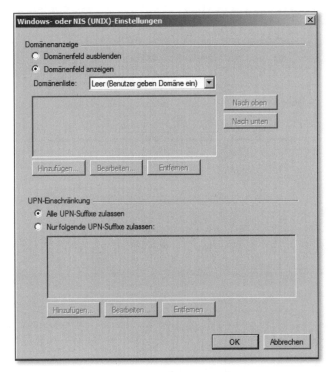

**Abbildung 4.147**  Windows- oder NIS-Einstellungen

**Abbildung 4.148**  Zweifaktorauthentifizierung

Sofern im Unternehmen ein Citrix Password Manager im Einsatz ist, kann auch dieser in die Webinterface-Authentifizierung integriert werden. Unter dem Punkt Konto-Self-Service können Sie hierbei beispielsweise die Kennwortzurücksetzung oder die Aufhebung der Kontosperrung aktivieren (siehe Abbildung 4.150).

Weitere Informationen zum Citrix Password Manager finden Sie in Abschnitt 7.8, »Password Manager«.

Eigenschaften - XenApp
Allgemein
Domäneneinschränkung
Explizit
Authentifizierungstyp
Zweifaktorauthentifizierung
Kennworteinstellungen
Konto-Self-Service
Kennworteinstellungen
Legen Sie fest, ob und unter welchen Umständen Benutzer ihre Kennwörter ändern können, und konfigurieren Sie Benachrichtigungen für ablaufende Kennwörter. Mehr...
Benutzer können Kennwörter ändern
Nur bei Ablauf
Jederzeit
Benutzer vor Ablauf der Kennwörter erinnern:
Nicht erinnern
Erinnerungseinstellungen der Active Directory-Gruppenrichtlinie verwenden
Benutzerdefinierte Erinnerungseinstellungen verwenden
Benutzer erinnern
2
Woche(n)
vor Ablauf erinnern
OK
Abbrechen

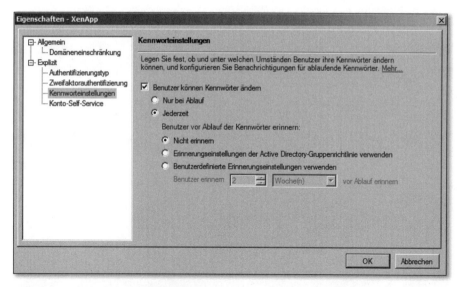

**Abbildung 4.149** Kennworteinstellungen

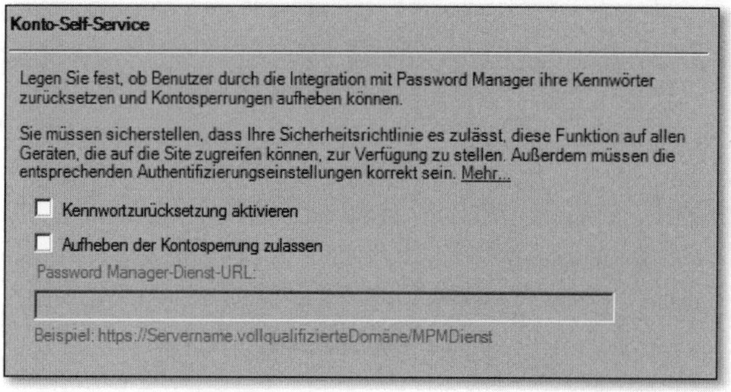

Konto-Self-Service
Legen Sie fest, ob Benutzer durch die Integration mit Password Manager ihre Kennwörter zurücksetzen und Kontosperrungen aufheben können.
Sie müssen sicherstellen, dass Ihre Sicherheitsrichtlinie es zulässt, diese Funktion auf allen Geräten, die auf die Site zugreifen können, zur Verfügung zu stellen. Außerdem müssen die entsprechenden Authentifizierungseinstellungen korrekt sein. Mehr...
Kennwortzurücksetzung aktivieren
Aufheben der Kontosperrung zulassen
Password Manager-Dienst-URL:
Beispiel: https://Servername.vollqualifizierteDomäne/MPMDienst

**Abbildung 4.150** Konto-Self-Service

## Anpassung der Darstellung

Neben den Einstellungen, die der Funktionalität dienen, ist die Anpassung des Designs an die Unternehmensstandards einer der wichtigsten Punkte, um Akzeptanz für eine Komponente zu schaffen. Im Gegensatz zu älteren Versionen des Webinterfaces bieten die 4er-Versionen eine komfortable Oberfläche, um diese Konfigurationen durchzuführen. Über den Punkt WEBSITEDARSTELLUNG des Kontextmenüs rufen Sie die Konfiguration auf.

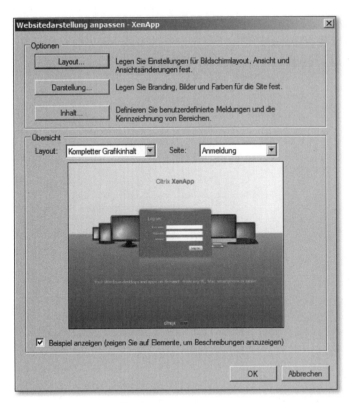

**Abbildung 4.151**  Websitedarstellung anpassen

Wie auch bei den anderen Verwaltungsoptionen öffnet sich ein neues Fenster, in dem die vier möglichen Konfigurationsbereiche aufgezeigt werden. Über die Vorschau und die Beschreibungen neben den Schaltflächen lässt sich schnell die gewünschte Option lokalisieren.

Über die Schaltfläche LAYOUT bearbeiten Sie den Aufbau der Webinterface-Seite. Zwar können Sie den Aufbau hierüber nicht komplett ändern, jedoch stehen Formate zur Verfügung, die für die Benutzer vorgegeben werden können.

Der weitaus interessantere Punkt ist die DARSTELLUNG der Webseite, da Sie hierbei die Designvorgaben des Unternehmens in Form von Farben und Logos umsetzen können.

Auf diesem Weg lässt sich mit sehr geringem Aufwand ein positives Ergebnis erzielen, das zwar aus rationaler Sicht nicht zu erklären ist, für die Akzeptanz jedoch von größter Wichtigkeit ist. Aus diesem Grund empfehlen wir, immer das Branding an dieser Stelle zu bearbeiten, auch wenn es nur ein Logo und ein paar Farben sind.

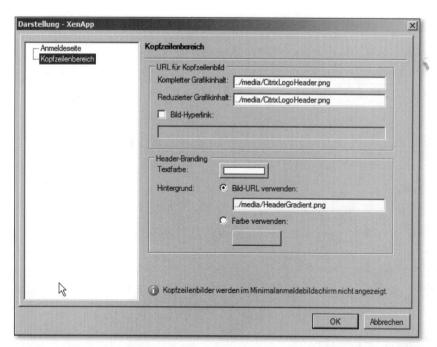

**Abbildung 4.152** Darstellung

Die Schaltfläche INHALT bietet in erster Linie die Möglichkeit, die Standardsprache des Webinterfaces auszuwählen. Sofern dies geschehen ist, können Sie bei Bedarf auch den Text der Willkommensnachricht anpassen.

Neben den über die Verwaltungskonsole gebotenen Möglichkeiten der Anpassung können Sie natürlich auch auf Ebene der Webseite oder der Vorlagen selbst gestalterisch eingreifen. Sollen beispielsweise die scheinbar festen Textblöcke der Seite geändert werden, empfehle ich Ihnen einen Blick in den Ordner *[Citrix-Installation]\Webinterface\[Version]\languages* zu werfen. Dort finden sich die Dateien, in denen die Textblöcke für die unterschiedlichen Sprachen definiert sind. Für die deutsche Sprache wäre eine dieser Dateien beispielsweise *common_strings_de.properties*, wie in Abbildung 4.153 dargestellt.

> **Hinweis**
>
> Nach einer Anpassung in dieser Datei müssen Sie den WWW-Dienst neu starten, um die Änderungen in das Webinterface zu übernehmen.

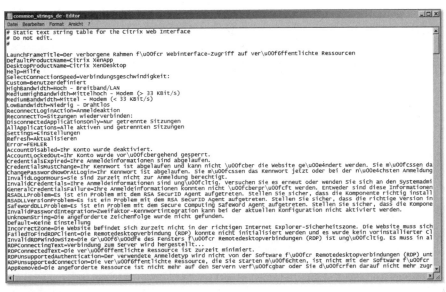

**Abbildung 4.153** common_strings_de.properties

### Client-Bereitstellung verwalten

Neben der reinen Funktionalität und dem Design der Seite spielt der Verbindungsaufbau mit dem Client die größte Rolle. Um sicherzustellen, dass das Endgerät über einen qualifizierten Client verfügt und diesen auch nutzen kann, können Sie diverse Einstellungen über den Punkt CLIENTBEREITSTELLUNG treffen.

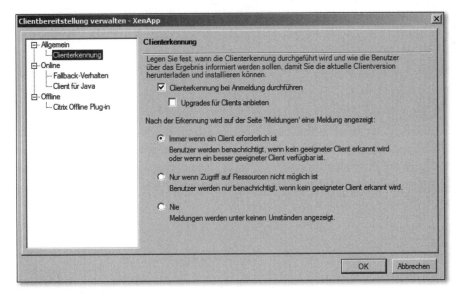

**Abbildung 4.154** Veröffentlichte Ressourcen und Clients

Wie eingangs beschrieben, existiert eine Reihe von Client-Varianten, die für den Verbindungsaufbau genutzt werden können.

> **Tipp**
>
> Da der Client für Java der allgemeinste und flexibelste der Clients ist, sollte er immer mit aktiviert werden. Dies ermöglicht auch ein *automatisches Fallback*, falls keine der anderen Client-Methoden genutzt werden kann.

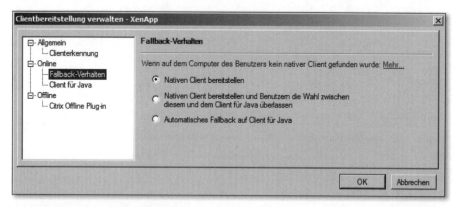

**Abbildung 4.155** Clientbereitstellung

Sofern der Java-Client mit ausgewählt wurde, können Sie im nächsten Schritt den Punkt AUTOMATISCHES FALLBACK AUF CLIENT FÜR JAVA aktivieren.

Die Eigenschaften und Einstellungen des Java-Clients lassen sich durch Markieren und Auswählen von EIGENSCHAFTEN bearbeiten. Für den Java-Client können Sie explizit die Pakete und Funktionen wählen, die den Benutzern zur Verfügung gestellt werden sollen. Wie schon an anderen Stellen können Sie auch hier dem Benutzer die Möglichkeit geben, selbst über die zu nutzenden Pakete zu entscheiden.

Sofern der Java-Client über das *Secure Gateway* genutzt werden soll, ist die Konfiguration des privaten Stammzertifikates von äußerster Wichtigkeit, da nur hierüber ein erfolgreicher Aufbau des SSL-Tunnels realisiert werden kann. Die Anforderungen und Komponenten des Secure Gateways werden in Abschnitt 7.5, »Secure Gateway«, ausführlich behandelt.

**Client-seitigen Proxy bearbeiten**

Da das Webinterface im Prinzip mit einer »normalen« Internetseite zu vergleichen ist, spielt auf der Seite des Clients häufig ein Proxy eine große Rolle für den Verbindungsaufbau. Insbesondere bei der Verbindung über ein *Secure Gateway*, bei der im Standard der SSL-Port 443 genutzt wird, kann in vielen Fällen nur über einen Proxyserver eine Verbindung »nach außen« aufgebaut werden. Da aber nicht in jedem Fall die Einstellungen des Internet Explorers übernommen werden können, können Sie über das Webinterface vorgeben, ob der Client einen Proxy nutzen soll oder nicht.

Über das in Abbildung 4.156 dargestellte Fenster können Sie für die jeweiligen Quelladressen der Clients konfigurieren, ob und welchen Proxyserver sie für einen Verbindungsaufbau nutzen sollen. Sofern die Quelladresse der Clients nicht bekannt oder definiert ist, werden die Einstellungen des Eintrages STANDARD genutzt.

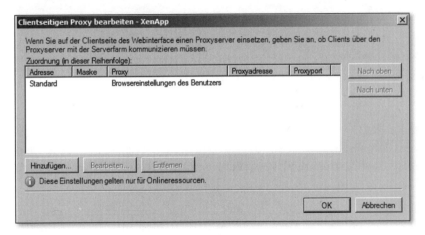

**Abbildung 4.156** Clientseitigen Proxy bearbeiten

Über die Schaltfläche HINZUFÜGEN können Sie weitere Einstellungen für den Client vornehmen, bei denen Sie aus einer vordefinierten Liste die Art des Zugriffs auswählen. Sofern ein spezieller Zugriff genutzt werden soll, können Sie dies ebenfalls über diesen Dialog steuern.

**Sitzungseinstellungen verwalten**

Analog zu den Einstellungsmöglichkeiten des XenApp-Plugins können Sie auch am Webinterface erweiterte Einstellungen für die Client-Verbindungen konfigurieren. Hierbei können Sie dem Benutzer beispielsweise einige Optionen freischalten, um selbstständig Einfluss auf die VERBINDUNGSLEISTUNG zu nehmen, indem einige ICA-Funktionen von ihm selbst konfiguriert werden können. Auch Einstellungen für Tastaturkürzel oder die Synchronisation mit einem PDA lassen sich an dieser Stelle definieren.

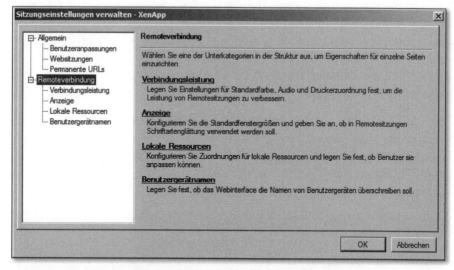

**Abbildung 4.157**   Einstellungen für Sitzungen verwalten

Eine wichtige Option an dieser Stelle ist die Aktivierung bzw. Deaktivierung des Kioskmodus, bei dem die Einstellungen der Benutzer beibehalten oder verworfen werden können. Abhängig davon, für welches Einsatzgebiet das Webinterface eingeführt wird, kann diese Einstellung dafür sorgen, dass immer mit einem einheitlichen Standard gearbeitet wird.

Sehr nützlich ist auch die Einstellung unter WEBSITZUNGEN. Hier können Sie nun die Time-Out-Werte für die Anmeldung am Webinterface einstellen. Bei älteren Versionen des Webinterfaces musste dies noch über eine manuelle Eintragung in den Webseiten geschehen.

### Workspace Control verwalten

Über den Navigationspunkt WORKSPACE CONTROL (siehe Abbildung 4.158) erreichen Sie einen der Punkte, die für die größte Verwirrung in einem Netzwerk sorgen können.

Wie auch die *XenApp Services* bietet das Webinterface die Möglichkeit, *Workspace Control* zu nutzen. Hierbei können einem Benutzer bei der Anmeldung automatisch *getrennte* oder *alle* Sitzungen verbunden werden. Und genau an dieser Stelle liegt das Potenzial für Verwirrungen.

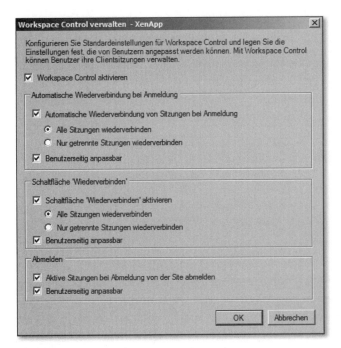

**Abbildung 4.158**  Workspace Control verwalten

Um das Problem zu verdeutlichen, stelle man sich einmal die Versandabteilung der Musterhandel GmbH vor. Hier stehen einige PCs, an denen über einen Barcode-Scanner Aufträge gescannt werden, zu denen dann über einen lokalen Drucker Etiketten gedruckt werden. Da die PCs an dieser Stelle ein reines »Druckwerkzeug« sind, arbeiten bisher alle Mitarbeiter mit einem gemeinsamen Benutzernamen *VERSAND* mit dem Passwort *versand123*. Lässt man die (fatale) Sicherheitssituation einmal außen vor, so ist diese Vorgehensweise für die Mitarbeiter sehr einfach und praktikabel. Nun wird eine XenApp-Umgebung eingeführt, und die Mitarbeiter sollen über ein Webinterface mit den in Abbildung 4.158 gezeigten Standardeinstellungen arbeiten. Was passiert?

Der erste Benutzer meldet sich an. Er bekommt seine Anwendungen angezeigt, kann diese starten und beginnt zu arbeiten. Nun meldet sich ein zweiter Benutzer am Webinterface an. Auch er bekommt seine Anwendungen angezeigt und startet diese. In der nächsten Sekunde wundert er sich darüber, warum in der Anwendung schon der richtige Menüpunkt geöffnet ist und sein Kollege am Tisch nebenan lauthals über die »Sch...-EDV« schimpft. Er schmunzelt in sich hinein und sagt seinem Kollegen, er solle sich einfach mal neu anmelden, dann würde es bestimmt wieder gehen. Das macht der Kollege auch und ruft herüber, dass es tatsächlich wieder ginge. Ein Blick auf den Bildschirm lässt aber nun den zweiten schimpfen, da nun seine Anwendungen weg sind ... Je nach Gemüt der Mitarbeiter kann dieses Spiel beliebig lange fortgesetzt werden.

Die Gefahr des Workspace Control liegt darin, dass in der Standardeinstellung alle Sitzungen wieder verbunden werden, also auch die, die ein anderer Mitarbeiter, der mit dem gleichen Benutzernamen arbeitet, geöffnet hat. Man sollte sich also genau überlegen, ob man die Einstellungen oder die Benutzerstrategie ändert.

> **Hinweis**
>
> Diese Situation trifft auf das Webinterface und das Online-Plug-in zu. Die Empfehlung geht ganz klar in die Richtung, jeden Benutzer mit einem individuellen Benutzernamen arbeiten zu lassen. Dies löst das Problem des Workspace Controls und trägt zu einer wesentlichen Erhöhung der Sicherheit des Netzwerkes bei.

### Load Balancing für Sites

Sofern eine sehr große Anzahl von Benutzern über das Webinterface auf die Xen-App-/XenDesktop-Umgebung zugreifen soll, kann es sehr sinnvoll sein, nicht nur einen, sondern mehrere Server für das Webinterface zu nutzen. Eine Herausforderung, die an dieser Stelle auftauchen wird, ist die einheitliche Konfiguration der einzelnen Seiten. Um diese Herausforderung zu meistern, bietet das Webinterface die Möglichkeit, mehrere Seiten zu einer *Sitegruppe* zusammenzufassen, die eine zentrale und einheitliche Konfiguration aufweist.

> **Hinweis**
>
> Wichtig ist an dieser Stelle, dass nur Sites mit derselben Version und Konfigurationsquelle in einer Sitegruppe zusammengefasst werden können.

### Sicheren Client-Zugriff verwalten

In nahezu jedem Fall, in dem man über einen webbasierten Zugriff auf Ressourcen spricht, spricht man auch über den Zugriff aus öffentlichen Netzen wie dem Internet. Da es aber nicht unbedingt der beste Weg ist, ein Webinterface und einen Xen-App-Server mit einer offiziellen IP-Adresse in das Internet zu stellen, muss es eine Möglichkeit geben, diese Server hinter einem Firewall- oder NAT-(Network-Address-Translation-)System zu platzieren und dann darüber von außen auf die Server zuzugreifen. In der Tat gibt es eine Vielzahl von Möglichkeiten, einen solchen Zugriff zu realisieren, die in Abbildung 4.159 aufgezeigt werden.

Die bisher genutzte Zugriffvariante ist der *direkte Zugriff*. Das bedeutet, dass der Client direkt mit dem Webinterface und den Terminalservern kommunizieren kann. Wie sieht aber nun eine Konfiguration mit einem NAT zwischen den Systemen aus, bei dem der Client auf der externen Seite steht?

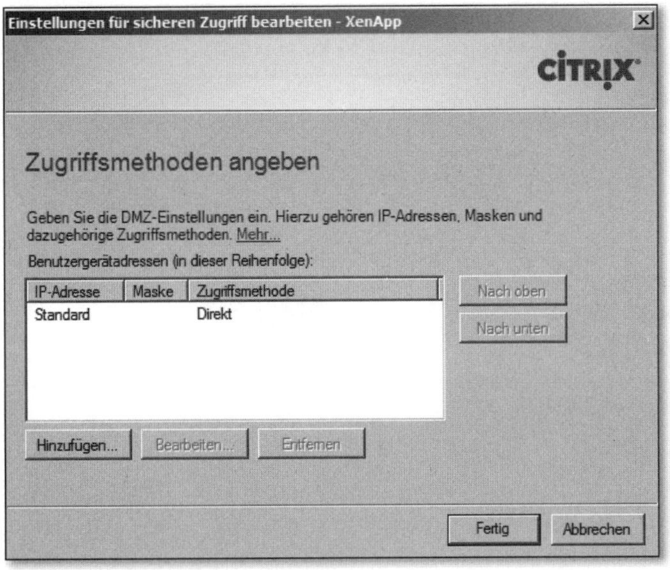

**Abbildung 4.159** Sicherer Zugriff

Nehmen wir als Beispiel das in Abbildung 4.160 dargestellte Szenario, so müssen auf dem NAT-System zunächst zwei Veröffentlichungen eingerichtet werden. Zum einen muss jede Anfrage, die an die externe Schnittstelle (10.1.1.1) auf den Port 80 gerichtet wird, an das interne Webinterface (192.168.1.101) Port 80 weitergeleitet werden. Analog dazu muss jede Anfrage, die an die externe Schnittstelle auf Port 1494 gerichtet wird, auf den internen Terminalserver (192.168.1.100) auf Port 1494 weitergeleitet werden.

Ein Client, der von außen eine Verbindung mit dem Webinterface herstellen will, muss nun mit dem Browser auf die externe Schnittstelle (10.1.1.1) zugreifen und würde entsprechend auf das Webinterface umgeleitet. Das würde so auch funktionieren. Doch könnte er darüber auch eine Anwendung starten? Nein, könnte er nicht! An dieser Stelle stellt sich nun die Frage: Warum nicht? Liegt es am NAT? Liegt es am Terminalserver?

Ein pfiffiger Administrator wird an diesem Punkt eine benutzerdefinierte ICA-Verbindung mit dem Online-Plug-in auf dem Client anlegen und versuchen, eine Verbindung mit der 10.1.1.1 herzustellen. Das würde ebenfalls funktionieren. Warum also nicht mit den veröffentlichten Anwendungen über das Webinterface?

Die Lösung hierfür ist in den *ICA-Dateien* zu finden. Das Webinterface kann von außen erreicht werden, weil es direkt auf einen Port antwortet. Genauso ist es mit dem ICA-Port bei einer benutzerdefinierten Verbindung.

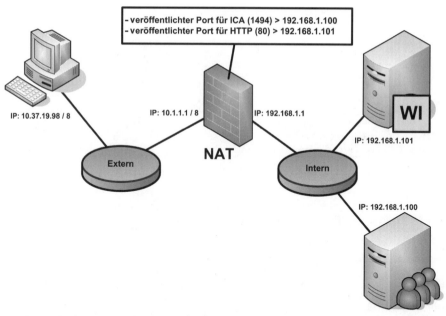

**Abbildung 4.160**  Aufbau einer NAT-Umgebung

Die Anwendungsverknüpfungen im Webinterface hingegen sind ICA-Dateien, die durch den XML-Dienst mit Leben erfüllt werden. In der Datei steht somit die interne Adresse des Terminalservers, die von außen nicht erreicht werden kann. Wie soll der XML-Dienst auch wissen, dass ein Client nicht direkt auf den Server zugreifen kann? Man muss es ihm sagen!

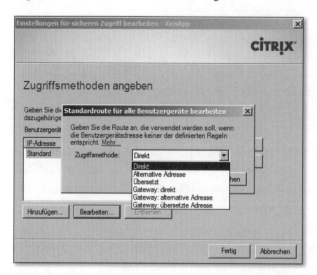

**Abbildung 4.161**  Einstellungen für sicheren Zugriff bearbeiten

Über die Einstellung EINSTELLUNGEN FÜR SICHEREN ZUGRIFF BEARBEITEN können Sie für unterschiedliche Client-IP-Adressen konfigurieren, wie auf die Zielsysteme zugegriffen werden soll.

Sofern kein Gateway verwendet werden soll, stehen neben der direkten Verbindung noch zwei Alternativen zur Verfügung, um den Zugriff über ein NAT-System zu realisieren:

▶ ALTERNATIVE ADRESSE

Bei der *alternativen Adresse* wird jedem Terminalserver über den Befehl ALTADDR eine virtuelle Adresse zugewiesen, die der externen Adresse entsprechen muss, über die er von außen erreichbar ist.

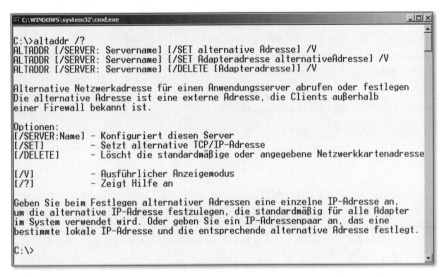

**Abbildung 4.162** altaddr-Optionen

Für das gezeigte Beispiel müsste also auf dem Terminalserver der Befehl ALTADDR /SET 10.1.1.1 ausgeführt werden. Sofern das Webinterface nun so konfiguriert wird, dass die alternative Adresse genutzt werden soll, wird in der ICA-Datei für den Verbindungsaufbau die so definierte Adresse eingetragen und eine Verbindung zu einer veröffentlichten Anwendung ist möglich.

▶ ÜBERSETZT

Sofern nicht mit einer alternativen Adresse gearbeitet werden soll oder kann, besteht die Möglichkeit, mit einer *Adressübersetzung* zu arbeiten. Hierbei wird nicht dem Terminalserver, sondern dem Webinterface mitgeteilt, wie Adressen angepasst werden müssen, damit ein Client darauf zugreifen kann. Interessant ist bei der Adressübersetzung, dass auch die Einstellungen für den Port geändert werden können, was bei der alternativen Adresse nicht möglich ist.

Beide Varianten ermöglichen den Zugriff von außen, beinhalten jedoch keine Verschlüsselung der Daten mit SSL. Um eine Datenverschlüsselung zu erreichen, sollten Sie das Secure Gateway oder das Access Gateway einsetzen, die in den Abschnitten 7.5, »Secure Gateway«, und 7.6, »Access Gateway«, erklärt werden.

### 4.7.4 Erstellung einer XenApp-Services-Site

Wie im vorangegangenen Abschnitt ausgeführt, ist das Webinterface sehr flexibel in seinen Konfigurations- und Anpassungsmöglichkeiten, allerdings mit dem Nachteil, sich nicht vollständig in die Desktop-Umgebung des Clients zu integrieren. Um an dieser Stelle eine Alternative zu schaffen, die direkt auf diese Probleme reagiert, aber nicht auf die automatische Konfiguration verzichtet, wurde das *XenApp Plugin (ehemals: Program Neighborhood Agent – PNA)* entwickelt. Hierbei erfolgt die komplette Konfiguration des Clients über eine XML-Datei, die zentral auf einem Webserver mit Citrix-Webinterface bereitgestellt und gepflegt werden kann.

**Erstellen einer Konfigurationswebseite**

Die benötigte XML-Datei, auch Konfigurationswebseite genannt, muss auf einem Server liegen, auf dem das Webinterface installiert ist. Die Konfiguration erfolgt hierbei, wie im vorherigen Abschnitt beschrieben, über die Webinterface-Verwaltungskonsole.

**Abbildung 4.163** Erstellen einer XenApp-Services-Site

Wie in Abbildung 4.163 dargestellt, erfolgt hierin die Konfiguration der zu nutzenden IIS-Seite. Da die Konfigurationswebseite auf einen vorhandenen Internet

Information Server aufsetzt, können Sie die vorhandenen virtuellen Seiten und Verzeichnisse auswählen. Die weitere Konfiguration der Site erfolgt analog zur Erstellung der Webinterface-Site, so dass die hier zu wählenden Einstellungen nun bekannt sein dürften.

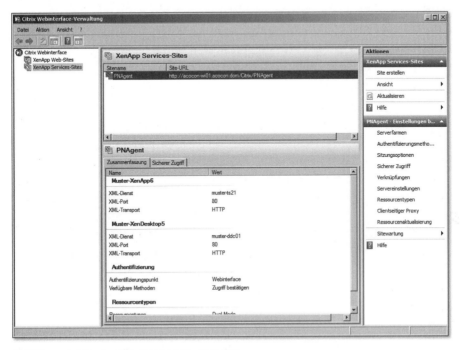

**Abbildung 4.164**   Erstellte XenApp-Services-Site

Mit diesem Schritt ist auch dieser Teil der Webinterface-Konfiguration abgeschlossen, und die benötigten Web-Ressourcen stehen nun für die spätere Verwendung zur Verfügung.

# 4.8    Zusammenfassung der durchgeführten Schritte

Ziehen wir einen Statusstrich bis zu dieser Stelle, so können wir festhalten, dass nun alle verwaltenden und steuernden Komponenten – die Controller – der geplanten Citrix XenApp- und XenDesktop-Umgebung installiert sind. Auch wurden bereits einige anpassende Einstellungen vorgenommen, um beispielsweise die Lizenzierung und den Zugriff über das Webinterface für die Umgebung zu aktivieren.

Im Hinblick auf die nun zur Verfügung stehenden Möglichkeiten können wir darüber hinaus festhalten, dass mit den XenApp-Servern, den XenDesktop-Delivery-Controllern und den Provisioning Servern alle Systeme installiert wurden, über die später die Zuweisung der Workloads bzw. die Zuweisung der Anwendungen an die Benutzer durchgeführt werden können.

Im Hinblick auf das übergreifende Gesamtszenario der Musterhandel GmbH sind somit die vorbereitenden Schritte abgeschlossen, so dass nun die inhaltliche Konfiguration und die Bereitstellung der Worker erfolgen kann.

*Neben den verwaltenden Controller-Rollen muss natürlich auch jemand die eigentliche Arbeit übernehmen. Nun werden wir die Worker installieren.*

# 5 Bereitstellung der Worker

## 5.1 Installation der Virtualisierungsplattform

Eine wesentliche Komponente, die die Bezeichnung *Worker* in jedem Sinne verdient, ist die Virtualisierungsplattform, auf der später sowohl Server als auch in erster Linie die virtuellen Desktops betrieben werden können.

Aus dem Blickwinkel von unterstützten Produkten könnte an dieser Stelle neben dem Citrix XenServer auch VMwares ESX/vSphere oder ein Microsoft Hyper-V zum Einsatz kommen. Es gibt jedoch einige gute Argumente, die dafür sprechen, als Virtualisierungslösung auf den Citrix XenServer in seiner aktuellen Version 5.6 FP1 zu setzen. Neben der Tatsache, das komplette Desktop-Virtualisierungs-Portfolio aus einer Hand zu bekommen, sprechen vor allem seine Leistungsfähigkeit, die reibungslose Integration mit XenDesktop und die Optimierung für XenApp für den XenServer.

> **Hinweis**
>
> Mit reibungsloser Integration ist an dieser Stelle gemeint, dass ein XenServer direkt von einem XenDesktop Delivery Controller angesprochen werden kann, ohne weitere Komponenten wie ein vCenter oder einen System Center Virtual Machine Manager zu benötigen oder eine besondere Rücksicht auf unterstützte Software-(versions-) Konstellationen nehmen zu müssen.

### 5.1.1 Vorüberlegungen zum Einsatz von XenServer

Doch was genau steckt hinter dem XenServer und worin liegt seine besondere Stärke im Hinblick auf XenApp- und XenDesktop-Umgebungen?

In Bezug auf die Funktionalitäten der Server-Virtualisierung bietet Citrix mit dem XenServer eine Lösung, die wie die anderen auch genutzt werden kann, um virtuelle Serversysteme abbilden zu können. Technisch gesehen handelt es sich bei dem XenServer um eine Mischform zwischen Bare-Metal- und Paravirtualisierung. Bare-Metal deshalb, weil der XenServer als *Type-1-Hypervisor* direkt auf die Hardware aufgebracht wird und nicht – wie etwa der VMware Server (ehemals GSX) oder der Virtual Server von Microsoft – ein installiertes Windows oder Linux als Plattform voraussetzt.

Auf der anderen Seite handelt es sich aber um eine Paravirtualisierung, da das virtualisierte Betriebssystem »wissen« muss, dass es virtualisiert ist und sich die Systemressourcen mit anderen virtuellen Systemen teilen muss. In erster Linie gilt dies für virtualisierte Linux-Systeme. Für Windows-Systeme ist darüber hinaus ein kleiner »Trick« notwendig, um diese mit dem XenServer virtualisiert betreiben zu können – die CPUs des Hosts-Systems müssen Virtualisierungsschnittstellen bieten, also Intel VT oder AMD-V. Ohne an dieser Stelle zu sehr in die technischen Details einsteigen zu wollen, liegt dies darin begründet, dass bei dem XenServer keine Hardware emuliert wird, wie dies etwa bei VMware ESX/vSphere der Fall ist.

Der Hypervisor dient nur dazu, die Ressourcenzugriffe auf CPU und RAM zu steuern, die sonstige Hardware aber wird direkt adressiert – auch mit den echten Treibern. Sämtliche Verwaltungs- und Infrastrukturfunktionalitäten von XenServer befinden sich parallel zu den Gastsystemen und nicht darunter, wie etwa bei VMware. Durch diese somit sehr schlanke Architektur – eine Vollvirtualisierung à la ESX hat einen größeren Overhead – ist der XenServer prädestiniert für lastintensive Workloads, wie es Terminalserver und eine große Anzahl von virtuellen Desktops nun einmal sind.

Das Schöne ist, dass diese Vorteile nicht durch eine komplizierte oder unübersichtliche Systemstruktur überlagert werden, sondern dass der XenServer auch für unerfahrene Administratoren und Einsteiger in das Thema der System-Virtualisierung sehr leicht zu handhaben ist, wie die folgenden Abschnitte zeigen werden.

### 5.1.2 Installation eines XenServer-Hosts

Die Installation eines XenServer-Hosts stellt sich hierbei schon als sehr einfach und geradlinig dar. Nach dem Einlegen der Installations-CD kann der Server direkt von dieser neu gestartet werden, und durch einen Boot von CD öffnet sich automatisch der Installationsvorgang von XenServer, wie Sie in Abbildung 5.1 sehen.

Dieser führt mit einfachen Optionen durch den gesamten Installationsprozess des Systems, bei dem Sie in den ersten Schritten zunächst nur die gewünschte Tastaturbelegung und eventuell weitere notwendige Hardwaretreiber auswählen, wie in den Abbildungen 5.2 und 5.3 gezeigt.

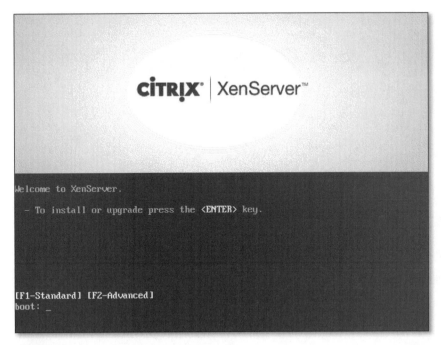

**Abbildung 5.1**   Installation von XenServer

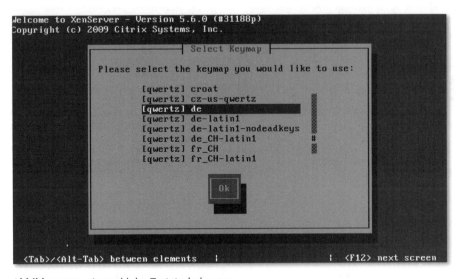

**Abbildung 5.2**   Auswahl der Tastaturbelegung

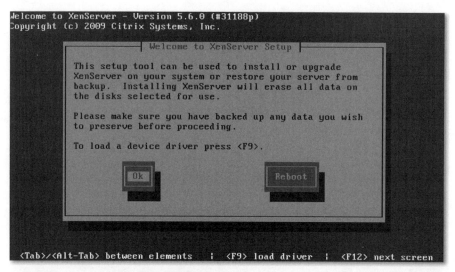

**Abbildung 5.3**  Laden von zusätzlichen Treibern

Nach der Bestätigung des Lizenzvertrages, wie in Abbildung 5.4 dargestellt, beginnt die eigentliche Installation mit der Auswahl der gewünschten Installationsparameter.

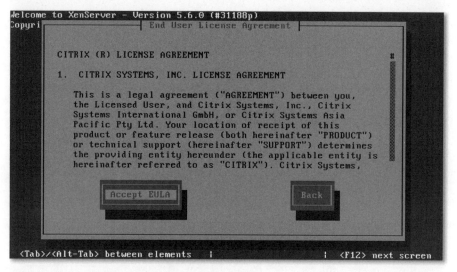

**Abbildung 5.4**  Bestätigen der Lizenzvereinbarung

Zunächst wählen Sie hierbei, von welcher Installationsquelle die notwendigen Systemdateien kopiert werden sollen.

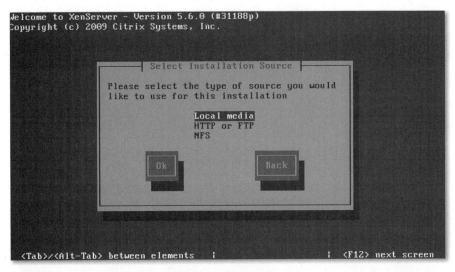

**Abbildung 5.5** Auswahl der Installationsquelle

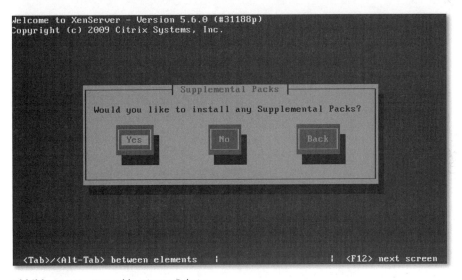

**Abbildung 5.6** Auswahl weiterer Pakete

Anschließend geben Sie an, ob weitere Pakete, wie etwa ein Unterstützungspaket für Linux-Systeme, mit installiert werden sollen (Abbildung 5.6). Hierfür reicht es, wenn Sie Yes wählen. Beim Einlegen einer entsprechenden CD werden die Inhalte automatisch erkannt.

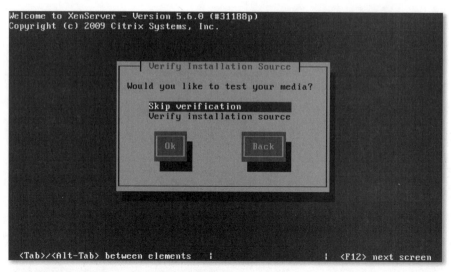

**Abbildung 5.7** Prüfung der Installationsdatenträger

Nach einer optionalen Prüfung der Installationsdatenträger müssen Sie das lokale *Administrator-* bzw. *Root-Kennwort* vergeben, wie in Abbildung 5.8 gezeigt.

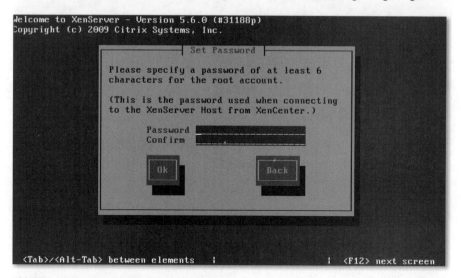

**Abbildung 5.8** Eingabe des Root-Kennwortes

Anschließend konfigurieren Sie die Management-Netzwerk-Schnittstelle, wie in den Abbildungen 5.9 und 5.10 dargestellt. Hierbei können Sie zwischen einer manuellen und einer automatischen Konfiguration via DHCP auswählen. Grund-

sätzlich sollten Sie an dieser Stelle aber für Host-Systeme nach Möglichkeit stati-
sche IP-Konfigurationen vornehmen.

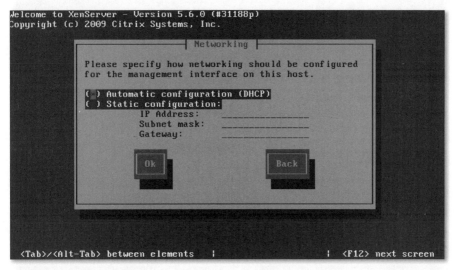

**Abbildung 5.9**  IP-Konfiguration

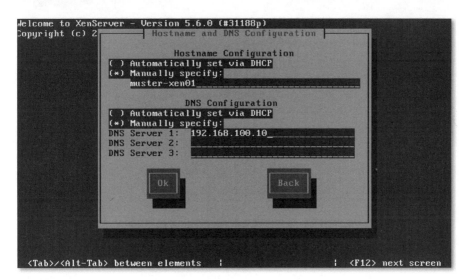

**Abbildung 5.10**  Namen- und DNS-Konfiguration

Für die daraufhin folgende Konfiguration der Zeit- und Zeitzoneneinstellungen
können Sie den geografischen Standort der Server über die Kontinente bis hin zu
den Städten wählen.

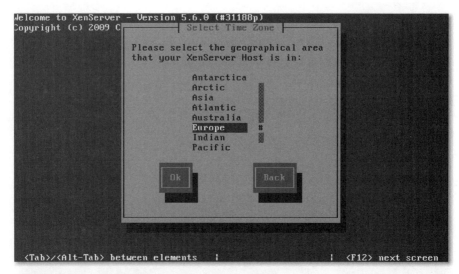

**Abbildung 5.11**   Zeitzoneneinstellungen 1

**Abbildung 5.12**   Zeitzoneneinstellungen 2

Sofern Uhrzeit und Datum nicht manuell konfiguriert werden sollen, können Sie im nächsten Schritt auch die automatisierte Konfiguration über einen NTP-Server konfigurieren. Dies ist insofern eine sinnvolle Einstellung, als es für den Betrieb von mehreren XenServern in zusammenhängenden Verwaltungseinheiten, sogenannten *Pools*, extrem wichtig ist, mit einer synchronen Uhrzeit konfiguriert zu sein.

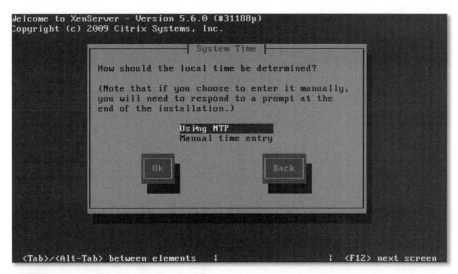

**Abbildung 5.13** Zeiteinstellungen via NTP

**Abbildung 5.14** Starten des Kopiervorgangs

Nach diesen Konfigurationsschritten können Sie den Kopiervorgang der System-dateien starten, wie in Abbildung 5.14 gezeigt. Je nach Leistung des Serversystems kann dieser Vorgang einige Minuten in Anspruch nehmen und ist erst nach einem abschließenden Neustart des Servers abgeschlossen.

**Abbildung 5.15** xsconsole nach der Installation

Nach dem Neustart fährt das System automatisch in einem Konsolenmodus hoch, der über eine textbasierte Oberfläche diverse Konfigurationstätigkeiten am System erlaubt. Diese Konsole, »xsconsole« genannt und in Abbildung 5.15 gezeigt, lässt sich auch später jederzeit über den Aufruf von xsconsole starten, sofern sie einmal beendet wurde oder eine Remoteverbindung, etwa über *PUTTY.EXE*, auf den Server durchgeführt wurde.

Eine genaue Betrachtung der Möglichkeiten der Konsole und der XenServer-Kommandozeile lassen wir an dieser Stelle aus, da sie an diesem Punkt zu weit führen würde. Vielleicht wird sich diesem Thema einmal ein eigenes Buch widmen.

### 5.1.3  Konfiguration über das XenCenter

Neben der in Abbildung 5.15 gezeigten Konsole auf dem Host selbst lässt sich ein XenServer auch und in erster Linie über eine Windows-basierte Konsole namens *XenCenter* verwalten. Hierbei handelt es sich um eine reine Anwendung, die auf einem beliebigen Windows-System installiert werden kann und die sich dann mit einem oder mehreren XenServer(-Pools) verbinden kann, um diese zu verwalten.

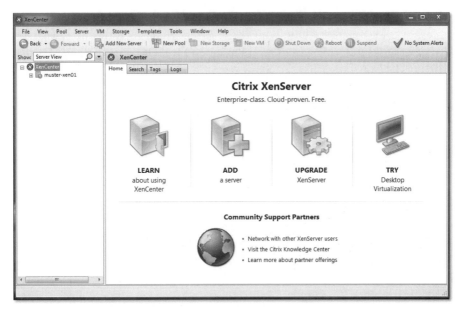

**Abbildung 5.16**   Das XenCenter

Diese Tatsache ist insofern interessant, als es sich beispielsweise beim vCenter von VMware oder dem System Center Virtual Machine Manager von Microsoft jeweils um serverbasierte Verwaltungswerkzeuge handelt, die ihre Konfigurationseinstellungen in Datenbanken ablegen und von Systemdiensten gestützt werden. Bei XenCenter handelt es sich im Gegensatz dazu um eine reine Client-Anwendung ohne dienstbasierende Komponenten, die in theoretisch beliebiger Anzahl auf beliebigen Windows-Endgeräten (mit .NET Framework) eingesetzt werden kann.

### Erstellen eines Storage Repositorys

Um später neue virtuelle Maschinen von CD- und DVD-Images im ISO-Format installieren zu können, können Sie ein sogenanntes *Storage Repository* für ISOs anlegen, die Sie dann anschließend in eine VM einbinden können.

**Abbildung 5.17**   Hinzufügen eines neuen Speichers

Wie in Abbildung 5.18 dargestellt, gibt es bei der Erstellung eines neuen Storage Repositorys (SR) mehrere unterschiedliche Arten. Neben SRs für die Ablage der virtuellen Disks der VMs gibt es zwei Varianten für ISOs – *Windows File Sharing* (CIFS) und *NFS*.

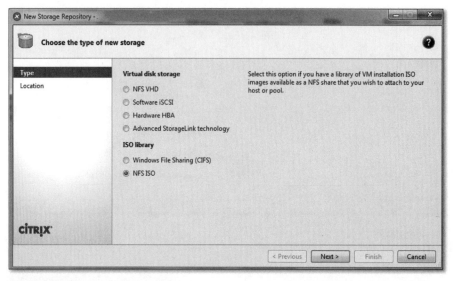

**Abbildung 5.18**   Neuer ISO-Speicher

Im Wesentlichen handelt es sich hierbei um die beiden Freigabetypen von Windows- und Unix-/Linux-Systemen. Sofern sich das freigegebene Verzeichnis mit den ISO-Dateien auf einem Windows-Server befindet, wählen Sie an dieser Stelle *CIFS* und tragen den entsprechenden UNC-Pfad ein, wie in Abbildung 5.19 gezeigt.

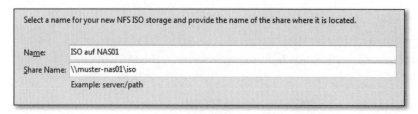

**Abbildung 5.19**   Verbindung zum ISO-Speicher

Wurde das Verzeichnis korrekt verbunden, können Sie anschließend den Inhalt über das Storage Repository einsehen, wie in Abbildung 5.20 dargestellt.

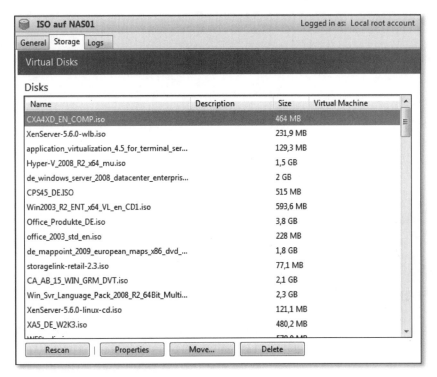

**Abbildung 5.20** Inhalt eines ISO-Storage-Repositorys

Auf die gleiche Weise können auch andere Storage Repositorys, etwa für die Speicherung von virtuellen Maschinen, erstellt werden. Grundsätzlich unterstützt der XenServer in seiner aktuellen Version Speichersysteme, die über FibreChannel, iSCSI oder NFS angesteuert werden. Weitere Optionen stehen über die Komponente *StorageLink* zur Verfügung, auf welche an dieser Stelle aber nicht weiter eingegangen werden soll.

**Erstellen eines XenServer-Pools**

Sofern nicht nur ein XenServer zum Einsatz kommen soll, können Sie mehrere XenServer zu sogenannten *Pools* zusammenfassen und dann gemeinsam verwalten. Wie in Abbildung 5.21 dargestellt, erfolgt die Erstellung eines neuen Pools ebenfalls über das XenCenter. Als Basis für einen neuen Pool werden zunächst nur ein Name und ein XenServer als *Poolmaster* benötigt. Weitere Server können Sie jederzeit hinzufügen.

**Abbildung 5.21**  Erstellen eines XenServer-Pools

Sofern mehrere Server zum Einsatz kommen sollen, empfiehlt sich auf jeden Fall der Einsatz eines Pools, da hierdurch gemeinsame Ressourcen wie Storage Repositorys oder Vorlagen jeweils nur einmal konfiguriert werden müssen und allen Servern des Pools zur Verfügung stehen.

### Erstellen neuer virtueller Maschinen

Neue virtuelle Maschinen werden in XenServer über die in Abbildung 5.22 gezeigte Funktion NEW VM erstellt.

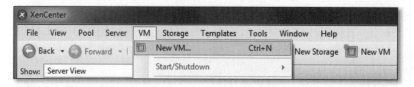

**Abbildung 5.22**  Erstellen einer neuen virtuellen Maschine

Neben dem gewünschten Namen (siehe Abbildung 5.24) können Sie auch die weiteren Parameter, wie etwa eine Beschreibung oder die gewünschte Ausstattung mit Arbeitsspeicher und virtuellen CPUs, über den Assistenten konfigurieren. Besonders interessant ist hierbei jedoch die in Abbildung 5.23 gezeigte Möglichkeit, mitgelieferte oder eigene Vorlagen nutzen zu können, in denen die Systemeinstellungen als Vorgabewerte bereits hinterlegt sind.

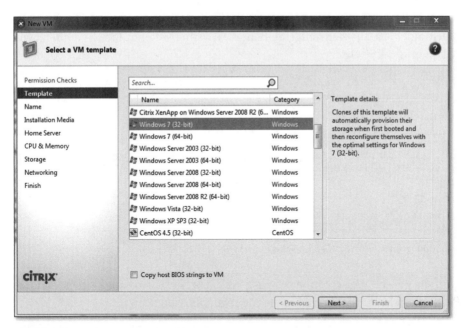

**Abbildung 5.23** Nutzung von Vorlagen

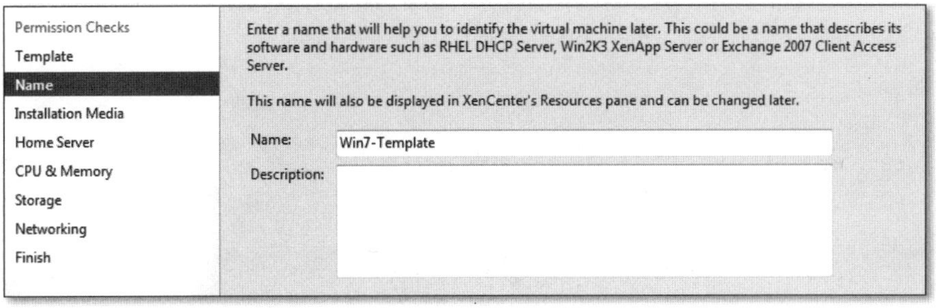

**Abbildung 5.24** Benennung der neuen VM

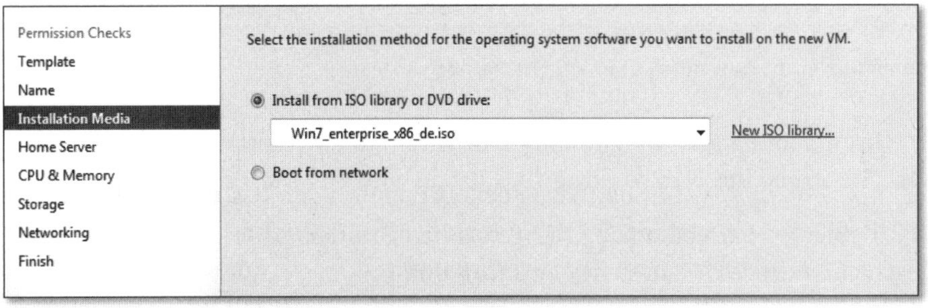

**Abbildung 5.25** Auswahl der Installationsquelle

Im Hinblick auf die gewünschte Installationsquelle können Sie an dieser Stelle auch auf ISOs aus dem angebundenen ISO-Storage-Repository zugreifen, wie Abbildung 5.25 zeigt.

Sofern die neue VM in einem Pool erzeugt wird, kann auf Wunsch auch ein *Home Server* ausgewählt werden, auf dem die virtuelle Maschine anschließend gestartet wird. Optional kann auch jeweils auf dem XenServer gestartet werden, der jeweils die geringste Maschinenanzahl hat.

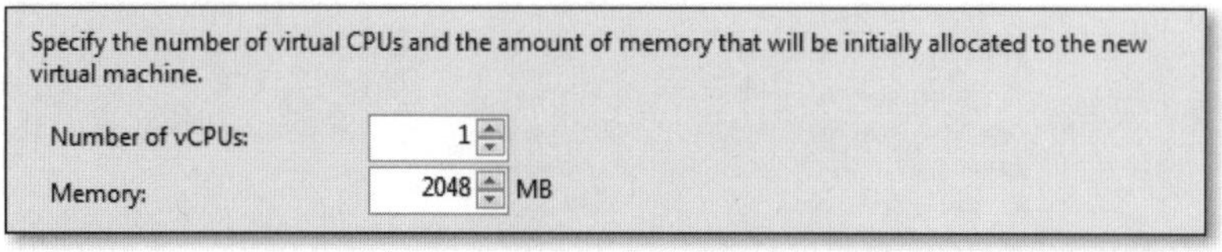

**Abbildung 5.26**  Auswahl der Speicher- und CPU-Konfiguration

Auf die gleiche Weise können Sie den Ablageort der virtuellen Festplatten wählen, sofern hierfür mehrere SRs zur Verfügung stehen.

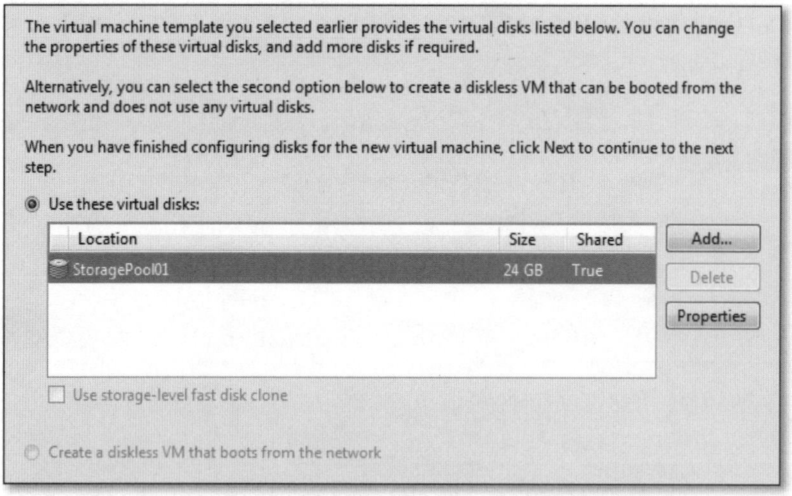

**Abbildung 5.27**  Auswahl des Storage Repositorys

Die in Abbildung 5.28 dargestellte Konfiguration der Netzwerkkarte ermöglicht eine Steuerung des Netzwerkzugriffes für die virtuelle Maschine.

Nach einer Zusammenfassung der gewählten Einstellungen können Sie mit der Installation des VM-Betriebssystems fortfahren.

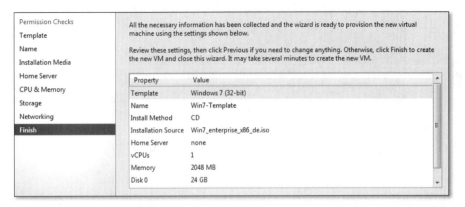

The virtual machine template you have selected provides the virtual network interfaces listed below. You can configure or delete the default virtual network interfaces here, and add more if required.

Virtual network interfaces on Win7-Template

| MAC | Network | |
| --- | --- | --- |
| <autogenerated MAC> | Network 0 | Add... |
| | | Delete |
| | | Properties |

(i) Using a Default template, you can configure up to 4 virtual network interfaces during VM creation. To configure more than 4, create a Custom template or add extra virtual network interfaces from the Network tab after creating the new VM.

**Abbildung 5.28**  Konfigurieren der Netzwerkanbindung der VM

Permission Checks
Template
Name
Installation Media
Home Server
CPU & Memory
Storage
Networking
**Finish**

All the necessary information has been collected and the wizard is ready to provision the new virtual machine using the settings shown below.

Review these settings, then click Previous if you need to change anything. Otherwise, click Finish to create the new VM and close this wizard. It may take several minutes to create the new VM.

| Property | Value |
| --- | --- |
| Template | Windows 7 (32-bit) |
| Name | Win7-Template |
| Install Method | CD |
| Installation Source | Win7_enterprise_x86_de.iso |
| Home Server | none |
| vCPUs | 1 |
| Memory | 2048 MB |
| Disk 0 | 24 GB |

**Abbildung 5.29**  Zusammenfassung

## 5.2    Installation eines virtuellen Desktop-Betriebssystems

Bevor also die Controller-Komponenten einer XenDesktop-Umgebung ihre eigentliche Arbeit aufnehmen können, müssen wir die entsprechenden Worker installieren und für die Nutzung in einem VDI-Umfeld vorbereiten.

### 5.2.1    Installation von Windows 7

Wie in Abschnitt 5.1.3, »Konfiguration über das XenCenter«, bereits eingeleitet, sollten Sie nun zunächst ein virtuelles System mit einem Desktop-Betriebssystem wie Windows 7 auf der XenServer-Plattform installieren.

Die Installation verläuft hierbei wie eine ganz reguläre Windows 7-Installation über den Assistenten. Es sind bis zum Abschluss der Installation keine virtualisierungsspezifischen Besonderheiten zu berücksichtigen.

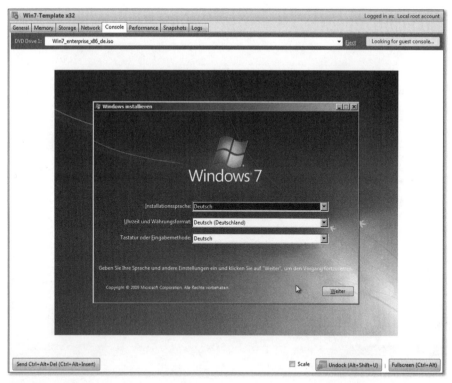

**Abbildung 5.30** Installation von Windows 7

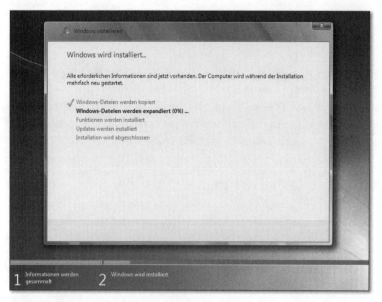

**Abbildung 5.31** Ablauf der Installation

Da sich der Ablauf der Installation nicht von dem einer physikalischen Installation unterscheidet, verzichten wir an dieser Stelle auf eine weitere Beschreibung.

### 5.2.2 Optimierung für den Einsatz auf einem XenServer

Interessant wird es erst wieder nach dem Abschluss der Installation, dem anschließenden Neustart und der erfolgreichen Installation eventueller Windows-Updates, da das Betriebssystem dann für eine optimale Bereitstellung auf dem XenServer »erleuchtet« werden muss. Dies kann durch die Installation der *XenServer Tools*, oder kurz: *XenTools*, erreicht werden, welche als ISO-Image auf jedem XenServer-Host bereitstehen.

Im Wesentlichen handelt es sich bei den XenTools um eine Sammlung von Treibern und Schnittstellenanwendungen, die einerseits das Betriebssystem in der virtuellen Maschine erweitern und andererseits einen Zugriff aus der Hosting-Struktur in die VM ermöglichen, um beispielsweise RAM- und CPU-Informationen auslesen zu können.

Am einfachsten starten Sie die Installation der XenTools über den entsprechenden Menüpunkt, wie in Abbildung 5.32 gezeigt.

**Abbildung 5.32**  Installation der XenServer Tools

Im Kern verbirgt sich hinter diesem Menüpunkt nichts anderes als das automatische Zuweisen des *XS-TOOLS.ISO* zu der auswählten virtuellen Maschine. Durch den Windows-Autostart wird automatisch das entsprechende Setup aufgerufen.

**Abbildung 5.33** Hinweis bezüglich der Installation der XenTools

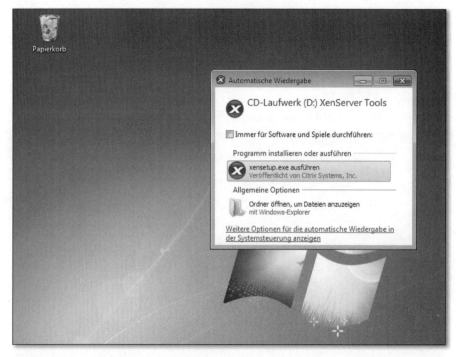

**Abbildung 5.34** Autorun des XS-TOOLS.ISO

Nach der in Abbildung 5.35 dargestellten Bestätigung des Lizenzvertrages folgt ein zweiter Dialogschritt, in dem Sie das Zielverzeichnis anpassen können.

Nach diesem Schritt starten Sie den Kopiervorgang, der mit einem Neustart der virtuellen Maschine abgeschlossen ist. Anschließend können Sie das Windows 7-System für die weitere Verwendung auf der Virtualisierungsplattform in eine Vorlage umwandeln.

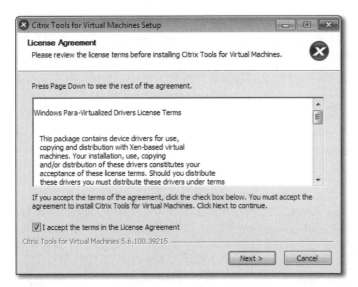

**Abbildung 5.35**  Setup der XenServer Tools

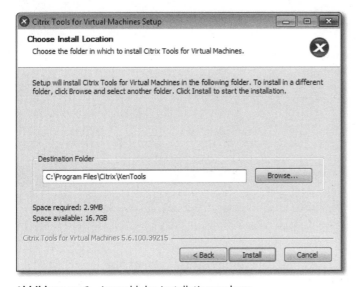

**Abbildung 5.36**  Auswahl des Installationsordners

### 5.2.3  Erstellen einer Windows 7-Vorlage

Um das soeben installierte Windows-System für die weiteren Arbeiten und Umgebungen nutzen zu können, ist es an dieser Stelle empfehlenswert, es in eine XenServer-Vorlage zu wandeln, die anschließend für die Erstellung von neuen virtuellen Maschinen zur Verfügung steht. Im Kern wird es sich dann bei der

Erstellung von neuen VMs um einen Kopiervorgang der Windows 7-Vorlage handeln, was insbesondere bei Windows-Systemen ein wenig Vorarbeit bei der Vorlagenerstellung mit sich bringt.

So hat jedes Windows-System nicht nur einen Namen, der eindeutig im Netzwerk sein sollte, sondern auch eine Lizenznummer (MAK und KMS, etwas oberflächlich betrachtet) sowie eine eindeutige Sicherheitskennung (SID). Insofern wäre ein reines Kopieren des soeben erstellten Systems nicht sonderlich sinnvoll – es sei denn, man »beraubt« die Maschine dieser individuellen Einstellungen.

Das Werkzeug hierfür existiert schon sehr lange in der Windows-Welt und nennt sich *SysPrep.exe* – System Preparation, oder zu Deutsch System-Vorbereitung. Das Programm befindet sich bei Windows 7 im Ordner *C:\Windows\System32\ SysPrep\* wie in Abbildung 5.37 gezeigt.

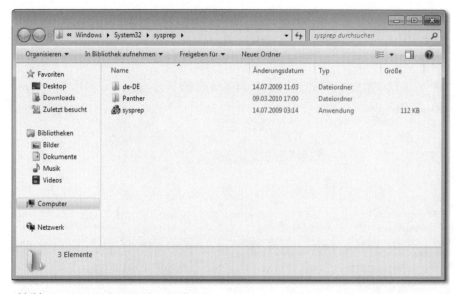

**Abbildung 5.37** SysPrep-Ordnerstruktur

Nach dem Aufruf der Programmdatei öffnet sich das Programmfenster, in dem Sie die gewünschten Optionen wählen können, wie in Abbildung 5.38 dargestellt.

Für den angestrebten Zweck der Erstellung einer Windows 7-Vorlage für eine XenServer-VM sollten Sie die Systembereinigungsaktion OUT-OF-BOX-EXPERIENCE (OOBE) FÜR SYSTEM AKTIVIEREN mit der Option VERALLGEMEINERN wählen.

**Abbildung 5.38**  SysPrep starten

Hierdurch wird das Betriebssystem in einen Status versetzt, der dem des ersten Starts nach der initialen Installation entspricht.

Als OPTIONEN FÜR HERUNTERFAHREN sollten Sie HERUNTERFAHREN wählen, da die virtuelle Maschine für den nächsten Schritt ausgeschaltet sein muss. Über OK lösen Sie den Verallgemeinerungsprozess und das anschließende Herunterfahren des Systems aus.

**Abbildung 5.39**  SysPrep läuft

Nach dem Herunterfahren des Systems kann es im XenCenter über das Kontextmenü der virtuellen Maschine in eine Vorlage gewandelt werden, wie in Abbildung 5.40 gezeigt.

**Abbildung 5.40**  Convert to Template im XenCenter

**Abbildung 5.41**  Bestätigen der Konvertierung

Anschließend steht diese Vorlage für die Erstellung von neuen, virtuellen Windows 7-Systemen zur Verfügung, wie in Abbildung 5.42 dargestellt.

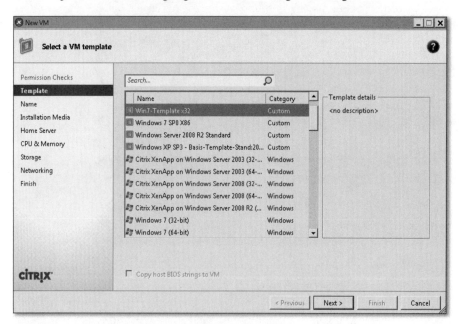

**Abbildung 5.42**  Vorlagen bei der Erstellung neuer VMs

Der große Vorteil liegt nun darin, dass für das Erstellen einer Windows 7-VM immer jeweils auf diese Vorlage zurückgegriffen werden kann und somit beispielsweise die XenTools, die notwendigen Updates und eventuelle manuelle Anpassungen oder Erweiterungen an Windows 7 bereits vorhanden sind und nicht jedes Mal wieder neu implementiert werden müssen. Dies spart im Tagesgeschäft sehr viel Zeit.

> **Hinweis**
>
> Auf die gleiche Art und Weise können Sie natürlich auch weitere Vorlagen, etwa für andere Betriebssysteme oder mit bereits installierten Anwendungen, erstellen.

Einzig eine nachträgliche Änderung einer einmal erstellten Vorlage ist nicht möglich – hierzu müssten Sie eine neue VM aus dieser Vorlage erstellen, die Anpassungen durchführen und anschließend das System wieder in eine neue Vorlage konvertieren. Die »alte« Vorlage können Sie anschließend löschen.

## 5.3    Installation des Virtual Desktop Agents

Nachdem auf die in Abschnitt 5.2 beschriebene Weise eine Windows 7-Vorlage erstellt wurde, können wir diese nun dazu nutzen, um innerhalb kurzer Zeit eine neue Windows 7-VM zu erstellen. Genau dies wollen wir nun einmal exemplarisch durchführen, um in der so neu erstellten Maschine den XenDesktop Virtual Desktop Agent (VDA) zu installieren.

### 5.3.1    Erstellen einer neuen Windows 7-VM

Wie in Abschnitt 5.1.3, »Konfiguration über das XenCenter«, beschrieben, wollen wir an dieser Stelle zunächst eine neue virtuelle Maschine auf der XenServer-Umgebung erstellen. Dies erledigen wir, wie in Abbildung 5.43 dargestellt, natürlich wieder über das XenCenter.

**Abbildung 5.43**    Erstellen einer neuen VM

Entgegen der erstmaligen Installation von Windows 7 wird im folgenden Schritt jedoch nicht die native Vorlage ausgewählt, sondern die spezifische Vorlage, die im vorigen Abschnitt erstellt wurde.

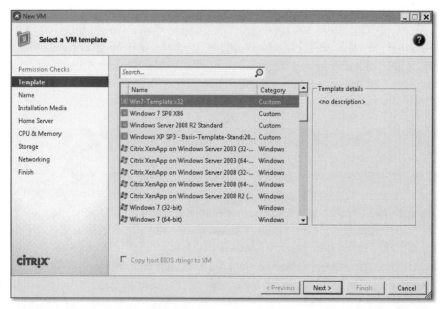

**Abbildung 5.44**  Nutzen der neuen Vorlage

Nach der Eingabe des Namens für die neue VM ergeben sich die weiteren Einstellungen direkt aus den Konfigurationen der Vorlage, so dass Sie im weiteren Verlauf des Assistenten nur die gesetzten Vorgaben zu bestätigen brauchen.

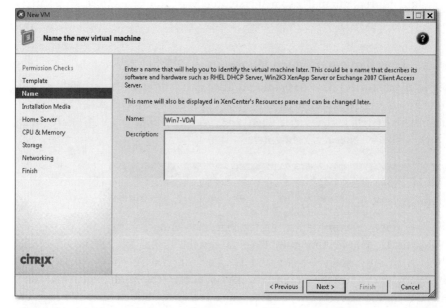

**Abbildung 5.45**  Benennung der neuen VM

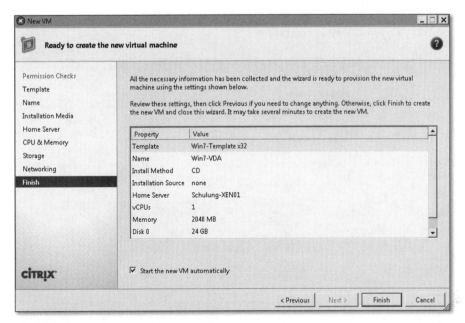

**Abbildung 5.46** Zusammenfassung der Einstellungen

Nach der Erstellung der virtuellen Maschine wird – ausgelöst durch den für die Konvertierung durchgeführten SysPrep – eine Basisinstallation von Windows 7 durchgeführt, bei der Sie die notwendigen Systemeinstellungen setzen können. Hierzu gehört u. a. auch die Aufnahme des Systems in die Windows-Domäne, da nur hierdurch eine spätere reibungslose Authentifizierung ermöglicht wird. Nach einem anschließenden Neustart der virtuellen Maschine ist die neue Instanz von Windows 7 verfügbar und steht für die weiteren Schritte zur Verfügung.

### 5.3.2 Installation des VDAs

Um die so erstellte Windows 7-Maschine in einer XenDesktop-Umgebung nutzen zu können, müssen Sie den hierfür notwendigen Virtual Desktop Agent, oder kurz VDA, installieren. Hierzu verbinden Sie am einfachsten das XenDesktop-ISO in die virtuelle Maschine, wodurch direkt der Autorun ausgeführt wird (siehe Abbildung 5.47).

Über die Auswahl von Install Virtual Desktop Agent starten Sie die Installation der VDA, wie in Abbildung 5.48 dargestellt. Prinzipiell stehen hierbei die beiden Optionen Quick Deploy und Advanced Install (siehe Abbildung 5.49) zur Verfügung, wobei Sie an dieser Stelle die erweiterte Installation wählen sollten.

**Abbildung 5.47** Autorun der XenDesktop-DVD

**Abbildung 5.48** Install Virtual Desktop Agent

Wird nämlich ADVANCED INSTALL gewählt, können Sie im nächsten Schritt die gewünschten Komponenten aussuchen, wobei der VDA an dieser Stelle als zentrale Komponente nicht deaktiviert werden kann, wie in Abbildung 5.50 gezeigt.

**Abbildung 5.49**   Auswahl des Installationsmodus

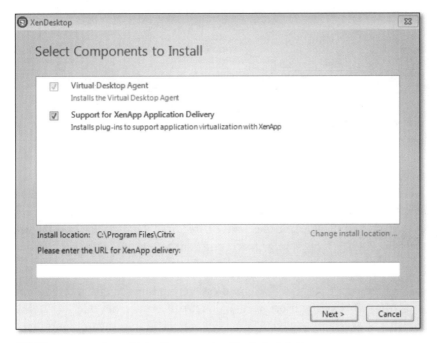

**Abbildung 5.50**   Auswahl der Komponenten für die Installation

Die Installation des Citrix Receivers ist an dieser Stelle hingegen optional. Zwar ist es grundsätzlich sinnvoll, den Receiver auf den virtuellen Desktops zu installieren, jedoch empfiehlt es sich hierbei, den Receiver über den Merchandising Server zu verteilen, da nur hierdurch eine spätere zentrale Verwaltung gewährleistet werden kann.

Der nachfolgende Schritt mit der Auswahl der zu verwendenden Delivery Controller ist der wichtigste bei der Installation und Konfiguration der VDAs.

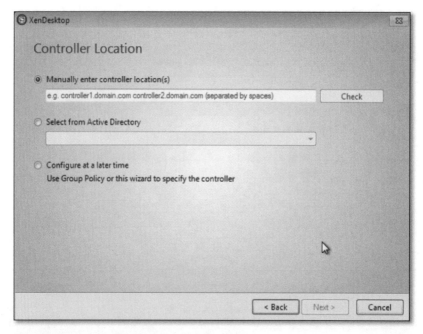

**Abbildung 5.51** Konfiguration Delivery Controller

Bis einschließlich der 4er-Versionen von XenDesktop verlief der Prozess des Auffindens eines Delivery Controllers durch die VDAs primär über die Suche nach *Service Connection Points* (SCP) im Active Directory. Da dieser Prozess jedoch extrem von der Qualität und »Sauberkeit« des Active Directorys abhängig war, wurde dieser Ansatz mit XenDesktop 5 aufgegeben und stattdessen nun eine feste, in der Registry hinterlegte Verbindung zum Delivery Controller verwendet.

Wie in Abbildung 5.51 dargestellt, kann diese Verbindung bereits während der Installation des VDAs konfiguriert werden, indem die Namen des oder der Delivery Controller angegeben werden. Alternativ können Sie auch die Computerkonten aus dem Active Directory wählen bzw. die Konfiguration auf einen späteren Zeitpunkt schieben. Da im konkreten Szenario bereits alle Delivery Controller installiert und aktiv sind, können Sie sie direkt angeben oder auswählen.

Ist diese Konfiguration erfolgreich durchgeführt, können Sie im folgenden Schritt die notwendigen Firewall- und Netzwerkeinstellungen durch den Assistenten erstellen lassen, wie in Abbildung 5.52 gezeigt.

Mit diesem Schritt ist der Konfigurationsteil abgeschlossen, und der Kopiervorgang der Programmdateien kann gestartet werden. Nachdem dieser erfolgreich durchgelaufen ist, wird eine entsprechende Zusammenfassung angezeigt und das System neu gestartet.

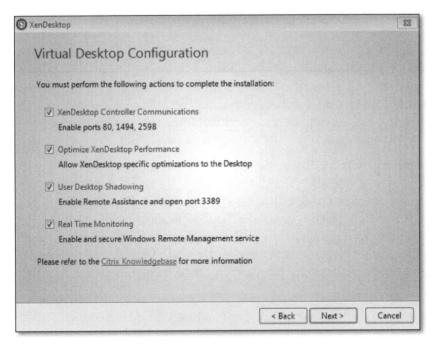

**Abbildung 5.52** Firewall-Konfiguration des VDAs

### 5.3.3 Erstellen eines XenServer-Templates inklusive VDA

Ein letzter Schritt, der nach der erfolgreichen Installation des VDAs noch durchgeführt werden sollte, ist die Erstellung einer weiteren XenServer-Vorlage für ein Windows 7 mit dem bereits installierten Virtual Desktop Agent. Dieser Schritt erfolgt analog zu dem in Abschnitt 5.2.3, »Erstellen einer Windows 7-Vorlage«, erläuterten Ablauf. Er dient später dazu, basierend auf dieser Vorlage sehr schnell neue Desktops mit Windows 7 erstellen und veröffentlichen zu können, die als individuelle virtuelle Maschinen auf dem XenServer laufen und gegebenenfalls auch von den Benutzern angepasst werden können.

> **Hinweis**
>
> Im Hinblick auf die in Abschnitt 3.3.5, »Kataloge und Desktop Groups«, erläuterten Bereitstellungsvarianten würden sich diese Vorlagen anschließend für *Dedicated*- und *Existing-Konfigurationen* einsetzen lassen.

Da die Erstellung von Vorlagen nicht sonderlich geheimnisvoll ist und bereits umfassend erläutert wurde, werden wir auf die genauen Details an dieser Stelle nicht weiter eingehen.

## 5.4 Erstellen eines gestreamten Windows 7

Neben der Möglichkeit, virtuelle Maschinen via XenServer-Vorlagen für eine XenDesktop-Umgebung bereitzustellen, existiert ein weiterer Ansatz, welcher in den XenDesktop-Versionen vor Version 5 – also vor der Einführung der *Machine Creation Services* – dem Standard entsprach. Hierbei handelt es sich um die Bereitstellung von Desktops über ein zentrales Image, das mittels Netzwerkboot von einem Provisioning Server (PVS) aus gestartet wird.

Der Citrix Provisioning Server, dessen Installation und Basiskonfiguration in Abschnitt 4.6, »Installation der Provisioning-Umgebung«, behandelt wurde, dient hierbei als Verwaltungsinstanz für sämtliche von ihm bereitgestellten physikalischen oder virtuellen Systeme. Dies umfasst neben der reinen Bereitstellung über PXE und der Verwaltung der Cacheeinstellungen in erster Linie auch die Integration der bereitgestellten Systeme in das Active Directory. So werden beispielsweise die benötigten Computerkonten über den Provisioning Server erstellt und gepflegt.

Damit aber ein Betriebssystem über den Provisioning Server gestreamt werden kann, muss zunächst das hierfür notwendige Image, eine sogenannte vDisk, erstellt werden.

### 5.4.1 Grundlagen der Bereitstellung über einen Provisioning Server

Um einen Überblick über die für die Schaffung eines gestreamten Betriebssystems notwendige Image-Erstellung zu gewinnen, sollten Sie sich zunächst vor Augen halten, was genau sich hinter diesem Vorgang verbirgt und wie die einzelnen Komponenten zusammenspielen. Im Wesentlichen besteht eine erfolgreiche PVS-Implementation aus zwei Bestandteilen, die sehr eng miteinander in Verbindung stehen:

▶ **Provisioning Server**
Der Provisioning Server ist die zentrale Verwaltungskomponente der Streaming-Umgebung. Diese hält neben der Verbindung zur Konfigurationsdatenbank auch die Verwaltungswerkzeuge sowie die notwendigen Dienste für einen Betriebssystemstart über einen Netzwerkboot vor, wie etwa PXE und TFTP. Die Installation und Basiskonfiguration dieser Komponente ist in Abschnitt 4.6 beschrieben.

▶ **Zielsystem/Target**
Die Clientseite, also das System, das mithilfe des PVS von einem zentralen Image aus gestartet und betrieben werden soll, wird *Target* genannt. Hierbei handelt es sich um ein physikalisches oder virtuelles System, das so konfigu-

riert ist, dass es aus dem Netzwerk bootet und dann über eine Verbindung aus DHCP, PXE, TFTP und Streaming Service vom zugewiesenen Image – der vDisk – startet.

Bei der vDisk wiederum handelt es sich im Kern um eine *VHD-Datei* – also eine *virtuelle Harddisk* – die als Abbild eines Referenzsystems erstellt wurde. Das Entscheidende ist hierbei, dass das Betriebssystem vor der Image-Erstellung mit einer entsprechenden PVS-Clientkomponente versehen wurde, die zum einen in der Lage ist, sämtliche Festplattenzugriffe auf das Netzwerk umzuleiten und zum anderen schon während des Bootvorganges des Systems Konfigurationseinstellungen, wie etwa das Anpassen des Computernamens, vornimmt. Dies ermöglicht den parallelen Betrieb von mehreren Targets von einer einzigen vDisk.

---

**Hinweis**

Die gleiche Funktionalität der Verwaltung der Computernamen und -Konten wird übrigens auch von den Machine Creation Services genutzt. Sie basiert auf Provisioning-Server-Technologie.

---

Neben der Unterscheidung dieser beiden Komponenten gibt es auch Unterscheidungen in den Betriebsmodi der Targets, die für einen erfolgreichen Betrieb berücksichtigt werden sollten. So werden grundsätzlich drei Arten von vDisk-Betriebsmodi unterschieden:

▶ **Standard-Image-Mode**
Im Standard-Image-Mode ist die vDisk für die Targets schreibgeschützt. Es können zwar mehrere Zielsysteme gleichzeitig von der vDisk gestartet und betrieben werden, jedoch können keine Änderungen in das Image zurückgeschrieben werden, so dass jede Maschine nach einem Neustart wieder mit der initialen Version (*Golden Image*) des Abbildes arbeitet. Sämtliche Änderungen, die während der Laufzeit des Systems durchgeführt werden, wie etwa die Füllung der Ereignisanzeige oder das Schreiben in die Auslagerungsdatei, werden in einen Cachebereich geschrieben, der entweder auf dem Provisioning Server, im Arbeitsspeicher des Targets oder auf einer lokalen Festplatte des Targets liegen kann. Auch dieser Cache ist jedoch flüchtig und wird beim Herunterfahren oder Neustart des Systems gelöscht.

▶ **Private-Image-Mode**
Im Private-Image-Mode kann eine vDisk immer nur von einem Target zu einem Zeitpunkt verwendet werden. Ein gleichzeitiger Betrieb von mehreren Targets von dem gleichen Image ist nicht möglich. Jedoch hat das System in diesem Modus die Möglichkeit, Änderungen in der vDisk durchzuführen, da

sie in einem exklusiven Zugriff zur Verfügung steht. Dies kann beispielsweise für die Installation von Updates oder die Anpassungen von Einstellungen innerhalb der Maschine nützlich sein.

▶ **Difference-Image-Mode**
Die dritte Variante ist der sogenannte *Differential Mode* oder Difference-Image-Mode, bei dem es sich um eine Zwischenversion der beiden anderen Modi handelt. Wie im Standard-Image-Mode können auch hierbei mehrere Systeme von einer einzigen vDisk gleichzeitig betrieben werden, jedoch ist der Cachebereich hierbei nicht flüchtig, so dass jeweils Anpassungen bzw. Abweichungen vom Golden Image auch über einen Neustart des Systems beibehalten werden können. Dies gilt jedoch nur, solange keine Anpassungen an der vDisk vorgenommen werden – sollte sich die vDisk etwa durch eine Aktualisierung ändern, wird die Verbindung zum Cache gelöscht, und die Systeme haben wieder den gleichen Stand, vom dem aus sie sich jedoch wieder unterschiedlich »entwickeln« können – bis zur nächsten Aktualisierung der vDisk. Dann geht es wieder von vorne los.

Aus genau diesem Grund wird der Difference-Image-Mode in der Praxis nur sehr selten eingesetzt.

Hält man sich nun vor diesem Hintergrund vor Augen, was bei einem Systemboot und im laufenden Betrieb an Datenverkehr passiert und wie dieser kanalisiert werden muss, so wird schnell klar, dass die Erstellung einer vDisk einer gewissen Planung und Vorbereitung bedarf.

So sind etwa Einstellungen wie die Konfiguration der Auslagerungsdatei oder extreme Protokollierungseinstellungen mit Sicherheit nicht sonderlich positiv in ihrem Effekt zu bewerten. Das Gute ist jedoch, dass die für die Erstellung zu nutzenden Assistenten bereits sehr viel Logik mit sich bringen und die häufigsten Fehlkonfigurationen automatisiert abfangen.

## 5.4.2 Vorbereitung des Targets

Um nun von dem vorbereiteten Windows 7-System mit installiertem VDA ein Abbild als vDisk zu erstellen, das später über den Provisioning Server an mehrere Zielsysteme gestreamt werden kann, müssen Sie zunächst die hierfür notwendige Softwarekomponente installieren. Diese finden Sie auf der Installations-DVD des Provisioning Servers und wählen sie über den Installationsassistenten aus, wie in Abbildung 5.53 dargestellt.

Die Installation erfolgt hierbei weitestgehend automatisiert, so dass Sie nach der Bestätigung des Lizenzvertrages einfach die Vorgabewerte beibehalten können.

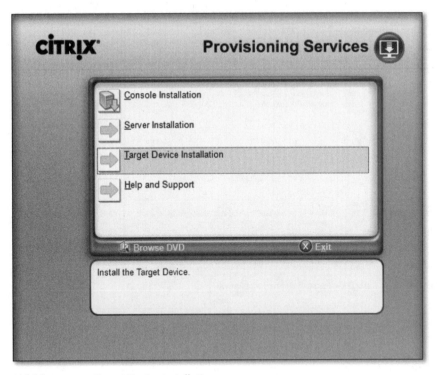

**Abbildung 5.53** Target Device Installation

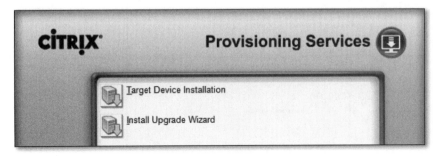

**Abbildung 5.54** Installation eines neuen Targets

Nach dem Abschluss der Installation wird wie immer eine entsprechende Zusammenfassung angezeigt, wie in Abbildung 5.56 gezeigt.

Wichtig ist an dieser Stelle, dass Sie *nicht* die Option LAUNCH IMAGING WIZARD verwenden, da hierfür zunächst noch Vorarbeiten auf Seiten des Provisioning Servers zu erledigen sind.

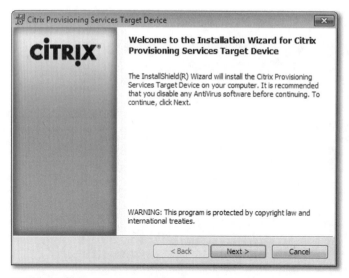

**Abbildung 5.55**  Start des Installationsassistenten

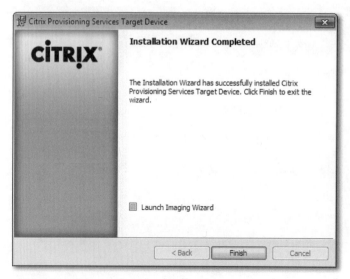

**Abbildung 5.56**  Abschluss der Installation

### 5.4.3  Vorbereitung des Provisioning Servers

Um ein neues Betriebssystem für das Streaming mithilfe des *Imaging Wizards* auf eine neue vDisk zu bringen, sollten Sie zunächst eine leere vDisk in der Provisioning Server Console anlegen und der Master-VM, also dem Referenzsystem, zuweisen.

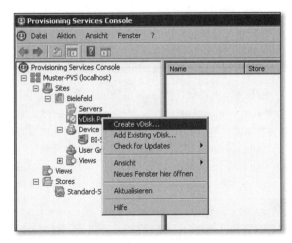

**Abbildung 5.57** Erstellen einer neuen vDisk

Wie in Abbildung 5.57 dargestellt, tun Sie dies auf dem vDISK POOL über den Kontextmenübefehl CREATE vDISK. Im daraufhin erscheinenden Dialogschritt können Sie die Einstellungen der neu zu erstellenden vDisk konfigurieren.

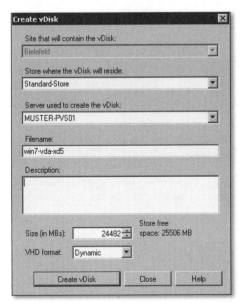

**Abbildung 5.58** Einstellungen der neuen vDisk

Hierzu gehören neben der Auswahl des gewünschten Stores und Provisioning Servers in erster Linie der Dateiname, die Größe der vDisk sowie das VHD-Format.

Der Name der vDisk ist frei wählbar, wobei es sich insbesondere in größeren und lebendigen Umgebungen empfiehlt, an dieser Stelle bereits mit Versionsnummern zu arbeiten, da dies den Überblick deutlich vereinfachen kann. Spätestes im Beschreibungsfeld sollten Sie diese Informationen aber hinterlegen.

Die Größe der VHD ist im Wesentlichen von der Größe der Quelle abhängig. Als Faustformel gilt, dass die vDisk immer 5 % größer sein sollte als der Quelldatenträger. Bei dem Format kann zwischen den beiden Optionen des sofortigen Allokierens des Speichers und dem dynamischen Auffüllen gewählt werden. Die Einstellungen für das fixe Allokieren bringt Leistungsvorteile mit sich, die Dynamik hingehen spart Speicherplatz. Je nach Systemumgebung sollten Sie hier zwischen diesen beiden Parametern abwägen.

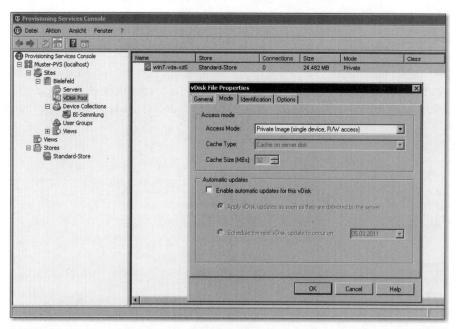

**Abbildung 5.59** Dateieigenschaften der neuen vDisk

Nach der Erstellung verrät ein Blick in die vDisk File Properties weitere Informationen über den Modus und die Cacheeinstellungen. Da sich die neue vDisk, wie in Abbildung 5.59 gezeigt, noch im Private-Image-Mode befindet, ist die Konfiguration des Caches deaktiviert – diese steht nur im Standard-Image-Mode zur Verfügung.

Eine Einstellung, die Sie bereits zu diesem Zeitpunkt vornehmen können, finden Sie unter dem Reiter Options. Wie in Abbildung 5.60 dargestellt, sollten Sie hier das Active Directory machine account password management aktivieren.

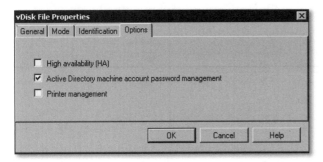

**Abbildung 5.60** Verwaltung der Computerkonten aktivieren

Nach diesem Schritt müssen Sie die vDisk dem Referenzsystem zuweisen. Hierzu legen Sie im Bereich der DEVICE COLLECTIONS ein neues Gerät an, wie in Abbildung 5.61 dargestellt.

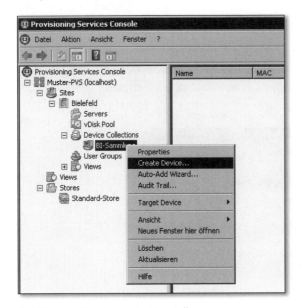

**Abbildung 5.61** Neues Gerät erstellen

Ein neues Gerät (Target) wird hierbei immer über die MAC-Adresse seiner Netzwerkkarte identifiziert, was für eine Lösung, die auf einem Netzwerkboot basiert, auch ein logischer Ansatz ist.

Somit müssen Sie die MAC-Adresse des Referenzsystems manuell in das dafür vorgesehene Feld eintragen, wie Abbildung 5.62 zeigt. Die weiteren Informationen wie Name und Beschreibung sind frei wählbar, sollten sich der Übersichtlichkeit halber jedoch an den Einstellungen auf dem XenServer orientieren.

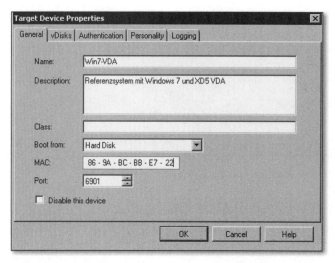

**Abbildung 5.62** Eigenschaften des neuen Targets

Wichtig ist an dieser Stelle hingegen die Auswahl der *Bootquelle*. Diese müssen Sie auf die Option HARD DISK ändern, da das Referenzsystem für den Imaging-Vorgang aus Sicht des Provisioning Servers von seiner Festplatte gebootet werden muss.

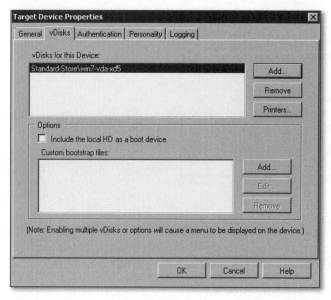

**Abbildung 5.63** Auswahl der vDisk

Ebenfalls wichtig ist die unter dem Reiter vDISKS verborgene Konfiguration der zu verwendenden VHD-Datei (siehe Abbildung 5.63). Diese Einstellung stellt schlussendlich die Verbindung zwischen der virtuellen Festplatte und dem Zielsystems bzw. seiner MAC-Adresse her. Mit dem Bestätigen der Einstellungen ist dieser Schritt abgeschlossen, und der Imaging-Vorgang kann gestartet werden.

### 5.4.4 Befüllen einer vDisk

Um die noch leere vDisk mit einem Abbild des Referenzsystems zu befüllen, starten Sie das Referenzsystem. Nach dem erfolgreichen Start des Systems und der Anmeldung an Windows, sollte zunächst das *Provisioning Services Device Optimization Tool* aus dem Startmenü ausgeführt werden.

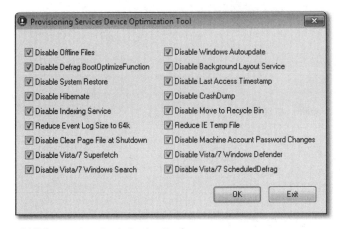

**Abbildung 5.64** Optimization Tool

Wie in Abbildung 5.64 gezeigt, bietet dieses Werkzeug die Möglichkeit, einige wichtige Optimierungen an dem Referenzsystem durchzuführen, welche für den späteren Betrieb als vDisk eine Verbesserung der Leistung mit sich bringen. So können Sie etwa Temporärdateien deaktivieren oder reduzieren, die Defragmentierung abschalten oder den Index-Dienst deaktivieren. Bei allen diesen Anpassungen geht es jeweils immer um Einstellungen, die vor dem Hintergrund eines flüchtigen Systemstatus nutzlos oder gar negativ zu bewerten sind.

Anschließend starten Sie den *Imaging Wizard*, über den der Inhalt der lokalen Festplatte in die vDisk übertragen werden kann (siehe Abbildung 5.65).

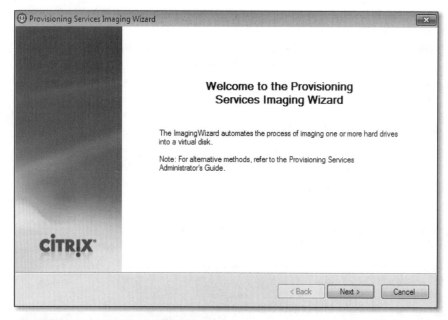

**Abbildung 5.65**   Start des Imaging Wizards

**Abbildung 5.66**   Verbindung zur PVS-Farm

Im ersten Schritt des Imaging Wizards konfigurieren Sie die Verbindung zur Serverfarm, wie in Abbildung 5.66 dargestellt. Hierdurch kann der Assistent den Inhalt der Farm im Hinblick auf vorhandene vDisks auslesen und sich darauf verbinden.

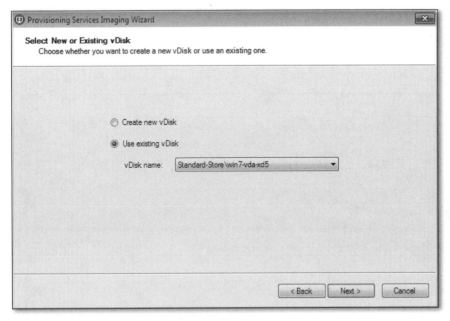

**Abbildung 5.67** Auswählen der vDisk

**Hinweis**

Prinzipiell wäre es an dieser Stelle auch möglich, eine neue vDisk von hier aus erstellen zu lassen, jedoch wären hierbei die Einstellungsmöglichkeiten nicht ganz so granular und die notwendigen Einstellungen an der vDisk wären im Kern die gleichen.

In der darauffolgenden Übersicht (siehe Abbildung 5.68) werden die vorhandenen Datenträger inklusive ihrer jeweiligen Nutzungsgrade sowie die verbundene vDisk angezeigt. Sollte es an dieser Stelle Probleme hinsichtlich des verwendeten Speicherplatzes geben, so würden diese hier angezeigt.

Anschließend können Sie dieses System einer *Device Collection* hinzufügen, sofern dies nicht bereits geschehen ist. Den Namen können Sie hierbei frei wählen, er unterliegt nur der Einschränkung, dass er noch nicht von einem anderen Gerät verwendet werden darf.

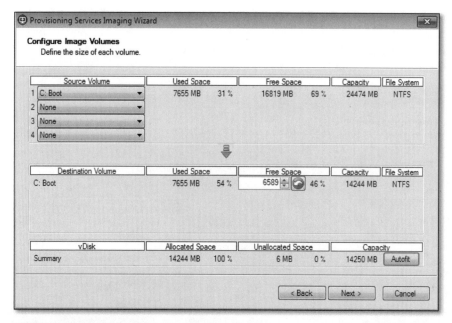

**Abbildung 5.68** Konfiguration der Abbilderstellung

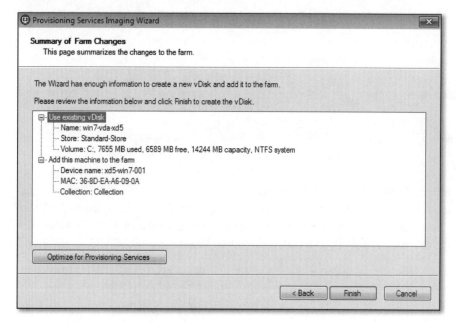

**Abbildung 5.69** Zusammenfassung

Nach der in Abbildung 5.69 dargestellten Zusammenfassung können Sie den Übertragungsprozess starten. Hierzu müssen Sie das Referenzsystem herunterfahren und über einen Netzwerkboot neu starten.

**Abbildung 5.70**  Neustart und Boot über PXE

Die Konfiguration für den Netzwerkboot können Sie über das XenCenter vornehmen, wie in Abbildung 5.71 gezeigt.

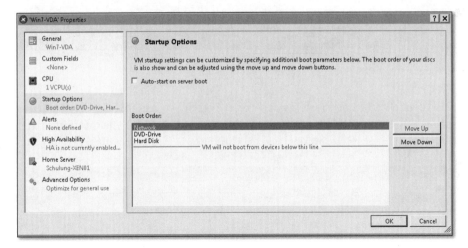

**Abbildung 5.71**  Bootoptionen des Referenzsystems

Anschließend können Sie in der Konsole der VM einsehen, wie das System über PXE startet und sich auf die vDisk verbindet. Dies ist in Abbildung 5.72 zu sehen.

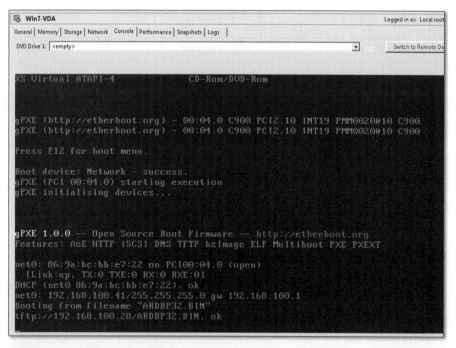

**Abbildung 5.72** PXE-Boot des Referenzsystems

Nach dem Neustart des Systems und der erfolgreichen Anmeldung des Benutzers startet automatisch eine Instanz von *XenConvert*, welche die Migration der Datenträgerinhalte übernimmt, wie in Abbildung 5.73 dargestellt.

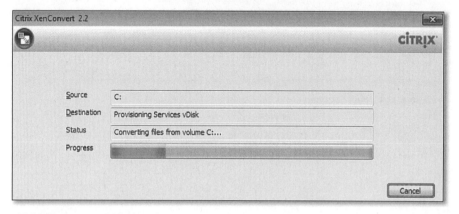

**Abbildung 5.73** XenConvert

Dieser Vorgang kann je nach Größe der Datenträger und Geschwindigkeit des Netzwerkes mehrere Minuten bis zu einer Stunde dauern. Nach dem erfolgreichen Abschluss des Konvertierungsvorganges können Sie das Referenzsystem herunterfahren.

> **Hinweis**
>
> Grundsätzlich können Sie den soeben beschriebenen Vorgang auch auf anderen Wegen absolvieren. So bieten beispielsweise die aktuellen Versionen von XenConvert auch eine direkte Möglichkeit, aus einem vorhandenen System eine vDisk zu machen, ohne eine Verbindung zu einem Provisioning Server herstellen zu müssen. Der beschriebene Weg entspricht jedoch dem Referenzablauf, so dass er zur Orientierung in der Thematik am optimalsten erscheint.

### 5.4.5 Integration einer vDisk in den Provisioning Server

Nach der Erstellung der vDisk und dem Herunterfahren des Referenzsystems sollten Sie die vDisk in den Standard-Image-Mode versetzen, um eine Nutzung von mehreren VMs gleichzeitig zu ermöglichen. Hierzu bearbeiten Sie die vDISK FILE PROPERTIES in der PVS Konsole, wie in Abbildung 5.74 gezeigt.

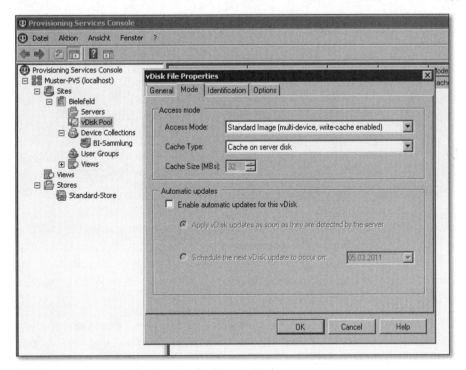

**Abbildung 5.74** Wechsel in den Standard-Image-Mode

305

Wie in Abbildung 5.74 zu erkennen ist, steht mit dem Wechsel des Modus auch die Auswahl des zu verwendenden Caches zur Verfügung. Wie bereits in Abschnitt 5.4.1, »Grundlagen der Bereitstellung über einen Provisioning Server«, beschrieben, richtet sich die hierbei zu verwendende Einstellung nach der Anzahl der Targets sowie der Struktur des Netzwerkes. Für den Einstieg ist die Verwendung des Caches auf den Festplatten des Provisioning Servers die einfachste Einstellung.

### 5.4.6 Zuweisen einer vDisk

Um nun mehrere Systeme von der erstellten vDisk starten zu lassen, müssen Sie diese zunächst im Provisioning Server anlegen. Dies tun Sie, wie bereits in Abschnitt 5.4.2, »Vorbereitung des Targets«, dargestellt, über den Menüpunkt der DEVICE COLLECTIONS über die Erstellung basierend auf MAC-Adresse und gewünschtem Namen sowie zu verwendender vDisk.

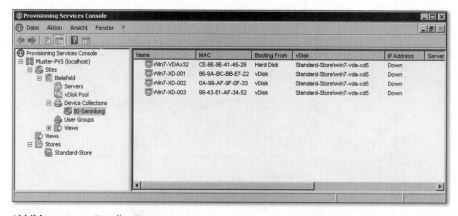

**Abbildung 5.75**  Erstellte Targets

Damit diese Systeme auch unter den eingegebenen Namen in der Windows-Domäne arbeiten können, müssen Sie nun noch die entsprechenden Computer-konten hierfür erstellen. Über einen Rechtsklick auf die Systeme realisieren Sie dies über den Menüpunkt CREATE MACHINE ACCOUNT, wie in Abbildung 5.76 gezeigt.

Nach der Auswahl der Domäne und der gewünschten Organisationseinheit (siehe Abbildung 5.77) ist auch dieser Schritt abgeschlossen, und die Systeme können aus dem Netzwerk gestartet werden.

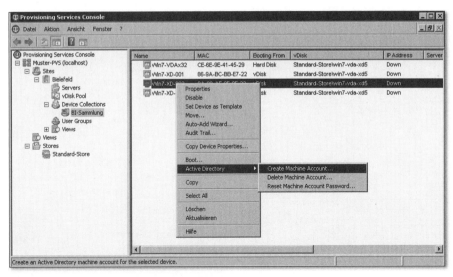

**Abbildung 5.76** Erstellen der Computerkonten

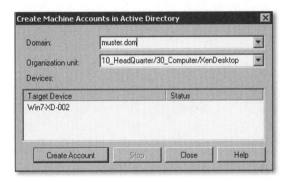

**Abbildung 5.77** Definierten der Ziel-OU

Mit diesem Schritt sind die letzten Vorarbeiten an den Workern abgeschlossen, und die erstellten Ressourcen können Sie nun veröffentlichen.

*Die Controller und Worker sind installiert, die Farmen stehen. Nun muss das Ganze nur noch mit Leben erfüllt werden. Ab jetzt gilt es, Anwendungen und Desktops zu veröffentlichen, Clients zu verwalten und eine lauffähige Umgebung zu erstellen.*

# 6 Bereitstellung von Ressourcen

Nachdem die Rollen installiert sind, sollen die Administratoren der Musterhandel GmbH nun in die Lage versetzt werden, die neuen Serverfarmen zu verwalten und die darin befindlichen Ressourcen den Benutzern zur Verfügung zu stellen. Zu diesem Zweck werden im Folgenden die Arbeit mit der XenApp Delivery Services Console, die XenDesktop-Konsolen und deren Möglichkeiten und Einstellungen aufgezeigt.

## 6.1 XenApp-Ressourcen verwalten

Wie in den vorigen Kapiteln bereits theoretisch eingeführt, enthält die aktuelle XenApp-Version ein Verwaltungswerkzeug von großer Bedeutung, über welches die Konfigurationsaktivitäten der XenApp-Umgebung durchgeführt werden können.

### 6.1.1 Die XenApp Delivery Services Console

Seit dem XenApp Presentation Server 4.5 handelt es sich bei der *Delivery Services Console* (ehemals *Access Management Console*) aus Sicht der Farmverwaltung um den Quasi-Nachfolger der Presentation Server Console (früher auch Citrix Management Console – CMC) und somit um das zentrale Verwaltungswerkzeug einer XenApp-Farm.

Im Gegensatz zur alten CMC handelt es sich bei der Delivery Services Console nicht um eine schwerfällige, Java-basierte Anwendung, sondern um ein Snap-in für die Microsoft Management Console, das analog zu den Verwaltungskomponenten des Windows-Servers auf beliebige administrative Arbeitsplätze verteilt werden kann.

Wie in Abschnitt 3.2.8, »Citrix Delivery Services Console (mit XenApp-Plug-ins)«, bereits beschrieben, ist die Konsole über DCOM in der Lage, sich auf eine Xen-App-Umgebung zu verbinden und diese in einem ersten Schritt auszulesen. Dieser Vorgang, der *Discovery*, dient dazu, die Systeme und Einstellungen der Farm einzulesen und anschließend bearbeiten zu können.

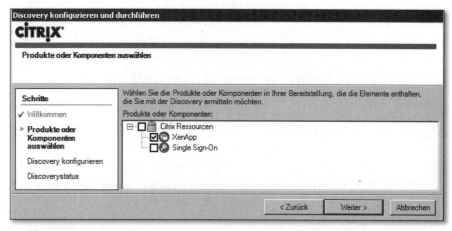

**Abbildung 6.1**  Auswählen der Produkte für den Discovery

Wenn die Konsole das erste Mal gestartet wird, startet automatisch der Assistent für das Konfigurieren und Durchführen des Discoverys. Nach einem kurzen Willkommensbildschirm können Sie die zu *discovernden* Produkte auswählen, wie in Abbildung 6.1 dargestellt.

---

**Tipp**

Sollte der Assistent nicht automatisch starten, so können Sie ihn auch manuell über einen Rechtsklick auf Citrix Ressourcen mit dem Menüpunkt Discovery konfigurieren und durchführen starten.

---

Für den Discovery der XenApp-Farm müssen ebenfalls entsprechende Server angegeben werden.

Im Regelfall sollte es an dieser Stelle ausreichend sein, über die Schaltfläche Lokalen Computer hinzufügen eine Verbindung mit dem lokalen System herzustellen, sofern die Verwaltungskonsole auf einem XenApp-Server ausgeführt wird. Nach einer kurzen Zusammenfassung und dem eigentlichen Discovery steht die Delivery Services Console zur Verfügung, und die Systeme können hierüber verwaltet werden (siehe Abbildung 6.3).

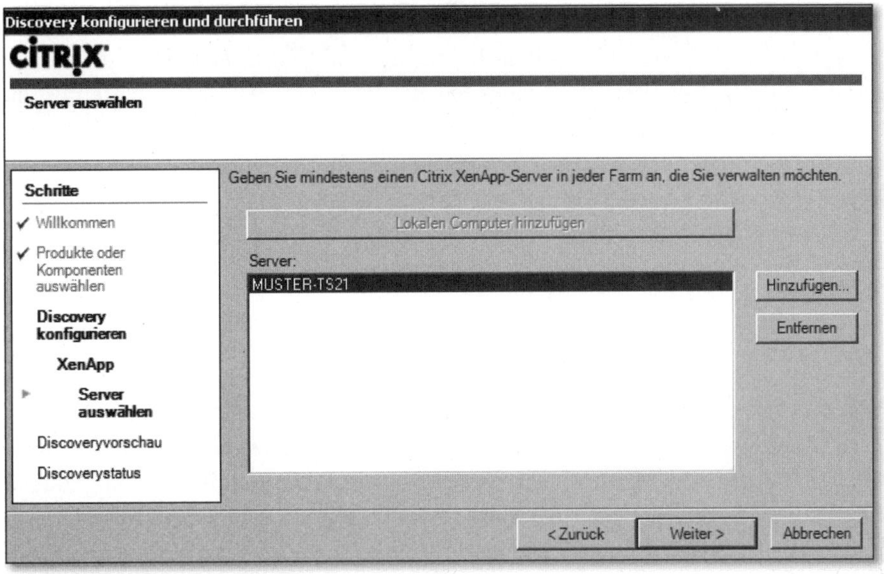

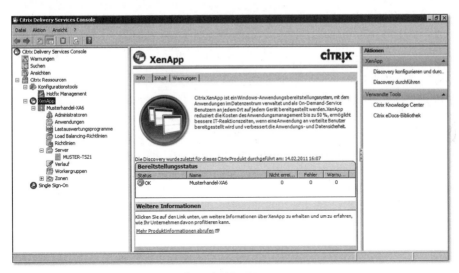

**Abbildung 6.2**   Citrix XenApp

**Abbildung 6.3**   Die geöffnete Konsole nach dem Discovery

Nun ist die Verwaltungskonsole einsatzbereit. Der erste und mit Sicherheit auch einer der interessantesten Verwaltungspunkte in einer XenApp-Farm ist die Veröffentlichung von Anwendungen und Ressourcen.

## 6.1.2 Die Philosophie des Veröffentlichens von Ressourcen

Doch welche Idee steht hinter dem Begriff des *Veröffentlichens*? Versuchen Sie, diese Technik einmal nicht aus einer technischen oder betrieblichen Definition, sondern aus einer Anforderung heraus zu verstehen, so wird es Ihnen sicher sehr schnell einleuchten. Zu diesem Zweck sollten Sie sich noch einmal die Abschnitte über die Windows-Terminaldienste in Erinnerung rufen.

Im Prinzip galten für die Einführung der Technologie des *Veröffentlichens* die gleichen Faktoren wie beim Windows Server 2008 R2 in Bezug auf die Einführung der RemoteApp-Funktionalität – nur dass Citrix diese schon seit über zehn Jahren in seine Produkte eingebunden hat.

Wie war es denn vorher, also bis einschließlich Windows 2003? Sehr viele Punkte hatten auch bis dahin schon für eine zentrale Anwendungsbereitstellung über Terminaldienste gesprochen, jedoch war im laufenden Betrieb aufgefallen, dass neben diesen »harten« Faktoren, wie Kostenreduktion durch einfacheres und schnelleres Roll-out von Anwendungen und die bessere Leistung bei der Arbeit über langsame Anbindungen, auch einige »weiche« Faktoren auftauchten.

So zeigte sich beispielsweise, dass das *Handling von RDP-Sitzungen* nicht sonderlich praktikabel war. Die Benutzer hatten bei den für sie über RDP-Dateien bereitgestellten Anwendungen Probleme damit, zwischen den Anwendungen zu wechseln, da immer ein ganzes Fenster mit leerem Desktop geöffnet wurde, sobald eine Sitzung über eine der RDP-Dateien gestartet wurde.

Auf der anderen Seite war es aber auch für die Administratoren nicht einfach, die RDP-Dateien zu erstellen und diese an die Benutzer zu verteilen. In den Anfängen war ihnen das vielleicht nicht einmal bewusst, da es sich ja bereits um eine deutliche Verbesserung gegenüber lokalen Anwendungsinstallationen handelte. Aber je mehr man damit arbeitete, umso mehr fiel die ganz große Schwäche dieser Lösung auf – obwohl die Terminalserver eine zentralisierte Lösung waren, war die Vorgehensweise der RDP-Dateien eine dezentrale Lösung. Denn wenn die Dateien erst erstellt und auf den Desktop kopiert waren, entzogen sie sich weitestgehend der Verwaltung durch die Administratoren. Doch wie würde eine ideale Lösung für dieses Problem aussehen?

Eine Frage, die auch mit Windows Server 2008 R2 noch nicht umfassend geklärt ist. So ist etwa die Verteilung der RemoteApp-Pakete ohne den Einsatz des *Remotedesktop-Webzugriffes* nach wie vor auf Skripting, Gruppenrichtlinien oder Drittanbieter-Werkzeuge für die Verteilung angewiesen. Es müsste sowohl für die Benutzer als auch für die Administratoren leicht zu bedienen sein. Für die Benutzer sollte also tatsächlich *nur* die Anwendung in einer Sitzung geöffnet werden und kein zusätzlicher leerer Desktop. Für die Administratoren müsste die Zuweisung dieser Anwendungen oder Ressourcen an die Benutzer dauerhaft zentral gesteuert sein. Im optimalen Fall sogar so, dass sich der Client bei jeder Anmeldung mit einer zentralen Instanz abgleicht und hierüber stets die aktuellsten Informationen bezieht. Und da aller guten Wünsche drei sind, müsste es zusätzlich auch möglich sein, andere Inhalte, wie etwa eine Verknüpfung auf eine Internetseite oder eine Freigabe, über diese eine Lösung an die Benutzer zu verteilen.

Und genau das ist die Idee, die hinter der Veröffentlichung von Anwendungen und Ressourcen steht. Die in der Farm für den Benutzer konfigurierten und bereitgestellten Anwendungen werden von der Clientsoftware des Endgerätes angefragt und dem Benutzer angeboten.

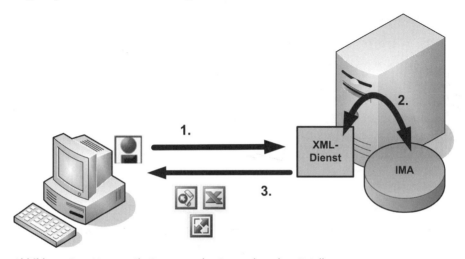

**Abbildung 6.4** Kommunikationswege der Anwendungsbereitstellung

Folgende in Abbildung 6.4 dargestellte Schritte werden dabei durchlaufen:

1. Der Client auf dem Endgerät übernimmt die Anmeldeinformationen des Benutzers und kontaktiert mit diesen den XML-Dienst auf einem der XenApp-Server. Dieser Vorgang wird bei jedem Start der Clientsoftware, bei jedem Verbindungsaufbau und in konfigurierbaren Zeitintervallen ausgeführt, damit Änderungen, die beispielsweise von einem Administrator durchgeführt wurden, schnellstmöglich an den Client weitergegeben werden.

2. Der XML-Dienst tritt mit dem Datenspeicher in Verbindung und prüft, ob für die übergebenen Anmeldeinformationen Anwendungen oder sonstige Ressourcen veröffentlicht sind. Sofern dies der Fall ist, wird die genaue Konfiguration der bereitzustellenden Ressourcen ermittelt.

3. Der XML-Dienst liefert anschließend die für den Client verfügbaren Anwendungen an diesen zurück. Sofern neue hinzugekommen sind, werden diese

entsprechend ihrer Konfiguration dargestellt. Sollten Bereitstellungen entfernt worden oder deren Einstellungen geändert worden sein, so werden auch diese Änderungen an den Client übermittelt.

Insbesondere die Funktionen der benutzerbezogenen Zuweisung und die dynamische Übergabe der Einstellungen an den jeweiligen Client stellen hierbei große Vorteile gegenüber anderen Lösungen dar.

Darüber hinaus kann der XenApp 6 einen weiteren Mehrwert bieten – die veröffentlichten Anwendungen müssen nicht nur von einem RDS-Sitzungshost gestartet werden, sondern können über das Anwendungsstreaming auch auf das Endgerät übertragen werden, um dort lokal ausgeführt zu werden.

### 6.1.3   Veröffentlichen von Terminalserver-Anwendungen

Um eine neue Anwendung zu veröffentlichen, starten Sie den entsprechenden Assistenten in der Delivery Services Console. Dies geschieht über einen Rechtsklick auf den Verwaltungsbereich ANWENDUNGEN. Im Gegensatz zu dem aus Microsoft-Konsolen gewohnten Vorgehen, irgendwo im freien Bereich der Inhaltsanzeigen einen Rechtsklick mit allen Optionen absetzen zu können, gelingt dies in der Konsole nur auf dem jeweiligen Konfigurationspunkt. Daran müssen Sie sich zu Beginn erst etwas gewöhnen.

#### Name und Beschreibung

Im darauffolgenden Dialogschritt können Sie grundsätzliche Informationen zu der Anwendung, wie etwa den Namen und eine Beschreibung, angeben. Natürlich können in diesen Feldern beliebige Texte eingetragen werden, jedoch ist es sehr empfehlenswert, hier zumindest den tatsächlichen Namen der Anwendung zu verwenden.

Hintergrund ist der höhere Komfort und vereinfachte Einstieg für die Benutzer. Stellt man sich vor, dass die lokalen Anwendungen deinstalliert und durch eine XenApp-Lösung ersetzt werden, wird es bei vielen Benutzern zu großen Verwirrungen kommen. In extremen Fällen soll es in der Praxis schon vorgekommen sein, dass ein Anwender eine Anwendung nicht mehr starten konnte, weil das Symbol der Anwendung auf seinem Desktop nicht mehr in der zweiten Reihe an der dritten, sondern nun an die fünfte Stelle verschoben war. Wie wird ein solcher Anwender reagieren, wenn die Anwendung nun nicht mehr Microsoft Excel, sondern nur noch Excel heißt?

**Abbildung 6.5**  Anwendung veröffentlichen

Natürlich ist auch dieses »Anwendungsbeispiel« etwas überspitzt (wenn auch tatsächlich so vorgefallen). Auf jeden Fall erleichtern Sie sich als Administrator das Leben, wenn Sie die Veränderung für die Benutzer an dieser Stelle so gering wie möglich halten.

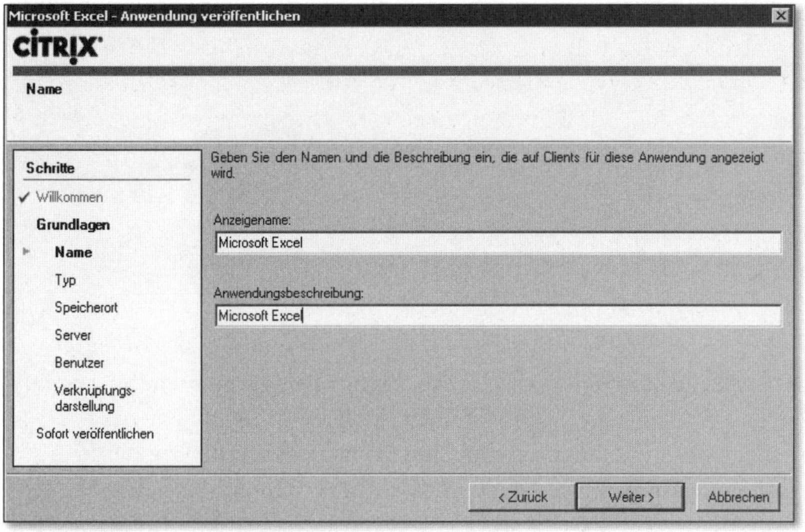

**Abbildung 6.6**  Name und Beschreibung

### Art der zu veröffentlichenden Ressource

Anschließend folgt die Auswahl der Art der veröffentlichten Ressource. Grundsätzlich stehen an dieser Stelle drei Optionen zur Auswahl des Anwendungstyps zur Verfügung:

▶ SERVERDESKTOP
   Stellt einen kompletten Desktop für den Benutzer bereit. Ist in etwa vergleichbar mit einer Windows-Terminalsitzung über den Remotedesktopclient.

---

**Info**

Eine kleine Zusatzinformation »über den Tellerrand«: Diese Art der Bereitstellung von kompletten Desktops stellt die am höchsten standardisierte und somit auch kostengünstigste Variante einer Desktopveröffentlichung dar. Leider wird diese Kostenersparnis erkauft mit einer entsprechend hohen Inflexibilität, was etwa die Berechtigungen der Benutzer auf einen solchen Desktop angeht. Genau aus diesem Grund steht mit XenDesktop eine Lösung zur Verfügung, mit der Benutzern ein kompletter Windows 7-Desktop über ICA zur Verfügung gestellt werden kann. Bei dieser Variante kann Benutzern die Möglichkeit gegeben werden, auf ihren Desktops alles tun zu können und trotzdem nicht auf den Mehrwert des ICA-Protokolls verzichten zu müssen.

---

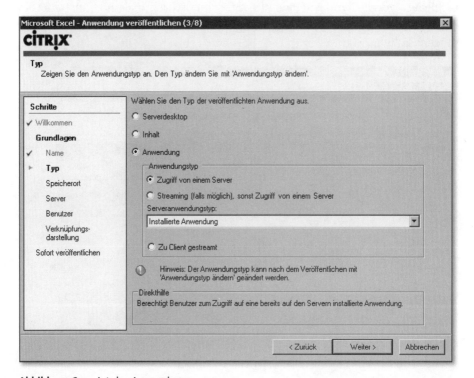

**Abbildung 6.7** Art der Anwendung

▶ INHALT

Stellt eine Verknüpfung auf einen Inhalt, wie beispielsweise eine Internetseite oder eine Freigabe, bereit.

▶ ANWENDUNG

Stellt exklusiv eine einzelne Anwendung ohne Desktop bereit, um dem Anwender die Tatsache einer Terminalsitzung für den Anwendungszugriff weitestgehend transparent darzustellen. Alternativ auch Streaming der Anwendung.

In Bezug auf die Veröffentlichung des Typs ANWENDUNG können wiederum drei Varianten unterschieden werden:

▶ ZUGRIFF VON EINEM SERVER

Bei dieser Variante handelt es sich um das altbekannte Veröffentlichen einer Anwendung von einem Terminalserver. Der Benutzer baut beim Start der Anwendung eine Verbindung zu einem Terminalserver auf, kreiert dort eine Sitzung und startet die Anwendung innerhalb dieser Sitzung.

▶ ZU CLIENT GESTREAMT

Sofern die Anwendung als virtualisiertes Paket vorliegt, kann sie auf den Client gestreamt und dort in einer gekapselten Umgebung ausgeführt werden. Bei dieser Option findet kein Zugriff auf einen Terminalserver zum Zweck der zentralen Ausführung von Anwendungen statt.

▶ STREAMING (FALLS MÖGLICH), SONST ZUGRIFF VON EINEM SERVER

Bei dieser Option wird zunächst geprüft, ob die Anwendung auf das Endgerät gestreamt und dort ausgeführt werden könnte. Falls ja, wird dieser Vorgang entsprechend ausgelöst. Falls ein Streaming auf das Endgerät nicht möglich sein sollte, wird eine Verbindung mit einem Terminalserver hergestellt.

**Befehlszeile der Anwendung**

Sofern Sie an dieser Stelle bei der Auswahl des Anwendungstyps ANWENDUNG mit dem ZUGRIFF VON EINEM SERVER auswählen, müssen Sie in den folgenden Feldern die Befehlszeile der Anwendung und ihr Arbeitsverzeichnis angeben.

---

**Hinweis**

Die Option ANWENDUNG ISOLIEREN steht an dieser Stelle seit dem XenApp 5.0 nicht mehr zur Verfügung, da die Application Isolation Environments nun komplett im Anwendungsstreaming aufgegangen sind. In Abschnitt 6.1.9, »Application Isolation Environments«, gibt es aber noch einmal einen Überblick über diese Technologie, da sie die Basis für das Streaming darstellt.

---

Um die Befehlszeile und das Arbeitsverzeichnis einer Anwendung an dieser Stelle anzugeben, können Sie die Informationen sowohl direkt eintragen als auch über DURCHSUCHEN danach suchen. Sollten Sie die Suche wählen, werden im entsprechenden Assistenten die in der Farm befindlichen Server angezeigt. Durch die Auswahl eines Servers werden seine Laufwerke abgebildet, so dass Sie in den Pfad der Anwendung navigieren können. Nach der Auswahl der Anwendung werden diese Informationen automatisch in den Assistenten für die Veröffentlichung von Anwendungen übergeben, wie in Abbildung 6.8 dargestellt.

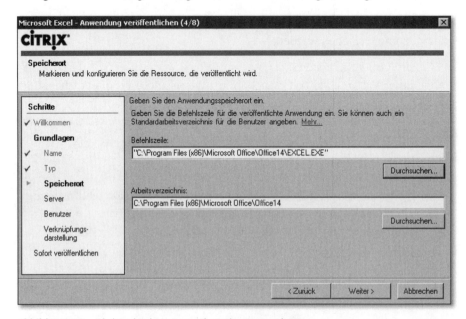

**Abbildung 6.8** Pfad und Arbeitsverzeichnis der Anwendung

---

**Hinweis**

Genau wie bei normalen Windows-Desktop-Verknüpfungen kann es bei einigen Anwendungen notwendig sein, einen anderen als den angeboten Pfad des *Arbeitsverzeichnisses* zu wählen. Ein Weg, der sich hierbei in der Praxis sehr bewährt hat, ist die Übertragung der Informationen aus beispielsweise der Anwendungsverknüpfung im Startmenü in die veröffentlichte Anwendung.

---

**Server festlegen**

Da in einer Serverfarm viele Server eingesetzt werden können, die womöglich nicht alle identisch konfiguriert sind, muss eine veröffentlichte Anwendung nicht auf allen Servern bereitgestellt werden. Es besteht die Möglichkeit, für jede Anwendung zu definieren, auf welchen Servern sie installiert ist und wie sie dementsprechend genutzt werden kann. Diese Konfiguration vollziehen Sie durch einfaches HINZUFÜGEN von Serverobjekten zu der Liste der *konfigurierten Server*.

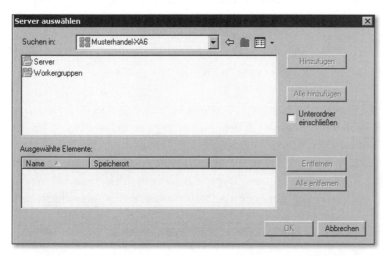

**Abbildung 6.9** Auswahl der bereitstellenden Server oder Workergruppen

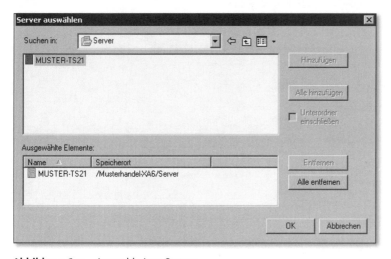

**Abbildung 6.10** Auswahl eines Servers

Wie in Abbildung 6.9 zu sehen ist, ist in XenApp 6 eine weitere Möglichkeit mit der Auswahl von WORKERGRUPPEN hinzugekommen, die in den älteren Versionen von XenApp noch nicht zur Verfügung stand. Bei Workergruppen handelt es sich um logische Sammlungen von XenApp-Systemen, die basierend auf Active-Directory-Organisationseinheiten erstellt werden können. Durch die Auswahl einer Workergruppe müssen keine einzelnen Systeme zu einer Anwendung hinzugefügt werden.

Diese Funktion ist eine klare Antwort auf die Verwendung von XenApp-Systemen über den Provisioning Server. Da XenApp-Systeme genau wie Windows 7-Systeme über vDisks im Standard-Image-Mode provisioniert werden können, können Sie über die Workergruppen eine nahtlose Skalierung erreichen, ohne hierfür weitere manuelle Anpassungen durchführen zu müssen.

### Benutzer festlegen

Neben der Auswahl der Server, die für die Anwendung genutzt werden sollen, ist ein weiterer wesentlicher Punkt die Auswahl der Benutzer, für die die Anwendung veröffentlicht werden soll. Um die Auswahl der entsprechenden Benutzer oder Gruppen vornehmen zu können, bietet das nächste Fenster eine Auswahlbox, in der die zur Verfügung stehenden Anmeldeinstanzen zur Auswahl stehen.

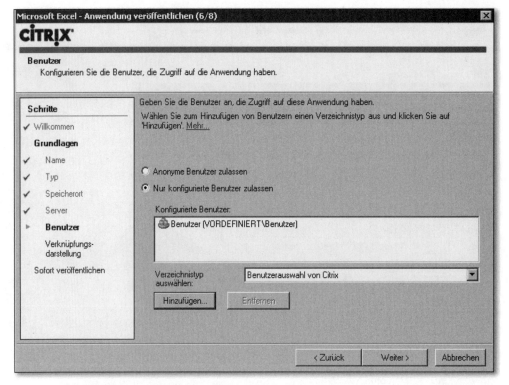

**Abbildung 6.11**  Benutzer auswählen

Dort finden Sie in jedem Fall die lokale Benutzerdatenbank (SAM) des Terminalservers. Sofern der Terminalserver ein Mitglied einer Windows-Domäne ist, erscheint ebenfalls diese Domäne und eventuell vertraute Domänen.

Um nicht den Fehler zu begehen, eine unübersichtliche oder schwer zu dokumentierende Struktur zu schaffen, sollten Sie an dieser Stelle wieder in das Active Directory springen, um dort eine Gruppe für die Anwendungszuweisung von Microsoft Excel zu erstellen. Bei der Benennung der Gruppe(n) sollten Sie ebenfalls wieder auf einen aussagekräftigen Namen achten, um die Dokumentation zu erleichtern.

### Verknüpfungsdarstellung

Der nächste Dialogschritt befasst sich mit der Darstellung der veröffentlichten Anwendung im Client, oder besser gesagt mit der Darstellung der Verknüpfung im Client.

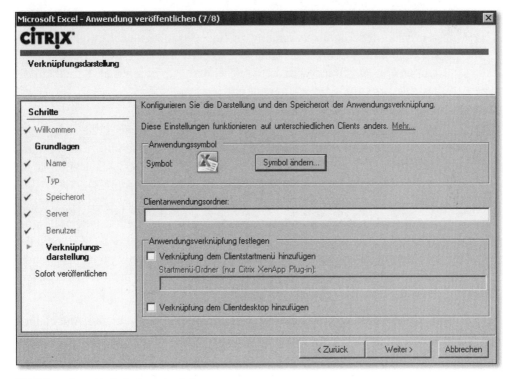

**Abbildung 6.12** Verknüpfungsdarstellung

An dieser Stelle können Sie vier Einstellungen vornehmen:

▶ CLIENTANWENDUNGSORDNER
In dieses Feld können Sie als Freitext einen Ordnernamen eintragen, in dem im Client die Anwendungsverknüpfung angezeigt werden soll. Dies könnte beispielsweise der Begriff Microsoft Office sein, was dazu führen würde, dass z. B. im Webinterface ein Ordner *Microsoft Office* angezeigt würde, der Microsoft Excel enthält.

> **Hinweis**
>
> Dies ist die einzige Möglichkeit, die Verknüpfungen, die im Client angezeigt werden, weiter zu untergliedern. Zwar besteht auch in der DSC unter dem Punkt *Anwendungen* die Möglichkeit, Ordner anzulegen, diese dienen jedoch ausschließlich der Übersicht in der DSC und der Berechtigungsvergabe.

▶ VERKNÜPFUNG DEM CLIENTSTARTMENÜ HINZUFÜGEN
Über diese Option besteht die Möglichkeit, die Anwendungen nicht nur innerhalb der Client-Anwendung zu finden, sondern auch direkt im Startmenü in einem Ordner, der den Namen der Farm trägt. Sofern das XenApp Online Plug-in genutzt wird, können Sie die Anwendungen auch direkt in die Originalstrukturen des Startmenüs einblenden.

▶ VERKNÜPFUNGEN DEM CLIENTDESKTOP HINZUFÜGEN
Diese Option verhält sich analog zur Erstellung von Verknüpfungen im Startmenü. Bei der Auswahl dieser Option wird für die veröffentlichte Anwendung direkt eine Verknüpfung auf dem Desktop des Benutzers angelegt, über die der Benutzer die Anwendung starten kann.

▶ ANWENDUNGSSYMBOL
Die Auswahl des Anwendungssymbols stellt sich analog zur Konfiguration des Symbols einer Windows-Verknüpfung dar. Im Standard wird das in der Anwendung hinterlegte Symbol verwendet. Sollte dies aus einem bestimmten Grund nicht erwünscht sein, können Sie über einen entsprechenden Assistenten ein alternatives Symbol auswählen.

Nach diesem Konfigurationsschritt besteht die Möglichkeit, die Anwendung sofort zu veröffentlichen oder weitere Einstellungen in ihr vorzunehmen (siehe Abbildung 6.13).

Im Regelfall bietet es sich an, an dieser Stelle direkt die erweiterten Anwendungseinstellungen zu konfigurieren.

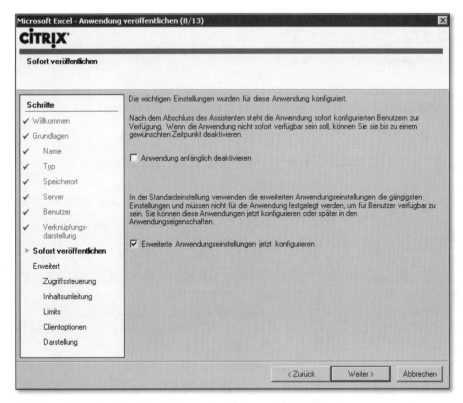

**Abbildung 6.13**   Erweiterte Anwendungseinstellungen jetzt konfigurieren

### Zugriffssteuerung konfigurieren

Sofern im Netzwerk eine *Access Gateway Advanced Edition* bzw. *Enterprise Edition* im Einsatz ist, die für den Zugriff auf die XenApp-Umgebung genutzt wird, können Sie im folgenden Schritt definieren, für welche gefilterten Verbindungen ein Zugriff erlaubt werden soll.

Hierdurch könnte es sich beispielsweise realisieren lassen, dass das unternehmenskritische Warenwirtschaftssystem nur aus dem Unternehmensnetzwerk heraus geöffnet werden kann, während die Office-Anwendungen auch aus einem Internet-Cafe heraus genutzt werden können.

Weitere Informationen über die Möglichkeiten und die Konfiguration des Access Gateways finden Sie in Abschnitt 7.6, »Access Gateway«.

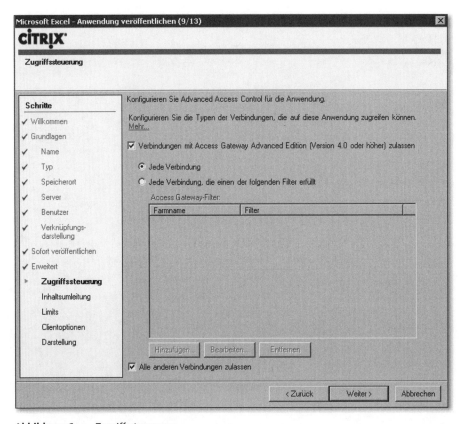

**Abbildung 6.14** Zugriffssteuerung

### Inhaltsumleitung konfigurieren

Im nächsten Schritt können die von der Anwendung unterstützten Dateitypen aktiviert werden, die an die Clients veröffentlicht werden sollen. Über die Zuordnung von Dateitypen zu einer veröffentlichten Anwendung lässt sich der Komfort für den Benutzer noch einmal deutlich erhöhen. Sie können sich diese Technik in etwa vorstellen wie die Zuordnung von Dateitypen zu lokal installierten Anwendungen. Ein kleines Beispiel: Auf einem System ist Microsoft Excel installiert. Bei der Installation der Anwendung wurden in der Registry des Clients Einstellungen getroffen, die XLS-Dateien mit der *excel.exe* verbinden. Dies hat zur Folge, dass in dem Moment, in dem ein Benutzer einen Doppelklick auf eine Excel-Datei ausführt, automatisch Microsoft Excel gestartet wird und sich die entsprechende Datei öffnet.

Identisch verhält es sich mit der Zuordnung von Dateitypen zu einer veröffentlichten Anwendung. Der XenApp-Client auf dem Endgerät empfängt die Informationen über die bekannten Dateitypen und registriert diese in der Registry des

PCs. Wenn nun in dieser Situation der Benutzer einen Doppelklick auf einen bekannten Dateityp macht, wird die entsprechende veröffentlichte Anwendung vom Terminalserver gestartet und die Datei zu der Anwendung in die Sitzung übertragen, um in ihr angezeigt werden zu können.

Diese Funktion, die leider nicht in allen Editionen von XenApp enthalten ist, bietet somit die lückenlose Möglichkeit, auf lokal installierte Software weitestgehend zu verzichten. Anwendungen, wie z. B. ein Acrobat Reader, die niemand aktiv benötigt, müssten somit nicht mehr präventiv auf alle Endgeräte ausgerollt werden. Um für den Fall, dass ein Benutzer ein entsprechendes Dokument öffnen will, gewappnet zu sein, könnten zentral auf einem Terminalserver die entsprechenden Anwendungen liegen, um nur bei Bedarf genutzt zu werden.

> **Hinweis**
>
> Damit die Funktion der Dateitypzuordnung, also der Datenübertragung vom Client in die Sitzung, funktioniert, müssen die lokalen Laufwerke des Clients in die Sitzungen eingebunden sein.

### Anwendungslimits festlegen

Nach der Konfiguration der Inhaltsumleitung definieren Sie Anwendungslimits wie CPU- und Instanzen-Einstellungen für die Anwendung. Wie in Abbildung 6.15 gezeigt, besteht hier beispielsweise die Möglichkeit, die Anzahl der zu startenden Instanzen der Anwendung in der Serverfarm zu beschränken.

Ein Anwendungsfall hierfür könnte z. B. in einer Anwendung zu finden sein, für die nur Lizenzen für fünf gleichzeitige Benutzer erworben wurden. Über die Einstellung der maximal zulässigen Instanzen der Anwendungen könnten Sie realisieren, dass tatsächlich nur fünf Benutzer diese Anwendung gleichzeitig nutzen können. Ein möglicher sechster Benutzer würde eine Fehlermeldung erhalten, dass die maximale Anzahl der Instanzen erreicht ist und er es später erneut versuchen soll. Die Einstellungen der CPU-Prioritäten sollen eine Möglichkeit schaffen, kritische Anwendungen vorrangig mit Serverressourcen zu versorgen.

> **Achtung**
>
> Diese Einstellung ist mit großer Vorsicht zu verwenden, da sie dazu führen kann, dass eine Anwendung mit der Priorität HOCH allen anderen Anwendungen die Ressourcen entzieht und es somit zu einem Stillstand aller anderen Anwendungen kommt.

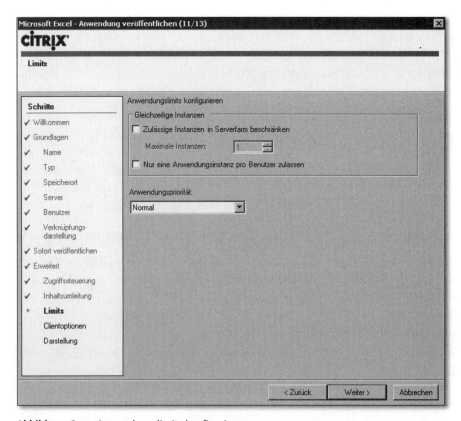

**Abbildung 6.15**   Anwendungslimits konfigurieren

**Client-Optionen festlegen**

Bei der Festlegung der Client-Optionen (siehe Abbildung 6.16) können Sie die Einstellungen vornehmen, die sich auf die Client-Funktionalitäten der Sitzung beziehen.

▸ LEGACYAUDIO AKTIVIEREN

Um diese Option zu verstehen, muss zunächst eine andere Technik kurz eingeführt werden. Die Speedscreen-Multimediabeschleunigung ist eine Funktionalität, die es erlaubt, Audio- und Video-Inhalte nicht auf dem Server verarbeiten zu lassen, sondern die Daten komprimiert an den Client zu übertragen, der diese dann beispielsweise automatisch mit den Komponenten des Windows Mediaplayers in der Sitzung darstellt. Da dies nur mit dem XenApp-Client für Win32 möglich ist, muss eine Alternative für andere Clients geschaffen werden.

Die Option LEGACYAUDIO AKTIVIEREN ermöglicht Clients die Nutzung von Audio in der Sitzung, auch wenn keine Speedscreen-Multimediabeschleunigung verwendet wird.

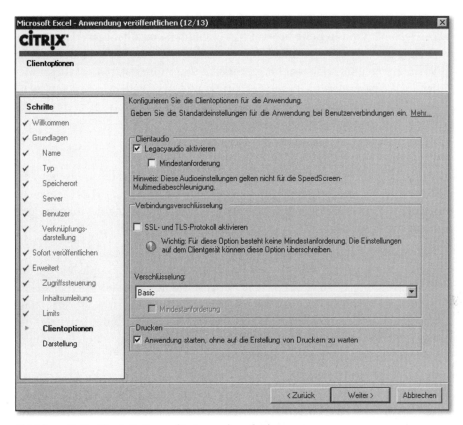

**Abbildung 6.16**   Client-Optionen für Anwendung festlegen

▶ SSL- UND TLS-PROTOKOLL AKTIVIEREN

Grundsätzlich besteht an dieser Stelle auch die Möglichkeit, den Sitzungs-datenstrom über SSL oder TLS verschlüsseln zu lassen. Diese Funktion hat jedoch nichts mit dem Secure Gateway und dem sicheren Zugriff von exter-nen Standorten aus zu tun.

▶ VERSCHLÜSSELUNG

Das ICA-Protokoll unterstützt verschiedene Stufen der Verschlüsselung, um die übertragenen Inhalte zu schützen. An dieser Stelle können Sie die gewünschte Verschlüsselungstiefe für diese Anwendung konfigurieren.

> **Hinweis**
>
> Die Verschlüsselungseinstellungen wirken sich analog zu der Konfiguration der Auf-lösungen und Farben auf die Funktionalität des *Session Sharings* aus. Sollten die Anwendungen unterschiedliche Einstellungen haben, kann es vorkommen, dass das Session Sharing nicht korrekt arbeitet.

▶ ANWENDUNG STARTEN, OHNE AUF DIE ERSTELLUNG VON DRUCKERN ZU WARTEN
Die letzte Option bezieht sich auf das Einbinden von Client-Druckern in die Sitzung über das ICA-Protokoll. Im Normalfall werden alle Ressourcen in die Sitzung eingebunden, bevor die eigentliche Anwendung startet. Da dieses Einbinden insbesondere in Bezug auf Drucker relativ lange dauern kann, wird hier die Möglichkeit geboten, die Anwendung schon zu nutzen, während die Drucker noch eingebunden werden.

### Anwendungsdarstellung festlegen

Im letzten Schritt des Veröffentlichungsassistenten müssen Sie die grafischen Einstellungen der Anwendung konfigurieren (siehe Abbildung 6.17). Hier können Sie zunächst zwei grundsätzliche Einstellungen für die Darstellung der Anwendung vornehmen:

▶ GRÖSSE DES SITZUNGSFENSTERS
Die Einstellung der Größe des Sitzungsfensters definiert die Auflösung, in der die Anwendungssitzung auf dem Server gestartet werden soll. Hierbei stehen Auflösungen von 640 × 480 bis 1.600 × 1.200 Bildpunkten zu Verfügung. Zusätzlich zu den möglichen Auswahlwerten kann auch eine benutzerdefinierte Auflösung oder eine Auflösung, die als prozentualer Anteil des Bildschirmes definiert wird, gewählt werden.

▶ MAXIMALE FARBQUALITÄT
Im Hinblick auf die Farbauswahl stehen die vier Stufen 256, 16 Bit und 32 Bit zur Verfügung. Auch hier ist diese Einstellung ausschlaggebend für die auf dem Server definierte Sitzung.

Bei diesen beiden Einstellungen sind zwei wichtige Punkte zu beachten:

▶ **Bandbreite**
Sowohl die Einstellung für die Auflösung der Sitzung als auch die für die Anzahl der Farben wirkt sich direkt auf die von der Sitzung benötigte Netzwerkbandbreite aus. Je mehr Farben genutzt werden sollen und je höher auflösend der Inhalt sein soll, desto mehr Bandbreite wird für die Übertragung der Sitzungsinformationen benötigt. Die Begründung hierfür ist so einfach wie logisch – je höher beispielsweise die Auflösung, umso mehr Daten müssen übertragen werden, um diese Auflösung abbilden zu können.

Vor diesem Hintergrund sollte immer realistisch überlegt werden, was tatsächlich von einer Anwendung an Grafikressourcen benötigt wird, damit sie vernünftig arbeitet. Im Regelfall wird beispielsweise für eine DOS-basierte Anwendung eine Auflösung von 640 × 480 Pixeln mit 16 Farben vollkommen ausreichend sein. Eine Office-Anwendung lässt sich beispielsweise mit 800 × 600 Pixeln und 16 Bit Farbtiefe darstellen. Alles, was an Auflösung und Farben darüber hinausgeht, benötigt nur zusätzliche Bandbreite, ohne einen konkreten Nutzen zu haben.

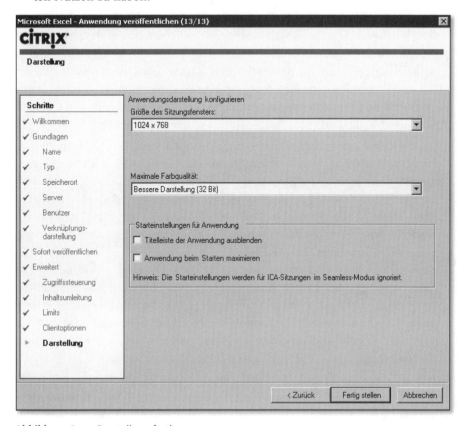

**Abbildung 6.17** Darstellung festlegen

▶ **Session Sharing**

Eine Technik, die mit *Seamless-Anwendungen* in engem Zusammenhang steht, ist das sogenannte *Session Sharing*. Was verbirgt sich konkret hinter dieser Technik? Beim Start der ersten veröffentlichten Anwendung von einem Client aus wird auf einem der Terminalserver eine Sitzung für den entsprechenden Benutzer erstellt und die gewünschte Anwendung darin gestartet. Der Aufbau dieser Sitzung benötigt ein wenig Zeit, da für die Erstellung der Sitzung eine Anmeldung des Benutzers auf dem System durchgeführt wird. Das heißt, dass beispielsweise Login-Skripte, Gruppenrichtlinien etc. für den Benutzer auf dem Terminalserver abgearbeitet werden müssen.

Startet der Benutzer nun eine zweite Anwendung auf dem Terminalserver, wäre es ungünstig, wenn dieses Prozedere für jede Anwendung erneut ausgeführt werden müsste. Zum einen würde es immer Zeit kosten, zum anderen würde für den Benutzer mehrfach Speicherplatz auf dem Server beansprucht, der von der Sitzung als Basis benötigt wird.

Um dieses Verhalten zu umgehen, unterstützt das ICA-Protokoll das Session Sharing. Hierbei wird beim Start einer veröffentlichten Anwendung vom Client geprüft, ob der Benutzer bereits eine Sitzung auf einem Server hält, auf dem auch die neue gewünschte Anwendung geöffnet werden könnte. Sollte dies der Fall sein, so würde die zweite Anwendung direkt in der Sitzung der ersten geöffneten Anwendung gestartet. Der Anmeldeprozess würde hierfür entfallen und der Anwendungsstart somit auch deutlich schneller vonstattengehen.

Doch was hat dies mit der Darstellung einer veröffentlichten Anwendung zu tun? Das Session Sharing funktioniert nur für veröffentlichte Anwendungen, die die gleichen Einstellungen haben. Um den Grund hierfür zu verstehen, stellen Sie sich die Sitzung am besten bildlich vor. Eine Sitzung wäre also eine Röhre, deren Durchmesser von der Auflösung und der Anzahl der Farben bestimmt wird. Nehmen wir nun einmal an, dass unsere erste Anwendung mit 640 × 480 Bildpunkten und 16 Farben gestartet wurde, dann könnte dies z. B. einer Röhre von 10 cm Durchmesser entsprechen. Die zweite Anwendung, die gestartet werden soll, hat die Vorgaben 800 × 600 Bildpunkte und 256 Farben, was einem Durchmesser von 18 cm entspricht. Die zweite Anwendung »passt« dann einfach nicht durch die erste Röhre und müsste sich dementsprechend eine eigene zweite aufbauen. Session Sharing würde in diesem Fall also nicht funktionieren.

Jetzt mag es ein paar schlaue Füchse geben, die ein wenig über das Bild nachdenken und zu dem Schluss kommen, dass es dann aber funktionieren müsste, wenn als Erstes die 18-cm-Röhre aufgebaut und dann die 10-cm-Anwendung gestartet würde. Und tatsächlich – in dieser Reihenfolge würde das Session Sharing mit den beiden Anwendungen funktionieren. Das Problem ist nur, dass man eben nicht immer genau weiß, welche Anwendung zuerst gestartet wird. Aus diesem Grund die allgemeine Empfehlung: Genau darüber nachdenken, wie die Darstellung der Anwendungen konfiguriert wird. Mehr ist nicht immer besser. Gleiches gilt im Hinblick auf eine sehr individuelle Konfiguration der Anwendungen.

Zusätzlich zu Auflösung und Farben können in diesem Fenster noch zwei weitere Optionen im Bereich STARTEINSTELLUNGEN FÜR ANWENDUNG konfiguriert werden:

▶ TITELLEISTE DER ANWENDUNG AUSBLENDEN
Diese Option sorgt bei der Auswahl dafür, dass die Titelleiste der Anwendung nicht im ICA-Sitzungsfenster angezeigt wird. Diese Einstellung ist jedoch nur von Bedeutung, wenn die Anwendung nicht im Seamless-Modus gestartet wird.

▶ ANWENDUNG BEIM STARTEN MAXIMIEREN

Über diese Einstellung wird die Anwendung im ICA-Sitzungsfenster maximiert. Auch diese Einstellung wird nicht angewendet, wenn der Seamless-Modus verwendet wird.

### Test der veröffentlichten Anwendung

Nach diesem Schritt ist die Veröffentlichung der Anwendung abgeschlossen, und die Anwendung erscheint in der Liste in der Access Management Console, wie in Abbildung 6.18 gezeigt.

**Abbildung 6.18**  Die erste veröffentlichte Anwendung

Doch wie stellt diese sich nun auf einem Client dar? Um diese Frage zu beantworten, starten Sie im einfachsten Fall das Webinterface mit einem lokalen Browser. Nach einem Anmeldedialog sollte die Verbindung zur Farm hergestellt worden sein und die veröffentlichte Anwendung im Fenster erscheinen.

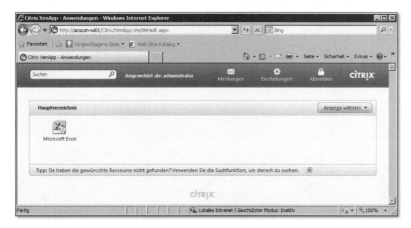

**Abbildung 6.19**  Excel als veröffentlichte Anwendung im Webinterface

**Tipp**

Wenn die Anwendung dort nicht erscheint, sollte zunächst die Mitgliedschaft der Gruppe für die veröffentlichte Anwendung geprüft werden. Ist die Mitgliedschaft korrekt, hilft im Regelfall ein Ab- und Anmelden. Grund hierfür ist, dass Gruppenmitgliedschaften bei Windows nur bei der Anmeldung aktualisiert werden.

Durch einen Doppelklick sollten Sie die Anwendung nun starten können. Nach dem Start der Anwendung wird diese nicht von einer lokal gestarteten Anwendung zu unterscheiden sein, sofern nicht der Task-Manager zu Rate gezogen wird.

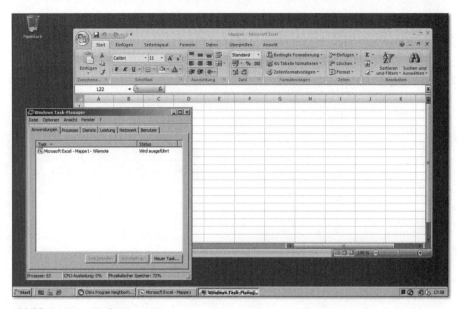

**Abbildung 6.20** Task-Manager

Einzig der Hinweis \\*Remote* in der Bezeichnung der Anwendung verrät, dass es sich hierbei nicht um ein lokal installiertes Microsoft Excel handelt.

### 6.1.4 Veröffentlichen von gestreamten Anwendungen

Das Veröffentlichen von Anwendungen, die auf einem Terminalserver installiert sind, ist damit erfolgreich abgeschlossen. Aber wie verhält es sich nun mit Anwendungen, die auf die Endgeräte gestreamt werden sollen? Nun ja, der Ablauf der Veröffentlichung ist in weiten Teilen sehr ähnlich.

Um eine zu streamende Anwendung zu veröffentlichen, wählen Sie wieder über die Access Management Console unter dem Menüpunkt ANWENDUNGEN über das Kontextmenü die Option NEU • ANWENDUNG VERÖFFENTLICHEN.

Nach der Konfiguration des Anwendungsnamens und der entsprechenden Beschreibung wählen Sie den Typ der zu veröffentlichenden Anwendung. In diesem Fall ist es ANWENDUNG • ZU CLIENT GESTREAMT, wie in Abbildung 6.21 dargestellt.

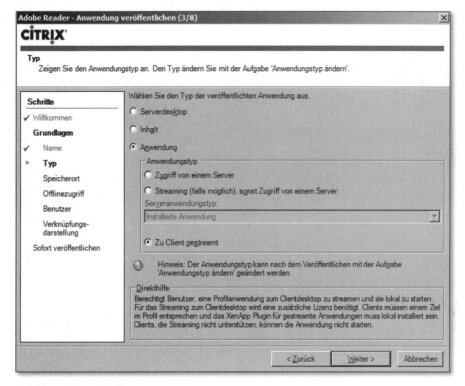

**Abbildung 6.21**  Zu Client gestreamt

Im darauffolgenden Schritt, den Abbildung 6.22 zeigt, wählen Sie den Pfad des Anwendungsprofils und die darin enthaltene gewünschte Anwendung.

Weitere Informationen über die Erstellung von Anwendungsprofilen und die Arbeit mit virtualisierten Anwendungen finden Sie in Abschnitt 7.2, »Anwendungsstreaming mit dem Streaming Server«.

Im nächsten Konfigurationsschritt (Abbildung 6.23) können Sie die Offline-Verfügbarkeit der Anwendung konfigurieren.

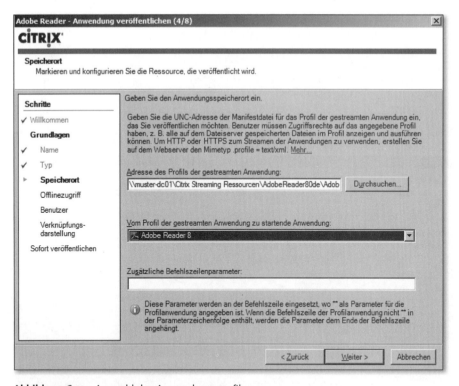

**Abbildung 6.22**  Auswahl des Anwendungsprofils

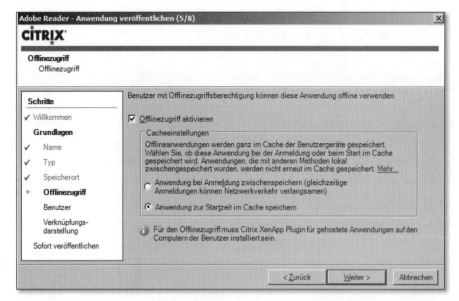

**Abbildung 6.23**  Offline Zugriff aktivieren

Eine sehr wichtige Option, insbesondere in Umgebungen mit mehreren Standorten, ist die Konfiguration von alternativen Profilen.

Anschließend können Sie wiederum die gewünschten Benutzer(gruppen) und die automatisch zu erstellenden Verknüpfungen konfigurieren.

Analog zur Veröffentlichung einer lokal auf dem Terminalserver installierten Anwendung können Sie auch bei der Veröffentlichung einer *Streaming Application* auswählen, ob während des Veröffentlichungsassistenten direkt die erweiterten Einstellungen konfiguriert werden sollen. Sofern Sie diese Option wahrnehmen, können Sie zunächst wieder die Zugriffsteuerung über das Access Gateway und die Umleitungen von Inhaltstypen konfigurieren.

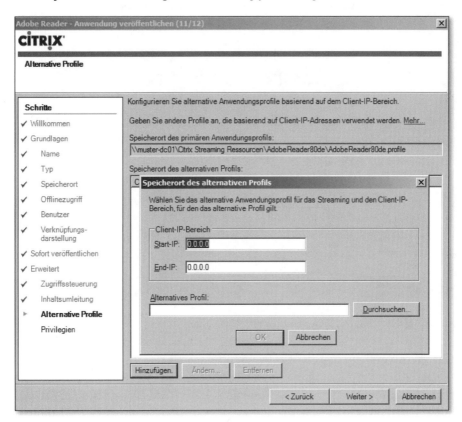

**Abbildung 6.24** Konfiguration von alternativen Profilen

Der Hintergrund dieser Einstellungen ist ebenso einfach wie notwendig – da im Rahmen der Veröffentlichung von gestreamten Anwendungen eine Verbindung zu einer Freigabe definiert wird, greifen später die berechtigten Clients auf diese Freigabe zu und laden das entsprechende Anwendungspaket. Sofern die Clients aber in einem entfernten Standort über eine womöglich langsame Leitung angebunden sind, kann es durchaus sinnvoll sein, auch an diesem Standort einen Server zu platzieren, der das Anwendungspaket hält und den Clients zur Verfügung stellen kann.

Somit bietet dieser Konfigurationsschritt die Möglichkeit, basierend auf der IP-Adresse des Client-Gerätes eine Zuordnung zu einem bestimmten Paketspeicherort herzustellen. Auf diesem Weg können die Endgeräte das Anwendungspaket jeweils von einem System in ihrer Nähe respektive mit einer schnellen Anbindung laden und ausführen.

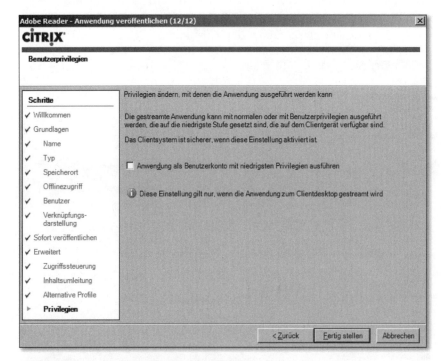

**Abbildung 6.25** Privilegien der gestreamten Anwendung

Der letzte Konfigurationsdialog der Veröffentlichung von gestreamten Anwendungen erlaubt die Konfiguration der Privilegien der Anwendung bei der Ausführung auf dem Endgerät (siehe Abbildung 6.25). Wird eine gestreamte Anwendung auf dem Client innerhalb einer gekapselten Umgebung (»Sandbox«) ausgeführt, können Sie an dieser Stelle definieren, ob die Anwendung mit den normalen Privilegien oder mit sehr geringen Benutzerberechtigungen ausgeführt werden soll. Durch die Ausführung einer Anwendung mit geringen Privilegien kann die Sicherheit auf dem Endgerät erhöht werden, jedoch sind nicht alle Anwendungen in diesem Modus vollständig lauffähig. Mit diesem letzten Schritt ist auch die Veröffentlichung einer gestreamten Anwendung abgeschlossen.

## 6.1.5 Veröffentlichen von Desktops

Neben der Veröffentlichung von Anwendungen kann es aber in einigen Fällen auch sinnvoll sein, einen kompletten Desktop zu veröffentlichen. Ein Beispiel für einen solchen Fall könnte ein Administrator sein, der den Terminalserver über eine Desktop-Sitzung wartet. Ein anderes Beispiel wäre ein Benutzer mit einem Nicht-Windows-Endgerät, der auf diesem Weg zu einer Windows-Arbeitsumgebung gelangen möchte.

Die grundsätzliche Vorgehensweise bei der Veröffentlichung eines kompletten Desktops unterscheidet sich hierbei nicht sonderlich von der einer Anwendung. Zunächst starten Sie wieder den Assistenten für das Veröffentlichen von Anwendungen. Wie auch schon bei den vorherigen Veröffentlichungen weisen Sie der zu veröffentlichenden Ressource wieder einen Namen und eine Beschreibung zu. Im vorliegenden Fall empfiehlt sich beispielsweise ein Name wie »Desktop« oder »Terminalserver-Desktop«.

Im Dialogschritt des Typs der zu veröffentlichenden Ressource können Sie nun das Optionsfeld auf SERVERDESKTOP setzen, wie in Abbildung 6.26 dargestellt.

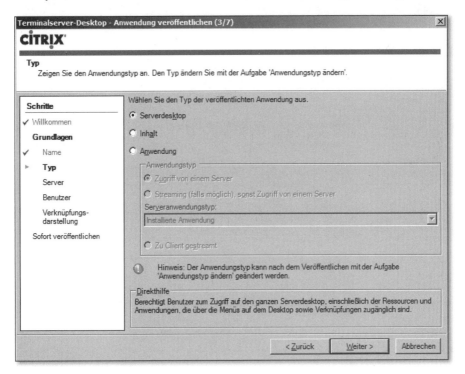

**Abbildung 6.26** Typ der zu veröffentlichenden Ressource

Anschließend wählen Sie wieder die zu nutzenden Server und Benutzer(gruppen) aus (siehe Abbildungen 6.27 und 6.28).

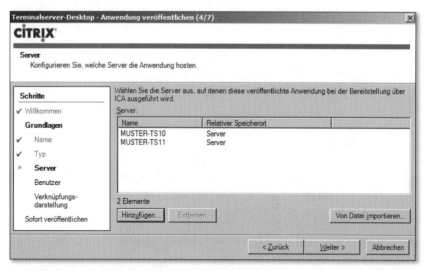

**Abbildung 6.27** Auswahl der Server

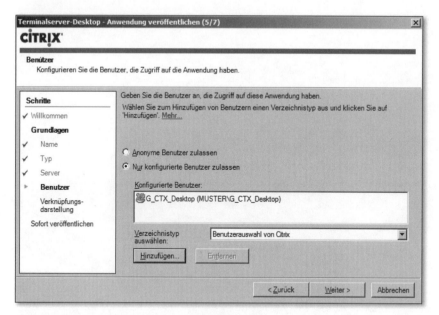

**Abbildung 6.28** Auswahl der Benutzer(gruppen)

Nach der Konfiguration von Servern und Benutzern können wieder die Verknüpfungsoptionen konfiguriert werden, wie in Abbildung 6.29 gezeigt.

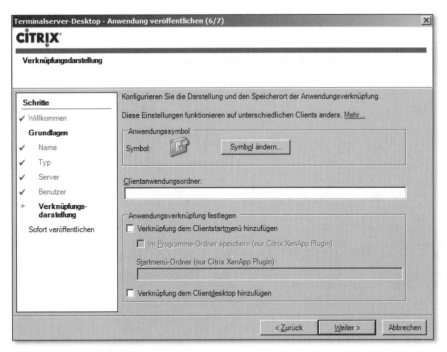

**Abbildung 6.29**  Verknüpfungsdarstellung

Sofern keine erweiterten Einstellungen mehr getroffen werden sollen, ist mit diesem Schritt die Veröffentlichung des Serverdesktops abgeschlossen.

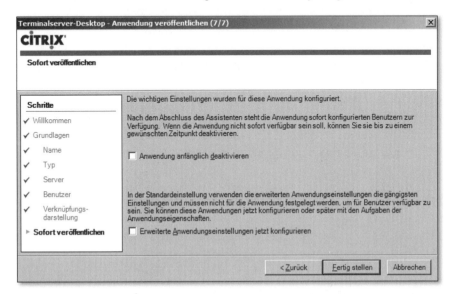

**Abbildung 6.30**  Sofort veröffentlichen

Der auf diesem Weg veröffentlichte Desktop erscheint ebenfalls im Webinterface und kann auf die bekannte Art und Weise gestartet werden.

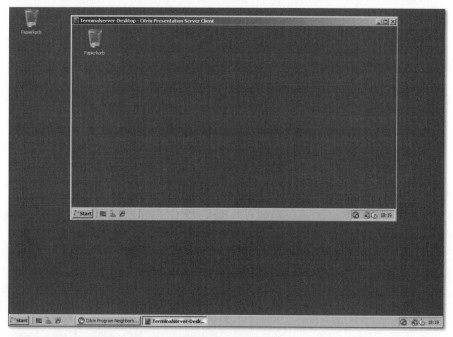

**Abbildung 6.31** Desktop-Sitzung auf einem Terminalserver

Da ein veröffentlichter Desktop im Standard nicht *Seamless* dargestellt wird, zeigt sich hier deutlich die konfigurierte Größe des Sitzungsfensters. Neben einer sinnvollen Konfiguration der Darstellung eines veröffentlichten Desktops sollten Sie als zweiten wichtigen Aspekt ein besonderes Augenmerk auf die Absicherung des Desktops richten. Da viele Benutzer auf dem gleichen System arbeiten, ist es sehr wichtig, dafür zu sorgen, dass jeder Benutzer nur die unbedingt benötigten Funktionen des Desktops zur Verfügung hat. Abschnitt 8.6, »Erstellen einer gesicherten Benutzersitzung«, beschäftigt sich ausführlich mit der Absicherung von Terminalserver-Verbindungen und den zur Verfügung gestellten Ressourcen.

### 6.1.6 Veröffentlichen von Inhalten

Als letzter Punkt der »Wunschliste« aus Abschnitt 6.1.2, »Die Philosophie des Veröffentlichens von Ressourcen«, bleibt die zentrale Verteilung von Verknüpfungen zu Ressourcen. Auch diese können Sie wieder über den Assistenten für die Veröffentlichung von Anwendungen realisieren. Nur dass Sie dieses Mal im zweiten Schritt die Option INHALT aktivieren müssen.

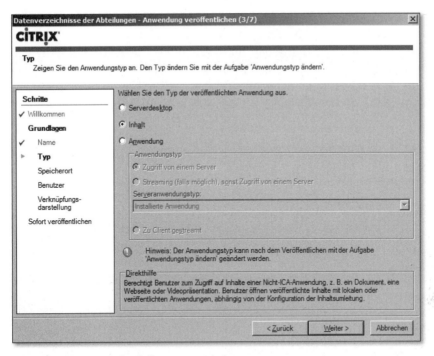

**Abbildung 6.32** Veröffentlichung eines Inhaltes

Im darauffolgenden Schritt konfigurieren Sie den Pfad zum entsprechenden Inhalt. Hierbei kann dieser Pfad sowohl auf einen UNC-Pfad, eine URL oder sogar auf ein explizites Dokument verweisen.

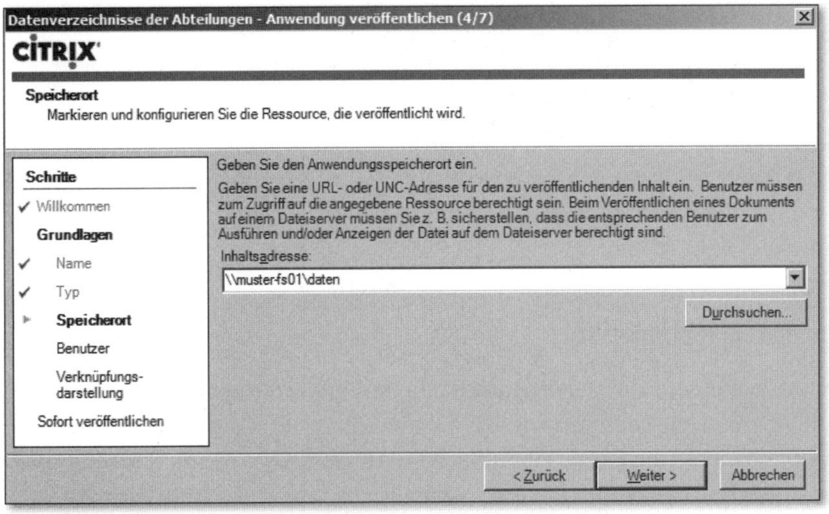

**Abbildung 6.33** Auswahl des Pfades zum Inhalt

Ein Punkt, der nicht zu finden ist, ist die Auswahl der Terminalserver. Dieser Sachverhalt ergibt sich aus der Tatsache, dass die Terminalserver an der Kommunikation zwischen Client und Inhalt im Regelfall nicht beteiligt sind. Was sich wiederum analog zu Anwendungen und Desktops verhält, ist die Zuweisung von Benutzern zu dem veröffentlichten Inhalt. Selbstverständlich können Sie auch für einen zu veröffentlichenden Inhalt wieder die zu berechtigenden Gruppen auswählen.

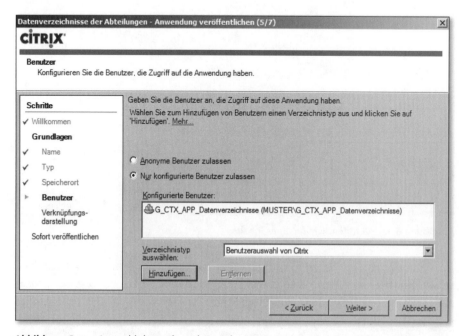

**Abbildung 6.34** Auswahl der zu berechtigenden Gruppe

Auch die Konfiguration der Verknüpfungsdarstellung erfolgt analog zu der Veröffentlichung der anderen Ressourcen. In Bezug auf die erweiterten Einstellungen ist bei der Veröffentlichung von Inhalten jedoch deutlich weniger zu konfigurieren. Einzig die Zugriffssteuerung findet sich an dieser Stelle wieder, wie Sie in Abbildung 6.35 sehen.

Nach dem Abschluss der Konfiguration erscheint das Symbol des veröffentlichten Inhaltes im XenApp-Client.

Spätestens bei einem Doppelklick auf die neue Verknüpfung wird aber deutlich, dass die Abarbeitung anders erfolgt als bei den Verknüpfungen zu Anwendungen und Desktops. Wie die Beschreibung des Fensters in Abbildung 6.36 zeigt, handelt es sich tatsächlich »nur« um eine Verknüpfung auf einen UNC-Pfad.

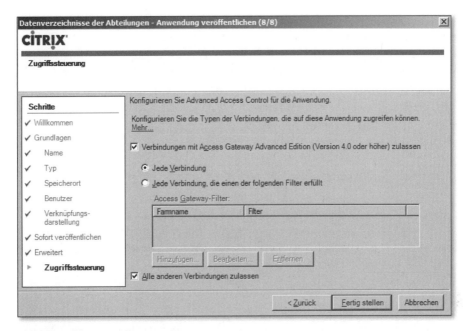

**Abbildung 6.35**  Zugriffssteuerung

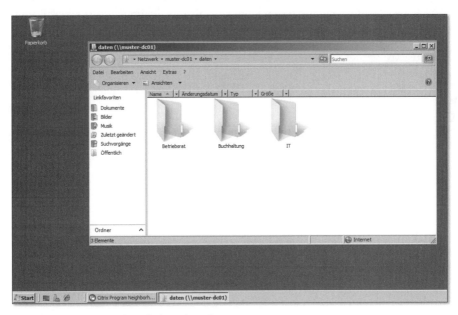

**Abbildung 6.36**  Start der Inhaltsverknüpfung

Neben der hier gezeigten Möglichkeit des direkten Zugriffes auf den im veröffentlichten Inhalt festgelegten Pfad können Sie über eine entsprechende Konfiguration der Inhaltsumleitung auch dafür sorgen, dass bestimmte Inhaltstypen nicht von lokalen Endgeräten, sondern ebenfalls über eine Anwendung des Terminalservers geöffnet werden. Dies ist insbesondere in dem Fall interessant, in dem die Benutzer nicht von Endgeräten innerhalb des lokalen LANs oder WANs zugreifen, sondern etwa aus dem Internet über entsprechende Gateway-Komponenten, über die nur ein ICA-Datenverkehr möglich ist.

> **Tipp**
>
> Es gäbe noch eine weitere Alternative dazu, die auch von außen funktionieren würde. Im einfachsten Fall würde der Internet Explorer oder Windows Explorer als veröffentlichte Anwendung bereitgestellt, der ein Pfad zu einem Inhalt als Parameter übergeben würde. Hierdurch hätten Sie beides kombiniert – die Funktion des Terminalservers mit dem direkten Zugriff auf einen Inhalt.

### 6.1.7 Weitere Einstellung der veröffentlichten Ressourcen

Nachdem die ersten paar Objekte in dem Client erscheinen, wird deutlich, dass diese Darstellung auf Dauer nicht praktikabel ist. Je mehr Objekte in dem Client-Fenster erscheinen, umso schwerer wird es für den Benutzer, den Überblick zu behalten.

Um im Bereich der Anwendungen dem Benutzer ein wenig mehr Überblick zu ermöglichen und die Zugriffsmethoden vielleicht noch etwas zu optimieren, sollten Sie sich einmal die Mühe machen, einen Blick in die Eigenschaften einer veröffentlichten Ressource zu werfen. Schon bei einem Blick in die Kontextmenüs einer veröffentlichten Anwendung fällt auf, dass eine Reihe von Funktionen angeboten wird:

▶ INFO
Die erste Funktion im Kontextmenü einer veröffentlichten Ressource ist die Auswahl eines »Überblick-Modus«, in dem die wichtigsten Informationen über eine Anwendung eingeblendet werden können. Hierzu zählen etwa die aktuell verbundenen Benutzer, die Server und eventuelle Warnungen.

▶ WARNUNGEN
Unter dieser Option können Sie direkt eventuell ausgelöste Warnungen einsehen.

▶ ANWENDUNG DEAKTIVIEREN

Mit dieser Option können Sie weitere Benutzerzugriffe auf die veröffentlichte Anwendung unterbinden. Dies ist beispielsweise bei einer Wartung der Anwendung (Service-Pack-Installation, Update) sehr hilfreich.

▶ ANWENDUNG DUPLIZIEREN

Diese Funktion ermöglicht das Kopieren einer veröffentlichten Anwendung. In der Praxis gibt es für diese Funktion viele Anwendungsfälle. Ein Beispiel hierfür wäre die Bereitstellung des kompletten Microsoft Office. Um der bisherigen Strategie treu zu bleiben, müssten alle Einzelapplikationen von MS Office als einzelne veröffentlichte Anwendungen bereitgestellt werden. Es müsste also x-mal der entsprechende Assistent ausgeführt werden, um Einstellungen zu treffen, die zu 80 % identisch sind, wie etwa Auflösung, Farben oder Verschlüsselung.

Ein einfacherer und schnellerer Weg ist dagegen das Kopieren einer bereits erstellten und korrekt konfigurierten Anwendung. Anschließend müssen nur der Name, der Pfad, das Symbol und die Benutzergruppe geändert werden. Der Rest ist auf die Art bereits korrekt konfiguriert. Das mag zwar im ersten Moment nicht wesentlich schneller klingen – ist es aber, und zusätzlich vermeidet es Fehler wie unterschiedliche Farben, die zu Problemen mit dem Session Sharing führen würden.

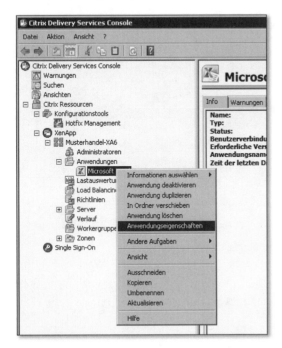

**Abbildung 6.37** Kontextmenü einer Anwendung

▶ ANWENDUNG LÖSCHEN
Diese Funktion löscht die veröffentlichte Ressource.

▶ ANWENDUNGSEIGENSCHAFTEN
Über diese Funktion gelangen Sie in die Eigenschaften einer veröffentlichten Ressource und können diese nachträglich anpassen.

Wie in Abbildung 6.37 dargestellt, existieren noch weitere Kontextbefehle, die aber weitestgehend selbsterklärend sind.

---

**Hinweis**

Eine Ausnahme sind hierbei vielleicht einige Menübefehle, die sich unter ANDERE AUFGABEN verbergen. Diese werden noch nicht an dieser Stelle behandelt, sondern in den folgenden Kapiteln, da einige Optionen erst dann verständlich werden.

---

Betrachten Sie die Eigenschaften einer Anwendung, so finden Sie auf der linken Seite des Fensters die möglichen Konfigurationsbereiche, die bei der Erstellung der Anwendung mit dem Assistenten durchlaufen worden sind.

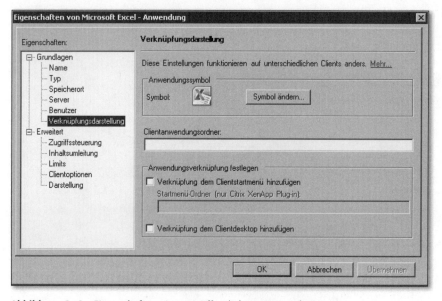

**Abbildung 6.38** Eigenschaften einer veröffentlichten Anwendung

Möchten Sie Einstellungen bearbeiten, die die Darstellung der Verknüpfungen auf dem Client betreffen, so ist der Punkt VERKNÜPFUNGSDARSTELLUNG die richtige Anlaufstelle.

Zunächst soll ein Ordner für alle Microsoft-Office-Anwendungen genutzt werden. Hierzu tragen Sie den Namen des Ordners als freien Text in das Feld CLIENT-ANWENDUNGSORDNER ein.

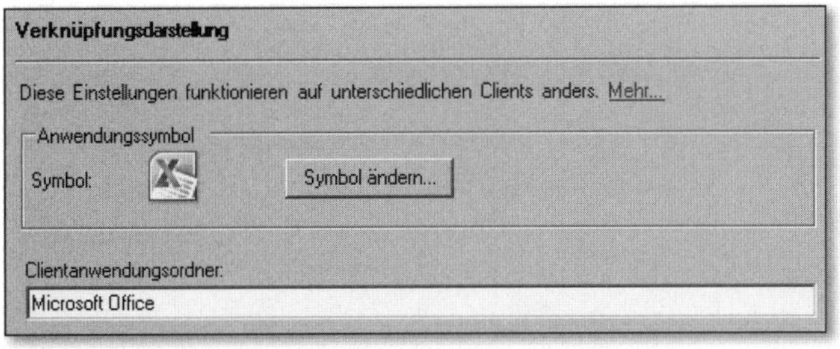

**Abbildung 6.39** Clientanwendungsordner

Um den Zugriff auf die Anwendung für den Benutzer so flexibel wie möglich zu gestalten, sollen auch Verknüpfungen im Startmenü und auf dem Desktop erstellt werden.

Starten Sie nun das Online Plug-in oder aktualisieren dessen Einstellungen, so erscheinen augenblicklich der Ordner im Client-Fenster und das Symbol auf dem Desktop sowie die definierte Ordnerstruktur.

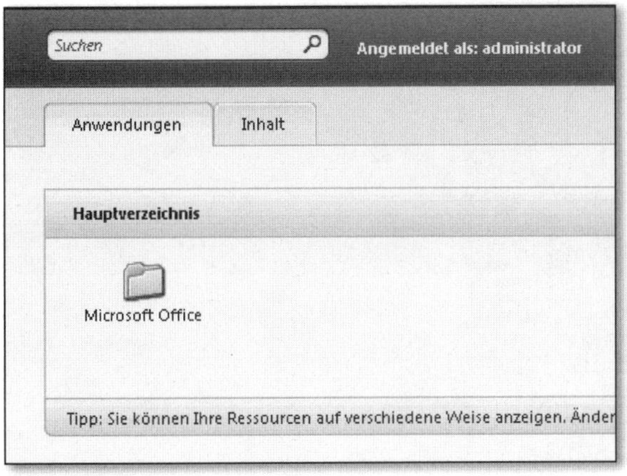

**Abbildung 6.40** Ordner und Tabs im Webinterface

Ein Öffnen des Ordners *Microsoft Office* im Webinterface zeigt ebenfalls die gewünschte Microsoft-Excel-Verknüpfung, wie in Abbildung 6.41 dargestellt.

**Abbildung 6.41** Microsoft Excel im Microsoft-Office-Ordner

### Kopieren von veröffentlichten Ressourcen

Um nun auch die anderen Microsoft-Office-Anwendungen zu veröffentlichen, nutzen Sie die oben beschriebene Technik des Kopierens von veröffentlichten Anwendungen. Hierzu erweitern Sie in der Delivery Services Console den Bereich ANWENDUNGEN und wählen über das Kontextmenü von *Microsoft Excel* die Funktion ANWENDUNG DUPLIZIEREN aus.

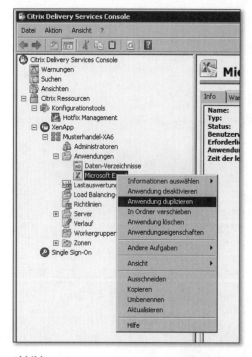

**Abbildung 6.42** Kopieren einer veröffentlichten Anwendung

Die so erstellte neue veröffentlichte Anwendung können Sie anschließend im Hinblick auf Namen, Programmdateien und weitere Einstellungen bearbeiten.

Um an dieser Stelle besonders zielgerichtet und effektiv vorzugehen, empfiehlt sich eine bestimmte Reihenfolge bei der Durchführung der Konfigurationsschritte. Die Reihenfolge dieser Schritte basiert u. a. darauf, dass einige Felder automatisch geändert werden, sobald eine andere Konfiguration durchgeführt wird:

▶ **Name**
Die erste Anpassung sollte sich auf den Bereich der Benennung und Beschreibung der Anwendung beziehen. Hierzu wählen Sie in den Eigenschaften der Anwendung den Punkt NAME aus. Durch die Änderung des Namens und der Beschreibung in diesem Schritt wird sofort klar, um welche Anwendung es sich handeln soll. Insbesondere, wenn mehrere Personen gleichzeitig Änderungen vornehmen, ist dies sehr hilfreich.

▶ **Speicherort**
Der zweite Konfigurationsschritt sollte die Anpassung der Befehlszeile sein. Hierdurch wird sichergestellt, dass diese veröffentlichte Anwendung auch wirklich die richtige Software startet. Es ist sehr wichtig, diesen Schritt vor den Einstellungen der Verknüpfungen durchzuführen, da bei der Änderung des Symbols sofort die Symbole der an dieser Stelle eingetragenen EXE-Datei angeboten werden, was Ihnen einen mühsamen Suchvorgang nach dem korrekten Symbol erspart.

▶ **Verknüpfungsdarstellung**
Nach der Konfiguration des Anwendungsstandortes, also der Auswahl der Programmdatei, können Sie in der VERKNÜPFUNGSDARSTELLUNG das neue Symbol für die Anwendung vergeben. Sofern Sie die bisherige Reihenfolge eingehalten haben, müssen Sie hierzu nur auf die Schaltfläche SYMBOL ÄNDERN klicken. Hierbei wird dann automatisch nach hinterlegten Symbolen in der im vorigen Schritt angegebenen EXE-Datei gesucht und diese sofort angeboten, so dass Sie im Regelfall nur die angebotene Auswahl mit OK bestätigen müssen.

▶ **Benutzer**
Sofern die Strategie der Zuweisungsgruppen für die jeweiligen veröffentlichten Ressourcen beibehalten werden soll, müssten Sie nun die entsprechende Gruppe unter BENUTZER hinzufügen und die bereits enthaltene entfernen.

▶ **Server**
Da in einigen Fällen vielleicht nicht alle Anwendungen auf allen Servern zur Verfügung stehen oder auf diesen unterschiedliche Installationsverzeichnisse haben, sollten Sie im letzten Schritt die Einstellungen unter SERVER prüfen und gegebenenfalls anpassen.

Diese Schritte müssen für jede zu veröffentlichende Anwendung wiederholt werden, bis alle Ressourcen veröffentlicht sind. Das Ergebnis dieser Aktionen lässt sich mithilfe des Webinterfaces sofort prüfen, wie in Abbildung 6.43 dargestellt.

Führen Sie an dieser Stelle einmal einen kleinen Selbsttest durch, um zu hinterfragen, warum diese letzten Schritte durchgeführt wurden und warum die Office-Anwendungen nun in einem Unterordner liegen, dann werden Sie sich daraufhin antworten, dass dies getan wurde, um die Übersichtlichkeit des Clients zu verbessern.

Würden Sie nun mit dieser Lösung an 20 Benutzer herantreten, so würden vielleicht zehn von ihnen sagen, dass sie von den Office-Anwendungen regelmäßig eigentlich nur Outlook benötigen und dass es schön wäre, dafür nicht immer in den Microsoft-Office-Ordner navigieren zu müssen. Wie könnte nun aber eine Lösung für diese Anforderung aussehen? Sie könnten Microsoft Outlook zweimal veröffentlichen: einmal im Ordner *Microsoft Office* und einmal direkt im Stamm. Dies könnten Sie wieder durch ein einfaches Kopieren der Anwendung erreichen, nach dem Sie einfach noch bei der einen Anwendung den Ordner *Webinterface* und die Verknüpfungen auf dem Desktop und im Startmenü löschen müssten.

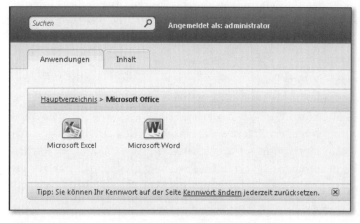

**Abbildung 6.43**   Die Anwendungen von Microsoft Office

> **Hinweis**
>
> Ein ganz entscheidender Punkt bei einer solchen Umsetzung ist die Tatsache, dass veröffentlichte Anwendungen eindeutige Namen haben müssen. Es darf keine zwei Anwendungen mit dem gleichen Namen geben, da diese sonst nicht korrekt angesprochen werden können. Eine mögliche Lösung für die Microsoft-Outlook-Problematik könnte also sein, die Anwendung im Ordner *Microsoft Office* tatsächlich *Microsoft Outlook* zu nennen, während die andere beispielsweise mit *MS Outlook* oder *Outlook 2007* bezeichnet würde.

## 6.1.8 Lastenausgleich

Wie bei der Konfiguration von veröffentlichten Anwendungen gezeigt wurde, besteht grundsätzlich die Möglichkeit, für jede Anwendung zu definieren, auf welchen Servern diese ausgeführt werden kann. Sobald man aber davon spricht, die Benutzer einer Anwendung über mehrere Server zu verteilen, wird man früher oder später mit einer wesentlichen Frage konfrontiert werden: Was ist, wenn die Server z. B. aus sehr unterschiedlichen Leistungsklassen stammen oder wenn die Server bereits sehr unterschiedlich ausgelastet sind?

Erinnern wir uns zurück an die Möglichkeiten der Windows Server 2008-Terminaldienste, so war eines der ganz großen Probleme der Musterhandel GmbH mit den Windows-Terminaldiensten und Round Robin als Lastenverteilung, dass keine Rücksicht auf die bereits vorhandene Last auf einem Terminalserver genommen wurde. Windows NLB und Round Robin verteilten neue Benutzer eins zu eins auf die eingetragenen Server und berücksichtigten dabei überhaupt nicht, dass vielleicht eines der Systeme bereits zu 80 % ausgelastet war oder dass vielleicht einer der Server nur 2 GB Arbeitsspeicher hatte und nur wesentlich weniger Sitzungen aufnehmen konnte als seine Kollegen mit 4 GB Arbeitsspeicher.

Genau an dieser Stelle setzt in einer XenApp-Farm der *Lastenausgleich* oder das *Load Balancing* an. Im Gegensatz zu einer DNS-Round-Robin-Lösung, die keine Informationen über die dahinter befindlichen Systeme sammelt und verwaltet, gibt es in einer Serverfarm eine Instanz, die dies tut – der Datensammelpunkt.

Der Datensammelpunkt erhält in regelmäßigen Abständen von allen Servern seiner Zone deren aktuelle Informationen in Bezug auf angemeldete Benutzer und belegte Systemressourcen. Hierdurch ist die Basis für einen erfolgreichen Lastenausgleich gelegt, da nun nur noch bei einer Verbindungsanfrage eines Benutzers in diesen Daten herausgefunden werden muss, welches der Serversysteme sich aktuell anbieten würde, um diese Benutzersitzung entgegenzunehmen.

Sieht man sich den konkreten Ablauf an, dann ist es so, dass der Server, der als Erster von einem Benutzer kontaktiert wird, sich mit diesen Informationen an den Datensammelpunkt wendet und von diesem zurückgemeldet wird, auf welchen Server der Benutzer verbunden werden soll. Aus diesem Ablauf ergibt sich auch die Empfehlung, die Benutzer nach Möglichkeit immer zuerst mit einem Datensammelpunkt kommunizieren zu lassen, da dieser dann direkt aktiv werden kann und kein Datenaustausch mit einem anderen Server mehr notwendig ist. Aus diesem Grund sollten beispielsweise auch die ICA-Host-Einträge im DNS auf den Datensammelpunkt verweisen.

Zwei Faktoren, die hierbei allerdings bislang noch nicht berücksichtigt wurden, sind die Leistungsfähigkeit der Serversysteme und die eventuell zu berücksichtigende zusätzliche Last durch die neu hinzukommende Anwendung.

Stellen Sie sich einfach einmal vor, das in Abbildung 6.44 gezeigte Szenario diene dem Start einer veröffentlichten Anwendung X. Sofern X eine kleine Anwendung wie etwa Notepad wäre, könnte sie theoretisch auf beiden Systemen gestartet werden. Würde sie auf dem System mit 80 % Systemlast gestartet, hätte es sogar den Vorteil, dass das noch leistungsstärkere System mit nur 40 % Last weiterhin für eine eventuell anspruchsvollere Anwendung zur Verfügung stünde.

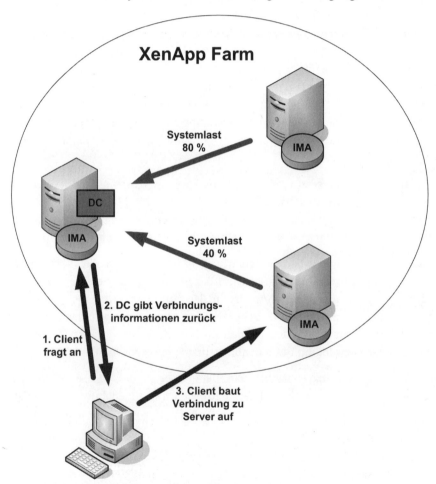

**Abbildung 6.44**   Kommunikationsaufbau über Datensammelpunkt

Was mit diesem kleinen Beispiel gesagt werden soll, ist, dass auch eine Verteilung, basierend auf der aktuellen Systemlast der Systeme, nicht immer die beste

Lösung ist. Genau an diesem Punkt setzen die Konfigurationsmöglichkeiten des Lastenausgleiches mit XenApp an. Es können Filter definiert werden, die sowohl auf einen ganzen Server als auch nur auf eine einzelne Anwendung angewendet werden können, um auf jede Anforderung reagieren zu können und das Optimum aus der Lastenverteilung herauszuholen.

**Lastenauswertungsprogramme**

Der erste Teil der Konfiguration des Lastenausgleiches erfolgt über den Navigationspunkt LASTAUSWERTUNGSPROGRAMME, über den zunächst die entsprechenden Filter eingesehen und konfiguriert werden.

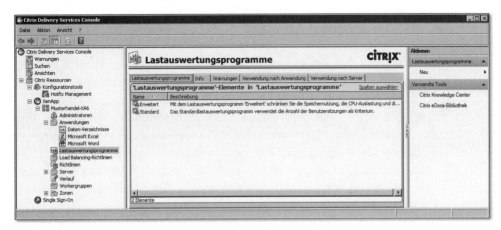

**Abbildung 6.45** Lastauswertungsprogramme

Direkt nach der Installation einer Advanced, Enterprise oder Platinum Edition von XenApp stehen zwei Lastenauswertungsprogramme zur Verfügung:

► STANDARD
Dieses Lastausgleichsprogramm ist sehr einfach gehalten und richtet sich ausschließlich nach der Anzahl der SERVERBENUTZER. Hierbei ist ein Schwellenwert von 100 definiert, der die Vollauslastung des Systems beschreibt. Im Klartext bedeutet das, dass der Server bei 100 auf ihn verbundenen Benutzern eine volle Auslastung meldet und somit keine neuen Verbindungen mehr annimmt. Sofern weniger als 100 Benutzer verbunden sind, ergibt sich aus ihrer Anzahl und dem Schwellenwert ein Prozentwert der Auslastung, der an den Datensammelpunkt gemeldet wird. Bei 20 Benutzern wären dies beispielsweise 20 % Systemlast.

Neben dem Kriterium der Benutzerlast finden Sie an dieser Stelle auch einen Punkt LASTDROSSELUNG. Diese Funktion adressiert das Problem des *Black-Hole-Effektes.*

### Black-Hole-Effekt

Was aber ist der Black-Hole-Effekt? Der Black-Hole-Effekt beschreibt eine ungünstige Situation im Load Balancing, die auftreten kann, wenn im laufenden Betrieb ein neuer Server in die Farm aufgenommen wird oder ein vorhandener Server neu gestartet wird. Nach dem Neustart der Server sind diese natürlich zunächst ohne Last, da noch keine Benutzer auf ihnen angemeldet sind. Geschieht dies zu einer Zeit, in der viele Anmeldeversuche passieren, werden zunächst alle Anmeldeversuche auf den »Server ohne Last« geleitet. Dieser wird von den somit initiierten Anmeldungen so sehr unter Last gesetzt, dass er nicht mehr korrekt in der Lage ist, seine Lastinformationen an den Datensammelpunkt zu melden. Somit befindet sich der Server zu diesem Zeitpunkt in einer Art Teufelskreis, der den Server bis in die Instabilität treibt und somit natürlich auch das Benutzerempfinden empfindlich stört. Denn wer meldet sich schon gerne auf einem Server an, der wenige Augenblicke später »die Grätsche« macht?

Um den Black-Hole-Effekt vermeiden oder zumindest reduzieren zu können, arbeitet die Lastdrosselung mit Intelligent Load Biasing (ILB). Mit dem ILB wird dem Vorgang der Anmeldung eine höhere Last innerhalb des Load Balancings zugewiesen, welche sich nach einem Algorithmus bestimmen lässt. Grundsätzlich wird hierbei nach dem folgenden Schema verfahren: Aktuelle Auflösungslast + [(Maximale Last – aktuelle Auflösungslast)/2]. Sobald alle ausstehenden Anmeldeversuche abgearbeitet sind, wird ILB automatisch wieder zurückgenommen, so dass der Server nach den normalen Werten innerhalb des Load Balancings agieren kann.

Da das Lastenauswertungsprogramm STANDARD (siehe Abbildung 6.46) abgesehen von ILB einzig die Benutzerlast des Servers berücksichtigt, ist eine Zuweisung an eine Anwendung wenig sinnvoll.

▶ ERWEITERT
Dieses Lastenauswertungsprogramm berücksichtigt drei Faktoren, um die Last eines Systems zu bestimmen, wie Sie Abbildung 6.47 entnehmen. Hierbei sind die CPU-AUSLASTUNG, die SEITENAUSLAGERUNGEN und die SPEICHERBELEGUNG des Systems mit entsprechenden Schwellenwerten konfiguriert. Da es sich hierbei um etwas komplexere Faktoren handelt, können Sie bei ihnen jeweils einen unteren Schwellenwert, der keine Last meldet, und einen oberen Schwellenwert, der Vollauslastung meldet, konfigurieren. Für die CPU-Auslastung würden beispielsweise CPU-Lasten bis 10 % als keine Last verbucht werden, während Werte über 90 % als Volllast verbucht würden.

Natürlich enthält auch dieses Lastenauswertungsprogramm die Funktion LASTDROSSELUNG.

**Abbildung 6.46** Das Lastenauswertungsprogramm »Standard«

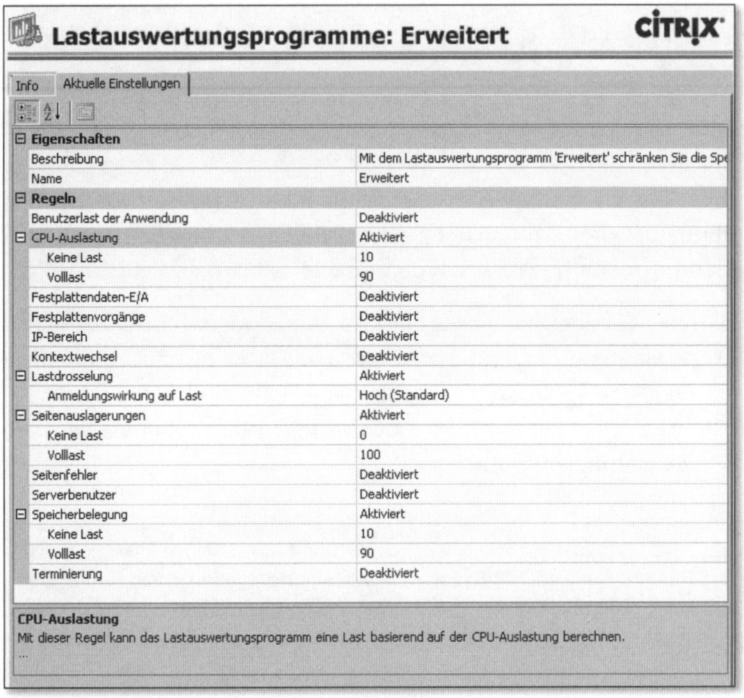

**Abbildung 6.47** Das Lastenauswertungsprogramm »Erweitert«

**Hinweis**

Diese beiden Lastenauswertungsprogramme können nicht verändert werden. Um eine Anpassung vorzunehmen, müssen Sie ein entsprechendes neues Lastenauswertungsprogramm erstellen.

Um nun eigene Einstellungen an den Lastenauswertungsprogrammen konfigurieren zu können, müssen Sie ein neues Lastenauswertungsprogramm erstellen.

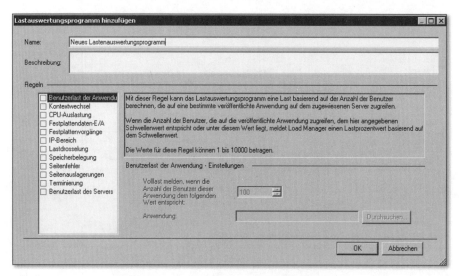

**Abbildung 6.48** Erstellung eines neuen Lastenauswertungsprogramms

Auch an dieser Stelle sollten Sie wieder mit einem aussagekräftigen Namen und einer Beschreibung arbeiten, um später nachvollziehen zu können, wofür das Lastenauswertungsprogramm erstellt wurde und wie es konfiguriert ist.

Anschließend können Sie die Objekte aus der Liste der *verfügbaren Regeln* zu den *zugewiesenen Regeln* hinzufügen und konfigurieren. Da es hierfür keine allgemeingültigen Lösungen oder Konfigurationsleitfäden gibt und geben kann, sei jedem eine ausführliche Testserie mit unterschiedlichen Einstellungen *vor* dem Produktstart der Umgebung empfohlen.

**IP-Bereich**

Auf ein spezielles Regelobjekt möchte ich an dieser Stelle noch explizit eingehen: den IP-BEREICH. Dieses Objekt dient nicht dem Lastenausgleich und kann aus diesem Grund nur zusammen mit einem anderen Regelobjekt eingesetzt werden. Was Sie hierüber aber realisieren können, ist eine Steuerung des Zugriffes auf eine veröffentlichte Ressource oder einen Server.

Hierbei können Sie in diesem Regelobjekt einen IP-Adressbereich hinterlegen, für den entweder der Zugriff erlaubt oder verweigert werden kann. Insbesondere in einer verteilten Umgebung, in der beispielsweise nicht von jedem Standort aus eine geschäftskritische Anwendung ausgeführt werden soll, können Sie dieses Objekt als Ansatz für eine Lösung nutzen.

Nach der Erstellung eines Lastenauswertungsprogramms können Sie es einem Server oder einer Anwendung zuweisen.

### Lastenausgleich für Server

Hierzu wählen Sie einfach über das Kontextmenü eines Serverobjektes den Punkt ANDERE AUFGABEN • LASTENAUSWERTUNGSPROGRAMM ZUWEISEN, wie in Abbildung 6.49 dargestellt.

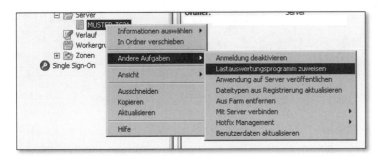

**Abbildung 6.49**  Lastenauswertungsprogramm zuweisen

In dem darauffolgenden Dialogfenster können Sie ein Lastenauswertungsprogramm aus der Liste der verfügbaren Programme auswählen.

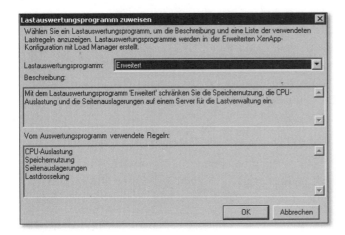

**Abbildung 6.50**  Auswahl des gewünschten Lastenauswertungsprogramms

## Lastenausgleich für Anwendungen

Für die Zuweisung eines Lastenauswertungsprogramms zu einer Anwendung gestaltet sich die Konfiguration etwas komplizierter. Zwar wählen Sie auch hier wieder über das Kontextmenü, diesmal der Anwendung, den Punkt ALLE AUFGABEN • LASTENAUSWERTUNGSPROGRAMM ANWENDUNG ZUWEISEN, allerdings ist das darauffolgende Konfigurationsfenster ein wenig verwirrender als das der Server.

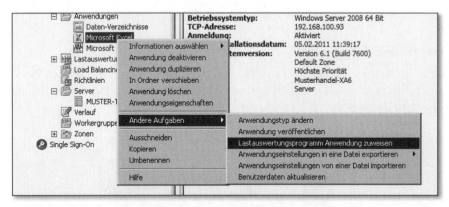

**Abbildung 6.51**  Lastenauswertungsprogramm Anwendung zuweisen

Die Begründung hierfür ist einfach: weil die Anwendungen auf unterschiedlichen Servern laufen können. Es ist in den Konfigurationsmöglichkeiten vorgesehen, dass ein Lastenauswertungsprogramm für eine Anwendung auch serverabhängig konfigurierbar sein muss. Aus diesem Grund müssen die Filter nicht nur der Anwendung, sondern, genauer, einem Server der Anwendung zugeordnet werden.

Nachdem diese Konfigurationsschritte abgeschlossen sind, lässt sich – über den Navigationspunkt LASTENAUSWERTUNGSPROGRAMME • VERWENDUNG NACH SERVER bzw. VERWENDUNG NACH ANWENDUNG – eine Übersicht der von den Ressourcen verwendeten Lastenauswertungsprogramme anzeigen. Diese können sowohl nach Server als auch nach Anwendung oder Auswertungsprogramm angezeigt werden, um stets einen guten Überblick zu bieten (siehe Abbildung 6.52).

Ein weiterer wichtiger Punkt im Zusammenhang mit der Lastenauswertung ist das Zusammenspiel mit dem *Session Sharing*. Während der Lastenausgleich immer bestrebt ist, eine Sitzung auf einen Server mit möglichst geringer Last zu verteilen, arbeitet das Session Sharing so, dass beim Start einer Anwendung stets geprüft wird, ob der Benutzer bereits eine Sitzung hält, in der die Anwendung gestartet werden könnte.

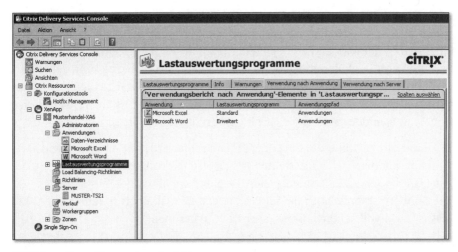

**Abbildung 6.52** Verwendungsberichte

Da grundsätzlich weniger Sitzungen auch förderlich für die Last der Serverfarm sind, hat das Session Sharing im Standard Vorrang vor dem Lastenausgleich. Das bedeutet, dass eine zweite Anwendung eines Benutzers auf dem Server gestartet werden würde, auf dem der Benutzer bereits eine Sitzung hat, auch wenn der Server bereits Volllast meldet.

---

**Hinweis**

Da es in einigen Fällen sinnvoll sein kann, dieses Verhalten zu ändern, kann die Standardeinstellung über einen Registry-Schlüssel geändert werden. Hierzu können Sie unter *HKeyLocalMachine\SYSTEM\CurrentControlSet\Control\Citrix\Wfshell\TWI* einen DWORD-Wert *SeamlessFlags* anlegen. Wenn Sie den Wert auf »1« setzen, ist das Session Sharing auf diesem Server deaktiviert. Durch Setzen des Wertes »0« oder Löschen des Eintrages aktivieren Sie das Session Sharing wieder.

---

**Preferential Load Balancing**

Neben diesen Möglichkeiten der Lastenverteilung steht seit XenApp 5 in der Platinum Edition auch das *Preferential Load Balancing (PLB)* zur Verfügung, welches eine genauere Steuerung bzw. Priorisierung der Verteilung von Benutzersitzungen gestattet. Diese Funktion ermöglicht es somit, Terminalsitzungen für Benutzer mit sehr hohen Anforderungen höher zu priorisieren und anders auf die Server zu routen als die Sitzungen von weniger priorisierten Benutzern.

Ein gerne herangezogenes Beispiel wäre etwa die XenApp-Farm eines Krankenhauses, auf der sowohl Ärzte als auch Krankenschwestern arbeiten. Stellt man sich hierbei einmal vor, dass die Krankenschwestern ihre Sitzungen in erster

Linie für die Eingabe von Daten und anderen Standardtätigkeiten nutzen, so wären diese natürlich deutlich geringwertiger zu behandeln als etwa die Sitzung eines Arztes, der während einer OP Zugriff auf die Radiologiedaten des Patienten vor ihm Zugriff nehmen möchte. Das Preferential Load Balacing kann genau dieser Anforderung Rechnung tragen, da Sitzungen mit entsprechenden Prioritäten versehen werden können. Um dieses Ziel zu erreichen, können Benutzern, Anwendungen oder beiden gleichzeitig Prioritäten zugewiesen werden.

Die Frage, die sich nun der eine oder andere stellen wird, ist natürlich, wie diese Funktion mit der eben vorgestellten Lastenverteilung der neuen Benutzersitzungen über die Server zusammenspielen kann und wo hier die Schnittstellen liegen. Die Antwort ist einfach: Es hat im Prinzip erst einmal nichts miteinander zu tun (das ist nicht vollständig korrekt, aber dazu später mehr).

Ein wichtiger Aspekt in diesem Zusammenhang ist somit, dass das PLB in Wirklichkeit mit dem Load Balancing der Benutzersitzungen im Kern relativ wenig zu tun hat, sondern als eine Erweiterung der *Speicher-/CPU-Optimierung* zu betrachten ist. Im Kern geht es hierbei darum, dass ein Benutzer oder eine Anwendung mit höherer Priorität auf dem Server mehr CPU-Zyklen zugewiesen bekommt als ein Benutzer/eine Anwendung mit geringerer Priorität.

Die Aktivierung erfolgt hierbei an verschiedenen Stellen. Zum einen müssen Sie das Speicher-/CPU-Management über eine Richtlinie auf den Farmservern aktivieren, wie in Abbildung 6.53 dargestellt.

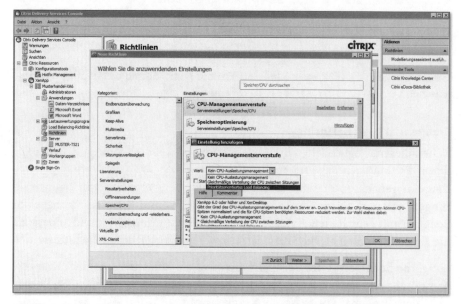

**Abbildung 6.53** Aktivieren der CPU-Nutzung basierend auf Ressourcenzuteilung

Sofern die Priorisierung über die Anwendung erfolgen soll, müssen Sie anschließend in den EIGENSCHAFTEN der Anwendung die ANWENDUNGSPRIORITÄT einstellen, wie Abbildung 6.54 zeigt.

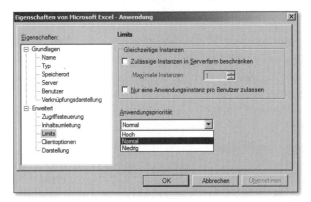

**Abbildung 6.54**  Einstellen der Anwendungspriorität

Sofern die Priorisierung über den Benutzer erfolgen soll, können Sie dies über eine
XenApp-Richtlinie realisieren. Wie in Abbildung 6.55 dargestellt, bietet sich hier
unter dem Punkt SITZUNGSPRIORITÄT die gewünschte Einstellungsmöglichkeit.

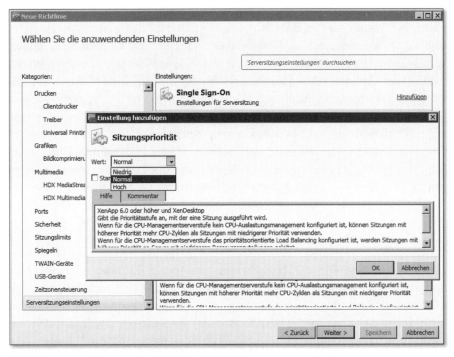

**Abbildung 6.55**  Sitzungspriorität in den Richtlinien

Weitere Informationen zu der Arbeit mit XenApp-Richtlinien finden Sie in Abschnitt 6.4.1, »XenApp-Richtlinien«.

Wie spielen nun aber die Einstellungsmöglichkeiten zusammen und wie berechnet sich die endgültige Priorität der Sitzung?

Das PLB arbeitet intern mit einer numerischen Darstellung der gewählten Prioritäten: NIEDRIG entspricht 1, NORMAL entspricht 2, HOCH entspricht 3. Für die Berechnung der Gesamtpriorität werden nun die Benutzerpriorität und die Anwendungspriorität miteinander multipliziert. Hat also ein Benutzer die Priorität 3 und die Anwendung die Priorität 2 ist die Gesamtpriorität für diese Sitzung die Priorität 6. Ohne weitere Konfiguration hat jede Anwendung und jeder Benutzer die Priorität 2 (NORMAL) und die Gesamtsitzung somit die Priorität 4.

Sofern ein Benutzer mehrere Anwendungen mit unterschiedlichen Prioritäten gestartet hat, berechnet sich die Gesamtpriorität seiner Sitzung durch Multiplizieren seiner Benutzerpriorität mit der höchsten Priorität einer seiner Anwendungen. Hätte der Benutzer somit die Priorität 3 und zwei Anwendungen gestartet – sagen wir SAPGUI mit Priorität 3 und Outlook mit Priorität 2 – so wäre die Gesamtpriorität seiner Sitzung 9 (3 × 3).

Kommen wir an dieser Stelle kurz zurück zum Zusammenspiel zwischen der Lastenverteilung für Benutzersitzungen und dem Preferential Load Balancing. Ein paar Seiten vorher hieß es, dass die beiden Punkte im Prinzip nichts miteinander zu tun hätten – sieht man sich die Erläuterungen der letzten Zeilen an, ist dies auch so. Aber: Im Detail ist es wiederum nicht so ganz korrekt, da für die Serverauswahl der Lastenverteilung als weiterer Aspekt tatsächlich auch seine »verplanten« CPU-Zyklen mit zugrunde gelegt werden – sprich: Wenn basierend auf den Faktoren der Lastenauswertungsprogramme zwei Server zur Auswahl für eine neue Benutzersitzung stehen würden und einer davon bereits eine Priorisierungslast von 35 hätte, während der andere nur eine Priorisierungslast von 29 hätte, so würde der Benutzer auf das System mit der Last 29 gelenkt. Insofern gibt es tatsächlich ein Zusammenspiel – dieses ist nur tiefgründiger und komplexer als zunächst erkennbar.

### 6.1.9 Application Isolation Environments

Gleich vorne weg: Die aus dem Presentation Server 4.0 oder 4.5 bekannten Application Isolation Environments (AIE) sind seit XenApp 5 nicht mehr enthalten, sondern sind vollständig im Anwendungsstreaming aufgegangen. Warum nun gibt es aber dann diesen Abschnitt noch? Weil die Theorie hinter den AIE nach wie vor aktuell und auch wichtig für das Streamen von Anwendungen ist – und somit ein kleiner theoretischer Rückblick mit Sicherheit nicht schadet.

**Rückblick: Ein Anforderungsszenario**

Im Rahmen der Vorstellung des Unternehmens und seiner Arbeitsprozesse wurde auch das Thema Access-Datenbanken und Access-Anwendungen angesprochen. Für verschiedene Einsatzfälle existieren Datenbankanwendungen für unterschiedliche Access-Versionen, die an den Arbeitsplätzen benötigt werden. Nun ist es aber unter Umständen ein sehr großes Problem, unterschiedliche Versionen von Microsoft Access auf dem gleichen System zu betreiben, da einige Komponenten der Versionen in Konflikt zueinander stehen. Einige DLLs und Registry-Schlüssel werden von den Versionen mit unterschiedlichen Ständen und Einstellungen genutzt.

Bei der Musterhandel GmbH führte dies dazu, dass an den betroffenen Arbeitsplätzen zwei PCs aufgebaut wurden, von denen jeweils einer für die aktuelle Version von Access und der andere für eine ältere Version genutzt wird.

Überträgt man diese Situation wiederum auf eine Terminalserver-Umgebung, so würde dies bedeuten, dass unterschiedliche Terminalserver für die unterschiedlichen Versionen einer Anwendung benötigt würden. Zwar ließe sich dies mithilfe der Serverzuweisung einer veröffentlichten Anwendung relativ problemlos lösen, es würde jedoch zu einem gewaltigen Bedarf an Serverhardware und Windows-Server-Lizenzen führen.

Um eben diesem und vergleichbaren Problemen von Anwendungen mit anderen Applikationen oder bestimmten Betriebssystemressourcen einen Riegel vorzuschieben, gab es im Presentation Server 4.0 und 4.5 die Funktion der *Application Isolation Environments* (AIE), der *isolierten Anwendungsumgebungen*.

**Funktionsweise der AIE**

Bei dieser Technik arbeitete eine veröffentlichte Anwendung nicht mit den »echten« Ressourcen, wie Registry-Schlüsseln und Verzeichnissen, des Betriebssystems, sondern bekam eine eigene virtuelle Umgebung, in der sie ihre Daten und Konfigurationen ablegen konnte. Durch diese Funktion schützte die isolierte Umgebung den Server und die Applikationen vor Konflikten, die andernfalls durch inkompatible Anwendungen hätten auftreten könnten.

Grundsätzlich wurden mit der Aktivierung von AIE Umleitungen von Anwendungszugriffen geschaltet, die gewisse Teile des Betriebssystems simulierten. Dies galt insbesondere für die beiden Bereiche:

▸ **Benutzerprofilstammverzeichnis**
An dieser Stelle ließen sich alternative Dateisystem- und Registry-Pfade für die Datenablage der benutzerspezifischen Daten der Anwendungen konfigurie-

ren. Die hier hinterlegten Pfade bezogen sich alle auf Einstellungen der Anwendung, die im Regelfall im Benutzerprofil abgelegt werden. Sofern die Vorgabewerte beibehalten wurden, landeten die Anwendungseinstellungen zwar auch im Benutzerprofil, jedoch nicht in den allgemein-produktiven Bereichen, sondern in Bereichen, die jeweils nur beim Start der isolierten veröffentlichten Anwendung angesprochen wurden.

▶ **Installationsstammverzeichnis**
Wie bereits bei den Einstellungen für das Benutzerprofilstammverzeichnis konnten auch für das Installationsstammverzeichnis jeweils die Einstellungen für die Ablage der Dateien und für die Daten der Registry konfiguriert werden. Der Unterschied war jedoch, dass es sich bei diesen Einstellungen nicht um benutzerbezogene, sondern um die generellen Ablagen und Pfade der Anwendungen handelte.

Von einer vollständigen Konfiguration einer isolierten Umgebung waren vier Bereiche betroffen, in denen jedoch in der Regel Standardeinstellungen vorgenommen worden waren, die aus Sicht von Citrix bereits die häufigsten Kompatibilitätsprobleme lösten:

▶ **Anwendungen**
Unter ANWENDUNGEN wurden die Applikationen aufgeführt und verwaltet, die in einer isolierten Umgebung installiert waren oder dieser zugeordnet werden sollten.

▶ **Regeln**
Die REGELN spezifizierten das konkrete Verhalten der isolierten Umgebung in Bezug auf Dateien, Pfad und Objekte. Hierbei konnte explizit definiert werden, ob Objekte isoliert, umgeleitet oder komplett ignoriert werden sollten. Im Standard existierten an dieser Stelle vier Regeln, die für die häufigsten Probleme definierten, welche Objekte, Dateien und welcher Pfad wie behandelt werden sollten.

▶ **Sicherheit**
Im Bereich der SICHERHEIT konnten Einstellungen für Programmstarts aus dem Benutzerprofilverzeichnis definiert werden. Hierfür standen die beiden Optionen ERHÖHTE SICHERHEIT und NIEDRIGE SICHERHEIT zur Verfügung. Sofern die Option ERHÖHTE SICHERHEIT gewählt wurde, konnten keine Anwendungen aus dem Benutzerprofilverzeichnis ausgeführt werden, während dies bei NIEDRIGE SICHERHEIT erlaubt gewesen wäre.

▶ **Stammverzeichnisse**
Darüber hinaus konnten in Bezug auf STAMMVERZEICHNISSE die Einstellungen für die virtuellen Dateisystem- und Registry-Pfade, die auf der Ebene der Farm getroffen wurden, für diese spezielle isolierte Umgebung angepasst werden.

Dies konnte z. B. notwendig sein, wenn für eine spezielle Anwendung eigene Einstellungen getroffen werden sollten. In einem solchen Fall konnte für diese Anwendung eine eigene isolierte Umgebung mit den spezifischen Einstellungen erstellt werden.

**Basis für das Anwendungsstreaming**

Wie eingangs bereits angekündigt, stellten die Application Isolation Environments seinerzeit die technologische Basis für die heutigen Funktionen des Anwendungsstreamings, das im Kern mit ähnlichen Mitteln in Form von *Anwendungsprofilen* arbeitet, um Anwendungen ohne Installation auf einem Endgerät starten zu können. Da sich in diesem Bereich jedoch deutliche Funktionssteigerungen ergeben haben, sind die ursprünglichen Application Isolation Environments heute einfach nicht mehr zeitgemäß und dementsprechend als eigenständige Funktion von XenApp entfallen. Weitere Informationen zu diesem Thema finden Sie in Abschnitt 7.2, »Anwendungsstreaming mit dem Streaming Server«.

## 6.2　XenDesktop-Ressourcen verwalten

Analog zur Veröffentlichung von Anwendungen und Ressourcen im XenApp-Umfeld können auch virtuelle Desktops in einer XenDesktop-Umgebung veröffentlicht werden.

### 6.2.1　Citrix Desktop Studio

Das Werkzeug hierzu ist das bereits bekannte Citrix Desktop Studio, welches ebenfalls in Form eines MMC-Plug-ins daherkommt.

Betrachtet man diese Konsole etwas genauer, so finden sich hierin schnell alle aus der Theorie und XenDesktop-Architektur bekannten Elemente wieder. So stehen etwa in der in Abbildung 6.56 dargestellten Konsole auf der linken Seite Menüpunkte für (virtuelle) Maschinen, Controller und Hosts zur Auswahl – somit für alle Komponenten, die wir in den vergangenen Kapiteln installiert und vorbereitet haben. Darüber hinaus finden sich aber auch Punkte wie *Zuweisungen* und *Richtlinien* sowie die Konfiguration für das *Webinterface*, sofern es auf dem Delivery Controller mit installiert wurde.

Zu diesem Zeitpunkt werden sich nur Inhalte in den Bereichen CONTROLLERS und HOSTS finden, wie die Abbildungen 6.57 und 6.58 exemplarisch zeigen. Der genaue Inhalt ist natürlich abhängig von den konkret in den letzten Schritten installierten Systemen.

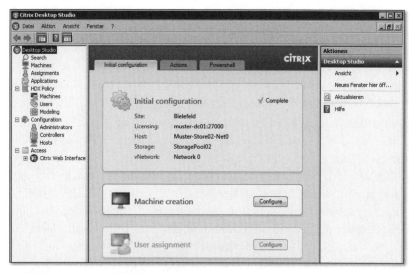

**Abbildung 6.56** Citrix Desktop Studio

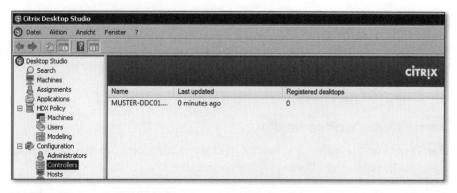

**Abbildung 6.57** Aktuelle Controller

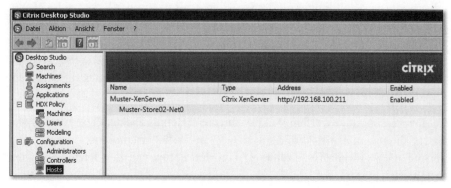

**Abbildung 6.58** Konfigurierte Hosts

Möchten Sie nun zu dieser Umgebung die ersten virtuellen Maschinen hinzufügen, die später als virtuelle Desktops veröffentlicht werden sollen, so gibt es grundsätzlich zwei Wege, wie Sie dies erreichen können. Der eine ist die Bereitstellung über die in Abbildung 6.56 dargestellten Menüpunkte MACHINE CREATION und USER ASSIGNMENT. Der andere wäre ein manueller Bereitstellungsweg. Beide führen aber in letzter Konsequenz zu dem gleichen Ergebnis, so dass zunächst der geführte Weg über die Assistenten gewählt werden soll.

### 6.2.2 Erstellung von Maschinen (Machine creation) und Katalogen

Hierzu wählen Sie direkt auf dem Startbildschirm des Desktop Studios den in Abbildung 6.59 gezeigten Menüpunkt MACHINE CREATION aus.

**Abbildung 6.59** Machine creation

Im daraufhin erscheinenden Dialogschritt (siehe Abbildung 6.60) können Sie die zu verwendende Zuweisungsform und den Typ der Maschinen auswählen. Vergleichen Sie hierzu Abschnitt 3.3.5, »Kataloge und Desktop Groups«.

Wie in Abschnitt 3.3.5 beschrieben und in Abbildung 6.61 dargestellt, stehen bereits an dieser Stelle die möglichen Betriebsoptionen für die virtuellen Desktops im Hinblick auf die Individualität der Desktops zur Auswahl. Von der hier getroffenen Wahl hängen anschließend auch die weiteren angebotenen Konfigurationsschritte ab.

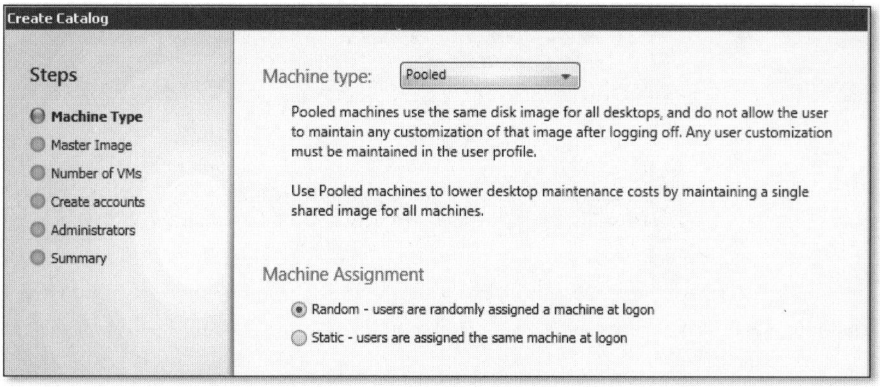

**Create Catalog**

**Steps**

- **Machine Type**
- Master Image
- Number of VMs
- Create accounts
- Administrators
- Summary

Machine type: [ Pooled ▼ ]

Pooled machines use the same disk image for all desktops, and do not allow the user to maintain any customization of that image after logging off. Any user customization must be maintained in the user profile.

Use Pooled machines to lower desktop maintenance costs by maintaining a single shared image for all machines.

Machine Assignment

- ○ Random - users are randomly assigned a machine at logon
- ○ Static - users are assigned the same machine at logon

**Abbildung 6.60** Auswahl des gewünschten Maschinentyps

367

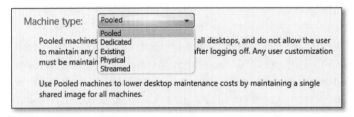

**Abbildung 6.61**  Mögliche Maschinentypen

Würden Sie an dieser Stelle eine andere Auswahl als POOLED treffen, so würde sich auch direkt die Eingabemaske verändern, wie die Abbildungen 6.62 und 6.63 zeigen.

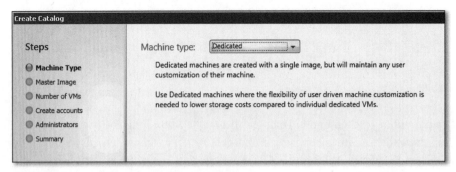

**Abbildung 6.62**  Auswahl von »Dedicated« Desktops

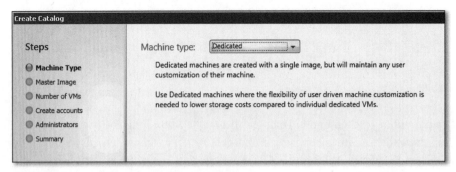

**Abbildung 6.63**  Auswahl von »Streamed« Desktops

Um die vollen Möglichkeiten der *Machine Creation Services* zu präsentieren, wählen wir für diesen ersten Durchlauf die Option POOLED, um eine gewisse

Anzahl von identischen VMs zu erstellen, die quasi wie bei einem Streaming über den Provisioning Server von einem Basis-Image abgeleitet werden.

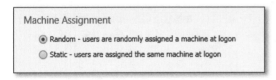

**Abbildung 6.64** Zuweisungsmethoden

Sofern die Desktops in diesem Typ bereitgestellt werden sollen, steht als zweite Einstellung, die Auswahl einer *zufälligen* oder *statischen* Zuweisung zu verwenden. Wählen Sie RANDOM, werden die Benutzer bei jeder Verbindung per Zufallsprinzip auf einen verfügbaren Desktop geleitet. Hinter der Option STATIC verbirgt sich eine Einstellung, bei der die Benutzer jeweils immer auf den gleichen Desktop geleitet werden.

Im darauffolgenden Schritt wählen Sie das zu verwendende Master Image, also die zu verwendende Basis-VM für die neuen Desktops. Hierzu nutzen Sie die in Abschnitt 4.5.2, »Konfiguration der XenDesktop-Site«, konfigurierte Host-Verbindung, um eine Liste der vorhandenen virtuellen Maschinen anzuzeigen.

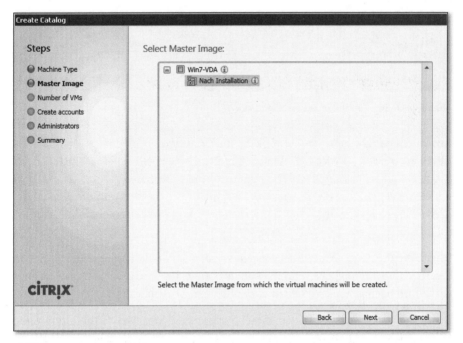

**Abbildung 6.65** Auswahl des Master Images

Das Interessante an der in Abbildung 6.65 dargestellten Auswahl ist die Tatsache, dass bei diesem Schritt nicht nur VMs, sondern auch VM-Snapshots als Master ausgewählt werden können. Hierdurch können quasi unterschiedliche »Versionen« der virtuellen Maschine als Basis für XenDesktop-Kataloge verwendet werden. Der Sprung vor oder zurück im Konfigurations- und Versionstand des zu verwendenden Masters ist somit jederzeit möglich.

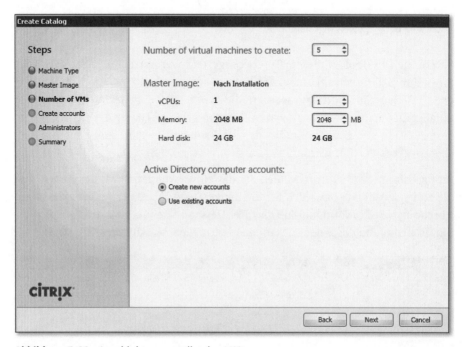

**Abbildung 6.66** Anzahl der zu erstellenden VMs

Anschließend können Sie die Anzahl und Konfiguration der zu erstellenden Desktops wählen. Die Vorgabewerte richten sich hierbei nach den Einstellungen des gewählten Masters. Darüber hinaus können Sie bereits in diesem Dialogschritt festlegen, ob für die neuen Desktops auch neue Computerkonten im Active Directory angelegt oder ob vorhandene Konten weiterverwendet werden sollen.

Sofern die Computerkonten neu erstellt werden sollen, können Sie die Optionen des zu verwendenden Benennungsschemas und die gewünschte Organisationseinheit im nächsten Dialogschritt auswählen (siehe Abbildung 6.67).

Der letzte Konfigurationsschritt dieses Assistenten (vergleiche Abbildung 6.68) bietet eine sehr interessante Einstellung, die in älteren Versionen von XenDesktop in dieser Form nicht zur Verfügung stand – die Berechtigung auf Kataloge.

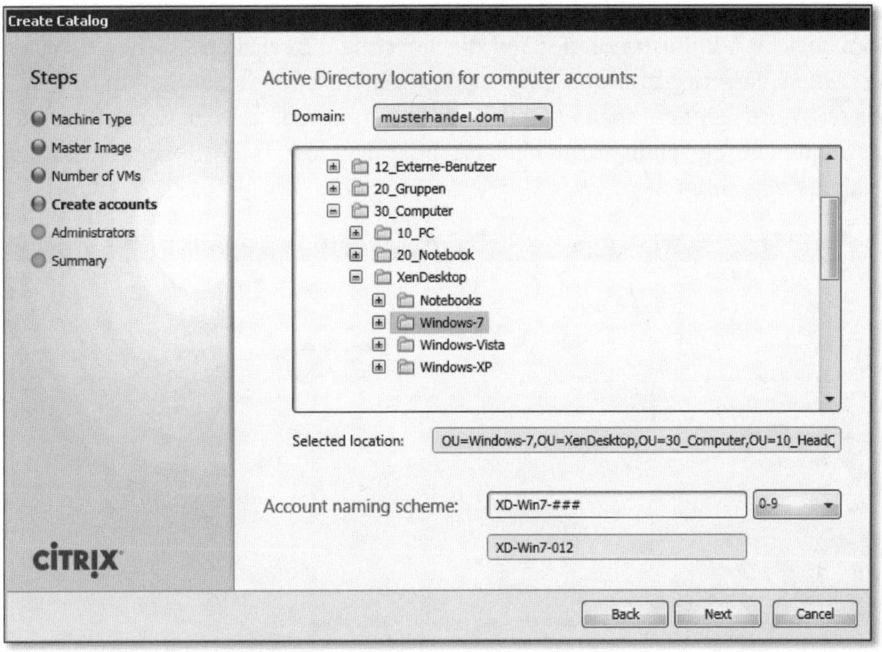

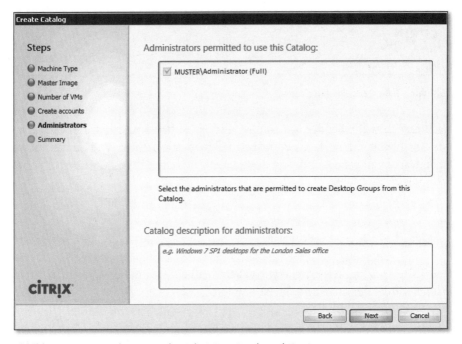

**Abbildung 6.67** Erstellung der Computerkonten

**Abbildung 6.68** Konfiguration der Administrationsberechtigungen

Diese Einstellung ist insofern interessant, als dass Sie hierüber definieren können, welche Administratoren später die Berechtigung erhalten sollen, die soeben erstellten VMs in Form von *Desktop-Gruppen* veröffentlichen zu können. Auf diese Weise können später explizit Administratoren, z. B. basierend auf der gewählten Bereitstellungform, dem Typ oder der Hosting-Plattform, für die Verwaltung berechtigt werden.

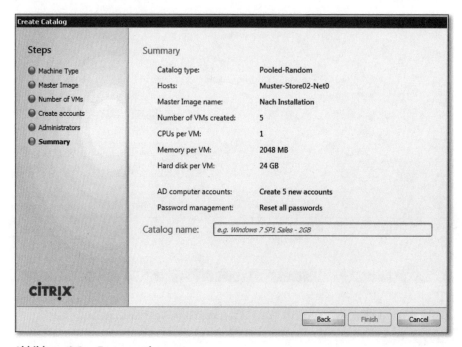

**Abbildung 6.69** Zusammenfassung

Nach einer abschließenden Zusammenfassung ist dieser Assistent fast durchlaufen – es bleibt nur noch die Aufgabe, der soeben erstellten VM-Konfiguration einen Namen zu geben.

**Abbildung 6.70** Benennung des Kataloges

Und spätestens an dieser Stelle wird auch deutlich, was in den letzten Schritten erstellt wurde: der erste *Katalog* ist nun fertig.

**Abbildung 6.71** Ergebnis der Katalogerstellung

Nach der Erstellung können Sie den fertigen Katalog in der Konsole über den Menüpunkt MACHINES einsehen und weiter bearbeiten.

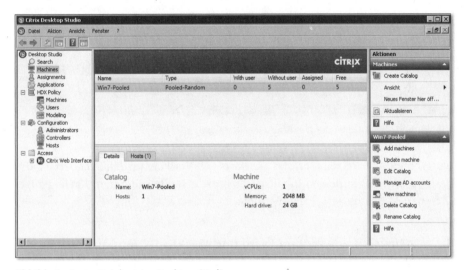

**Abbildung 6.72** Kataloge im Desktop Studio

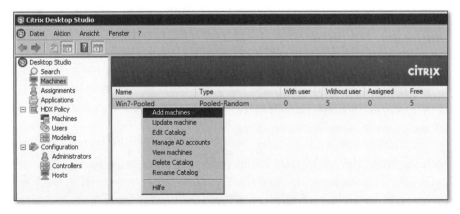

**Abbildung 6.73** Kontextmenü eines Kataloges

So können Sie an dieser Stelle weitere Maschinen zu dem Katalog hinzufügen, die Eigenschaften des Kataloges bearbeiten oder die Aktualisierung des zu verwendenden Master-Images anstoßen. Auch ist es über das Kontextmenü möglich, sich die aktuell konfigurierten Desktops anzeigen zu lassen. Hierzu wählen Sie den Menüpunkt VIEW MACHINES aus.

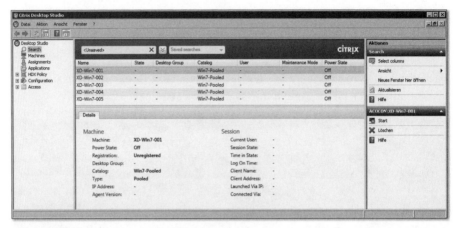

**Abbildung 6.74** Anzeige der Desktops eines Kataloges

Wie Abbildung 6.74 zeigt, erfolgt hierdurch ein Verweis auf den Suchbereich des Desktop Studios, in dessen Inhaltsbereich die erstellten und dem Katalog zugewiesenen Maschinen angezeigt werden.

### 6.2.3 Zuweisung von Benutzern und Desktop-Gruppen

Nach der Erstellung eines oder mehrerer entsprechender Kataloge können Sie die Desktops den gewünschten Benutzern und Gruppen zuweisen. Dies kann wieder über einen Assistenten erfolgen, den Sie ebenfalls vom Startbildschirm des Desktop Studios aus starten können.

**Abbildung 6.75** Zuweisen von Benutzern

Über den Punkt USER ASSIGNMENT können Sie den Assistenten starten. Das Ziel dieses Konfigurationsvorganges ist die Erstellung einer sogenannten *Desktop-Gruppe*, die dann als Bindeglied zwischen Desktop-Katalogen und Benutzern dient.

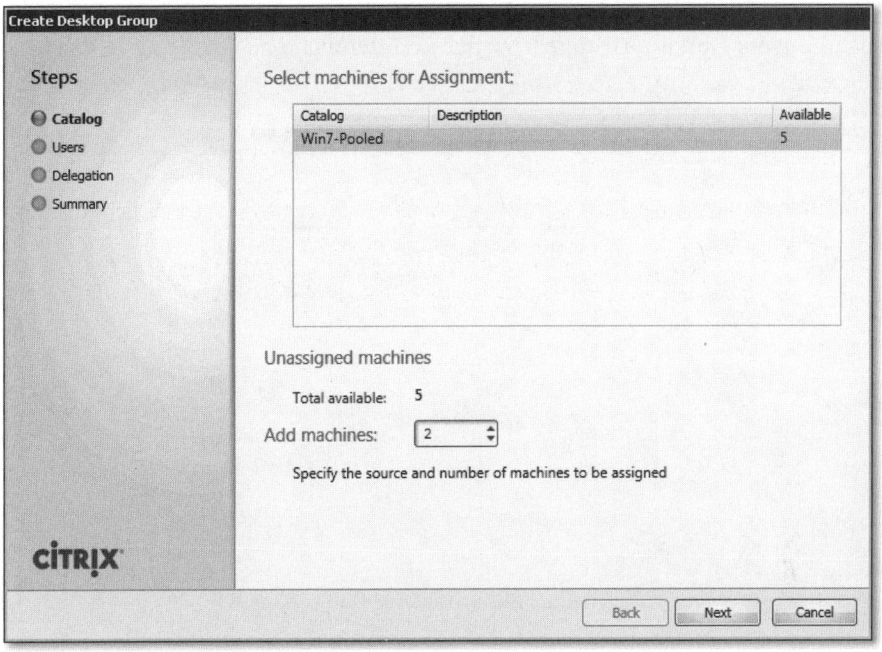

**Abbildung 6.76** Auswahl des Kataloges

Direkt im ersten Schritt können Sie die zu verwendenden Desktops aus den zur Verfügung stehenden Katalogen auswählen. Hierbei ist interessant, dass nicht alle Desktops eines Kataloges verwendet werden müssen, sondern über ADD MACHINES eine Anzahl von zuzuweisenden Desktops angegeben werden kann, wie in Abbildung 6.76 dargestellt. Auch könnten an dieser Stelle Desktops aus mehreren Katalogen zu einer Desktop-Gruppe zusammengefasst werden.

---

**Hinweis**

Die Bereitstellung von Desktops in Form von Katalogen ist neu seit XenDesktop 5 und birgt viel Potenzial in sich. So ist insbesondere die Möglichkeit, eine Desktop-Gruppe über mehrere Kataloge erstellen zu lassen, sehr interessant vor dem Hintergrund, dass die Kataloge sich beispielsweise auf unterschiedliche Hosting-Plattformen beziehen können.

Ein denkbares Szenario wäre also durchaus, eine einzelne Desktop-Gruppe zu veröffentlichen, die auf mehrere Kataloge zurückgreift und deren virtuelle Maschinen zur Hälfte auf einem XenServer und zur anderen Hälfte auf Microsoft Hyper-V bereitgestellt werden. Hierdurch wird einerseits eine sehr hohe Flexibilität, z. B. für Migrationsszenarien, aber auch eine sehr hohe Skalierbarkeit geboten.

Im zweiten Dialogschritt können Sie die Benutzer oder Gruppen auswählen, die später mit der Desktop-Gruppe bzw. den veröffentlichten Desktops arbeiten können sollen.

**Abbildung 6.77** Auswahl der Benutzer

Wie in Abbildung 6.77 dargestellt, erfolgt die Auswahl der Konten hierbei nach dem bekannten Schema aus dem Active Directory. Auch können Sie in diesem Schritt angeben, wie viele Desktops pro Benutzer maximal verwendet werden sollen. So wären auch Szenarien denkbar, in denen sich ein Benutzer gleichzeitig mit mehreren Desktops verbindet, weil er beispielsweise an seinem Arbeitsplatz mehrere Endgeräte im Einsatz hat.

Im letzten Schritt vor der Zusammenfassung können Sie auch hier wieder die Berechtigungen für die zu erstellende Desktop-Gruppe delegieren, wie Abbildung 6.78 zeigt.

So können Sie spezielle Benutzer oder Gruppen für die Verwaltung dieser Desktop-Gruppe berechtigen, um beispielsweise Schlüssel-Benutzern in einer Fachabteilung gewisse Verwaltungs- und Support-Möglichkeiten zu bieten.

Zum Abschluss des Assistenten wird eine Zusammenfassung angezeigt, und Sie müssen die neu erstellte Desktop-Gruppe benennen, wie in Abbildung 6.79 gezeigt.

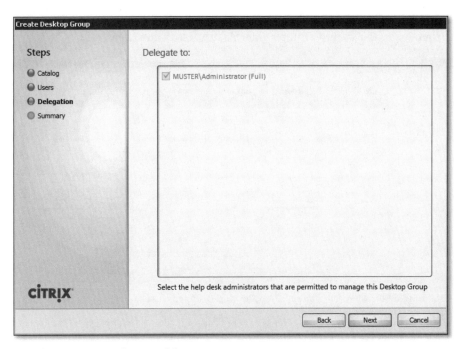

**Abbildung 6.78** Berechtigungsdelegation

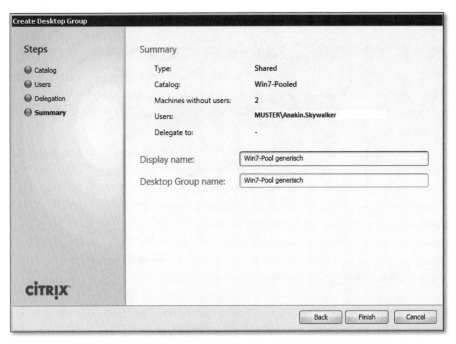

**Abbildung 6.79** Benennung und Abschluss

Damit ist auch dieser Konfigurationsschritt abgeschlossen, und Sie können die soeben erstellte Desktop-Gruppe unter ASSIGNMENTS einsehen.

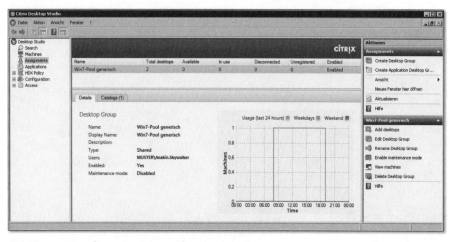

**Abbildung 6.80** Übersicht der erstellten Desktop-Gruppen

### 6.2.4 Erweiterte Einstellungen

Betrachten Sie an dieser Stelle die Eigenschaften einer Desktop-Gruppe, so werden Sie hierin Einstellungsmöglichkeiten finden, die Sie bei ihrer Erstellung nicht abgefragt oder konfiguriert haben.

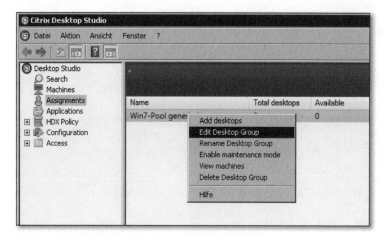

**Abbildung 6.81** Bearbeiten einer Desktop-Gruppe

Eine sehr interessante Einstellung finden Sie beispielsweise unter dem Reiter POWER MANAGEMENT, wie in Abbildung 6.82 gezeigt.

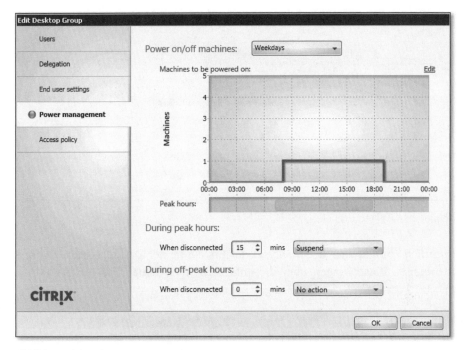

**Abbildung 6.82** Power management

Die hier konfigurierbaren Einstellungen, die in älteren XenDesktop-Versionen unter dem Namen *Idle Pool Settings* zu finden waren, definieren das Verhalten der virtuellen Maschinen für den Fall von getrennten Sitzungen und der Anzahl von gestarteten VMs zu einer gewissen Zeit am Tag. So können Sie beispielsweise konfigurieren, dass während der regulären Arbeitszeit von 8:00 bis 19:00 Uhr immer eine gewisse Anzahl von Desktops gestartet vorgehalten wird, um für Benutzeranmeldungen schnell zur Verfügung zu stehen.

Bei der in Abbildung 6.82 dargestellten Konfiguration würde während der Arbeitszeit immer dafür gesorgt, dass ein freier Desktop gestartet ist. Sollte dieser von einem Benutzer in Verwendung genommen werden, würde im Hintergrund automatisch ein weiterer Desktop gestartet. Auf diese Weise können neue Benutzer sich immer schnell anmelden, ohne zuerst auf den Start eines Desktops warten zu müssen.

Auch kann für die Desktops eine ACCESS POLICY analog zu XenApp gesetzt werden, wie Abbildung 6.83 zeigt.

Hierüber können Sie in Verbindung mit einem Access Gateway eine Steuerung der Zugriffe basierend auf den Zugriffsszenarien des Benutzers realisieren.

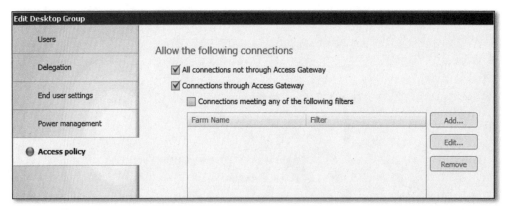

**Abbildung 6.83** Access policy

Natürlich können auch alle während der Erstellung der Desktop-Gruppe vorgenommenen Einstellungen über die entsprechenden Reiter Users, Delegation und End user settings wieder angepasst werden.

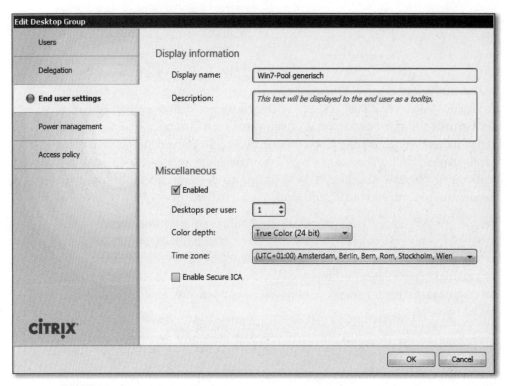

**Abbildung 6.84** End user settings

## 6.2.5    Verbindungsherstellung zu einer Desktop-Gruppe

Sind alle Einstellungen entsprechend gesetzt, so können Sie die Verbindung zu den neu erstellten Desktops über das Webinterface testen.

**Abbildung 6.85**    Desktop-Gruppe im Webinterface

Wie in Abbildung 6.85 dargestellt, wird die neu erstellte Desktop-Gruppe im Webinterface nach der Anmeldung unter dem Reiter Desktops angeboten. Durch einen Klick auf das Symbol wird die Verbindung initiiert und die Anmeldung am Desktop erfolgt.

**Abbildung 6.86**    Verbindung zu einem Win7-Desktop

> **Hinweis**
>
> Abhängig von der verwendeten Version des ICA-Clients kann die Darstellung des Desktops unterschiedlich aussehen. Weitere Informationen über die möglichen und sinnvollen Clients finden Sie in Abschnitt 6.3, »Clientsoftware – der Schlüssel zum Erfolg«.

Ist die Verbindung erfolgreich hergestellt worden, können Sie sie mittels ⬒ + F2 minimieren, damit Sie noch einen Blick auf ein weiteres Werkzeug werfen können.

### 6.2.6 Support der Umgebung mit dem Desktop Director

Die Betreuung einer laufenden Umgebung aus Sicht des 1st Level Supports wird nicht über das Desktop Studio erfolgen, sondern über den *Desktop Director*. Beim Desktop Director handelt es sich um eine webbasierte Konsole, die alle wichtigen Informationen über die XenDesktop-Umgebung sammelt und konsolidiert darstellt.

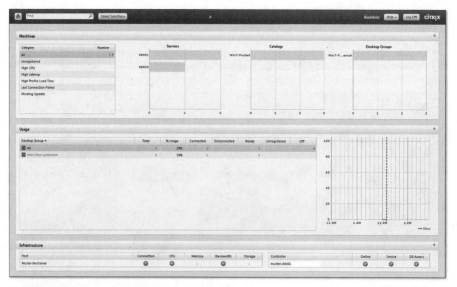

**Abbildung 6.87** Startbildschirm des Desktop Directors

Neben einer Übersicht der konfigurierten Desktop-Gruppen und Desktops finden Sie hierin insbesondere auch Informationen über die aktuelle Verwendung und Auslastung der Umgebung, wie in Abbildung 6.88 dargestellt.

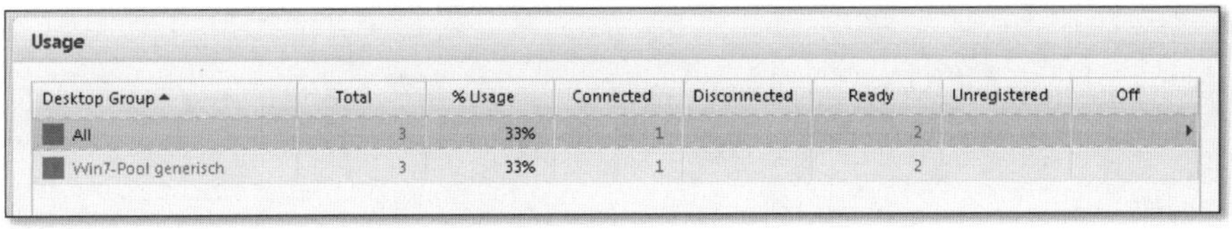

Usage
Desktop Group
Total
% Usage
Connected
Disconnected
Ready
Unregistered
Off
All
3
33%
1
2
Win7-Pool generisch
3
33%
1
2

**Abbildung 6.88** Aktuelle Nutzungsdaten

Besonders hilfreich ist an dieser Stelle, dass jedes Element wiederum einen Link zu tiefer gehenden Informationen beinhaltet. Sofern Sie mit der Maus über einen Wert fahren, zeigt ein Popup die jeweils dahinter verborgenen weiteren Informationen, wie Abbildung 6.89 zeigt.

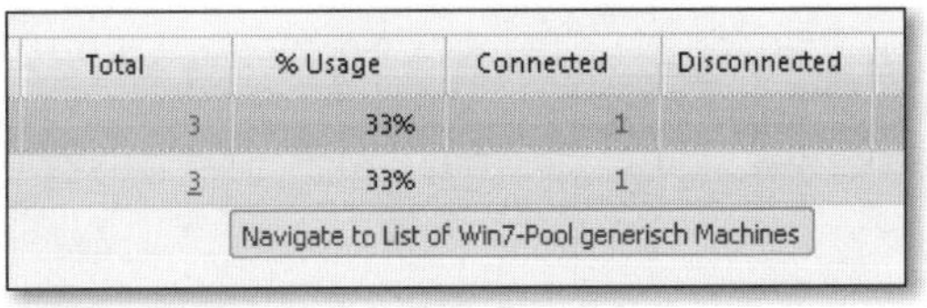

Total
% Usage
Connected
Disconnected
3
33%
1
3
33%
1
Navigate to List of Win7-Pool generisch Machines

**Abbildung 6.89** Popup-Meldung auf einem Link

Klicken Sie nun auf eine solche Verknüpfung, werden Sie in der Konsole an die entsprechende Trefferliste weitergeleitet.

Find
Saved Searches
Bielefeld
Help
Log Off
CITRIX
Filters - List of Win7-Pool generisch Machines*
Show
Is
Win7-Pool generisch
Save
Save As...
Delete
Clear
Select Columns
Machine
Name
DNS Name
State
User
User UPN
User Display Name
Desktop Group
Catalog
Machine Type
Matching Machines
Name
State
User
Desktop Group
Power State
Server
Current User
Endpoint
XD-Win7-002
Ready
Win7-Pool gene...
On
XEN01
XD-Win7-001
Ready
Win7-Pool gene...
On
XEN03
XD-Win7-003
Connected
MUSTER\Nico...
Win7-Pool gene...
On
XEN01
MUSTER\Nico...
NICO-NOTI7

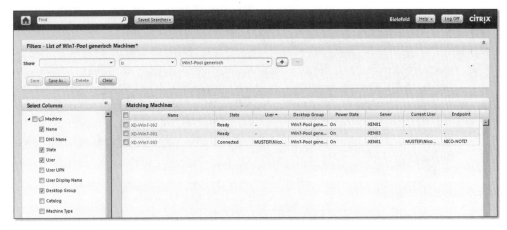

**Abbildung 6.90** Detailansicht der gewählten Informationen

Die wahre Macht des Desktop Directors offenbart sich aber erst in dem Moment, in dem sich die Detailtiefe direkt auf einen einzelnen Desktop bezieht.

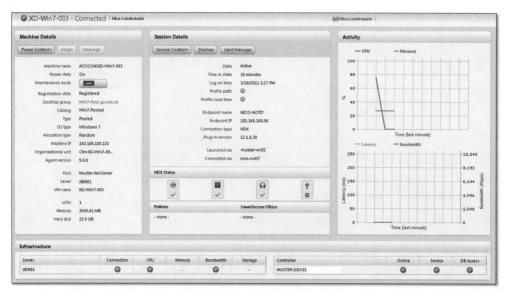

**Abbildung 6.91** Informationen eines expliziten Desktops

Wie in Abbildung 6.91 dargestellt, ist der Administrator hiermit in der Lage, sämtliche Verbindungsinformationen der gewählten Desktop-Sitzung auf einen Blick einsehen zu können. Dies bezieht sich nicht nur auf den virtuellen Desktop und das Endgerät, sondern auch auf Informationen, wie etwa den Ursprung der Verbindung (Launched via) oder die verwendeten Client-Versionen, die ebenfalls an dieser Stelle einsehbar sind.

Noch interessanter ist die Übersicht der verfügbaren HDX-Optionen. So wird im Bereich HDX Status detailliert angezeigt, ob und welche HDX-Optionen für die jeweilige Verbindung unterstützt werden. Diese Informationen standen in älteren Versionen immer nur in der jeweiligen Desktop-Sitzung selbst zur Verfügung, so dass sie für den Supportfall erst mühsam ausgelesen bzw. gemeldet werden mussten.

**Abbildung 6.92** Aktionsmöglichkeiten

Aber es gibt an dieser Stelle nicht nur die Möglichkeit, passiv auf Informationen zuzugreifen, sondern auch aktiv auf die Sitzung einzuwirken. Wie in Abbildung 6.92 dargestellt, werden in dem Bereich SESSION DETAILS auch Aktionsschaltflächen geboten, über die Sie die gewählte Verbindung abmelden oder trennen können. Auch können Sie Meldungen in die Sitzung senden oder eine Spiegelung der Sitzung (via *Microsoft Remoteunterstützung*) starten.

Zusammenfassend kann man sagen, dass der Desktop Director ein sehr mächtiges und umfassendes Werkzeug für den ServiceDesk und 1st Level Support ist, das die tägliche Arbeit mit einer XenDesktop-Umgebung deutlich vereinfacht.

# 6.3 Clientsoftware – der Schlüssel zum Erfolg

Neben allen bisher betrachteten zentralen Komponenten hängt ein sehr großer Teil der Leistungsfähigkeit einer XenApp-/XenDesktop-Umgebung von der angebotenen Clientsoftware ab. Genau in diesem Punkt liegt auch ein weiterer und häufig unterschätzter Vorteil der Citrix-Produkte gegenüber den Microsoft-Terminaldiensten. Während es ausgesprochen schwer ist, RDP-Clients für Nicht-Microsoft-Betriebssysteme zu finden, bietet Citrix von Haus aus Clients für so ziemlich jedes Betriebssystem an.

### 6.3.1 Überblick der verfügbaren Clients

Grundsätzlich stehen Clients für folgende Systeme zur Verfügung:

▶ **WIN32**
Der Win32-Client ist die leistungsfähigste aller Client-Versionen. Er unterstützt alle beschriebenen Funktionen und wird in Form von Plug-ins für den Citrix Receiver angeboten, welche aber auch eigenständig lauffähig sind. Der Win32-Client kann auf allen Windows-32-Bit-Betriebssystemen installiert und eingesetzt werden. Er steht mittlerweile aber auch für 64-Bit-Windows-Versionen zur Verfügung.

▶ **WIN16**
Neben dem Client für die 32-/64-Bit-Versionen von Windows existiert auch nach wie vor ein Client für 16-Bit-Windows. Hierbei stehen jedoch nicht alle Funktionen zur Verfügung, die der 32-Bit-Client bietet.

▶ **DOS**
Wie bei dem Win16-Client stehen auch bei dem DOS-Client nicht alle Funktionalitäten zur Verfügung. Im Regelfall würde über diesen Client ein veröffentlichter Receiver mit SelfService-Plug-in gestartet und von dort aus auf die wei-

teren veröffentlichten Anwendungen zugegriffen. Der DOS-Client ist jedoch auch der einzige Client, der eine veröffentlichte DOS-Anwendung im Vollbild-modus darstellen kann.

▶ **ICAJAVA**
Der flexibelste Vertreter der Clientsoftware ist der Client für Java. Seine einzige Voraussetzung ist eine installierte Java-Runtime-Umgebung, was ihn für nahezu jedes Betriebssystem qualifiziert. Sein häufigster Einsatzfall ist jedoch im Bereich des *Webinterfaces* zu finden, bei dem er zur Laufzeit heruntergeladen und gestartet werden kann, um eine Anwendung auf einem beliebigen Endgerät ohne vorherige Installationen bereitstellen zu können.

▶ **MAC-Client**
Für Macintosh-Betriebssysteme stehen unterschiedliche Clients zur Verfügung. Während besonders bei älteren Versionen des MAC OS ein eigener Client genutzt wurde, wird bei den aktuelleren Versionen häufig auf *Receiver for MacOS* zurückgegriffen.

▶ **iPad/iPhone/Android/WinCE/Pocket PC/EPOC/Symbian**
Für mobile Systeme stehen eine Reihe von Clients für die unterschiedlichen Systemtypen zur Verfügung, wie etwa A5, MIPS, ARM oder x86-basierte Systeme. Abhängig von Typ und System des Endgerätes muss der entsprechende Client genutzt werden.

Da an dieser Stelle nicht im Detail auf alle diese Clients eingegangen werden kann, wird das Hauptaugenmerk auf die Win32-Clients gelegt, die am weitesten verbreitet sind und insbesondere für den Einstieg in die XenApp-/XenDesktop-Umgebungen die größte Rolle spielen.

## 6.3.2 Citrix Merchandising Server

Die zentrale Komponente für die Verteilung und Verwaltung der Citrix Client-Plug-ins auf die Endgeräte ist der *Merchandising Server*. Dieser wird in Form einer virtuellen Appliance für XenServer und VMware ESX/vSphere.

### Inbetriebnahme der virtuellen Appliance

Nach dem Download der gewünschten Variante der virtuellen Appliance müssen Sie diese auf die Hosting-Plattform importieren. Nach dem Import können Sie über die Konsole (z. B. im XenCenter) die Basiskonfiguration der Maschine im Hinblick auf die Benennung des Systems, die IP-Konfiguration und die Netzwerkeinstellungen einrichten.

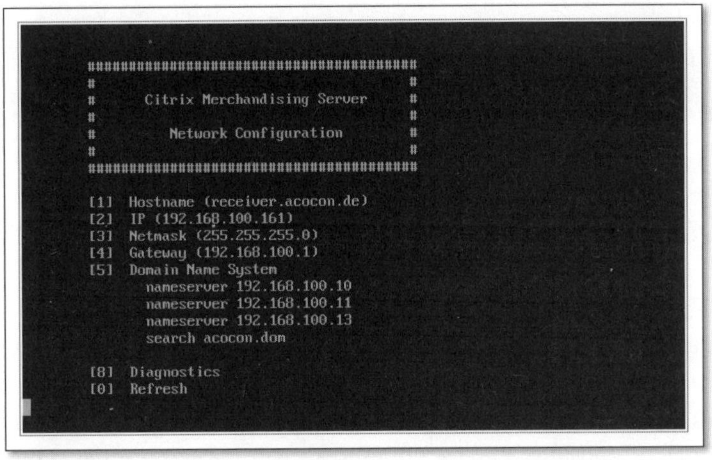

**Abbildung 6.93**   Basiskonfiguration des Merchandising Servers

### Basiskonfiguration des Merchandising Servers

Ist dieser Schritt erfolgreich abgeschlossen und das System einmal neu gestartet, können Sie über einen Browser auf die Verwaltungsoberfläche zugreifen. Die Adresse hierfür ist *http://ip-adresse-oder-name/appliance*.

**Abbildung 6.94**   Anmeldung an der Verwaltungskonsole

Für die erste Anmeldung sind die Anmeldeinformationen *root* mit dem Kennwort *C1trix321* zu verwenden.

387

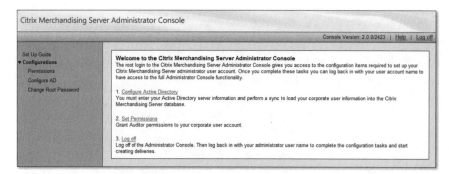

**Abbildung 6.95**  Administrator Console

Nun sind im Wesentlichen zwei Schritte durchzuführen, die den Merchandising Server »vollständig« in Betrieb nehmen: Sie müssen eine Verbindung mit dem Active Directory herstellen und mindestens einen AD-Benutzer berechtigen, die Verwaltung des Merchandising Servers zu übernehmen.

### Herstellen einer Active-Directory-Verbindung

Um auf das Active Directory als Benutzerverwaltung zugreifen zu können, richten Sie zuerst eine entsprechende LDAP-Verbindung ein, über die der Merchandising Server später die AD-Konten auslesen kann.

**Abbildung 6.96**  Konfigurieren der LDAP-Verbindung

Wie in Abbildung 6.96 dargestellt, müssen Sie die notwendigen Verbindungsinformationen und ein Verbindungkonto angeben, über die das Active Directory angesprochen werden kann. Anschließend starten Sie über SAVE AND SYNC die

Abfrage des ADs, die die verfügbaren Benutzerkonten für den Merchandising Server nutzbar macht.

> **Hinweis**
>
> Wichtig ist an dieser Stelle, dass die LDAP-Informationen immer *case-sensitiv* eingetragen werden müssen.

### Berechtigen von Benutzern

Nach der erfolgreichen Herstellung einer Verbindung mit dem Active Directory können Sie Benutzer auf dem Merchandising Server berechtigen.

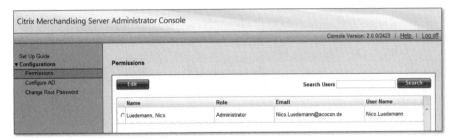

**Abbildung 6.97**   Berechtigen von Benutzern

Die hier ausgewählten und berechtigten Benutzer können sich anschließend direkt an der Verwaltungskonsole des Merchandising Servers anmelden und werden die in Abbildung 6.98 gezeigte, umfangreichere Konsole vorfinden.

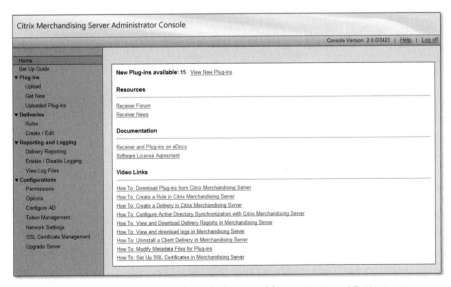

**Abbildung 6.98**   Verwaltungskonsole nach der Anmeldung mit einem AD-Konto

Eine umfassende Darstellung aller Optionen der Verwaltungskonsole würde an dieser Stelle zu weit führen, so dass wir den Fokus auf die Bereitstellung von Plug-ins legen.

### Bereitstellen von Plug-ins

Der erste Schritt für die Bereitstellung neuer Plug-ins ist das Herunterladen derselben auf den Merchandising Server, von dem aus sie später weiter verteilt werden.

Über den Menübefehl GET NEW können Sie eine Onlineliste der aktuell verfügbaren Plug-ins einsehen. Über ein Markieren des gewünschten Plug-ins und ein Klicken von DOWNLOAD TO SERVER wird dieses Plug-in geladen.

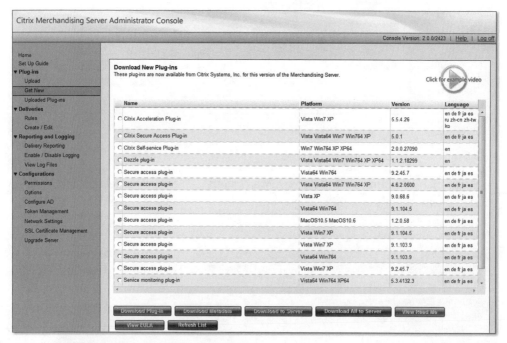

**Abbildung 6.99** Download neuer Plug-ins

Eine Liste der bereits geladenen Plug-ins können Sie über den Punkt UPLOADED PLUG-INS einsehen, wie in Abbildung 6.100 dargestellt.

Um die gewünschten Plug-ins nun an die Clients zu verteilen, müssen Sie eine entsprechende Delivery über DELIVERIES • CREATE/EDIT erstellen (siehe Abbildung 6.101). Während des Erstellungsvorganges leitet ein Assistent durch die notwendige Eingabe, so dass die einzelnen Plug-ins auch schon mit entsprechenden Konfigurationseinstellungen versehen werden können.

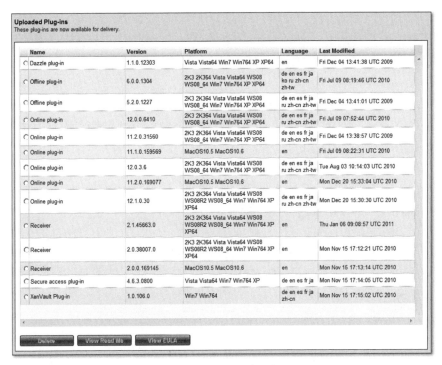

| Name | Version | Platform | Language | Last Modified |
|------|---------|----------|----------|---------------|
| Dazzle plug-in | 1.1.0.12303 | Vista Vista64 Win7 Win764 XP XP64 | en | Fri Dec 04 13:41:38 UTC 2009 |
| Offline plug-in | 6.0.0.1304 | 2K3 2K364 Vista Vista64 WS08 WS08_64 Win7 Win764 XP XP64 | de en es fr ja ko ru zh-cn zh-tw | Fri Jul 09 08:19:46 UTC 2010 |
| Offline plug-in | 5.2.0.1227 | 2K3 2K364 Vista Vista64 WS08 WS08_64 Win7 Win764 XP XP64 | de en es fr ja ru zh-cn zh-tw | Fri Dec 04 13:41:01 UTC 2009 |
| Online plug-in | 12.0.0.6410 | 2K3 2K364 Vista Vista64 WS08 WS08_64 Win7 Win764 XP XP64 | de en es fr ja ru zh-cn zh-tw | Fri Jul 09 07:52:44 UTC 2010 |
| Online plug-in | 11.2.0.31560 | 2K3 2K364 Vista Vista64 WS08 WS08_64 Win7 Win764 XP XP64 | de en es fr ja ru zh-cn zh-tw | Fri Dec 04 13:38:57 UTC 2009 |
| Online plug-in | 11.1.0.159569 | MacOS10.5 MacOS10.6 | en | Fri Jul 09 08:22:31 UTC 2010 |
| Online plug-in | 12.0.3.6 | 2K3 2K364 Vista Vista64 WS08 WS08_64 Win7 Win764 XP XP64 | de en es fr ja ru zh-cn zh-tw | Tue Aug 03 10:14:03 UTC 2010 |
| Online plug-in | 11.2.0.169077 | MacOS10.5 MacOS10.6 | en | Mon Dec 20 15:33:04 UTC 2010 |
| Online plug-in | 12.1.0.30 | 2K3 2K364 Vista Vista64 WS08 WS08R2 WS08_64 Win7 Win764 XP XP64 | de en es fr ja ru zh-cn zh-tw | Mon Dec 20 15:30:30 UTC 2010 |
| Receiver | 2.1.45663.0 | 2K3 2K364 Vista Vista64 WS08 WS08R2 WS08_64 Win7 Win764 XP XP64 | en | Thu Jan 06 09:08:57 UTC 2011 |
| Receiver | 2.0.38007.0 | 2K3 2K364 Vista Vista64 WS08 WS08R2 WS08_64 Win7 Win764 XP XP64 | en | Mon Nov 15 17:12:21 UTC 2010 |
| Receiver | 2.0.0.169145 | MacOS10.5 MacOS10.6 | en | Mon Nov 15 17:13:14 UTC 2010 |
| Secure access plug-in | 4.6.3.0800 | Vista Vista64 Win7 Win764 XP | de en es fr ja | Mon Nov 15 17:14:05 UTC 2010 |
| XenVault Plug-in | 1.0.106.0 | Win7 Win764 | de en es fr ja zh-cn | Mon Nov 15 17:15:02 UTC 2010 |

**Abbildung 6.100**  Geladene Plug-ins auf dem Merchandising Server

**Abbildung 6.101**  Erstellen einer neuen Delivery

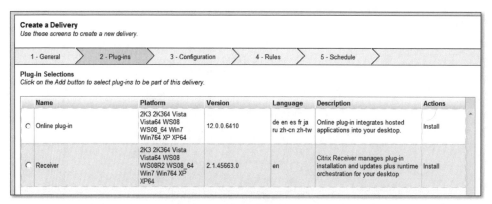

**Abbildung 6.102**  Auswahl der gewünschten Plug-ins

Ist eine Delivery erstellt und aktiviert, werden die gewählten Plug-ins und Ein-stellungen beim nächsten Aktualisierungsintervall auf die Endgeräte angewen-det. Die Installation des Receivers selbst wird im folgenden Abschnitt behandelt.

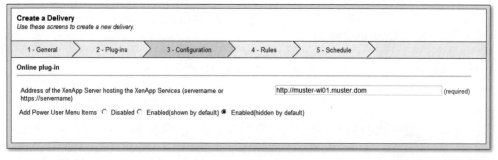

**Abbildung 6.103**  Konfiguration der ausgewählten Plug-ins

### 6.3.3  Citrix Receiver for...

Über den im letzten Abschnitt bereitgestellten Merchandising Server kann nun der Citrix Receiver verteilt und verwaltet werden.

#### Installation des Citrix Receivers

Die Installation gestaltet sich hierbei denkbar einfach – ein Benutzer kann mittels eines Browsers die Adresse des Merchandising Servers aufrufen und wird auto-matisch auf die in Abbildung 6.104 dargestellte Seite weitergeleitet.

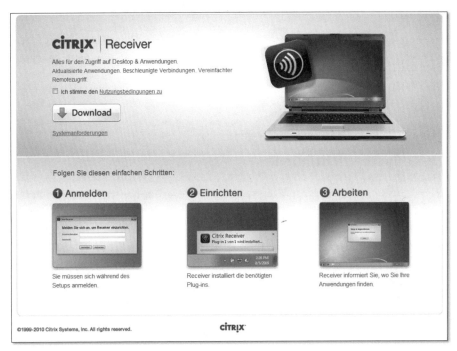

**Abbildung 6.104**   Benutzer-Frontend des Merchandising Servers

Über die angebotene Schaltfläche DOWNLOAD wird der Receiver vom Merchandising Server heruntergeladen und automatisiert installiert. Anschließend wird der Receiver als Tray Icon auf dem Endgerät dargestellt. Über einen Rechtsklick können die Eigenschaften des Receivers eingesehen werden.

**Abbildung 6.105**   Plug-in-Status des Citrix Receivers

Ab diesem Zeitpunkt aktualisiert sich der Receiver automatisch, sobald eine Anpassung auf dem Merchandising Server vorgenommen wurde. Insofern ist der Receiver auf dem Endgerät selbst weitestgehend wartungsfrei.

> **Hinweis**
>
> Aufgrund der Vielzahl der möglichen Plug-ins und der recht hohen Aktualisierungsrate des Receivers und seiner Plug-ins wird an dieser Stelle auf eine tiefer gehende Betrachtung verzichtet. In der Praxis sollten Sie jedoch eine gewisse Zeit investieren, um sich mit dem Receiver und seinen stetig wachsenden Möglichkeiten auseinanderzusetzen.

## 6.4 Systemrichtlinien

Neben der Bereitstellung von Clients und Client-Verbindungen kann es sich insbesondere in Farmen mit einer großen Anzahl an Servern oder Desktops als sehr aufwendig herausstellen, alle Server unter dem Aspekt der Einheitlichkeit zu konfigurieren. Viele Einstellungen, beispielsweise am ICA-Protokoll, sollten auf allen Systemen identisch sein, um keine »geht – geht nicht«-Effekte bei Verbindungsversuchen zu provozieren.

### 6.4.1 XenApp-Richtlinien

Um den Administratoren in dieser Hinsicht unter die Arme zu greifen, wurden mit dem Feature Release 2 für den Metaframe XP die *Richtlinien* eingeführt, die nach dem gleichen Schema bis zum XenApp 5.0 zum Einsatz kamen. Mit der Version 6.0 von XenApp wurde ein neues Richtlinienmodell aufgebaut, das neben einer weitaus umfangreicheren Konfiguration vor allem die vollständige Integration mit Active-Directory-Gruppenrichtlinien ermöglicht.

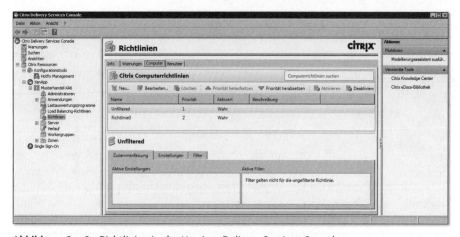

**Abbildung 6.106** Richtlinien in der XenApp Delivery Services Console

Die Verwaltung der Richtlinien kann für lokale Richtlinien über die Delivery Services Console erfolgen, wie in Abbildung 6.106 dargestellt. Grundsätzlich sollten Sie aber von der neuen Integration in das Active Directory Gebrauch machen und eine Verwaltung der Richtlinien über GPOs anstreben.

### 6.4.2 XenDesktop-Richtlinien

Analog zu XenApp findet sich auch in einer XenDesktop-Umgebung ein Menüpunkt für *Policies* – HDX-POLICY – im Desktop Studio. Wie in Abbildung 6.107 gezeigt, ist es zwar etwas anders im Menü angeordnet als in der Delivery Services Console, die Inhalte wiederum stellen sich sehr ähnlich dar.

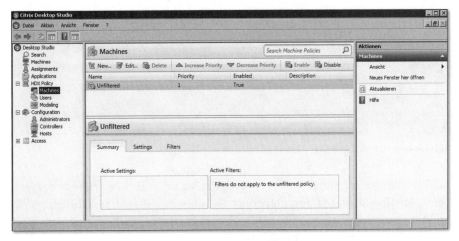

**Abbildung 6.107**   Richtlinien im XenDesktop Desktop Studio

Doch auch an dieser Stelle muss ganz deutlich gesagt werden, dass Sie die Verwaltung der Richtlinien nach Möglichkeit ebenfalls über das Active Directory realisieren sollten, wie im folgenden Abschnitt beschrieben.

### 6.4.3 Integration mit Active-Directory-Gruppenrichtlinien

Betrachtet man einmal die Flexibilität der Bereitstellung, die Citrix mit seinen Flexcast-Technologien nicht nur im Bereich der Desktop-Virtualisierung, sondern auch im Bereich der System-Bereitstellung bietet, so wird schnell deutlich, dass sich die gleiche Flexibilität auch in der Steuerung und den Richtlinien der Umgebungen widerspiegeln muss.

Aus diesem Grund wurde mit dem XenApp 6 und dem XenDesktop 5 eine architektonische Änderung an dem Aufbau und der Verteilung der Richtlinien vorgenommen – es ist nun nicht mehr nur noch möglich, die Richtlinien innerhalb einer *Farm* oder *Site* zu konfigurieren und anzuwenden, sondern die XenApp-und XenDesktop-Richtlinien lassen sich nahtlos in Active-Directory-Gruppenrichtlinien (GPO) integrieren und somit auch farmübergreifend anwenden.

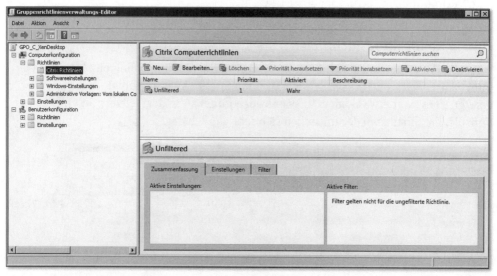

**Abbildung 6.108** Eingebettete Citrix-Richtlinien in einer GPO

Auf diese Weise können Richtlinien auf Organisationseinheiten angewendet werden, deren beinhaltete Computer- oder Benutzerobjekte auf eine beliebige Art und Weise »befüllt« werden können – sei es über eine manuelle Installation, über gestreamte Betriebssystemabbilder via Provisioning Server oder über provisionierte Desktops mittels Machine Creation Services. Dies steigert ebenfalls die Skalierbarkeit der Umgebungen, da neue Systeme innerhalb kürzester Zeit und ohne weitere manuelle Eingriffe zu den bereits laufenden Systemen hinzugefügt werden können.

Ähnlich wie bei den neuen *Workergruppen* basieren somit nun auch die Richtlinienzuweisungen auf der genutzten oder vererbten Organisationseinheit im Active Directory, was auch unter Verwaltungsgesichtspunkten einen gewaltigen Schritt nach vorne darstellt.

Zusammenfassend kann somit gesagt werden, dass die Erstellung von Richtlinien sowohl für XenApp wie auch für XenDesktop grundsätzlich nur noch über eine Gruppenrichtlinie erfolgen sollte – auch wenn der lokale Weg aktuell noch zur Verfügung steht.

### 6.4.4 Erstellen eines neuen Richtlinienobjektes

Da die Citrix-Richtlinien nun über Gruppenrichtlinien erstellt werden sollen, ist das Werkzeug für die entsprechenden Aktionen auch nicht mehr eine der Citrix-Konsolen, sondern die *Gruppenrichtlinienverwaltung* auf einem XenApp-Server oder Delivery Controller.

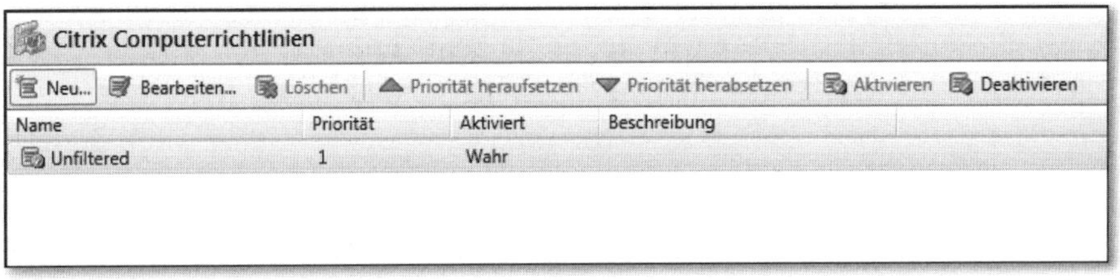

**Abbildung 6.109**   Erstellen einer neuen Citrix-Richtlinie

Hierin müssen Sie zunächst eine neue Gruppenrichtlinie erstellen und zuweisen bzw. eine passende vorhandene auswählen und bearbeiten. Anschließend können Sie, wie in Abbildung 6.108 gezeigt, über die Menüpunkte RICHTLINIEN • CITRIX RICHTLINIEN mit der Erstellung der Citrix-Richtlinien beginnen (siehe Abbildung 6.109 und Abbildung 6.110).

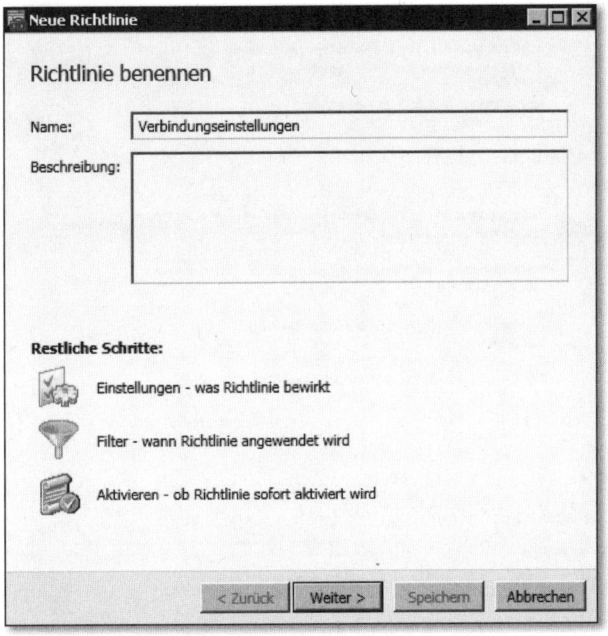

**Abbildung 6.110**   Neue Richtlinie

Nach der Benennung der neuen Richtlinie können Sie die gewünschten Einstellungen konfigurieren, wie in Abbildung 6.111 gezeigt. Wichtig ist hierbei, dass die Citrix-Richtlinie entweder im Benutzer- oder im Computerbereich der Gruppenrichtlinie konfiguriert werden kann und sich die zur Verfügung stehenden Einstellungen abhängig hiervon unterschiedlich darstellen können.

Auch bei der Konfiguration der einzelnen Einstellungen finden Sie eine Reihe von Parallelen zu den Active-Directory-Gruppenrichtlinien. Grundsätzlich kann jede Einstellung drei Status annehmen: NICHT KONFIGURIERT, DEAKTIVIERT und AKTIVIERT.

Betrachtet man vor diesem Hintergrund nun beispielsweise die Konfiguration der Einbindung von Client-Ressourcen in die Terminalserver-Sitzungen, so wird schnell deutlich, was das bedeutet. Möchten Sie z. B. erreichen, dass keine COM-Ports in eine Benutzersitzung übernommen werden, so könnten Sie dies über den Richtlinienpunkt PORTS • CLIENT-COM-PORTS AUTOMATISCH VERBINDEN umsetzen, wie Abbildung 6.112 zeigt.

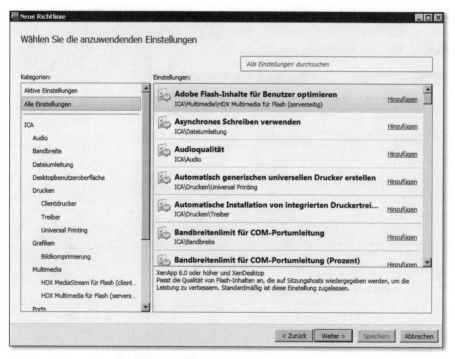

**Abbildung 6.111** Einstellungen einer Richtlinie

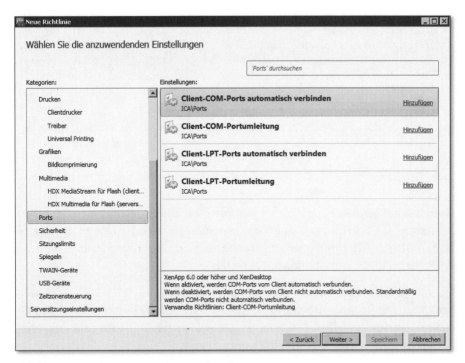

**Abbildung 6.112**   COM-Ports automatisch verbinden

**Abbildung 6.113**   Einstellungen einer Richtlinie hinzufügen

Analog zu dieser Einstellung werden auch alle anderen Einstellungen in Richtlinien vorgenommen.

> **Hinweis**
>
> Der wichtigste Aspekt bei der Arbeit mit Richtlinien ist die Tatsache, dass über Richtlinien nichts aktiviert werden kann, was über das ICA-Protokoll deaktiviert ist. Wenn also beispielsweise in den Client-Einstellungen des ICA-Protokolls das Verbinden von Client-Ressourcen, wie etwa COM-Ports, deaktiviert ist, können Sie in der Richtlinie konfigurieren, was Sie wollen – es wird sich nichts ändern.
>
> Der Weg sollte also immer sein, nach Möglichkeit alle Einstellungen über Richtlinien abzubilden, da hierdurch einerseits durch die zentrale Konfiguration der Aufwand gesenkt werden kann und andererseits Ausnahmen ermöglicht werden, die über die ICA-Protokolleinstellungen nicht möglich wären.

Nachdem Sie die Richtlinie mit den gewünschten Einstellungen versehen haben, können Sie sie für Benutzer, eine Gruppe, einen Server oder eine IP-Adresse filtern. Auch eine Filterung über eine Access-Gateway-Zugriffssteuerung ist an dieser Stelle möglich, wie Abbildung 6.114 zeigt.

Über diese Filter können Sie die Anwendung der Richtlinien noch über die Möglichkeiten der Gruppenrichtlinien hinaus steuern. Auch Kombinationen von Filterkriterien sind möglich. Diese sollten Sie jedoch genau planen und dokumentieren, da sonst leicht der Überblick verloren geht.

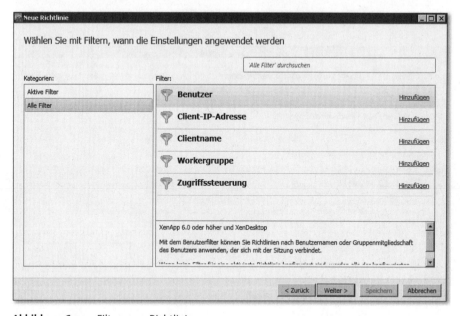

**Abbildung 6.114** Filtern von Richtlinien

## 6.5 Druck oder nicht Druck

Der Bereich der Druckausgaben ist im Zusammenhang mit XenApp und Xen-Desktop immer ein sehr anspruchsvolles und komplexes Thema. Zwar steht im Prinzip mit der automatischen Einbindung von Client-Ressourcen ein sehr leistungsstarkes Werkzeug zur Verfügung, um Drucker aus einer Session heraus ansprechen zu können, jedoch sind insbesondere unter den älteren Versionen von XenApp in der Praxis sehr häufig Szenarien vorgekommen, in denen die Standardeinstellungen nicht ausreichend waren und angepasst werden mussten.

Doch warum ist das Drucken ein so schwieriges Thema in einer Terminalserver-Umgebung? Der Grund hierfür sind die vielen Varianten in der Art der Druckausgabe, die grundsätzlichen Anforderungen an die Bandbreite und die große Druckertreibervielfalt.

**Arten von Druckern**

Im Gegensatz zu der Druckerverwaltung auf einem »normalen« Client haben Sie es in einem Terminalserver-Umfeld mit vier Grundvarianten von Druckern zu tun:

▶ **Lokaler Drucker am Terminalserver/VDI-Desktop**
Eine Möglichkeit, den Benutzern eines Terminalservers eine Druckausgabe zu ermöglichen, wäre die Einrichtung eines lokalen Druckers am Terminalserver. Hierbei würden sowohl der Anschluss des Druckers als auch sein Treiber und sein Spool-Bereich vom Terminalserver selbst verwaltet.

Obwohl diese Variante sehr »verschrien« ist, da im Regelfall immer empfohlen wird, die Terminalserver nicht mit weiteren Diensten zu belasten, so ist sie auf den zweiten Blick in der Praxis in so gut wie jeder Umgebung vertreten.

---

**Hinweis**

An dieser Stelle werden viele Administratoren den Kopf schütteln und sich fragen, wer denn so ungeschickt sein kann, einen Drucker direkt an einem Terminalserver anzuschließen. Nun ja, zum einen bedeutet *lokaler* Drucker nicht zwangsläufig einen Anschluss über einen LTP- oder COM-Port, da auch ein Drucker mit einer Netzwerkkarte, die über einen TCP/IP- oder LPD-Port angesprochen wird, als lokaler Drucker definiert ist. Zum anderen sind auf fast allen Terminalservern der *Microsoft Office Document Image Writer* oder ein PDF-Drucker wie der *Adobe PDF Writer* oder *CutePDF* installiert. Auch wenn bei diesen Druckern die Ausgabe in eine Datei erfolgt, so sind sie doch trotzdem lokale Drucker.

---

▶ **Netzwerkdrucker am Terminalserver/VDI-Desktop**
Insbesondere in größeren Netzwerken wird häufig mit dedizierten Druckservern gearbeitet, auf denen alle Drucker lokal installiert und freigegeben sind.

Die Clients, auch die Terminalserver, verbinden sich auf einen solchen freigegebenen Drucker, um eine Ausgabe auf ihm zu erzeugen.

Bei der Nutzung eines Druckservers mit freigegebenen Druckern wird für die Ausgabe komplett mit Betriebssystem-Bordmitteln gearbeitet, die unabhängig vom Einsatz eines Terminalservers zur Verfügung stehen.

▶ **Lokaler Drucker am Client**
Der Einsatz eines lokalen Druckers am Client entspricht grundsätzlich dem Einsatz eines lokalen Druckers am Terminalserver. Das bedeutet, dass sowohl der Druckeranschluss als auch sein Treiber und sein Spool-Bereich vom Client verwaltet werden.

Da ein solcher Drucker aber zunächst grundsätzlich nur auf dem Client selbst genutzt werden könnte, bedarf es an dieser Stelle der Einbindung von Client-Druckern in die Terminalserver-Sitzung, um von einer Session auf diesen Drucker ausgeben zu können.

▶ **Netzwerkdrucker am Client**
Der Netzwerkdrucker am Client kombiniert zwei der oben beschriebenen Varianten. Als Basissystem für die Verwaltung der Drucker ist hierbei wieder ein Druckserver im Einsatz, auf dem die Drucker freigegeben sind. Der Client hat eine Verbindung zu einem oder mehreren dieser freigegebenen Drucker, um auf ihnen drucken zu können.

Da diese verbundenen Drucker aber wie ein lokaler Client-Drucker zunächst nur an dem Client zur Verfügung stehen würden, müssen sie auch über die Einbindung von Client-Druckern in die Terminalserver-Sitzung aufgenommen werden. Nur so kann auch vom Terminalserver auf ihnen gedruckt werden.

Je nach Anforderungen und Umgebung werden eine oder mehrere dieser Varianten zum Einsatz kommen. Auf den ersten Blick ergeben einige dieser Varianten zunächst wenig Sinn, da sie augenscheinlich auch über eine der anderen Varianten abgebildet werden könnten. Beispielsweise scheinen die Varianten des Netzwerkdruckers am Client und am Server austauschbar zu sein. Um diesen Eindruck zu widerlegen, sollten Sie sich mögliche Szenarien vor Augen führen, in denen eine solche Austauschbarkeit nicht gegeben ist. Zu diesem Zweck sollten Sie sich zunächst die Kommunikationswege für die Druckausgaben in den vier Möglichkeiten ansehen.

Betrachten wir zunächst den Fall des *lokalen Drucks am Terminalserver*, so gestaltet sich die Kommunikation wie in Abbildung 6.115 gezeigt. Es wird vom Client eine Verbindung über den ICA-Port 1494 mit dem Terminalserver aufgebaut, und der Ausdruck erfolgt über einen Anschluss des Terminalservers. Die Kommunikationswege zwischen dem Client und dem Terminalserver spielen für die Ausgabe an den Drucker keine Rolle.

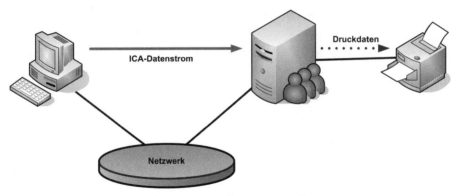

**Abbildung 6.115**   Lokaler Drucker am Terminalserver/VDI-Desktop

Ähnlich verhält es sich bei der Nutzung eines *Netzwerkdruckers am Terminalser-ver*. Auch hierbei spielt der Kommunikationsweg zwischen Client und Terminal-server für den Ausdruck keine Rolle, da der Terminalserver über das Netzwerk mit dem Druckserver über Windows-Netzwerkprotokolle kommuniziert. Der Client nutzt wiederum nur den Port 1494 für den ICA-Datenstrom, während der Terminalserver eine Reihe von Ports für die Anmeldung und Datenübertragung an den Druckserver nutzt.

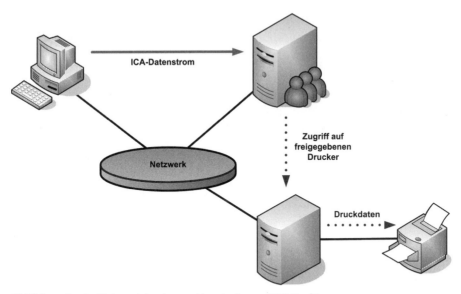

**Abbildung 6.116**   Netzwerkdrucker am Terminalserver/VDI-Desktop

Sofern es sich um einen *lokalen Drucker am Client* handelt, würde wiederum eine ICA-Verbindung mit dem Terminalserver hergestellt. In diesem Fall allerdings mit der Option, die lokalen Drucker des Clients in die Sitzung einzubinden. Auf diesem Weg erscheinen die Drucker des Clients in der Session, und es kann auf ihnen gedruckt werden. Die übertragenen Druckdaten würden durch das ICA-Protokoll getunnelt.

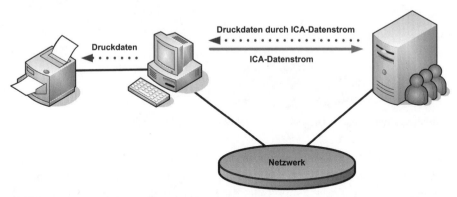

**Abbildung 6.117** Lokaler Drucker am Client

Vergleichbar stellt sich auch der Weg bei der Druckausgabe mit einem *Netzwerk-drucker am Client* dar. Auch hierbei müsste die Verbindung so konfiguriert werden, dass die Drucker des Clients in die Sitzung übergeben werden. Der Druckdatenstrom wird wieder bis zum Client durch das ICA-Protokoll getunnelt und anschließend über Windows-Protokolle an den Druckserver übergeben, der die Daten an den Drucker ausgibt, wie in Abbildung 6.118 dargestellt.

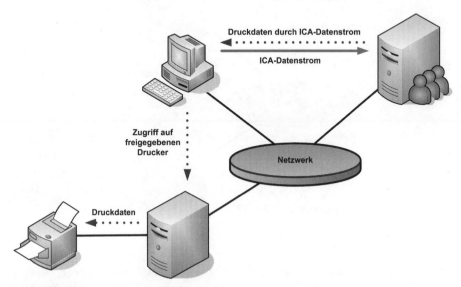

**Abbildung 6.118** Netzwerkdrucker am Client

An dieser Stelle sind nun deutlich die Unterschiede zwischen den vier Varianten zu erkennen. Jede dieser Varianten ist in der Lage, einem Client den Ausdruck auf einem Drucker einer Terminalserver-Sitzung zu ermöglichen. Allerdings unterscheiden sie sich grundlegend in ihren Kommunikationswegen und somit in den möglichen Einsatzgebieten.

Da ein Druck mit Windows-Technologien, also Freigaben, immer eine Reihe von Protokollen voraussetzt, über die die Authentifizierung, die Datenübertragung und die Fehlerkorrektur realisiert werden, ist es nicht praktikabel, diesen außerhalb eines lokalen Netzwerkes (LAN) zu nutzen. Eine Einbindung von Druckern über das ICA-Protokoll hingegen verwendet den gleichen Port, der auch für die Sitzung selbst genutzt wird, und ist somit auch von einer beliebigen externen Stelle aus nutzbar, von der eine Sitzung aufgebaut werden kann, wie in Abbildung 6.119 gezeigt.

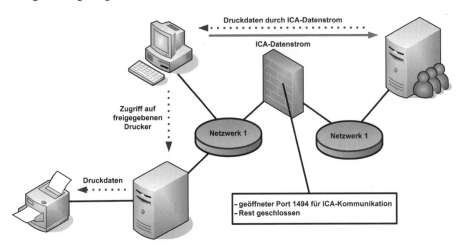

**Abbildung 6.119** Druck aus gesicherten Netzwerken

**Bandbreitenbegrenzungen**

Neben der Anzahl der benötigten Kommunikations-Ports bietet die Nutzung der Einbindung von Druckern aber noch einen weiteren Vorteil, der insbesondere für den Zugriff über schmale Bandbreiten von Bedeutung ist – die Bandbreitenbegrenzung von Druckausgaben. So können Sie mithilfe von *Richtlinien* festlegen, wie hoch die maximale Bandbreite für Druckausgaben sein soll.

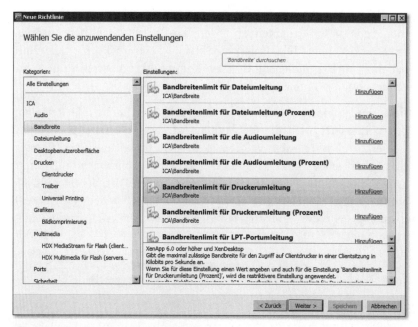

**Abbildung 6.120** ICA-Druckerbandbreite

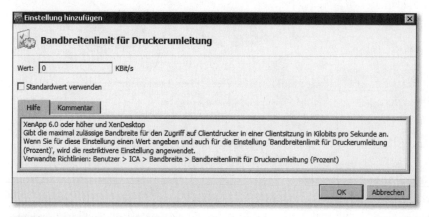

**Abbildung 6.121** Detaileinstellungen

Die Konfiguration erfolgt, wie in Abbildung 6.121 dargestellt, mittels der Eingabe einer maximalen Bandbreite in KBit/s. Sie sollten sich somit im Vorfeld ein paar Gedanken dazu machen, über welche Bandbreiten die Benutzer beim Zugriff auf den Terminalserver verfügen, um einen passenden Wert für die Druckerbandbreite festzulegen.

> **Hinweis**
>
> Wichtig ist an dieser Stelle, zu berücksichtigen, dass eine beschränkte Bandbreite natürlich in Wechselwirkung mit der Dauer einer Druckausgabe steht. Sollte die Druckerbandbreite sehr stark limitiert sein, können Ausdrucke unter Umständen sehr lange dauern. Insbesondere an Stellen mit zeitkritischen Ausdrucken, wie etwa ein Kassen- oder Empfangssystem in einem Hotel, könnte anstelle der Bandbreitenbegrenzung eine schnellere Anbindung sinnvoller sein.

**Die Druckertreiber**

Ein weiterer kritischer Punkt im Zusammenhang mit Druckern auf einem Terminalserver oder virtuellen Desktop sind die Druckertreiber. Betrachtet man beispielsweise die Vorgänge beim Druck eine Dokumentes, so werden die Daten des Dokumentes über den Druckertreiber in *Steuersignale* verwandelt, die dem Drucker sagen, wo und wie er einen »Farbklecks« erstellen soll. Um diese Steuersignale transparenter zu gestalten, wurden einige *Druckersprachen* entwickelt, die hersteller- und geräteübergreifend genormt wurden. Sehr häufige Vertreter dieser Druckersprachen sind beispielsweise die unterschiedlichen Versionen der *PCL (Print Control Language)* oder *PostScript*. Doch neben den standardisierten Sprachen beinhalten die Treiber der Drucker oftmals noch weitere Konfigurationsmöglichkeiten für die jeweiligen Druckertypen. Dies können Einstellungen für Farben, Papierschächte oder Duplexeinheiten sein.

Was macht diesen Punkt nun so kritisch für einen Terminalserver? Um die Druckausgaben einer veröffentlichten Anwendung korrekt aufbereiten zu können, sollte der Drucker den Originaltreiber des Druckers dafür nutzen. Dies gilt insbesondere für spezielle Einstellungen, wie sie bei Farb- oder Hochleistungsdruckern getroffen werden müssen. Da der Treiber aber bei der Einbindung eines Druckers in eine Sitzung nicht mit übertragen wird, muss ein passender Treiber bereits vor dem Verbindungsaufbau auf dem Terminalserver zur Verfügung stehen. Hierfür gibt es drei Möglichkeiten:

- ▶ **Originaltreiber**
  Die erste Möglichkeit wäre, auf dem Terminalserver den Originaltreiber des Druckerherstellers zu installieren. Dieser Treiber könnte dann bei einem Verbindungsaufbau mit Einbindung des entsprechenden Druckers genutzt werden. Sofern mehrere Terminalserver in der Serverfarm vorhanden sind, können die installierten Druckertreiber zwischen diesen Servern repliziert werden.

- ▶ **Kompatibilitätslisten/Zuordnungen**
  In einigen Fällen kann es vorkommen, dass kein passender Treiber auf dem Server installiert werden kann. Dies könnte beispielsweise vorkommen, wenn

der Client ein älteres Betriebssystem einsetzt und für den Drucker keine Treiber für das Serverbetriebssystem vorhanden sind. In diesen Fällen können Zuordnungen und Kompatibilitätslisten erstellt werden, in denen auf alternative Treiber verwiesen wird.

▶ **Citrix universeller Druckertreiber (UPD)**

Die komfortabelste Variante ist der Einsatz des universellen Druckertreibers von XenApp. Hierbei handelt es sich um einen generischen Treiber, der die Druckdaten auf dem Terminalserver in ein Rohformat packt und an den Client überträgt, an dem die Daten mit dem Originaltreiber überarbeitet werden. Seit dem Presentation Server 4 unterstützt der universelle Druckertreiber sogar eine Reihe von Zusatzfunktionen wie Papierfachansteuerung oder Farbkonfiguration.

### Kompatibilitätslisten/Zuordnungen

Um einen Client-Drucker mit einem auf dem Server installierten Druckertreiber verbinden zu können, wird der Name des Druckertreibers als Schlüssel genutzt. Da insbesondere bei Druckertreibern für unterschiedliche Betriebssysteme auch unterschiedliche Namen genutzt werden, kann an dieser Stelle der Bedarf für eine manuelle Zuordnung entstehen. Über eine entsprechende Richtlinie können Sie auch hier wieder festlegen, welcher Client-Druckertreiber dem Serverdruckertreiber entspricht.

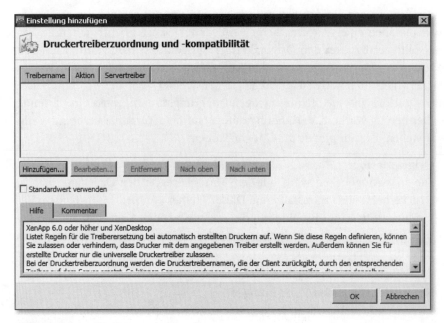

**Abbildung 6.122** Treiberzuordnung

### Der universelle Druckertreiber

Neben den Konfigurationsmöglichkeiten mit den Originaltreibern der Druckerhersteller bieten XenApp und XenDesktop eine neue, überarbeitete Version des *Universal Printer Drivers (UPD)*, der nun über EMF (Enhanced Metafiles), XPS (seit XenApp 5.0) und PostScript auch in der Lage ist, erweiterte Funktionalitäten eines Druckertreibers abzubilden.

Sieht man sich den UPD genauer an, so fällt auf, dass es sich nicht nur um *einen* Treiber handelt, sondern um fünf Treiber (PCL4, PCL5, PostScript, EMF und XPS), die genutzt werden können, wenn der Server bei der Verbindung eines Clients keinen passenden Treiber zur Verfügung hat.

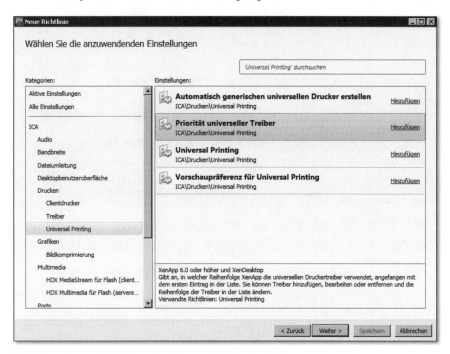

**Abbildung 6.123** Richtlinieneinstellungen für Druckertreiber

Da es in einigen Situation sinnvoll sein kann, generell den UPD zu verwenden oder immer nur einen Originaltreiber zu nutzen, können Sie über *Richtlinien* die entsprechenden Voreinstellungen treffen, wie Abbildung 6.124 zeigt.

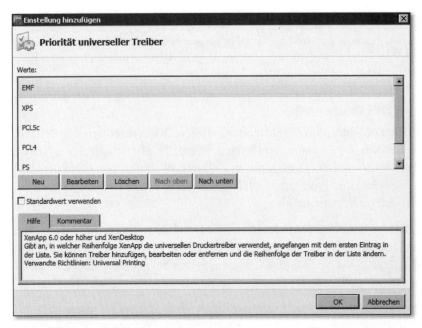

**Abbildung 6.124**  Priorität universeller Treiber

Um die Liste der verfügbaren universellen Druckertreiber anzupassen, können Sie die entsprechenden Einträge in der Registry des Servers bearbeiten bzw. entfernen, wie in Abbildung 6.125 dargestellt.

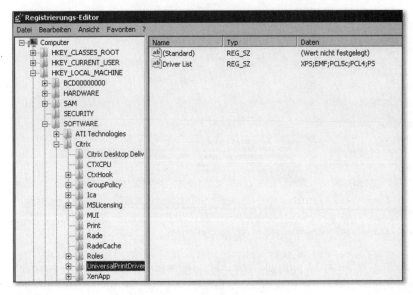

**Abbildung 6.125**  Registry-Einträge des UPDs

Die Einträge des Schlüssels *Driver List* definieren hierbei die Treiberpräferenzen des UPDs. Laut Citrix kann an dieser Stelle die Reihenfolge der Präferenz geändert werden, was in der Praxis jedoch nicht immer korrekt funktioniert. Sobald ein Client-Drucker über den UPD in einer Sitzung verbunden ist, stehen die Funktionen des universellen Treibers zur Verfügung (siehe Abbildungen 6.126 und 6.127).

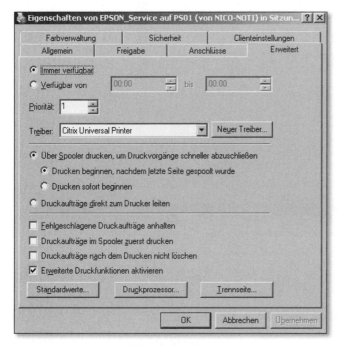

**Abbildung 6.126**   Erweiterte Einstellungen von Citrix Universal Printer

An dieser Stelle ist es wichtig, sich ein wenig Gedanken darüber zu machen, wo wohl die Einstellungen gespeichert werden, die an dem universellen Druckertreiber konfiguriert werden. Auf dem Terminalserver? Auf dem Endgerät? Sind es echte Treibereinstellungen? Die Antwort auf diese Fragen ist einfach: »Es kommt drauf an!«

Das Problem ist an dieser Stelle natürlich, dass die Einstellungen des universellen Druckertreibers nicht identisch mit den Einstellungen des *echten* Druckertreibers sein können. Sie haben zwar die gleichen Effekte, sind aber nun einmal generisch. Die Speicherung der hier getroffenen Einstellungen muss also in irgendeiner Form etwas Besonderes sein. Und so ist es auch – die Speicherung der hier getroffenen Einstellungen können und sollten Sie über eine sogenannte *Printer Retention Policy* definieren, wie in Abbildung 6.128 dargestellt.

**Abbildung 6.127**   Client-Einstellungen von Citrix Universal Printer

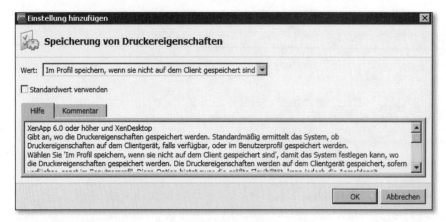

**Abbildung 6.128**   Speicherung von Druckereigenschaften

## 6.6    Spezifische Einstellungen in XenApp und XenDesktop

Neben den beschriebenen Einstellungsoptionen zur Veröffentlichung und Bereitstellung von Ressourcen in XenApp und XenDesktop gibt es noch weitere Einstellungen, die für die Funktionalität zu berücksichtigen sind.

### 6.6.1 Einstellungen des Citrix-XML-Dienstes

Wie bereits in Abschnitt 3.2.7, »Citrix-XML-Dienst«, beschrieben, dient der Citrix-XML-Dienst als Bindeglied zwischen der Serverfarm und den Clients. Da der XML-Dienst sowohl als eigenständiger Dienst als auch als ISAPI-Erweiterung für den Internet Information Server auftreten kann, sollten Sie sich vor Augen halten, wann welche Variante die bessere ist und wann zwischen ihnen gewechselt werden kann.

Grundsätzlich gilt, dass immer dann, wenn kein IIS auf dem Server installiert ist, der Einsatz des ISAPI-Filters nicht möglich ist, da dieser direkt auf dem IIS basiert. Es bleibt in diesem Fall also nur die Konfiguration als eigenständiger Dienst.

Sofern auf dem Server aber ein IIS installiert ist, beispielsweise um auch eine Konfigurationsseite für das Online Plug-in zu enthalten, empfiehlt sich der Einsatz des ISAPI-Filters. Zum einen vermeidet dies ein Umlegen des Standard-XML-Ports 80 auf einen alternativen Port, da 80 bereits vom IIS verwendet wird. Zum anderen bietet der IIS eine sehr einfache und komfortable Möglichkeit, sämtliche Kommunikation über SSL zu verschlüsseln, indem ein Serverzertifikat installiert wird. Sollte jedoch der Wunsch bestehen, den eigenständigen XML-Dienst zu betreiben, so kann dieser über den Befehl `ctxxmlss` konfiguriert werden. Die Installation eines Serverzertifikates wird in Abschnitt 7.5, »Secure Gateway«, behandelt und deshalb an dieser Stelle vernachlässigt.

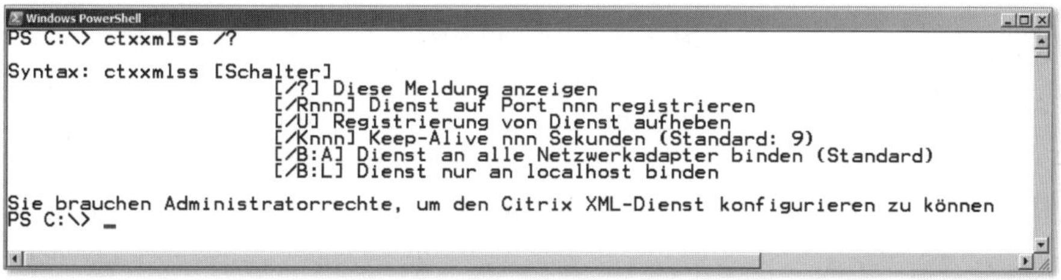

**Abbildung 6.129** Parameter des Befehls »ctxxmlss«

Grundsätzlich können zwei Situationen für diesen Fall vorkommen – der XML-Dienst wurde bereits während der Installation von XenApp als eigenständiger Dienst konfiguriert, oder er soll nachträglich registriert werden, da während der Installation zunächst der ISAPI-Filter ausgewählt wurde. Sofern der Dienst nachträglich registriert werden soll, können Sie dies über den Befehl `ctxxmlss /R[Port]` erreichen. Der Befehl `ctxxmlss /R888` registriert den Dienst dementsprechend auf Port 888, wie in Abbildung 6.130 gezeigt.

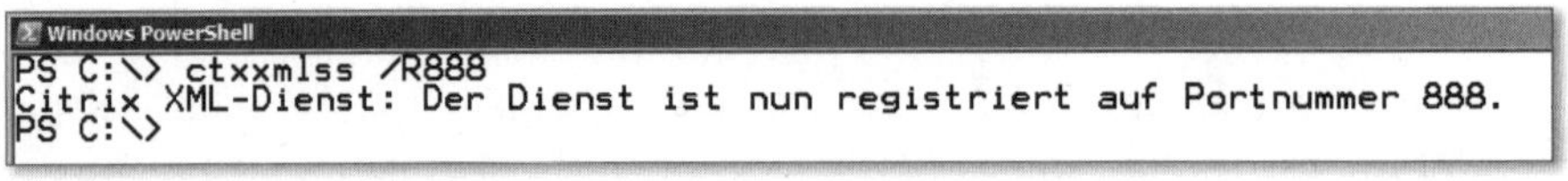

**Abbildung 6.130**   Registrierung des XML-Dienstes auf Port 888

Direkt im Anschluss an diesen Befehl erscheint der XML-Dienst in der Liste der *Dienste* des Servers und kann gestartet werden. Über den gleichen Befehl können Sie den Dienst auf einen anderen Port binden.

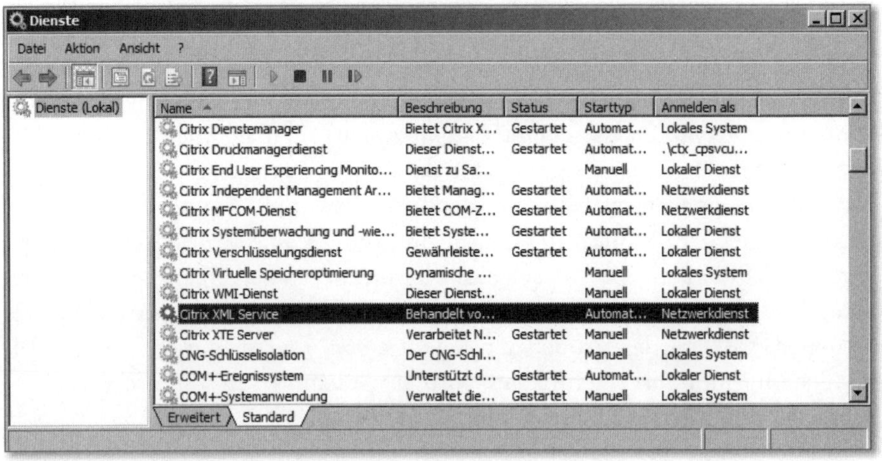

**Abbildung 6.131**   Der XML-Dienst in der Liste der Dienste

Sollte sich zu einem späteren Zeitpunkt herausstellen, dass der XML-Dienst nicht mehr als eigenständiger Dienst arbeiten soll, so können Sie seine Registrierung über den Befehl ctxxmlss /U wieder aufheben.

**Abbildung 6.132**   Aufheben der Registrierung

Sobald die Registrierung aufgehoben wurde, verschwindet der XML-Dienst aus der Liste der Serverdienste, wie in Abbildung 6.133 dargestellt.

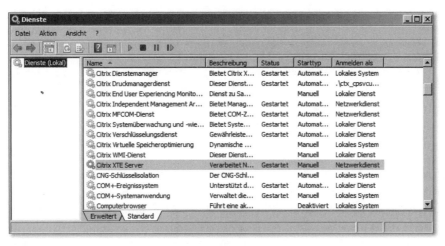

**Abbildung 6.133**   Serverdienste ohne Citrix-XML-Dienst

Sofern die Registrierung des Dienstes aufgehoben wurde, müssen Sie den ISAPI-Filter manuell im IIS registrieren. Hierzu tragen Sie die in Abbildung 6.134 gezeigte DLL mit dem passenden Pfad in den *ISAPI- und CGI-Einschränkungen* des IIS ein und erlauben sie.

**Abbildung 6.134**   Citrix-XML-ISAPI

> **Hinweis**
>
> Der Kommunikations-Port des XML-Dienstes wird für viele Einstellungen, beispielsweise an den Clients und am Webinterface, benötigt, so dass Sie die Konfiguration des XML-Dienstes sehr genau dokumentieren sollten und Änderungen stets einer genauen Prüfung unterziehen sollten.

### 6.6.2 Virtuelle IP-Adressen und virtuelles Loopback

Eine andere Funktionalität, die mit dem Presentation Server 4.0 eingeführt wurde, ist die Möglichkeit, einer Benutzersitzung eine virtuelle IP-Adresse zuzuweisen. Diese Funktion ist insbesondere dann von großer Bedeutung, wenn eine Anwendung die IP-Adresse des Clients als Schlüssel für eine Funktion nutzt. Dies ist beispielsweise sehr häufig bei Mainframe- oder Host-Systemen der Fall, die die IP-Adresse des Clients nutzen, um seine Sitzung eindeutig zu definieren. Bisher war es in solchen Fällen immer notwendig, manuell eine entsprechende Eindeutigkeit, beispielsweise durch Einträge in einer INI-Datei, zu erzeugen.

Hier haben Sie nun die Möglichkeit, einen IP-Adresspool vorzugeben, aus dem die Sitzungen individuelle virtuelle IP-Adressen beziehen können.

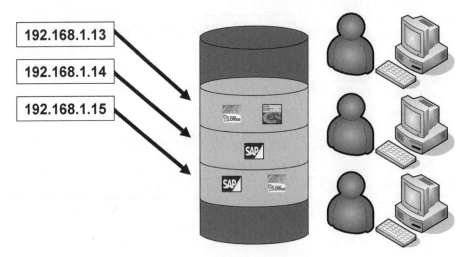

**Abbildung 6.135** Virtuelle IP-Adressen für Benutzersitzungen

#### Konfiguration der virtuellen IP-Adressen

Um den Benutzersitzungen diese virtuellen IP-Adressen zur Verfügung stellen zu können, müssen Sie zunächst auf der Ebene des Windows-Servers das Feature REMOTEDESKTOP-IP-VIRTUALISIERUNG konfigurieren, wie in den Abbildungen 6.136 und 6.137 dargestellt.

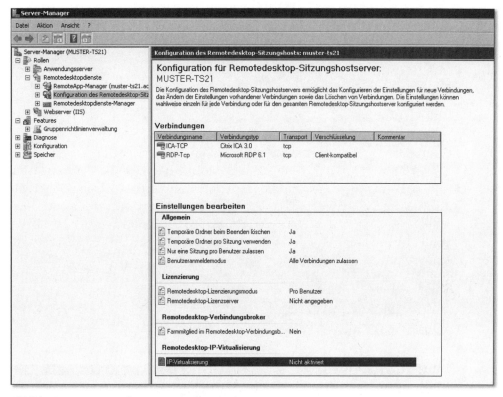

**Abbildung 6.136**   Einstellungen im Server-Manager

Anschließend konfigurieren Sie über eine entsprechende Richtlinie die Verwendungsweisen, wie Sie Abbildung 6.138 entnehmen können.

Nach einem Neustart der betroffenen Server ist die Konfiguration abgeschlossen. Ab diesem Zeitpunkt können Benutzersitzungen jeweils eine virtuelle IP-Adresse erhalten.

> **Wichtig**
>
> Damit diese Funktion genutzt werden kann, muss im Netzwerksegment des Terminalservers ein DHCP-Server verfügbar sein und Adressen verteilen. Um die Zuweisungen von virtuellen IP-Adressen nachvollziehen zu können, können Sie die Protokollierung aktivieren, die sämtliche Vorgänge in das *Windows-Anwendungsprotokoll* schreibt.

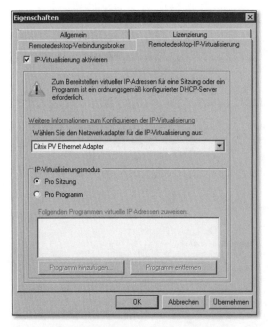

**Abbildung 6.137** Aktivieren der IP-Virtualisierung

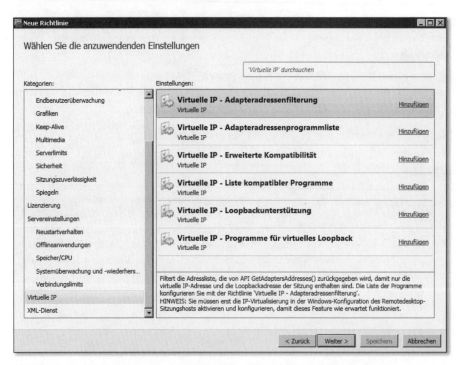

**Abbildung 6.138** Richtlinien für die Konfiguration der virtuellen IP-Adressen

### Konfiguration des virtuellen Loopbacks

Neben dem Bedarf an einer individuellen IP-Adresse kann es bei einigen Anwendungen auch vorkommen, dass sie ein *virtuelles Loopback*, also eine Auflösung für den *localhost*, benötigen. Dieser kann ebenfalls über eine Richtlinie aktiviert werden, wie in Abbildung 6.139 gezeigt.

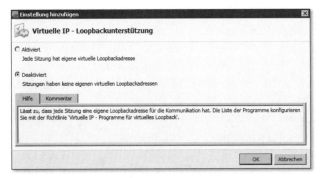

**Abbildung 6.139** Konfiguration des virtuellen Loopbacks

### Virtuelle IP-Prozesse

Nach der Konfiguration der virtuellen IP-Adressen oder des virtuellen Loopbacks können Sie die Prozesse definieren, die die entsprechenden Konfigurationen verwenden sollen. Hierzu können Sie die gewünschten Prozesse in die Liste für die jeweilige Konfiguration aufnehmen.

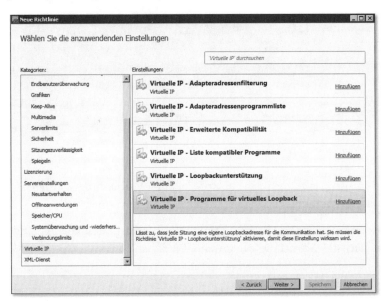

**Abbildung 6.140** Virtuelle Loopback-IP-Prozesse

### 6.6.3 Konfigurationsprotokollierung

Eine neue Funktionalität seit dem Presentation Server 4.5 ist die Konfigurationsprotokollierung. Bei dieser Funktionalität können Sie eine Datenbank definieren, in die sämtliche Konfigurationsänderungen der XenApp-Umgebung geschrieben werden. Auf diese Art und Weise können Sie jede Änderung nachvollziehen und bei Bedarf rückgängig machen (siehe Abbildung 6.141).

Um die Konfigurationsprotokollierung zu aktivieren, benötigen Sie zunächst eine Datenbank auf einem Microsoft SQL Server 2005/2008. Dieser Datenbank muss ein entsprechender Datenbankbenutzer zugeordnet sein, der die Datenbank vollständig verwalten darf. *Wichtig:* Dieser Benutzer darf kein leeres Kennwort haben.

**Konfiguration der Datenbank**

Nach der Erstellung der Datenbank und der Konfiguration eines entsprechenden Datenbank-Benutzers wählen Sie in der Delivery Services Console in den Eigenschaften der Serverfarm unter dem Navigationspunkt KONFIGURATIONSPROTOKOLLIERUNG die Schaltfläche DATENBANK KONFIGURIEREN.

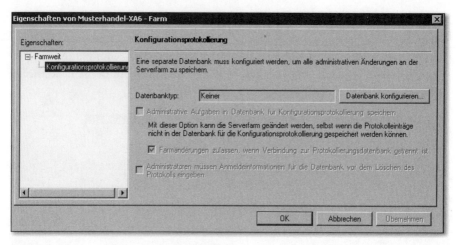

**Abbildung 6.141** Konfigurationsprotokollierung

An dieser Stelle tragen Sie zunächst die entsprechenden Verbindungskonfigurationen ein, um die Verbindung zur Datenbank herstellen zu können.

Sofern die an dieser Stelle eingegeben Verbindungsinformationen korrekt sind, können Sie im nächsten Schritt die gewünschte Datenbank auswählen.

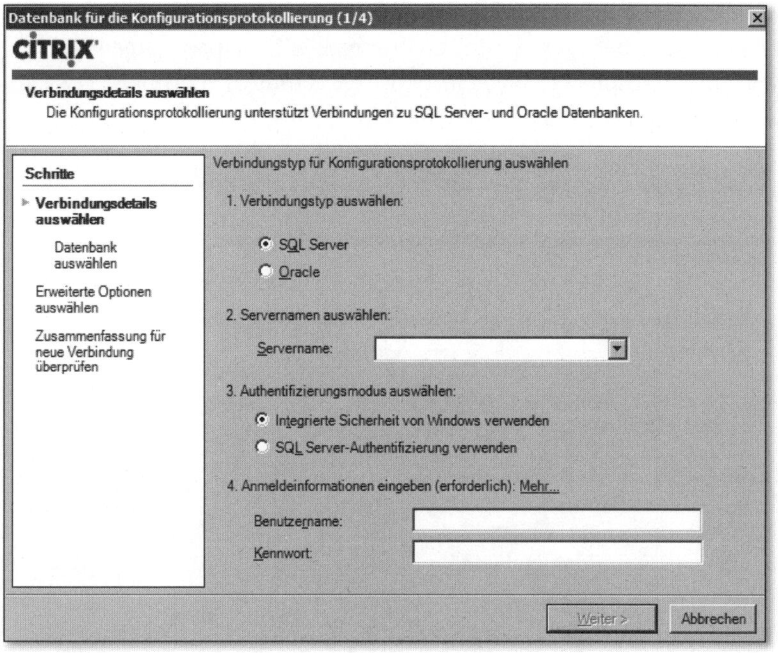

**Abbildung 6.142** Datenbank konfigurieren

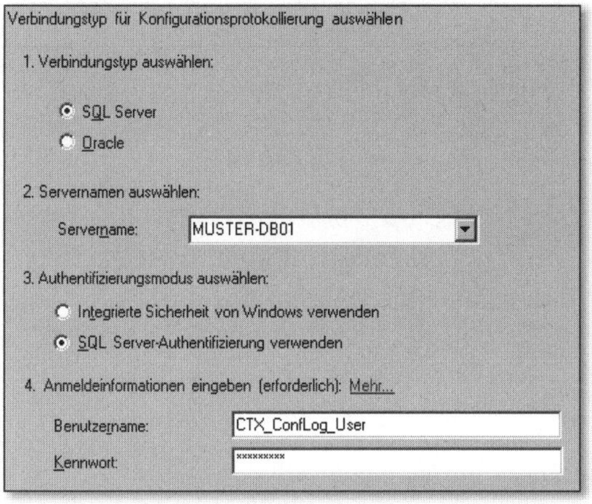

**Abbildung 6.143** Datenbankverbindung

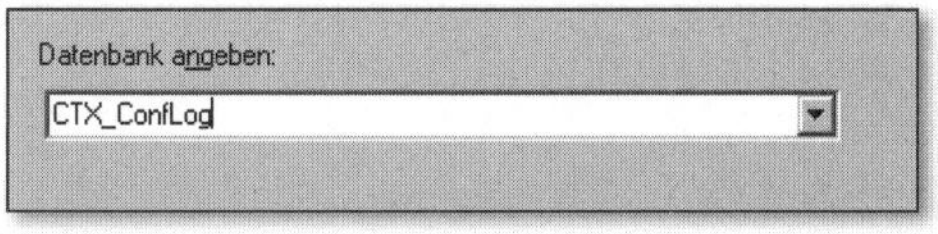

**Abbildung 6.144** Auswahl der Datenbank

Die daraufhin folgenden erweiterten Optionen können Sie im Regelfall bei den Standardeinstellungen belassen, sofern nicht spezielle Voraussetzungen zu erfüllen sind bzw. nicht erfüllt werden. Ein typischer Kandidat hierfür ist etwa die Verschlüsselung der Verbindung (siehe Abbildung 6.145).

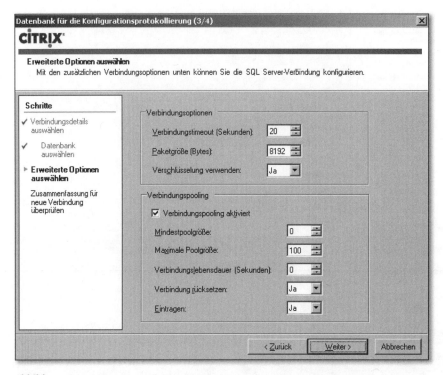

**Abbildung 6.145**  Erweiterte Optionen

Im Rahmen der anschließend gezeigten Zusammenfassung können Sie die Datenbankverbindung über die Schaltfläche DATENBANKVERBINDUNG TESTEN testen (siehe Abbildung 6.146).

### Konfiguration der Protokollierung

Nach der erfolgreichen Einrichtung der Datenbankverbindung können Sie mit der Konfiguration der Konfigurationsprotokollierung fortfahren (siehe Abbildung 6.147).

Im Grunde ist hierfür zunächst nicht viel zu tun. Über das Setzen eines Hakens an der richtigen Stelle werden ab diesem Zeitpunkt die administrativen Konfigurationen an der Serverfarm protokolliert.

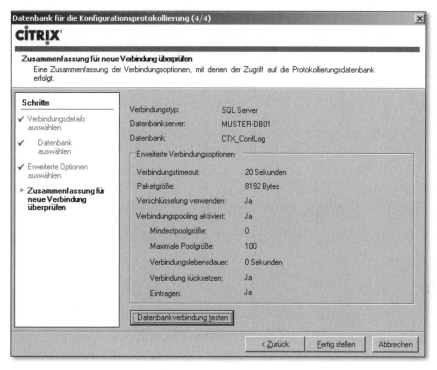

**Abbildung 6.146**  Zusammenfassung und Test

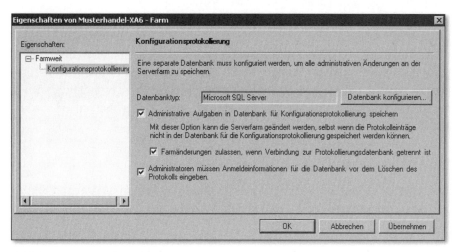

**Abbildung 6.147**  Erfolgreicher Verbindungstest

**Erzeugen von Berichten über Konfigurationsänderungen**

Um nach einiger Zeit die Ergebnisse der Konfigurationsprotokollierung einsehen zu können, verwenden Sie den PowerShell-Befehl Get-CtxConfigurationLogReport, der einen Konfigurationsprotokollierungsbericht erstellt. Weitaus schöner ist natürlich der Blick in den Verlauf in der Delivery Services Console, wie in Abbildung 6.148 dargestellt.

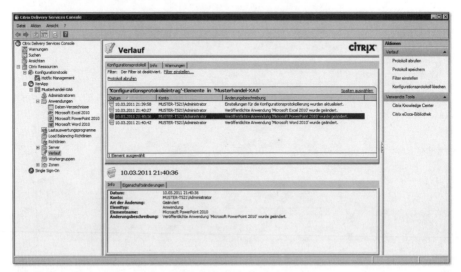

**Abbildung 6.148**  Verlaufsansicht in der Delivery Services Console

Ehrlicherweise muss man an dieser Stelle sagen, dass die erstellten Berichte in Bezug auf ihre Optik durchaus noch Verbesserungspotenzial bieten. In Bezug auf ihre Aussagekraft und den Nutzen für die Transparenz von Konfigurationsänderungen sind sie jedoch sehr positiv zu bewerten. Endlich ist es möglich, auch in verteilten Administrationsteams eine gewisse Nachvollziehbarkeit und somit Qualitätssteigerung zu erreichen.

*XenApp und XenDesktop bieten noch wesentlich mehr als »nur« Lösungen für die Desktop-Virtualisierung. Eine Vielzahl an weiteren Komponenten und Modulen schafft weitere Vorteile und Erleichterungen.*

# 7 Weitere Komponenten

Nachdem Sie die Basiskomponenten von XenApp 6 und XenDesktop 5 installiert und konfiguriert haben, können Sie mithilfe der weiteren Komponenten und Module eine Reihe von zusätzlichen *Benefits* generieren, die die Arbeit mit der Desktop-Virtualisierung sowohl für die Administratoren als auch für die Benutzer deutlich erleichtern.

Einige dieser Zusatzkomponenten konnten Sie direkt während der Installation der Kernprodukte auswählen. Andere können Sie von den DVDs nachinstallieren und wieder andere stehen als Downloads im Internet zur Verfügung, und Sie können sie dort bei Bedarf beziehen. Die folgenden Abschnitte zeigen einige dieser Erweiterungen mit ihren Möglichkeiten und Konfigurationen auf und bieten somit eine Basis für die weitere Ausschöpfung des vollen Potenzials des Citrix Delivery Centers.

## 7.1 Installation Manager

Eine der nach wie vor nützlichsten Komponenten von XenApp in der Enterprise und Platinum Edition ist der Installation Manager. Dieser ermöglicht die Verteilung von Softwarepaketen in der Serverfarm. Entgegen früheren Versionen von XenApp bzw. des Presentation Servers ist der Installation Manager im XenApp 6 für Windows Server 2008 R2 nicht mehr auf der Installations-DVD enthalten, sondern kann als Download von der Citrix-Webseite bezogen werden.

**Abbildung 7.1** Download der Installation-Manager-Komponenten

### 7.1.1 Bereitstellen des Installation Managers für Windows 2008 R2

Hierbei besteht der Download aus zwei Komponenten, die Sie jeweils auf dem Server bzw. auf einem administrativen Gerät installieren können. Selbstverständlich können Sie auch beide Komponenten auf dem XenApp-Server installieren:

▶ **Administration Package**

Das Administration Package beinhaltet die Verwaltungskonsole des Installation Managers in Form eines MMC-Snap-ins. Da es sich hierbei nur um ein Snap-in handelt, erfolgt die Installation des Paketes nahezu ohne Benutzereingriff.

**Abbildung 7.2** Installation des Administration Packages

▶ **Utilities Package**

Die Installation Manager Dienstprogramme beinhalten PowerShell-Cmdlets für die Installation von MSI- und MSP-Paketen. Da der Installation Manager in dieser Version direkt auf die Funktionalitäten des Windows Task Schedulers zugreift, sind diese Komponenten zwingend notwendig, um flexibel agieren zu können.

Für die Installation der Dienstprogramme sind ein paar mehr Einstellungen notwendig, da beispielsweise auch Firewall- und Dienstkonfigurationen angepasst werden (siehe Abbildungen 7.3 und 7.4).

**Abbildung 7.3** Installation der Dienstprogramme

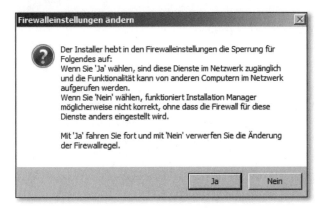

**Abbildung 7.4** Anpassen der Firewall-Einstellungen

Ebenso werden für die verschlüsselte Übertragung von Daten und die Signatur von Paketen Anpassungen an den Zertifikate-Einstellungen des Rechners vorgenommen, wie Abbildung 7.5 zeigt.

Darüber hinaus wird auf einem System eine Freigabe benötigt, über die die ausstehenden Aufträge und Cache-Inhalte abgeglichen werden können. Diese Freigabe kann auf einem beliebigen Windows 2003-, 2008- oder Vista-System liegen. Für den Zugriff auf diesen Ordner und die geplanten Installationen sollten Sie eine Windows-Gruppe anlegen, die auf den Zielsystemen über lokale Administratoren-Berechtigungen und auf dem Ordner über Vollzugriff verfügt.

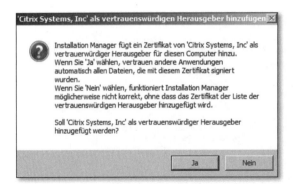

**Abbildung 7.5** Anpassen der Zertifikate

## 7.1.2 Starten der Verwaltungskonsole

Nachdem die Komponenten des Installation Managers auf den gewünschten Systemen installiert sind und die benötigte Freigabe erstellt ist, können Sie die Konsole des Installation Managers starten. Hierzu starten Sie eine leere MMC, in die
mittels SNAP-INS HINZUFÜGEN BZW. ENTFERNEN das Snap-in des IM geladen wird
(siehe Abbildung 7.6).

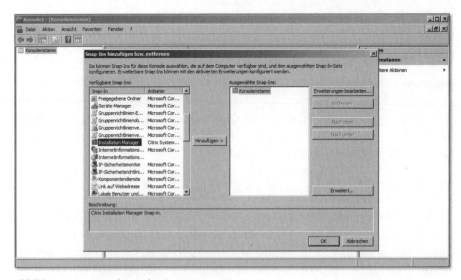

**Abbildung 7.6** Hinzufügen des Snap-ins

Direkt in diesem Schritt erfolgt die Auswahl der für den IM zu nutzenden Freigabe (siehe Abbildung 7.7). Anschließend können Sie die Administrationskonsole des Installation Managers einsehen und nutzen (siehe Abbildung 7.8).

**Abbildung 7.7**  IM-Freigabeordner

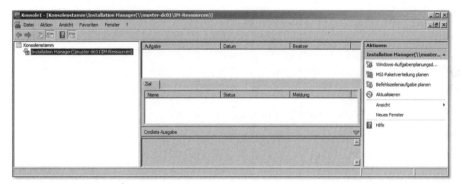

**Abbildung 7.8**  IM-Administrationskonsole

### 7.1.3    Verteilen von Softwarepaketen

Um nun ein Softwarepaket für die Verteilung über den Installation Manager zuzuweisen, wählen Sie über die AKTIONEN die Option MSI-PAKETVERTEILUNG PLANEN aus.

Spätestens bei dem in Abbildung 7.9 dargestellten Dialogfeld wird deutlich, dass der Installation Manager für Windows Server 2008 nichts mehr mit dem Installation Manager älterer XenApp-Versionen gemein hat. Es handelt sich um eine durch und durch auf Windows-Basistechnologie basierende Lösung für die Verteilung von MSI-Paketen und PowerShell-Skripten, die Sie bei Bedarf auch unabhängig von einem XenApp-Server nutzen könnten.

In diesem Dialogfenster können Sie den Namen des Paketes, seine MSI-Quelle und ein entsprechender Zeitplan mit Sitzungsoptionen konfigurieren. Sofern für eine erfolgreiche Installation des Paketes noch *Transformationen* (*.MST) oder weitere *Befehlszeilenparameter* benötigt werden, können Sie diese ebenfalls angeben.

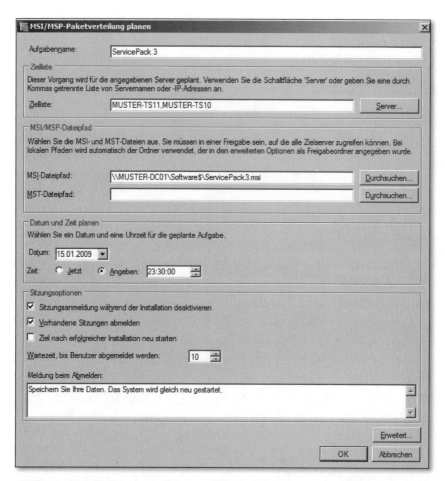

**Abbildung 7.9** Planen einer MSI-Paketverteilung

Ein typischer Vertreter für benötigte Transformationen ist beispielsweise Microsoft Office. Hierbei können Sie über Transformationen steuern, welche Komponenten während der Softwareverteilung installiert werden sollen und welche Einstellungen für den Standard getroffen werden sollen. Mit dem *Custom Installation Wizard* aus dem *Office Resource Kit* lassen sich benutzerdefinierte Transformationen erstellen.

Die PowerShell-Technologie unterhalb des Installlation Managers wird ebenfalls deutlich, wenn Sie sich die Funktionsaufrufe eines erstellten Paketes im unteren Teil der Konsole ansehen, wie in Abbildung 7.10 dargestellt.

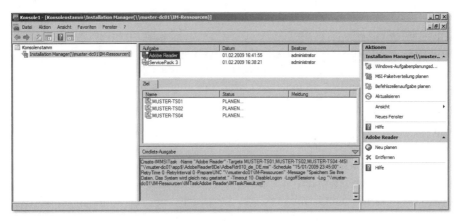

**Abbildung 7.10**  Konsole mit erstellten Paketen

Sofern es sich bei dem Zielsystem um einen XenApp-Server handelt, können Sie über das Kontextmenü des erstellten Auftrages die Option ANWENDUNG VERÖF-FENTLICHEN wählen, um die verteilte Anwendung automatisch auch auf dem Zielserver zu veröffentlichen.

Nun könnten Sie sich natürlich die Frage stellen, warum die Technologie des Installation Managers so grundlegend geändert wurde. Nun, die Antwort ist wieder einmal recht einfach: Weil es dringend notwendig war! Grundsätzlich kann man feststellen, dass der Bedarf an einer automatisierten Verteilung von Anwendungen in einer Serverfarm rapide gesunken ist, seit etwa Technologien wie das Anwendungsstreaming hier ihre großen Potenziale ausspielen. Was also bleibt dann noch als Aufgabenfeld für den IM? Die Verteilung von Systemkomponenten und -updates.

Durch die neue Plattform ist aber auch ein sehr interessantes Feld hinzugekommen – die Verteilung von XenApp selbst. Da der Installation Manager nun über den Windows Task Scheduler prinzipiell auf jeden Windows Server installieren kann, ist es nun auch kein Problem mehr, etwa mehrere XenApp-Server vollständig automatisiert mit Bordmitteln installieren zu lassen. Und das wiederum macht diese Komponente doch recht interessant.

### 7.1.4  Erstellung von eigenen Softwarepaketen

Da nicht jede Anwendung von Haus aus in einem verteilbaren Paket zur Verfügung steht, kann es in einigen Fällen notwendig sein, selbst Installationspakete für die Verteilung zu erstellen. Zu diesem Zweck ist auf dem Markt eine Reihe von mehr oder weniger leistungsstarken Produkten verfügbar, die eben diese Funktion erfüllen.

Der Installation Manager selbst enthält seit dieser Version keine eigene Komponente mehr für die Erstellung von MSI-Paketen, so dass ab sofort auf die Lösungen von Drittanbietern zurückgegriffen werden muss. Dies klingt im ersten Moment etwas ärgerlich, ist aber auf den zweiten Blick genau der richtige Schritt: Dadurch, dass bei der aktuellen Version des Installation Managers eine klare Fokussierung auf Standardtechnologien wie MSI und PowerShell zu erkennen ist, wäre der alte *Packager* nicht mehr in der Lage gewesen, hier als sinnvolle Ergänzung genutzt werden zu können.

Da der Markt bereits jetzt vor Paketierungslösungen nur so strotzt und aus strategischer Sicht ohnehin das Streaming im Fokus steht, war es nun an der Zeit, hier keine eigene Energie mehr zu verschwenden, sondern direkt an die vorhandenen Lösungen zu verweisen.

## 7.2 Anwendungsstreaming mit dem Streaming Server

Wie im vorigen Abschnitt erläutert, war der Installation Manager ehemals der Dreh- und Angelpunkt für die (integrierte) Softwareverteilung und -bereitstellung in einer XenApp-Umgebung. Betrachtet man aber die allgemeinen Tendenzen und Trends in der heutigen Anwendungsbereitstellung, so nimmt das Thema *Softwarevirtualisierung* einen immer größeren Stellenwert ein.

### 7.2.1 Ein wenig zu den Hintergründen

Verschiedene Hersteller – u.a. auch Microsoft mit App-V (ehemals SoftGrid) – bieten mittlerweile Lösungen, mit denen sich Anwendungen nicht nur auf die herkömmliche Art paketieren und automatisiert verteilen lassen, sondern in Form von in sich geschlossenen Paketen auf den jeweiligen Endgeräten in einer speziell gekapselten Laufzeitumgebung (*Sandbox*) ausgeführt werden können.

Durch die gekapselte Ausführung der Anwendung werden in hohem Maße Kompatibilitätsprobleme mit anderen Anwendungen vermieden. Aus Sicht der Musterhandel GmbH trifft dies beispielsweise auf die unterschiedlichen Office-Versionen zu. Unterschiedliche Versionen eines Programms sollen parallel auf dem gleichen System ausgeführt werden können.

Basierend auf den Erfahrungen mit den *Application Isolation Environments* der früheren XenApp-Versionen musste somit eine Lösung gefunden werden, die auch in der Lage ist, Anwendungen auf diese gekapselte Weise sowohl auf einem XenApp-Server als auch auf einem Endgerät zur Verfügung zu stellen. Mit dieser Vision wurde bereits von einigen Jahren das *Project Tarpon* initiiert, das eine Lösung für diese Anforderungen hervorbringen sollte.

> **Hinweis**
>
> Nebenbei: Im Regelfall haben die Citrix-Projektnamen immer einen Bezug zum Inhalt des Projektes. So handelt es sich bei *Tarpon* um den englischen Namen eines großen stromlinienförmigen Fisches, der sehr schnell durch das Wasser *gleiten* kann. Man könnte auch sagen: Er *streamt*.

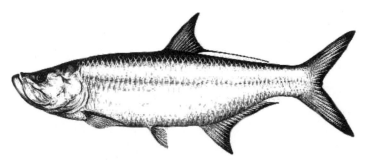

**Abbildung 7.11** Ein Tarpon

Die Idee der Entwickler war zunächst, eine Serverlösung zu schaffen, die die Möglichkeiten der Anwendungsvirtualisierung und des Anwendungsstreamings bieten sollte, hierbei aber auf eine bewährte Basis zurückgreifen sollte. So kam es, dass sich die Infrastruktur auf der Serverseite mit dem IMA-Dienst und den anderen Infrastrukturkomponenten sehr stark am Presentation Server orientierte, aber unter dem Namen *Citrix Streaming Server* ein eigenständiges Produkt werden sollte.

Im Rahmen der Umgruppierung und Umbenennung einiger Citrix-Produkte ist der Streaming Server jedoch als weitere Komponente vollständig in der Enterprise und Platinum Edition von XenApp aufgegangen.

### 7.2.2 Die Architektur

Betrachtet man die Architektur der Streaming-Server-Funktionalitäten, so gibt es vier Komponenten, die für Funktion genutzt werden:

▶ **XenApp-Farm (Streaming Server)**
Die gesamte Verwaltung der Anwendungen und deren Bereitstellung geschieht über die XenApp-Farm. Das Werkzeug der Wahl ist hierbei die Access Management Console, wie in Abschnitt 6.1.4, »Veröffentlichen von gestreamten Anwendungen«, beschrieben.

▶ **Anwendungsprofil-Quelle**

Die zur Verfügung stehenden Anwendungspakete werden im Netzwerk über eine Dateifreigabe oder einen Webserver adressiert und an die Clients bereitgestellt. Die hierfür zu nutzende Quelle kann durchaus auch auf einem XenApp-Server liegen, sollte aber insbesondere in größeren Umgebungen von einem dedizierten System bereitgestellt werden.

▶ **Streaming Client (Offline Plug-in)**

Auf der Seite des Endgerätes wird ein spezieller Client für die Ausführung von gestreamten Anwendungen benötigt. Hierbei handelt es sich wie beim *Online Plug-in* um ein *Plug-in für den Citrix Receiver*, dass auf die Endgeräte ausgerollt werden kann. Darüber hinaus stellt das Online Plug-in das Bindeglied zwischen den beiden Welten.

▶ **Streaming Profiler**

Die vierte Komponente ist der *Streaming Profiler*. Der Profiler ist das Paketierungswerkzeug für die Erstellung von virtualisierten Anwendungen. Der Name *Profiler* entstammt der Tatsache, dass aus der Citrix-Definition heraus die Anwendungen nicht paketiert werden, sondern ein *Profil* der Anwendung erfasst wird, welches während des Streamings auf das jeweilige Endgerät übertragen werden kann.

In Bezug auf die Endgeräte sind beim Streaming Server alle Möglichkeiten gegeben, da ein sogenannter Dual-Mode unterstützt wird. Hinter diesem Begriff verbirgt sich die Möglichkeit, Anwendungen sowohl auf einen XenApp-Server als auch auf ein Windows-Endgerät streamen und dort ausführen zu können. Wie in Abschnitt 6.1.4 gezeigt, können Sie bei der Veröffentlichung der Anwendung sogar die Option wählen, zuerst auf die Möglichkeit des Streamens zum Endgerät zu prüfen und bei Nichtverfügbarkeit dieser Option automatisch eine »herkömmliche« XenApp-Veröffentlichung zu nutzen.

### 7.2.3 Erstellen von Anwendungsprofilen

Der erste Schritt zu virtualisierten bzw. profilierten Anwendungen ist das Profilieren. Hierzu benötigen Sie zunächst auf einem Referenzsystem den Streaming Profiler. Referenzsystem bedeutet in diesem Zusammenhang, dass ein dediziertes System zur Verfügung steht, das Sie für die Profilierung von Anwendungen nutzen können. Hierbei sollte es sich nicht um einen produktiv genutzten Terminalserver oder Arbeitsplatz handeln, sondern um ein System, das speziell für diesen Zweck eingesetzt wird. Im Regelfall bietet sich hierfür der Einsatz einer virtuellen Maschine an, da hierdurch keine dedizierte Hardware bereitgestellt werden muss.

**Installation des Streaming Profilers**

Auf diesem System installieren Sie zunächst den Streaming Profiler, welchen Sie auf der Installations-DVD im Verzeichnis *Citrix Streaming Profiler* finden.

> **Hinweis**
>
> Mitunter werden aktualisierte Versionen des Streaming Profilers auf der Citrix-Webseite bzw. unter MyCitrix zur Verfügung gestellt. Es ist somit ratsam, wenn Sie hier hin und wieder einen Blick riskieren und jeweils die aktuellste Version für den Profilierungsvorgang nutzen.

**Abbildung 7.12** Installation des Streaming Profilers

Nach dem Start der Installation, der Auswahl der Sprache und der Bestätigung der Lizenzvereinbarung wählen Sie das Zielverzeichnis der Installation aus (siehe Abbildung 7.13).

Gleiches gilt im darauffolgenden Schritt für den Startmenü-Ordner. Anschließend können Sie die eigentliche Installation starten, und die notwendigen Dateien werden kopiert.

Nach dem Kopiervorgang beenden Sie die Installation mit FERTIG STELLEN und müssen das System neu starten. Anschließend können Sie den Streaming Profiler über das Startmenü starten.

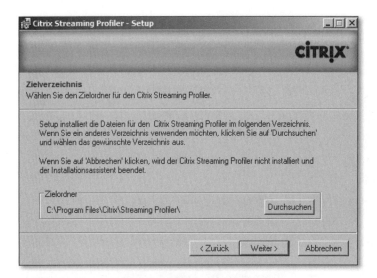

**Abbildung 7.13** Auswahl des Zielverzeichnisses

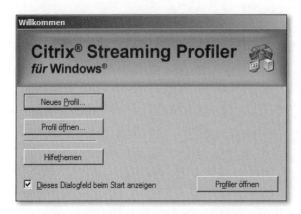

**Abbildung 7.14** Startdialog des Streaming Profilers

### Profilieren einer Anwendung

Über die Schaltfläche NEUES PROFIL (siehe Abbildung 7.14) können Sie nun einen neuen Profilierungsvorgang für eine Anwendung starten (Abbildung 7.15).

Nach der Benennung des neuen Profils definieren Sie die gewünschte Sicherheitsstufe für das Profil. Hierbei stehen entweder eine ERHÖHTE oder eine NIEDRIGE SICHERHEIT zur Auswahl, wie Abbildung 7.17 zeigt.

**Abbildung 7.15**  Neues Profil erstellen

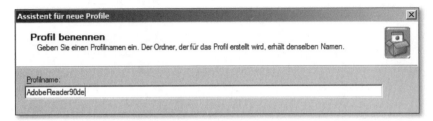

**Abbildung 7.16**  Benennen des neuen Profils

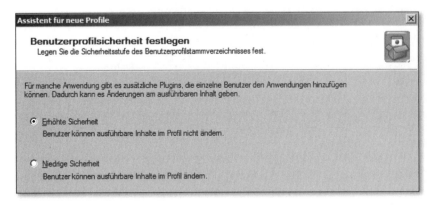

**Abbildung 7.17**  Profilsicherheit festlegen

Wie im Dialogfenster beschrieben, wird bei der erhöhten Sicherheit ein Zugriff auf Dateien und Programme im Benutzerstammverzeichnis verhindert. Dies erhöht die Sicherheit, führt aber bei einigen Anwendungen zu einer Nichtfunktionalität. An dieser Stelle müssen Sie pro Anwendung womöglich zunächst testen, welches Sicherheitsniveau machbar ist.

Im darauffolgenden Dialogschritt können Sie die Einstellungen für die Interisolierungs-Kommunikation konfigurieren.

**Abbildung 7.18**  Interisolierungs-Kommunikation

Diese Funktion ist mit dem Streaming Profiler 1.2 neu hinzugekommen und bietet die Möglichkeit, mehrere Anwendungsprofile miteinander zu verknüpfen.

> **Hinweis**
>
> Dieser Punkt klingt zunächst recht unspektakulär, ist aber ein gewaltiger Fortschritt im Bereich der Anwendungsvirtualisierung. Bevor diese Möglichkeit geschaffen wurde, war die größte Stärke der Anwendungsvirtualisierung auch gleichzeitig ihr größter Fluch – die Kapselung der Anwendungen in *Sandboxen*. Zwar war es ein großer Schritt nach vorne im Hinblick auf Anwendungsinkompatibilitäten, dass die Anwendungen nicht über ihre Profile hinaus sichtbar waren, andererseits hatte dies aber den Nachteil, dass Anwendungen, die zusammenarbeiten sollten, zwangsläufig in das gleiche Profil gepackt werden mussten. Dies ist nun nicht mehr so.

Die Verknüpfung von Profilen kann hierbei unterschiedlich ausgebildet sein, je nachdem in welcher Beziehung die Pakete zueinander stehen sollen.

Im nächsten Schritt definieren Sie, wie in Abbildung 7.19 dargestellt, auf welchen Zielsystemen die Anwendung später ausgeführt werden soll. Hierbei stehen sowohl die Betriebssysteme mit entsprechenden Service Packs als auch Sprachen zur Auswahl.

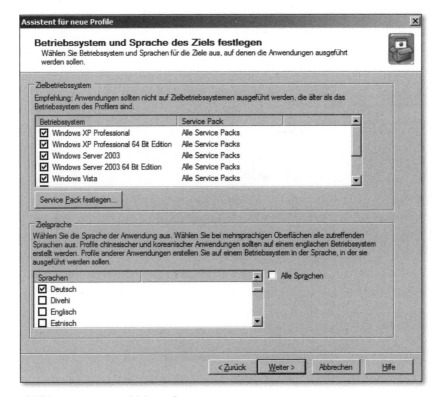

**Abbildung 7.19** Auswahl der Zielsysteme

Wählen Sie an dieser Stelle Betriebssysteme aus, die nicht dem System des Profilierungs-PCs entsprechen, so erhalten Sie eine Hinweismeldung, dass das möglicherweise zu Problemen bei der Ausführung der Anwendungen führen kann.

**Abbildung 7.20** Hinweismeldung bei Betriebssystemunterschieden

Dieser Hinweis verweist darauf, dass die Betriebssysteme einige Anwendungen unterschiedlich unterstützen oder installieren, was zur Folge haben kann, dass Sie die Anwendung für die einzelnen Betriebssysteme jeweils separat profilieren müssen.

Anschließend können Sie die Installationsoptionen auswählen (siehe Abbildung 7.21), bei denen im Regelfall die ERWEITERTE INSTALLATION die richtige Wahl ist. Hierbei können Sie die einzelnen Installationsschritte besser nachvollziehen und anpassen.

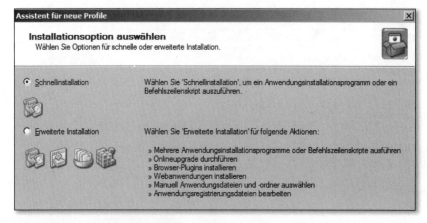

**Abbildung 7.21**   Installationsoptionen auswählen

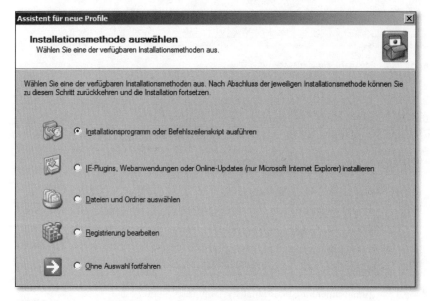

**Abbildung 7.22**   Auswahl der Installationsmethode

Um eine Anwendung wie den Adobe Reader zu profilieren, können Sie an dieser Stelle die erste Option nutzen. Dadurch folgen im nächsten Schritt die Auswahl und der Aufruf des Installationsprogramms.

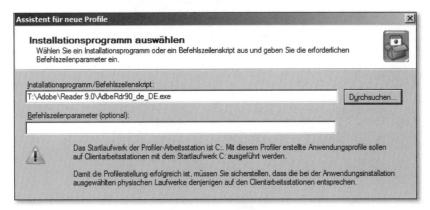

**Abbildung 7.23** Installationsprogramm für Anwendungen

Nach einer kurzen Zusammenfassung rufen Sie das Installationsprogramm über INSTALLATIONSPROGRAMM STARTEN auf (siehe Abbildung 7.24).

Interessant ist hier die Option VIRTUELLEN NEUSTART DURCHFÜHREN, wodurch dem Installationsprogramm ein Neustart des Systems vorgegaukelt wird. Insbesondere bei Anwendungen, die nach dem Neustart noch Aktionen durchführen, kann diese Option sehr hilfreich sein.

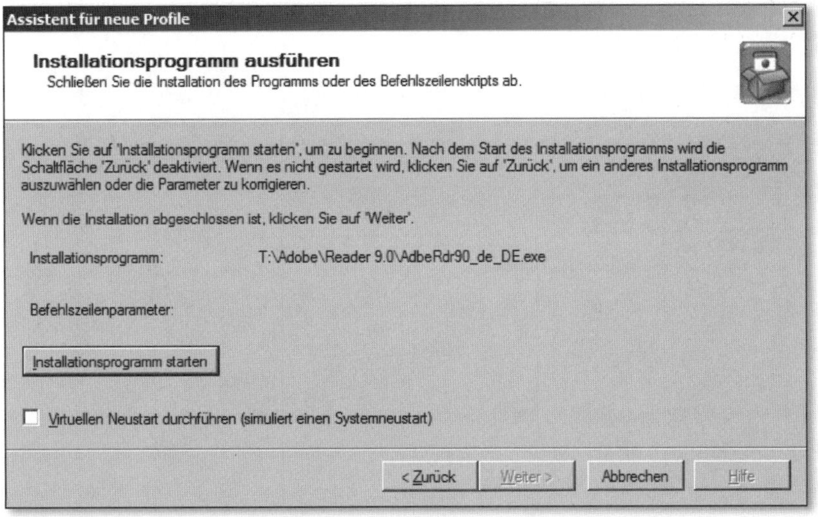

**Abbildung 7.24** Zusammenfassung und Aufruf

Die eigentliche Installation der Anwendung verläuft nun zunächst wie auch bei einer *normalen* Installation.

**Abbildung 7.25**   Installation von Adobe Reader

Nach dem Abschluss der Adobe-Reader-Installation können Sie auch im Profilierungsassistenten über WEITER den nächsten Dialogschritt aufrufen, bei dem die Installation abgeschlossen werden kann. Alternativ besteht an dieser Stelle auch die Möglichkeit, noch weitere Anwendungen oder Updates zu installieren.

**Abbildung 7.26**   Installation abschließen

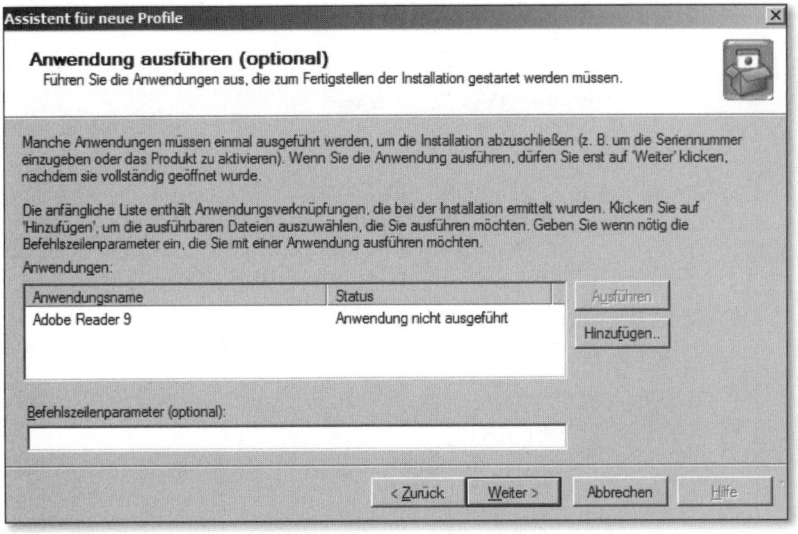

**Abbildung 7.27** Anwendung ausführen

Anschließend können Sie über den Assistenten die gewünschte Anwendung starten, um die Funktionalität zu prüfen und gegebenenfalls die Installation vollständig abzuschließen. Sofern die Liste der Anwendungen an dieser Stelle nicht vollständig ist, können Sie über HINZUFÜGEN auch weitere Verknüpfungen erstellen.

Im darauffolgenden Schritt können Sie die gewünschten Anwendungen bestätigen und die nicht erwünschten entfernen.

Sofern Sie das erstellte Profil digital signieren möchten, bietet der nächste Schritt dazu Gelegenheit (siehe Abbildung 7.28).

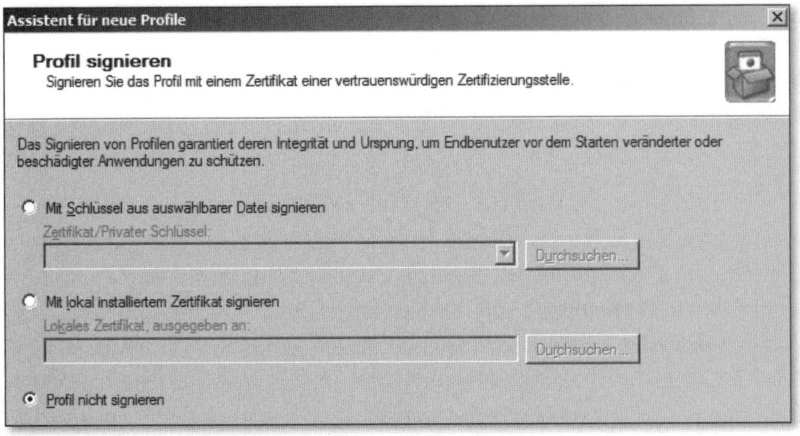

**Abbildung 7.28** Profil signieren

Anschließend ist der Profilierungsvorgang abgeschlossen, und das Profil kann bereitgestellt werden.

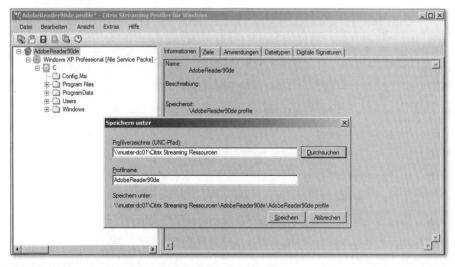

**Abbildung 7.29** Profil auf einer Dateifreigabe bereitstellen

Von dem hier gewählten Pfad aus können Sie die Anwendungen anschließend über die AMC veröffentlichen.

### Zusammenfassung

Natürlich ist der Vorgang des Profilierens an dieser Stelle nur sehr kurz und oberflächlich behandelt worden. Eine umfassende Auseinandersetzung mit diesem Thema würde ganze Bücher füllen, was aber den Rahmen dieses Werkes eindeutig sprengen würde.

Zusammenfassend können wir aber festhalten, dass es im Regelfall nicht den *goldenen Weg* gibt, der immer zum Erfolg führt. Die Anwendungen sind in ihrer Machart und in ihren Anforderungen zu verschieden, als dass man sie alle über einen Kamm scheren könnte. Man kommt somit um mehrfache Profilierungsvorgänge und entsprechende Tests der Ergebnisse nicht herum.

Um sich das Leben hierbei etwas leichter zu machen, sollten Sie aber einen guten Ratschlag befolgen: Dokumentieren Sie Ihre Einstellungen und Testfälle. Sofern alle getätigten Einstellungen und die durchzuführenden Testfälle gut dokumentiert sind, wird sich mit der Zeit eine gewisse Routine und auch Qualität einstellen, die das Arbeiten mit dem Profiler und den virtualisierten Anwendungen wesentlich angenehmer gestaltet. Insbesondere Funktionen wie die Integration von Start- oder Endskripten oder spezielle Parameter für Anwendungen sind ohne eine entsprechende Dokumentation quasi nicht zu handhaben.

### 7.2.4 Installation des Streaming Clients

Im Vergleich zur Profilierung von Anwendungen gestaltet sich die Installation des Clients wiederum sehr einfach. Im einfachsten Fall wird das Plug-in einfach auf dem *Merchandising Server* bereitgestellt und mittels einer *Delivery* verteilt.

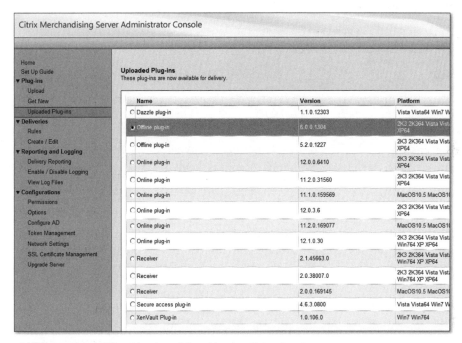

**Abbildung 7.30** Offline Plug-in auf dem Merchandising Server

Alternativ können Sie das Plug-in aber auch manuell von der Installations-DVD installieren.

### 7.2.5 Starten einer gestreamten Anwendung

Der Weg zum Start einer veröffentlichten Anwendung läuft im Kern über den Citrix Streaming Client und das XenApp Plugin. Über letzteres werden die Anwendungen auf dem Endgerät angezeigt. Über den Streaming Client wird bei Aufruf der Anwendung die isolierte Umgebung erstellt, in die das Profil übertragen wird.

Bei einem Start der Anwendung wird diese somit zunächst auf das Endgerät übertragen.

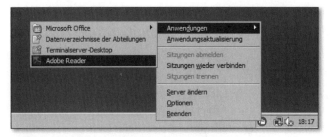

**Abbildung 7.31** Der gestreamte Adobe Reader

**Abbildung 7.32** Vorbereiten der Anwendung

Der anschließende Start der Anwendung ist aus Sicht des Benutzers nicht von einer lokal gestarteten Anwendung zu unterscheiden.

### 7.2.6 Weitere Einstellungen

Neben den bisher kennengelernten Konfigurationsmöglichkeiten existieren noch weitere, die insbesondere für den Feinschliff und das Troubleshooting wichtig sein können.

#### Einstellungen über Richtlinien

So können Sie über eine Richtlinie definieren, ob Anwendungsereignisse protokolliert werden sollen und wie mit vertrauenswürdigen Clients umzugehen ist.

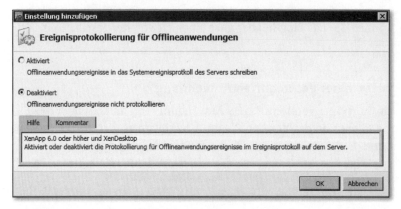

**Abbildung 7.33** Protokollierung für Offlineanwendungen

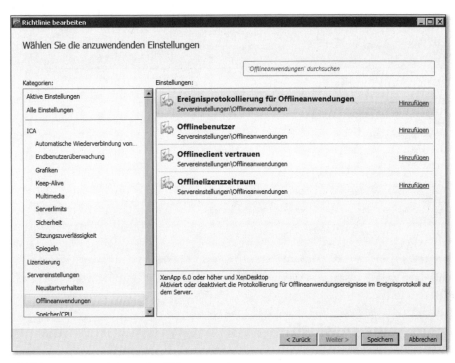

**Abbildung 7.34**   Richtlinien für Offlineanwendungen

Darüber hinaus finden sich unter OFFLINELIZENZZEITRAUM die notwendigen Einstellungen für die zu berechtigenden Benutzer und die Lizenzierungseinstellungen.

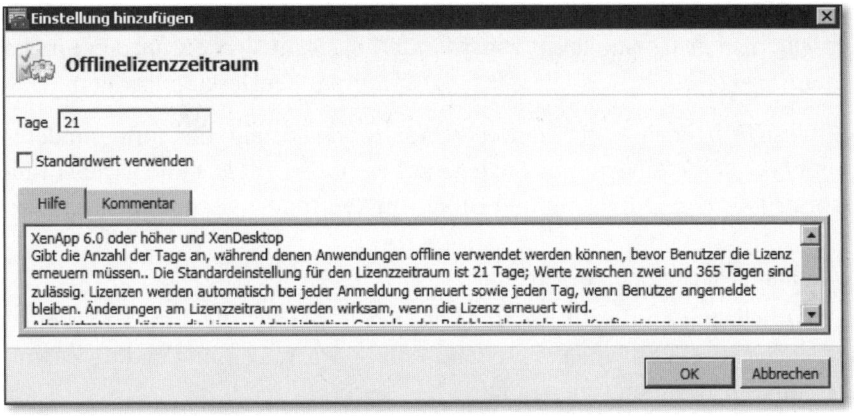

**Abbildung 7.35**   Lizenzeinstellungen für den Offline-Zugriff

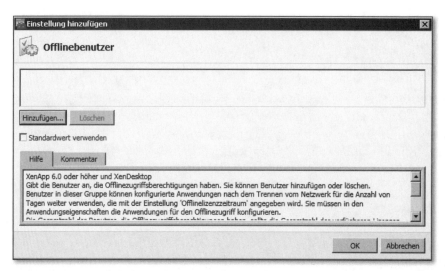

**Abbildung 7.36** Auswahl der Offlinebenutzer

## 7.3 Citrix EdgeSight

Je größer eine XenApp- oder XenDesktop-Umgebung ist, umso wichtiger wird die zentrale *Überwachung* und eine zentrale *Leistungsauswertung* der Umgebung. Um beide Funktionen durchführen zu können, boten frühere Versionen von XenApp die Komponente Resource Manager. Hierbei wurden Ereignisse und Vorgänge der Serverfarm in eine SQL-Datenbank geschrieben, die anschließend nach unterschiedlichen Kriterien auswertbar war. Bei XenApp 6 ist diese Komponente entfallen – bzw. wurde ersetzt durch den *Resource Manager powered by EdgeSight*, also quasi eine leicht abgespeckte EdgeSight-Version für den Einsatz mit XenApp-Servern bzw. *EdgeSight for Desktops* im XenDesktop Platinum.

Bei EdgeSight handelt es sich um eine Monitoring-Lösung, die ein besonderes Augenmerk auf die Anwendungsleistung aus Benutzersicht legt und darüber hinaus speziell für den Einsatz mit und auf einem XenApp-Server optimiert ist.

### Anwendungsleistung aus Benutzersicht

Aber was bedeutet *Anwendungsleistung aus Benutzersicht*? Die Antwort auf diese Frage ist ebenso einfach wie tief greifend – die spürbare Leistung und Geschwindigkeit einer Anwendung am Benutzer.

Viele XenApp-Administratoren kennen die folgende Situation: Ein Benutzer ruft an und beschwert sich, dass »die Systeme heute wieder extrem langsam sind«. Um das Problem zu analysieren, werden nun die meisten Administratoren loslegen und auf allen Servern den Task-Manager oder die Windows-Leistungsüberwachung öffnen. Eine langwierige Analyse aller Systeme zeigt deutlich, dass die Server eigentlich viel zu wenig zu tun haben und die Systemlast überall im normalen Bereich liegt.

Freudestrahlend ruft der Administrator nun wieder beim Benutzer an und sagt den magischen Satz: »Nun müsste alles wieder schnell sein, [rhetorisches] oder?« Was dann passiert, lässt für den unerfahrenen Administrator eine Welt zusammenbrechen – der Benutzer schnauzt ihn an und sagt, dass es immer noch genau so besch** laufen würde oder sogar noch schlechter als vorher.

Wie kann das sein? Alle Systeme zeigen einen normalen oder guten Status und trotzdem beschweren sich die Benutzer. Der Grund hierfür ist, dass insbesondere bei Terminalserverlösungen nicht unbedingt die Server alleine ausschlaggebend für die Geschwindigkeit der Anwendung beim Benutzer sind. Viele Faktoren, allen voran die Netzwerkanbindung, spielen in das Thema der Leistung herein und machen eine Analyse sehr aufwendig, wenn nicht vollkommen unmöglich. Bis jetzt.

EdgeSight geht hierbei einen anderen Weg. Es dient nicht dazu, die Last auf den Servern zu überwachen, sondern es klinkt sich in die Anwendungen ein und misst die Zeiten, die für einzelne Aktionen benötigt werden. So kann beispielsweise gemessen werden, zu welchen Teilen die Zeitverzögerungen bei einem langsamen Anmeldevorgang auf die einzelnen Module der Anmeldung zurückzuführen sind – etwa auf den Aufbau der Sitzung, das Laden des Benutzerprofils oder die Ausführung von Anmeldeskripten.

Wenn es um die echten Anwendungen geht, ist EdgeSight in der Lage, über eine *Code-Injection-Technologie* Kommunikationsinformationen von Anwendungen auszulesen, die eigentlich keine derartigen Informationen preisgeben.

### Die Architektur

Um die Aufgaben erfüllen zu können, setzt sich EdgeSight aus mehreren Komponenten zusammen, die an unterschiedlichen Stellen implementiert werden:

▶ **SQL Server und Reporting Services**
Die Basis für die Datensammlung und die Auswertung der gesammelten Informationen stellt ein Microsoft SQL Server mit den Microsoft Reporting Services. Die hierbei empfohlene Version ist der SQL Server 2005, da alle benötigten Komponenten hierin bereits enthalten sind. Die Express Edition von SQL Server 2005 kann leider nicht verwendet werden, da zeitgesteuerte Prozesse auf der Datenbank ausgeführt werden, welche den SQL Agent voraussetzen. Dieser ist in der Express Edition nicht enthalten.

▶ **EdgeSight Server**

Der EdgeSight Server ist im Kern eine Webanwendung auf der Basis des Internet Information Servers, welcher direkt auf die Datenbanken und Reporting Services zugreift. Alle Clients kommunizieren über HTTP(S) mit dem Server.

▶ **EdgeSight Agent**

Der Agent ist eine Softwarekomponente, die auf die jeweiligen Endgeräte ausgerollt werden muss. Er setzt sich zusammen aus einer Monitoring-Komponente und einer Firebird-Datenbank, die alle gesammelten Daten zunächst lokal speichert und periodisch (im Standard täglich) an den EdgeSight Server überträgt. Darüber hinaus werden die erfassten Daten in der Datenbank konsolidiert und durch periodische Mittelwertbildung optimiert, um das zu übertragende Datenvolumen zu reduzieren. Grundsätzlich stehen sowohl Agenten für XenApp als auch für Endgeräte zur Verfügung, welche jedoch nach einem anderen Schema lizenziert werden.

Aus Sicht der Administration wird auf dem Server eine sogenannte *Company* angelegt, die quasi die Verwaltungseinheit der Umgebung darstellt. Unterhalb der Company können *Departments* angelegt werden, die funktional die Aufgaben einer organisatorischen Einheit übernehmen. Jeder Agent verbindet sich zu einem Server, einer Company und einem Department.

### 7.3.1 Installation des EdgeSight Servers

Wie im vorangegangenen Abschnitt bereits erklärt, ist die zentrale Komponente einer EdgeSight- bzw. Resource-Manager-powered-by-EdgeSight-Umgebung der EdgeSight Server, welcher in Form einer Webanwendung auf den Microsoft SQL Reporting Services basiert.

> **Hinweis**
>
> Nebenbei: Der Unterschied zwischen dem vollständigen *EdgeSight (for XenApp)* und dem *Resource Manager powered by EdgeSight* liegt nicht in der Serverkomponente, sondern in dem Funktionsmodus des EdgeSight Agents. Hierbei kann bei der Installation zwischen *Basic* (= Resource Manager) und *Advanced* (= EdgeSight) unterschieden werden.

Wie auch schon die anderen Installationen, können Sie auch die Installation des EdgeSight Servers über die Installations-DVD starten. Über die Autorun-Funktion können Sie die gewünschte Edition von XenApp und anschließend das *Application Performance Monitoring* wählen, wie in Abbildung 7.37 dargestellt.

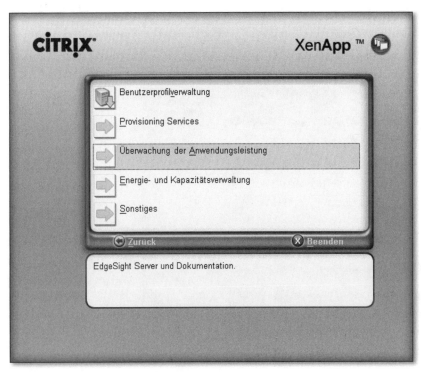

**Abbildung 7.37** Auswahl der EdgeSight-Installation

Alternativ können Sie auf der DVD im Ordner *Service Monitoring\Installers\ Server\* auch die *SETUP.EXE* starten. Direkt nach der Bestätigung der Lizenzvereinbarung wählen Sie die gewünschte Installationsvariante – komplett oder nur Datenbank.

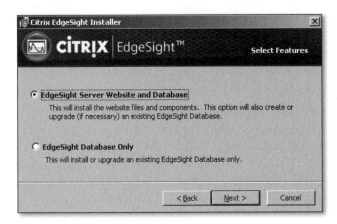

**Abbildung 7.38** Installationsvarianten

Für eine Einzelsysteminstallation empfiehlt sich an dieser Stelle die Auswahl der ersten Option, wie in Abbildung 7.38 gezeigt. Nach der Prüfung der Systemvoraussetzungen wählen Sie das gewünschte Datenbanksystem aus.

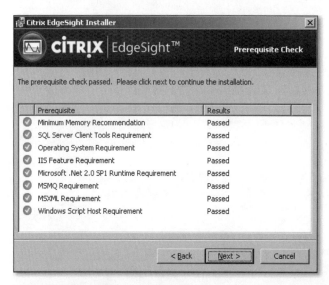

**Abbildung 7.39** Systemvoraussetzungen

**Abbildung 7.40** Auswahl der Datenbankplattform

Sofern bereits eine SQL-Datenbank mit Reporting Services im Netzwerk vorhanden ist, können Sie die benutzerdefinierte (Custom-)Installation wählen, bei der

Sie im nächsten Schritt den gewünschten Datenbankserver und die Authentifizierungsmethode konfigurieren müssen. Ist dies erfolgreich geschehen, kann die neue EdgeSight-Datenbank durch den Installationsassistenten auf diesem Server erstellt werden. Dafür müssen Sie – je nach gewählter Authentifizierungsmethode – gegebenenfalls die Anmeldeinformationen eingeben.

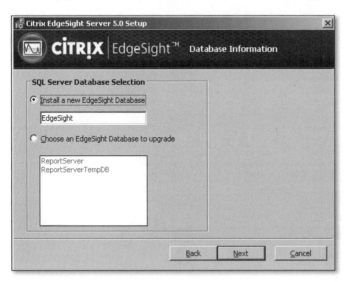

**Abbildung 7.41**  Erstellen der Datenbank

Die Datenbank wird in Form einer SQL-Dateigruppe bestehend aus acht einzelnen Datenbankdateien erstellt (siehe Abbildung 7.42).

> **Hinweis**
>
> Dies ist insbesondere bei der Auswahl der Datenbank- und Protokolldateigröße zu berücksichtigen. Wenn Sie hierbei, wie in der Voreinstellung, 500 MB auswählen, bedeutet dies 8 mal 500 MB, also 4 GB Speicherbedarf für die Datenbank.

Im letzten Schritt der Installation müssen Sie nur noch den Installationsordner der EdgeSight-Server-Installation wählen, dann kann der Kopiervorgang gestartet werden.

Nach dem Abschluss des Installationsvorganges können Sie direkt den Assistenten für die Komponentenkonfiguration starten, wie Abbildung 7.43 zeigt.

**Abbildung 7.42** Datenbank- und Protokolldateien: Größe und Speicherort

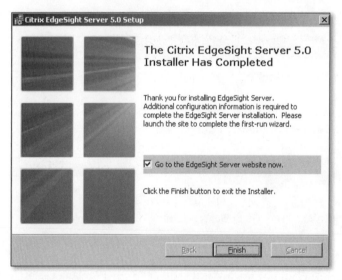

**Abbildung 7.43** Ende der Installation und Start der Komponentenkonfiguration

## 7.3.2 Konfiguration des EdgeSight Servers

Bei der erstmaligen Verbindung zu der EdgeSight-Webanwendung müssen Sie zunächst den Konfigurationsassistenten für die EdgeSight-Umgebung durchlaufen.

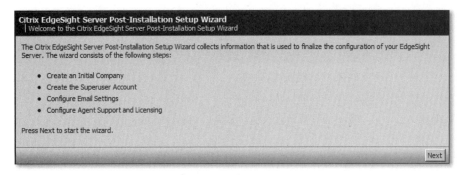

**Abbildung 7.44**   Start der EdgeSight-Konfiguration

Hierbei müssen Sie die Informationen der zu erstellenden *Company*, des Administrator-Benutzers, die E-Mail-Konfiguration sowie den gewünschten Betriebsmodus konfigurieren.

Den Start macht die recht einfach gehaltene Konfiguration der Company, bei der nur ein Name, eine Zeitzone und eine Sprache ausgewählt werden müssen, wie in Abbildung 7.45 zu sehen ist.

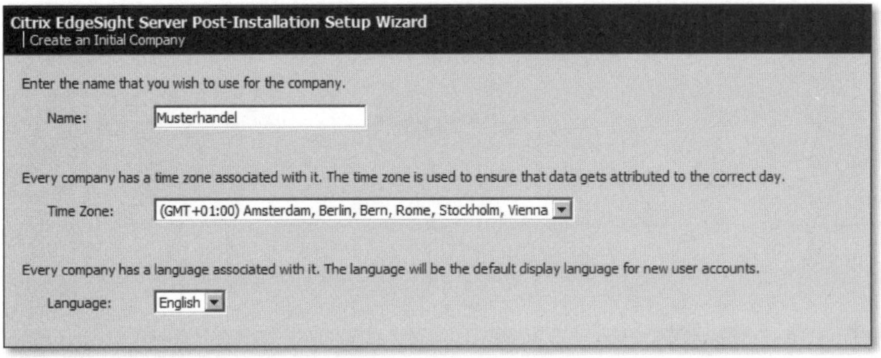

**Abbildung 7.45**   Erstellen der Company

Auch die darauffolgende Konfiguration des *Superusers,* also des EdgeSight-Administrators, stellt sich nicht wesentlich komplexer dar.

Gleiches gilt für die Konfiguration der E-Mail-Einstellungen (siehe Abbildung 7.47).

Erst der letzte Konfigurationsschritt bedarf der genauen Überlegung, da er über die Funktionsweise und den möglichen Funktionsumfang der EdgeSight-Installation entscheidet (siehe Abbildung 7.48).

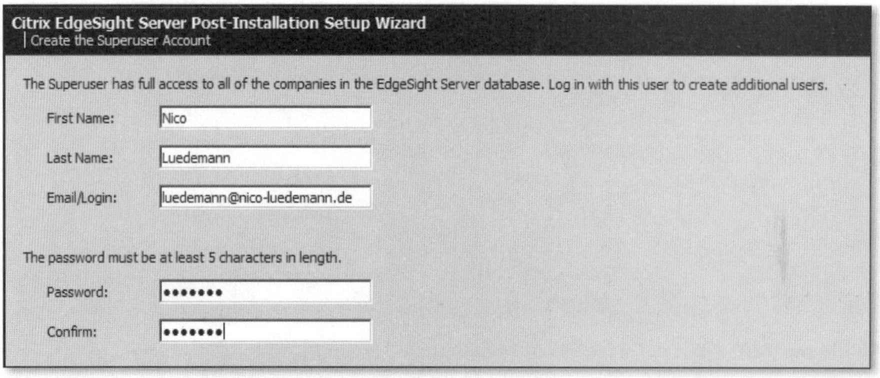

**Abbildung 7.46**  Konfiguration des Superusers

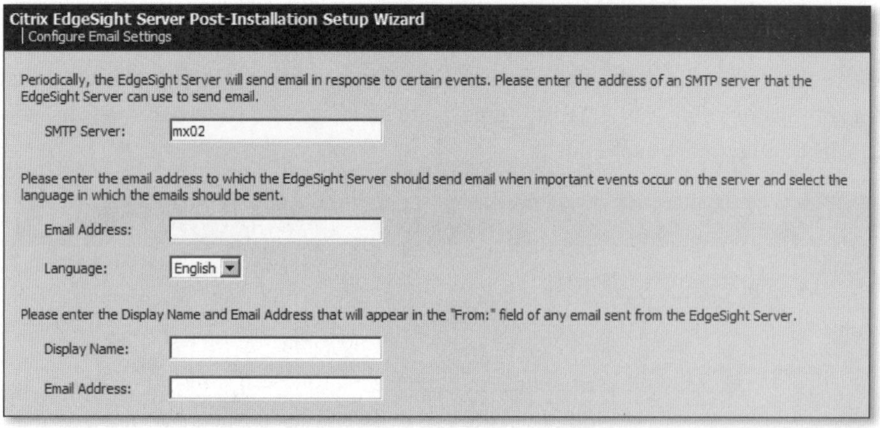

**Abbildung 7.47**  E-Mail-Einstellungen

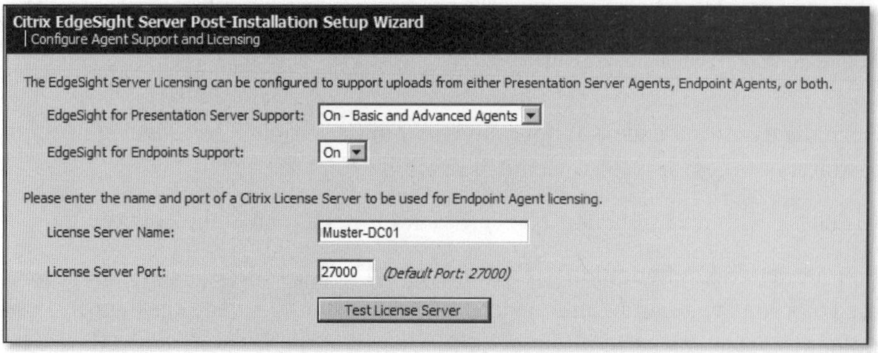

**Abbildung 7.48**  Support und Lizenzierung

Zunächst wählen Sie hierbei aus, welche EdgeSight-Versionen von diesem Server unterstützt werden sollen. Grundsätzlich stehen hierfür *EdgeSight for Presentation Server* (gemeint ist natürlich XenApp) und *EdgeSight for Endpoints* zur Auswahl. Da wir uns in einem Terminalserver-Umfeld bewegen, können wir EdgeSight for Endpoints an dieser Stelle ignorieren. Dies wäre beispielsweise interessant in einer XenDeskop-Umgebung, in der die Performance von gehosteten Windows XP- oder Vista-Systemen überwacht werden soll.

Bei der Version EdgeSight for XenApp gibt es aber wiederum zwei Optionen – den *Basic-* und den *Advanced-Agent*. Wie eingangs bereits beschrieben, bezieht sich diese Konfiguration auf den Einsatzfall des EdgeSight Servers.

Sofern die vorhandenen XenApp-Lizenzen die Platinum Edition umfassen, können Sie an dieser Stelle auf den vollständigen EdgeSight-Server, also inklusive des Advanced Agents, zurückgreifen. Sofern »nur« Lizenzen für die Enterprise Edition vorhanden sind, wäre der Basic-Modus zu wählen, also entsprechend die Funktionalität *Resource Manager powered by EdgeSight*. Nach diesem Konfigurationsschritt ist dieser Teil ebenfalls abgeschlossen, und eine Anmeldung an der Webseite kann erfolgen.

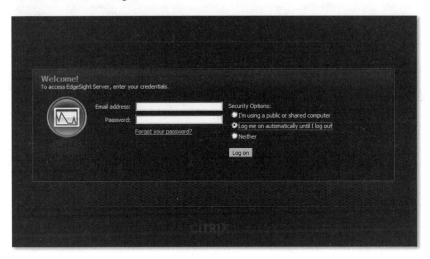

**Abbildung 7.49**  Anmeldung am EdgeSight Server

Ist die Konfiguration jetzt wirklich schon abgeschlossen? Nein, eine Kleinigkeit ist noch zu tun – die Anbindung an die SQL Reporting Services müssen Sie noch konfigurieren.

Direkt nach der Anmeldung an der Webseite werden Sie auf die entsprechende Konfigurationswebseite verwiesen und können dort die notwendigen Informationen hinterlegen, wie in Abbildung 7.50 dargestellt.

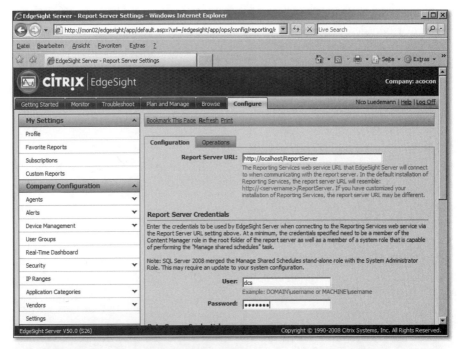

**Abbildung 7.50** Reporting-Services-Konfiguration

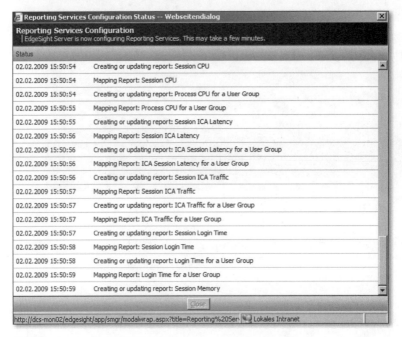

**Abbildung 7.51** Reporting Services

Anschließend stehen Ihnen die Serverkomponenten zur Verfügung, so dass Sie mit der Installation der Agents fortfahren können.

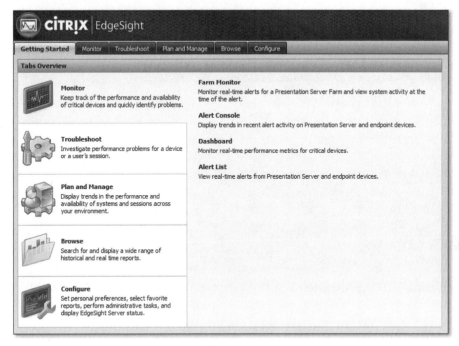

**Abbildung 7.52** Startseite des EdgeSight Servers

### 7.3.3 Installation des Agents

Die Installation des EdgeSight Agents verhält sich ähnlich unspektakulär wie die Installation der Serverkomponenten.

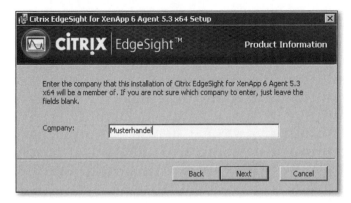

**Abbildung 7.53** Eingabe der Company

Nach der üblichen Bestätigung der Lizenzvereinbarung wählen Sie direkt die gewünschte Company und das gewünschte Zielverzeichnis, wie in Abbildung 7.53 und 7.54 gezeigt.

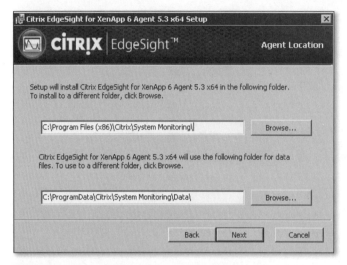

**Abbildung 7.54**   Zielverzeichnis

Anschließend müssen Sie nur noch die Adresse des EdgeSight Servers sowie gegebenenfalls die notwendigen Proxy-Einstellungen konfigurieren, dann ist die Installation abgeschlossen.

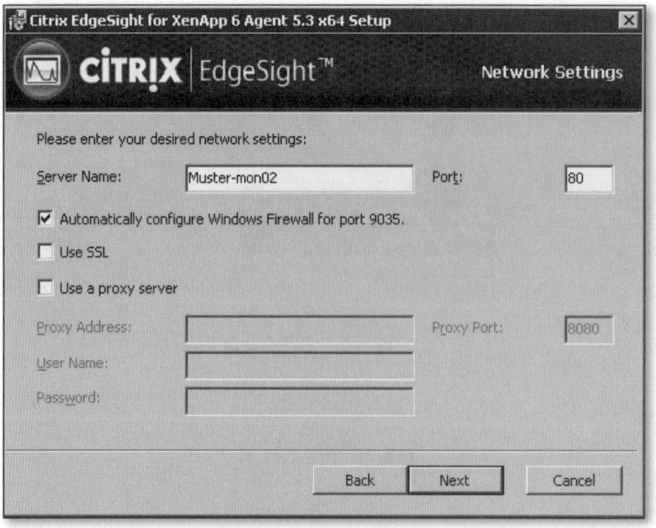

**Abbildung 7.55**   Konfiguration des Servers

Nach einem anschließenden Neustart des Systems ist der Agent bereit und meldet in regelmäßigen Abständen Status- und Lastinformationen an den EdgeSight Server.

### 7.3.4 Monitoring und Auswertungen

Nachdem die Agents auf den Servern installiert und diese neu gestartet wurden, beginnen die Agents mit der Sammlung von Daten auf den Terminalservern. Diese werden regelmäßig – im Standard einmal pro Tag – an den EdgeSight Server übertragen und stehen dort für Auswertungszwecke zur Verfügung.

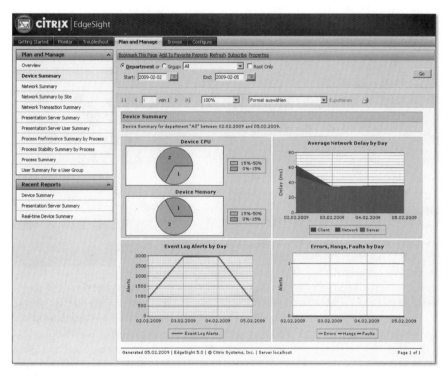

**Abbildung 7.56** EdgeSight Report – Device Summary

Wie Sie auf den Abbildungen 7.56 und 7.57 unschwer erkennen können, sind die Analysemöglichkeiten mit diesem Werkzeug nahezu unbegrenzt. Diese Tatsache darf jedoch nicht darüber hinwegtäuschen, dass für die umfassende Analyse insbesondere von Performance-Problemen natürlich eine gehörige Portion Know-how notwendig ist, da beispielsweise die Zusammenhänge zwischen bestimmten Werten oder auftretende Wechselwirkungen bekannt sein müssen. Das Entscheidende jedoch ist, dass nun ein für den XenApp optimiertes Werkzeug zur Verfügung steht, das diese Werte überhaupt erst einmal liefern kann.

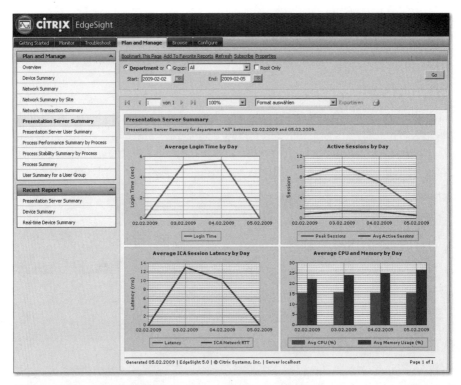

**Abbildung 7.57**  EdgeSight Report – Presentation Server Summary

## Ein kleines Beispiel für die Optimierung

Wie eingangs erläutert, arbeitet das ICA-Protokoll mit virtuellen Kanälen, durch die unterschiedliche Ressourcen in die Sitzungen eingebettet werden können. Seit dem Presentation Server 4.5 und dem ICA-Client 10.0 ist einer dieser Kanäle für die Überwachung der Sitzungen mittels EdgeSight zuständig. Hierdurch ist ein auf dem Xen-App-Server installierter EdgeSight Agent in der Lage, die Leistung der Anwendung bis auf das Endgerät zu verfolgen. Und dieses Endgerät könnte bekanntlich am anderen Ende der Welt stehen.

Kommen wir jedoch zum Ausgangpunkt dieses Abschnittes zurück, so lässt sich leicht erkennen, dass ein Administrator mit EdgeSight wesentlich aussagefähiger ist, als mit den herkömmlichen Leistungsmonitoren, die auf das reine Sammeln von Echtzeit-Leistungsdaten spezialisiert sind – was mit EdgeSight übrigens auch funktioniert, wie Abbildung 7.58 zeigt.

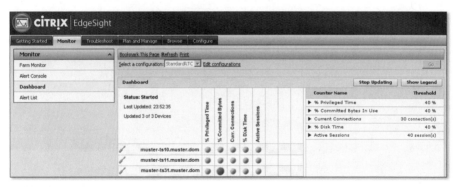

**Abbildung 7.58** EdgeSight Dashboard

Spätestens an dieser Stelle wird eine gewisse Ähnlichkeit mit anderen Monitoring-Werkzeugen oder auch dem (alten) Resource Manager deutlich.

Eines ist jedoch jetzt schon klar – bei EdgeSight handelt es sich nicht nur um eine Komponente von XenApp, sondern vielmehr um den Einstieg in die Welt des System Monitorings, was spätestens bei der Übernahme von ThinGenius durch Citrix deutlich wurde. Deren Produkt TLoad wird nun unter dem Namen *Citrix EdgeSight for Load Testing* vermarktet und steht sogar in Form des *EdgeSight Active Application Monitorings* auf der XenApp-DVD zur Verfügung, wie der folgende Abschnitt zeigt.

### 7.3.5 Active Application Monitoring

Das *EdgeSight Active Application Monitoring (AAM)* ist eine weitere Komponente der EdgeSight-Familie. Hierbei handelt es sich nicht in erste Linie um eine Monitoring-Lösung, sondern vielmehr um eine Simulationslösung, mit der Sitzungen einmal aufgezeichnet und zeitlich gesteuert wieder gegen die XenApp-Farm gefahren werden können, um die Leistung und somit die Qualität der Anwendungsbereitstellung zu überwachen.

Die Installation dieser Komponente, die nur in der Platinum Edition enthalten ist, erfolgt wieder direkt von der XenApp-DVD.

EdgeSight Active Application Monitoring ist im Kern eine eingeschränkte Version von EdgeSight for Load Testing, die in der Lage ist, die aufgezeichnete Sitzung nur einmal zu Überwachungszwecken zu starten, während das »Vollprodukt« die aufgezeichneten Skripte in beliebiger Anzahl zu Testzwecken gegen die XenApp-Farm fahren kann, um Aussagen über die hierbei entstehende Last und notwendige Skalierung treffen zu können.

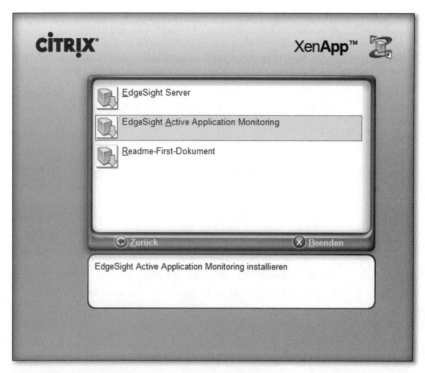

**Abbildung 7.59** EdgeSight Active Application Monitoring

Das AAM besteht aus zwei Komponenten, die getrennt voneinander oder auf dem gleichen System installiert werden können:

▶ **Controller**
Der Controller ist die Bearbeitungs- und Steuerungskomponente der Lösung. Hierin können die Automatisierungsskripte erstellt und bearbeitet werden sowie die gewonnenen Lastinformationen ausgewertet werden.

▶ **Launcher**
Der Launcher ist eine Verbindungsverwaltung, über die die erstellten Skripte gegen die Terminalserver gefahren werden können.

Über den Controller können die Aufzeichnungssitzungen erstellt und verwaltet werden, während der Launcher ausschließlich für den Verbindungsaufbau zu den Terminalservern zuständig ist.

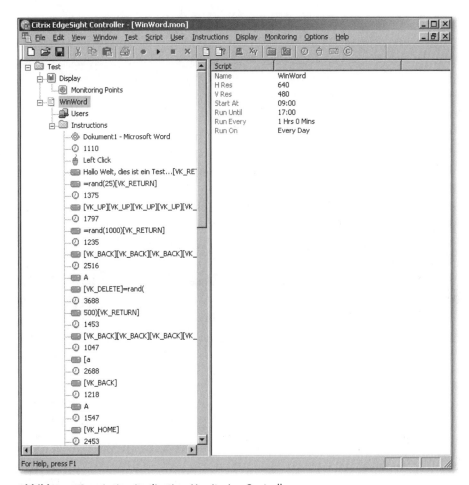

**Abbildung 7.60** Active Application Monitoring Controller

**Abbildung 7.61** Active Application Monitoring Launcher

Auf diese Weise unterstützt diese Komponente insbesondere bei Skalierungsfragen und kann deutlich zu einer Qualitätssteigerung in der XenApp-Umgebung beitragen.

## 7.4 Management Pack für System Center Operations Manager

Neben den Netzwerkmanagement-Lösungen, die durch den Network Manager unterstützt werden, bietet der XenApp in der Enterprise und Platinum Edition auch ein separat herunterladbares Management Pack für den System Center Operations Manager 2007.

Durch den Import des Management Packs (genau genommen sind es drei einzelne), können Sie XenApp-Systeme der Enterprise oder Platinum Edition über den Operations Manager überwachen. Hierzu gehört neben der in Abbildung 7.62 gezeigten Analyse der Topologie beispielsweise auch eine Leistungsüberwachung oder die Überwachung der Lizenzierung.

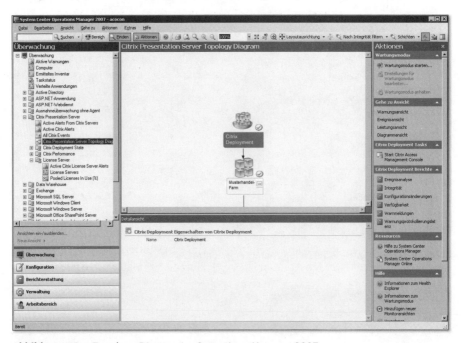

**Abbildung 7.62** Topology Diagram im Operations Manager 2007

Um die XenApp-Server auf die dargestellte Weise überwachen zu können, muss auf jedem System der Operations Manager Agent installiert sein.

---

**Hinweis**

Die ebenfalls vom Operations Manager gebotene Funktion des *Clientless-Monitorings* ist für den XenApp nicht ausreichend.

---

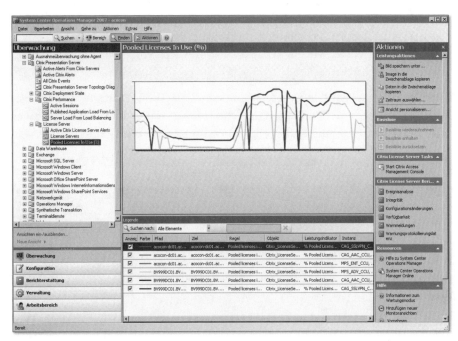

**Abbildung 7.63** Pooled Licenses in Use (%)

Darüber hinaus muss der Agent mit einem Konto ausgeführt werden, das wenigstens über Lese-Berechtigungen in der Server-Farm verfügt, um die Konfigurationen und Topologie auslesen zu können.

Viel mehr ist im Zusammenhang mit dem Management Pack im Operations Manager nicht zu tun, was aber nicht bedeutet, dass eine qualifizierte Monitoring-Lösung einfach zu implementieren wäre. Insbesondere die Feinanpassung der Schwellenwerte und eine intelligente Alarmierung wollen wohlüberlegt und geplant sein. Diese Punkte gehören jedoch eher zum Themengebiet des Operations Managers und werden deshalb an dieser Stelle nicht weiter vertieft. Wichtig ist hier vor allem das Wissen um die Möglichkeiten, so dass Sie bei der gestellten Anforderung schnell den richtigen Weg einschlagen können.

**Hinweis**

Falls Sie Operations Management jedoch nutzen möchten, so ist der Einsatz des System Center Operations Manager 2007 durchaus empfehlenswert.

Da im Citrix-Umfeld primär über Windows-Systeme gesprochen wird, sind die Integrationsmöglichkeiten und die Qualität der gesammelten Informationen sehr hoch.

So existiert beispielsweise bereits ein fertiges Management Pack für die Windows-Terminaldienste, welche bekanntlich die Basis für XenApp stellen. Auch angegliederte Dienste, wie ein SQL Server, lassen sich vortrefflich mit dem Operations Manager überwachen.

Und nicht zuletzt lässt sich EdgeSight mit dem Operations Manager verheiraten, so dass an einer zentralen Stelle sämtliche Informationen über den Betrieb der Systemumgebung zusammenfließen – sei es aus System- oder Benutzersicht.

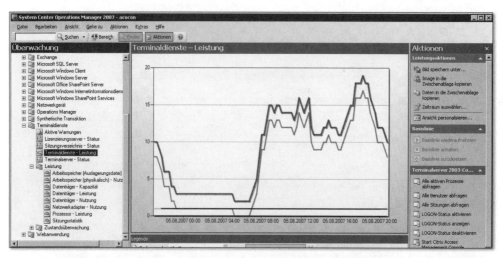

**Abbildung 7.64** Management Pack für Terminaldienste – Leistung

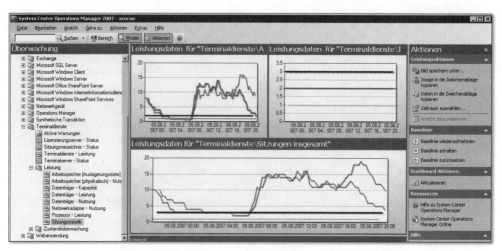

**Abbildung 7.65** Management Pack für Terminaldienste – Sitzungsstatistik

## 7.5 Secure Gateway

Wie im Verlauf des Buches beschrieben und gezeigt, kann über das Webinterface auch eine Möglichkeit geschaffen werden, um beispielsweise aus dem Internet auf interne Anwendungen und Ressourcen zugreifen zu können. Ein wichtiger Faktor bei der Nutzung des Webinterfaces ohne weitere Komponenten ist die niedrige Sicherheitsstufe. Sowohl der Zugriff auf die Webinterface-Seite als auch auf den Terminalserver über ICA erfolgt unverschlüsselt, so dass ein potenzieller Angreifer theoretisch Anmeldeinformationen oder sonstige Inhalte abfangen und auswerten könnte.

Um an dieser Stelle mehr Sicherheit zu schaffen, wurde das Secure Gateway entwickelt, das in der Lage ist, sowohl den HTTP- als auch den ICA-Datenverkehr in einem verschlüsselten SSL-Paket zu bündeln und somit für eine hohe Übertragungssicherheit zu sorgen. Der Client kommuniziert somit quasi ausschließlich mit dem Secure Gateway und nicht mehr direkt mit dem Webinterface oder dem Terminalserver.

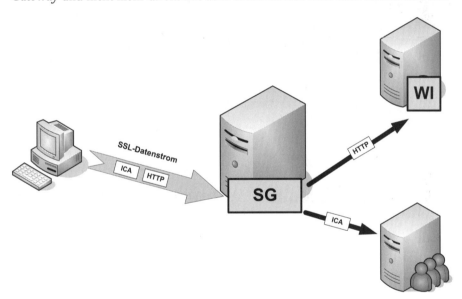

**Abbildung 7.66** Funktionsweise des Secure Gateways

### 7.5.1 Komponenten des Secure Gateways

Aus Abbildung 7.66 ergibt sich bereits, dass das Secure Gateway nicht *ein Produkt* ist, das für den Zugriff auf Anwendungen genutzt werden kann, sondern eine Komponente, die sich in eine vorhandene XenApp-Umgebung eingliedert und vorhandene Strukturen nutzt. An einem funktionalen Betrieb eines Secure Gateways sind die folgenden Komponenten beteiligt:

▶ **XenApp-Farm**
Die XenApp-Farm bildet die Basis für einen erfolgreichen Zugriff von außen, da hierin alle Ressourcen abgebildet werden.

▶ **Webinterface**
Das Webinterface dient als Schnittstelle zwischen Benutzer und XenApp-Farm, da der Benutzer sich hieran authentifizieren muss und anschließend die für ihn zur Verfügung stehenden Anwendungen angeboten bekommt.

▶ **XML-Dienst**
Der XML-Dienst bedient die Anfragen des Webinterfaces an die XenApp-Farm. Das Webinterface muss mit dem XML-Dienst kommunizieren können.

▶ **Secure Gateway**
Das Secure Gateway ist der Ansprechpartner der Clients von außen und leitet die Anfragen der Clients an die internen Systeme weiter. Es sorgt zusätzlich für die Ver- und Entschlüsselung der Datenpakete des Clients.

▶ **Secure Ticket Authority**
Für jede gesicherte Client-Sitzung wird ein Ticket benötigt. Die Secure Ticket Authority (STA) erstellt diese Tickets und weist sie den Client-Sitzungen zu.

Seit dem Presentation Server 4.0 ist die STA ein Teil des XML-Dienstes und muss somit nicht mehr getrennt installiert werden. Unter älteren Versionen des Presentation Servers war sie ein eigenes Softwarepaket.

▶ **Client**
Auf der Seite des Benutzers muss ein Client verfügbar sein, der das Secure Gateway unterstützt. Bei den aktuelleren Clients ist dies im Regelfall gegeben.

### 7.5.2 Anwendungsszenarien

Da das Secure Gateway somit in erster Linie für den Zugriff aus öffentlichen Netzwerken wie dem Internet eingesetzt wird, müssen Sie natürlich nicht nur dafür sorgen, dass der Datenverkehr gesichert wird, sondern auch dafür, dass die Systeme geschützt sind. Aus diesem Grund gibt es einige exemplarische Vorschläge, wie ein Secure Gateway einzusetzen ist. Die Machbarkeit dieser Vorschläge hängt in erster Linie von der vorhandenen Firewall-Umgebung und den verfügbaren Geräten ab.

Grundsätzlich ist es in der aktuellen Version von XenApp möglich, alle Funktionen auf einem einzelnen Server zu konfigurieren. Trotz dieser Möglichkeit sollten Sie die Komponenten aus Sicherheitsgründen auf unterschiedliche Systeme verteilen, die an bestimmten Stellen der Infrastruktur platziert werden sollten.

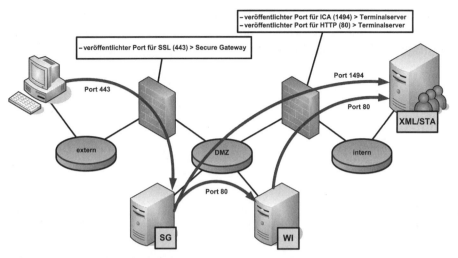

**Abbildung 7.67** Vollständig getrenntes Szenario

Abbildung 7.67 zeigt beispielsweise ein vollständig getrenntes Szenario, in dem sich das Secure Gateway und das Webinterface in einer DMZ befinden. Auf der äußeren Firewall konfigurieren Sie ausschließlich den Zugriff auf das Secure Gateway über den Port 443. Die interne Firewall müssen Sie so einstellen, dass das Secure Gateway über Port 1494 mit dem Terminalserver kommunizieren kann. Zusätzlich muss das Webinterface über Port 80 mit den Terminalservern kommunizieren können, um den Zugriff auf den XML-Dienst und die STA zu realisieren.

> **Tipp**
>
> Jegliche Kommunikation über Port 80, also HTTP, könnte auch über SSL realisiert werden. Hierzu müssten Sie die entsprechenden Zertifikate und das Zertifikatsvertrauen einrichten und auf der Firewall die entsprechenden Ports öffnen. Für den Zugriff auf den XML-Dienst kann es notwendig sein, mit dem SSL-Relay zu arbeiten, wenn Sie nicht den ISAPI-Filter nutzen.

Ein anderes Szenario könnte so aussehen, dass sich nur das Secure Gateway in der DMZ befindet und alle anderen Komponenten im internen Netzwerk untergebracht sind.

Wie in Abbildung 7.68 dargestellt, können auch das Webinterface und der Terminalserver auf dem gleichen System liegen. Auch hierbei könnten Sie die Kommunikation, die über Port 80 läuft, über SSL realisieren.

Diese Beispiele sollen verdeutlichen, dass es eine Vielzahl von unterschiedlichen Einsatzfällen gibt, die Sie realisieren können. Es gibt im Grunde keine richtigen oder falschen Szenarien, sondern nur solche, die funktionieren, und solche, die es nicht tun. Die konkrete Planung und Umsetzung sollten Sie immer von den jeweiligen Möglichkeiten abhängig machen.

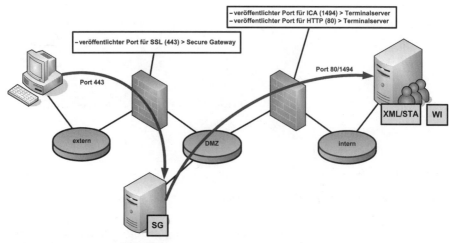

**Abbildung 7.68** Terminalserver mit WI

### 7.5.3 Installation eines Serverzertifikates

Bevor Sie das Softwarepaket des Secure Gateways installieren können, müssen Sie auf dem Server ein Serverzertifikat einrichten, über das später die Kommunikation verschlüsselt werden kann. Im einfachsten Fall können Sie den IIS verwenden, um eine Zertifikatsanforderung vorzubereiten, die Sie zur Erstellung eines Serverzertifikats nutzen können.

Hierzu sollten Sie von einer vertrauenswürdigen Zertifizierungsstelle ein Serverzertifikat auf dem System installieren, das später das Secure Gateway beherbergen soll. Von größter Wichtigkeit ist hierbei der *Common Name* (CN) des Zertifikates. Dieser muss derselbe sein, über den später die Benutzer auf das Secure Gateway zugreifen sollen.

> **Hinweis**
>
> Stimmt später der Name im Zertifikat nicht mit dem Namen überein, auf den die Benutzer zugreifen, oder ist die ausstellende Zertifizierungsstelle auf den Clients nicht als vertrauenswürdig eingestuft, können keine Verbindungen aufgebaut werden.

Darüber hinaus ist wichtig, dass Sie bei der Installation des Zertifikates nicht die SSL-Funktionen des IIS aktivieren, da hierdurch der TCP-Port 443, welcher später für das Secure Gateway benötigt wird, schon belegt wäre.

## 7.5.4 Installation des Secure Gateways

Nach der Installation des Serverzertifikates können Sie die Installation des Secure Gateways von der Installations-DVD starten. Hierzu starten Sie die Datei *\Secure Gateway\Windows\CSG_GWY.MSI*. Nach einem Informationsfenster und der Bestätigung des Lizenzvertrages folgt eine Abfrage, in der Sie angeben müssen, ob das *Secure Gateway* oder der *Secure Gateway Proxy* installiert werden sollen.

Der Secure Gateway Proxy kommt in Umgebungen zum Einsatz, in denen zwei demilitarisierte Zonen (DMZ) hintereinander durchlaufen werden. Hierbei ist der Secure Gateway Proxy im zweiten Hop angesiedelt und leitet den Datenverkehr des Secure Gateways an das interne Netzwerk weiter und umgekehrt. In diesem einfachen Fall wählen Sie die Option SECURE GATEWAY.

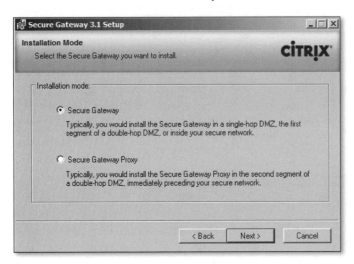

**Abbildung 7.69** Installationsmodus

Im Rahmen der Installation geben Sie als Nächstes das gewünschte Installationsverzeichnis an. Da das Secure Gateway keine sonderlich großen Datenmengen mit sich bringt, können Sie die Standardvorgabe beibehalten. Im nächsten Schritt wählen Sie einen Dienstbenutzer für die Secure-Gateway-Dienste aus.

---

**Hinweis**

Dieser Punkt ist besonders sicherheitssensibel. Im einfachsten Fall können Sie, wie in Abbildung 7.70 gezeigt, das lokale Systemkonto auswählen. Hierdurch arbeitet das Secure Gateway jedoch mit Berechtigungen, die über die eines Administrators hinausgehen, was eine Vielzahl von potenziellen Sicherheitslücken öffnet. Der empfohlene Weg ist das Anlegen eines separaten Dienstbenutzers, der nur über die minimalsten Berechtigungen verfügt.

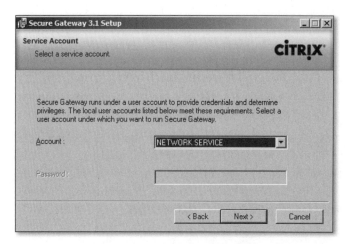

**Abbildung 7.70** Konfiguration eines Dienstkontos

Nach einer Zusammenfassung der Eingaben werden die neuen Dateien kopiert. Im Anschluss an den Kopiervorgang startet automatisch ein Konfigurationsassistent, mit dem Sie die Einstellungen des Secure Gateways definieren können.

Im darauffolgenden Schritt sollten Sie als Konfigurationstyp grundsätzlich ADVANCED nutzen, da hierbei alle Optionen aufgeführt werden.

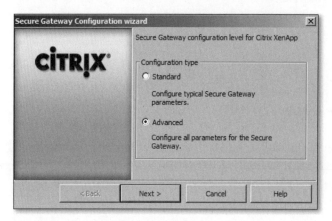

**Abbildung 7.71** Auswahl der erweiterten Konfiguration

Bei der Abfrage des Serverzertifikates im nächsten Schritt zeigt sich deutlich, warum die Installation des Zertifikates vor der Konfiguration des Secure Gateways erfolgen sollte (siehe Abbildung 7.72).

Bei den Transport- und Verschlüsselungsprotokollen sollten Sie immer die Standardeinstellungen beibehalten, da sie das höchste Maß an Sicherheit bieten.

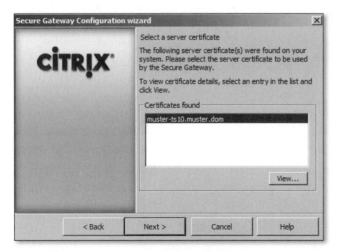

**Abbildung 7.72**   Auswahl des Serverzertifikates

**Abbildung 7.73**   Transport und Verschlüsselung

Sofern in dem Server mehrere Netzwerkkarten vorhanden sind oder nicht alle externen Adressen kontaktiert werden sollen, können Sie dies in den nächsten Dialogschritten konfigurieren.

Nach einer Abfrage bezüglich Verbindungseinschränkungen erfolgt die Konfiguration der STA (Secure Ticket Authority). Die Konfiguration der STA (Abbildung 7.75) erfordert in einer DMZ-Umgebung ein wenig Überlegung, da Sie den Namen als voll qualifizierten Domänennamen (FQDN) angeben müssen. Da dieser Name aber in der Regel aus der DMZ nicht in dieser Form erreichbar ist, kann es notwendig sein, hierfür einen lokalen Host-Eintrag zu erstellen.

**Abbildung 7.74** Zu bindende Netzwerkkarten und Ports

**Abbildung 7.75** Konfiguration der STA

Nach einigen Abfragen bezüglich Verbindungslimits und Protokollierung erfolgt die Eingabe des Servers, der das Webinterface bereitstellt. Auch an dieser Stelle müssen Sie wieder darauf achten, dass der eingetragene Name erreichbar ist.

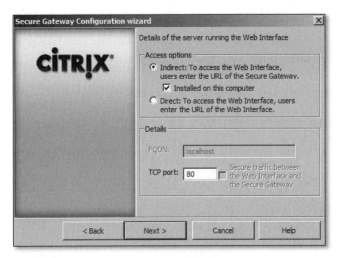

**Abbildung 7.76** Zugriff auf das Webinterface

Nach der Bestätigung der Protokollierungstiefe und einem Neustart des Dienstes ist die Installation und Konfiguration des Secure Gateways abgeschlossen. Um sicherzustellen, dass die Konfiguration erfolgreich war und alle Komponenten funktional sind, können Sie über das Windows-Startmenü die SECURE GATEWAY DIAGNOSTICS starten.

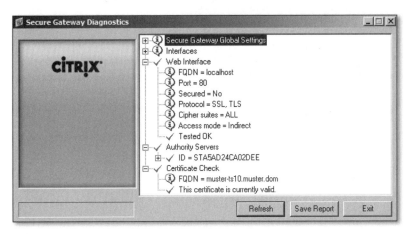

**Abbildung 7.77** Secure Gateway Diagnostics

Die Secure Gateway Diagnostics lesen die aktuellen Einstellungen aus und prüfen die einzelnen Komponenten auf ihre Funktionalität hin. Sie bieten somit einen guten Anhaltspunkt für eventuelle Konfigurationsfehler.

### 7.5.5 Konfiguration des Webinterfaces

Um das Secure Gateway nun auch für den Start von Anwendungen über das Webinterface zu nutzen, muss noch ein letzter Konfigurationsschritt erfolgen. Zunächst müssen Sie dem Webinterface über EINSTELLUNGEN FÜR SICHEREN ZUGRIFF BEARBEITEN mitteilen, dass es ein Gateway nutzen soll.

**Abbildung 7.78** Sicheren Zugriff bearbeiten

---

**Hinweis**

Ob das Secure Gateway nun *direkt*, *alternativ* oder *übersetzt* mit dem Terminalserver kommunizieren kann, hängt von der jeweiligen Netzwerkumgebung ab. Noch ein kleiner Tipp: Am besten stellen Sie sich vor, das Secure Gateway wäre der Client. Wie würde er kommunizieren?

---

Im letzten Schritt müssen Sie nun nur noch konfigurieren, wo das Secure Gateway zu finden ist, wie in den Abbildungen 7.79 und 7.80 dargestellt.

Sollte beim Verbindungsaufbau eine SSL-Fehlermeldung erscheinen, sollten Sie das Zertifikatsvertrauen der Clients prüfen. Sofern eine eigene CA für die Erstellung des Serverzertifikates genutzt wurde, müssen Sie das Root-Zertifikat auf allen Clients als *vertrauenswürdige Stammzertifizierungsstelle* für den *lokalen Computer* hinzufügen.

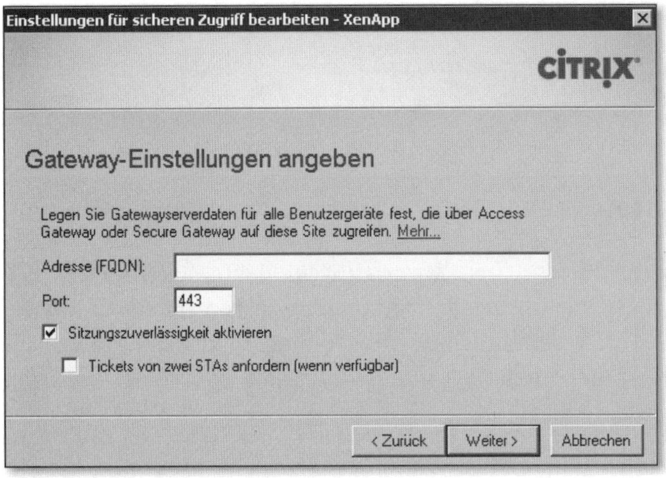

**Abbildung 7.79** FQDN für den Zugriff von außen

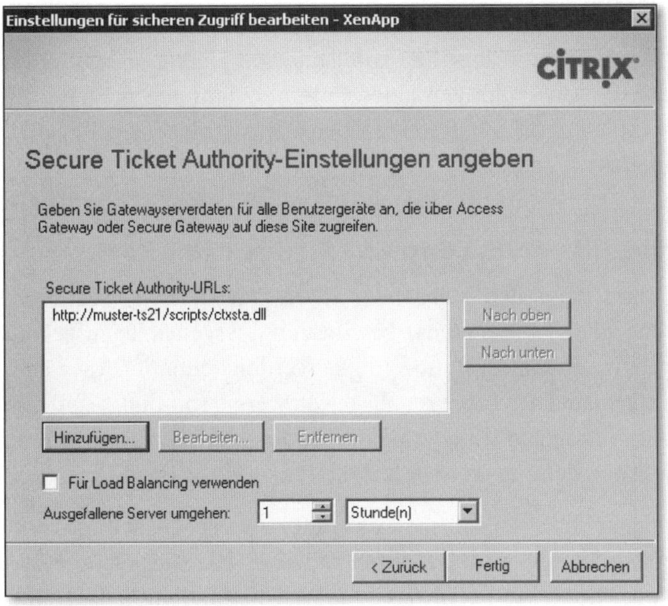

**Abbildung 7.80** STA-Konfiguration

Und nun, da die Konfiguration abgeschlossen ist, die schlechte Nachricht: Das Secure Gateway soll in seiner aktuellen Version 3.1 eingefroren werden und wird nicht mehr weiterentwickelt – sagt man. Das hat man allerdings auch schon bei der Version 3.0 des Secure Gateways gesagt. Fakt ist jedoch, dass das Secure Gateway bei Citrix unter strategischen Gesichtspunkten keine Rolle mehr spielt.

Sämtliche Funktionalitäten und Aufgaben sind vollständig auf das Access Gateway übergegangen.

Und die gute Nachricht? Mit diesem Thema geht es im nächsten Abschnitt weiter!

## 7.6 Access Gateway

Wie im letzten Abschnitt beschrieben, war das Secure Gateway lange Zeit die Komponente von XenApp, die für den gesicherten Zugriff von außen auf interne Ressourcen (in Form von veröffentlichten Anwendungen) zuständig war. Seit etwa vier Jahren wird es aber durch das Citrix Access Gateway in seinen verschiedenen Editionen ersetzt.

Bei diesem handelt es sich zum ersten Mal in der Geschichte von Citrix um ein Produkt, das nicht nur eine Software ist, sondern ebenfalls eine Hardwarekomponente bietet.

Wie der Produktname schon sagt, handelt es sich hierbei um eine Zugriffslösung auf interne Ressourcen. Während über XenApp zwar von jedem Ort mit einer Internetanbindung auf die Anwendungen eines Unternehmens zugegriffen werden kann, ist ein direkter Zugriff auf Dateien oder Dienste bisher im Regelfall einer VPN-Lösung überlassen geblieben.

### 7.6.1 SSL-VPN über das Access Gateway Standard (die Box)

Als ein de-facto-Standard hatte sich hierbei ein *IPSec-VPN* herausgebildet, bei dem über IPSec ein virtueller Tunnel zu der gewünschten Gegenstelle aufgebaut wird, durch den alle Daten verschlüsselt übertragen werden können. Dieser Tunnel funktionierte im Normalfall wie eine reguläre Netzwerkverbindung, der eine IP-Adresse zugewiesen werden und die wie jede andere Netzwerkverbindung zum Übertragen von Daten genutzt werden konnte.

Ein sehr großes Problem bei IPSec ist jedoch, dass hierfür zwei spezielle Protokolle, ESP und IKE, genutzt werden, die in den meisten Fällen an Firewalls nicht freigeschaltet sind. So kann es häufig vorkommen, dass eine VPN-Verbindung in das Unternehmensnetzwerk aus den Netzwerken von Partnern oder Kunden nicht aufgebaut werden kann, weil die benötigten Protokolle an der Firewall verweigert werden.

---

**Kleiner Tipp**

Für alle, die noch die alte Weiß-Rot-Gelb-Oberfläche des Access Gateways verwenden und gerne auch das in Abbildung 7.81 dargestellte Schwarz hätten – einfach auf Firmware 4.5.8 (oder höher) updaten.

---

**Abbildung 7.81** Anmeldemaske des Access Gateways

An dieser Stelle kommt die Funktionalität des Access Gateways zum Tragen. Hierbei wird nicht über IPSec verschlüsselt, sondern über SSL, wie es beispielsweise auch für Bestellungen im Internet oder beim Online-Banking genutzt wird. Da es sich bei SSL um eine Verschlüsselung auf der Ebene der Anwendungen handelt, kann es durch Ports übertragen werden, die im Regelfall auf jeder Firewall freigeschaltet sind. Der Standard-Port ist hierbei der von Secure Gateway bekannte Port 443. Somit wird beim Access Gateway allein durch die Nutzung dieses *universellen SSL-VPNs* eine weitaus größere Nutzbarkeit erreicht als bei IPSec-VPNs.

Wie auch beim Secure Gateway erfolgt der Aufbau des Tunnels über eine Anmeldung an einer Webseite, die dynamisch die benötigten Client-Komponenten zur Verfügung stellt, so dass keine manuelle Installation auf den Clients durchgeführt werden muss.

Sofern es sich beim Endgerät des Benutzers um seinen eigenen Rechner handelt, kann an dieser Stelle eine Client-Komponente lokal installiert werden, um bei späteren Anmeldungen den Weg über die Webseite zu vermeiden. Sollte es sich um einen öffentlichen PC, etwa in einem Internet-Cafe, handeln, könnte die Verbindung im Kioskmodus gestartet werden, bei der nur ein Java-Applet benötigt wird, das zur Laufzeit heruntergeladen und gestartet wird.

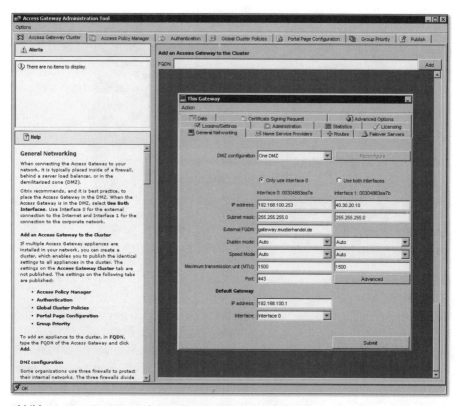

**Abbildung 7.82**  Die Netzwerkeinstellungen des Access Gateways

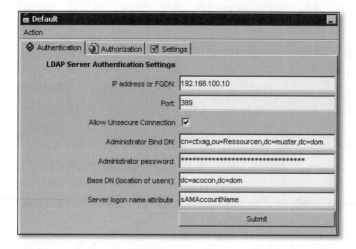

**Abbildung 7.83**  Authentifizierung über LDAP an einem Active Directory

Doch was ist nun der Vorteil für den XenApp? Der Vorteil liegt darin, dass Sie das Access Gateway Standard als Ersatz für das Secure Gateway einsetzen können und somit alle Funktionen des Access Gateways genutzt werden können. Eine dieser Funktionen ist beispielsweise eine rudimentäre Endpunktanalyse, bei der der Client nach vorher definierten Richtlinien geprüft wird und darauf basierend entschieden werden kann, welche Kommunikationsprotokolle für den Client zur Verfügung stehen.

In Bezug auf die VPN-Funktionalität des Access Gateways könnten Sie beispielsweise definieren, dass eine Replikation mit einem internen Mailserver nur dann erlaubt wird, wenn auf dem Client alle Sicherheits-Patches installiert sind und der Virenscanner auf einem aktuellen Stand ist. Ein Beispiel für die Konfigurationsrichtlinien ist in Abbildung 7.84 dargestellt.

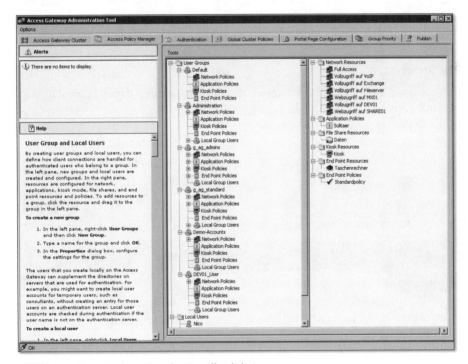

**Abbildung 7.84**   Konfiguration der Zugriffsrichtlinien

### 7.6.2   Der echte Mehrwert – Access Gateway Advanced (die Software)

Der echte Mehrwert des Access Gateways zeigt sich jedoch erst, wenn es in der Advanced Edition – sprich: mit den separaten Softwarekomponenten im Hintergrund – betrieben wird.

Ab diesem Zeitpunkt steht eine Vielzahl von definierbaren und erweiterbaren Filterkriterien zur Verfügung, um die Zugriffe der Benutzer bis in die Applikationsebene hinein zu konfigurieren. So besteht hierbei beispielsweise die Möglichkeit, den Benutzern ohne die Installation einer Clientsoftware einen rein browser-basierten Zugriff auf Office-Dokumente zu gewähren. Oder über den *LiveEdit*-Client auf dem Endgerät zu steuern, wie mit zur Verfügung gestellten Dokumenten gearbeitet werden kann: Können diese lokal gespeichert werden? Können diese gedruckt werden?

In Bezug auf die Integration mit XenApp könnten Sie beispielsweise definieren, dass unternehmenskritische Anwendungen auf dem Terminalserver nur von einem Unternehmensrechner aus gestartet werden können.

Auch die VPN-Funktionalitäten können Sie dahingehend erweitern, dass ein Tunnel zum internen Mailserver nur dann genutzt werden kann, wenn auf dem Endgerät ein aktueller Virenscanner installiert ist.

### Die Architektur

In Bezug auf die Architektur stellt sich das Access Gateway in der Form dar, dass es eine Kombination aus der Access Gateway Hardware und der Software (ehemals Advanced Access Controls – AAC) ist.

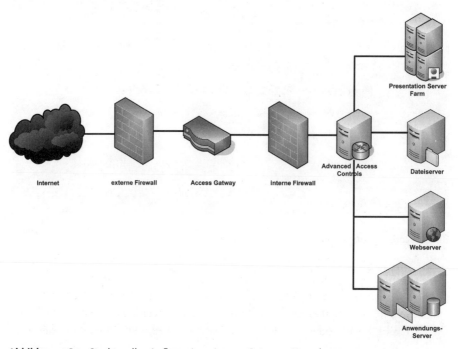

**Abbildung 7.85** Struktureller Aufbau einer Access-Gateway-Umgebung

Aus Sicht des externen Benutzers wird immer nur ein Zugriff auf das Access Gateway in der DMZ passieren, von dem aus die gestellten Anfragen an die AACs im internen Netzwerk weitergeleitet werden. Hier wiederum werden die Endgeräteanforderungen mit dem Zugriffsversuch abgeglichen und entschieden, ob der Zugriff gestattet wird oder nicht.

Um die Access-Gateway-Hardware in einen solchen Verbund aufzunehmen, müssen Sie innerhalb der Konfiguration nur eine entsprechende Option aktivieren und die IP-Adresse der AAC Servers angeben, wie in Abbildung 7.86 gezeigt.

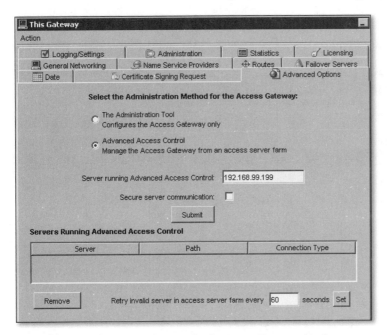

**Abbildung 7.86** Aktivieren der AAC für die Access-Gateway-Hardware

Ab diesem Zeitpunkt können Sie auf der Box selbst nur noch die Netzwerkkonfiguration ändern. Sämtliche anderen Einstellungen können Sie dann nur noch über die AAC vornehmen.

### Bereitstellung der Advanced Access Controls

Um die Advanced Access Controls (= Access Gateway Advanced Edition) in einem Netzwerk bereitzustellen, verwenden Sie nach Möglichkeit einen separaten Server und einen SQL-Server. Der Einsatz auf einem Terminalserver ist aus Leistungsgründen nicht empfehlenswert. Als SQL-Server kann sowohl ein bereits existierendes System oder eine lokale SQL 2005 Express Edition verwendet werden.

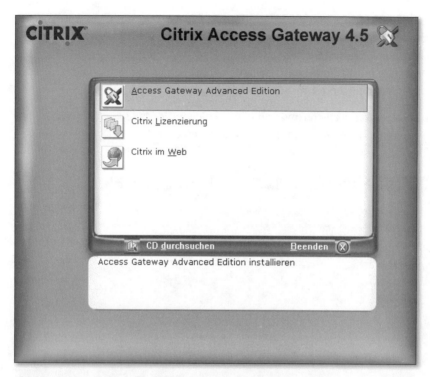

**Abbildung 7.87** Autorun der Access-Gateway-CD

Die eigentliche Installation der AACs gestaltet sich sehr reibungslos.

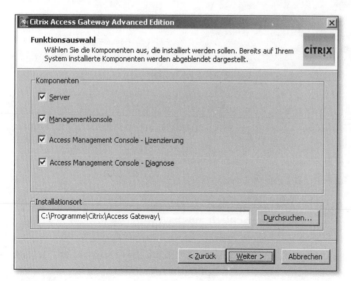

**Abbildung 7.88** Auswahl der Funktionen

Nach der Auswahl der gewünschten Funktionen ist die Installation durch einfaches Klicken von WEITER ohne größere Hindernisse zu bewältigen.

Die einzige kleine Besonderheit, die dem einen oder anderen im ersten Moment etwas merkwürdig vorkommen mag, ist die in Abbildung 7.89 dargestellte Hinweismeldung, die die Empfehlung ausspricht, die Produkte von Microsoft Office – mit Ausnahme von Microsoft Outlook – auf dem Serversystem zu installieren.

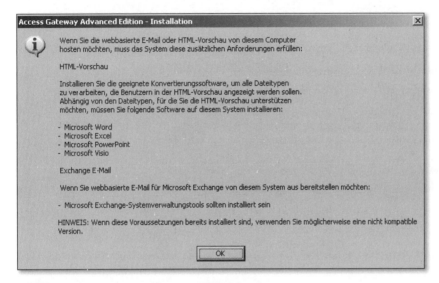

**Abbildung 7.89**   Hinweismeldung zur HTML-Vorschau

Hierbei handelt es sich um die eingangs beschriebene Funktion der clientlosen Betrachtung von Office-Dokumenten. Sofern ein Benutzer nur mit einem Browser auf die im Netzwerk abgelegten Office-Dokumente zugreifen möchte, nutzen die AACs ein lokal installiertes Microsoft Office, um aus den anwendungsspezifischen Dokumenten HTML-Dokumente zu erstellen. Diese wiederum können dann mit dem Browser betrachtet und gegebenenfalls ausgedruckt werden.

Nach Abschluss des Kopiervorganges beginnt die eigentliche Bereitstellung der Software, die Sie mittels der Option SERVERKONFIGURATION AUSFÜHREN starten können (siehe Abbildung 7.90). Hierbei müssen Sie im Wesentlichen ähnliche Informationen angeben, wie bei der Installation eines XenApp-Servers (siehe Abbildung 7.91). Diese Informationen umfassen etwa den Namen der Serverfarm, die gewünschten Dienstkonten oder die Auswahl der gewünschten Datenbank (siehe Abbildung 7.92).

**Abbildung 7.90** Abschluss der Installation, Start der Konfiguration

**Abbildung 7.91** Neue Access-Serverfarm erstellen

**Abbildung 7.92** Konfiguration der Datenbankverbindung

Wie bei jedem Citrix-Produkt ist natürlich auch beim Access Gateway ein entsprechender Lizenzserver mit gültigen Lizenzen anzugeben. Die Konfiguration der Webseiten wiederum geschieht weitestgehend automatisch, so dass Sie an dieser Stelle im Regelfall die Vorgabeeinstellungen nutzen können.

Nach dem Anschluss der Basiskonfiguration ist die initiale Bereitstellung abgeschlossen, und Sie können das System über die Access Management Console verwalten, wie in Abbildung 7.93 dargestellt.

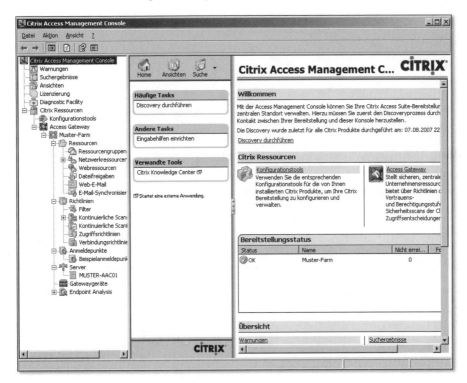

**Abbildung 7.93** Access Gateway in der AMC

### Bereitstellen eines neuen Anmeldepunktes

Der Einstiegspunkt für die Benutzer, die auf die Lösung zugreifen sollen, ist ein sogenannter *Anmeldepunkt* (engl. Logon Point). Das Access Gateway unterstützt mehrere Anmeldepunkte, die einfach über unterschiedliche URLs adressiert werden. Die Erstellung eines neuen Anmeldepunktes können Sie in der AMC über den entsprechenden Kontextbefehl ausführen (siehe Abbildung 7.94).

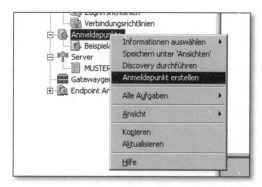

**Abbildung 7.94** Anmeldepunkt erstellen

Nach der Benennung des Anmeldepunktes, der Auswahl der Anmeldeseite und der Authentifizierung können Sie die vorhandenen XenApp- und XenDesktop-Farmen konfigurieren.

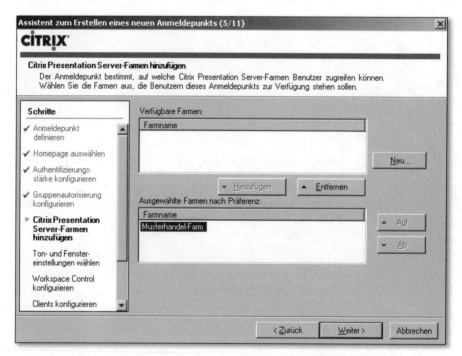

**Abbildung 7.95** Konfiguration von XA-/XD-Farmen

Die Konfiguration der Serverfarmen geschieht hierbei nach dem bekannten Schema der Definition von Servern und ihren XML-Diensten.

> **Achtung**
>
> An dieser Stelle kann es notwendig sein, auf den XenApp-Servern die Option AN DEN XML-DIENST GESENDETEN ANFRAGEN VERTRAUEN zu setzen. Dies ist davon abhängig, ob eine direkte Authentifizierung der AAC-Systeme gegenüber dem Terminalserver möglich ist oder nicht.

Da es sich bei dem Access Gateway um eine Webanwendung handelt, können Sie im Folgenden auch die bereits bekannten Konfigurationen der Clients, der Verbindungseinstellungen und des Workspace Controls festlegen.

Sehr interessant ist im letzten Konfigurationsschritt die Option des externen Zugriffes über ein Gateway-Gerät. Im Standard ist diese Option deaktiviert, so dass eine Verbindung aus dem Internet nicht möglich ist. Soll dies jedoch ermöglicht werden, müssen Sie diese Option aktivieren (siehe Abbildung 7.96).

**Abbildung 7.96**   Externen Zugriff zulassen

Nach der Bestätigung des Assistenten folgt eine sehr wichtige Hinweismeldung.

**Abbildung 7.97**   Hinweis über die Bereitstellung des Anmeldepunktes

Der Anmeldepunkt wurde zwar erstellt, jedoch muss er über die Serverkonfiguration noch, wie beschrieben, bereitgestellt werden (siehe Abbildung 7.98).

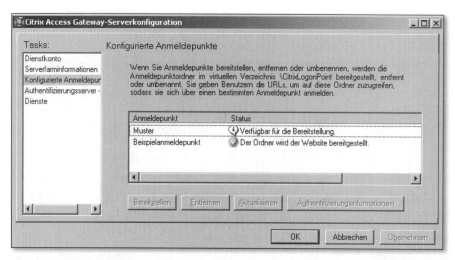

**Abbildung 7.98** Bereitstellung über die Serverkonfiguration

Anschließend kann mit einem Browser auf den Logon Point zugegriffen werden.

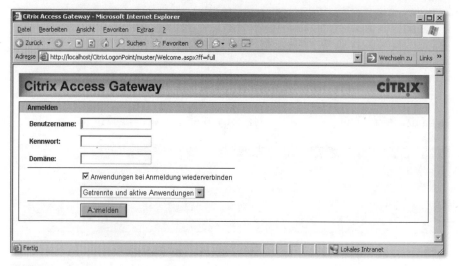

**Abbildung 7.99** Der neue Logon Point

**Abbildung 7.100**  Logon Point mit neuer Optik

Der Pfad hierfür ist *http://[Servername]/CitrixLogonPoint/[Anmeldepunktname]*. Sogar eine Anmeldung kann hieran schon erfolgen. Die im Anschluss gezeigten Inhalte sind jedoch noch überschaubar. Man könnte auch sagen, sie beschränken sich auf eine leere Seite, von der man sich aber wieder abmelden kann, wie in Abbildung 7.101 dargestellt.

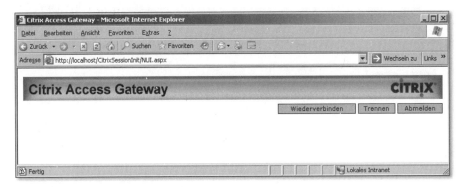

**Abbildung 7.101**  Die noch leere Seite

Somit müssen wir im nächsten Schritt ein paar Ressourcen definieren, auf die von den Benutzern zugegriffen werden soll.

### Veröffentlichen von Ressourcen

Um nun Ressourcen innerhalb des Access Gateway Portals (auch NavUI genannt – Navigation User Interface) anzuzeigen, verwenden Sie die AMC, um diese zunächst zu definieren.

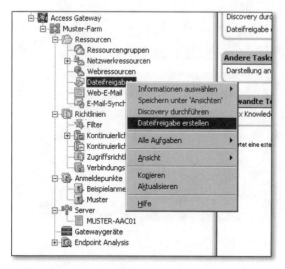

**Abbildung 7.102**   Erstellen einer neuen Dateifreigabe

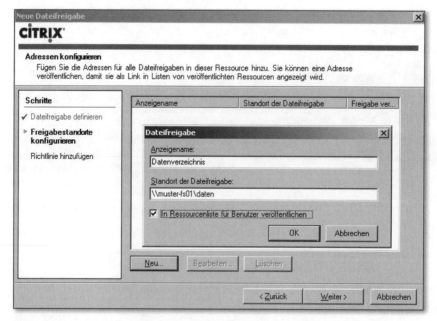

**Abbildung 7.103**   Konfigurieren der Pfade

Nach der Definition des Namens und des gewünschten Pfades können Sie Zugriffsrichtlinien konfigurieren, die definieren, welche Benutzer(gruppen) unter welchen Bedingungen einen Zugriff bekommen sollen. Für den Einstieg empfiehlt sich zunächst das automatische Erstellen einer Standardrichtlinie.

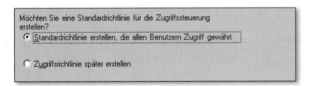

**Abbildung 7.104**   Standardrichtlinie erstellen

Meldet sich nun ein Benutzer an der Seite an, bekommt er das in Abbildung 7.105 gezeigte Bild zu sehen und kann nun auch das *Datenverzeichnis* öffnen.

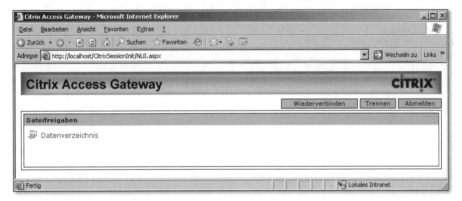

**Abbildung 7.105**   NavUI mit Dateifreigabe

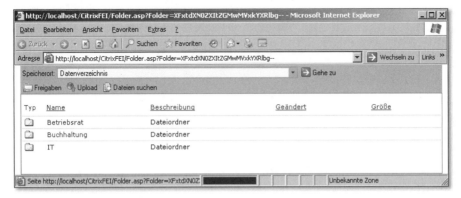

**Abbildung 7.106**   Inhalt des Datenverzeichnisses

Analog zu Dateifreigaben können Sie natürlich auch Webressourcen veröffentlichen.

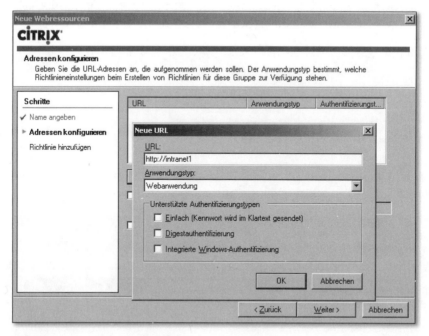

**Abbildung 7.107** Neue Webressource

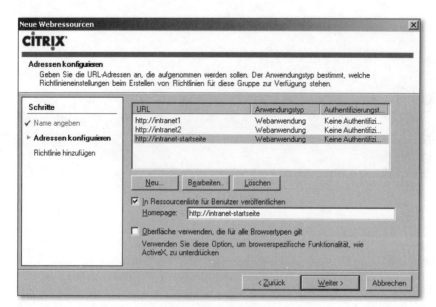

**Abbildung 7.108** URLs und der Eintrag in der Ressourcenliste

Im Vergleich zu Dateiressourcen haben Webressourcen jedoch die kleine Besonderheit, dass mehrere URLs für einen in der Ressourcenliste dargestellten Link eingetragen werden können. Der Hintergrund hierfür ist, dass in vielen Fällen von Webseiten viele unterschiedliche URLs genutzt werden.

Betrachten Sie etwa Seiten wie Amazon oder Ebay etwas genauer, so sehen Sie dort auch, dass beispielsweise für Bilder oder Medieninhalte andere URLs genutzt werden. Die URL-Liste in der Webressource ist der Weg, solche Fälle abzubilden.

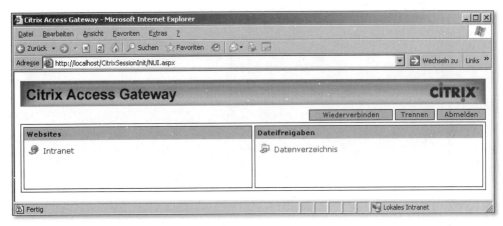

**Abbildung 7.109**  NavUI mit Datei- und Webressourcen

### Veröffentlichen von XenApp-Anwendungen

Aber wie kommen jetzt die XenApp-Anwendungen auf die Seite? Gibt es einen Menüpunkt »XenApp-Ressourcen«? Nein – der Weg führt wieder einmal über das Webinterface.

Als Erstes müssen Sie eine neue Webinterface-Seite erstellen, deren Authentifizierungspunkt *Access Gateway* ist, wie in Abbildung 7.110 dargestellt.

Anschließend legen Sie eine neue Webressource an, deren Anwendungstyp CITRIX WEBINTERFACE 4.2 ODER HÖHER sein muss. Dies sehen Sie in Abbildung 7.112.

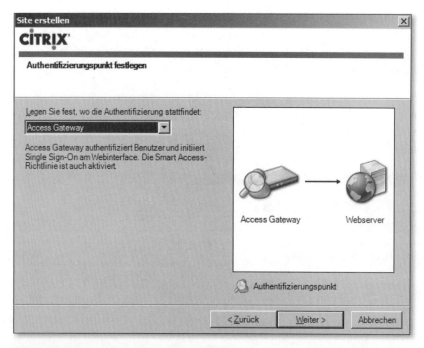

**Abbildung 7.110** Authentifizierungspunkt festlegen

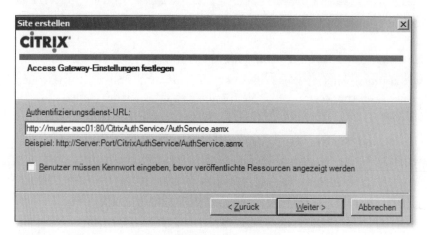

**Abbildung 7.111** Access Gateway-Einstellungen festlegen

Natürlich sollten Sie auch diese Ressourcen in die Liste der Benutzer einblenden. Das Ergebnis finden Sie in Abbildung 7.113.

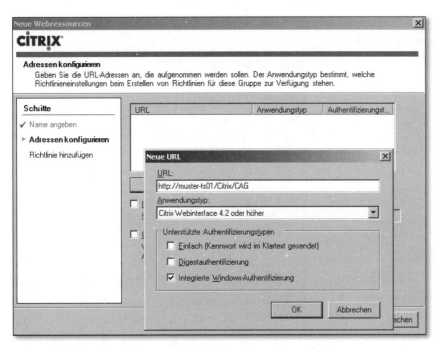

**Abbildung 7.112**  Webinterface-Webressource

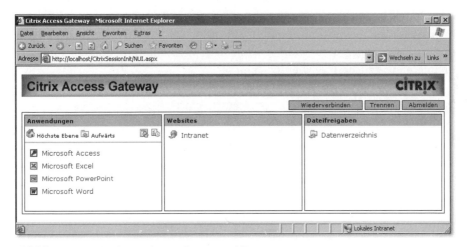

**Abbildung 7.113**  NavUI mit Anwendungen und Ressourcen

### Arbeiten mit Richtlinien

Nachdem die Ergebnisse mittlerweile dem entsprechen, was man sich von einer solchen Lösung erhoffen würde, ist es nun an der Zeit, dass wir uns etwas genauer mit den Richtlinien auseinandersetzen.

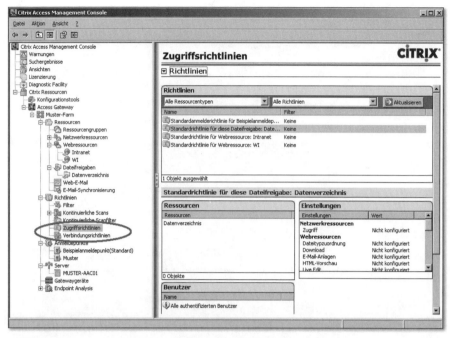

**Abbildung 7.114** Richtlinien

Grundsätzlich werden in der AMC zwei Arten von Richtlinien unterschieden – Zugriffsrichtlinien und Verbindungsrichtlinien. Die Zugriffsrichtlinien definieren, *auf was* zugegriffen werden kann. Die Verbindungsrichtlinien hingegen definieren *wie* zugegriffen werden kann.

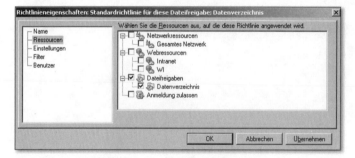

**Abbildung 7.115** Ressourcen einer Zugriffsrichtlinie

**Hinweis**

Etwas verwirrend ist an dieser Stelle, dass beide Arten von Richtlinien jeweils unter beiden Menüpunkten angezeigt werden. Einzige Orientierungshilfe ist hierbei, dass die Verbindungsrichtlinien einen blauen »Plöppi« auf ihrem Symbol haben.

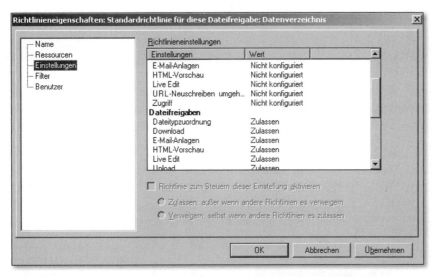

**Abbildung 7.116** Zugewiesene Berechtigungen in einer Zugriffsrichtlinie

In einer Verbindungsrichtlinie dreht sich primär alles um die Berechtigungen einer SSL-VPN-Verbindung und deren Konfiguration, wie in Abbildung 7.117 dargestellt.

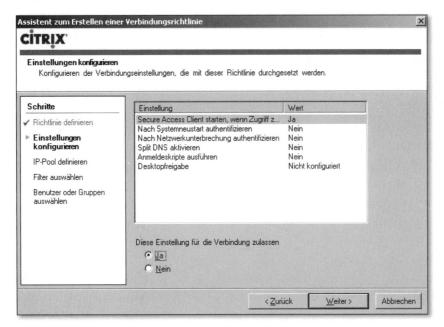

**Abbildung 7.117** Einstellungen einer Verbindungsrichtlinie

Das Interessante an beiden Typen von Richtlinien ist jedoch, dass sie durch die Konfiguration von Filtern eingeschränkt oder *gefiltert* werden können.

### Scans und Filter

Um einen Filter auf eine Richtlinie anwenden zu können, müssen Sie zunächst die gewünschten Filterkriterien abprüfen. Ein mögliches Filterkriterium könnte beispielsweise ein Service Pack oder ein Virenscanner auf dem Endgerät sein.

Um diese Information zu sammeln, führen Sie auf dem Endgerät einen entsprechenden *Scan* aus. Die durchzuführenden Scans wiederum können Sie in der AMC im Bereich der Endpunktanalyse (EPA) definieren.

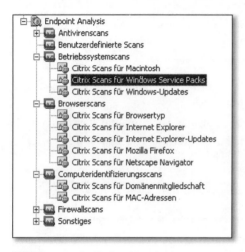

**Abbildung 7.118**   Endpunktanalyse

Ein Beispiel für einen Scan auf einen Service-Pack-Stand ist in Abbildung 7.119 dargestellt.

Im Anschluss können Sie im Bereich RICHTLINIEN • FILTER einen neuen Filter erstellen, der die Ergebnisse der Endpunktanalyse nutzt (siehe Abbildung 7.120).

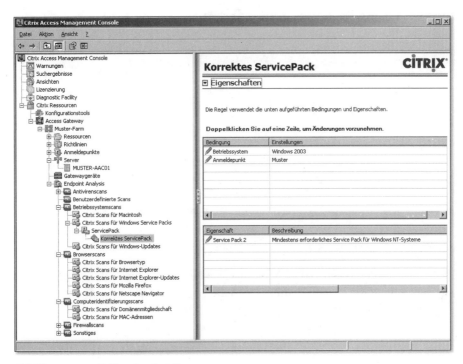

**Abbildung 7.119** Prüfwerte eines Scans

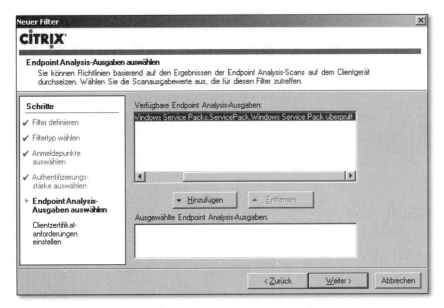

**Abbildung 7.120** Neuer Filter für den Scan auf das Service Pack

Diesen Filter wiederum können Sie als Filterkriterium in eine Richtlinie einbinden.

**Abbildung 7.121** Gefilterte Zugriffsrichtlinie für den Zugriff auf das Datenverzeichnis

Nochmal zusammengefasst – was haben wir gemacht?

In den ersten Schritten haben wir eine Ressource für die Datenverzeichnisse angelegt und eine Zugriffsrichtlinie erstellen lassen, die den Benutzern einen Zugriff darauf gewährt.

Anschließend haben wir einen Scan definiert, der die Endgeräte auf ihr installiertes Service Pack prüft. Genau genommen einen Scan, der bei Windows 2003 prüft, ob Service Pack 2 installiert ist. Dieser Scan meldet somit salopp gesagt »ja« oder »nein«.

Basierend auf dem Ergebnis des Scans haben wir einen Filter definiert. Dieser wurde den Zugriffsrichtlinien zugewiesen und filtert diese nun. Ist auf dem jeweiligen Endgerät ein Windows 2003 ohne Service Pack 2 im Einsatz, schlägt der Filter an und filtert die Richtlinie, die den Zugriff auf die Datenverzeichnisse gewährt. *Filtert* bedeutet in diesem Zusammenhang, die Richtlinie kann ohne Service Pack 2 nicht angewendet werden, und der Zugriff auf die Ressource wird nicht gestattet.

Das Ergebnis wäre somit, dass die Ressource *Datenverzeichnis* im NavUI nicht angezeigt würde.

### Filter und XenApp

Nachdem jetzt auch klar ist, wie Filter funktionieren, stellt sich die Frage, wie sie sich auf den XenApp auswirken. Die Antwort ist einfach – sie können Sie direkt in einer veröffentlichten Anwendung nutzen.

**Abbildung 7.122**  Zugriffssteuerung einer veröffentlichten Anwendung

In den Eigenschaften der Anwendung können Sie unter dem Punkt ZUGRIFFS-STEUERUNG eintragen, aus welcher Access-Gateway-Farm welcher Filter erfüllt sein muss, damit die Anwendung zur Verfügung steht.

Konkret auf das vorliegende Beispiel bezogen, bedeutet dies, dass Excel nur dann angezeigt wird, wenn auf dem Endgerät mit Windows 2003 wenigstens Service Pack 2 installiert ist.

Wohl gemerkt: Wenn es sich bei dem Endgerät um ein Windows-2003-System handelt! Für andere Systeme ist der Scan nicht aktiviert gewesen und müsste separat angelegt werden. Dies ist auch sehr sinnvoll, da für unterschiedliche Systeme unterschiedliche Service-Pack-Nummern aktuell sind.

Somit schließt sich an dieser Stelle der Kreis und die Anforderungen an eine sichere und flexible Zugriffsinfrastruktur können vollständig erfüllt werden.

### 7.6.3    High-End – das Access Gateway Enterprise

Ergänzend zu den in den letzten beiden Abschnitten vorgestellten Access-Gateway-Editionen existiert noch eine dritte – die Enterprise Edition. Hierbei handelt es sich vom System her jedoch um eine vollständig andere Basis, da dieses Produkt der NetScaler-Welt entspringt.

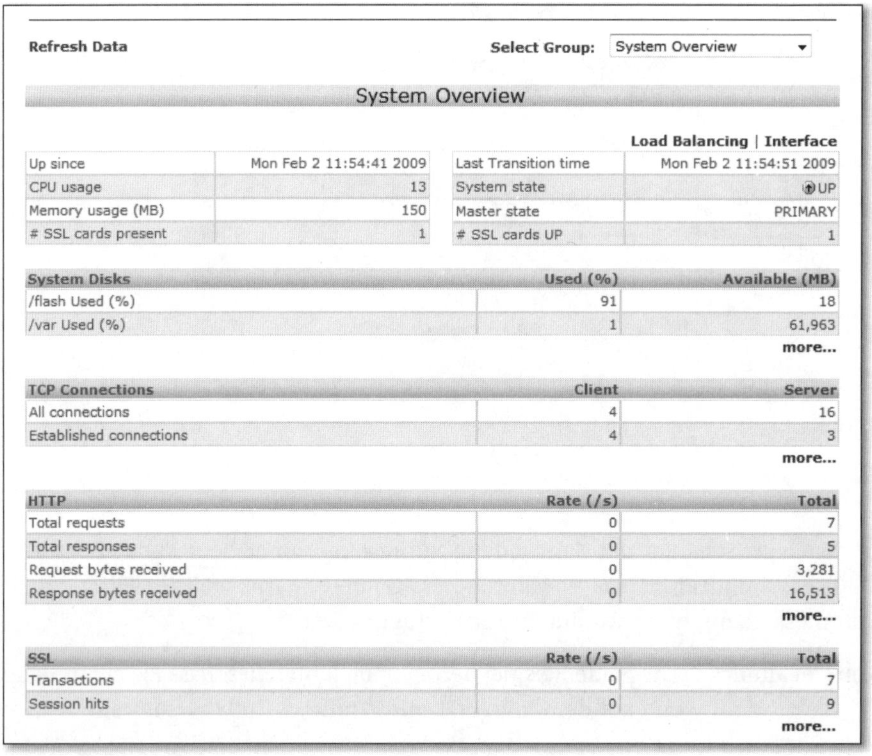

**Abbildung 7.123** Systemübersicht von Access Gateway Enterprise

Bei den Citrix-NetScaler-Produkten handelt es sich um sehr große und leistungsstarke Netzwerkinfrastruktur-Komponenten, die diverse Aufgaben in Bezug auf
Zugriffe und Bandbreitenoptimierung erfüllen können.

Auch im Hinblick auf ihre Access-Gateway-Funktionalitäten sind diese Geräte die
mit Abstand fortschrittlichsten. So bieten sie beispielsweise eine echte Hochverfügbarkeit oder auch globales Load Balancing, über das Zugriffe nicht nur zwischen »Boxenpärchen«, sondern auch zwischen geclusterten Systemen an unterschiedlichen Standorten verteilt werden können. Auch bei der Integration der
Richtlinien in den XenApp und XenDesktop sind die aktuellen Versionen den
beiden anderen Editionen jeweils einen Schritt voraus. Dafür ist die Administration jedoch nicht direkt vergleichbar und bedarf einer besonderen Einarbeitung.

Da im Rahmen der XenApp Platinum Edition zwar auch die Lizenzen für die Enterprise Edition enthalten sind, die Hardware jedoch separat erworben werden muss,
während die Softwarekomponente der Advanced Edition Bestandteil ist, wird die
Enterprise Edition an dieser Stelle nicht weiter behandelt. Weitere Informationen
zu diesem Thema finden sich unter *http://www.citrix.com/netscaler*.

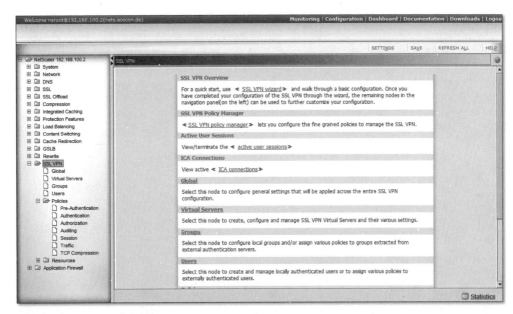

**Abbildung 7.124**  Regelwerke

### 7.6.4    Was bietet die XenServer Platinum Edition?

Nun ist dieses Buch aber keines zum Thema Access Gateway, sondern über den XenApp und XenDesktop. Der Grund, warum dieses Thema hier trotzdem behandelt wird, ist einfach – XenApp Platinum und XenDesktop Platinum beinhalten die Zugriffslizenzen für das Access Gateway in Form einer Universal CAL, die mit allen Editionen des Access Gateways eingesetzt werden kann. Einzig die jeweilige Hardware ist entsprechend den Unternehmensanforderungen separat zu beziehen.

Vor diesem Hintergrund und dem deutlichen Mehrwert, der sich durch den Einsatz des Access Gateways in einer XenApp-Umgebung ergibt, sollten Sie dessen Einsatz auf jeden Fall evaluieren.

## 7.7    Webinterface for SharePoint (WISP) 2007

Um dem Thema Webzugriffe und Webseiten nun noch die Krone aufzusetzen, wollen wir auch das Thema *Integration in eine vorhandene Portallösung* betrachten.

Eine im Microsoft-Umfeld sehr verbreitete Lösung ist natürlich der SharePoint Server bzw. sind die SharePoint Services. Die Idee hinter diesen Lösungen ist die zentrale und personifizierte Bereitstellung von Anwendungen und Informationen über eine Webseite. Bei dieser Strategie ist es nur konsequent, auch die Xen-App-Ressourcen mit einzubinden, wie in Abbildung 7.125 dargestellt.

> **Hinweis**
>
> Gleiches gilt selbstverständlich auch für das IBM-WebSphere-Portal, das ebenfalls mit einem entsprechenden Citrix-Portlet versehen werden kann.

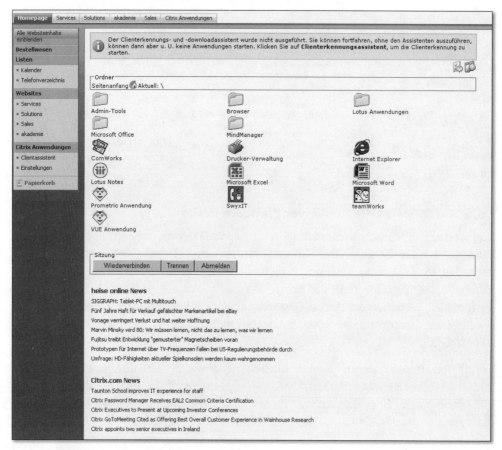

**Abbildung 7.125** Integration der veröffentlichten Anwendungen über WISP

Um diese Anforderungen zu erfüllen, können Sie auf der MyCitrix-Internetseite das *Webinterface für Microsoft SharePoint* oder kurz *WISP* herunterladen. Hierbei handelt es sich um eine Webanwendung, die in Form von mehreren Dateien daherkommt.

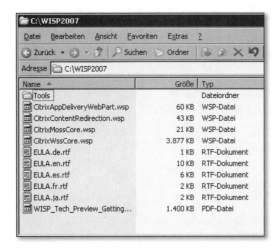

**Abbildung 7.126**   Die Dateien und Verzeichnisse des WISPs

Im ersten Schritt sollten Sie diese Dateien auf einen SharePoint Server kopieren, wo Sie sie dann zunächst mit administrativen Berechtigungen als Funktion hinzufügen können. Hierzu können Sie die folgenden Befehle verwenden:

- `stsadm -o addsolution -filename CitrixWssCore.wsp`

- `stsadm -o addsolution -filename CitrixMossCore.wsp`

- `stsadm -o addsolution -filename CitrixContentRedirection.wsp`

- `stsadm -o addsolution -filename CitrixAppDeliveryWebPart.wsp`

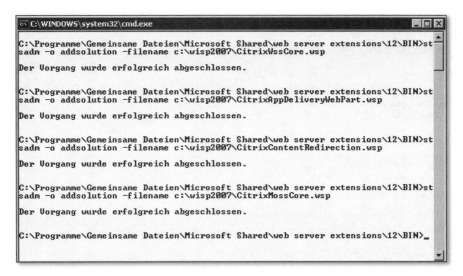

**Abbildung 7.127**   Installation der Funktionen

Anschließend müssen Sie die Funktionen jeweils bereitstellen. Dies tun Sie über die in Abbildung 7.128 dargestellte Lösungsverwaltung innerhalb der Share-Point-Zentraladministration unter dem Punkt VORGÄNGE • LÖSUNGSVERWALTUNG.

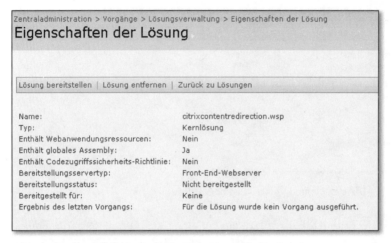

**Abbildung 7.128** Bereitstellen der Lösungen

Hierbei muss die Lösung *CitrixWssCore.wsp* als erste bereitgestellt werden.

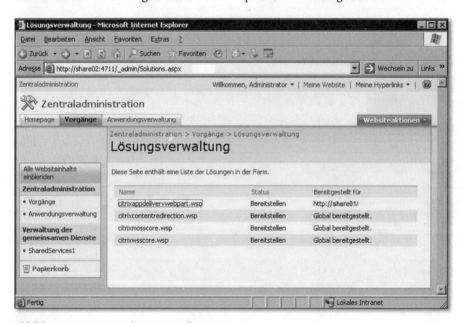

**Abbildung 7.129** Status der Bereitstellung

Wie in Abbildung 7.129 dargestellt, können Sie anschließend den Status der Bereitstellung einsehen. Der Vorgang kann, abhängig von der Größe der SharePoint-Farm, einige Zeit in Anspruch nehmen.

Sobald der Status für alle Komponenten auf GLOBAL BEREITGESTELLT gewechselt ist, fahren Sie mit dem nächsten Schritt fort, bei dem Sie über die Startseite des Portals über die Option WEBSITEAKTIONEN • WEBSITEEINSTELLUNGEN die Verwaltung der WEBSITESAMMLUNGS-FEATURES vornehmen.

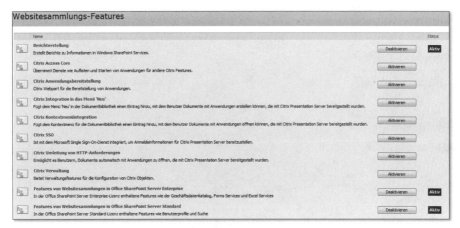

**Abbildung 7.130**  Websitesammlungs-Features

An dieser Stelle können Sie die Citrix-Features aktivieren. Bei einem anschließenden Blick in die WEBSITEFEATURES lassen sich diese dann entsprechend auch aktivieren.

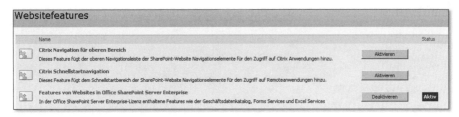

**Abbildung 7.131**  Websitefeatures

Direkt nach diesen Aktivierungen erscheinen neue Navigationspunkte auf der Portalseite und in der LEISTE FÜR HÄUFIG VERWENDETE HYPERLINKS. Wie in Abbildung 7.132 dargestellt, geschieht diese Integration bereits nahtlos.

Um diese Navigationspunkte nutzen zu können, müssen Sie sie zunächst wieder über die WEBSITEEINSTELLUNGEN konfigurieren (siehe Abbildung 7.133).

**Abbildung 7.132** Integration in die Navigation

**Abbildung 7.133** Citrix-Verwaltung

Für diese Einstellungen können wir allgemein festhalten, dass sie quasi den Einstellungen der anderen webbasierten Clients entsprechen. Zusätzlich enthalten sie die Konfigurationen für die Integration von Dateitypen mit den Remoteanwendungen, wobei diese relativ selbsterklärend daherkommen.

Sofern alle Einstellungen korrekt konfiguriert wurden, können die Links genutzt werden, um die bereitgestellten Anwendungen aufzurufen.

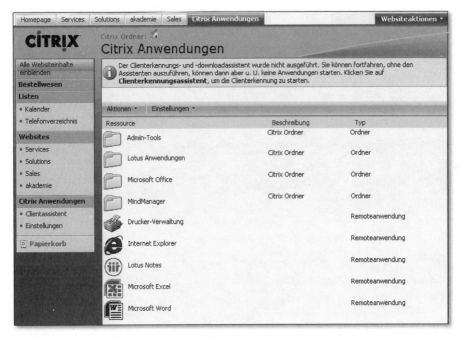

**Abbildung 7.134** Inhalt des Anwendungslinks

Darüber hinaus existiert natürlich auch die eingangs dargestellte Möglichkeit, die Anwendungen in einem Webpart an einer beliebigen Stelle des Portals anzuzeigen.

Somit ist die Integration der beiden Produkte an dieser Stelle sehr nahtlos und mit verhältnismäßig geringem Aufwand zu realisieren.

---

**Hinweis**

Um dem Ganzen aber noch die Krone aufzusetzen: Selbstverständlich können Sie eine solche Lösung mit dem SharePoint Server und WISP auch über ein Access Gateway als Webressource definieren und bereitstellen. Sogar eine Nutzung dieser Seite als Alternative zum *NavUI* der Advanced Access Controls ist problemlos möglich.

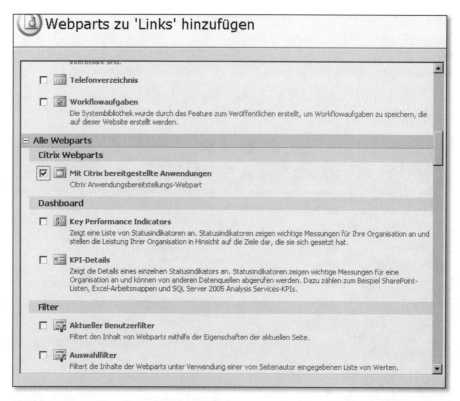

**Abbildung 7.135** Hinzufügen des Citrix Webparts

## 7.8 Password Manager

Nachdem wir die Themen Softwareverteilung, Überwachung und Webzugriff nun umfassend behandelt haben, sollte auch das Thema Sicherheit nicht zu kurz kommen.

Wenn das Thema Sicherheit angesprochen wird, denken viele im ersten Moment an Firewalls, Verschlüsselung und bombensichere Rechenzentren. Alle diese Gedanken sind natürlich begründet und durchaus korrekt, aber spätestens, wenn man nach Feierabend durch die Büros eines Unternehmens geht, wird man mit einem weitaus größeren Sicherheitsrisiko konfrontiert, als man es sich je hätte träumen lassen – gelbe Zettel mit Anmeldedaten und Passwörtern darauf!

**Hinweis**

Um die Problematik zu verdeutlichen: Ein typischer Benutzer hat heutzutage etwa 15 Kennwörter, die er sich merken muss. Um sich hierbei das Leben etwas leichter zu machen, hat er im Kern zwei Möglichkeiten, die aber keineswegs eine befriedigende Lösung für die Sicherheit darstellen.

Die erste Möglichkeit ist, dass er überall das gleiche Kennwort verwendet. Dieses kann er sich gut merken, aber aus Sicht des Unternehmens ist es wenig wünschenswert, dass ein Benutzer bei dem Zugriff auf die Personal- oder Kundendatenbank die gleichen Anmeldedaten verwendet wie bei seinem Freemailer-Konto.

Die zweite Möglichkeit ist, dass der Benutzer immer unterschiedliche Kennwörter verwendet, sich diese aber nicht merken kann (denken Sie an die berühmt-berüchtigten gelben Zettel am Bildschirm).

Wie könnte jetzt aber ein Ausweg aus dieser Misere aussehen? Ganz einfach. Das Leben des Benutzers muss erleichtert werden.

Ein möglicher Ansatz hierbei wäre der Einsatz einer Single-Sign-on-Lösung, bei der dem Benutzer die Möglichkeit gegeben werden kann, seine Kennwörter von einem zentralen Dienst verwalten zu lassen, so dass er sie sich nicht merken muss. Der Citrix Password Manager bietet eine solche Lösung, bei der alle Benutzerkennwörter für diverse Anwendungen in einem benutzerbezogenen, zentralen Speicher abgelegt werden können und bei Bedarf – also bei Zugriff auf die jeweilige Anwendung – automatisiert eingetragen werden können. Auch automatische Kennwortänderungen sind möglich.

Eine aus Unternehmenssicht interessante Funktion ist der Einsatz von Kennwortrichtlinien, die die Benutzerpasswörter automatisiert in den einzelnen Anwendungen ändern und pflegen, so dass der Benutzer seine eigenen Anwendungskennwörter nicht einmal mehr selbst kennen muss. Nur seine primäre Windows-Anmeldung muss ihm bekannt sein.

Diese Möglichkeit öffnet für das Unternehmen beispielsweise auch die Tür, einen Benutzer bei dem Verlassen des Unternehmens an nur einer Stelle deaktivieren zu müssen und trotzdem direkt den Zugriff auf alle Systeme zu verweigern. Da er seine Kennwörter nicht mehr kennt, kann er sich auch nicht anmelden.

Insbesondere der hohe Integrationsgrad mit dem XenApp macht den Password Manager zu einer sinnvollen Erweiterung einer zentralen Anwendungsbereitstellungslösung.

### 7.8.1 Bereitstellung eines zentralen Speichers

Als erster Schritt der Installation müssen Sie den zentralen Kennwortspeicher erstellen. Hierfür stehen grundsätzlich drei Varianten zur Auswahl:

▶ **NTFS-Freigabe**

Im einfachsten Fall erstellen Sie auf einem Server eine neue NTFS-Freigabe, die die Konfigurationen und Kennwortspeicher der Benutzer in verschlüsselter Form enthält. Diese Variante ist die reibungsloseste, da sowohl die Erstellung als auch die Entfernung problemlos und ohne Wechselwirkungen mit anderen Systemen passieren kann.

▶ **Active Directory**

Die Variante, die Informationen im Active Directory zu hinterlegen, ist eine sehr leistungsstarke und dem AD entsprechend ausfallsichere Form des zentralen Speichers. Ein häufiger Grund, diese Variante, insbesondere in der Pilotierung, nicht zu nutzen, ist die Tatsache, dass hierfür das Schema des Active Directorys erweitert werden muss, was oftmals nicht gewünscht ist.

▶ **Novell-Freigabe**

Die Novell-Freigabe entspricht in etwa der NTFS-Freigabe, nur für den Einsatz auf einem Novell Server.

Wie so häufig, können Sie die Installation über die Autorun-Funktion der XenApp-DVD starten. Nach der Auswahl der Platinum Edition und der Single-Sign-on-Lösung startet die Installation des Password Managers.

**Abbildung 7.136** Installation

Über den Installationsassistenten können Sie unter ZENTRALER SPEICHER die gewünschte Variante direkt auswählen.

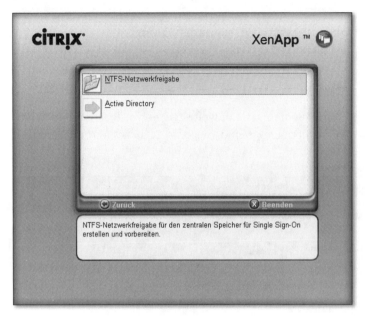

**Abbildung 7.137**  Zentralen Speicher erstellen

Wählen Sie hierbei etwa die Option der NTFS-NETZWERKFREIGABE, erstellt der Assistent automatisch die entsprechenden Strukturen.

**Abbildung 7.138**  NTFS-Netzwerkfreigabe

Nach der Bereitstellung des zentralen Speichers und der Synchronisationsfreigabe fahren Sie mit der Installation des Password-Manager-Dienstes fort.

## 7.8.2 Installation des Password-Manager-Dienstes

Der Password-Manager-Dienst bietet diverse zentrale Funktionalitäten für den Password Manager, wie etwa eine Provisioning-Komponente oder ein Modul für die Nachverfolgung von Kennwortänderungen.

Die Installation der Komponenten verläuft weitestgehend selbsterklärend, einzig bei der Auswahl der Komponenten sind die entsprechenden Anforderungen abzubilden.

**Abbildung 7.139** Auswahl der Komponenten

---

**Hinweis**

Einige dieser Komponenten benötigen ein installiertes Zertifikat auf dem Zielsystem, da sowohl für die Verschlüsselung als auch für die Authentifizierung auf Zertifikate zurückgegriffen wird.

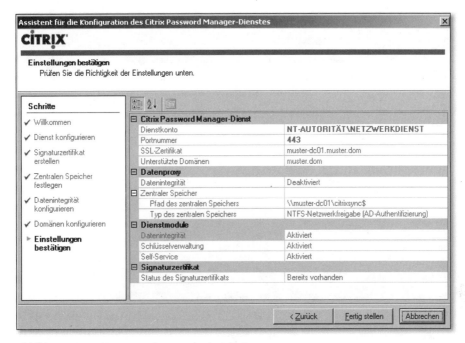

Abbildung 7.140 | Zusammenfassung der Installation

Within the image:

Assistent für die Konfiguration des Citrix Password Manager-Dienstes

CITRIX

**Einstellungen bestätigen**
Prüfen Sie die Richtigkeit der Einstellungen unten.

| Schritte | | |
|---|---|---|
| ✓ Willkommen | □ **Citrix Password Manager-Dienst** | |
| | Dienstkonto | **NT-AUTORITÄT\NETZWERKDIENST** |
| ✓ Dienst konfigurieren | Portnummer | **443** |
| ✓ Signaturzertifikat erstellen | SSL-Zertifikat | muster-dc01.muster.dom |
| | Unterstützte Domänen | muster.dom |
| ✓ Zentralen Speicher festlegen | □ **Datenproxy** | |
| | Datenintegrität | Deaktiviert |
| ✓ Datenintegrität konfigurieren | □ Zentraler Speicher | |
| | Pfad des zentralen Speichers | \\muster-dc01\citrixsync$ |
| ✓ Domänen konfigurieren | Typ des zentralen Speichers | NTFS-Netzwerkfreigabe (AD-Authentifizierung) |
| ► **Einstellungen bestätigen** | □ **Dienstmodule** | |
| | Datenintegrität | Aktiviert |
| | Schlüsselverwaltung | Aktiviert |
| | Self-Service | Aktiviert |
| | □ **Signaturzertifikat** | |
| | Status des Signaturzertifikats | Bereits vorhanden |

< Zurück   Fertig stellen   Abbrechen

### 7.8.3 Installation der Verwaltungskonsole

Um die Umgebung schlussendlich auch verwalten zu können, müssen Sie selbstverständlich auch die Delivery Center Console mit installieren. Wie Sie sich vielleicht erinnern, ist die Verwaltungskonsole des Password Managers bereits in der DSC von XenApp verankert, so dass an dieser Stelle nur dann ein Handlungsbedarf besteht, wenn Sie die Konsole auf einem weiteren System zur Verfügung stellen wollen.

Diese Installation unterscheidet sich im Kern nicht von den anderen DSC-Installationen. Nach der Installation müssen Sie ebenfalls wieder ein Discovery ausführen, der jedoch nun eine weitere Eingabe verlangt – den Ort des zentralen Speichers, wie in Abbildung 7.141 dargestellt. Anschließend steht die Konsole zur Verwaltung des Password Managers bereit.

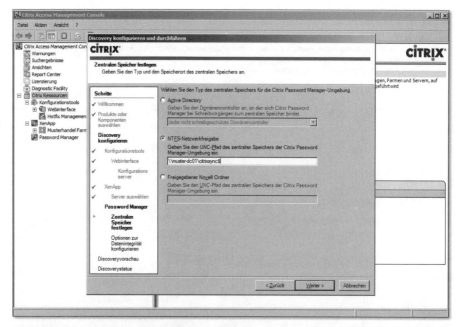

**Abbildung 7.141**  Discovery für Password Manager

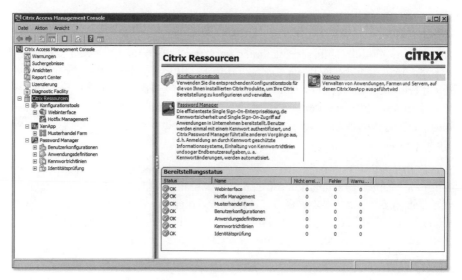

**Abbildung 7.142**  Vollständige DSC

### 7.8.4 Definieren von Anwendungen

Wie eingangs beschrieben, arbeitet der Password Manager mit *Anwendungsdefinitionen*, die mit entsprechenden Richtlinien versehen und den Benutzern zugewiesen werden können.

Über das Kontextmenü des Navigationspunktes erstellen Sie über die Option ANWENDUNGSDEFINITION ERSTELLEN eine neue Definition, wie in Abbildung 7.143 gezeigt.

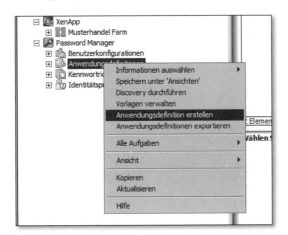

**Abbildung 7.143**  Anwendungsdefinition erstellen

Im ersten Schritt des daraufhin startenden Assistenten wählen Sie, um welche Art von Anwendung es sich bei der neuen Definition handeln soll. Darüber hinaus stehen auch einige Vorlagen zur Verfügung, die Sie direkt nutzen können.

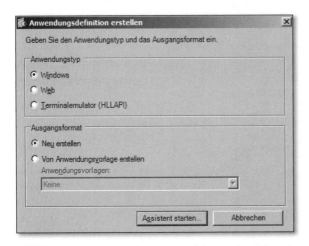

**Abbildung 7.144**  Anwendungstyp und Anwendungsformat

Für den ersten Versuch sollten Sie an dieser Stelle ein neues Format erstellen, um einen Einblick in die Möglichkeiten des Assistenten zu erhalten. Als Anwendungsbeispiel wollen wir an dieser Stelle einmal eine Webseite betrachten. Über ASSISTENT STARTEN fahren Sie mit der Definition fort.

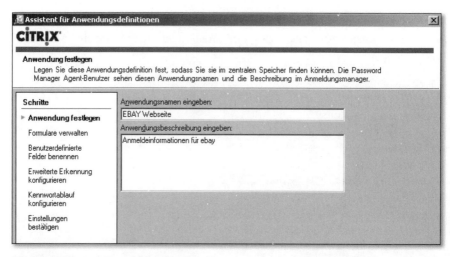

**Abbildung 7.145**  Anwendung festlegen

Im nächsten Schritt definieren Sie die zu nutzenden Formulare, wobei Sie zwischen Anmeldeformularen und Formularen für Kennwortänderungen unterscheiden können.

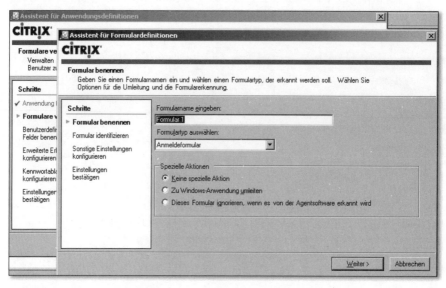

**Abbildung 7.146**  Formular benennen

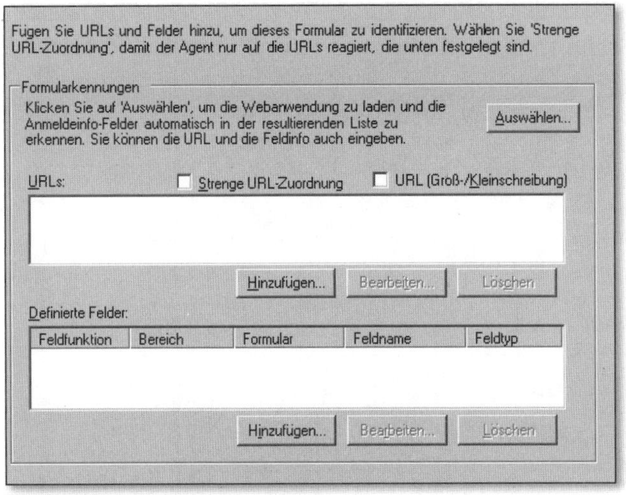

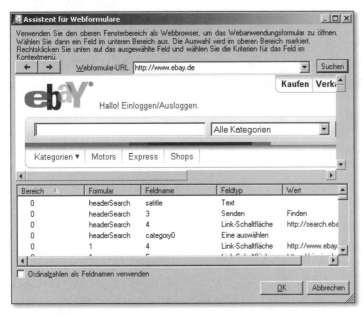

**Abbildung 7.147** Formularerkennung

Über die Einstellungen der Formularerkennung können Sie der Password-Manager-Definition mitteilen, woran die Anwendung bzw. die Webseite bei ihrem Aufruf erkannt werden kann (siehe Abbildung 7.147).

Über die Schaltfläche AUSWÄHLEN können Sie die Auswahl direkt in der Anwendung vornehmen.

**Abbildung 7.148** Formularerkennungsassistent

Nach der Erkennung des Formulars müssen Sie die wichtigen Felder definieren. Dies sind natürlich die Felder für den Benutzernamen und das Kennwort.

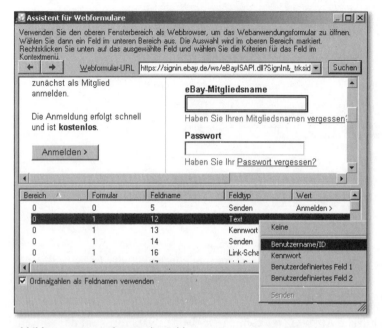

**Abbildung 7.149** Definition der Felder

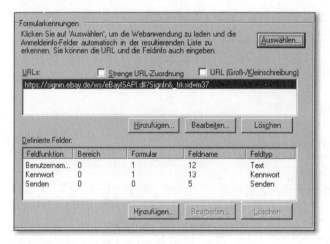

**Abbildung 7.150** Das erfasste Formular

Im letzten Schritt des Assistenten definieren Sie anschließend, ob beispielsweise die Anmeldedaten automatisch gesendet werden sollen, wenn die Webseite aufgerufen wird, oder ob hier noch weitere Spezifikationen notwendig sind.

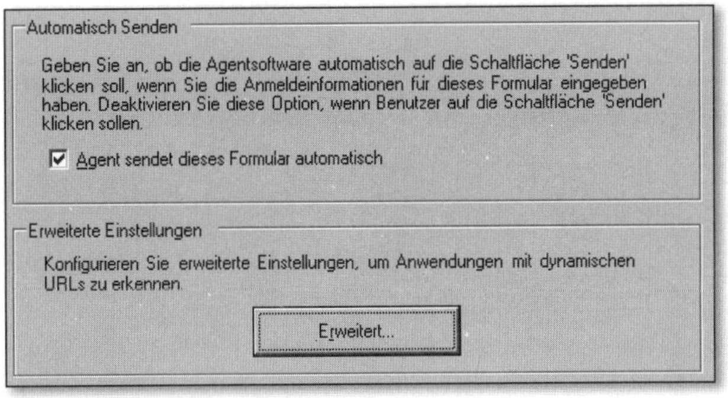

**Abbildung 7.151** Automatisches Senden und erweiterte Einstellungen

Mit diesem Schritt ist die Definition des Formulars abgeschlossen, und Sie können die Definition der Anwendung fortsetzen. Hierzu zählen etwa Einstellungen wie die Anpassung von benutzerdefinierten Feldern oder weitere Einstellungen für das automatische Senden.

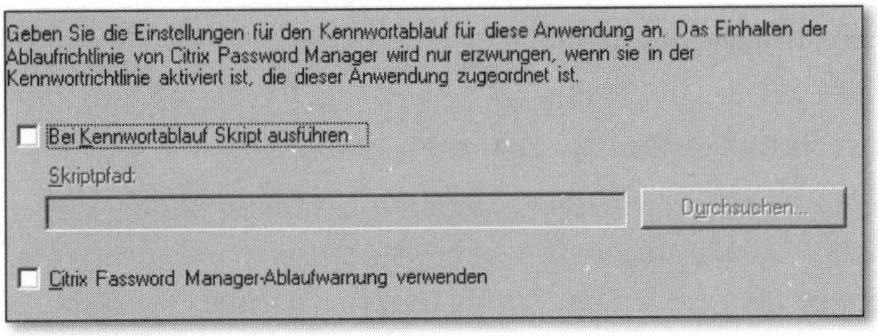

**Abbildung 7.152** Kennwortablauf

Auch besteht die Möglichkeit, bei Kennwortablauf eine Warnung generieren zu lassen oder ein Skript auszuführen. Sind auch diese Einstellungen getroffen, ist die Anwendung vollständig definiert, und Sie können sie für die Zuweisung nutzen.

**Hinweis**

Auf ähnliche Art und Weise erstellen Sie beispielsweise auch die Formulare für die Kennwortänderungen.

Was dieser Abschnitt sehr schön zeigt, ist die Einfachheit der Anwendungsdefinition. Wenn es zu kompliziert wäre, neue Anwendungen zu definieren, hätte eine solche Lösung wahrscheinlich keine hohe Lebenserwartung.

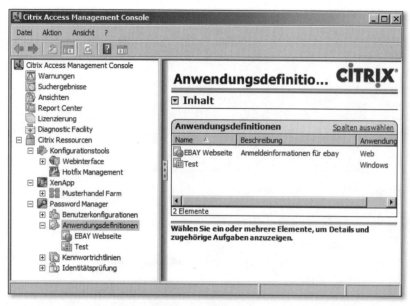

**Abbildung 7.153** Die fertige Anwendung in der DSC

### 7.8.5 Erstellen von Benutzerkonfigurationen

Auch die Erstellung und Verwaltung von Benutzerkonfigurationen erfolgt wieder über den entsprechenden Menüpunkt BENUTZERKONFIGURATION HINZUFÜGEN in der Access Management Console. Da eine Konfiguration auf einen bestimmten Benutzer oder eine bestimmte Benutzergruppe ausgerichtet wird, können die gewünschten Objekte im Active Directory gewählt werden, wie in Abbildung 7.154 dargestellt.

Im Anschluss wählen Sie die gewünschte Edition des Password Managers, die im Rahmen von XenApp Platinum dem Password Manager for XenApp entspricht.

Bei der in Abbildung 7.155 dargestellten Auswahl der Anwendungen können Sie direkt auf die im Vorfeld definierten Anwendungen zurückgreifen. Darüber hinaus weisen Sie jeder Anwendung die Kennwortrichtlinie zu, die für die Anwendung gelten soll. Näheres zu den Richtlinien finden Sie in Abschnitt 7.8.6, »Arbeiten mit Kennwortrichtlinien«.

Der nächste Konfigurationsschritt (siehe Abbildung 7.156) bezieht sich auf das Verhalten des Agenten auf dem jeweiligen Endgerät.

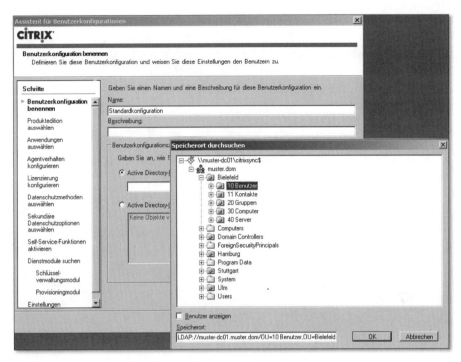

**Abbildung 7.154** Auswählen des Konfigurationszieles

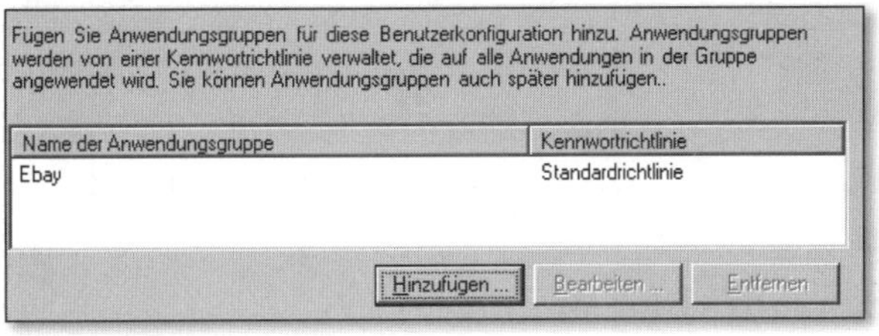

**Abbildung 7.155** Auswahl der Anwendungen

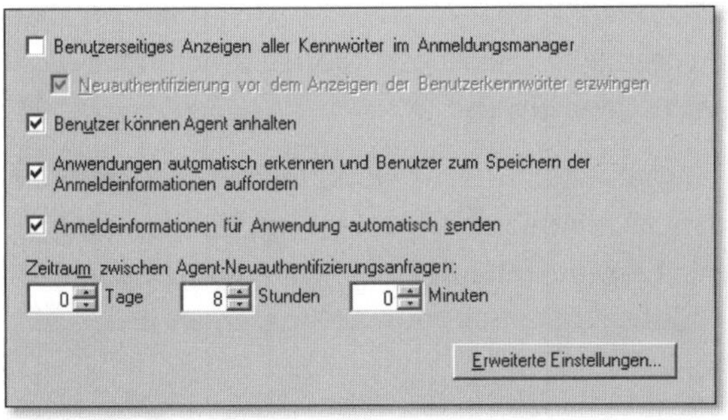

**Abbildung 7.156** Agentenverhalten konfigurieren

Nach den Einstellungen für die Lizenzierung und den Datenschutz stellen Sie die Konfiguration für den sekundären Datenschutz ein. Auch die weiteren Konfigurationsoptionen setzen Sie entsprechend der System- oder Organisationsvorgaben. Alle an dieser Stelle gesetzten Einstellungen können Sie jederzeit in den Eigenschaften der BENUTZERKONFIGURATION ändern, wie in Abbildung 7.157 gezeigt.

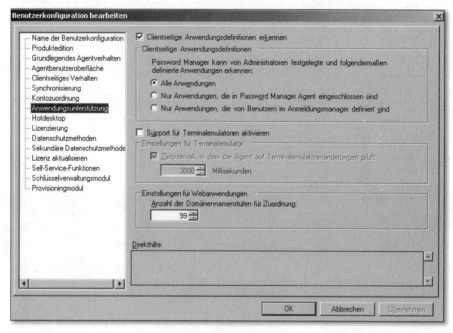

**Abbildung 7.157** Eigenschaften der Benutzerkonfiguration

### 7.8.6 Arbeiten mit Kennwortrichtlinien

Um Sicherheit und Funktionalität der eingepflegten Kennwörter zu gewährleisten, können Sie sie über sogenannte Richtlinien bearbeiten. Hierin finden Sie granularste Einstellungen für die Definition von Voraussetzungen und Vorgaben von Kennwörtern. Wie im vorangegangenen Abschnitt gezeigt, können Sie diese Richtlinien wiederum den Anwendungen zuweisen.

Wichtig ist an dieser Stelle, dass Sie auf jeden Fall vor dem Einsatz der Richtlinien eine Konfiguration der fragenbasierten Authentifizierung durchführen sollten. Diese dient dazu, den Benutzern bei Problemen mit ihrer Primäranmeldung oder der Anmeldung in einer Anwendung eine Authentifizierung anhand der hier definierten Fragen zu ermöglichen.

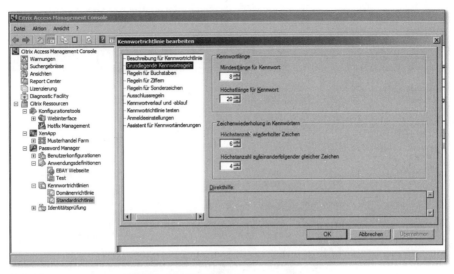

**Abbildung 7.158**  Eigenschaften einer Richtlinie

## 7.8.7  Konfiguration der Dienste

Nachdem nun das Produkt installiert und einige Inhalte konfiguriert sind, sollten Sie auch die während der Installation ausgewählten Dienste konfigurieren. Hierzu wählen Sie zuerst im Startmenü unter PROGRAMME • CITRIX • PASSWORD MANAGER den Punkt DIENSTEKONFIGURATION. Nach dem Willkommensbildschirm nehmen Sie zunächst die Einstellungen für das zu verwendende Zertifikat und die Dienstkonten vor, wie in Abbildung 7.159 gezeigt.

Bei der Konfiguration des Signaturzertifikates im zweiten Schritt können Sie die Laufzeit desselben bestimmen. Im Regelfall sollten Sie die Standardeinstellung von zwölf Monaten beibehalten, da ein jährlicher Wechsel einen guten Kompromiss zwischen Sicherheitsbedenken und Umstellungsaufwand darstellt.

Im nächsten Schritt müssen Sie wieder den zu verwendenden zentralen Speicher angeben. Im konkreten Fall handelt es sich hierbei natürlich wieder um die vor der Installation erstellte NTFS-Freigabe, wie in Abbildung 7.160 dargestellt.

Als Konto für den Zugriff auf den zentralen Speicher sollten Sie anschließend ein dediziertes Konto mit den entsprechenden Berechtigungen eintragen.

> **Hinweis**
>
> Die Verwendung eines Kontos mit allgemeinen Administrator-Berechtigungen ist hierbei nicht empfehlenswert, da die Sicherheit der Gesamtumgebung hierdurch kompromittiert werden könnte.

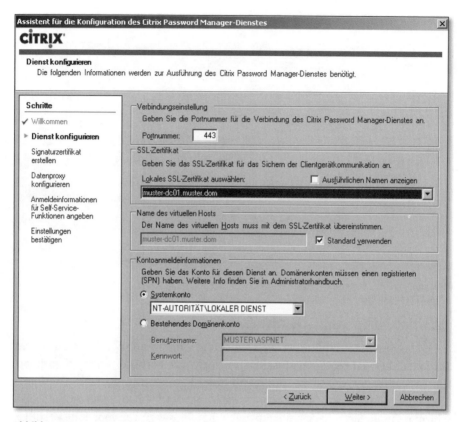

**Abbildung 7.159** Dienst konfigurieren

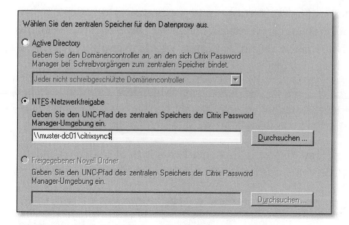

**Abbildung 7.160** Datenproxy konfigurieren

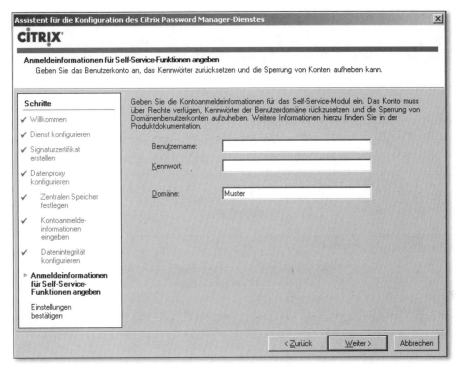

**Abbildung 7.161**   Self-Service-Funktionen konfigurieren

Gleiches gilt für das Konto des Self-Service-Dienstes, welches auch ein dediziertes Konto mit den explizit benötigten Berechtigungen sein sollte (siehe Abbildung 7.161).

Mit diesem Schritt ist die Konfiguration abgeschlossen, und nach einer kurzen Zusammenfassung fährt das System mit der Erstellung der Komponenten fort.

```
Einstellungen anwenden

XTE-Ordnerberechtigungen werden gespeichert ...
Signaturzertifikatsberechtigungen werden gespeichert ...
Berechtigungen für temporären ASP.NET-Ordner werden
gespeichert ...
Citrix Password Manager Datenproxy-COM+-Anwendung wird
gestartet ...
Citrix Password Manager Active Directory Connector
COM+-Anwendung wird gestartet ...
Password Manager-Dienst wird gestartet ...
...
...
...
...

                        Beenden
```

**Abbildung 7.162**   Einstellungen anwenden

### 7.8.8 Installation des Agents

Um nun schlussendlich die Funktionalitäten des Password Managers auf einem Endgerät, Terminalserver oder virtuellen Desktop nutzen zu können, müssen Sie auf dem jeweiligen System noch einen entsprechenden Agent – das Single-Sign-on-Plug-in – installieren. Sofern es nicht über einen Merchandising Server verteilt werden soll, können Sie es natürlich auch wieder manuell installieren.

**Abbildung 7.163** Installation des Agents

Nach der Bestätigung der Lizenzvereinbarung und dem üblichen Willkommensbildschirm können Sie die gewünschten Funktionen und das Installationsverzeichnis wählen (siehe Abbildung 7.164).

Da auch der Agent eine Verbindung zum zentralen Datenspeicher benötigt, geben Sie diesen im nächsten Schritt an, wie in Abbildung 7.165 gezeigt.

Nach der Auswahl des Speichers hat der Installationsassistent alle notwendigen Informationen gesammelt, und der Kopiervorgang kann gestartet werden. Anschließend müssen Sie das System neu starten, um die notwendigen Anpassungen am Anmeldeprozess (GINA-Chaining!) wirksam werden zu lassen.

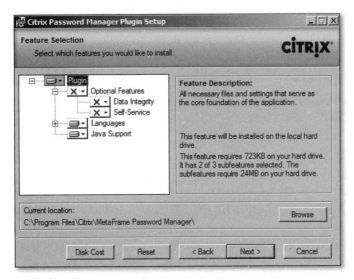

**Abbildung 7.164**  Auswahl der Funktionen

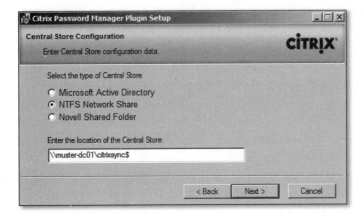

**Abbildung 7.165**  Zentralen Speicher konfigurieren

**Hinweis**

Sofern Sie den Agent auf einem Terminalserver installieren, ist natürlich zu bedenken, dass dies in einer Wartungszeit passieren sollte, um einen Neustart des Systems im laufenden Betrieb zu vermeiden.

Um das Massen-Roll-out des Agents zu vereinfachen, besteht darüber hinaus über die Installations-DVD auch die Möglichkeit, den Agent neu zu paketieren und als fertiges Paket mit den korrekten Einstellungen etwa über eine Software-verteilung automatisiert ausrollen zu lassen.

### 7.8.9 Verwendung des Agents

Nach dem Neustart des Systems ist der Agent aktiv, und jeder konfigurierte Benutzer wird bei seiner Anmeldung zur Konfiguration seiner Kennwortinformationen aufgefordert, wie in Abbildung 7.166 dargestellt.

**Abbildung 7.166** Erste Verwendung des Agents

---

**Hinweis**

Sofern der Benutzer nicht über eine Konfiguration verfügt, also während der Erstellung der BENUTZERKONFIGURATION nicht eingebunden wurde, kommt es an dieser Stelle zu einer Fehlermeldung, die beschreibt, dass eine Synchronisierung mit dem Datenspeicher nicht möglich ist. In diesem Fall sollten Sie die Benutzerkonfiguration entsprechend erweitern.

---

Der Benutzer bekommt nun die Liste der ihm zugewiesenen Anwendungsvorlagen angeboten, um hierin seine Anmeldeinformationen zu hinterlegen.

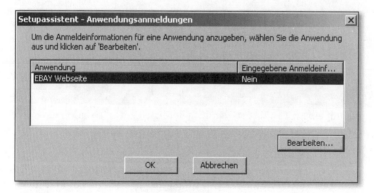

**Abbildung 7.167** Anwendungsanmeldungen

Über die Schaltfläche BEARBEITEN können die einzelnen Anwendungen editiert werden.

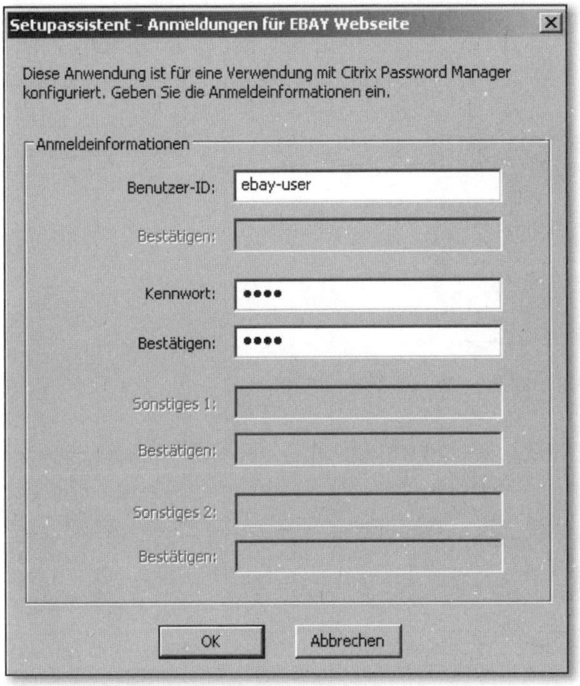

**Abbildung 7.168**   Eingabe der Anmeldeinformationen

Nachdem diese Schritte für alle zugewiesenen Anwendungen abgeschlossen sind, ist die initiale Konfiguration ebenfalls abgeschlossen und kann über FERTIG STELLEN beendet werden.

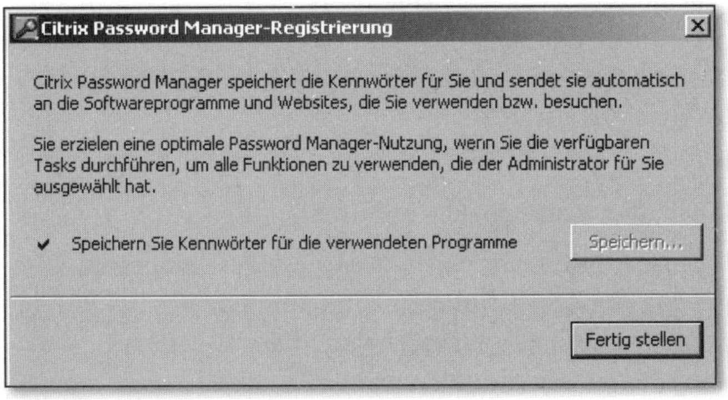

**Abbildung 7.169**   Abschluss der Initialkonfiguration

Ab diesem Zeitpunkt steht der Agent für die Verwendung bereit und trägt automatisch die hinterlegten Anmeldeinformationen in die definierten Anwendungen ein, sobald diese aufgerufen und erkannt werden.

In der Taskleiste ist er hierbei im System Tray erkennbar, wie in Abbildung 7.170 gezeigt.

**Abbildung 7.170** Password Manager im System Tray (ganz links)

Über das Kontextmenü des Symbols können die Optionen eingesehen und der Anmeldungsmanager aufgerufen werden, der die Verwaltungsschnittstelle des Benutzers darstellt.

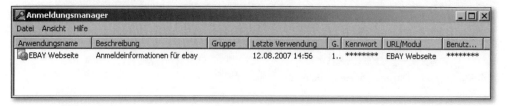

**Abbildung 7.171** Anmeldungsmanager

Im Anmeldungsmanager können die verwalteten Anwendungen eingesehen und bearbeitet werden. Auch besteht hier beispielsweise die Möglichkeit, eine Anwendung zu kopieren, um bei ihrem Aufruf zwischen unterschiedlichen Anmeldedaten auswählen zu können – um beim Beispiel zu bleiben: etwa der private und der Firmen-Ebay-Account.

### 7.8.10 Integration mit der XenApp-Umgebung

Sofern der Password Manager Agent auf einem XenApp-Server eingesetzt wird, können Sie ihn mithilfe von XenApp-Richtlinien konfigurieren, was das Roll-out und die Verwaltung in der Serverfarm wesentlich vereinfachen kann.

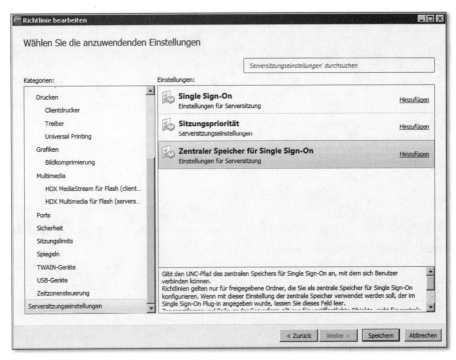

**Abbildung 7.172** Password-Manager-Richtlinien im XenApp

## 7.9    User Profile Manager

Neben den bisher beschriebenen Komponenten gibt es seit Anfang 2009 eine weitere Erweiterung, die in das XenApp-Portfolio eingeflossen ist – der *Citrix User Profile Manager*. Diese Lösung, die Citrix von einer deutschen Firma aufgekauft hat, bietet die Möglichkeit, die Profile der Benutzer zentral zu verwalten.

Zwar wurde in diesem Zusammenhang auch häufig mit regulären servergespeicherten Profilen gearbeitet, jedoch stießen diese sehr leicht an ihr Grenzen und insbesondere in dem Fall, dass mehrere Betriebssysteme – z. B. Windows Server 2003 und Windows Server 2008 R2 – in die Lösung eingebunden waren, entpuppten sie sich als wahre Fehleroase.

Der Citrix User Profile Manager geht hierbei einen anderen Weg, indem er konsequent die gewünschten Inhalte der Benutzerprofile umleitet und exportiert, während die ungewünschten (z. B. Temporär-Dateien oder sonstiger Ballast) bei jeder Abmeldung des Benutzers verworfen werden. Um dieses Ziel zu erreichen, kommt der UPM erstaunlich schlank daher, wie Abbildung 7.173 belegt.

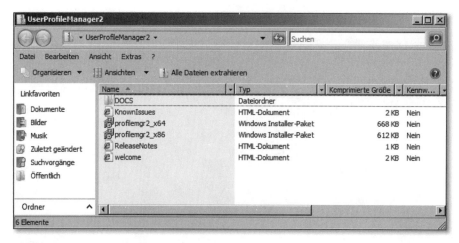

**Abbildung 7.173** Das Installationspaket

Im Kern handelt es sich bei der Installation um ein MSI-Paket (32 Bit oder 64 Bit), das Sie auf dem Zielsystem installieren müssen, und eine administrative Vorlage für die Einbindung in eine Active-Directory-Gruppenrichtlinie.

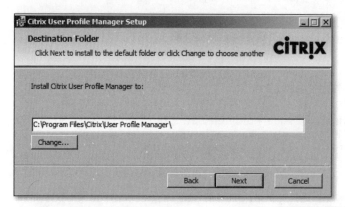

**Abbildung 7.174** Installationspfad

Nachdem der Dienst auf den gewünschten Systemen installiert wurde, können Sie die Konfiguration der Profilverwaltung über die Gruppenrichtlinienerweiterung durchführen, wie in Abbildung 7.175 gezeigt.

Sind diese Einstellungen für die jeweilige Umgebung korrekt getroffen, speichert der Dienst die persönlichen Einstellungen des Benutzers jeweils in seinem zentralen Speicher. Meldet sich der Benutzer mit einem Profil neu an, werden die zuvor gespeicherten Einstellungen in sein Profil eingefügt, um ihm seine gewohnte Umgebung zu bieten.

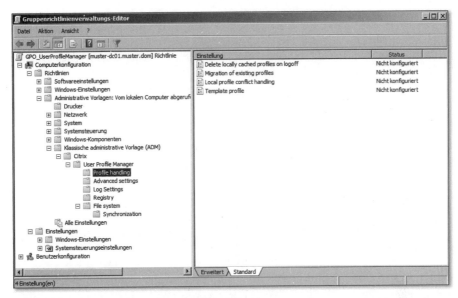

**Abbildung 7.175**  Gruppenrichtlinien für den UPM

Da der Benutzer hierdurch die Möglichkeit gewinnt, bei jeder Anmeldung mit einem »frischen« Profil zu starten, kann die Leistung der Benutzerprofile deutlich verbessert werden.

---

**Wichtig**

An dieser Stelle ist es sehr schwer, eine konkrete Aussage über *korrekte* oder *sinnvolle* Einstellungen zu treffen, da diese insbesondere in Bezug auf Benutzerprofile sehr stark vom jeweiligen Anwendungsfall abhängig sind. Hier sollten Sie auf jeden Fall etwas experimentieren, bevor die Lösung für die Benutzer aktiviert wird.

---

## 7.10  XenApp for UNIX

Wie in Abschnitt 4.2, »Terminaldienste des Windows Servers 2008 R2«, bereits beschrieben, wurde seinerzeit mit der Access Suite 4.0 auch eine neue Version von Presentation Server for UNIX veröffentlicht. Hierbei handelt es sich um eine XenApp-/Presentation-Server-Version, die für den Einsatz auf Solaris-, HP-UX- und IBM-AIX-Systemen gedacht ist. Seit dieser Version unterstützt der Presentation Server for UNIX auch die Zusammenfassung von mehreren Servern zu einer Serverfarm, um eine zentrale Verwaltung und Überwachung der Umgebung bereitstellen zu können. Ebenso können Sie nun auch auf die Citrix-Lizenzierung für die Verwaltung von Verbindungslizenzen zugreifen.

Durch die aktuelle Version von XenApp for UNIX wird es nun auch möglich, auf komfortable Art und Weise UNIX- und Java-Anwendungen für beliebige Clients zur Verfügung zu stellen. Insbesondere in Umgebungen, in denen bereits ein entsprechendes Betriebssystem im Einsatz ist und das System noch freie Ressourcen bietet, könnte somit die Implementierung von XenApp for UNIX ein weiterer logischer Schritt in Richtung der Anwendungszentralisierung sein.

Ein wesentlicher Punkt für die Überlegung in die Richtung von XenApp for UNIX ist jedoch, dass die Struktur und Verwaltung der Serverfarm sich in einigen Punkten grundlegend von denen einer Windows-Serverfarm unterscheiden. So kommunizieren in einer UNIX-Serverfarm beispielsweise nicht IMA-Dienste, sondern *Management Services* der Farm-Mitgliedsserver miteinander. Diese Kommunikation geschieht auch nicht über Port 2512, sondern über Port 2897, den sogenannten *Secure Communication Channel*. Der Server, der die primäre Kopie des Datenspeichers – eine Textdatei – der Serverfarm hält, ist der *Management Service Master* der Serverfarm.

Ein weiterer Unterschied findet sich in der Konfiguration von IP-Subnetzen. Während diese unter Windows über Zonen abgebildet werden, sollten sich unter UNIX alle Mitglieder einer Serverfarm im gleichen Subnetz befinden. Sollte dies nicht der Fall sein, müssen Sie *ICA-Gateways* konfigurieren, um den Datenaustausch über die Subnetzgrenzen hinweg zu ermöglichen.

## 7.11   Workflow Studio

Betrachtet man einmal die in den letzten zwölf Abschnitten beschriebenen Technologien, gewinnt man schnell einen Eindruck der Möglichkeiten aber auch der möglichen Komplexität einer XenApp-Umgebung. Geht man dann womöglich sogar noch einen Schritt weiter und denkt über die Integration der anderen Delivery-Center-Lösungen – wie etwa XenServer oder XenDesktop – nach, so sollte ebenfalls deutlich werden, dass die Produkte einzeln oder auch in Kombination miteinander eingesetzt werden können, um beispielsweise sehr komplexe Szenarien bedienen oder um auch einfach nur das Maximum an Dynamik im Rechenzentrum realisieren zu können.

Besonders in größeren Umgebungen, in denen alle oder zumindest mehrere dieser Lösungen und Komponenten zum Einsatz kommen, stellt sich dann natürlich die Frage, wie diese Umgebungen aufgebaut und verwaltet werden können.

Natürlich wird an dieser Stelle dann relativ schnell das Stichwort der »Automatisierung« fallen, um insbesondere Standardtätigkeiten nicht mehr manuell durchführen zu müssen oder um fertige Ablaufpläne für besondere Grenzsituationen zu schaffen.

Verlässt man einmal kurz das Citrix-Resort und wendet sich Microsoft zu, so erkennt man schnell, dass auch dort diese Anforderung bekannt ist – jedes Produkt hat zwar ein tolles und buntes Verwaltungswerkzeug, mit dem wunderbar Einzelsysteme administriert werden können, aber wenn es um das Thema der Automatisierung geht, ist der Nutzen von grafischen Oberflächen meistens gering.

Um genau an dieser Stelle eingreifen zu können, wurde bei Microsoft vor einigen Monaten die Entscheidung getroffen, bei neuen Produkten zwar eine grafische Oberfläche zu bieten, diese aber im Hintergrund nur Befehle an eine noch umfassendere und leistungsfähigere Skriptschnittstelle übergeben zu lassen – die PowerShell war geboren.

> **Historisches**
>
> Die Verwaltungskonsole von Exchange 2007 war das erste Werkzeug, das vollständig nach diesem Prinzip arbeitete und noch bis heute arbeitet (wenn auch mit einigen Anpassungen und Erweiterungen durch das erste Service Pack). Der Ansatz hat sich also grundsätzlich erst einmal bewährt.

Schwenken wir den Blick nun wieder zu Citrix, so liegt natürlich die Überlegung nahe, dort eine ähnliche Herangehensweise zu wählen. Aufgrund der engen Kooperation mit Microsoft liegt es womöglich sogar nahe, die gleiche Herangehensweise zu wählen – und ja: so ist es auch!

Die kommenden Produkte werden also Schritt für Schritt mit leistungsstarken PowerShell-Schnittstellen und Commandlets versehen, um vollständig über diesen Weg verwaltet werden zu können. Aus strategischer wie funktionaler Sicht handelt es sich hierbei um einen großartigen Schritt nach vorne.

Und genau an dieser Stelle kommt das Workflow Studio ins Spiel, bei dem es sich im Kern um eine grafische Oberfläche für die Workflow-Generierung und Ansteuerung von entsprechenden Schnittstellen handelt.

---

**Hinweis**

Besonders zu diesem Produkt lohnt ein regelmäßiger Blick in das Citrix Developer Network, da hier auch schon fertige Workflows für diverse Anwendungsfälle zum freien Download bereitstehen.

---

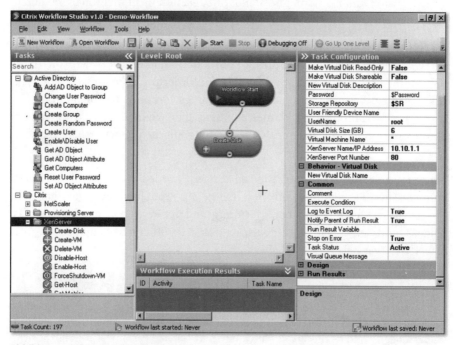

**Abbildung 7.176** Workflow Studio

Hierüber können Sie Workflows anhand von mitgelieferten Vorlagen oder eigenen Skripten erstellen, die Sie anschließend dazu nutzen können, definierte Abläufe in beliebiger Häufigkeit zu reproduzieren – und dies nicht nur für den XenApp, sondern auch für die anderen Produkte des Delivery Centers und anderer PowerShell-fähiger Produkte.

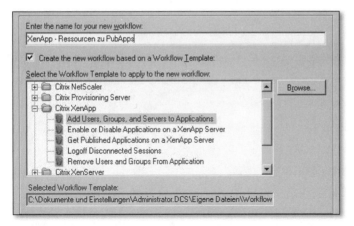

**Abbildung 7.177** Vorlagen des Workflow Studios

*Grau ist alle Theorie. Wie wird es denn in der Praxis gemacht, wenn es einmal nicht nach Leitfaden geht?*

# 8 Best Practices

Neben den theoretischen Grundlagen und Standardkonfigurationen von XenApp gibt es eine Reihe von Anforderungen und Voraussetzungen, die scheinbar von der Theorie abweichen und so nicht zu erfüllen sind. In den folgenden Abschnitten werden einige dieser Fälle aufgegriffen und mit ihren möglichen Lösungsansätzen behandelt.

## 8.1 Update älterer Versionen

### 8.1.1 Update-Möglichkeiten auf XenApp 6

Natürlich kann nicht in jedem Fall davon ausgegangen werden, dass der Einstieg in die Welt des Citrix XenApp mit der Version 6 erfolgt. In vielen Fällen sind bereits Umgebungen mit älteren Versionen von XenApp aktiv, die auf die aktuelle Version migriert werden sollen.

Entgegen den früheren Auflagen dieses Buches ist dieses Thema im Fall des Upgrades auf XenApp 6 relativ schnell abgehandelt – es gibt keinen »Update«-Pfad mehr mit dieser Systemaktualisierung. Der Grund dafür ist, dass XenApp 6 als Plattform Windows Server 2008 R2 als 64-Bit-Betriebssystem voraussetzt. Es ist somit nicht möglich, vorhandene Systeme mit XenApp 4.5 auf Windows Server 2003 oder XenApp 5 auf Windows Server 2008 direkt zu aktualisieren.

Ebenso ist seit dem XenApp 6 kein Parallelbetrieb mit einer älteren Version in der gleichen Farm mehr möglich, was auch recht leicht einzusehen ist, wenn man sich die strukturellen Änderungen an der Farm ansieht, die mit XenApp 6 durchlaufen wurden. Das »Auflösen« der Farmeigenschaften und deren Auslagerung in die Richtlinien, welche selbst wiederum an das Active Directory ausgelagert werden, sind hier nur einige Beispiele für die geänderte Architektur.

Was aber, wenn in der bestehenden Umgebung eine Vielzahl von Anwendungen und Einstellungen veröffentlicht sind, die nicht allesamt neu angelegt werden sollen? Für diesen Fall stellt Citrix das *XenApp Migration Tool* zur Verfügung. Hierbei handelt es sich um ein kleines Paket, das Sie von der Citrix-Webseite herunterladen können und das im Wesentlichen aus PowerShell-Commandlets besteht, welche die Einstellungen einer vorhandenen Umgebung auslesen und in eine neue XenApp 6-Umgebung importieren, so dass die Einstellungen übernommen werden.

Auf diese Weise können Sie auf der einen Seite Konfigurationseinstellungen migrieren, aber auf der anderen Seite trotzdem auf eine neue XenApp 6-Plattform aufbauen.

### 8.1.2 Update-Möglichkeiten auf XenDesktop 5

Wie auch bei XenApp, so existiert auch für XenDesktop 5 keine Möglichkeit, ein direktes Update einer vorhandenen Umgebung durchzuführen. Auch bei XenDesktop ist diese Tatsache einer grundlegenden Änderung der Struktur geschuldet, da beispielsweise die bis einschließlich XenDesktop 4 verwendete IMA-Struktur und das Farmmodell aufgelöst und durch das Konzept der Sites mit direktem Datenbankzugriff ersetzt wurden.

Theoretisch würden sich jedoch die vorhandenen Desktops in die neue Umgebung überführen lassen, sofern eine Aktualisierung der VDA vorgenommen würde. Sollte bei Ihnen also beispielsweise eine vorhandene Umgebung mit virtuellen Desktops auf Basis des Provisioning Servers im Einsatz sein, so könnten Sie eine Kopie der vDisk anfertigen, auf der dann der VDA in der Version 4 durch den VDA der Version 5 ersetzt würde. Anschließend könnten Sie die vDisk für die Bereitstellung von *gestreamten* Desktops in einem Katalog in XenDesktop 5 nutzen.

## 8.2 Automatisches Roll-out von XenApp-Servern

Insbesondere dann, wenn eine große Anzahl von Terminalserver-Systemen – eventuell während einer Migration – neu ausgerollt werden muss, wird häufig das Thema *Automatisierung* angesprochen. Wie viele andere Anwendungen, bietet auch der XenApp 6 eine Möglichkeit der automatisierten Installation und Verteilung.

Entgegen älteren Versionen von XenApp müssen Sie hierfür allerdings keine angepassten automatisierten Installationen mehr erstellen, sondern Sie können den XenApp aufgrund seiner neuen Installationssystematik generisch auf die Zielserver installieren. Die Konfiguration und Aufnahme in die gewünschte Farm kann anschließend über entsprechenden Richtlinien automatisiert erfolgen. Selbst die Zuweisung von Anwendungen zu den so neu erstellten Servern können Sie über die Nutzung von *Workergruppen* automatisieren. Im Idealfall wird nach heutigem Stand der Technik jedoch nicht mehr auf eine herkömmliche Installation von XenApp-Systemen gesetzt, sondern die Möglichkeiten des Provisioning Servers werden auch an dieser Stelle genutzt.

Analog zur Bereitstellung von virtuellen Desktops können Sie auch XenApp-Systeme über eine vDisk bereitstellen und von dieser starten. Durch diesen Schritt könnte der gesamte Aufwand für das Roll-out weiterer Server – ob automatisiert oder nicht – entfallen.

## 8.3 Erstellung einer »Remote-Admin-Station«

Welcher Administrator kennt das Problem nicht – da hat man das erste Mal seit zwei Jahren Urlaub bekommen und muss diesen vorzeitig beenden, weil es im Unternehmen »brennt«. Wie schön wäre es doch jetzt, wenn Sie direkt vom Hotelzimmer aus aktiv werden könnten und das Problem vielleicht in fünf Minuten gelöst hätten, anstatt auf einen sauer verdienten Urlaubstag zu verzichten?

An dieser Stelle ein kleiner Denkanstoß: Die eigentliche Frage im Zusammenhang mit den Tätigkeiten eines Administrators ist, mit welchen Werkzeugen er arbeitet, um seine Aufgaben zu erfüllen. Es ist nicht davon auszugehen, dass es noch viele Administratoren gibt, die für jede Änderung an einem Computer oder einem Benutzerobjekt ihren Platz verlassen, um im Serverraum an der Konsole des Domänencontrollers aktiv zu werden.

Eine Arbeitsweise, die sich weitestgehend eingebürgert hat, ist das Arbeiten mit dem Remotedesktop oder den Verwaltungswerkzeugen in der MMC. Aber sind diese Werkzeuge denn an den Arbeitsplatz-PC des Administrators gebunden? Nein, sie können im Prinzip auf jedem Rechner installiert und genutzt werden, also auch auf einem Terminalserver oder einem virtuellen Desktop.

Aus diesem Grund gilt die generelle Empfehlung, auf einem der Terminalserver, eventuell sogar auf einem dedizierten Gerät, das nur von den Administratoren genutzt wird, die Softwarepakete zu installieren und von dort aus in der Farm zu veröffentlichen, die für die administrativen Tätigkeiten benötigt wird. Im ersten Schritt gibt es zwei Anwendungen, die Sie auf jeden Fall für die Administratoren veröffentlichen sollten:

▶ **Remotedesktop-Verbindung**
Über eine veröffentlichte Remotedesktop-Verbindung kann über eine Terminalsitzung, die beispielsweise über ein Secure Gateway aus dem Internet auf-

gebaut werden könnte, praktisch jeder Windows 200x-Server aus der Ferne verwaltet werden.

▶ **Microsoft Management Console (MMC)**
So gut wie alle Microsoft-Systeme werden mittlerweile über MMC-Snap-ins verwaltet. Sobald also eine MMC auf einem Terminalserver für die Administratoren veröffentlicht wird, kann über diese MMC das gewünschte Snap-in geladen werden und die Administration kann beginnen.

Da nicht alle Snap-ins für jedes System automatisch zur Verfügung stehen, müssen Sie diese natürlich zuvor installieren. Dies kann zum einen über die Installation der entsprechenden Features auf dem Windows Server 2008 R2 geschehen. Für Anwendungen wie Exchange, den LCS oder den SQL Server müssen Sie die entsprechenden Verwaltungstools auf dem Terminalserver installieren, um auf die Snap-ins zugreifen zu können.

Selbstverständlich sind der Fantasie an dieser Stelle keine Grenzen gesetzt. Auch die Clients anderer Remote-Verwaltungstools können Sie auf dem Terminalserver installieren, um darüber auf die entsprechenden Endgeräte zugreifen zu können.

Um die Idee zu vervollständigen, könnten Sie früher oder später darüber nachdenken, beispielsweise in den Serverräumen mit KVM-Switches zu arbeiten, auf die auch mit einer Client-Anwendung über das Netzwerk zugegriffen werden kann. Sobald diese Client-Anwendung auf dem Terminalserver veröffentlicht wird, können selbst BIOS-Einstellungen an den Servern sicher über das Internet von einem beliebigen Ort aus erledigt werden.

## 8.4 Dokumentation

Eines der brisantesten, aber auch wichtigsten Themen im Bereich der Datenverarbeitung ist die *Dokumentation*. Da es sich nach einer geläufigen Ansicht bei Dokumentationen nicht nur um ein wichtiges Hilfsmittel, sondern vor allem um ein zeitfressendes Ärgernis handelt, sollten Sie sich ein paar grundsätzliche Gedanken dazu machen, was wann wie von wem dokumentiert wird. Eine Sache steht sicher fest – die »eierlegende Wollmilchsau« im Bereich der Dokumentation wurde noch nicht gefunden.

Aus diesem Grund sollen an dieser Stelle ein paar Überlegungen in den Raum gestellt werden, die vielleicht helfen können, den zu investierenden Zeiteinsatz zu reduzieren, somit die Pflege der Dokumentation zu fördern und effektiv etwas zu erschaffen, das im Ernstfall auch eine Hilfe darstellt. Die nachfolgenden Ideen basieren auf eigenen Erfahrungen und dienen nur als mögliche Ansätze, wie die eine oder andere Anforderung an die Dokumentation erfüllt werden könnte. Es soll sich hierbei nicht um eine »Weltformel« handeln, die auf alles eine Antwort bietet.

### 8.4.1 Eine kleine Ist-Analyse

Ein in der Praxis sehr häufig anzutreffendes Szenario sieht so aus, dass dem zuständigen Administrator zu irgendeinem Zeitpunkt bewusst wird, dass er eine Dokumentation seines Netzwerkes und der genutzten Dienste benötigt. Um diese Dokumentation möglichst vollständig zu erstellen, öffnet er sein Microsoft Word, öffnet ein neues Dokument und beginnt, Screenshots aus jeder ihm bekannten Verwaltungskonsole in dieses Dokument einzufügen, um nach Möglichkeit jede Einstellung festzuhalten. Nachdem diese Aktion abgeschlossen ist – das Dokument umfasst bereits 250 Seiten mit Bildern – beginnt der Administrator, die NTFS-Berechtigungen des Dateiservers zu dokumentieren. Hierzu wird in diesem Fall mit Microsoft Excel gearbeitet. In einer leeren Tabelle werden jeweils in die erste Spalte der Verzeichnisname und in die zweite Spalte die Namen der Benutzer eingetragen, die Zugriff auf dieses Verzeichnis haben. Nach vielen Arbeitstagen sind die Dokumente erstellt und die Dokumentation ist fertig.

Leider, leider muss zwei Tage später eine Änderung an einem der Dienste durchgeführt werden, und da der Administrator gerade nicht den entsprechenden Screenshot in seiner Dokumentation zum Ersetzen findet, nimmt er sich fest vor, sich die Einstellungen zu merken und sofort nachzupflegen, wenn etwas mehr Zeit ist. *Dies wird natürlich nie geschehen!*

### 8.4.2 Die beste Dokumentation ist ein gutes Konzept!

Wie kann nun aber realisiert werden, dass die Erstellung und Pflege einer aktuellen Dokumentation nicht mehr so zeitaufwendig sind? Ein sehr hilfreicher Ansatz wäre, in vielen Bereichen nicht die konkrete Einstellung, sondern das Konzept zu dokumentieren. Ein Beispiel hierfür könnte die Vergabe von Berechtigungen auf Verzeichnisse sein. Anstatt die Berechtigungen auf jedem Verzeichnis im Detail zu dokumentieren, könnte es wesentlich übersichtlicher und dokumentationsfreundlicher sein, zunächst ein »sauberes« Konzept zu etablieren und nur dieses zu dokumentieren.

Ein solches Konzept könnte so aussehen, dass beispielsweise nicht mehr alle Berechtigungen auf Benutzer- und Gruppenebene erteilt werden, sondern ausschließlich auf der Ebene von domänenlokalen Gruppen, die von ihrer Benennung so aussagekräftig bezeichnet sind (z. B. Typ, Ziel, Berechtigung: DL_Datenordner_Lesen), dass jedem sofort klar wird, um welche anhängenden

Berechtigungen es sich handelt. Diese domänenlokalen Gruppen wiederum enthalten nur globale Gruppen, in denen die Benutzer zusammengefasst sind.

---

**A>G>DL<P-Konzept**

Dieses Vorgehen entspricht dem *A>G>DL<P*-Konzept, nach dem laut Microsoft Berechtigungen vergeben werden sollten. Hierbei werden die Benutzerkonten (A = Accounts) in globalen Gruppen organisiert (z. B. Abteilungs- oder Teamgruppen), die dann den domänenlokalen Gruppen (DL) als Mitglieder hinzugefügt werden. Die Berechtigungen (P = Permissions) werden ausschließlich den domänenlokalen Gruppen erteilt.

---

Sofern diese Struktur und die Benennungsrichtlinien dokumentiert werden und keine Ausnahmen gemacht werden, ist dies für einen Fachmann wesentlich hilfreicher als eine Tabelle mit 2.000 Einträgen, die womöglich längst nicht mehr aktuell sind. Ein solches Gruppenkonzept lässt sich natürlich auch auf veröffentlichte Anwendungen in der XenApp-Farm anwenden.

### 8.4.3 XenApp: Was sollte exakt dokumentiert werden?

Neben der konzeptionellen Dokumentation gibt es natürlich auch einige Punkte, die konkret festgehalten werden müssen. In Bezug auf den XenApp wären dies beispielsweise:

- die Konfiguration des Datenspeichers
- die Konfiguration der Zonen und Datensammelpunkte
- die gesetzten und mit GPOs verwobenen Richtlinien
- die Einstellungen am ICA-Protokoll
- die Eigenschaften der Anwendungen (z. B. über *PAT.EXE*)
- die Laufzeit von Zertifikaten
- die Kommunikationswege zwischen den Servern

Hierbei kann die Einbindung von Screenshots in die Dokumentation wesentlich dazu beitragen, die konkreten Einstellungen schneller zu erfassen, als es in Textform geschehen könnte.

### 8.4.4 XenDesktop: Was sollte exakt dokumentiert werden?

In Bezug auf XenDesktop wären es leicht abweichende Informationen, die dokumentiert werden sollten:

- ▶ die Konfiguration der Datenbank (inklusive der Verbindungskonten)
- ▶ die Konfiguration der Hosts (inklusive der Verbindungskonten, Versionen, IP-Adressen)
- ▶ die gesetzten und mit GPOs verwobenen Richtlinien
- ▶ die Einstellungen am ICA-Protokoll
- ▶ die konfigurierten Kataloge und Desktop-Gruppen (inklusive der zugewiesenen Benutzer/Gruppen)
- ▶ die Laufzeit von Zertifikaten
- ▶ die Kommunikationswege zwischen den Servern

Auch hierbei kann die Einbindung von Screenshots in die Dokumentation wesentlich dazu beitragen, die konkreten Einstellungen schneller zu erfassen, als es in Textform geschehen könnte.

### 8.4.5 Änderungsnachweise erleichtern das Leben

Ein weiterer wichtiger Punkt bei jeder Dokumentation ist die Pflege eines Änderungsnachweises. Hierbei sollten Sie jede Änderung an der Dokumentation mit der Art der Änderung, dem Grund der Konfigurationsänderung, dem Datum und dem Namen des Administrators festhalten. Zum einen stellen Sie hierdurch sicher, dass der Versionsstand der Dokumentation nachvollziehbar ist, und zum anderen können Sie zu jeder Änderung den entsprechenden Ansprechpartner identifizieren.

## 8.5 Verwalten des Datenspeichers

Der Datenspeicher stellt die wichtigste Instanz der gesamten XenApp-Farm. Deshalb ist ein besonderes Augenmerk auf seinen Speicherort, die Art der Datenbank und seine Sicherung zu richten.

### 8.5.1 Ein kleiner Blick in den Datenspeicher

Um sich ein besseres Bild vom Aufbau des Datenspeichers machen zu können, sollten Sie einmal die Gelegenheit nutzen, einen kleinen Blick in die Datenbank des Datenspeichers zu werfen.

> **Achtung**
>
> Um die Konsistenz des Datenspeichers nicht zu gefährden, sollten Sie immer nur eine Kopie der Datei öffnen und niemals manuelle Änderungen an ihm vornehmen.

Ein Blick in die Tabellen der Datenbank verdeutlicht, dass manuelle Änderungen an den Inhalten mit sehr hoher Wahrscheinlichkeit nicht von Erfolg gekrönt wären.

### 8.5.2 Sichern und Wiederherstellen des Datenspeichers

Um die Datenbank des Datenspeichers sichern zu können, spielt es eine große Rolle, wo und auf welchem Datenbanksystem sich die Datenbank befindet.

Sollte sich die Datenbank bereits auf einem SQL-Server befinden, kann sie dort über einen Sicherungs- oder Wartungsauftrag mit den Möglichkeiten des entsprechenden Datenbanksystems gesichert und wiederhergestellt werden.

Handelt es sich beim Datenspeicher um eine SQL-Express-Datenbank, so muss sie mit einem speziellen Befehl gesichert werden, da sie sich permanent im Zugriff befindet. Der hierfür benötigte Befehl lautet DSMAINT BACKUP mit dem Sicherungspfad als weiterem Parameter.

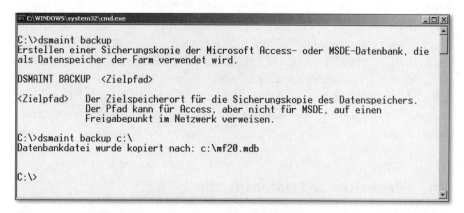

**Abbildung 8.1** DSMAINT BACKUP zur Sicherung des Datenspeichers

> **Tipp**
>
> Da ein Verlust oder eine Inkonsistenz des Datenspeichers zu einer kompletten Neu-erstellung der Serverfarm führen würde, sollten Sie die Sicherung regelmäßig, am bes-ten über einen geplanten Task, durchführen.

Über den Befehl DSMAINT RECOVER können Sie die so erstellte Sicherung der Datenbank auf dem Server wiederherstellen.

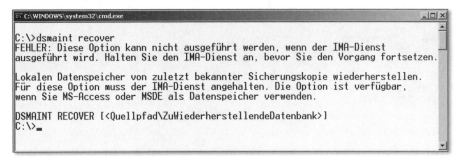

**Abbildung 8.2**  DSMAINT RECOVER zur Wiederherstellung der Datenbank

### 8.5.3  Verschieben des Datenspeichers

Ab einer bestimmten Größe wird es sich in einer Serverfarm nicht mehr vermeiden lassen, den Datenspeicher nicht mehr lokal auf einem der Server zu halten, sondern auf ein separates Datenbanksystem auszulagern. Hierbei ist der Weg dorthin unabhängig von der Art des neuen Datenbanksystems (SQL, Oracle), sofern ein Client für das jeweilige Datenbanksystem auf den Servern installiert ist. Der ODBC-Treiber für den SQL Server steht im Standard auf allen Windows-Servern zur Verfügung, während Sie die ODBC-Treiber für Oracle über den jeweiligen Client installieren müssen.

Der erste Schritt vor der Migration der Datenbank ist die Erstellung einer neuen Datenbank auf dem entsprechenden Datenbankserver. Zusätzlich sollten Sie einen neuen Benutzer anlegen, der über Schreibberechtigungen in der neuen Datenbank verfügt.

> **Hinweis**
>
> In vielen Fällen kann es notwendig sein, für die Migration höhere Berechtigungen zu vergeben, da der Benutzer neue Tabellen anlegen und Einstellungen ändern können muss. Nach der Erstellung der Strukturen sollten Sie diese Berechtigungen jedoch wieder auf das benötigte Mindestmaß reduzieren, um die Sicherheit des Datenbankservers nicht zu gefährden.

Anschließend müssen Sie auf dem Server, der aktuell den Datenspeicher hält, eine neue ODBC-Datenquelle in Form einer *Datei-DSN* anlegen, in der der Pfad zu der neuen Datenbank definiert wird.

Um sich die Arbeit bereits an dieser Stelle zu erleichtern, sollten Sie die neue Datei-DSN nicht im Standardpfad erstellen, sondern direkt im IMA-Verzeichnis von XenApp, wie in Abbildung 8.3 gezeigt.

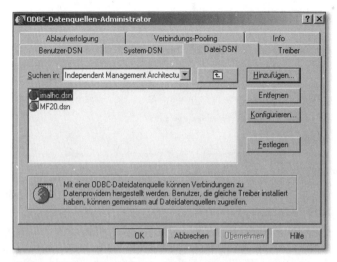

**Abbildung 8.3** ODBC-Datenquellen: Datei-DSN

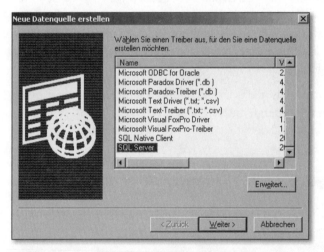

**Abbildung 8.4** Auswahl des Datenbanktreibers

Nach der Auswahl des entsprechenden Datenbanktreibers können Sie den Namen und die Einstellungen der Datenquelle definieren.

Um den Überblick über die erstellten Datenquellen zu behalten, sollten Sie generell jeder Datenquelle eine Beschreibung hinzufügen, die aussagt, um welche Art Datenquelle es sich handelt und für welchen Einsatzzweck sie erstellt wurde.

**Abbildung 8.5** Name und Speicherort der Datenquelle

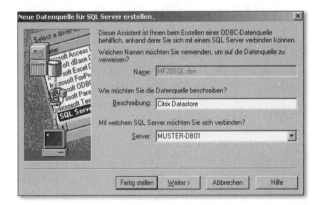

**Abbildung 8.6** Beschreibung und Name des Datenbankservers

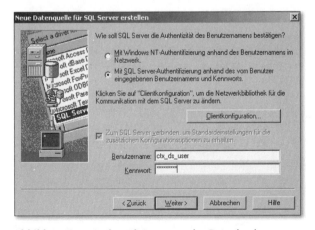

**Abbildung 8.7** Authentifizierung an der Datenbank

Bei der Auswahl der Standarddatenbank sollten Sie darauf achten, dass die korrekte Datenbank aus der Liste der verfügbaren Datenbanken ausgewählt wird, um Fehler in den Datenbankstrukturen zu vermeiden.

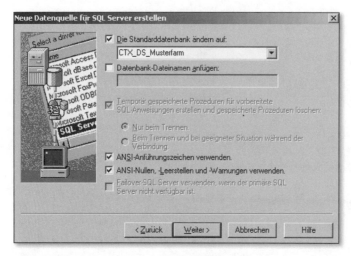

**Abbildung 8.8** Festlegen der Standarddatenbank

Um die Funktionalität der Datenquelle sicherzustellen, sollten Sie nach der Beendigung des Assistenten einen Verbindungstest durchführen.

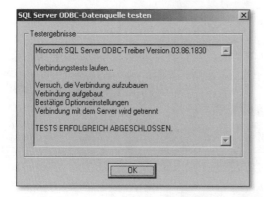

**Abbildung 8.9** Verbindungstest der neuen Datenquelle

Nachdem die Verbindung erfolgreich getestet wurde, können Sie den ODBC-Administrator schließen und eine Kommandozeileneingabe öffnen, um eine Konfiguration der Datenbank und die Migration der Daten durchzuführen.

Zunächst müssen Sie die Daten des aktuellen Datenspeichers in die neue Datenbank migrieren. Der hierzu benötigte Befehl lautet DSMAINT MIGRATE mit den entsprechenden Parametern für die alte und die neue ODBC-Datenquelle. Eine konkrete Ausprägung des Befehls könnte beispielsweise so aussehen:

```
dsmaint migrate /SRCDSN:"C:\PROGRAMME\CITRIX\INDEPENDENT MANAGEMENT
ARCHITECTURE\MF20.DSN" /DSTDSN:"C:\PROGRAMME\CITRIX\INDEPENDENT
MANAGEMENT ARCHITECTURE\MF20SQL.DSN" /DSTUSER:ctx_ds_user
/DSTPWD:Citr!x
```

**Abbildung 8.10**   Aufruf von DSMAINT MIGRATE

Nach dem Aufruf des Befehls erscheint das in Abbildung 8.11 dargestellte Informationsfenster, das darauf hinweist, dass noch einmal sichergestellt werden soll, dass das zukünftige Datenbanksystem vom XenApp als Datenspeicher unterstützt wird.

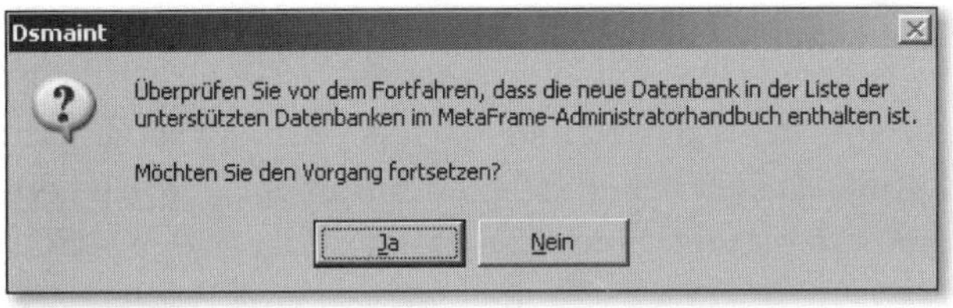

**Abbildung 8.11**   Hinweismeldung bezüglich des neuen Datenbanksystems

Anschließend beginnt die Migration der Daten in die neue Datenbank, die über das Verlaufsfenster nachvollziehbar ist.

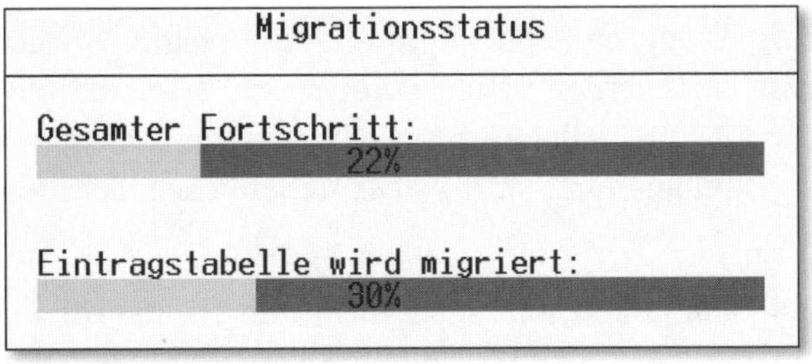

**Abbildung 8.12**   Statusfenster der Migration

Im letzten Schritt müssen Sie den Server dahingehend umkonfigurieren, dass er zukünftig die neue Datenquelle als Verbindung zum Datenspeicher nutzt. Dies können Sie ihm mit dem Befehl DSMAINT CONFIG mitteilen.

**Abbildung 8.13** DSMAINT CONFIG

Mit diesem Schritt ist die Migration des Datenspeichers auf diesem Server abgeschlossen. Um nun alle Server der Farm *direkt* auf den Datenspeicher zugreifen zu lassen, muss auf allen Servern die ODBC-Datenquelle angelegt werden und anschließend über DSMAINT CONFIG die Umstellung auf die neu erstellte Datenquelle erfolgen.

## 8.6 Erstellen einer gesicherten Benutzersitzung

In jeder Situation, in der viele Benutzer auf einem zentralen System arbeiten, ist dem Schutz und der Sicherheit dieses Systems ein besonderes Augenmerk zu widmen. Hierbei spielt es grundsätzlich keine Rolle, ob nur über die Microsoft-Terminaldienste, einen XenApp oder über einen XenDesktop zugegriffen wird.

Der erste Aspekt, den Sie hierbei beachten sollten, ist immer die grundsätzliche Steuerung der Berechtigungen, welche Benutzer überhaupt in der Lage sein sollen, sich auf einem Terminalserver anzumelden. Hierzu können Sie sowohl für das RDP- als auch für das ICA-Protokoll die entsprechenden Berechtigungen setzen.

Hierbei kann es sehr sinnvoll sein, eigene Gruppen im Active Directory anzulegen, über die die Zugriffe gesteuert werden können. Auf diese Weise sind die Terminalserver bereits vor unberechtigten Benutzern geschützt. Doch was ist mit den berechtigten Benutzern? Können diese nicht auch erheblichen Schaden anrichten?

Ja, das können sie. Und aus diesem Grund sollten Sie nicht nur den Zugriff auf eine Sitzung, sondern auch die Umgebung innerhalb der Sitzung entsprechend absichern. Seit Windows 2000 bieten hierfür die Active-Directory-Gruppenrichtlinien sehr flexible und leistungsstarke Möglichkeiten der Steuerung der Desktop-Umgebung und der Konfiguration eines Computersystems.

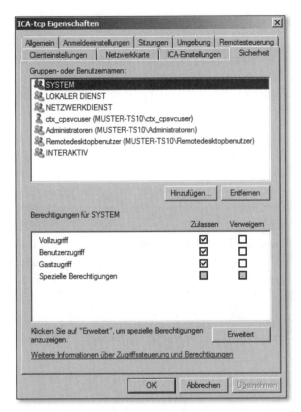

**Abbildung 8.14** Berechtigungen auf Verbindungsprotokolle

## 8.6.1 Active-Directory-Gruppenrichtlinien – Basiswissen

Um die Möglichkeiten der System- und Benutzerkonfiguration mit Gruppen-richtlinien einschätzen und nutzen zu können, ist es wichtig, sich ein wenig mit deren Funktionsweise auseinanderzusetzen.

Da es sich bei diesem Buch um ein Werk über XenApp und nicht über das Active Directory und die Gruppenrichtlinien handelt, werden versierte Administratoren an dieser Stelle vielleicht nicht viel Neues finden und sich fragen, warum diese »Basics« hier genannt werden.

Der Grund ist einfach – in der Praxis trifft man auf relativ viel Unwissenheit in Bezug auf die Funktion und die Möglichkeiten von Gruppenrichtlinien, weshalb an dieser Stelle einige entscheidende Merkmale ausgeführt werden. Wer meint, alles über Gruppenrichtlinien zu wissen, kann direkt zu Abschnitt 8.6.2, »Effek-tiver Einsatz von Gruppenrichtlinien im Terminalserver- und VDI-Umfeld«, springen.

### Aufgaben und Aufbau der Registry

Um zu verstehen, was Gruppenrichtlinien machen, sollten Sie sich kurz die Funktionsweise eines Windows-Systems vor Augen halten. Hierbei gibt es eine Reihe von Systemanwendungen, die dafür sorgen, dass man bei jedem Start des Systems den gewohnten Desktop angezeigt bekommt und seine Anwendungen starten kann.

Da in jedem Menschen auch ein kleines Spielkind steckt, gibt es viele Einstellungen, die getroffen werden können – einige für den persönlichen Touch, wie die Farben des Desktops oder der Bildschirmschoner, andere für die Konfiguration des Systems, wie beispielsweise der Computername oder seine IP-Adresse. Alle diese Einstellungen werden auf Windows-Systemen in der *Registry* gespeichert. Das heißt, dass es für jede Einstellung, die man in einer Anwendung treffen kann, einen Schlüssel in der Registry gibt, der diese Einstellung speichert und dafür sorgt, dass die Einstellung beim nächsten Start des Systems angewendet wird. Die Registry eines Computers ist somit nichts anderes als ein zentraler Speicher für Konfigurationseinstellungen.

Je intensiver Sie sich mit dieser Materie auseinandersetzen, umso mehr kommen Sie zu der Erkenntnis, dass es nicht die *eine* Registry gibt, sondern dass es sich bei der Registry um eine aus mehreren Teilen zusammengesetzte Datenbank handelt. Es gibt einen Teil für die Konfiguration der Computereinstellungen (HKLM_LocalMachine) und einen Teil für die Einstellungen des Benutzers (HKLM_CurrentUser). Beim Start des Rechners bzw. bei der Anmeldung des Benutzers werden diese beiden Teile zu der Registry zusammengesetzt.

> **Info**
>
> Die Registry setzt sich aus mehreren Teilen zusammen. Bis Windows NT konnte man ihre beiden Teile sogar direkt identifizieren – die *SYSTEM.DAT* und die *USER.DAT*. Seit Windows 2000 existiert die *SYSTEM.DAT* in dieser Form nicht mehr, sie wurde durch mehrere Systemdateien ersetzt. Vom Prinzip her gibt es aber nach wie vor die Trennung zwischen Benutzereinstellungen und Computereinstellungen in der Registry.

### Aufgabe von Gruppenrichtlinien

Doch was hat die Registry mit den Gruppenrichtlinien zu tun? Ganz einfach – die Registry enthält alle Einstellungen eines Systems. In den Gruppenrichtlinien können diese Registry-Schlüssel über ein aussagekräftiges Frontend konfiguriert und in die Registrys der einzelnen Computer geschrieben werden, um die gewünschten Einstellungen von einer zentralen Stelle aus zu setzen.

**Hinweis**

Unter den Windows-NT-Systemrichtlinien (*POLEDIT.EXE*) wurden über Richtlinien tatsächlich *hart* die Werte in der Registry eines Computers überschrieben. Bei Gruppenrichtlinien werden die gewünschten Werte mit einer höheren Priorität in einen Unterschlüssel hinzugefügt. Dies hat den Vorteil, dass durch ein Entfernen der Gruppenrichtlinien wieder die vorherigen Einstellungen aktiv werden können. Dies war unter Windows NT noch anders – dort mussten die Einstellungen immer manuell rückgängig gemacht werden.

Betrachten Sie nun ein Gruppenrichtlinienobjekt (*GPO – Group Policy Object*), so finden Sie in ihm die Struktur der Registry, also die Trennung nach Benutzer- und Computereinstellungen, abgebildet.

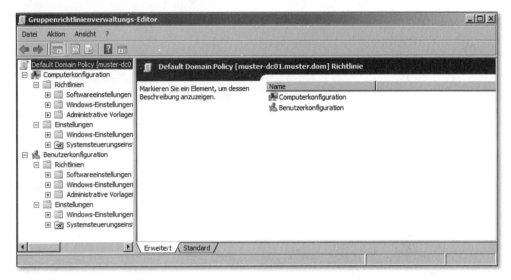

**Abbildung 8.15** Aufbau eines Gruppenrichtlinienobjektes

Generell können Sie sich also vor Augen halten, dass alle Einstellungen, die für das gesamte System gelten, immer unter *Computerkonfiguration* zu finden sind, während alle benutzerbezogenen Einstellungen in der *Benutzerkonfiguration* definiert werden.

**Zuweisung von Gruppenrichtlinien**

Grundsätzlich können Gruppenrichtlinien an drei Stellen gebunden werden – an *Active-Directory-Standorten (Sites)*, an *Domänen* und an *Organisationseinheiten (OUs)*. Als kleiner Sonderfall besteht zusätzlich die Möglichkeit, auf einem System mit einer *lokalen Richtlinie* zu arbeiten. Der Einfachheit halber werden im

Folgenden nur die Bindungen an OUs betrachtet. Diese Einführung dient schließlich nicht als ausführlicher Einblick in alle Funktionen und Eigenschaften von
Gruppenrichtlinien.

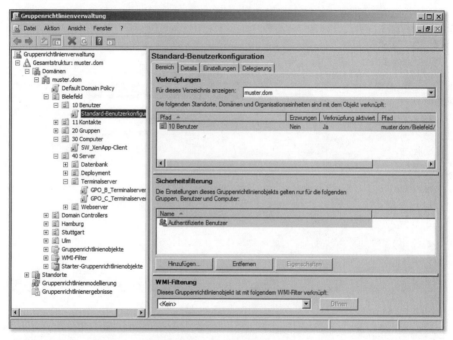

**Abbildung 8.16**  Zuweisung von GPOs

Gruppenrichtlinien können ausschließlich auf Benutzer- oder Computerkonten
angewendet werden. Konkret bedeutet dies, dass Sie ein GPO an eine Organisationseinheit (OU) binden, die dann die Benutzer- oder Computerobjekte enthalten
muss. Sofern eine Benutzerkonfiguration in der GPO definiert ist, müssen die Benutzerobjekte in der entsprechenden OU liegen. Sofern eine Computerkonfiguration
verteilt werden soll, müssen die Computerobjekte in der OU liegen. Ein typisches
Zuweisungsszenario ist in Abbildung 8.18 dargestellt. Auf diese Weise kann beispielsweise für die Benutzer in der STANDARD-BENUTZERKONFIGURATION eingestellt
werden, was in ihrem Startmenü nicht angezeigt werden soll .

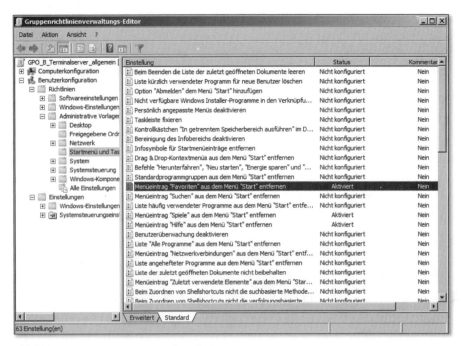

**Abbildung 8.17** Startmenü-Vorgaben für Benutzer

Die auf diese Weise getroffenen Einstellungen würden somit für alle Benutzer gelten, die sich in der Organisationseinheit *Bielefeld\10 Benutzer* befinden. Es würde hierbei auch keine Rolle spielen, an welchem Computer die Benutzer sich anmelden, da die Richtlinie direkt auf ihr Benutzerobjekt angewendet wird.

### Berechtigungen auf Gruppenrichtlinien

Was wäre aber nun, wenn in der beschriebenen OU ein Benutzer läge, für den die Einstellung nicht gelten soll? Gibt es eine elegante Möglichkeit, einzelne Benutzer aus dem »Wirkungskreis« der Gruppenrichtlinie herauszuziehen, ohne sie in eine andere OU zu verschieben?

Um diese Frage zu beantworten, muss man wissen, dass die Anwendung von Gruppenrichtlinien mit einem kleinen Paradoxon verbunden ist. Obwohl die Richtlinien einen Benutzer im Regelfall einschränken, muss er *berechtigt* sein, diese anzuwenden. Hierzu verfügt jedes Gruppenrichtlinienobjekt über eine eigene Zugriffsberechtigungsliste, die besagt, wer dieses Objekt anwenden darf.

Um also sicherzustellen, dass jedes Gruppenrichtlinienobjekt zunächst für alle Benutzer gilt, wird der Gruppe AUTHENTIFIZIERTE BENUTZER die Berechtigung GRUPPENRICHTLINIE ÜBERNEHMEN zugewiesen, wie in Abbildung 8.18 gezeigt.

Möchten Sie nun erreichen, dass die Richtlinie für einen bestimmten Benutzer oder eine bestimmte Gruppe nicht angewendet wird, so müssen Sie nur die Übernahme VERWEIGERN. Über eine solche Verweigerung kann somit ein bestimmter Benutzerkreis von der Gruppenrichtlinie ausgeschlossen werden.

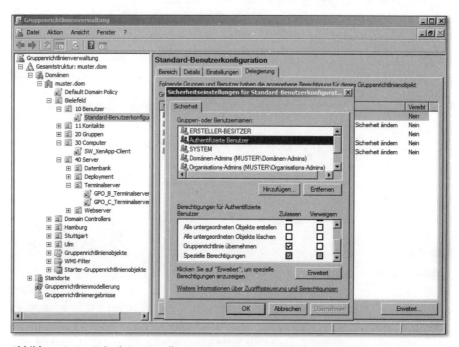

**Abbildung 8.18**   Sicherheitseinstellungen eines Gruppenrichtlinienobjektes

Es geht aber auch anders herum: Soll eine Richtlinie wiederum nur für eine spezielle Gruppe gelten, so könnte das Recht zur Übernahme der Richtlinie den authentifizierten Benutzern entzogen werden (Häkchen entfernen!) und nur einer eigens dafür angelegten Gruppe zugewiesen werden. Somit sind Sie in der Lage, über die Berechtigungen des Gruppenrichtlinienobjektes zu steuern, für wen eine Richtlinie gelten soll.

**Loopback der Computerkonfiguration**

Mit dem bisherigen Wissen sind Sie nun in der Lage, explizit zu steuern, für wen welche Richtlinie gelten soll. Was ist aber, wenn auch eine Abhängigkeit mit dem aktuellen Computer des Benutzers geschaffen werden soll? Für das vorliegende Szenario könnte eine Anforderung sein, dass die Benutzer auf ihren lokalen Arbeitsplatz-PCs ohne Einschränkungen arbeiten können sollen, während sie auf einem Terminalserver mit Gruppenrichtlinie eingeschränkt werden sollen. Helfen hierbei Berechtigungen? Nein, hier wird eine weitere Technik benötigt, die es ermöglicht, eine Benutzerkonfiguration von einem Computerobjekt abhängig zu machen.

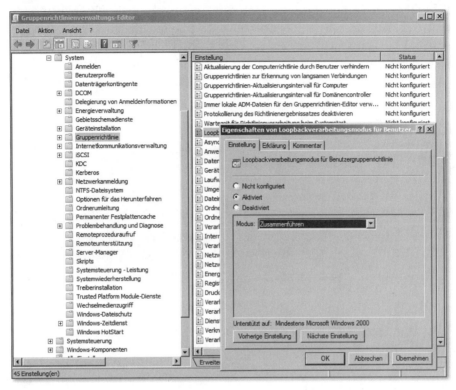

**Abbildung 8.19**  Loopback-Verarbeitungsmodus für Benutzergruppenrichtlinie

Die Aktivierung der Einstellung Loopback-Verarbeitungsmodus für Benutzer-gruppenrichtlinie bewirkt, dass nun nicht mehr nur die vorhandenen Computer-einstellungen, sondern auch die Benutzereinstellungen, die in Richtlinien über dem Computerobjekt gebunden sind, auf die Benutzerumgebung angewendet werden. Es wird somit also möglich, Benutzereinstellungen zu definieren, die nur auf dem entsprechenden Computer gelten.

Neben Terminalservern sind beispielsweise öffentlich zugängliche Kiosk-PCs ein häufiges Einsatzgebiet für die Loopback-Verarbeitung. Ein ähnliches Ergebnis könnte auch durch den Einsatz von WMI-Filtern erreicht werden. Wegen der höheren Komplexität der Erstellung solcher Filter werden sie jedoch an dieser Stelle nicht weiter beachtet.

### 8.6.2 Effektiver Einsatz von Gruppenrichtlinien im Terminalserver- und VDI-Umfeld

Verbinden wir nun die in den vorangegangenen Abschnitten genannten Möglichkeiten von Gruppenrichtlinien mit dem Einsatzgebiet eines Terminalservers, so bieten sich ungeahnte Möglichkeiten. Eine Konfiguration könnte also beispielsweise so aussehen, dass auf der Organisationseinheit, die die Computerobjekte der Terminalserver oder VDI-Desktops enthält, zwei Gruppenrichtlinien angelegt werden. Eine davon enthielte die gesamte Computerkonfiguration und die Einstellungen für den Loopback-Modus.

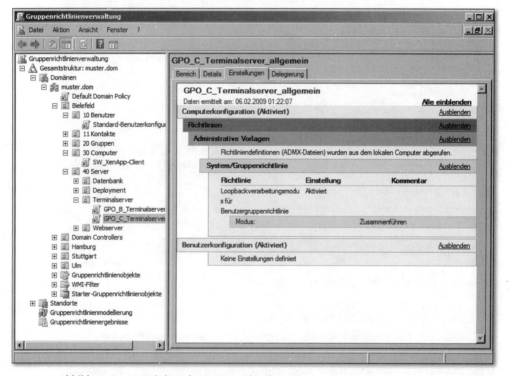

**Abbildung 8.20** Richtlinie für Computerkonfiguration

Die zweite Gruppenrichtlinie enthielte die gesamte Benutzerkonfiguration.

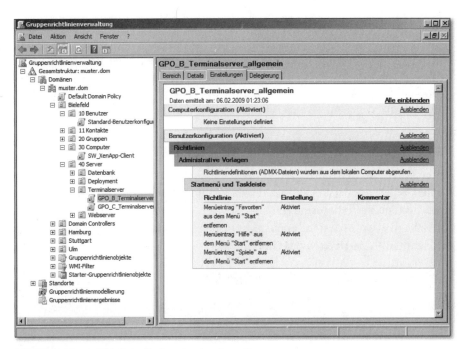

**Abbildung 8.21** Richtlinie für Benutzerkonfiguration

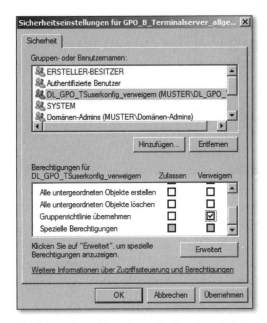

**Abbildung 8.22** Verweigern der Benutzereinstellungen für eine Gruppe

Grundsätzlich könnten Sie diese Einstellungen auch mit nur einem Gruppenrichtlinienobjekt realisieren. Es gibt jedoch einen guten Grund, die Einstellungen
auf zwei Objekte aufzuteilen. Wenn an dieser Stelle mit zwei GPOs gearbeitet
wird, besteht nun die Möglichkeit, über Berechtigungen auf das Objekt *GPO_
B(für Benutzer)_Terminalserver_allgemein* die Einstellungen der Richtlinie für
einige Benutzer, beispielsweise Administratoren, nicht gelten zu lassen.

### 8.6.3 Erweitern der Einstellungsmöglichkeiten

Neben den beschriebenen Konfigurationsmöglichkeiten mit Gruppenrichtlinien
werden früher oder später Einstellungen gewünscht sein, die nicht in den Gruppenrichtlinien zu finden sind. Um auf solche Anforderungen reagieren zu können, sind die Gruppenrichtlinien in dem Bereich *Administrative Vorlagen* mit
sogenannten *ADM-Dateien* erweiterbar.

**Abbildung 8.23**  Vorlagen hinzufügen/entfernen

Im Internet finden Sie zu nahezu jeder Windows-Anwendung bereits eine Reihe
von ADM-Dateien, die in die Gruppenrichtlinien eingebunden werden können.
Eine Suche nach *\*.ADM* wirkt hierbei oft Wunder.

Für den Bereich der Microsoft-Anwendungen sollte auf jeden Fall ein Blick in das
*Office Resource Kit (ORK)* und das *Zero Administration Kit (ZAK)* geworfen werden, da sich hierin eine große Anzahl von Richtlinienvorlagen befinden.

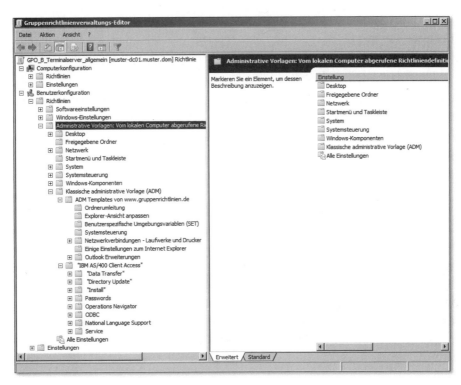

**Abbildung 8.24**  Importierte Vorlagen

## 8.7  Problemfälle der Ressourcenveröffentlichung

Sofern bei einer XenApp-Umgebung ausschließlich über veröffentlichte Anwendungen gearbeitet werden soll, werden früher oder später einige Anforderungen auftauchen, die mit den bisherigen Methoden scheinbar nicht abgedeckt werden können. In den folgenden Abschnitten sollen einige der häufigeren Vertreter dieser Problemfälle kurz erläutert werden.

### 8.7.1  Veröffentlichen des Windows Explorers

Die erste Anforderung, die bei der Arbeit ausschließlich mit veröffentlichten Anwendungen auf die Administratoren zukommen wird, ist der Wunsch nach einer Veröffentlichung des Windows Explorers. Sofern hierbei nach dem Standardschema, also mit dem Befehlszeilenaufruf *EXPLORER.EXE*, gearbeitet wird, fällt schnell auf, dass hierdurch eine Desktop-Sitzung geöffnet wird.

Der Grund hierfür liegt im Design von Windows. Der Explorer erfüllt hierbei nicht nur die Funktion als Dateibrowser, sondern er stellt bei seinem ersten Aufruf nach der Anmeldung eines Benutzers auch die Desktop-Umgebung. Wenn ein Benutzer also mit veröffentlichten Anwendungen arbeitet und den Explorer aufruft, erkennt dieser, dass der Benutzer noch keine Desktop-Umgebung (auf dem Terminalserver) hat, und erstellt diese.

Diese Funktion ist mit dem Namen *EXPLORER.EXE* fest in Windows verdrahtet. Um sie zu umgehen, gibt es zwei Möglichkeiten – Sie könnten statt des Windows Explorers den Internet Explorer veröffentlichen, der die gleichen Funktionalitäten im Hinblick auf Dateizugriffe bietet, oder Sie erstellen einfach eine Kopie der *EXPLORER.EXE* unter einem anderen Namen und veröffentlichen diese. Konkret könnten Sie also eine Kopie der *EXPLORER.EXE* unter dem Namen *EXPLOR.EXE* im Windows-Verzeichnis der Terminalserver erstellen und diese veröffentlichen.

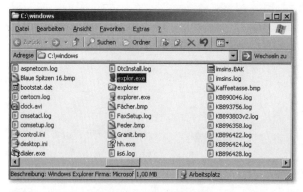

**Abbildung 8.25** Kopie der EXPLORER.EXE

**Hinweis**

Da es bei Patches oder Service Packs vorkommen kann, dass die *EXPLORER.EXE* durch eine neue Version ersetzt wird, sollten Sie darauf achten, in diesen Fällen auch eine neue Kopie für die *EXPLOR.EXE* zu erstellen.

Alternativ dazu könnten Sie auch den Internet Explorer mit einem Parameter für ein lokales Laufwerk – etwa dem Home-Verzeichnis des Benutzers – veröffentlichen. Der Internet Explorer schaltet in diesem Fall direkt wieder in den Windows-Explorer-Modus und erzielt somit auch das gewünschte Ergebnis.

**Hinweis**

Einziger Schönheitsfehler bei dieser Variante – bei Einsatz des Internet Explorers 7 muss das Sicherheitslevel weit gedrosselt werden, da sonst das Explorer-Fenster als eigener Prozess gestartet wird und das Internet-Explorer-Fenster mit einer Fehlermeldung im Hintergrund stehen bleibt. Für die Veröffentlichung an einen Benutzer ist dies natürlich unschön.

## 8.7.2 Zugriff auf den Druckerordner des Servers

Eine weitere Anforderung, die wahrscheinlich sehr schnell von den Benutzern gestellt werden wird, ist der Wunsch nach einem Zugriff auf den Druckerordner des Terminalservers, um darüber neue Netzwerkdrucker hinzuzufügen oder vorhandene Drucker zu verwalten. Um den Druckerordner des Servers an die Benutzer zu veröffentlichen, müssen Sie ihn zunächst auf dem Server »greifbar« machen. Hierzu legen Sie im Dateisystem den Ordner *C:\Printers.{2227A280-3AEA-1069-A2DE-08002B30309D}* an, der symbolisch für den Druckerordner in der Systemsteuerung steht. Nach der Erstellung erscheint dieser Ordner im Explorer unter dem Namen *C:\CPrinters*, wie in Abbildung 8.26 dargestellt.

**Abbildung 8.26** Der Druckerordner im Dateisystem

Nun müssen Sie diesen Ordner nur noch veröffentlichen. Da eine direkte Veröffentlichung dieses Ordners nicht möglich ist, wird er über den Internet Explorer veröffentlicht. Hierzu wird eine neue veröffentlichte Anwendung erstellt, deren Programmpfad *[Pfad zur iexplore.exe] C:\CPrinters.{2227A280-3AEA-1069-A2DE-08002B30309D}* lauten muss.

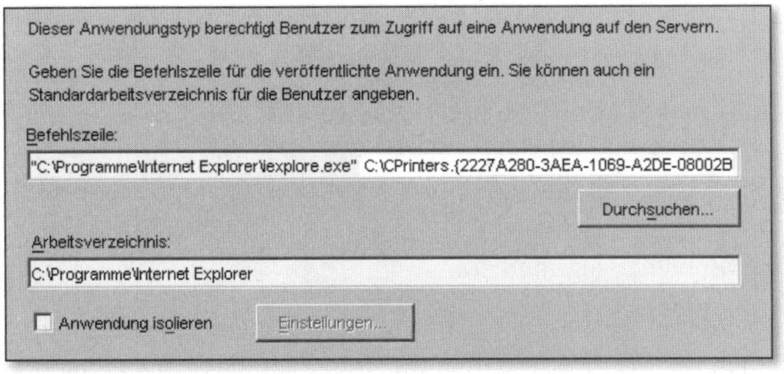

**Abbildung 8.27** Befehlszeile der Druckerordner-Veröffentlichung

Sofern nicht mit servergespeicherten Terminaldiensteprofilen gearbeitet wird, kann es notwendig sein, den Druckerordner für jeden Server separat zu veröffentlichen.

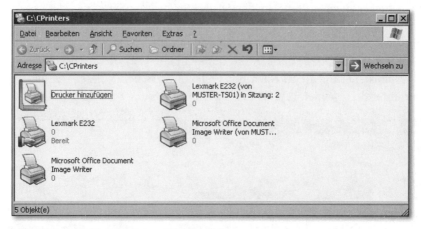

**Abbildung 8.28**    Druckerordner-Veröffentlichung

### 8.7.3    Veröffentlichen von Internetseiten oder Verzeichnissen

Der einfachste Weg, Internetseiten oder Verzeichnisse zu veröffentlichen, geht über die Veröffentlichung eines *Internet Explorers* mit dem entsprechenden Verzeichnis oder der entsprechenden URL als Parameter.

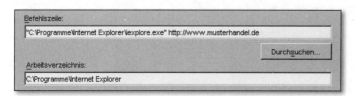

**Abbildung 8.29**    Veröffentlichen einer Internetseite

Diese Art der Veröffentlichung eines Verzeichnisses oder einer Adresse ist nicht mit der *Veröffentlichung eines Inhaltes* über die Presentation Server Console zu verwechseln. Während bei einer Inhaltsveröffentlichung nur ein Link verteilt wird, über den der Client direkt auf die Ressource zugreift, wird bei der hier beschriebenen Variante komplett über den Terminalserver zugegriffen.

## 8.8 Citrix CDN – Hilfe auch für Planung und Verwaltung

Ein ganz wesentliches Problem bei der Planung und Skalierung einer Presentation-Server-Umgebung ist die Analyse der Serverlast und die Simulation von Serververhalten. Zu diesen Themen gibt es eine Reihe von Hilfsmitteln von ganz unerwarteter Stelle – die *Software Development Kits (SDKs)* zu den jeweiligen Citrix-Produkten. Diese SDKs können kostenfrei über das *Citrix Developer Network (CDN)* heruntergeladen werden.

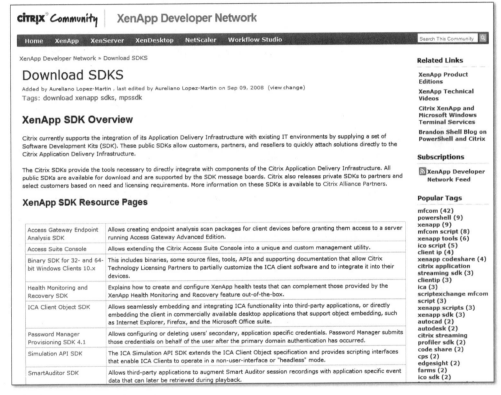

**Abbildung 8.30**   CDN-Startseite

Bei Bedarf lassen sich die SDKs oftmals direkt auf einem der Terminalserver installieren.

**Hinweis**

Teilweise unterliegen die SDKs speziellen Lizenzvereinbarungen, die trotz des kostenfreien Zuganges zu den Tools natürlich nicht missachtet werden dürfen.

### 8.8.1 XenApp SDK

Im Software Development Kit von XenApp finden Sie eine Vielzahl von Programmbeispielen, die über das SDK realisiert worden sind. Diese Beispiele sind natürlich vor allem für Entwickler von großem Wert, da sie konkrete Umsetzungen der XenApp-Entwicklungen präsentieren. Aber auch Administratoren sollten einen genaueren Blick auf die mitgelieferten Beispielprogramme werfen, da sie viele interne Informationen der XenApp-Farm preisgeben können.

### 8.8.2 Citrix Server Test Kit

Sobald es darum geht, fundierte Aussagen über die Leistungsfähigkeit oder die Anforderungen an einen Terminalserver zu treffen, hat man akuten Bedarf an einer Simulation von Benutzerverbindungen auf einen Server. Mit dem Citrix Server Test Kit können Sie solche Simulationen realisieren, indem virtuelle Benutzer Anwendungen auf dem Server starten.

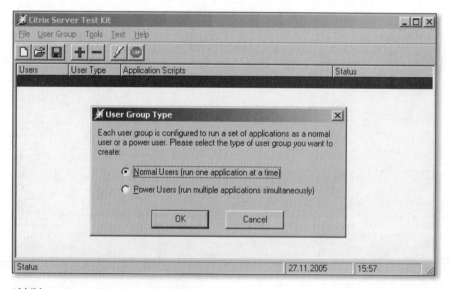

**Abbildung 8.31**  Citrix Server Test Kit

Hierbei definieren Sie über einen Assistenten, wie viele Benutzer die Simulation umfassen soll und mit welchen Anwendungen diese arbeiten sollen (siehe Abbildung 8.32).

Um das Verhalten der Benutzersitzungen an der Realität zu orientieren, können Anwendungsskripte erstellt werden, die die echten Anwendungen des Unternehmens in die Simulation einbinden (siehe Abbildung 8.33).

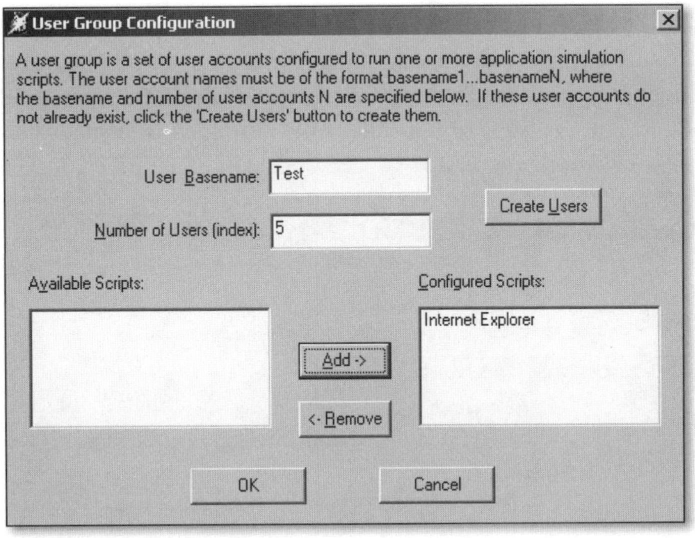

**Abbildung 8.32** Erstellen der Benutzerdefinition

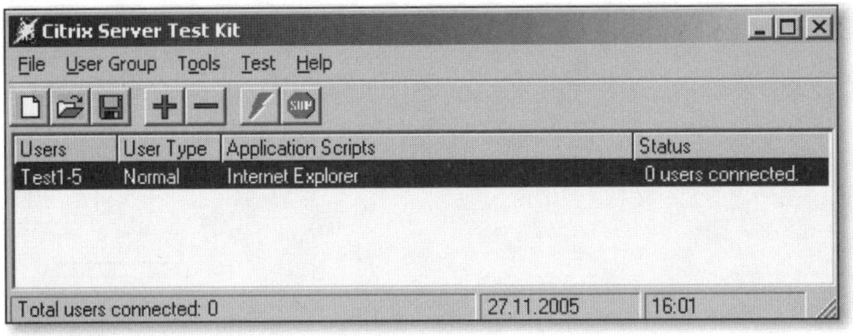

**Abbildung 8.33** Status der Simulation

> **Hinweis**
>
> An dieser Stelle muss man jedoch klar sagen, dass die Möglichkeiten vom Citrix Server Test Kit durchaus begrenzt sind. Aus diesem Grund platziert Citrix an dieser Stelle nun sein Produkt *EdgeSight for Load Testing*, das in Bezug auf Leistungs- und Verfügbarkeitstests einen wesentlichen Mehrwert bietet.

## 8.9    CitrixTools.Net

Eine sehr hilfreiche Webseite ist *CitrixTools.Net*. Auf dieser Seite finden Sie zahlreiche freie Tools, die die Verwaltung einer XenApp-Umgebung deutlich vereinfachen können. Drei dieser Tools seien hier exemplarisch einmal kurz genannt.

### 8.9.1 Session Monitor

Der Session Monitor ist ein sehr schlankes kleines Werkzeug, das einen guten Überblick über aktive und getrennte Sitzungen der Serverfarm liefert. Über eine Auto-Refresh-Funktion können Sie darüber hinaus die gezeigten Informationen stets aktuell halten (siehe Abbildung 8.34).

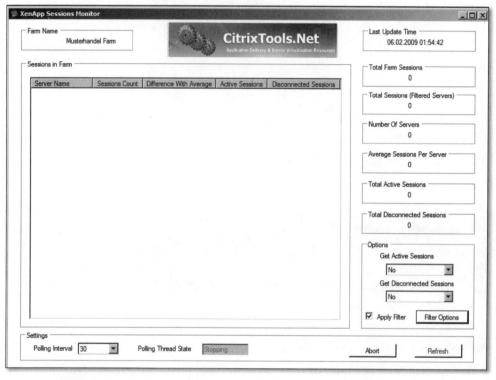

**Abbildung 8.34** Session Monitor

### 8.9.2 Fast Publishing

Noch nützlicher ist das Fast Publishing Tool, über das sehr schnell Anwendungen veröffentlicht werden können (siehe Abbildung 8.35).

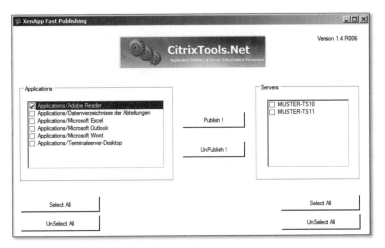

**Abbildung 8.35** Fast Publishing

### 8.9.3   App Manager

Die Krone der Schöpfung ist jedoch der App Manager, über den auf einen Blick
alle Anwendungseinstellungen konfiguriert werden können.

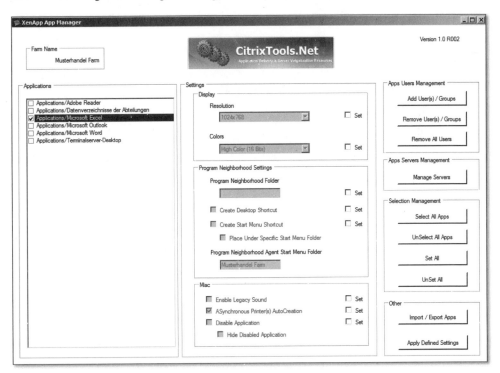

**Abbildung 8.36**   App Manager

*Auch in der besten Umgebung können Fehler auftreten. In diesem Kapitel stellen wir Ihnen zum einen Lösungsstrategien und Tools vor und zum anderen einige häufige Probleme mit ihren jeweiligen Lösungen.*

# 9    Troubleshooting

Je größer eine Umgebung wird und je länger sie in Betrieb ist, umso größer wird die Wahrscheinlichkeit, dass doch einmal ein Fehler auftritt. Doch wie sollte man sich in einem solchen Fall verhalten und welches sind die Werkzeuge, die bei der Problemlösung helfen können?

## 9.1    Grundsätzliches Vorgehen bei Fehlern

Abhängig davon, in welchem Zusammenhang ein Problem oder Fehler auftritt, gibt es unterschiedliche Schritte, die Sie unternehmen sollten, um sich der Problemursache und somit der Problemlösung zu nähern. Natürlich können hier nicht alle Lösungswege für die möglichen Probleme aufgezeigt werden. Es geht an dieser Stelle primär darum, die Zusammenhänge zwischen den einzelnen Komponenten aufzuzeigen, die bei der Fehlersuche hilfreich sein können.

### 9.1.1    Probleme beim Verbindungsaufbau

Eine der häufigsten und mannigfaltigsten Problemsituationen wird ein fehlgeschlagener Verbindungsaufbau eines Benutzers sein. Da es hierfür sehr viele Ursachen geben kann, sollten Sie die folgenden Schritte ausführen, um das Problem einzugrenzen:

▶ **Direkte Verbindung**
Sofern die Benutzer eine Verbindung über ein Webinterface oder ein Secure Gateway herstellen, sollten Sie zunächst versuchen, eine direkte Verbindung über einen lokalen Client herzustellen. Im Zweifel sollten Sie sogar so weit gehen, eine benutzerdefinierte Verbindung zu erstellen, um Fehler im ICA-Browsing auszuschließen.

▶ **Remotedesktop-Verbindung**

Um sicherzugehen, dass es sich bei dem Problem nicht um Fehler auf der Windows-Seite handelt (TS-Lizenzierung, Domäne, …), sollten Sie auf jeden Fall eine Verbindung über den Remotedesktopclient testen. Sollte diese ebenfalls fehlschlagen, ist das Problem nicht mehr ausschließlich im XenApp-Bereich zu suchen.

▶ **Anderer Arbeitsplatz**

Da Verbindungsprobleme häufig vom Arbeitsplatz des Benutzers abhängig sind (Microsoft-TS-CALs, Client-Version, Netzwerkkonfiguration, …), sollte der Benutzer versuchen, sich von einem anderen Arbeitsplatz aus anzumelden.

▶ **Anderer Benutzername**

Um weitere Schlüsse ziehen zu können, sollte ein anderer Benutzer eine Anmeldung von dem PC des betroffenen Benutzers aus versuchen. Hierdurch können Probleme am Endgerät ausgeschlossen werden.

▶ **Ereignisanzeige der Controller**

Bei jedem Fehler sollten Sie einen Blick in die Ereignisanzeige des Servers werfen, da jeder Verbindungsaufbau hier seine Spuren hinterlässt.

▶ **Ereignisanzeige der Worker**

Neben der Ereignisanzeige der Controller ist auch die Ereignisanzeige der jeweiligen Worker unter Umständen eine gute Quelle für sachdienliche Informationen.

▶ **Blick in die Dokumentation**

Wie in Abschnitt 8.4, »Dokumentation«, beschrieben, ist eine aktuelle Dokumentation eine Grundvoraussetzung für den Betrieb einer XenApp-/XenDesktop-Umgebung. Bevor Sie an dieser Stelle weiter nach der Fehlerquelle suchen, sollten Sie in den Änderungsnachweisen der Dokumentation prüfen, was die letzte Änderung am System war und ob diese eventuell den Fehler provoziert haben könnte.

### 9.1.2 Probleme bei der Integration von Client-Ressourcen

Ein weiteres breites Fehlergebiet ist die Einbindung von Client-Ressourcen in die Benutzersitzungen auf dem Terminalserver. Falls hierbei Probleme auftreten, sollten Sie die folgenden Schritte abarbeiten:

▶ **ICA-Protokolleinstellungen**

Sie sollten auf jedem Server prüfen, ob die Eigenschaften des ICA-Protokolls den gewünschten Einstellungen entsprechen oder ob eine benötigte Funktion deaktiviert ist.

▶ **Richtlinien**

Da viele Einstellungen für die Endgeräte mittlerweile über Richtlinien abgebildet werden können, sollten Sie auch stets prüfen, ob eine Richtlinieneinstellung das Fehlverhalten auslöst.

▶ **ICA-Client**

Da das Einbinden von Client-Ressourcen auch über Einstellungen an der Clientsoftware konfiguriert werden kann, sollten Sie prüfen, ob an dieser Stelle alle Einstellungen korrekt sind.

▶ **Druckertreiber**

Sollte es sich bei der einzubindenden Ressource um einen Drucker handeln, können Sie prüfen, ob ein passender Treiber für den Drucker verfügbar ist bzw. ob einer der universellen Druckertreiber von XenApp verwendet werden kann.

▶ **Ereignisanzeige des XenApp-Servers bzw. VDAs**

Bei diesen Fehlern sollten Sie ebenfalls einen Blick in die Ereignisanzeige des Servers werfen, da auch die Integration von Client-Ressourcen an dieser Stelle dokumentiert wird.

▶ **Blick in die Dokumentation**

Auch an dieser Stelle sollten Sie wieder in den Änderungsnachweisen der Dokumentation prüfen, was die letzte Änderung am System war und ob diese eventuell den Fehler provoziert haben könnte.

### 9.1.3 Probleme mit dem Datenspeicher oder Lizenzserver

Für den Fall, dass die Funktionalität der Serverfarm nicht mehr voll verfügbar ist, hängt dies mit sehr hoher Wahrscheinlichkeit mit dem Datenspeicher zusammen:

▶ **Lokaler Hostcache (XenApp)**

Wenn einer der Server anscheinend Probleme mit den Informationen der Serverfarm hat, können Sie zunächst sicherstellen, dass es sich hierbei nicht um fehlerhafte Informationen in seinem lokalen Cache handelt. Der Befehl `DSMAINT RECREATELHC` löscht den vorhandenen lokalen Hostcache und erstellt diesen neu.

---

**Achtung**

Diesen Befehl sollten Sie mit einiger Vorsicht genießen. Sofern der Datenspeicher oder der Lizenzserver tatsächlich das Problem darstellen und nicht wiederhergestellt werden können, ist der lokale Hostcache das letzte Mittel, die Serverfarm noch für eine gewisse Zeit aktiv zu halten, um währenddessen eine mögliche neue Farm oder einen neuen Lizenzserver zu implementieren.

---

▶ **Verbindungscheck**

Sie sollten auf niedriger Ebene prüfen, ob die Server in der Lage sind, eine Verbindung mit dem Datenspeicher oder dem Lizenzserver herzustellen. Der erste Test wäre ein PING auf die Adresse des Servers (Name und IP-Adresse!), um die IP-Verbindung zu testen. Sollte dieser Test erfolgreich sein, könnten Sie über Telnet einen Verbindungstest mit dem Dienst durchführen, also beispielsweise TELNET [LIZENZSERVER] 27000, um den Dienst-Port zu testen.

▶ **Unterschiedliche Server**

Um sicherzugehen, dass das Problem nicht an einem der Server liegt, sollten Sie die Funktionalitäten auch immer von anderen Servern der Farm aus testen.

Selbstverständlich sollten Sie diese Schritte ebenfalls wieder mit einem Blick in die Ereignisanzeige und in den Änderungsnachweis der Dokumentation kombinieren. Viele dieser Schritte sind eins zu eins auch auf andere Fehlersituationen übertragbar.

## 9.2 Werkzeuge zur Fehlersuche und -analyse

Neben den bereits bekannten Werkzeugen von XenApp gibt es noch eine Reihe weiterer Tools, die speziell im Fehlerfall von großem Nutzen sein können.

### 9.2.1 ACRCFG

Über ACRCFG können Sie die Einstellungen für die automatische Wiederverbindung von Clients konfigurieren.

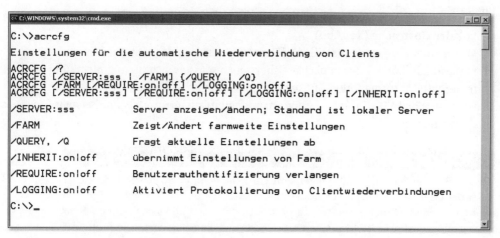

**Abbildung 9.1** ACRCFG

### 9.2.2 APPUTIL

Durch den Aufruf von APPUTIL können Sie Informationen über Anwendungen in der Serverfarm abrufen.

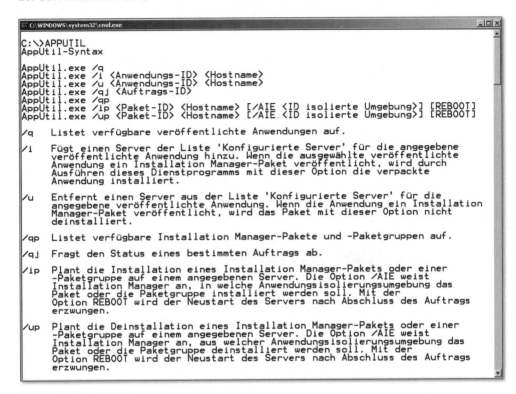

**Abbildung 9.2** APPUTIL

Dies bezieht sich sowohl auf veröffentlichte Anwendungen als auch auf beispielsweise Installation-Manager-Pakete, wie in Abbildung 9.2 dargestellt.

### 9.2.3 AUDITLOG

Mit dem Befehl AUDITLOG können Sie Berichte über die An- und Abmeldungen von Benutzern erstellen.

Diese können Sie im einfachsten Fall direkt auf dem Bildschirm ausgeben.

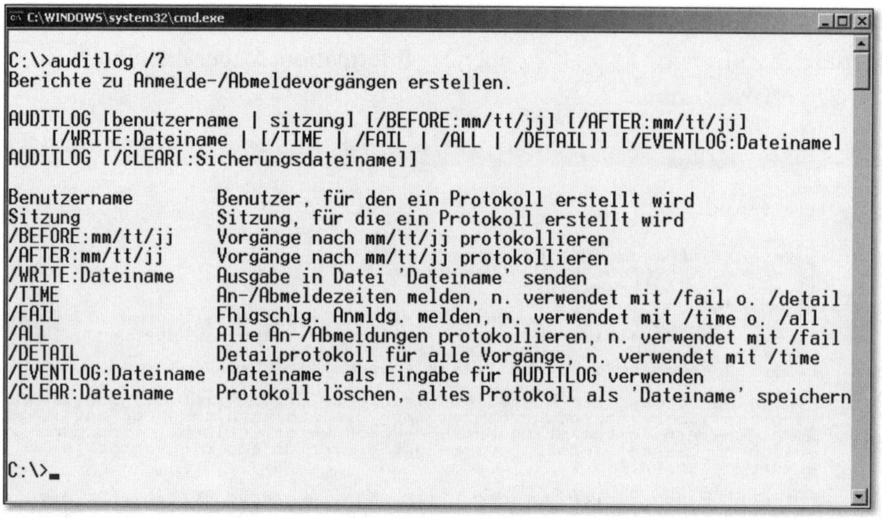

```
C:\>auditlog /?
Berichte zu Anmelde-/Abmeldevorgängen erstellen.

AUDITLOG [benutzername | sitzung] [/BEFORE:mm/tt/jj] [/AFTER:mm/tt/jj]
    [/WRITE:Dateiname | [/TIME | /FAIL | /ALL | /DETAIL]] [/EVENTLOG:Dateiname]
AUDITLOG [/CLEAR[:Sicherungsdateiname]]

Benutzername          Benutzer, für den ein Protokoll erstellt wird
Sitzung               Sitzung, für die ein Protokoll erstellt wird
/BEFORE:mm/tt/jj      Vorgänge nach mm/tt/jj protokollieren
/AFTER:mm/tt/jj       Vorgänge nach mm/tt/jj protokollieren
/WRITE:Dateiname      Ausgabe in Datei 'Dateiname' senden
/TIME                 An-/Abmeldezeiten melden, n. verwendet mit /fail o. /detail
/FAIL                 Fhlgschlg. Anmldg. melden, n. verwendet mit /time o. /all
/ALL                  Alle An-/Abmeldungen protokollieren, n. verwendet mit /fail
/DETAIL               Detailprotokoll für alle Vorgänge, n. verwendet mit /time
/EVENTLOG:Dateiname   'Dateiname' als Eingabe für AUDITLOG verwenden
/CLEAR:Dateiname      Protokoll löschen, altes Protokoll als 'Dateiname' speichern

C:\>_
```

**Abbildung 9.3** AUDITLOG

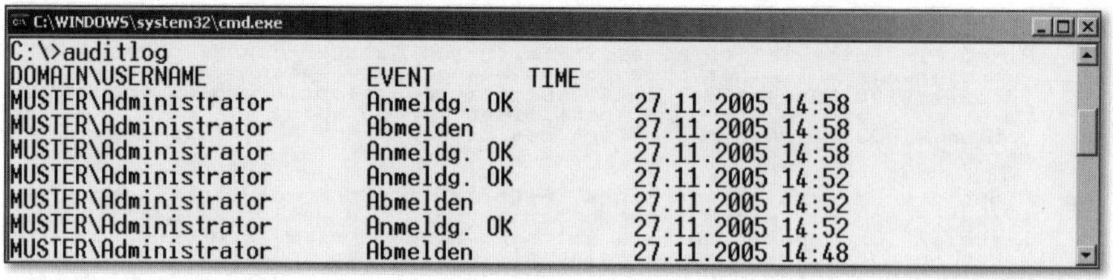

```
C:\>auditlog
DOMAIN\USERNAME            EVENT         TIME
MUSTER\Administrator       Anmeldg. OK          27.11.2005 14:58
MUSTER\Administrator       Abmelden             27.11.2005 14:58
MUSTER\Administrator       Anmeldg. OK          27.11.2005 14:58
MUSTER\Administrator       Anmeldg. OK          27.11.2005 14:52
MUSTER\Administrator       Abmelden             27.11.2005 14:52
MUSTER\Administrator       Anmeldg. OK          27.11.2005 14:52
MUSTER\Administrator       Abmelden             27.11.2005 14:48
```

**Abbildung 9.4** Ausgabe eines Standardberichtes

### 9.2.4 CLTPRINT

Über den Befehl CLTPRINT lassen sich die Client-Druckereigenschaften anzeigen und die Anzahl der Pipe-Exemplare des Client-Druckers setzen.

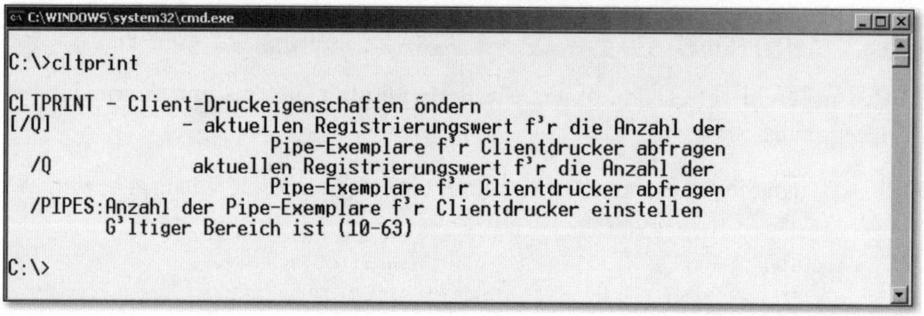

```
C:\>cltprint

CLTPRINT - Client-Druckeigenschaften öndern
[/Q]           - aktuellen Registrierungswert f'r die Anzahl der
                 Pipe-Exemplare f'r Clientdrucker abfragen
 /Q            aktuellen Registrierungswert f'r die Anzahl der
                 Pipe-Exemplare f'r Clientdrucker abfragen
 /PIPES:Anzahl der Pipe-Exemplare f'r Clientdrucker einstellen
        G'ltiger Bereich ist (10-63)
C:\>
```

**Abbildung 9.5** CLTPRINT

> **Hinweis**
>
> Die Pipes werden genutzt, um Daten von den Anwendungen an die Druckerwarteschlangen der Clients zu senden. Die Anzahl der Pipes definiert somit, wie viele Aufträge gleichzeitig verarbeitet werden können.

Nach einer Änderung der Einstellungen müssen Sie die Druckerwarteschlange neu starten.

### 9.2.5 CSHADOW

Der Befehl CSHADOW dient zur Überwachung von Benutzersitzungen. Hierbei können Sie über die ICA-Sitzungsnummer oder eine Sitzungskennung auf die Sitzung eines Benutzers zugreifen.

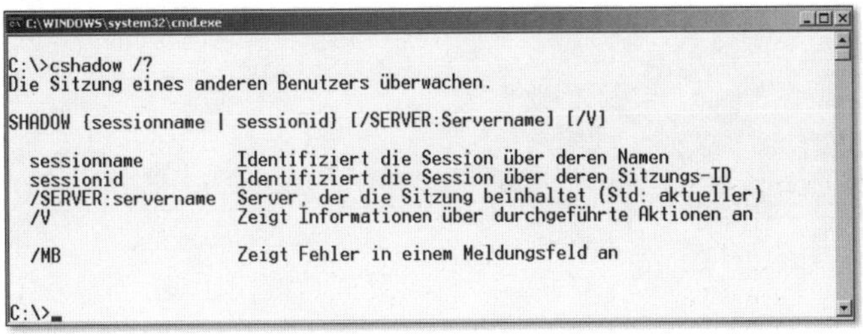

**Abbildung 9.6** CSHADOW

### 9.2.6 CTXKEYTOOL

Über das im Ordner *Support* auf der Installations-DVD enthaltene CTXKEYTOOL können Sie die Schlüssel für die IMA-Verschlüsselung verwalten.

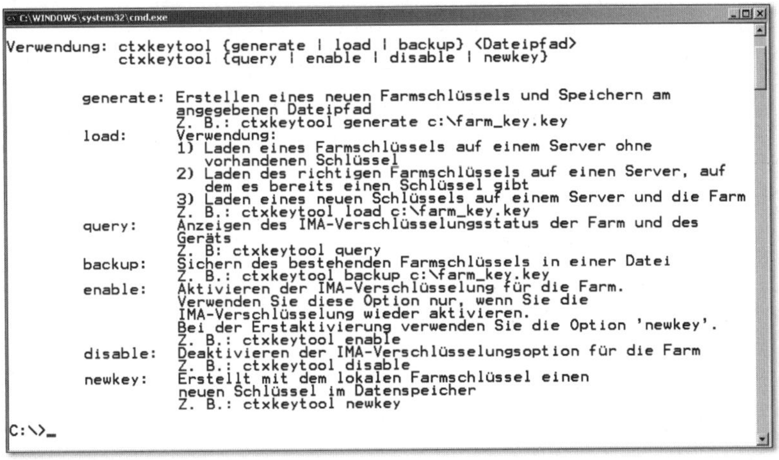

**Abbildung 9.7** CTXKEYTOOL

## 9.2.7 DRIVEREMAP/DRIVEREMAP64

Der Befehl DRIVEREMAP bzw. DRIVEREMAP64 dient zur Umlegung der Laufwerksbuchstaben auf einem Server. Im Regelfall nutzen Sie diesen nur zum Zeitpunkt der Installation.

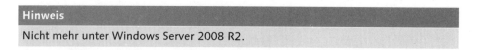

**Hinweis**

Nicht mehr unter Windows Server 2008 R2.

**Abbildung 9.8** DRIVEREMAP

## 9.2.8 DSCHECK

Das Kommandozeilentool DSCHECK dient zur Analyse des Datenspeichers und zur Prüfung seiner Konsistenz.

```
C:\WINDOWS\system32\cmd.exe                                    _ □ x

C:\>dscheck
Dienstprogramm zum überprüfen des Datenspeichers Version: 1.0


Verifying MF Server Read-Only Object Rules
------------------------------------------
ReadOnly Entry 00001DC6 is valid
ReadOnly Entry 00007E74 is valid
ReadOnly Entry 00006514 is valid


Verifying Zone Objects
----------------------
Zone Record 0000-0130-0000001a is valid
Alle Konsistenzprüfungen wurden erfolgreich abgeschlossen.


C:\>
```

**Abbildung 9.9** DSCHECK

Sofern hierbei inkonsistente Datensätze gefunden werden, können Sie diese mit dem Parameter `DSCHECK/CLEAN` entfernen.

**Hinweis**

Bevor ein Löschen von inkonsistenten Datensätzen durchgeführt wird, sollten Sie den Datenspeicher sichern.

### 9.2.9 ENABLELB

Über `ENABLELB` können Sie Server dem Lastenausgleich zuführen.

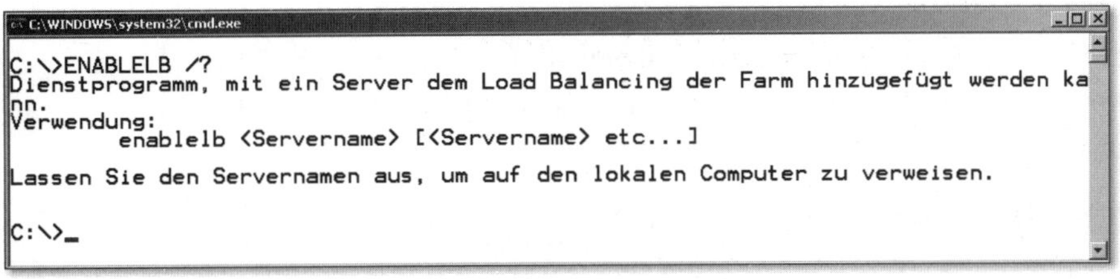
C:\WINDOWS\system32\cmd.exe
C:\>ENABLELB /?
Dienstprogramm, mit ein Server dem Load Balancing der Farm hinzugefügt werden ka
nn.
Verwendung:
enablelb <Servername> [<Servername> etc...]
Lassen Sie den Servernamen aus, um auf den lokalen Computer zu verweisen.
C:\>_

**Abbildung 9.10** ENABLELB

### 9.2.10 ICAPORT

Der Befehl `ICAPORT` zeigt Informationen über die aktuellen ICA-Listener und bietet die Möglichkeit, diese zu ändern.

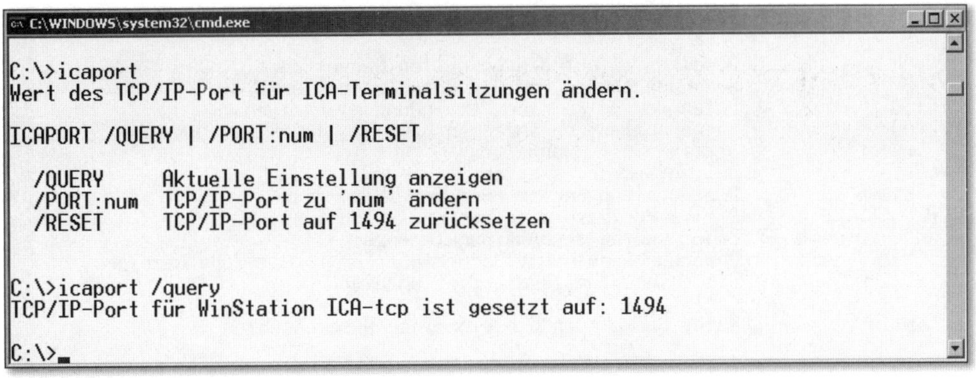
C:\WINDOWS\system32\cmd.exe
C:\>icaport
Wert des TCP/IP-Port für ICA-Terminalsitzungen ändern.
ICAPORT /QUERY | /PORT:num | /RESET
/QUERY Aktuelle Einstellung anzeigen
/PORT:num TCP/IP-Port zu 'num' ändern
/RESET TCP/IP-Port auf 1494 zurücksetzen
C:\>icaport /query
TCP/IP-Port für WinStation ICA-tcp ist gesetzt auf: 1494
C:\>_

**Abbildung 9.11** ICAPORT

### 9.2.11 QAIE

Der Befehl `QAIE` zeigt Informationen über vorhandene isolierte Anwendungsumgebungen an.

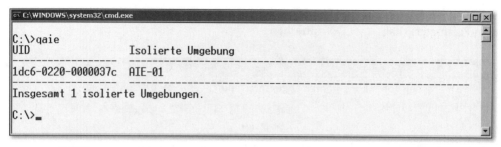

```
C:\WINDOWS\system32\cmd.exe                                      _□×

C:\>qaie
UID                    Isolierte Umgebung
─────────────────      ─────────────────────────────────────────
1dc6-0220-0000037c     AIE-01
─────────────────      ─────────────────────────────────────────
Insgesamt 1 isolierte Umgebungen.

C:\>_
```

**Abbildung 9.12** QAIE

### 9.2.12 QFARM

Um sich auf der Kommandozeilenebene detaillierte Informationen über die Einstellungen der Serverfarm anzeigen zu lassen, können Sie den Befehl QFARM nutzen.

```
C:\WINDOWS\system32\cmd.exe                                      _□×

C:\>qfarm /?
Informationen über Server in der lokalen Farm anzeigen.

QUERY FARM [server [/ADDR | /APP | /APP AppName | /LOAD]]
    [/TCP] [/IPX] [/NETBIOS] [/CONTINUE]
    [/APP | /APP AppName | /DISC | /LOAD | /OFFLINE | /OFFLINE ZoneName |
     /ONLINE | /ONLINE ZoneName | /PROCESS | /ZONE | /ZONE ZoneName]
     /ZONEAPP | /ZONEAPP AppName| /ZONELOAD | /SERVERS]

   /TCP              TCP/IP-Daten anzeigen
   /IPX              IPX-Daten anzeigen
   /NETBIOS          NetBIOS-Daten anzeigen

   /ADDR             Adressdaten auf dem gewählten Server anzeigen.
   /APP              Anwendungsnamen und Serverauslastung anzeigen
   /DISC             Daten der getrennten Verbindungen anzeigen
   /LOAD             Serverauslastung anzeigen
   /OFFLINE          Offline-Server anzeigen
   /ONLINE           Online-Server anzeigen
   /SERVERS          Anzeigen von Servernamen und IP-Adressen.
   /PROCESS          Aktive Prozesse anzeigen
   /ZONE             Zonen und Datensammelpunkte anzeigen
   /ZONEAPP          Anwendungsnamen und Serverlast für lokale Zone anzeigen.
   /ZONELOAD         Serverlast für lokale Zone anzeigen.

   /CONTINUE         Keine Pause nach den einzelnen Ausgabeseiten

C:\>qfarm

Server              Transport Netzwerkadresse
─────────────────   ───────── ────────────────────
MUSTER-TS01*        TCP/IP    192.168.99.181 D
MUSTER-TS03         TCP/IP    192.168.99.183
MUSTER-TS04         TCP/IP    192.168.99.184
```

**Abbildung 9.13** QFARM

## 9.2.13 QSERVER

Analog zu den Möglichkeiten von QFARM in Bezug auf die Serverfarm bietet der
Befehl QSERVER Informationen über einzelne Server in der Farm.

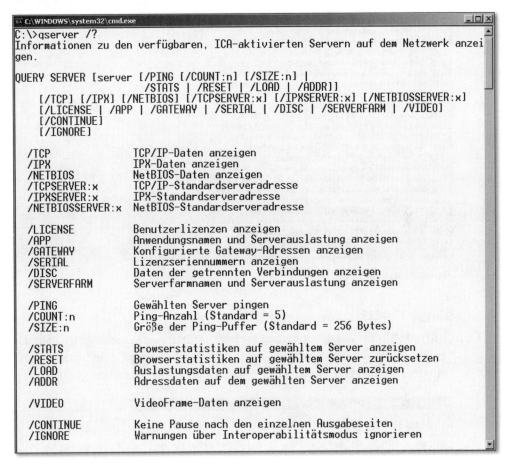

```
C:\WINDOWS\system32\cmd.exe                                            _□×
C:\>qserver /?
Informationen zu den verfügbaren, ICA-aktivierten Servern auf dem Netzwerk anzei
gen.

QUERY SERVER [server [/PING [/COUNT:n] [/SIZE:n] |
                     /STATS | /RESET | /LOAD | /ADDR]]
     [/TCP] [/IPX] [/NETBIOS] [/TCPSERVER:x] [/IPXSERVER:x] [/NETBIOSSERVER:x]
     [/LICENSE | /APP | /GATEWAY | /SERIAL | /DISC | /SERVERFARM | /VIDEO]
     [/CONTINUE]
     [/IGNORE]

     /TCP                 TCP/IP-Daten anzeigen
     /IPX                 IPX-Daten anzeigen
     /NETBIOS             NetBIOS-Daten anzeigen
     /TCPSERVER:x         TCP/IP-Standardserveradresse
     /IPXSERVER:x         IPX-Standardserveradresse
     /NETBIOSSERVER:x     NetBIOS-Standardserveradresse

     /LICENSE             Benutzerlizenzen anzeigen
     /APP                 Anwendungsnamen und Serverauslastung anzeigen
     /GATEWAY             Konfigurierte Gateway-Adressen anzeigen
     /SERIAL              Lizenzseriennummern anzeigen
     /DISC                Daten der getrennten Verbindungen anzeigen
     /SERVERFARM          Serverfarmnamen und Serverauslastung anzeigen

     /PING                Gewählten Server pingen
     /COUNT:n             Ping-Anzahl (Standard = 5)
     /SIZE:n              Größe der Ping-Puffer (Standard = 256 Bytes)

     /STATS               Browserstatistiken auf gewähltem Server anzeigen
     /RESET               Browserstatistiken auf gewähltem Server zurücksetzen
     /LOAD                Auslastungsdaten auf gewähltem Server anzeigen
     /ADDR                Adressdaten auf dem gewählten Server anzeigen

     /VIDEO               VideoFrame-Daten anzeigen

     /CONTINUE            Keine Pause nach den einzelnen Ausgabeseiten
     /IGNORE              Warnungen über Interoperabilitätsmodus ignorieren
```

**Abbildung 9.14** QSERVER

## 9.2.14 DSVIEW

Das Tool DSVIEW bietet einen Zugriff auf den Datenspeicher und den lokalen
Hostcache des Servers. Dieses Tool ist im Standard nicht installiert und muss von
Hand aus dem Verzeichnis \Support\Debug\W2K3 der Installations-DVD in das
System32-Verzeichnis der Citrix-Installation kopiert werden.

**Abbildung 9.15** DSVIEW

### 9.2.15 FTACLN

Das Tool FTACLN löscht verwaiste Dateitypzuordnungen in der Registry, falls das System unsauber beendet wurde. Dieses Tool ist im Standard nicht installiert und befindet sich im Verzeichnis *\Support\Debug\W2K3* der Installations-DVD.

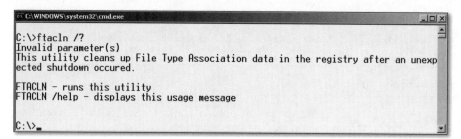

**Abbildung 9.16** FTACLN

### 9.2.16 MSGHOOK

Das Tool MSGHOOK wird vom Citrix-Support genutzt, um Fehler im System zu analysieren. Es protokolliert jegliche Systemaktivität von XenApp. Dieses Tool ist im Standard nicht installiert und muss von Hand aus dem Verzeichnis *\Support\*

*Debug\W2K3* der Installations-DVD in das System32-Verzeichnis der Citrix-Installation kopiert werden.

```
C:\WINDOWS\system32\cmd.exe - msghook                                    _|□|x|
C:\>msghook
    1: FFFF:RUNTIME-->0000:RUNTIME MessageCode: 002D01F4 [MPX: 3956] (   32h bytes
)
    2: FFFF:RUNTIME-->0000:RUNTIME MessageCode: 002D01F4 [MPX: 3956] (    0h bytes
)
    3: FFFF:CRMS_MONITOR-->0000:REMOTE_ACCESS MessageCode: 00171024 [MPX: 3959] (
   4h bytes)
    4: FFFF:CRMS_MONITOR-->0000:COMSRV MessageCode: 001C8035 [MPX: 395B] (   6h b
ytes)
    5: FFFF:COMSRV-->0000:CRMS_MONITOR MessageCode: 001C8035 [MPX: 395B] (   Ch b
ytes)
```

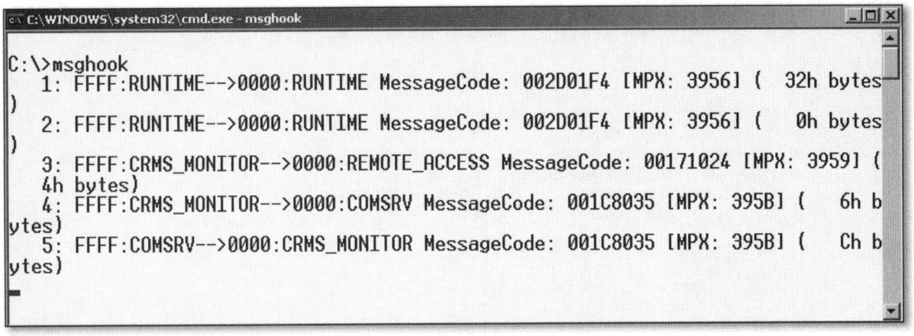

**Abbildung 9.17** MSGHOOK

### 9.2.17 QUERYDC

Über den Kommandozeilenbefehl QUERYDC können Informationen über die Datensammelpunkte der Serverfarm angezeigt werden.

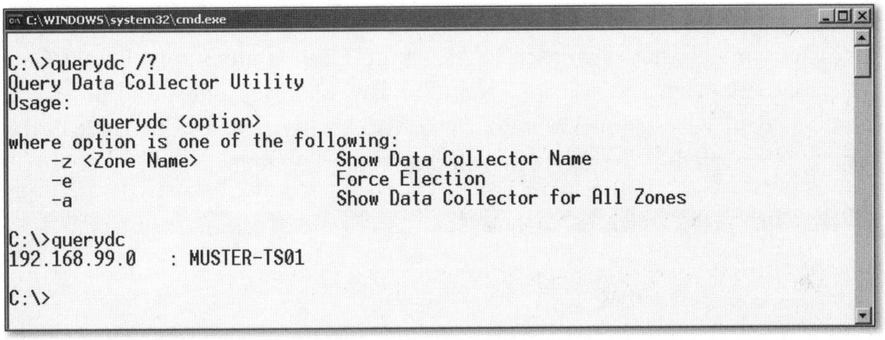

```
C:\WINDOWS\system32\cmd.exe                                              _|□|x|
C:\>querydc /?
Query Data Collector Utility
Usage:
       querydc <option>
where option is one of the following:
    -z <Zone Name>              Show Data Collector Name
    -e                         Force Election
    -a                         Show Data Collector for All Zones

C:\>querydc
192.168.99.0    : MUSTER-TS01

C:\>
```

**Abbildung 9.18** QUERYDC

Über den Befehl QUERYDC -e kann eine Neuauswahl des Datensammelpunktes ausgelöst werden. Dieses Tool ist im Standard nicht installiert und muss von Hand aus dem Verzeichnis *\Support\Debug\W2K3* der Installations-DVD in das System32-Verzeichnis der Citrix-Installation kopiert werden.

### 9.2.18 QUERYDS

Der Befehl QUERYDS liefert Informationen aus dem Datenspeicher. Er ist vergleichbar mit DSVIEW. Dieses Tool ist im Standard nicht installiert und muss von Hand aus dem Verzeichnis *\Support\Debug\W2K3* der Installations-DVD in das System32-Verzeichnis der Citrix-Installation kopiert werden.

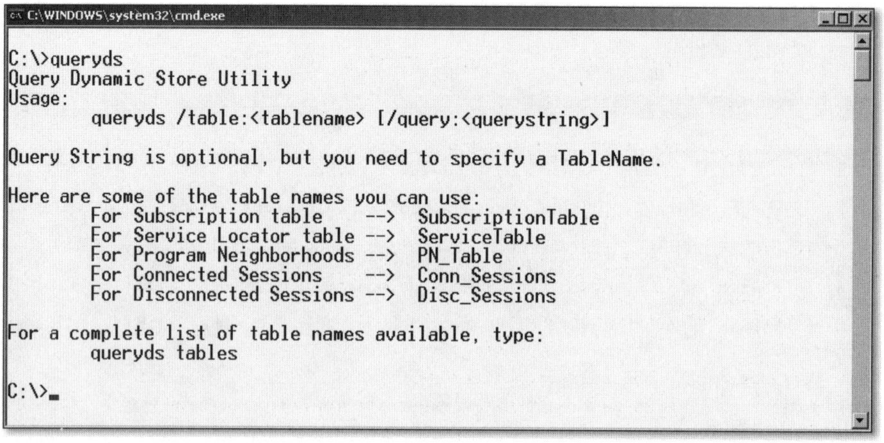

```
C:\WINDOWS\system32\cmd.exe                                           _ □ ×

C:\>queryds
Query Dynamic Store Utility
Usage:
        queryds /table:<tablename> [/query:<querystring>]

Query String is optional, but you need to specify a TableName.

Here are some of the table names you can use:
        For Subscription table    -->  SubscriptionTable
        For Service Locator table -->  ServiceTable
        For Program Neighborhoods -->  PN_Table
        For Connected Sessions    -->  Conn_Sessions
        For Disconnected Sessions -->  Disc_Sessions

For a complete list of table names available, type:
        queryds tables

C:\>_
```

**Abbildung 9.19**  QUERYDS

## 9.2.19  QUERYHR

Über QUERYHR können Sie Informationen über das aktuelle *Host Ranking* anzeigen lassen. Das Host Ranking ist von großer Wichtigkeit, wenn die Auswahl eines neuen Datensammelpunktes angeschoben wird. Die Prozesse bei der Auswahl des Datensammelpunktes werden in Abschnitt 3.2.5, »Datensammelpunkt/Data Collector«, erläutert. Dieses Tool ist im Standard nicht installiert und muss von Hand aus dem Verzeichnis *\Support\Debug\W2K3* der Installations-DVD in das System32-Verzeichnis der Citrix-Installation kopiert werden.

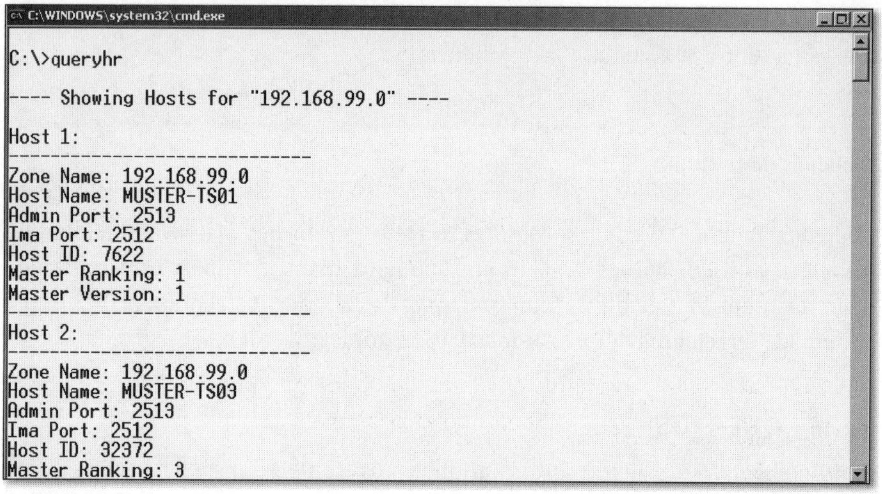

```
C:\WINDOWS\system32\cmd.exe                                           _ □ ×

C:\>queryhr

---- Showing Hosts for "192.168.99.0" ----

Host 1:
---------------------------------
Zone Name: 192.168.99.0
Host Name: MUSTER-TS01
Admin Port: 2513
Ima Port: 2512
Host ID: 7622
Master Ranking: 1
Master Version: 1
---------------------------------
Host 2:
---------------------------------
Zone Name: 192.168.99.0
Host Name: MUSTER-TS03
Admin Port: 2513
Ima Port: 2512
Host ID: 32372
Master Ranking: 3
```

**Abbildung 9.20**  QUERYHR

### 9.2.20 TWCONFIG

Eine mögliche Konfiguration der Grafikleistung können Sie mittels des Befehls TWCONFIG durchführen.

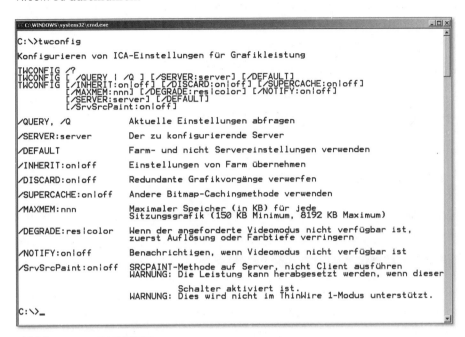

```
C:\WINDOWS\system32\cmd.exe                                            _|□|x|

C:\>twconfig

Konfigurieren von ICA-Einstellungen für Grafikleistung

TWCONFIG /?
TWCONFIG [ /QUERY | /Q ] [/SERVER:server] [/DEFAULT]
TWCONFIG [/INHERIT:on|off] [/DISCARD:on|off] [/SUPERCACHE:on|off]
          [/MAXMEM:nnn] [/DEGRADE:res|color] [/NOTIFY:on|off]
          [/SERVER:server] [/DEFAULT]
          [/SrvSrcPaint:on|off]

/QUERY, /Q           Aktuelle Einstellungen abfragen

/SERVER:server       Der zu konfigurierende Server

/DEFAULT             Farm- und nicht Servereinstellungen verwenden

/INHERIT:on|off      Einstellungen von Farm übernehmen

/DISCARD:on|off      Redundante Grafikvorgänge verwerfen

/SUPERCACHE:on|off   Andere Bitmap-Cachingmethode verwenden

/MAXMEM:nnn          Maximaler Speicher (in KB) für jede
                     Sitzungsgrafik (150 KB Minimum, 8192 KB Maximum)

/DEGRADE:res|color   Wenn der angeforderte Videomodus nicht verfügbar ist,
                     zuerst Auflösung oder Farbtiefe verringern

/NOTIFY:on|off       Benachrichtigen, wenn Videomodus nicht verfügbar ist

/SrvSrcPaint:on|off  SRCPAINT-Methode auf Server, nicht Client ausführen
                     WARNUNG: Die Leistung kann herabgesetzt werden, wenn dieser

                     Schalter aktiviert ist.
                     WARNUNG: Dies wird nicht im ThinWire 1-Modus unterstützt.

C:\>_
```

**Abbildung 9.21** TWCONFIG

Wie in Abbildung 9.21 dargestellt, bietet dieser Befehl sowohl diverse Möglichkeiten der Abfrage als auch der Konfiguration.

### 9.2.21 RADEDEPLOY

Bei RADEDEPLOY handelt es sich um einen Befehl des Citrix Streaming Clients, über den Sie die Anwendungsprofile auf dem Endgerät verwalten können.

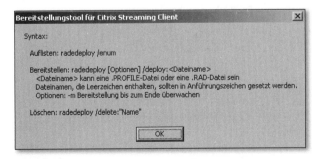

```
Bereitstellungstool für Citrix Streaming Client            x|

  Syntax:

    Auflisten: radedeploy /enum

    Bereitstellen: radedeploy [Optionen] /deploy:<Dateiname>
       <Dateiname> kann eine .PROFILE-Datei oder eine .RAD-Datei sein
       Dateinamen, die Leerzeichen enthalten, sollten in Anführungszeichen gesetzt werden.
       Optionen: -m Bereitstellung bis zum Ende überwachen

    Löschen: radedeploy /delete:"Name"

                    [      OK      ]
```

**Abbildung 9.22** RADEDEPLOY

### 9.2.22 CLIENTCACHE

CLIENTCACHE ist ebenfalls ein Befehl des Citrix Streaming Clients und dient, wie der Name schon sagt, zur Definition des Clientcaches.

**Abbildung 9.23** CLIENTCACHE

### 9.2.23 MEDEVAC

Das Programm MEDEVAC ist ein separat herunterladbares Tool von Citrix, das Sie für die Analyse der XenApp-Umgebung einsetzen können.

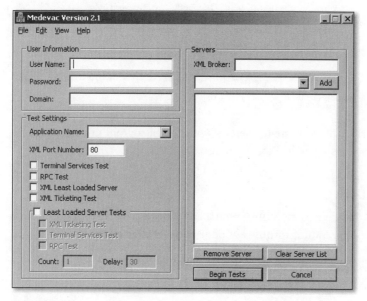

**Abbildung 9.24** Medevac 2.1

Hierzu verbindet es sich in Echtzeit auf die Farm und analysiert die wichtigsten Komponenten, wie etwa den XML-Dienst oder die RPC-Verbindungen.

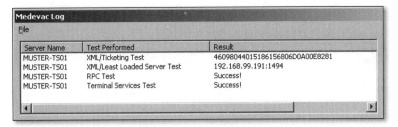

**Abbildung 9.25** Medevac Log

Auf diese Weise können Sie mit relativ geringem Aufwand die Basisfunktionalität der Serverfarm prüfen.

### 9.2.24 StressPrinters

Eine der häufigsten Fehlerquellen im XenApp-Umfeld sind die Drucker bzw. die Druckertreiber. Insbesondere wenn mit Sitzungsdruckern gearbeitet wird, kommt es immer mal wieder zu merkwürdigen Phänomenen mit den Treibern der Hersteller.

Um an dieser Stelle endlich mehr Klarheit zu bekommen, hat Citrix ein Tool veröffentlicht, über das die Druckertreiber geprüft und gestresst werden können – *StressPrinters*.

**Abbildung 9.26** Der Inhalt des Downloads

Im Kern handelt es sich hierbei um ein Werkzeug zur Erstellung von Druckern und um eines zur Überprüfung der Treiber auf der Serverseite.

Durch eine echte Simulation des Ladens und Entladens von Druckertreibern können Aussagen über die Stabilität und Kompatibilität der entsprechenden Treiber getroffen werden (siehe Abbildung 9.28).

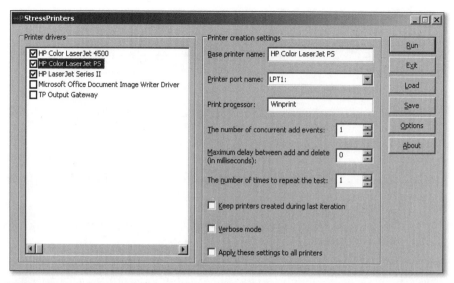

**Abbildung 9.27**    StressPrinters

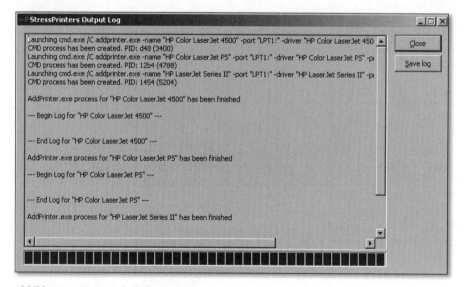

**Abbildung 9.28**    Protokoll des Testes

## 9.3    Häufige Probleme

Da es einige Probleme gibt, die in der Praxis relativ häufig auftreten, wollen wir
diese hier kurz nennen und Lösungen zu ihrer Behebung beschreiben.

### 9.3.1 Bei aktivierter Sitzungszuverlässigkeit keine Verbindungen möglich

Nachdem auf einem Server mit mehreren Netzwerkkarten die Sitzungszuverlässigkeit aktiviert wurde, können Benutzer keine Verbindungen zu diesem Server aufbauen. Dieses Problem liegt mit sehr hoher Wahrscheinlichkeit darin begründet, dass das ICA-Protokoll nur auf einzelne Netzwerkadapter gebunden ist. Damit die Sitzungszuverlässigkeit funktioniert, muss das ICA-Protokoll auf alle Netzwerkadapter gebunden sein, da der XTE-Dienst über den internen Adapter kommuniziert.

### 9.3.2 Timeout am Webinterface

Benutzer werden nach einiger Zeit vom Webinterface abgemeldet, auch wenn sie in einer veröffentlichten Anwendung arbeiten. Bei diesem Verhalten handelt es sich nicht um einen Fehler, sondern um die Auswirkungen eines Timeout-Wertes für das Webinterface. Bei Bedarf können Sie diesen Timeout-Wert in der Datei *inetpub\wwwroot\Citrix\Metaframe\web.config* ändern, indem Sie den Parameter `<sessionState timeout="60" />` an der passenden Stelle hinzufügen:

```
<configuration>
<system.web>
<sessionState timeout="60" />
<compilation debug="false" defaultLanguage="C#">
   <assemblies>
```

> **Hinweis**
>
> Dieser Parameter ist *case-sensitive*, er unterscheidet also nach Groß- und Kleinschreibung und sollte deshalb genau so übernommen werden. Ein Neustart des Webdienstes ist nicht notwendig, da die Einstellungen sofort angewendet werden.

Seit dem Webinterface 4.5 können Sie diese Einstellung aber auch über die Verwaltungskonsole vornehmen.

### 9.3.3 Entfernen von korrupten Lizenzdateien

Fehlerhafte oder korrupte Lizenzdateien können unter Umständen nicht aus dem entsprechenden Verzeichnis gelöscht werden, da sie im Zugriff stehen. Um diese Lizenzdateien löschen zu können, müssen Sie die folgenden Dienste beenden: CitrixLicensing, Citrix Licensing WMI, License Management Console for Citrix Licensing und den WWW-Publishingdienst.

### 9.3.4    XenApp lässt sich nicht deinstalllieren

In einigen seltenen Situationen kann es vorkommen, dass sich ein XenApp-Server nicht von einem Server deinstallierten lässt (etwa wenn keine Verbindung zu einem Datenspeicher möglich ist). In diesen Situationen kann die Deinstallation erzwungen werden. Der Befehl hierfür lautet:

```
msiexec /uninstall "[Laufwerk]\ XenApp Server\[OS]\mps.msi" CTX_MF_
FORCE_SUBSYSTEM_UNINSTALL="Yes"
```

*»Das steh' ich nun, ich armer Tor! Und bin so klug als wie zuvor.«*
*– Goethe, Faust I*

# 10   Ausblick

Genau diese Feststellung sollte natürlich nicht das Ergebnis der Lektüre dieses Buches sein. Stattdessen sollten Sie bislang sowohl einen breiten Überblick als auch einen fundierten Einblick in die Welt der Desktop-Virtualisierung mit Citrix XenApp und XenDesktop gewonnen haben.

Nun ist es aber ein offenes Geheimnis, dass sich auch der größte Funktionsumfang oder die breiteste Produktpalette noch durch weitere Werkzeuge erweitern lässt. Aus diesem Grund wollen wir Ihnen in diesen letzten Abschnitten noch einige weitere Produkte und Werkzeuge zeigen, die die Funktionen von XenApp noch weiter ausdehnen oder für weitere Bereiche interessant machen.

## 10.1   Weiterführende Ressourcen

Wie immer am Ende eines Buches muss man feststellen, dass es leider nicht möglich ist, alle Aspekte und Funktionen einer Lösung umfassend und für jede Interessenslage passend zu beschreiben.

Aus diesem Grund ist es umso wichtiger, weitere Ressourcen in den Prozess des Know-how-Aufbaues einzubeziehen. Deshalb wollen wir Ihnen an dieser Stelle einige sehr hilfreiche weitere Ressourcen aufzählen:

▶ **Citrix-Webseite**
   Die Hauptwebseite der Firma Citrix findet sich im Netz unter *http://www.citrix.com*. Hier finden Sie jeweils aktuelle Informationen über die Produkte, die Strategien und allgemeine News. Neben der Originalseite aus den Vereinigten Staaten ist auch die deutsche Seite unter *http://www.citrix.de* sehr zu empfehlen.

▶ **Citrix Knowledge Base**
   Unter der Adresse *http://support.citrix.com* finden Sie die Knowledge Base zu den Citrix-Produkten sowie das Developer Network. Sie können sich im

Regelfall sicher sein, dass Sie ein Problem niemals als Erster haben, so dass Sie hier üblicherweise schon Lösungsansätze finden.

▶ **Citrix Community Site**
In den letzten Monaten hat Citrix enorm im Bereich der Community-Aktivitä-ten aufgeholt und dazu eine eigene Webseite gestartet. Unter der Adresse *http://community.citrix.com* finden Sie Blogs, Foren und weitere Informatio-nen zu allen Citrix-Produkten – auch zu den brandaktuellen bzw. noch geplan-ten. Sehr interessant und empfehlenswert.

▶ **Circle of Expertise (ehemals: Deutsche Citrix User Group (DCUG))**
Die DCUG ist eine große Community zu den Citrix-Produkten und angeglie-derten Themen. Neben der Citrix Knowledge Base finden Sie hier die besten Hilfestellungen und einen regen Erfahrungs- und Meinungsaustausch. Das Forum ist erreichbar unter *http://www.circle ofexpertise.com*.

▶ **Deutsche App-V und SoftGrid User Group (DSGUG)**
Die DSGUG ist eine deutsche Community zu allen Produkten der Applikations-virtualisierung mit einem starken Schwerpunkt im Bereich Microsoft App-V (ehemals: SoftGrid) angegliederten Themen. Das User-Group-Forum ist erreich-bar unter *http://www.dsgug.de*.

▶ **Thomas Kötzings Homepage**
Auf seiner Homepage unter *http://www.thomaskoetzing.de* werden aktuelle News, Tipps und vor allem viele hilfreiche Werkzeuge für die Arbeit mit Xen-App und dem Webinterface angeboten. Insbesondere wenn es um das Thema *Anpassungen* geht, werden Sie auf dieser Seite mit Sicherheit fündig.

▶ **Dr. Bernhard Tritschs Homepage**
Mit einem größeren Schwerpunkt im Bereich der Microsoft-Terminaldienste finden sich auf der Homepage von Dr. Bernhard Tritsch unter der Adresse *http://www.wtstek.de* und *http://www.drtritsch.com* viele nützliche Hinweise und Tipps zu den Themen der Windows Server 2008-Terminaldienste und der Skalierung von Systemen.

▶ **Brian Madden's Homepage/Douglas A. Brown's Homepage**
Als bekannte Größen im Bereich des Server-based Computing und zukunfts-weisender Technologie haben sowohl Brian Madden als auch Douglas A. Brown auf ihren jeweiligen Homepages immer sehr aktuelle Informationen und Neuigkeiten zu Produkten und Strategien. Erreichbar sind diese Inhalte unter *http://www.brianmadden.com* bzw. *http://www.dabcc.com*.

▶ **Diverse Admin-Guides**
Zu allen Citrix-Produkten finden Sie auf den DVDs und im Support-Bereich auf der Citrix-Seite eine Vielzahl an Admin Guides zu den einzelnen Produk-ten. Diese sind auf jeden Fall empfehlenswert, da sie viel Hintergrundwissen

und Referenzen bieten. Da diese Admin Guides regelmäßig aktualisiert werden, sollten die Internetressourcen stets auf Aktualisierungen geprüft werden.

▶ **www.nico-luedemann.de**
Zu guter Letzt sollten Sie auch hin und wieder einen Blick auf meine Homepage werfen, da ich stets bemüht bin, aktuelle Informationen, Tipps & Tricks an dieser Stelle zu veröffentlichen. Und da wäre es besonders schade, wenn sie niemand lesen würde.

## 10.2    Wie geht es weiter?

Wie immer an dieser Stelle soll auch bei diesem Buch ein wenig über die Zukunft und die weiteren Entwicklungen spekuliert werden.

▶ Wie wird sich die Technologie wohl weiter entwickeln?

▶ Welche Trends sind heute schon erkennbar?

▶ Auf welches Pferd muss man setzen?

Natürlich kann ich auf diese Fragen keine konkreten Antworten geben, da die Entwicklungen der vergangenen Wochen und Monate in einer solchen Geschwindigkeit stattgefunden haben, dass ein Blick auf die nächsten Monate eine reine Raterunde wäre. Nichtsdestotrotz sind zwei Trends zu erkennen, mit denen Sie sich auseinandersetzen sollten – die zwei »C«s: *Consumerization* und *Cloud*. Ich denke, dass diese beiden Trends ganz entscheidenden Einfluss auf die technologische Entwicklung der nächsten Zeit haben werden.

Zum einen steigt, nicht zuletzt dank des iPads, der Anteil der geschäftlich genutzten privaten Geräte in Unternehmen, so dass in diesem Bereich immer neuere und vor allem komfortablere Wege gefunden werden müssen, diese zu integrieren. Ich bin fest davon überzeugt, dass die jetzt nachwachsende Generation der Mitarbeiter in Zukunft selbst bestimmen möchte, mit welchem Gerät und zu welcher Tages- oder Nachtzeit die notwendigen Tätigkeiten zu erledigen sind.

Und genau dieser Punkt leitet wiederum auch direkt zum zweiten Trend über – der Cloud. Ich würde »Cloud« an dieser Stelle nicht, wie so oft üblich, als *IT-Dienstleistung aus dem Internet* bezeichnen, sondern als *flexible Bereitstellung von IT-Leistungen mit einem konsumbasierten Kostenmodell*. Die Idee muss sein, dass die gewünschten Dienste jederzeit bereitstehen, wenn sie benötigt werden, aber nur dann Kosten verursachen, wenn sie tatsächlich genutzt werden. Und genau diese Flexibilität setzt natürlich in letzter Konsequenz – genau wie die Integration von Privatgeräten – einen sehr hohen Virtualisierungsgrad voraus.

Und genau an diesem Punkt bin ich nach wie vor davon überzeugt, dass Citrix sich mit dem Delivery Center recht gut aufgestellt hat. Nicht zuletzt auch durch die Integration in bereits vorhandene Strukturen wird dem aktuellen Produktportfolio ein gewisser Stellenwert am Markt sicher sein, so dass es auf jeden Fall sinnvoll erscheint, sich mit den einzelnen Lösungen auseinanderzusetzen – ganz gleich, ob die Lösung dann unter dem Strich die gewünschten Funktionen bietet oder nicht: Die Investition von Gedanken und Überlegungen in dieses Themengebiet wird nicht verschwendet sein.

Ich hoffe, Sie haben beim Lesen dieses Buches die gewünschten Informationen erhalten und auch ein wenig Spaß gehabt!

Auch hoffe ich, wir *lesen* uns wieder beim nächsten Buch zu Citrix-Technologien ;-)

# Index

# X

# W

# Z

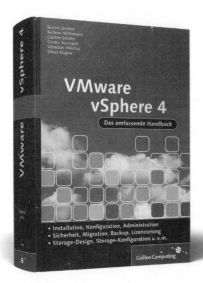

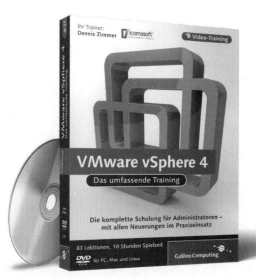

vSphere 4 effizient einsetzen – lernen durch Zuschauen

Grundlagen und Architektur von VMware vSphere 4

ESX Server installieren und konfigurieren

Dennis Zimmer

# VMware vSphere 4

## Das umfassende Training

Das Hands-on-Training für die Virtualisierung mit VMware! In diesem umfassenden Kurs führt Ihnen der erfahrene VMware-Experte Dennis Zimmer vor, wie Sie mit VMware vSphere 4 in Ihrer IT-Infrastruktur effektiv Kosten einsparen und an Flexibilität gewinnen können. In einem professionellen Rechenzentrum zeigt er Ihnen »live« alle Arbeitsschritte auf dem Weg zur Virtualisierung und Administration einer komplexen IT-Landschaft.

DVD, Win, Mac, Linux, 83 Lektionen, 10 Stunden Spielzeit, 59,90 Euro
ISBN 978-3-8362-1372-1

>> www.galileocomputing.de/2057

Galileo Computing

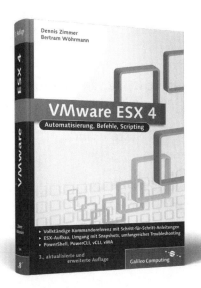

Vollständige Kommandoreferenz mit Schritt-für-Schritt-Anleitungen

ESX-Aufbau, Fehlersuche, Umgang mit Festplattendateien und Snapshots

PowerShell, PowerCLI, vCLI und vMA

Dennis Zimmer, Bertram Wöhrmann

# VMware ESX 4

## Automatisierung, Befehle, Scripting

Aktuell zur Version 4 erfahren Sie in diesem Buch alles, was Sie über die Kommandozeile des VMware ESX Servers wissen müssen. Die Autoren bringen Ihnen alle wichtigen Funktionen und Änderungen gegenüber ESX 3.5 leicht verständlich näher: Arbeiten Sie mit ESX-, Linux- und PowerCLI-Befehlen wesentlich effizienter und erledigen Sie Aufgaben wie Installation, Konfiguration, Benachrichtigungen, Protokollauswertungen, Fehlersuche, Sicherung und Wiederherstellung noch schneller! Skriptkenntnisse werden nicht vorausgesetzt. Die optimale Ergänzung zum Bestseller „VMware vSphere 4"!

687 S., 3. Auflage 2010, 69,90 Euro
ISBN 978-3-8362-1644-9

>> www.galileocomputing.de/2427

Konzepte und Lösungen für den Einsatz von Windows 7

Deployment von System und Applikationen

Gruppenrichtlinien, Sicherheit, mobile Clients u.v.m.

Ulrich B. Boddenberg

# Windows 7 für Administratoren

### Das umfassende Handbuch

Das Buch liefert erprobte Konzepte und Lösungswege für die erfolgreiche Implementierung und den Betrieb von Windows 7 als Clientsystem. Es vermittelt Administratoren und Beratern praxisnahes Wissen zu Grundlagen, Windows Server 2008-Technologien, Client-Management, mobilen Clients, Sicherheit, Automatisierung u.v.m. Ein echtes Lösungsbuch mit viel Hintergrundwissen.

804 S., 2010, 49,90 Euro
ISBN 978-3-8362-1501-5

>> www.galileocomputing.de/2242

**Galileo Computing**

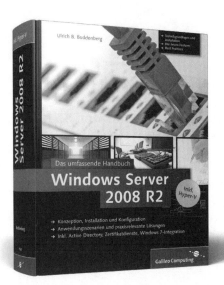

Konzeption, Installation und Konfiguration

Anwendungsszenarien und praxisrelevante Lösungen

Inkl. Active Directory, Zertifikatdienste, Windows 7-Integration, Virtualisierung mit Hyper-V, SharePoint

Ulrich B. Boddenberg

# Windows Server 2008 R2

### Das umfassende Handbuch

Hier erfahren Sie vom Experten alles über den Windows Server 2008 R2, was ein Profi wissen muss: von der Installation und Migration über Interoperabilität und Vista im Netz bis hin zur Hochverfügbarkeit.

1410 S., 3. Auflage 2010, 59,90 Euro
ISBN 978-3-8362-1528-2

**>> www.galileocomputing.de/2286**

Planung, Konzeption und Integration

Unified Messaging und Unified Communications

Hochverfügbarkeit, Management und Mobilität

Ulrich B. Boddenberg

# Exchange Server 2010 und Lync Server 2010

## Das umfassende Handbuch

Dieses Buch zeichnet ein vollständiges Bild der Technologien und unterstützt bei Planung, Konzeption und Integration. Schwerpunkte sind die Themen Unified Communications/Unified Messaging, Hochverfügbarkeit, Management und Mobilität. Besonderes Augenmerk richtet das Buch auch auf den neuen Lync Server 2010, der zahlreiche Verbesserungen im immer wichtigeren Feld der Real Time Collaboration mit sich bringt.

ca. 1400 S., 3. Auflage, 59,90 Euro
ISBN 978-3-8362-1623-4, August 2011

>> www.galileocomputing.de/2402

**Galileo Computing**

Planen, Einrichten und Betreiben von SharePoint

Business Intelligence, Collaboration, Portale, Informationskonsolidierung

Entwickeln für SharePoint

Ulrich B. Boddenberg

# Microsoft SharePoint Server 2010 und SharePoint Foundation 2010

## Das Lösungsbuch für Administratoren und Entwickler

Mit SharePoint 2010 realisieren Sie intelligente webbasierte Collaboration-Lösungen für Arbeitsgruppen und Unternehmen. Boddenbergs Standardwerk für Administratoren, Entwickler und Berater vermittelt das notwendige Wissen, um Lösungen mit dem aktuellen SharePoint Server umfassend zu evaluieren, zu planen und umzusetzen. Schwerpunkte des Buches sind u. a. Workflows, Enterprise Search, Datenintegration, Entwicklung für SharePoint, Web-Content-Management, Integration und Migration u. v. m.

ca. 1100 S., 2. Auflage, mit CD, 59,90 Euro
ISBN 978-3-8362-1655-5, Juni 2011

>> www.galileocomputing.de/2445

Administration, Konfiguration, Integration

Unternehmensprozesse mit SharePoint und SQL-Server optimal abbilden

SAP-Anbindung, SharePoint Insights, PowerPivot, Access u. v. m.

Jan Henrik Boltz, Peggy Hoffmann

# Business Intelligence mit SharePoint 2010 und SQL-Server 2008 R2

## Das umfassende Handbuch für Administratoren und Poweruser

SharePoint 2010 bietet in Verbindung mit dem SQL-Server zahlreiche Business-Intelligence-Funktionen. PowerUser, Administratoren und Berater erfahren in diesem Buch, wie sie diese Funktionen für das eigene Unternehmen optimal nutzen und bereit stellen. Von der Wahl des passenden BI-Features über die Konfiguration und Integration bietet das Buch BI-Praxiswissen aus nächster Nähe.

ca. 800 S., mit DVD, 59,90 Euro
ISBN 978-3-8362-1660-9, Juni 2011

>> www.galileocomputing.de/2449

Die Technologie SharePoint richtig einsetzen

SharePoint-Objektmodelle, Client API, LINQ und REST

Benutzeroberflächen, Ribbon, Dialoge, Webparts und Silverlight

Fabian Moritz, René Hézser

# Praxisbuch SharePoint-Entwicklung

## Aktuell zu SharePoint 2010

Wie Sie die Möglichkeiten des SharePoint Server 2010 optimal nutzen, erfahren Sie als fortgeschrittener Entwickler in diesem Buch. Ob Sie z. B. benutzerdefinierte SharePoint Foundation-Anwendungen umsetzen, Benutzeroberflächen, Zusammenarbeits-, CMS-, Workflow oder Such-Lösungen entwickeln wollen: Ihre Aufgaben setzen Sie künftig mithilfe leicht nachvollziehbarer Praxisbeispiele und einem eigenen Best-Practice-Kapitel noch schneller und effizienter um.

543 S., 49,90 Euro
ISBN 978-3-8362-1468-1

>> www.galileocomputing.de/2204

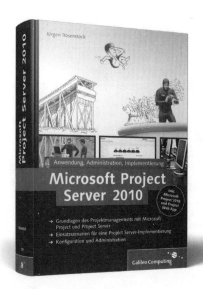

BizTalk einführen, administrieren, Anwendungen entwickeln

SharePoint-, SQL-Server- und CRM-Anbindung, Überwachung

Mit zahlreichen Praxisszenarien: Webservices integrieren und bereitstellen, FTP-Server ansprechen u.v.m.

Markus Widl

# BizTalk Server 2010

## Administration, Entwicklung und Einsatz

Wenn Sie Anwendungen für den Microsoft BizTalk Server 2010 programmieren wollen oder auch eine kompakte Einführung in die Administration des Servers wünschen, dann ist dieses Buch Ihr idealer Begleiter. Mithilfe leicht nachvollziehbarer und direkt einsetzbarer Praxisbeispiele erlangen Sie schnell das notwendige Know-how, um eigene Projekte mit dem BizTalk Server zu realisieren. So optimieren Sie künftig die Integration, Verwaltung und Automatisierung von Geschäftsprozessen noch leichter.

456 S., 2011, 59,90 Euro
ISBN 978-3-8362-1545-9

>> www.galileocomputing.de/2311

Galileo Computing

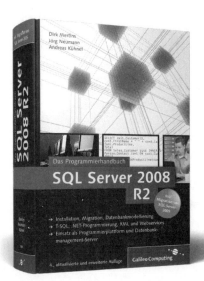

Installation, Migration, Datenbankmodellierung

T-SQL, .NET-Programmierung, XML und Webservices

Einsatz als Programmierplattform und Datenbankmanagement-Server

Dirk Mertins, Jörg Neumann, Andreas Kühnel

# SQL Server 2008 R2

## Das Programmierhandbuch

Vom ersten Datenbankentwurf und den SQL-Grundlagen, der Migration von SQL Server 2005 oder SQL Server 2000 bis hin zu den neuen Features und konkreten Programmierbeispielen beschreiben die Autoren alles Notwendige, um den SQL Server 2008 R2 als Programmierplattform und Datenmanagement-Server zu nutzen. Egal, ob es sich um klassische Programmierung mit Transact-SQL oder .NET-Programmierung, ADO.NET oder LINQ handelt.

1216 S., 4. Auflage 2011, 59,90 Euro
ISBN 978-3-8362-1693-7

>> www.galileocomputing.de/2503

Lokale HA: RAID, LVM, NIC-Bonding und SMART

Linux HA-Cluster: Corosync/OpenAIS, Pacemaker, DRBD und CLVM

Xen/KVM-VMs im Cluster, Backup und Disaster Recovery

Oliver Liebel

# Linux Hochverfügbarkeit

## Einsatzszenarien und Praxislösungen

Hochverfügbarkeit ist für jeden Administrator ein zentrales Thema. Dieses Buch liefert Ihnen praxiserprobte Setups und den technischen Background, um Linux-Server mit moderater Hardware lokal und im Netz stets hochverfügbar zu halten.

454 S., 2011, 49,90 Euro
ISBN 978-3-8362-1339-4

>> www.galileocomputing.de/1999

**Galileo Computing**

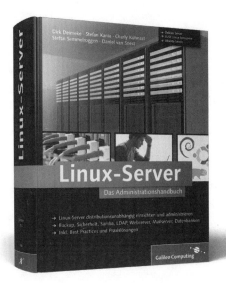

Linux-Server distributionsunabhängig einrichten und administrieren

Backup, Sicherheit, Samba, LDAP, Webserver, Mailserver, Datenbanken

Inkl. Best Practices und Praxislösungen

Dirk Deimeke, Stefan Kania, Charly Kühnast, Stefan Semmelroggen, Daniel van Soest

# Linux-Server

## Das Administrationshandbuch

Das Schweizer Messer für den fortgeschrittenen Linux-Administrator: Dieses Buch erläutert Ihnen umfassend alle wichtigen Themen der effizienten und modernen Administration von Linux-Servern. Von Hochverfügbarkeit über Sicherheit bis hin zu Skripting und Virtualisierung: Sie lernen Linux-Server distributionsunabhängig intensiv kennen. Das Buch bietet Ihnen über benötigtes Hintergrundwissen hinaus zahlreiche Praxisbeispiele zu den häufigsten in Unternehmen eingesetzte Distributionen wie Debian GNU/Linux, SUSE Linux Enterprise Server, Ubuntu Server Edition u. v. m.

821 S., 2011, 49,90 Euro
ISBN 978-3-8362-1469-8

>> www.galileocomputing.de/2205

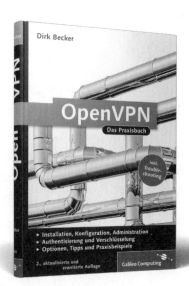

Installation, Konfiguration, Administration

Authentisierung und Verschlüsselung

Tipps, Praxisbeispiele, Troubleshooting

Dirk Becker

# OpenVPN

## Das Praxisbuch

Mit dieser durch und durch praxisorientierten Anleitung zur aktuellen OpenVPN-Version bauen Sie schnell und sicher Ihr VPN-Netzwerk auf und konfigurieren und verwalten es. Sie lernen den Einsatz aller benötigten Tools ebenso kennen, wie die verschiedenen Verschlüsselungsarten. Das Buch geht auf Windows, Linux und Mac OS ein. Inkl. PocketPC-Verbindungen und Absicherung des WLANs.

296 S., 2. Auflage 2011, 39,90 Euro
ISBN 978-3-8362-1671-5

>> www.galileocomputing.de/2466

**Galileo Computing**

In unserem Webshop finden Sie unser aktuelles
Programm mit ausführlichen Informationen,
umfassenden Leseproben, kostenlosen Video-Lektionen –
und dazu die Möglichkeit der Volltextsuche in allen Büchern.

**www.galileocomputing.de**

## Galileo Computing

Wissen, wie's geht.